普通高等教育"十一五"国家级规划教材

四川省"十二五"普通高等教育本科规划教材

天然气加工工程

(第三版)

诸 林 主编

石油工业出版社

内 容 提 要

本书内容包括天然气基本性质、天然气净化、轻烃回收与分馏、天然气液化与提氦以及天然气的化工利用等，系统地论述了天然气处理与加工过程中所涉及的各单元过程的原理、方法和工艺技术，内容全面、丰富、新颖。

本书可作为高等院校化学工程与工艺、油气储运等相关专业的教材，也可供从事天然气处理与加工的科研、教学、设计和技术人员参考。

图书在版编目（CIP）数据

天然气加工工程/诸林主编．—3 版．—北京：石油工业出版社，2023.6

四川省"十二五"普通高等教育本科规划教材

ISBN 978－7－5183－5885－4

Ⅰ.①天…　Ⅱ.①诸…　Ⅲ.①天然气化工-高等学校-教材　Ⅳ.①TE64

中国国家版本馆 CIP 数据核字（2023）第 035459 号

出版发行：石油工业出版社
　　　　　（北京安定门外安华里二区 1 号　100011）
　　　网　　址：www.petropub.com
　　　编辑部：（010）64256990
　　　图书营销中心：（010）64523620
经　　销：全国新华书店
排　　版：三河市聚拓图文制作有限公司
印　　刷：北京中石油彩色印刷有限责任公司

2023 年 6 月第 3 版　2023 年 6 月第 1 次印刷
787×1092 毫米　开本：1/16　印张：25
字数：634 千字

定价：66.00 元
（如出现印装质量问题，我社图书营销中心负责调换）
版权所有，翻印必究

第三版前言

2020年9月22日，国家主席习近平在第七十五届联合国大会上宣布："中国将提高国家自主贡献力度，采取更加有力的政策和措施，二氧化碳排放力争于2030年前达到峰值，努力争取2060年前实现碳中和。"党的二十大报告也指出："实现碳达峰碳中和是一场广泛而深刻的经济社会系统性变革。立足我国能源禀赋，坚持先立后破，有计划分步骤实施碳达峰行动。"作为传统化石能源之一的天然气是一次能源中最为清洁、低碳、高效、方便的能源。作为最具潜力的清洁能源，天然气是能源转型的主力，也是实现双碳目标的最为现实的路径。满足经济社会发展对清洁能源的增量需求，推动天然气对传统高碳化石能源（煤、石油）的存量替代和构建以减煤稳油增气、发展新能源协同、清洁低碳转型、安全供应并举为主要内容的现代能源体系，需要也必须大力发展天然气，更需要大量掌握天然气知识的专业技术人才。为此，我们进行了《天然气加工工程》一书的修订工作。

本书在第二版的基础上增加近年来出现的新技术、新工艺，使其更能反映科学技术的进步，更贴近工业实际，也更方便读者阅读和学习。主要进行的工作有：

（1）调整了部分结构。将第1章的天然气性质部分合并到第2章，同时将原来分散在各部分的有关质量标准集中到第1章。

（2）更新了天然气加工领域的标准和规范。

（3）增补了近年来天然气加工领域出现的新技术、新工艺。

（4）增加了例题和习题。

（5）提供了比较丰富的富媒体内容以方便拓展阅读和自学，也方便读者与作者的沟通交流。

本书先后入选了高等院校石油天然气类规划教材、普通高等教育"十一五"国家级规划教材、四川省"十二五"普通高等教育本科规划教材。

本次修订工作由西南石油大学组织完成，由诸林担任主编并统稿，负责第1~3章、第5章、第8章的修订；王治红、谢娜负责第4章的修订；张辉、张政负责第6章的修订；刘慧敏、刘昱负责第7章的修订；刘瑾负责第9章的修订。黄月、张朝莉、郝强、曾行艳在专业术语汉英对照、中国天然气工业常用标准规范及富媒体内容方面作出了贡献。在教材使用和修订中还得到了重庆科技学院邱奎，深圳燃气集团李璐伶、范峻铭、蒋鹏，中国石油工程建设有限公司西南分公司蒲远洋、刘改焕，中国石油西南油气田公司熊钢、胡超、白剑等的帮助，并蒙西南石油大学教材建设委员会的大力支持，在此一并表示感谢。

由于编者学识和水平的限制，书中疏漏乃至错误之处在所难免，敬请读者批评指正。

编　者
2022.12

第二版前言

天然气是一次能源中最为清洁、高效、方便的能源，近20年来在我国呈现出快速发展的态势。随着一批新的气田相继投入开发，以西气东输、川气东送为标志的天然气管道工程建设，更紧密地联系了资源地与经济发达地区的关系，促进了天然气市场的发展，也推动着天然气工业的进步。

本书是在1995年石油工业出版社出版的《天然气加工工程》（第一版）的基础上进行修改、充实和完善的。《天然气加工工程》（第一版）出版以来受到了读者的欢迎和好评，为培养和造就天然气处理和加工人才作出了较大的贡献。但随着岁月的流逝，天然气处理和加工技术不断进步，第一版有些内容已显陈旧。基于这样的考虑，这次再版维持了原书的结构，对部分内容进行了修改和完善，并增加了"天然气化工利用"一章。本书可供高等学校相关专业学生学习，也可供从事天然气生产的科研、教学、设计和管理人员参考。

本书是配合四川省精品课程"天然气加工工程"的建设而编写的，本书同时入选了高等院校石油天然气类规划教材和普通高等教育"十一五"国家级规划教材。

本书由诸林主编并统稿，参加编写和修订的还有王治红（西南石油大学）、刘瑾（西南石油大学）、杨贵权（中国石油天然气股份有限公司吐哈油田分公司）、门万生（中国石油天然气股份有限公司吐哈油田分公司）。全书由尹代益教授（西南石油大学）、叶世超教授（四川大学）主审。在本书编写过程中，参考和引用了许多中外文献，并蒙石油工业出版社、西南石油大学教材建设委员会的大力支持，此外，刘蔷、任雯、赵治宇等对本书的编写也作出了贡献，在此一并致以谢忱！

由于编者学识和水平的限制，书中疏漏之处在所难免，恳望读者不吝指正。

编　者
2008.01

第一版前言

我国是世界上开采和利用天然气最早的国家之一。随着"油气并重"方针的贯彻实施，我国相继发现了一批天然气气田。为了配合天然气工业发展的人才需求，西南石油学院于1988年率先创办了天然气加工专业，同时，编者开始收集、整理大量资料，筹备编写《天然气加工工程》教材。经过几年的努力，现将拙著奉献在读者面前，以期为天然气工业的发展尽点绵薄之力。

本书的内容覆盖了传统意义上的天然气净化和天然气加工两方面，前者指脱水、脱硫等预处理过程，后者指天然气轻烃回收、提氦、液化等过程，这两个联系紧密的工业过程在本书中统称为天然气加工工程。全书共分8章，按天然气加工过程中的主要单元过程编写，以工艺过程为主线，内容丰富，表述合理，可供天然气加工专业和储运专业的学生学习，也可供从事天然气（含油田伴生气）加工的科研、教学、设计和技术人员参考。

本书由诸林同志主编，邓良春同志参编。邓良春同志编写了第5、第6章的部分内容，诸林同志统稿并编写了其余各部分内容，全书由尹代益教授主审。在本教材的编写过程中，作者参考和引用了许多中外文献，主要参考书目刊于书末，特向原作者致谢，同时作者还得到了赵立志教授、徐荣副教授、罗修占高级实验师和王戎、胡祁娟、木易、白剑、董激阳、王兴明等同志的帮助，并蒙西南石油学院教材建设委员会、石油工业出版社和西南石油学院化工系领导的大力支持，谨此致以谢忱！

由于编者学识和水平的限制，书中难免存在一些缺点乃至错误，恳望读者批评指正。

编　者
1995.11

目 录

1 概论 ··· 1
  1.1 天然气组成 ·· 1
  1.2 天然气分类 ·· 2
  1.3 天然气生成与开采 ·· 4
  1.4 天然气加工过程与天然气相关产品质量规范 ·· 6
  1.5 天然气用途 ··· 13
  1.6 中国天然气利用政策 ·· 18
  习题 ·· 19

2 天然气物性与平衡计算 ··· 20
  2.1 天然气及其有关组分的主要物性参数 ·· 20
  2.2 天然气相态性质 ·· 34
  2.3 天然气加工常用状态方程及热力学计算式 ·· 39
  2.4 平衡过程计算 ··· 57
  2.5 天然气处理与加工过程常用工程模拟软件 ·· 76
  习题 ·· 78

3 烃—水体系与天然气水合物 ·· 81
  3.1 天然气含水量及烃水体系平衡计算 ·· 81
  3.2 天然气水合物及其生成条件 ·· 89
  3.3 天然气水合物防止措施 ··· 99
  习题 ··· 105

4 天然气酸性组分的脱除 ··· 108
  4.1 天然气脱硫脱碳方法 ·· 108
  4.2 醇胺法 ·· 111
  4.3 醇胺法脱硫脱碳工艺计算 ··· 136
  4.4 其他脱硫脱碳方法 ··· 159
  4.5 脱硫脱碳方法选择与技术进展 ··· 169
  习题 ··· 171

5 天然气脱水 ·· 173
  5.1 天然气脱水方法 ··· 173
  5.2 溶剂吸收法脱水 ··· 174

- 5.3 固体吸附法脱水 ··· 197
- 5.4 其他脱水方法 ··· 223
- 习题 ··· 224

6 酸气处理 ··· 226
- 6.1 硫黄及硫黄回收方法 ··· 226
- 6.2 克劳斯硫黄回收 ··· 232
- 6.3 液态硫处理与硫黄成型 ·· 264
- 6.4 尾气处理 ·· 267
- 6.5 硫黄回收工艺选择 ·· 277
- 习题 ··· 278

7 轻烃回收与分馏 ··· 280
- 7.1 制冷方法 ·· 280
- 7.2 轻烃回收 ·· 299
- 7.3 轻烃分馏 ·· 316
- 习题 ··· 326

8 天然气液化与提氦 ·· 327
- 8.1 天然气液化 ··· 327
- 8.2 天然气提氦 ··· 344
- 习题 ··· 349

9 天然气化工利用 ··· 351
- 9.1 天然气化工利用概况 ··· 351
- 9.2 天然气制合成气 ··· 352
- 9.3 天然气制乙炔 ·· 369
- 9.4 天然气制氢氰酸 ··· 375
- 9.5 天然气制氯甲烷 ··· 378
- 9.6 天然气制硝基甲烷和二硫化碳 ··· 382
- 9.7 天然气直接化工利用新技术 ·· 384
- 习题 ··· 387

参考文献 ··· 388

专业名词汉英对照 ·· 389

中国天然气工业常用标准规范 ··· 389

习题参考答案 ··· 389

本书订正更新 ··· 389

1 概　　论

广义的天然气是指在自然界中天然生成的气体化合物。就能源意义而言，传统的天然气也就是气态的石油，是专指在岩石圈中生成并蕴藏于其中的以气态烷烃混合物为主的可燃性气体，往往包括在地下储积层中以气相存在的，并且在常温常压下仍为气相（或有凝液析出），或在地下储积层中溶解在原油中，在常温常压下从原油中分离出来时呈气相的那部分石油。从组成意义来讲，天然气包括传统意义上的常规天然气、非常规天然气（天然气水合物、煤层气、页岩气、炼厂气、煤制气）等。本书所指的天然气就是能源意义上的天然气。

天然气是低碳、洁净、方便、高效的优质能源，也是优良的化工原料，与煤、石油并称世界一次能源的三大支柱，在能源结构中占有重要的地位。

1.1　天然气组成

天然气的组成一般包括烃类、非烃类化合物及其他组分。其他组分往往指以胶溶态粒子存在于气相中的沥青质和开采、集输过程中夹带的固体粒子。

1.1.1　天然气化学组成

天然气是由以低分子饱和烃为主的烃类气体与少量非烃类气体组成的混合气体。在其组成中，甲烷（CH_4）占有绝大部分，乙烷（C_2H_6）、丁烷（C_4H_{10}）和戊烷（C_5H_{12}）含量不多，庚烷以上（C_{7+}）的烷烃含量极少。此外，天然气中还含有少量非烃类气体，如硫化氢（H_2S）、二氧化碳（CO_2）、一氧化碳（CO）、氮气（N_2）、氢气（H_2）和水蒸气（H_2O），以及硫醇（RSH）❶、硫醚（RSR'）、二硫化碳（CS_2）、羰基硫（或硫化羰）（COS）、噻吩（C_4H_4S）等有机硫化物，有时也含有微量的稀有气体，如氦气（He）、氩气（Ar）等。在大多数天然气中存在痕量的不饱和烃，如乙烯（C_2H_4）、丙烯（C_3H_6）、丁烯（C_4H_8），偶尔也含有极少量的环状烃化合物——环烷烃和芳香烃，如环戊烷、环己烷、苯、甲苯、二甲苯等。

甲烷、乙烷和丙烷是天然气中最主要的组成。其中，甲烷化学式为 CH_4，是最简单的有机物，广泛分布于自然界中，可用作燃料，也可作为制造氢气、炭黑、甲醛等物质的原料。乙烷化学式为 C_2H_6，是无色无味的气体，可以裂解制乙烯（C_2H_4），也可以用作制冷剂。丙烷化学式为 C_3H_8，常用作烧烤、机动车燃料等。气田气和油田伴生气中甲烷含量是不同的，气田气中甲烷的含量可以达到 94%～98%，而油田伴生气中甲烷的含量则只有 80%～85%。天然气中乙烷含量通常占 5%～10%，丙烷则更少，占 1%～5%。表 1.1 列出了中国主要油气田天然气的典型组成。

---

❶ R 代表烷基基团。

表 1.1 中国主要油气田的天然气组成　　　　单位：％（摩尔分数）

油气田名称		甲烷	乙烷	丙烷	异丁烷	正丁烷	异戊烷	正戊烷	C_6+	CO_2	H_2S
长庆	靖边	93.89	0.62	0.08	0.01	0.01	0.001	0.002	—	5.14	0.048
	榆林	94.31	3.41	0.50	0.08	0.07	0.013	0.041	—	1.20	0.032
	苏里格	92.54	4.50	0.93	0.124	0.161	0.066	0.027	0.843	0.775	0.034
中原	气田气	94.42	2.12	0.41	0.15	0.18	0.09	0.09	0.26	1.25	0.22
塔里木	克拉-2	98.02	0.51	0.04	0.01	0.01	—	—	0.05	0.58	0.78
	牙哈	84.29	7.18	2.09	0.47	0.28	0.07	0.06	—	0.70	0.069
海南	崖13-1	83.87	3.83	1.47	0.40	0.38	0.17	0.10	0.11	7.65	0.049
西南	威远	86.80	0.13	—	—	—	—	—	—	5.07	1.18
	龙王庙	94.89	0.14	0.01	—	—	—	—	—	3.28	1.059
	卧龙河	97.50	0.48	0.05	—	—	—	—	—	0.07	0.18
	磨溪	95.70	0.15	0.01	—	—	—	—	—	0.34	1.68
	中坝	90.30	5.94	1.67	0.91					0.46	0.12

1.1.2 天然气组成的矿藏依赖性

天然气的化学组成多达 100 多种，各气田的天然气组成各不相同。实践表明，天然气由于生成的地质条件不同、不同地区、不同储集层深度，其组成不相同。同一口井不同层位，天然气组成不尽相同；同一储集层，不同井口采出的天然气组成也可能不相同，而且随着储量的递减，甚至随着气象条件的变化，天然气组成也发生改变。这就是天然气组成的矿藏依赖性。

1.2　天然气分类

国内有学者从地质勘探角度根据国内所产天然气气体中硫化氢的含量提出了不同标准的天然气分类方案。

1989 年戴金星院士提出微含硫化氢型气（<0.5％）、低含硫化氢型气（0.5％~2％）、高含硫化氢型气（2％~70％）、硫化氢型气（>70％）。

湛继红等人提出含硫气藏（2％~5％）、高含硫气藏（5％~20％）、特高含硫气藏（20％~80％）、"纯"硫化氢气藏（>80％）。

王鸣华等学者根据国外和我国四川气田天然气含硫化氢的实际情况，提出无硫气（或甜气，<0.0014％）、酸气❶（0.0014％~0.3％）、含硫气（0.3％~1.0％）、中含硫气（1.0％~5.0％）、高含硫气（>5.0％）。

---

❶ 低含硫气或含相当量的二氧化碳时，统称酸气。

从天然气净化与处理角度出发，天然气的分类依据不同的原则有三种方式，即按矿藏特点分类、按烃类组成分类和按酸气含量分类。

1.2.1 按矿藏特点分类

天然气按矿藏特点也就是来源的不同可分为气井气、凝析井气和油田气，前两者合称非伴生气。

（1）气井气，即纯气田天然气，气藏中的天然气以气相存在，通过气井开采出来。这类气体中甲烷含量高，属于干气。

（2）凝析井气，即凝析气田天然气，在气藏中以气相存在，但开采到一定阶段，随储层压力下降，流体状态进入反凝析区，部分烃类在井筒中呈液态析出形成凝析液，其凝析液主要是凝析油，可能还有部分被凝析的水。这类气田井口流出物中除含有甲烷、乙烷外，还含有一定量的丙烷、丁烷及 C_5 以上的烃类。

（3）油田气，即油田伴生气，它是与原油共生，在油藏中与原油呈相平衡接触的气体，包括游离气（气层气、气顶气）和溶解在原油中的溶解气两种。在开采过程中一般借助气层气保持井压，而溶解气伴随原油采出。油田气采出的特点是：组成和气油比（一般为20～500m^3/t）因油田和开采条件而异，一般富含丁烷以上组分；不能按需求量来开采，总是随原油的开采而以一定的气油比采出。20 世纪 70 年代以前我国的油田气利用不够充分和合理，多以"点天灯"的形式（火炬燃烧）而浪费掉。20 世纪 80 年代以来，随着科技的进步和节能降耗的开展，各油田都采取了适宜的工艺路线对油田气进行回收利用，提高了经济效益和资源的利用效率。

页岩气是赋存于富有机质泥页岩及其夹层中，以吸附和游离状态为主要存在方式，包括 95% 以上的甲烷含量。它的形成和富集有着独特的特点，往往分布在盆地内厚度较大、分布广的页岩烃源岩地层中，本质上仍属于气井气。

煤层气作为煤的伴生矿产资源俗称瓦斯，其是指储存在煤层中，以吸附在煤基质颗粒表面为主，部分游离于煤孔隙中或溶解于煤层水中的烃类气体。

1.2.2 按烃类组成分类

按烃类组成即按天然气中液烃含量的多少来分类，天然气可分为干气、湿气和贫气、富气。

1.2.2.1 C_5 界定法——干气与湿气的划分

C_5 界定法针对天然气中 C_5 以上烃类的含量多少将其划分为干气和湿气。

（1）干气，指 1m^3（CHN）❶ 井口流出物中，C_5 以上烃类含量低于 13.5cm^3 的天然气。

（2）湿气，指 1m^3（CHN）井口流出物中，C_5 以上烃类含量高于 13.5cm^3 的天然气。

1.2.2.2 C_3 界定法——贫气与富气的划分

C_3 界定法针对天然气中 C_3 以上烃类的含量多少将其划分为贫气和富气。

（1）贫气，指 1m^3（CHN）井口流出物中，C_3 以上烃类含量低于 94cm^3 的天然气。

---

❶ m^3（CHN）：基准立方米、基方，在我国使用的压力和温度的标准参比条件（压力为 101.325kPa，温度为 20℃）下计量的气体立方米数（来源于 JB/T 10564—2006《流量测量仪表基本参数》）。

（2）富气，指 $1m^3$（CHN）井口流出物中，C_3 以上烃类含量高于 $94cm^3$ 的天然气。

《气体加工工程数据手册》对贫气的定义包括：一是指在天然气加工装置中回收了天然气液体之后的残气，二是指几乎不含或无可回收天然气液体的未加工气体。而富气指适合用作天然气加工厂的原料并从中提取产品的气体。这与前述的定义无原则上区别。干气和湿气在该文献中包括两方面的内容，一是针对天然气是否含有一定量的水分来划分干、湿气；二是与贫、富气的划分相类似，这一点在阅读相关外文期刊时要特别注意。

1.2.3　按酸气含量分类

按酸气（CO_2 和硫化物）含量多少，天然气可分为酸性天然气和洁气。

酸性天然气是指含有显著量的硫化物和 CO_2 等酸性气体，必须经处理后才能达到管输标准或商品气气质指标的天然气。洁气是指硫化物和 CO_2 含量甚微或根本不含，不需净化就可外输或利用的天然气。

综上所述，酸性天然气和洁气的划分采取了模糊的判据，而具体的数值指标并无统一的标准。在我国，由于对 CO_2 的净化处理要求不严格，因而一般采用 GB 17820—2018《天然气》规定的天然气技术指标中的二类标准即硫含量不高于 $20mg/m^3$（CHN）作为界定指标，把含硫量高于 $20mg/m^3$（CHN）的天然气称为酸性天然气；低于 $20mg/m^3$（CHN）的天然气称为洁气。

经过脱硫处理后的天然气称为脱硫天然气，简称脱硫气；经过脱硫和脱水处理后的天然气称为净化天然气，简称净化气。在工业现场，有时脱硫气也称为净化气。

1.3　天然气生成与开采

天然气是怎么产生的？又怎么从深埋在地下的储层中开采出来的呢？

1.3.1　天然气生成

天然气就是气态的石油，关于其成因的认识一直在不断深化，也一直在不断争论。目前主要的观点有三种，即无机成因说、有机成因说和油气成因二元论。

1.3.1.1　无机成因说

无机成因说于 18 世纪末至 20 世纪中提出，主要包括碳化物说、宇宙说、岩浆说和陨石说等，这类说法认为油气是由无机物生成的，是宇宙中简单的碳氢化合物或地下深处岩浆中所包含的碳、氢以无机方式形成的。

1876 年，著名化学家门捷列夫得出油气成因的"碳化物说"结论。他依靠在实验室可以通过无机合成途径得到碳氢化合物的这一现象，提出地下深处的重金属碳化物与下渗的地下水相互作用生成碳氢化合物，碳氢化合物在上升的过程中冷凝，并在地层的孔隙中聚集成油气藏。

油气成因的宇宙说的依据是，在水星、土星、天王星、海王星等的气圈中发现有碳氢化合物。该学说坚持碳氢化合物是宇宙所固有的，在地球还处于具有可塑性的熔融状态的初期阶段时，碳氢化合物就已存在于气圈之中。随后，由于地球的冷却，碳氢化合物被吸附并凝结在地壳上部，在向地表运移的过程中聚集起来，形成了油气藏。

苏联学者 H. A. 库德梁采夫于 1949 年提出了油气起源岩浆说，这一学说的依据是在岩浆中找到了微量的油气和在火山喷发岩中发现有原油氧化的产物——沥青，故而，他认为基性岩浆中含有碳、氢、氧等元素，当岩浆冷却时可以化合为碳氢化合物。

这些学说在本质上都是认为无机物在漫长的地质年代中不同地质条件下不断变化而形成了碳氢化合物，并不断运移到我们称为圈闭的油气藏中。

1.3.1.2 有机成因说

有机成因说则认为油气是在地球上生物起源之后，在地质历史发展过程中，由保存在沉积岩中的动物、植物的有机质逐步转化而成。这种假说的主要依据是：石油馏分具有旋光性。生物有机质普遍具有这种旋光性，但无机质则普遍不具有这种旋光性；现代沉积物及古代沉积物中都含有构成油气的各种烃类化合物，且所有活的有机体都含有烃类；此外，还在油气中相继发现了许多具有生物成因标志的有机化合物，如卟啉、植烷及甾烷等。现代科学普遍认为低等生物是形成油气的沉积有机质的主要贡献者。实验也表明，组成动植物机体的组分，在适当条件下，可不同程度地生成烃类化合物。

油气有机成因理论形成以后，又延伸了油气是沉积物形成初期的早期生油说和沉积物经成岩作用形成岩石后的晚期生油说之争。20 世纪 50—70 年代，科学家通过详细研究发现，只有当生油母岩满足一定深度和温度的特定环境条件时才显著地产生油气，为晚期生油说提供了佐证。晚期生油说具体认为，当沉积物埋藏到较深深度，到了成岩作用晚期或后生作用初期，沉积岩中的不溶有机质——干酪根达到成熟，通过热降解生成油气。

1.3.1.3 油气成因二元论

大多数人普遍接受有机成因说的观点，但在目前已经开发的油气田中，的确发现了无机成因的原油和天然气，由此诞生了油气成因的二元论。也就是指油气既可以由有机物转变而来，也可以由无机物转变而来。

1.3.2 天然气开采

天然气同原油一样埋藏在地下封闭的地质构造之中，有些和原油共生，有些则单独存在，是可流动的矿藏，加之埋藏深度大，与固体矿物（如煤炭、硫铁矿等）开采的方法不同，不能采用开挖的方式进行，必须通过疏通诱导的方法使天然气先流入开采井中，然后借助本身的压力再上升到地面，通过井口装置后进入气田集气系统。

1.3.2.1 钻井

钻井就是钻一个直达地下的油气藏的通道以沟通油气藏与地面的流动通路，使油气藏中的油气由于压差顺着这个通道流到地面。

在油气勘探、开发和开采中，各个阶段都需要钻井，尽管各阶段所钻井的用途、井径大小以及深度各不相同，但钻井过程相差不多。目前最通用的钻井方法是旋转钻井，其利用钻头旋转时产生的切削或研磨作用破碎岩石。按动力传递方式不同，旋转钻井又分为转盘旋转钻井和井下动力钻井。转盘旋转钻井又称为转盘钻井，是通过一套地面设备，即钻机、井架以及一套提升系统，通过提升系统升降井下钻具；在钻台的井口处装有转盘，转盘中心旋转部分有方孔，钻柱最上端的方钻杆穿过该方孔，方钻杆下接钻柱和钻头；动力机驱动转盘时带动钻柱和钻头一起旋转，破碎岩石，井眼随着钻柱不断加长而加深，岩屑随循环钻井液返至地面。目前这种方法被广泛使用。而井下动力钻井与转盘钻井不同的是在钻柱下边接井下动力钻具，钻头靠井下动力钻具带动转动。因此，大部分钻具不转动，节省了大量功率，磨损小、使用寿命长。该方法主要用于钻定向井、丛式井和水平井。

1.3.2.2 采气

天然气从地下储层流入井底，经过气井井筒、地面设备到集气管是一个完整的生产过程。

按照压力、产量、产油气水和气质情况等不同的地质特点和开采特征，可以把气井划分为不同的类别。

1. 无水气藏气井的开采

无水气藏是指产气层中无边底水和层间水的气藏（也包括边底水不活跃的气藏）。这类气藏的驱动方式主要靠天然气弹性能量，进行消耗式开采。开采过程中，除产少量凝析水外，气井基本上产纯气（有的也产少量凝析油，但不属凝析气井）。

2. 有边、底水气藏气井的开采

有边、底水的气藏在开采过程中，易造成气藏压力过快下降，气层水会过早侵入气藏，使气井早期出水。这种情况下，由于岩石本身的亲水性和毛细管压力的作用，水的侵入不是有效地驱替气体，而是封闭缝洞或孔隙中未排出的气体，形成死气区。这部分被封闭在水侵带的高压气，数量可以高达岩石孔隙体积的 30%~50%，从而大大降低气藏的最终采收率，严重加快气井的产量递减。不仅如此，气井产水后会使天然气流入井底的渗流阻力增加，故气液两相沿气井向上的管流总能量消耗将会显著增大。随着水侵影响的日益加剧，气藏的采气速度下降，气井的自喷能力减弱，单井产量迅速递减，直至气井水淹而停产。目前治理气藏水患的措施：一是排水，二是堵水。采用的方法有排水采气、泡沫排水、气举排水采气、有杆泵排水采气、电潜泵排水采气和射流泵排水采气等。

3. 凝析气藏气井的开采

通常，天然气中凝析量含量在 $50g/m^3$ 以上者属于凝析气藏。凝析气藏的气体中含有戊烷以上的重碳氢化合物较多，地层压力高。凝析气藏初期的开采过程，是在生产井作用地区保持地层压力高于开始凝析的临界压力的条件下，从生产井中开采气体，在加工厂提取凝析液并将提取凝析液后的干气循环回注到注入井中。

1.3.2.3 集气

天然气集气是天然气集输与处理过程中的一个重要环节。集气系统是指由气井采出的天然气经井场、集气站、增压站、截断阀室、清管站、集配气总站和集气管网等至处理厂（站）之间一系列工艺站场和管网的总称。它包括节流、分离、计量、增压、预处理和清管等采、集气工艺过程。

集气系统采用何种站场布置、管网结构和集气工艺，应根据天然气气质、气井产量、压力、温度和气田构造形态、驱动类型、开采年限、逐年产量、产品方案及自然条件等因素，以气田开发的整体经济效益为目标综合确定。

1.4 天然气加工过程与天然气相关产品质量规范

从矿藏中开采出来的天然气是组分十分复杂的烃类混合物，且含有少量非烃类杂质。天然气加工过程实质上就是将通过集气系统集中后的天然气经过一系列处理，脱除其中的杂质使其达到一定的气质指标的过程，国内一般称为净化或处理；而把轻烃回收（NGL 回收）、天然气液化与提氦等过程称为加工。本书将这两个紧密联系的工业过程统称为天然气加工工程,从体系上还包括天然气的化工利用。

1.4.1 天然气加工过程

图 1.1 为油气田天然气处理与加工过程示意图,需要说明的是并非所有油气井采出的天然气都必须经过全部过程。

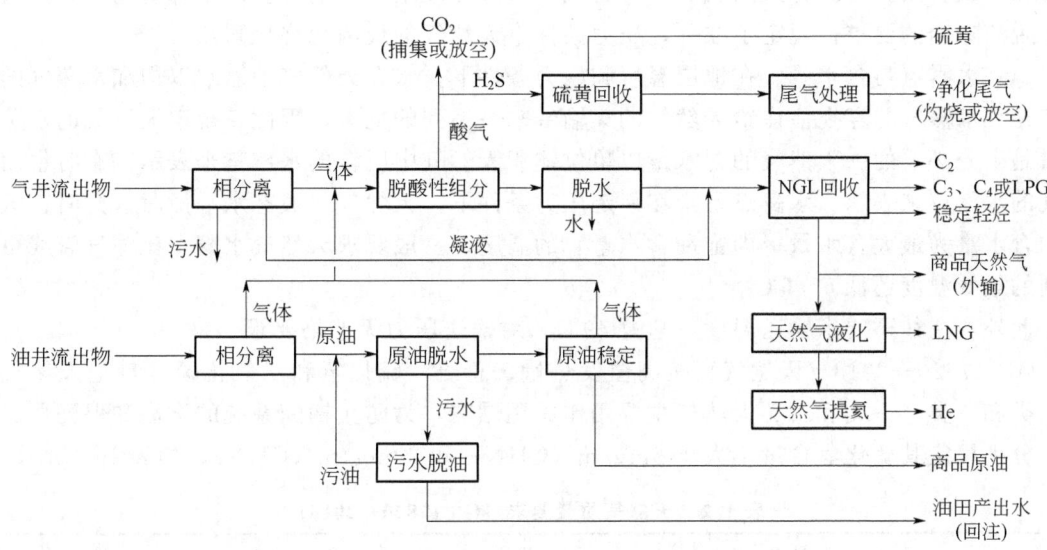

图 1.1 天然气处理与加工过程示意图

尽管天然气加工的具体工艺是多种多样的,但在加工过程中所涉及的各单元过程大多是物理过程,如相分离、精馏、吸收、吸附、膨胀、压缩、传热;此外,硫黄回收则属于化学过程。正是由这些单元过程借助管线、阀门等将物料流和能量流相互连接起来,组成复杂的工艺过程,达到一定的加工目的。

1.4.2 天然气相关产品质量规范

通过加工的天然气所达到的气质指标,各国各地区都不尽相同,这是由于天然气资源和矿藏处理的技术水平、供销状况及有关的经济政策等各不相同所造成的。

1.4.2.1 商品天然气

由于化工生产所需的原料气对有害杂质特别是硫及其化合物的含量要求比较严格(硫含量一般为 $1\sim2mg/m^3$),天然气通常需经二次处理才能符合要求,而且这部分气量相对较小,故在制定商品天然气气质指标时多以符合燃料要求为依据,主要从保证天然气在输配系统中的安全运行,减少设备、管线的腐蚀,满足环境保护和卫生以及良好的燃烧性能等方面规定对商品天然气的质量要求。随着天然气在能源结构中的比例上升,输气管道压力升高,距离增长,对气质的要求也趋于严格。在西方发达国家,气质指标除了管输指标外,往往还必须根据用户与公司签订的销售合同的有关条款来实行质量标准,以满足用户的需要。

商品天然气的主要气质指标有:

(1) 最小热值。为了使天然气用户能适当地确定其加热设备,必须确定最小热值。这项规定主要要求控制天然气中 N_2 和 CO_2 等不可燃气体的含量。

(2) 含硫量。主要是为了控制天然气的腐蚀性和出于对人类自身健康和安全的考虑，常以 H_2S 含量或总硫（H_2S 及其他形态的硫）含量来表示。天然气中的硫化物分为无机硫和有机硫。无机硫指 H_2S，有机硫指 CS_2、COS、硫醇（CH_3SH、C_2H_5SH）、噻吩（C_4H_4S）、硫醚（CH_3SCH_3）等。天然气中的大部分硫化物都是无机硫。

(3) 烃露点。烃露点即在一定压力下天然气中析出第一滴液烃时的温度，它与天然气的压力和组成有关。为防止天然气在输配管线中有液烃凝结，目前许多国家都对商品天然气规定了脱油除尘的要求，规定了在一定压力条件下天然气的最高允许烃露点。

(4) 水露点与含水量。在地层温度和压力条件下，水在天然气中通常以饱和水蒸气的形式存在，水蒸气的存在往往给天然气的集输带来一系列的危害，因此，规定天然气的水蒸气含量是十分必要的。天然气的含水量以单位体积天然气中所含的水汽量来表示，有时也用天然气的水露点来表示。水露点是指在一定压力条件下，天然气与液态水平衡时（此时，天然气的含水量为最大含水量，即饱和含水量）的温度。一般要求天然气水露点比输气管线可能达到的最低温度还低 5~6℃。

此外，往往还要求输送温度不超过 49℃，对输送压力无严格要求。

GB 17820—2018《天然气》按高位发热量、总硫、硫化氢和二氧化碳含量把天然气分为一类和二类。一类和二类天然气主要用作民用燃料，为防止输配系统的腐蚀和保证居民健康，分别规定其硫化氢含量不大于 $6mg/m^3$（CHN）和 $20mg/m^3$（CHN），如表 1.2 所示。

表 1.2　天然气质量要求（GB 17820—2018）

项目		一类	二类
高位发热量[a,b]，MJ/m^3	≥	34.0	31.4
总硫（以硫计）[a]，mg/m^3	≤	20	100
硫化氢[a]，mg/m^3	≤	6	20
二氧化碳摩尔分数，%	≤	3.0	4.0

[a] 本标准中使用的标准参比条件是 101.325kPa，20℃。
[b] 高位发热量以干基计。

同时，在运输和使用条款中还明确规定：

(1) 在天然气交接点的压力和温度条件下，天然气中应不存在液态水和液态烃。

(2) 天然气中固体颗粒应不影响天然气的输送和利用。

(3) 作为民用燃气的天然气，应具有可以察觉的臭味。民用燃气的加臭应符合 GB 50028—2006《城镇燃气设计规范（2020 版）》的规定。

(4) 作为燃气的天然气应符合 GB/T 33440—2021《天然气互换性一般要求》对于燃气互换性的要求。

(5) 进入长输管道的天然气应符合一类气的质量要求。

(6) 对于本标准规定之外的天然气，在满足国家有关安全、环保和卫生等标准的前提下，供需双方可用合同来约定其具体要求。

(7) 天然气在输送和使用的过程中应遵守国家和当地的安全法规。

1.4.2.2　液化天然气

液化天然气（LNG）主要由甲烷组成，可能含有少量的乙烷、丙烷、丁烷、氮或通常存在于天然气中的其他组分的一种无色低温液态流体。LNG的一般特性由组分、密度、温度、黏度等组成，如表1.3所示。LNG的密度取决于其组分，通常在 $420\sim470kg/m^3$，但在某些情况下可高达 $520kg/m^3$。密度是温度的函数，其变化梯度约为 $0.35kg/(m^3\cdot℃)$。LNG的沸点温度也取决于组分，在大气压力下通常变化范围在 $-166\sim-157℃$ 间，沸点随压力的变化梯度约为 $1.25\times10^{-4}℃/Pa$。LNG的黏度同样也取决于其组分，在$-160℃$下黏度范围通常在 $1.0\times10^{-4}\sim2.0\times10^{-4}Pa\cdot s$，大约为水黏度的 $1/10\sim1/5$。

表1.3 LNG实例（GB/T 19204—2020）

常压下在沸点温度时的性质		LNG例1	LNG例2	LNG例3	LNG例3	LNG例4	LNG例5
摩尔分数，%	N_2	0.13	0.12	1.79	0.11	0.36	0.11
	CH_4	99.80	99.84	93.90	90.31	87.20	84.71
	C_2H_6	0.07	0.04	3.26	5.35	8.61	12.33
	C_3H_6	—	—	0.69	3.21	2.74	2.64
	$i-C_4H_{10}$	—	—	0.12	0.59	0.42	0.11
	$n-C_4H_{10}$	—	—	0.15	0.40	0.65	0.10
	C_5H_{12}	—	—	0.09	0.03	0.02	—
摩尔质量，kg/kmol		16.07	16.06	17.07	18.14	18.52	18.61
沸点温度，℃		−162.0	−161.9	−166.5	−160.9	−161.5	−160.2
密度，kg/m^3		424.7	424.5	452.4	462.2	470.7	471.1
单位体积液体气化后产生的气体体积（0℃和101.325kPa），m^3/m^3		590.7	590.6	592	568.9	567.3	649.9
单位质量液体气化后产生的气体体积（0℃和101.325kPa），$m^3/10^3kg$		1391	1391	1309	1231	1205	1199
单位质量气化潜热，kJ/kg		525.6	522.5	679.5	673.0	675.5	564.9
单位体积高热值，MJ/m^3		37.75	37.75	38.76	41.96	42.59	42.94

注：以上特性数据是基于实测组分数据的模拟数据。

LNG的质量标准如表1.4所示。

表1.4 液化天然气质量要求（GB/T 38753—2020）

项目	贫液类	常规类	富液类
甲烷（摩尔分数），%	≥97.5	86.0~97.5	75.0~<86.0
C_4^+烷烃（摩尔分数），%	≤2		
二氧化碳（摩尔分数），%	≤0.01		
氮气（摩尔分数），%	≤1		
氧气（摩尔分数），%	≤0.1		
总硫含量（以硫计）[a]，mg/m^3	≤20		
硫化氢含量[a]，mg/m^3	≤3.5		
高位体积发热量[a]，MJ/m^3	≥37.0且<38.0	≥38.0且≤42.4	>42.4

[a] 本标准中使用的计量参比条件是101.325kPa，20℃，燃烧参比条件是101.325kPa，20℃。

1.4.2.3 压缩天然气

压缩天然气（CNG）是指压缩至设定高压的天然气，其主要成分为甲烷。通常多以城镇燃气管网的商品天然气为原料气，经脱硫（如果需要）、脱水和压缩而成。大多充装在 20～25MPa 的气瓶中，主要用作车用燃料，少部分运输到城镇燃气管网未到达的小区作燃料。其质量标准如表 1.5 所示。

表 1.5　车用压缩天然气质量指标（GB 18047—2017）

项目		技术指标
高位发热量[a]，MJ/m^3	≥	31.4
总硫（以硫计）[a]，mg/m^3	≤	100
硫化氢[a]，mg/m^3	≤	15
二氧化碳（摩尔分数），%	≤	3
氧气（摩尔分数），%	≤	0.5
水[a]，mg/m^3		在汽车驾驶的特定地理区域内，在压力不大于 25MPa 和环境温度不低于 −13℃ 的条件下，水的质量浓度应不大于 30mg/m^3
水露点，℃		在汽车驾驶的特定地理区域内，在压力不大于 25MPa 和环境温度低于 −13℃ 的条件下，水露点应比最低环境温度低 5℃

[a] 本标准中气体体积的标准参比条件是 101.325kPa，20℃。

1.4.2.4 液化气

液化气也称液化石油气（LPG），是指主要由 C_3 和 C_4 烃类组成并在常温常压下处于液态的石油产品。可以由天然气轻烃回收生产，也可由原油加工过程的炼厂气生产。因其最早是由石油炼制过程生产的，所以在国内就一直称为液化石油气。LPG 的质量标准如表 1.6 所示。

表 1.6　液化石油气的技术要求和试验方法（GB 11174—2011）

项目		质量指标			试验方法
		商品丙烷	商品丙丁烷混合物	商品丁烯	
密度（15℃），kg/m^3		报告			SH/T 0221—1992[a]
蒸气压（37.8℃），kPa	不大于	1430	1380	485	GB/T 12576—1997
组分[b]					
C_3 烃类组分（体积分数），%	不小于	95	—		NB/SH/T 0230—2019
C_4 及 C_4 以上烃类组分（体积分数），%	不大于	2.5	—		
（C_3+C_4）烃类组分（体积分数），%	不小于	—	95	95	
C_5 及 C_5 以上烃类组分（体积分数），%	不大于	—	3.0	2.0	
残留物					
蒸发残留物，mL/100mL	不大于		0.05		SY/T 7509—2014
油渍观察			通过[c]		
铜片腐蚀（40℃，1h）/级	不大于		1		SH/T 0232—1992

续表

项目		质量指标			试验方法
		商品丙烷	商品丙丁烷混合物	商品丁烯	
总硫含量，mg/m³	不大于		343		SH/T 0222—1992
硫化氢（需满足下列要求之一）：					
乙酸铅法			无		SH/T 0125—1992
层析法，mg/m³	不大于		10		SH/T 0231—1992
游离水			无		目测[d]

    [a] 密度也可用 GB/T 12576—1997《液化石油气蒸气压和相对密度及辛烷值计算方法》方法计算，有争议时以 SH/T 0221—1992《液化石油气密度或相对密度测定法（压力密度计法）》为仲裁方法。
    [b] 液化石油气中不允许人为加入除加臭剂以外的非烃类化合物。
    [c] 按 SY/T 7509—2014《液化石油气残留物的试验方法》方法所述，每次以 0.1mL 的增量将 0.3mL 溶剂——残留物混合液滴到滤纸上，2min 后在日光下观察，无持久不退的油环为通过。
    [d] 有争议时，采用 SH/T 0221—1992 的仪器及试验条件目测是否存在游离水。

1.4.2.5 稳定轻烃

稳定轻烃也称为天然汽油（natural gasoline），是指天然气凝液经过稳定后得到的以戊烷以上（C_{5+}）烃类为主的液态产品，其终馏点不高于 190℃。我国将稳定轻烃按蒸气压范围分为两种牌号，其代号分别为 1 号和 2 号。1 号产品作为石油化工原料，2 号产品可作为石油化工原料也可作生产车用汽油的调和原料。稳定轻烃的技术要求及试验方法如表 1.7 所示。

表 1.7 稳定轻烃技术要求和试验方法（GB 9053—2013）

项目		质量指标		试验方法
		1 号	2 号	
饱和蒸气压，kPa		71～200	夏[a]＜74 冬[b]＜88	GB/T 8017—2012

馏程
  10%蒸发温度，℃ 不低于
  90%蒸发温度，℃ 不高于
  终馏点，℃ 不高于
  60℃蒸发率（体积分数），%
		—
		135
		190
		实测
			35
			150
			190
			—
				GB/T 6536—2010

硫含量[c]，%	不大于	0.05	0.10	SH/T 0689—2000
机械杂质及水分		无	无	目测[d]
铜片腐蚀/级	不大于	1	1	GB/T 5096—2017
赛波特颜色号	不低于	+25	—	GB/T 3555—2022

    [a] 夏季从 5 月 1 日至 10 月 31 日。
    [b] 冬季从 11 月 1 日至 4 月 30 日。
    [c] 硫含量允许采用 GB/T 17040—2019《石油和石油产品中硫含量的测定 能量色散 X 射线荧光光谱法》和 SH/T 0253—2021《轻质石油产品中总硫含量的测定 电量法》进行测定，但仲裁试验应采用 SH/T 0689—2000《轻质烃及发动机燃料和其他油品的总硫含量测定法（紫外荧光法）》。
    [d] 将试样注入 100mL 的玻璃量筒中观察，应当透明，没有悬浮与沉降的机械杂质及水分。

1.4.2.6 乙烷

近年来,我国逐渐重视从天然气中回收乙烷,主要用于乙烯工程的原料的乙烷产品分为气体乙烷和液体乙烷两类,技术指标应符合表1.8的规定。

表1.8 技术指标(Q/SY 01027—2019)

项目	技术指标		
	一等	二等	三等
气体乙烷			
乙烷(摩尔分数),%	≥94	≥90	≥88
甲烷(摩尔分数),%	≤2.0	≤2.5	≤3.0
丙烷及丙烷以上(摩尔分数),%	≤4.0	≤5.0	≤6.0
二氧化碳含量(摩尔分数),%	≤0.05	≤3.0	—
H_2S含量,mg/m^3	≤20		
总硫含量,mg/m^3	≤200		
液体乙烷			
乙烷(摩尔分数),%	≥94	≥90	≥88
甲烷(摩尔分数),%	≤2.0		
丙烷及丙烷以上(摩尔分数),%	≤4.0	≤5.0	≤6.0
二氧化碳含量(摩尔分数),%	≤0.05	≤3.0	—
H_2S含量,mg/kg	≤30		
总硫含量,mg/kg	≤300		

1.4.2.7 硫黄

硫黄是重要的工业原料,在天然气净化配套工艺—硫黄回收过程中会生产出固体工业硫黄。固体工业硫黄有块状、粉状、粒状和层状,呈黄色或淡黄色,无味,无肉眼可见杂质。按产品质量等级分为A级、B级和C级,其技术指标如表1.9所示。由天然气出产的硫黄主要为气硫[即从天然气中生产的,以相比于矿硫(从固体矿生产的)],气硫质量达A级。

表1.9 技术指标(GB/T 2449.1—2021)

序号	项目	指标			试验方法章条号
		A级	B级	C级	
1	硫的质量分数(S)(以干基计),%	≥99.95	≥99.50	≥99.00	6.2
2	水分的质量分数,%	≤2.0			6.3
3	灰分的质量分数(以干基计),%	≤0.03	≤0.10	≤0.20	6.4
4	酸度的质量分数(以H_2SO_4计)(以干基计),%	≤0.003	≤0.005	≤0.02	6.5
5	有机物的质量分数(以C计)(以干基计),%	≤0.03	≤0.30	≤0.80	6.6
6	砷(As)的质量分数(以干基计),%	≤0.0001	≤0.01	≤0.05	6.7
7	铁(Fe)的质量分数(以干基计),%	≤0.003	≤0.005	—	6.8

续表

序号	项目		指标			试验方法章条号
			A级	B级	C级	
8	筛余物^a的质量分数，%	粒径大于150μm	≤0		≤3.0	6.9
		粒径为75～150μm	≤0.5	≤1.0	≤4.0	

^a 筛余物指标仅用于粉状硫黄。

1.4.2.8 氦气

从富含氦的天然气中提取氦气，是氦资源的重要来源之一。工业氦气主要用于填充氦飞艇、飞行船、气球，也常用于容器、管道的检漏等。工业氦气的技术要求应符合表1.10的规定。

表1.10 技术要求（GB/T 28123—2011）

项目		指标	
氦气纯度（体积分数），10^{-2}	≥	97.5	99
总杂质（氖+氢、氧+氩、氮、甲烷）含量（体积分数），10^{-2}	≤	2.5	1
水分露点，℃	≤	−50	−50

表1.11是纯氦、高纯氦和超纯氦的技术要求。其主要用于光纤、激光、焊接切割、潜水呼吸、低温超导、增压、清洗和保护气等。

表1.11 技术要求（GB/T 4844—2011）

项目		指标			
		纯氦	高纯氦	超纯氦	
氦气（He）纯度（体积分数），10^{-2}	≥	99.99	99.995	99.999	99.999
氖气（Ne）含量（体积分数），10^{-6}	<	40	15	4	1
氢气（H$_2$）含量（体积分数），10^{-6}	<	7	3	1	0.1
[氧气（O$_2$）+氩（Ar）]含量（体积分数），10^{-6}	<	5	3	1	0.1
氮气（N$_2$）含量（体积分数），10^{-6}	<	25	10	2	0.1
一氧化碳（CO）含量（体积分数），10^{-6}	<	1	1	0.5	0.1
二氧化碳（CO$_2$）含量（体积分数），10^{-6}	<	1	1	0.5	0.1
甲烷（CH$_4$）含量（体积分数），10^{-6}	<	1	1	0.5	0.1
水分（H$_2$O）含量（体积分数），10^{-6}	<	20	10	3	0.2
总杂质含量（体积分数），10^{-6}	≤	100	50	10	1

1.5 天然气用途

煤、石油与天然气为人类社会发展提供了最基本的驱动力。但随着石油资源的日益匮乏以及煤、石油使用中所带来的环境问题受到人们普遍的重视，促使人类对清洁能源、新能源和可再生能源的探索与利用的步伐加快,能源结构正逐步发生变化。天然气作为一种经济、环保、发热量高、利用方便的优质燃料,在三大能源体系内的占比日益增加,已成为我国城市燃气的主导气源。

天然气的主要成分为甲烷,同时含有其他的低分子烃类、少量的 H_2S、CO_2、N_2 等气体,分离了非烃类的天然气是一种十分理想的能源,因其燃烧后不留炭黑和杂质,被称为"低碳能源""绿色燃料",号称"无污染能源"。煤炭的 CO_2 排放因子为 0.0946kg/MJ,石油的 CO_2 排放因子为 0.0733kg/MJ,而天然气的 CO_2 排放因子为 0.0558kg/MJ。天然气热值高,介于 $32\sim35MJ/m^3$,燃烧效率高,安全性好。天然气直接用作燃料的使用形态主要有管输天然气、液化天然气、压缩天然气等。管输天然气指满足一定质量要求(主要是 H_2S 和 H_2O 的含量)的天然气,通过管道以气态形式输送给用户;液化天然气(LNG)是天然气经深度脱水和脱硫后,深冷所形成的低温液体(101.325kPa,-161.25℃);压缩天然气(CNG)则是利用气体的可压缩性,将常规天然气以高压方式进行存储,其存储压力通常为 15~25MPa。无论是 LNG 还是 CNG,都极大地降低了天然气的存储容积而便于运输和存储。液化石油气(LPG,液化气)主要由 C_3 和 C_4 组成,是从天然气中提取或原油加工过程中产生,在常压下以液态形式存储,是良好的工业及民用燃料。随着我国城镇化和工业化进程加快,对能源的需求和消耗急剧增多,天然气因其高热值、清洁低碳的自然属性和作为稳定的化石能源能量载体的双重属性而备受青睐。天然气终端消费从单一的燃烧利用不断拓展到涵盖天然气发电、工业燃料、天然气化工和交通运输等民用、工业和交通领域。

1.5.1 民用和商用燃气

近年来,随着我国天然气工业的迅猛发展,城镇燃气正在快速扩展其应用领域,民用和商用燃气所占份额不断增多。民用燃气主要用于居民炊事、生活用水加热和采暖等,而商用燃气则主要包括商业用户、宾馆、餐饮、医院、学校和机关单位等的用气。

1.5.1.1 天然气在居民生活和商业中的应用

天然气作为燃料有清洁、高效和方便等优点,使它成为现代城市住宅、商业和公共部门优先选择的一种能源。

在工业发达国家,天然气用于住宅—商业的比例较高,达到 35%~50%。而我国居民使用燃气是从煤气开始的,随着石油工业的发展,一大批油气田相继被发现并投入开发,天然气才逐渐进入家庭住宅。与煤气(主要含 CO 和 H_2,热值 $14.7MJ/m^3$)相比,天然气具有较高的热值,约为煤气的 2.5 倍,且供气压力高,能实现远距离输送。

对城市供气而言,在管道供气同时,通过引进 LNG 或 CNG,不仅可以应对日益增长的天然气需求,必要时也可作为事故情况下的应急气源,为供气安全多提供了一份保障。

1.5.1.2 LPG 用作居民生活和商业中的燃料

LPG 是从天然气加工和石油炼制过程中作为副产品而得到的以 C_3 和 C_4 为主要成分的烃类混合物,也称为液化气或液化石油气。因其热值较高、无烟尘、方便快捷、引燃简单等优点,已成为人们日常生活中的重要燃料之一。LPG 的利用包括家用燃料利用和商业利用。家用液化气一般是装在液化气耐压钢罐中,使用时拧开气罐阀门,液化气经减压阀通过管道进入燃烧器,供烹调、烧水和供暖等使用。商业利用主要用于产品的干燥、采暖等。

1.5.2 工农业用燃气

天然气的燃烧性能好，具有二氧化碳排放量相对较低、产生的 SO_x 和颗粒物也极少、无灰渣等优点，加之天然气基础设施的不断完善，天然气用作燃气在工农业中的应用也越来越被人们所重视。

天然气在工业中的应用主要是工业炉供热和用于发电。

燃气工业炉是较为复杂的热工设备，主要由炉膛、燃气燃烧装置、余热利用装置、烟气排出装置、炉门及提升装置、金属框架、各种测量仪器、机械传动装置和自动检测与控制系统等部分构成。工业炉加热方式大体分为两类：直接加热和间接加热。直接加热就是将天然气燃烧形成的高温火焰或烟气直接与物料接触加热，而间接加热即采取靠辐射向物料或工件供热。

天然气工业炉具有以下优点：

(1) 燃气经脱硫处理，燃烧生成物中 SO_x 含量极少，燃气中含氮量较少，进而燃烧生成物中 NO_x 含量与传统燃料相比较少，也比较容易控制。

(2) 燃气燃烧器不存在结渣和结焦等问题，即使因不充分燃烧产生的炭黑也比较容易清理，且容易实现自动点火及火焰监测等。

(3) 燃气工业炉内燃烧生成物的成分调节灵敏，变动一点过剩空气量，气氛（即氧化、中性或还原气氛）在炉内即可发生变动，易满足特种工艺的需要。

(4) 燃气燃烧器的调节要比其他燃料装置的幅度宽，过剩空气量也比其他燃料少，而且微调灵敏性也比较高，容易实现炉温和炉压的自动控制。

燃气轮机和水蒸气轮机联合循环作为应用最广泛的联合循环发电，其流程如图 1.2 所示。它以天然气为燃料，天然气与空气在燃烧室混合燃烧，产生的高温烟气进入燃机叶片中膨胀做功，进而带动发动机产生电力。而排出的 500～600℃ 高温烟气进入余热锅炉中回收热量并产生水蒸气，水蒸气再进入汽轮机膨胀做功发电。

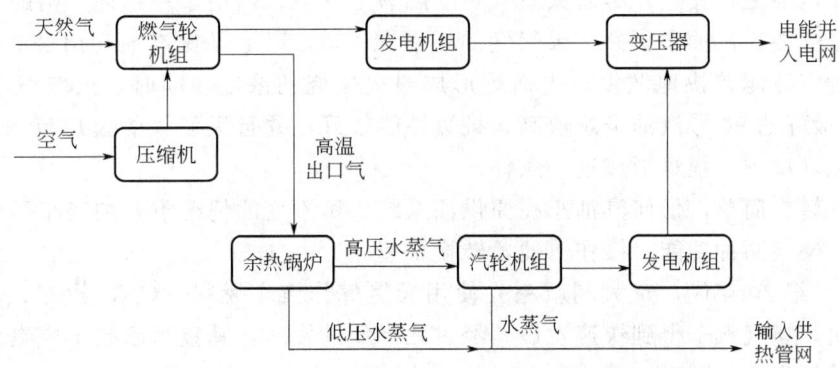

图 1.2　天然气联合循环发电工艺流程简图

与常规火电厂相比，采用联合循环发电的方式可以合理安排能源利用，其效率大大提高，最高效率超过 60%，而常规火电厂的最大效率还不足 45%。同时，该技术可靠性高，运行成本较低，大气污染物排放少，建设周期短，提高了天然气能源利用率，对天然气电站的发展起了至关重要的推动作用。

同时，近年来天然气分布式能源利用发展迅速。其基本思路是把"分散式电源"与"集中式供热供冷"结合起来以实现冷热电联供从而达到能源的梯级利用的目的。

目前天然气在农业生产中的利用率较低，在天然气较为丰富或地处寒冷地带的国家使用率较高。荷兰是世界上天然气在农业中应用最为广泛的国家。我国农业用天然气量很少，年消费量低，其主要应用于温室热源、农产品干燥和牲畜圈供暖等方面。

1.5.3 车用燃气

随着经济社会的发展，汽车数量不断增加，对能源的需求越来越大，产生的环境污染越来越受到人们的关注。目前全球污染最严重的十大城市，其主要污染源都是汽车尾气，因而寻找新的汽车替代燃料显得尤为迫切。天然气因其较好的燃烧性能、低污染和良好的经济性能，受到世界各国的重视。

根据燃料供给的状态不同，可以将天然气汽车分为三类：

第一类是压缩天然气（CNG）汽车，天然气在常温高压 20～25MPa 下装入高压气瓶内，使用时 CNG 通过减压阀逐级减压直至常压，天然气再经过流量控制阀进入发动机气缸燃烧。

第二类是液化天然气（LNG）汽车，与汽油、柴油汽车相比，其二氧化碳排放量明显降低，是一种优良的汽车发动机绿色代用燃料；其燃料成本、维护保养成本均较低，具有显著的经济效益；泄漏后不易自燃，不易形成爆炸气体，较安全。

第三类为吸附天然气（ANG）汽车，在中压条件下，利用吸附剂将天然气吸附并装入耐压容器，进而提高天然气能量密度，但目前由于技术等原因，尚未进入使用阶段。

天然气汽车主要有以下特点：

（1）排放尾气不含铅、苯等致癌物质，基本不含硫化物。天然气汽车被公认为是绿色环保型汽车，对解决城市大气污染起着重要的作用。

（2）可以大幅节约运输燃料成本，经检测 $1m^3$ 的天然气可代替 1.2～1.3L 的汽油，并且比汽油便宜。由于天然气具有燃烧完全、不易形成积炭，抗爆性能好，运行平稳、噪声低等优点，进而能有效地减少零件的磨损，延长发动机使用寿命并减少维修费用，可形成显著的经济效益。

（3）相比汽油更加安全，尽管天然气是易燃易爆气体，但由于一系列严格的安全措施保障，使其安全性能比汽油车更好。天然气的燃点在 650℃ 以上，比汽油高出 200℃，且密度较小，泄漏的气体能较快地散发，进而难形成遇火燃烧的浓度。同时，天然气辛烷值可达 130，比目前最好的 96 号汽油辛烷值高，抗爆性能较好，并且天然气的爆炸范围仅为 5%～15%，在自然环境中，很难形成这一条件。

（4）油气转换简单，任何汽油车在原供油系统保留不变的情况下，加装车用燃气装置即可实现燃油、燃气两种功能，操作方便，转换快速。

早在 20 世纪 30 年代，意大利就率先使用天然气作汽车燃料（CNG 汽车）。1973 年第一次石油危机，燃气汽车得到快速发展，经过几十年的发展，其技术已趋于成熟。

我国天然气汽车的研发，早在 20 世纪 50 年代就开始，并在四川泸州市建设了第一座 CNG 加气站，但由于低汽油价格的冲击和一些技术问题不能解决等原因，导致该技术未能得到进一步发展。直到 20 世纪 80 年代末 90 年代初，我国天然气汽车研发才取得实质进展，尤其是进入 21 世纪以来，国家对汽车排放尾气的重视，燃气汽车越来越受到关注，得到了快速发展。液化天然气（LNG）汽车是继压缩天然气（CNG）汽车之后发展起来的一种新型环保汽车，从本质上讲也是天然气汽车，但由于汽车携带的 LNG 比 CNG 具有更高的燃料密度，压力低，所需气瓶自重轻，汽车一次充气的行驶里程（300～800km）较 CNG 远得多，LNG 同时又能像油品一样运输，同时具有 CNG 汽车的优点，而克服了其不足，因此具有更强的实用性，被认为是燃气汽车的发展方向。从推广车型来看，LNG不但适用于城市公交车，也适用于重卡和城际大巴。近年来，LNG在船用动力燃料方面应用加强，为推动国际航运绿色发展具有积极意义。

1.5.4 天然气化工利用

天然气化工利用是指天然气作为化工原料经过化学加工生产一系列化工产品的过程。天然气中的烃类用作化工原料是经济效益较高的使用方式。目前世界各国在化工方面都大量使用天然气。目前，世界上年产 1000×10^4 t 以上的天然气化工产品有合成氨、尿素、甲醇、甲醛和乙烯。其中，约80%的合成氨、90%的甲醇、32%的乙烯生产都是以天然气为原料的。

天然气化工利用主要有两类技术路线，一类为间接法，天然气先转化或部分氧化制得含CO和H_2等的合成气，再以合成气制合成氨、甲醇、乙二醇、低碳烯烃等重要基本化工原料，继而生产出数百种化工产品；另一类为直接法，即天然气直接制化工产品，天然气热裂解主要用于生产乙炔和炭黑。天然气经过氯化、硫化、硝化、氧化可制得甲烷的各种衍生物；湿天然气中的乙烷、丙烷、丁烷和天然气凝液等，经蒸汽裂解或热裂解可生产乙烯、丙烯和丁二烯；丁烷脱氢或氧化可生产丁二烯或醋酸、甲基乙基酮、顺丁烯二酸酐等。天然气化工产品链如图1.3所示。

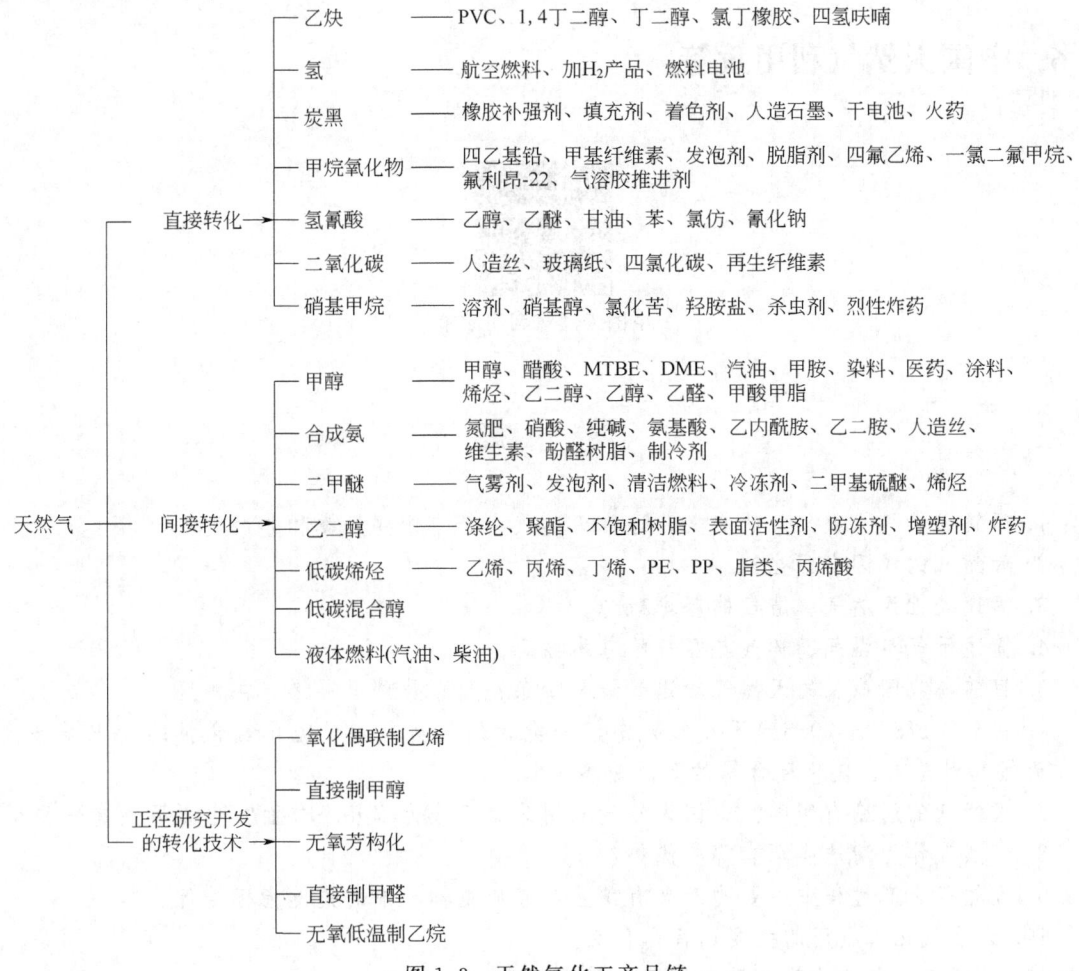

图1.3 天然气化工产品链

"碳达峰碳中和"成为我国国家战略后,氢能受到高度重视,由天然气制氢得到了较快发展。氢气作为一种优良的能量载体,其燃烧热值高,能量密度高达 120MJ/kg,约为汽油的 3 倍、乙醇的 4 倍,燃烧后产物是水,不会对环境造成污染,是 21 世纪最具发展潜力的清洁能源。

此外,天然气中的非烃也得到了利用。

从天然气中分离出的 H_2S 经克劳斯反应制得的硫黄呈亮黄色,纯度可达 99.99%,是宝贵的硫化工原料,在工业、农业等各个领域都有广泛的用途。

从高含 CO_2 的天然气中分离出来的高纯度 CO_2 可用于制备干冰,也可回注地层以提高原油采收率,这事实上成了 CCUS(碳捕集利用与封存)的一种有效途径。

从天然气中分离出来的氦是世界上氦气的主要来源。含氦天然气是重要的战略性资源。由于液氦沸点为 4K,接近绝对零度,同时氦又无放射性和具有良好的导热性,因此大量地被应用于低温超导技术、聚变核反应堆、航天飞机空间技术、氦飞船、核磁共振、低温电子学、超导磁推进等方面的研究,在冶金、焊接、光纤技术、医疗、激光等方面也有极广泛的应用。

综上所述,天然气无论作为燃料还是作为化工原料在国民经济中都占有极其重要的地位。

1.6 中国天然气利用政策

中国天然气利用政策

习 题

1. 理解天然气(狭义)的定义,通常天然气中含有哪些烃类和非烃类?
2. 天然气的成因有哪些?
3. 简述酸性天然气、洁气的基本概念。
4. 简述干气与湿气、贫气与富气的基本概念。
5. 目前,我国最长的天然气输送管线是哪条?起点是哪里?终点在哪里?
6. 在 GB 17820—2018《天然气》中,一类天然气对总硫、硫化氢含量的要求是多少?二类天然气对总硫、硫化氢含量的要求是多少?
7. 天然气的用途有哪些?中国天然气利用政策可分为哪几个方面?主要要点有哪些?
8. 天然气作为清洁能源有哪些优势?
9. 天然气生产过程中主要的产品有哪些?其质量标准中的关键指标是什么?
10. 天然气化工利用的主要途径是什么?
11. 天然气发电的优势有哪些?

12. 天然气的热值大致是多少？你知道其他燃气（如液化石油气、煤气、沼气等）的大致热值吗？

13. 天然气作为城市燃气时往往要进行加臭处理，你知道原因吗？常用的加臭剂有哪些？

14. 你家里用上了天然气吗？主要有哪些用气设备？在使用中应该注意哪些安全用气注意事项？

15. 简述天然气从井口到商品气的生产过程。

16. 天然气及其相关产品的质量标准的主要指标有哪些？

2 天然气物性与平衡计算

天然气是由烃和少量非烃组分组成的气态混合物。学习天然气物性就要弄清组成天然气各组分的性质和天然气的混合性质。状态方程（EOS）是描述物质体积、压力和温度间关系的数学方程式，在天然气处理和加工中有比较广泛的应用。一个合适的状态方程可用于计算许多纯物质和混合物的重要性质，包括液相和气相的密度、蒸气压、混合物的临界性质和一些热力学性质，也可用于气液平衡的计算。

2.1 天然气及其有关组分的主要物性参数

2.1.1 天然气标准参比条件

天然气的体积具有可压缩性，随温度、压力而变。为了便于比较和计算，须将不同压力、温度下的天然气体积折算成相同压力、温度下的体积。或者说，均以相同压力、温度下的体积单位作为天然气的计量单位，这种压力、温度条件称为标准参比条件，简称体积参比条件或参比条件，有时也称为标准状态条件。涉及标准参比条件的物理性质主要包括体积、密度、相对密度、压缩因子、热值和沃泊指数等。

目前，国内外没有完全统一的唯一的体积参比条件。主要有三种情况。

（1）1954年第十届国际计量大会（CGPM）协议的标准状态，即米制的气体标准状态为压力101.325kPa，温度0℃（273.15K）；在此条件计量的天然气体积称为1标准立方米，我国习惯写成1Nm^3。我国GB 50028—2006《城镇燃气设计规范（2020版）》、风机、压缩机、膨胀机等制造业也采用这一标准状态。

（2）国际标准化组织的参比状态（ISO 13443），其标准状态为压力101.325kPa，温度15℃（288.15K）；本书采用国外的通行做法将此状态下计量的体积标注为Sm^3；我国GB/T 13611—2018《城镇燃气分类和基本特性》也采用此参比条件。

（3）GB/T 19205—2008《天然气标准参比条件》规定的在测量和计算天然气、天然气代用品及气态的类似流体时的参比状态为压力101.325kPa，温度20℃（293.15K）；我国也称为基准状态，在此条件下计量的天然气体积称为1基准立方米，也称1基方。本书把在此状态下计量的体积标注为m^3（CHN），我国JB/T 10564—2006《流量测量仪表基本参数》、GB 17820—2018《天然气》、GB 18047—2017《车用压缩天然气》都采用此参比条件。

在不影响阅读的前提下，本书有时也有用m^{3}标注的情况。有时也在m^{3}出现时标注出参比条件，如：m^3（101.325kPa，15℃）。

此外，本书对压力的标注，在没有明确说明的情况下均指绝对压力。

2.1.2 天然气常见组分主要物理性质

天然气的组成是比较复杂的，本书列出了天然气中常见组分的主要物理性质，如表2.1所示。表中数据是在101.325kPa，15℃的条件下，如果不在这种条件可以查其他工具书或进行换算。

表 2.1 天然气中常见组分的主要物理性质

序号	物质名称	分子式	A 分子量	B 沸点,℃ (101.325kPa)	蒸气压,kPa (40℃)	C 凝固点,℃ (101.325kPa)	D 折射率 (15℃)	临界常数 温度,K	临界常数 压力,kPa	比容,m³/kg
1	甲烷	CH_4	16.042	-161.48	(35000)	-182.47	1.00041	190.56	4599	0.00615
2	乙烷	C_2H_6	30.069	-88.60	6000	-182.80	1.21403	305.33	4872	0.00484
3	丙烷	C_3H_8	44.096	-42.07	1369.9	-187.63	1.29558	369.77	4244	0.00455
4	异丁烷	$i-C_4H_{10}$	58.122	-11.62	530.1	-159.61	1.32511	407.82	3640	0.00446
5	正丁烷	$n-C_4H_{10}$	58.122	-0.51	379.4	-138.36	1.33631	425.12	3798	0.00439
6	异戊烷	$i-C_5H_{12}$	72.149	27.84	151.4	-159.89	1.35658	460.4	3381	0.00427
7	正戊烷	$n-C_5H_{12}$	72.149	36.10	115.6	-129.72	1.36024	469.7	3370	0.00422
8	正己烷	C_6H_{14}	86.175	68.73	37.30	-95.31	1.37746	507.5	3012	0.00429
9	正庚烷	C_7H_{16}	100.202	98.41	12.336	-90.56	1.39015	540.3	2736	0.00426
10	正辛烷	C_8H_{18}	114.229	125.67	4.140	-56.76	1.39988	568.8	2487	0.00420
11	正壬烷	C_9H_{20}	128.255	150.78	1.349	-53.49	1.40773	594.7	2280	0.00433
12	正癸烷	$C_{10}H_{22}$	142.282	174.11	0.4876	-29.66	1.41411	617.7	2100	0.00439
13	二氧化碳	CO_2	44.010	-78.40	—	-56.56	1.00049	304.13	7377	0.00214
14	硫化氢	H_2S	34.082	-60.29	2867	-85.45	1.00061	373.60	9008	0.00288
15	氮气	N_2	28.0135	-195.795	—	-210.0	1.00028	126.19	3396	0.00319
16	氨气	NH_3	17.0306	-33.33	1555	-77.65	1.00036	405.4	11333	0.00444
17	空气	N_2+O_2	28.9586	-194.25	—	—	1.00028	132.61	3805	0.00286
18	水	H_2O	18.0153	99.974	7.3849	0.000	1.33347	647.00	22064	0.003106
19	氢气	H_2	2.0159	-252.850	—	-259.347	1.00013	33.0	1293	0.03185
20	一氧化碳	CO	28.010	-191.52	—	-205.02	1.00036	132.80	3494	0.00329
21	二氧化硫	SO_2	64.065	-9.98	629	-75.45	1.00062	430.64	7884	0.00190
22	氧气	O_2	31.9988	-182.962	—	-218.79	1.00027	154.58	5043	0.00229
23	氦	He	4.0026	-268.92	—	-270.97	1.00003	5.20	227.5	0.01436

续表

序号	物质名称	E 液体密度 (101.325kPa,15℃) 相对密度 (15℃/15℃)	E kg/m³	E m³/kmol	F 密度的温度系数 1/T	G 偏心因子 ω	H 真实气体的压缩因子 (101.325kPa,15℃)	I 理想气体 (101.325kPa,15℃) 相对密度（空气为1）	I Sm³(气体)/kg	气体与液体体积比	J 比热容,kJ/(kg·K) (15℃,101.325kPa) 理想气体 c_p	J 液体 c_p
1	甲烷	(0.3)	(300)	(0.05)	—	0.0115	0.9980	0.55398	1.4739	(442)	2.2062	—
2	乙烷	0.35832	358.00	0.08445	—	0.0994	0.9918	1.0383	0.78635	281.51	1.7094	4.5110
3	丙烷	0.50812	507.67	0.08686	−0.00280	0.1529	0.9824	1.5227	0.53622	272.22	1.6292	2.6131
4	异丁烷	0.56357	563.07	0.10322	−0.00216	0.1855	0.9709	2.0071	0.40681	229.06	1.6218	2.3552
5	正丁烷	0.58466	584.14	0.09950	−0.00194	0.2003	0.9664	2.0071	0.40681	237.63	1.6577	2.3745
6	异戊烷	0.62511	624.54	0.11552	−0.00160	0.2284	—	2.4914	0.32772	204.88	1.6014	2.2458
7	正戊烷	0.63162	631.05	0.11433	−0.00154	0.2515	—	2.4914	0.32772	206.81	1.6256	2.2750
8	正己烷	0.66448	663.89	0.12980	−0.00134	0.2993	0.9881	2.9758	0.27438	182.16	1.6178	2.2314
9	正庚烷	0.68860	687.98	0.14565	−0.00123	0.3483	0.9948	3.4602	0.23597	162.34	1.6123	2.2083
10	正辛烷	0.70737	706.73	0.16163	−0.00114	0.3977	0.9977	3.9445	0.20700	146.29	1.6073	2.1961
11	正壬烷	0.72224	721.59	0.17774	−0.00108	0.4421	0.9990	4.4280	0.18436	133.03	1.6036	2.1842
12	正癸烷	0.73442	733.76	0.19391	−0.00104	0.4875	0.9996	4.9133	0.16618	121.94	1.6009	2.1784
13	二氧化碳	0.81707	816.33	0.05386	−0.01442	0.2394	0.9964	1.5197	0.53727	438.59	0.8316	2.1698
14	硫化氢	0.80014	799.42	0.04263	−0.00304	0.1010	0.9845	1.1769	0.69377	554.61	0.9967	—
15	氮气	0.80681	806.09	0.03475	—	0.0372	0.9997	0.96736	0.84405	680.38	1.0395	—
16	氩气	0.61805	617.49	0.02758	−0.00237	0.2560	0.9876	0.58810	1.3884	857.32	2.0972	4.7087
17	空气	0.87594	875.16	0.03309	—	—	0.9996	1.0000	0.81651	714.57	1.0045	—
18	水	1.0000	999.10	0.01803	−0.00015	0.3443	—	0.62210	1.3125	1311.3	1.8620	4.1888
19	氢气	0.07086	70.80	0.02847	—	−0.2140	1.0006	0.06961	11.7293	830.38	14.245	—
20	一氧化碳	0.78258	791.87	0.03537	—	0.0510	0.9996	0.96725	0.84415	668.46	1.0357	—
21	二氧化硫	1.39776	1392.5	0.04601	−0.00197	0.2570	0.9801	2.2123	0.36908	513.94	0.6166	1.3780
22	氧气	1.14220	1141.2	0.02804	—	0.0222	0.9992	1.1050	0.73893	843.25	0.9168	—
23	氦气	0.12485	124.73	0.03209	—	−0.3820	—	0.13822	5.9074	736.84	5.1931	—

续表

序号	物质名称	K 热值,15℃ 净热值 MJ/Sm³(理想气体)	净热值 MJ/kg(液体)	热值 MJ/Sm³(101.325kPa,理想气体)	总热值 MJ/kg(液体)	总热值 MJ/Sm³(液体)	L 汽化热,kJ/kg(101.325kPa,沸点下)	M 理想气体燃烧所需的空气,m³(a)/m³(g)	燃烧极限空气混合物中的体积分数,% 下限	上限	ASTM 辛烷值 动力法 D-357	研究法 D-908
1	甲烷	33.949	—	37.707	—	—	511.3	9.542	5.0	15.0	—	—
2	乙烷	60.429	47.162	66.067	51.594	18471	489.2	16.698	2.9	13.0	+0.05	+1.6
3	丙烷	86.419	45.957	93.936	49.988	25377	425.5	23.855	2.0	9.5	97.1	+1.8
4	异丁烷	112.008	45.211	121.404	49.033	27609	365.6	31.011	1.8	8.5	97.6	+0.1
5	正丁烷	112.396	45.343	121.792	49.165	28719	386.9	31.011	1.5	9.0	89.6	93.8
6	异戊烷	138.088	44.899	149.363	48.594	30349	343.7	38.168	1.3	8.0	90.3	92.3
7	正戊烷	138.381	44.974	149.656	48.669	30712	359.2	38.168	1.4	8.3	62.6	61.7
8	正己烷	164.399	44.734	177.554	48.343	32094	335.1	45.324	1.1	7.7	26.0	24.8
9	正庚烷	190.388	44.557	205.422	48.104	33095	318.1	52.481	1.0	7.0	—	—
10	正辛烷	216.372	44.419	233.285	47.920	33866	302.4	59.637	0.8	6.5	—	—
11	正壬烷	242.398	44.320	261.190	47.785	34481	290.1	66.794	0.7	5.6	—	—
12	正癸烷	268.393	44.236	289.064	47.671	34979	278.2	73.950	0.7	5.4	—	—
13	二氧化碳	0.0	—	0.0	—	—	573.3	—	—	—	—	—
14	硫化氢	21.905	14.738	23.784	15.884	12698	545.3	7.156	4.30	45.50	—	—
15	氮气	0.0	—	0.0	—	—	199.2	—	—	—	—	—
16	氨气	13.391	—	16.210	—	—	1369.5	3.578	15.50	27.00	—	—
17	空气	0.0	—	0.0	—	—	201.9	—	—	—	—	—
18	水	0.0	—	0.0	0.0	0.0	2256.5	—	—	—	—	—
19	氢气	10.223	—	12.102	—	—	445.5	2.385	4.00	74.20	—	—
20	一氧化碳	11.965	—	11.965	—	—	215.1	2.385	12.50	74.20	—	—
21	二氧化硫	0.0	—	0.0	—	—	388.9	—	—	—	—	—
22	氧气	0.0	—	0.0	—	—	213.1	—	—	—	—	—
23	氦	0.0	—	0.0	—	—	20.8	—	—	—	—	—

注：表中所提到的压力均为绝对压力。

2.1.3 天然气视分子量与相对密度

天然气是由多种气体组成的混合气且其组分和组成无定值,为了工程计算的需要,将标准状态下 1mol 天然气的质量定义为天然气的视分子量或平均分子量。根据 Key 混合规则,用公式表示为:

$$M_g = \sum y_i M_i \tag{2.1}$$

式中 M_g——天然气的视分子量;
y_i——i 组分的摩尔分数;
M_i——i 组分的分子量。

显然,天然气的视分子量取决于天然气的组成。各气田的天然气组成不同,视分子量也就不同。一般干气的视分子量为 16.82~17.98。

在标准状态下,天然气的密度与干燥空气的密度之比称为相对密度,即:

$$\gamma_g = \frac{\rho_g}{\rho_{air}} \tag{2.2}$$

式中 γ_g——天然气的相对密度;
ρ_g——天然气的密度,kg/m^3;
ρ_{air}——干燥空气的密度,kg/m^3。

天然气的相对密度变化较大,这与天然气的视分子量不尽相同是一致的。对于干气,其相对密度一般为 0.58~0.62,通常用实验方法确定。

2.1.4 天然气主要组分蒸气压

轻组分烃类在高温下的蒸气压如图 2.1 所示,轻组分烃类在低温下的蒸气压如图 2.2 所示。

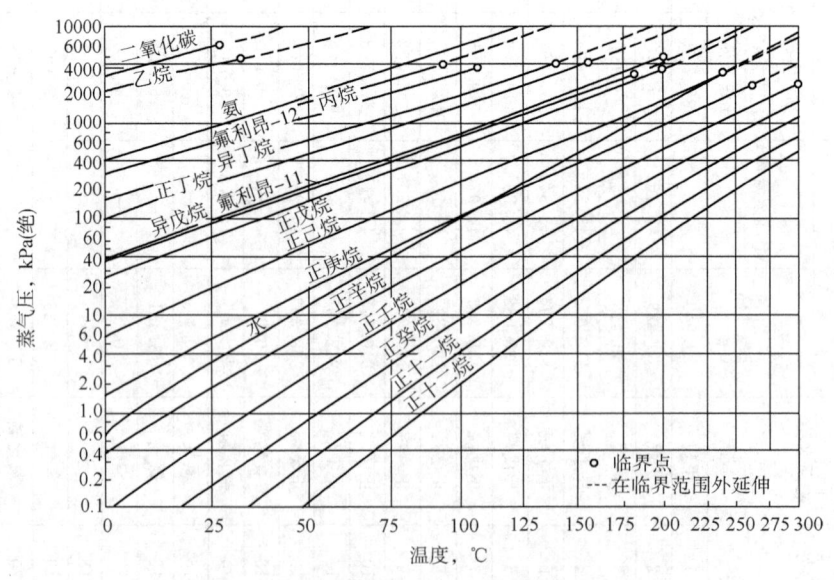

图 2.1 轻组分烃类在高温下的蒸气压

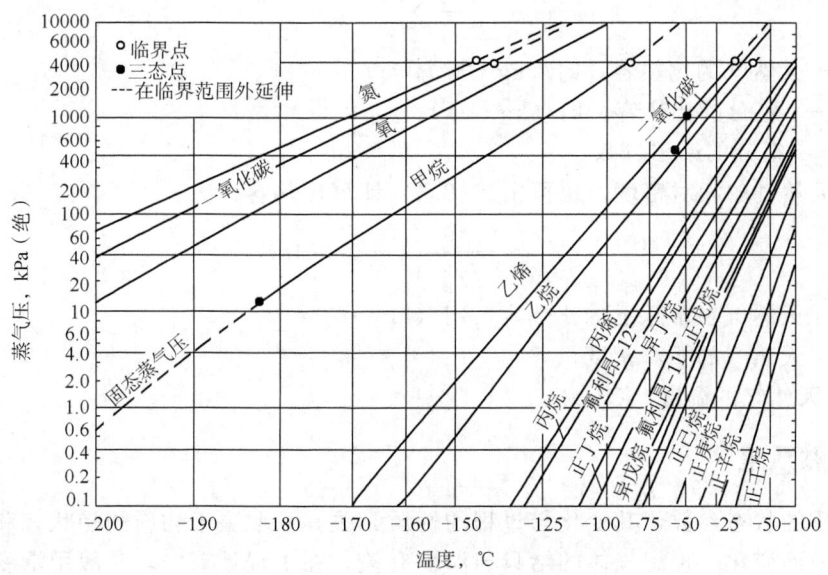

图 2.2 轻组分烃类在低温下的蒸气压

2.1.5 天然气主要组分汽化热

甲烷的汽化热如图 2.3 所示，轻组分烃类的汽化热如图 2.4 所示。

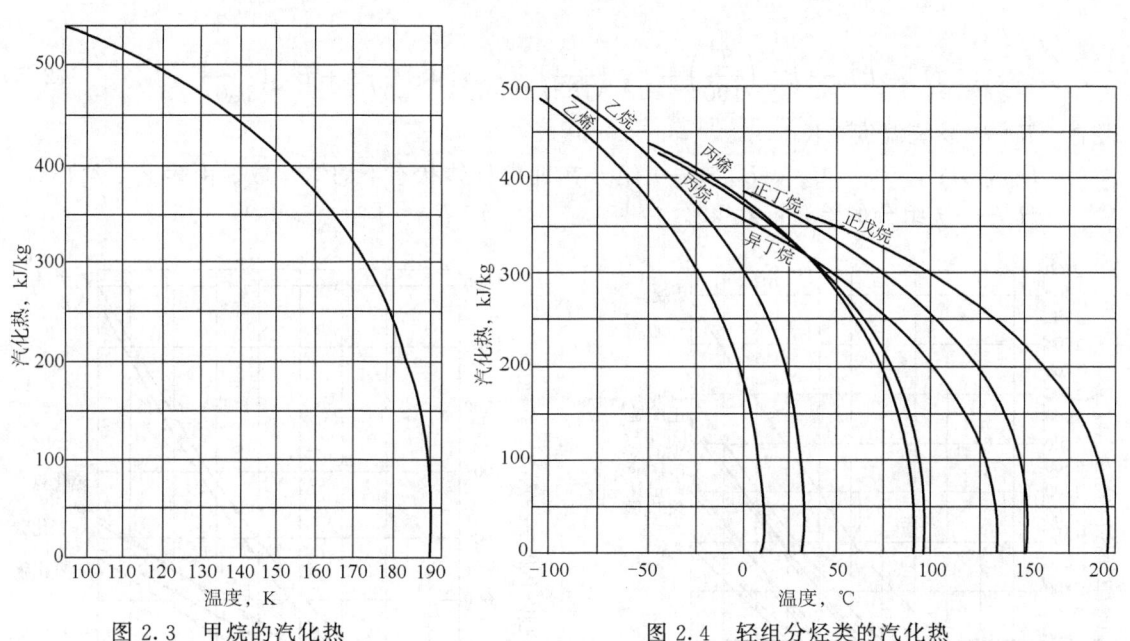

图 2.3 甲烷的汽化热　　　　图 2.4 轻组分烃类的汽化热

2.1.6 天然气比热容

在不发生相变和化学变化的条件下，加热单位质量的某物质时，温度升高 1℃ 所吸收的热量即为该物质的比热容。它是计算显热的基础热数据，在传热过程计算中会经常用到。

天然气的比热容可由各组分的比热容经加和求得，即：

$$c_p = \sum_i y_i c_{pi} \tag{2.3}$$

式中　c_p——天然气的比热容，kJ/(kg·℃)；
　　　c_{pi}——i 组分的比热容，kJ/(kg·℃)；
　　　y_i——i 组分的摩尔分数。

若已知天然气的相对密度，也可由式(2.4)计算比热容：

$$c_p = \frac{0.403}{\sqrt{\gamma_g}}(1+0.001t) \tag{2.4}$$

式中　c_p——天然气在常压下的比热容，kJ/(kg·℃)；
　　　γ_g——天然气的相对密度；
　　　t——天然气的温度，℃。

2.1.7　天然气焓

焓是物质的状态参数，其变化与过程的性质无关，只取决于物质的初状态和终状态。焓随温度和压力而变化，理想气体的焓只与温度有关。在工程计算中，一般用焓变计算物质加热或冷却时热量的变化。

2.1.7.1　理想气体状态下焓的计算

天然气中常见组分在理想气体状态下的焓 $H°$，如图 2.5 和图 2.6 所示，此外，式（2.5）是理想气体状态下焓的多项式计算式：

$$H_i° = B_{0i} + B_{1i}\left(\frac{T}{100}\right) + B_{2i}\left(\frac{T}{100}\right)^2 + B_{3i}\left(\frac{T}{100}\right)^3 + B_{4i}\left(\frac{T}{100}\right)^4 \tag{2.5}$$

式中　T——系统温度，K；
　　　B_{0i}，B_{1i}，B_{2i}，B_{3i}，B_{4i}——i 组分在理想气体状态下的焓常数，由表2.2给出；
　　　$H_i°$——i 组分的焓，kcal/kg。

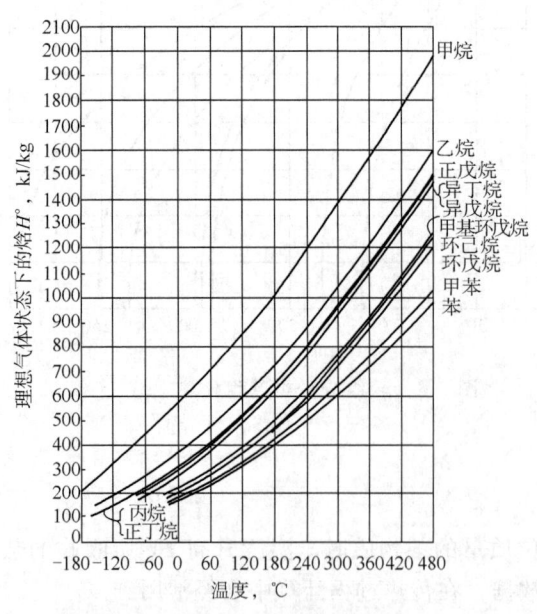

图 2.5　纯组分在理想气体状态下的焓（一）

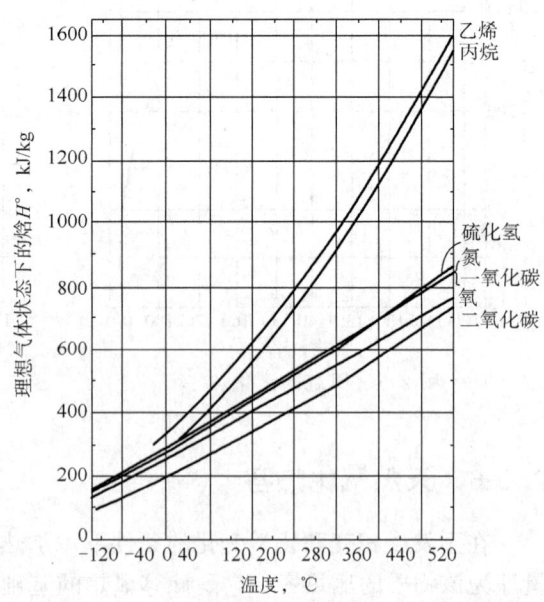

图 2.6　纯组分在理想气体状态下的焓（二）

表 2.2 理想气体状态下的焓常数

物质名称	B_0	B_1	B_2	B_3	B_4
氧气	0.0	19.75583	0.44734	−0.0087833	5.82162
氢气	0.0	341.34548	−0.31574	0.0755374	−39.88945
水	0.0	40.83193	0.66078	0.0019958	10.62455
硫化氢	0.0	20.84396	0.60610	−0.0030488	0.00062
氮气	0.0	23.69959	0.17575	0.0019275	4.81573
氨气	0.0	38.33146	2.27374	−0.0186329	17.67655
一氧化碳	0.0	23.39643	0.24926	−0.0005317	5.83244
二氧化碳	0.0	14.00137	1.20649	−0.0283516	−2.64618
甲烷	41.61111	36.81703	3.61109	−0.0123917	14.24017
乙烷	89.33334	14.00854	5.64426	−0.0988592	13.41156
丙烷	92.31667	8.03820	6.28335	−0.1283234	8.49685
正丁烷	85.02455	8.29348	6.28800	−0.1302833	9.36758
异丁烷	86.49723	6.52583	6.46693	−0.1393667	0.62521
正戊烷	82.89390	8.02314	6.20784	−0.1314377	6.73704
异戊烷	80.95000	6.37520	6.40946	−0.1371032	2.77245
正己烷	79.98834	7.31747	6.19992	−0.1324603	5.77526
正庚烷	78.52112	7.50209	6.01558	−0.1292831	4.35934
正辛烷	75.96723	7.63944	6.17875	−0.1333694	3.51807
正壬烷	76.39556	7.58989	6.16946	−0.1335709	2.79169
正癸烷	72.43000	7.55166	6.16868	−0.1338117	2.12116

式(2.6)是另一计算式：

$$H_i^\circ = A_i + B_i T + C_i T^2 + D_i T^3 + E_i T^4 + F_i T^5 \tag{2.6}$$

式中 T——温度，K；

$A_i, B_i, C_i, D_i, E_i, F_i$——$i$ 组分在理想气体状态下的热力学方程系数，由表 2.3 给出；

H_i°——i 组分的焓，kJ/kg。

表 2.3 理想气体状态下的热力学方程系数

序号	物质名称	理想气体状态下的焓、熵方程系数						
		A	B	$C\times 10^3$	$D\times 10^6$	$E\times 10^9$	$F\times 10^{13}$	G
1	甲烷	−16.228549	2.393594	−2.218007	5.740220	−3.727905	8.549685	−0.339779
2	乙烷	−0.049334	1.108992	−0.188512	3.965580	−3.140209	8.008187	1.995889
3	丙烷	−1.717565	0.722648	0.708716	2.923895	−2.615071	7.000545	2.289659

续表

序号	物质名称	理想气体状态下的焓、熵方程系数						
		A	B	$C \times 10^3$	$D \times 10^6$	$E \times 10^9$	$F \times 10^{13}$	G
4	异丁烷	26.744208	0.195448	2.523143	0.195651	−0.772615	2.386087	3.466595
5	正丁烷	17.283134	0.412696	2.028601	0.702953	−1.025871	2.883394	2.714861
6	异戊烷	64.252075	−0.131900	3.541156	−1.333225	0.251463	−0.129589	4.572976
7	正戊烷	63.201667	−0.011701	3.316496	−1.170510	0.199648	−0.086652	4.075275
8	正己烷	−17.191071	0.959226	−0.614725	6.142101	−6.160952	20.868190	−0.207040
9	正庚烷	−0.153725	0.754499	0.261728	4.366385	−4.484510	14.842099	0.380048
10	正辛烷	2.604725	0.724670	0.367845	4.142833	−4.240199	13.734055	0.327588
11	正壬烷	4.000278	0.707845	0.438048	3.969342	−4.043760	12.876028	0.257265
12	正癸烷	−6.962020	0.851375	−0.263041	5.521816	−5.631733	18.885443	−0.412446
13	正十一烷	65.290564	−0.099827	3.472495	−1.354336	0.264721	−0.145574	3.407959
14	一氧化碳	−2.269176	1.074015	−0.172664	0.302237	−0.137533	0.200365	2.018445
15	二氧化碳	11.113744	0.479107	0.762159	0.359392	0.084744	−0.057752	2.719180
16	硫化氢	−1.437049	0.998865	−0.184315	0.557087	−0.317734	0.636644	1.394812
17	氮气	−2.172507	1.068490	−0.134096	0.215569	−0.078632	0.069850	1.805409
18	氨	−2.202606	2.010317	−0.650061	2.373264	−1.597595	3.761739	0.990447
19	水	−5.729915	1.915007	−0.395741	0.876232	−0.495086	1.038613	0.702815
20	氢	28.671997	13.396156	2.960131	−3.980744	2.661667	−6.099863	−11.801371
21	氧	−2.283574	0.952440	−0.281140	0.655223	−0.452316	1.087744	2.080310
22	二氧化硫	3.243188	0.461650	0.248915	0.120900	−0.188780	0.568232	2.086924

2.1.7.2 压力 p、温度 T 下焓的计算

压力 p、温度 T 下某组分的焓可用下式计算：

$$\frac{H^\circ - H}{RT_c} = \left(\frac{H^\circ - H}{RT_c}\right)^{(0)} + \omega \left(\frac{H^\circ - H}{RT_c}\right)^{(1)} \tag{2.7}$$

式中 R——气体常数，$R = 8.3145 \text{kJ/(kmol·K)}$；

T_c——临界温度，K；

ω——偏心因子，量纲1；

$\left(\dfrac{H^\circ - H}{RT_c}\right)^{(0)}$——压力对简单流体（即 $\omega = 0$ 的流体）焓值的影响（由图2.7查取，如果流体为液态，则查顶部等温线）；

$\left(\dfrac{H^\circ - H}{RT_c}\right)^{(1)}$——压力对真实流体和简单流体焓值影响存在的偏差（由图2.8查取，如果流体为液态，则查顶部等温线）；

H——所要求条件下的焓，kJ/kmol；

$H°$——理想气体状态下的焓，kJ/kmol。

显然有 $H = H° - (H° - H)$，因此由式(2.7)求得 $(H° - H)$ 后，即可求得所需条件下的焓值 H。

对于天然气中 C_7 以上组分的焓值，可使用混合物的平均特性或虚拟特性进行估算。而已知组成的混合物在理想气体状态下的焓 $H°_m$ 可按下式计算：

$$H°_m = \sum_{i=1} y_i H°_i \tag{2.8}$$

式中 y_i——混合物中 i 组分的摩尔分数。

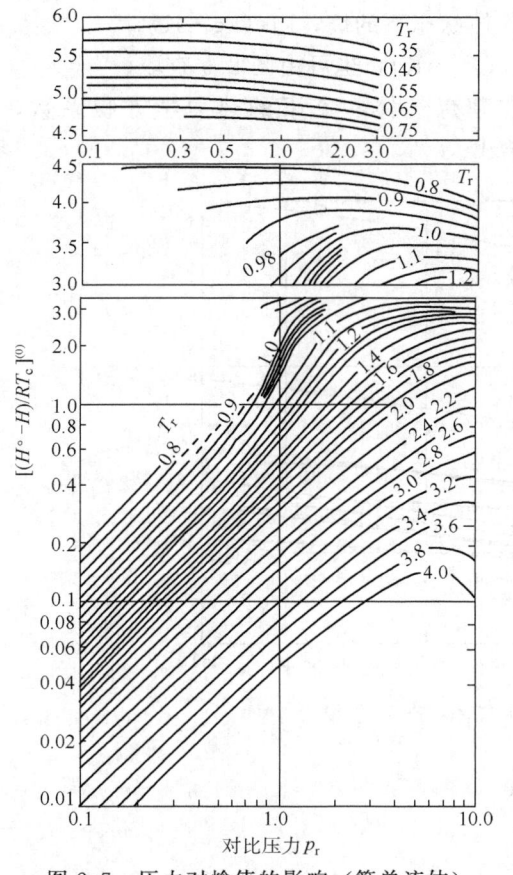

图 2.7 压力对焓值的影响（简单流体）

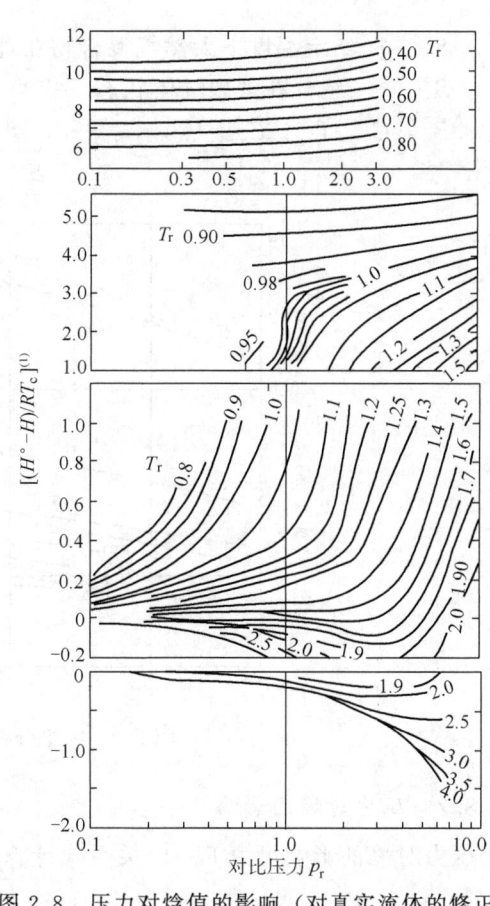

图 2.8 压力对焓值的影响（对真实流体的修正）

对于已知组成的混合物在压力 p、温度 T 下的焓 H_m，可由组成混合物的纯组分的数据和其他参数相结合进行计算。

使用视临界参数和视对比参数，首先求得 $[(H° - H)/RT_c]^{(0)}$ 和 $[(H° - H)/RT_c]^{(1)}$ 的值。然后，用混合物的偏心因子 ω_m 和视临界温度 T_{cm} 计算压力对混合物焓值的影响 $(H° - H)_m$：

$$\frac{(H° - H)_m}{RT_{cm}} = \left[\frac{H° - H}{RT_c}\right]^{(0)} + \omega_m \left[\frac{H° - H}{RT_c}\right]^{(1)} \tag{2.9}$$

式中 ω_m——混合物的偏心因子。

同样有：
$$H_m = H_m^\circ - (H^\circ - H)_m \tag{2.10}$$

2.1.8 天然气熵

2.1.8.1 熵的计算

给定温度下天然气混合物在理想气体状态下的熵由下式计算：

$$S_m^\circ = \sum y_i S_i^\circ - R \sum y_i \ln y_i \tag{2.11}$$

$$S_i^\circ = B_i \ln T + 2C_i T + \frac{3}{2} D_i T^2 + \frac{4}{3} E_i T^3 + \frac{5}{4} F_i T^4 + G_i \tag{2.12}$$

式中 S_m°——给定温度下天然气混合物在理想气体状态下的熵，kJ/(kg·K)。

S_i°——i 组分在理想气体状态下的熵，kJ/(kg·K)，也可由图 2.9 查取；

B_i，C_i，D_i，E_i，F_i，G_i——i 组分在理想气体状态下的热力学方程系数，由表 2.3 给出。

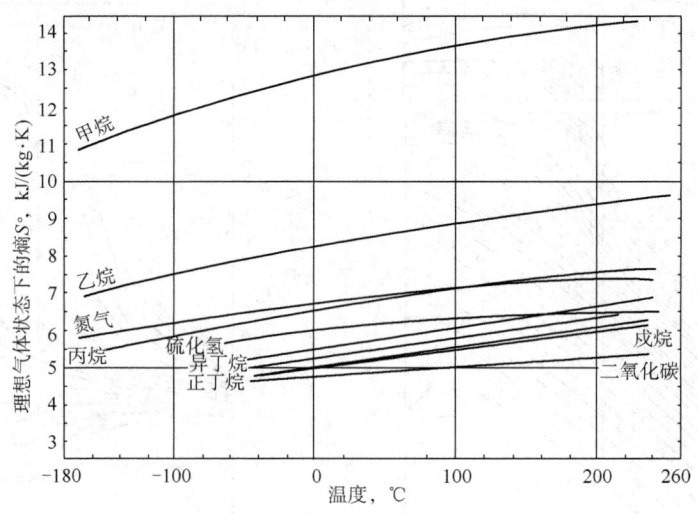

图 2.9 纯组分在理想气体状态下的熵

2.1.8.2 压力对熵的影响

压力对熵的影响可由 Pitzer 关系式计算：

$$\frac{(S^\circ - S)_m}{R} = \left(\frac{S^\circ - S}{R}\right)^{(0)} + \omega_m \left(\frac{S^\circ - S}{R}\right)^{(1)} + \ln p \tag{2.13}$$

式中 ω_m——混合物的偏心因子；

p——压力，atm。

式(2.13)中其他符号可与式(2.9)类比，$\left(\frac{S^\circ - S}{R}\right)^{(0)}$ 和 $\left(\frac{S^\circ - S}{R}\right)^{(1)}$ 的值由图 2.10 和图 2.11 查取。

而给定温度 T、压力 p 下混合物的熵 S_m 可由下式计算：

$$S_m = S_m^\circ - (S^\circ - S)_m \tag{2.14}$$

关于焓、熵计算的有关示例请读者参考第 7 章。

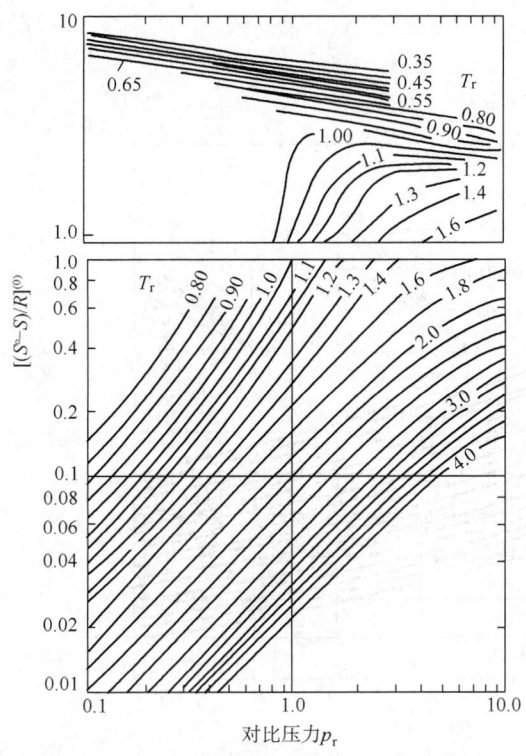

图 2.10 压力对熵值的影响（简单流体）

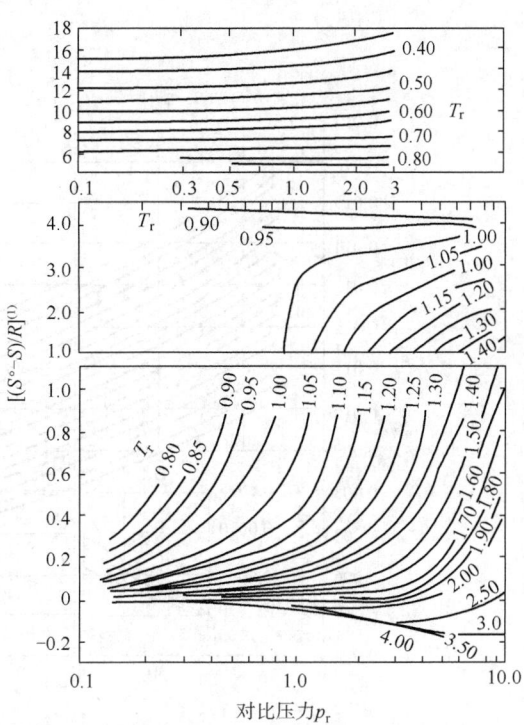

图 2.11 压力对熵值的影响（对真实流体的修正）

2.1.9 天然气黏度

天然气中各组分在常压下的黏度可由图 2.12 查出。

使用图 2.12 和下式可计算低压下天然气的黏度：

$$\mu_N^\circ = \frac{\sum y_i \mu_i (M_i)^{1/2}}{\sum y_i (M_i)^{1/2}} \quad (2.15)$$

式中 μ_N°——低压下天然气的黏度，mPa·s；
μ_i——相同压力下 i 组分的黏度，mPa·s；
y_i——天然气中 i 组分的摩尔分数；
M_i——i 组分的分子量。

若已知天然气的视分子量 M_g 或相对密度，欲求其在压力 p、温度 T 状态下的黏度，可由图 2.13 查得 0.1MPa 下天然气的黏度 μ_1，然后根据所给状态算出视对比压力 p_r，由图 2.14 查得黏度比 μ/μ_1，则所求状态下的黏度 μ 为：

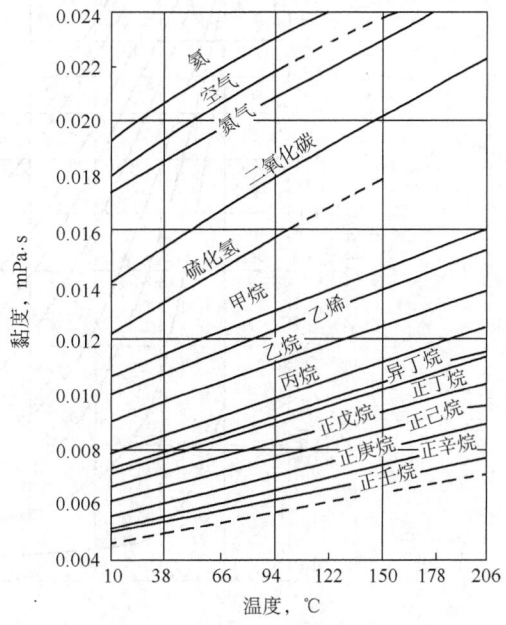

图 2.12 常压下天然气组分的黏度

$$\mu = \left(\frac{\mu}{\mu_1}\right)\mu_1 \tag{2.16}$$

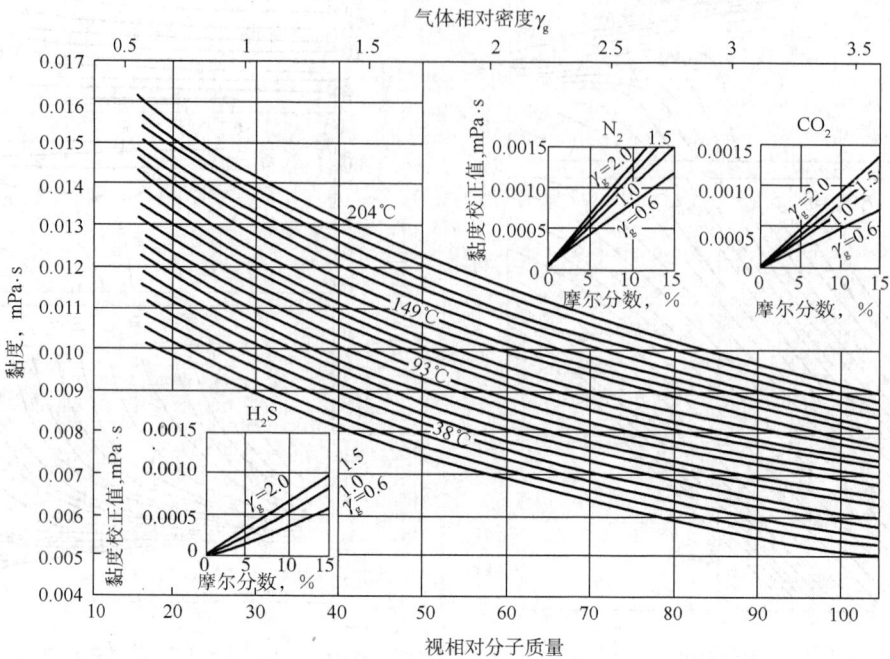

图 2.13　0.1MPa 下天然气的黏度

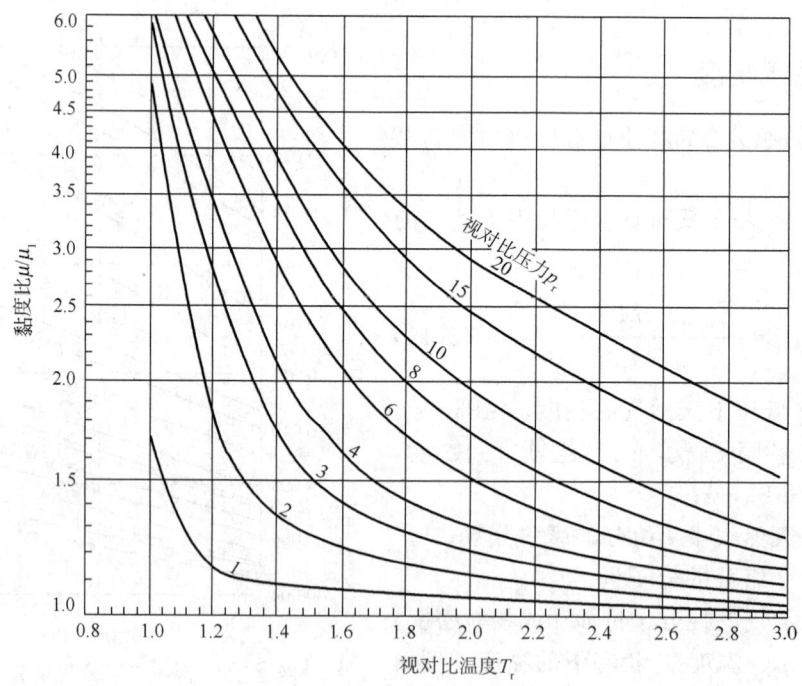

图 2.14　μ/μ_1 与 T_r、p_r 关系图

如果需要进行非烃校正，则使用式(2.17)校正 μ_1，再根据式(2.16)计算黏度：

$$\mu_1(校正) = \mu_1 + \Delta\mu_{H_2S} + \Delta\mu_{CO_2} + \Delta\mu_{N_2} \tag{2.17}$$

式中 $\Delta\mu_i$——i 组分的黏度校正值，由图 2.13 中三个小图查知（i 分别表示 H_2S、CO_2 和 N_2）。

2.1.10 天然气热值

单位体积或单位质量天然气完全燃烧所产生的热量称为天然气的燃烧热值，简称热值，也称燃烧热或发热量，单位是 kJ/m^3 或 kJ/kg。它标明了天然气的热力价值，是天然气重要指标之一。天然气的热值很容易由气体分析而求得，也可用诸如"量热器"之类的仪器来测定。由于燃烧条件不同，天然气的热值有多种不同的表示方法，通常热值以总热值、净热值、干基热值、湿基热值、理想热值、真实热值等术语表示。

在理想燃烧反应中，压力保持恒定，所有燃烧产物的温度降至与规定的反应物温度相同的温度（如 15℃），若生成的水全部在规定温度（15℃）下以液态形式存在，且所有其他产物冷却到规定温度（15℃），这时的热值称为总热值或全热值或高热值或单位发热量；若生成的水以气态形式存在，其他不变，则这时的热值称为净热值或低热值或低位发热量。总热值与净热值的区别在于燃烧过程中生成的水的汽化潜热是否计入。由于实际燃烧中，烟气排放温度都比水蒸气冷凝温度高得多，水蒸气并没有冷凝，其冷凝潜热得不到利用。因此，工程上一般采用净热值。

天然气的热值可通过表 2.1 中纯组分的热值和下式计算：

$$HV = \sum_{i=1}^{c} y_i HV_i \tag{2.18}$$

式中 HV——天然气的热值，kJ/m^3；

HV_i——i 组分的热值，kJ/m^3；

c——组分数；

y_i——i 组分的摩尔分数。

一般来说，不可燃组分在天然气中含量较多时，热值就低些，反之则高些；富气和湿气的热值较贫气和干气的热值高些。

在标准状态下，如果天然气的行为是理想气体行为，则压缩因子为 1；真实气体的压缩因子小于 1；理想气体热值、真实气体热值之间的关系是：

$$HV_{real} = \frac{HV_{ideal}}{Z_{std}} \tag{2.19}$$

式中 HV_{real}——真实气体热值，kJ/m^3；

HV_{ideal}——理想气体热值，kJ/m^3；

Z_{std}——101.325kPa，15℃下天然气的压缩因子。

在燃烧过程中，如果燃烧所用天然气在标准状态下不含水蒸气，则此热值称为干基热值；如果天然气完全被水饱和，则此热值称为湿基热值。干基热值与湿基热值的关系由下式给出：

$$HV_{wet} = HV_{dry} \frac{(p_{std} - p_{H_2O})}{p_{std}} + (\Delta H_{vap \cdot H_2O} M_{H_2O}) \frac{p_{H_2O}}{RT_{std}} \tag{2.20}$$

$$HV_{wet} = (1 - y^*_{H_2O}) HV_{dry} + 50.3 y^*_{H_2O} \tag{2.21}$$

式中 HV_{wet}——湿基总热值，kJ/m³；

HV_{dry}——干基总热值，kJ/m³；

p_{std}——标准压力，$p_{std}=101.325$kPa；

p_{H_2O}——天然气中水蒸气的压力，kPa；

$\Delta H_{vap \cdot H_2O}$——水蒸气的汽化潜热，kJ/kg；

M_{H_2O}——水的分子量；

T_{std}——标准温度，$T_{std}=288.15$K；

R——气体常数，$R=8.3145$kJ/(kmol·K)；

$y^*_{H_2O}$——天然气中水的摩尔分数。

如果不在标准压力15℃条件下，对于其他温度、压力条件下的热值可通过下式计算：

$$HV_T^p = \frac{288.15 Z_{std} p}{101.325 Z_T^p T} HV_{std} \tag{2.22}$$

式中 HV_T^p——T、p条件下天然气的热值，kJ/m³；

HV_{std}——101.325kPa、15℃下天然气的热值，kJ/m³；

Z_{std}——101.325kPa、15℃下天然气的压缩因子；

Z_T^p——T、p条件下天然气的压缩因子；

p——压力，kPa；

T——温度，K。

GB/T 11062—2020《天然气 发热量、密度、相对密度和沃泊指数的计算方法》载有理想气体在不同计量参比条件下（0℃、15℃、15.55℃、20℃）的发热量。

2.2 天然气相态性质

2.2.1 天然气相态性质

对于油气田开发及地面工程，油气体系相态性质的研究意义重大。1820年到1910年间，有不少物理学家及化学家孜孜不倦地研究纯烃的相态性质。到了1930年，油气层内的相态性质问题已成为人们争议的课题，加上当时油气加工的操作压力已达到3.4MPa以上，于是大家对混合物的研究日趋增加，推动了状态方程的研究和应用。而纯物质热力学性质及相态性质的研究是了解复杂烃类体系热力学性质及其相态性质的基本前提。含一种或多种物质的单一介质，若其压力、温度、体积之间的关系可用连续方程表达，则视为同一相态。

2.2.1.1 单一组分体系相态

任一物质在给定条件下可以固态、液态或气态的形式存在。如果条件改变，则物质可能改变其存在的状态。如果共存相达到平衡，物质的相态必须满足吉布斯（Gibbs）相律。

对于纯物质存在下述关系式：

$$f(p, V, T) = 0 \tag{2.23}$$

这就意味着，为了能图解表示上述函数关系，需要三维空间。根据相律，当某一物质处于单相态时，体系自由度为2。即当纯物质处于单相态时，已知温度 T 及压力 p 便能确定其体积 V。图2.15在三维空间中描述了纯物质的上述函数关系。可用剖面图表示相态的性质，因为三维空间图比两维空间图难于使用，因此通常使用压力、温度投影图（图2.16）及压力、体积投影图来描述各种天然气组分的相态性质。

图2.15中的区域 $HbCdI$ 描述了气液可以共存的条件；曲线 CbH 和曲线 CdI 在压力、温度投影图上重合成一条曲线（图2.16中的 HC），称之为蒸气压曲线；图2.15中固体及液体两相面 $BDHG$ 的投影如图2.16中的曲线 HD 所示；固气面的投影则为图2.16中的曲线 HF。

对任一纯物质，在某一特定的温度、压力下，三相可以平衡共存。此点称为三相点，如图2.16中的 H 点。

由图2.16可知，某纯烃的饱和蒸气压即为给定温度下的泡点压力或露点压力。以各种压力下的沸点表示的蒸气压曲线，是纯烃的最重要性质之一。

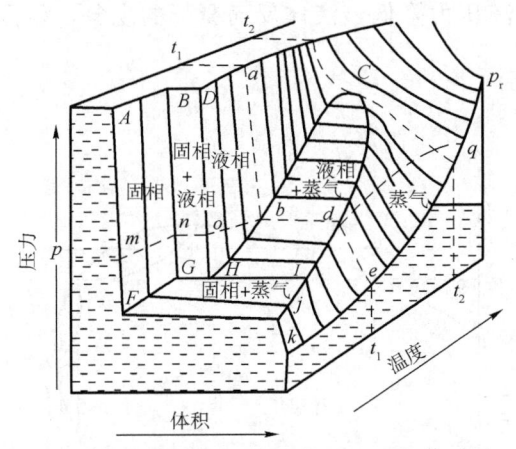

图2.15 纯物质的压力、体积、温度关系图

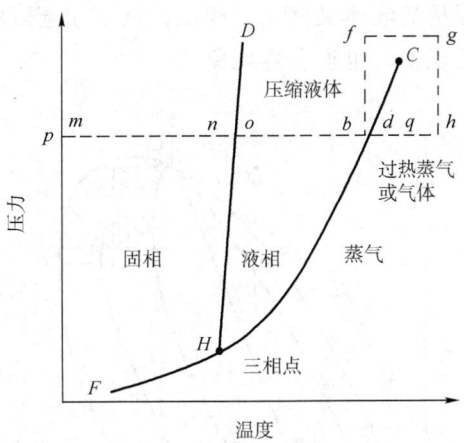

图2.16 压力、温度投影图

2.2.1.2 多组分体系相态

上述单一组分体系的相态性质研究揭示出了相平衡的许多重要特性。无论体系多么复杂，都会应用到多相共存、蒸气压、临界点、单相区等重要概念。单一组分与多组分体系的基本差别在于：体系中每增加一个组分就会多增加一个自由度。换言之，必须规定附加的变量来确定体系的状态。对一含 c 个组分的体系（x 代表组成），其基本关系为：

$$f(p, V, T, x_1, x_2, \cdots, x_c) = 0 \tag{2.24}$$

由式(2.24)可见，不再可能应用三维空间模型表示一个完整的体系相态。最常用的表示多组分天然气体系相态的图形是压力—温度相图，如图2.17所示。环形曲线（常称为相包络线）$ABCDIE$ 内表示两相共存区，在这一曲线外围区域的流体呈单相。ABC 为泡点线，CDE 为露点线。两相共存区内带有数字的曲线为气液分配曲线，常用液体体积分数表示。

对单一组分而言，泡点线和露点线重合为单一的蒸气压曲线；而对于多组分，则存在露点线和泡点线。值得注意的是，多组分体系的临界点 C，既不是气液相能够平衡共存的最高压力（称为临界凝析压力），也不是气液相能够平衡共存的最高温度（称为临界凝析温度）。对单一组分而言，当达到临界状态时，其临界点的气液相完全一致，且临界点温度应当是气液相平衡共存的最高温度，其临界点压力应当是两相平衡共存的最高压力。但多组分体系的临界点不再具备以上三个特点，它分别与三个不同的点（临界点、临界凝析温度、临界凝析压力）相联系，并且这三个点的相对位置与体系的组成有关。

在单一组分体系中，当等温增压或等压降温时，都会导致液体的凝析。但在多组分体系中，则常常会出现一种有悖于常理的逆变现象，即在等温降压或等压升温的情况下，反而会引起液体的凝析。这种存在于多组分体系中的现象，可用图 2.18 来说明。

图 2.18 中泡点线和露点线在临界点 C 相遇。曲线 AE 是一等温压缩过程。A 点的温度高于临界点温度而低于临界凝析温度，体系处于气相；压缩到露点 B，开始有液滴凝析出来，随着压力的增加，凝析液量增加；但压缩到 E 点，又与露点线相遇，即形成的液体又全部汽化。因此，在露点 B 和露点 E 之间必有一点（例如 D 点）是在压缩过程中凝析液量最多的点。从 B 点到 D 点凝析液量增加，从 D 点到 E 点随压力增加，凝析液量反而减少，已凝析的液体又汽化。相反，从 E 点到 D 点，随压力降低，液体反而凝析的现象，称为反凝析现象，也称逆变现象。

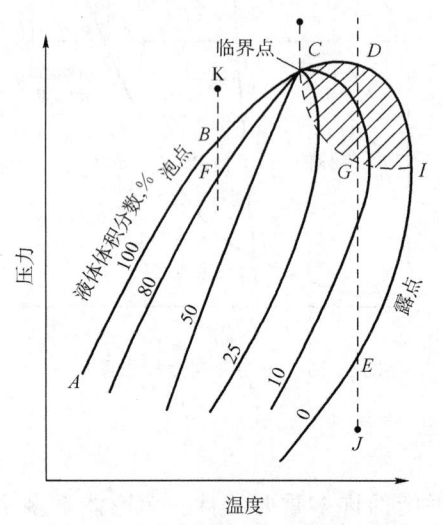

图 2.17 多组分体系的压力—温度图

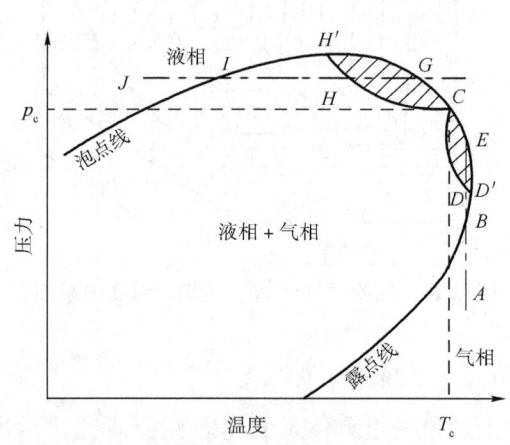

图 2.18 多组分体系反凝析现象示意图

当体系压力高于临界压力 p_c 而低于临界凝析压力时，也会有上述类似情况发生。图 2.18 中曲线 JG 表示等压加热过程。在泡点 I 液体开始蒸发，再次交泡点线于 G 点时，已蒸发出来的蒸气又全部凝析，如果 H 点表示过程中蒸发量最大的一点，那么从 H 点到 G 点称为等压反凝析。

总之，多组分体系在等温降压或等压升温过程中出现的液体凝析现象就称为反凝析现象，它只能发生在图 2.18 中的阴影部分。由图 2.18 可见，这种反凝析现象的程度是两相平衡边界线上实际临界点的相对位置的函数。

天然气的反凝析现象在天然气开采和油气藏类型识别方面都具有重要意义。

2.2.2 天然气压缩因子

天然气在低压时的 pVT 性质可用理想气体定律来描述。而当天然气被压缩，压力上升时，天然气的性质会与理想气体状态下的性质产生很大的偏差，这种偏差被定义为压缩因子，有的文献称之为偏离因子或偏差系数，用符号"Z"表示。

压缩因子 Z 是用来校正气体的非理想性的参数，对真实气体有：

$$pV = ZnRT \qquad (2.25)$$

为了确定天然气的压缩因子，Standing 和 Katz 根据天然气主要是由化学性质相似的烷烃组成的这一特征，成功地将对比态原理用于天然气，从而得出 Z 与视对比温度和视对比压力的关系图，通常称为两参数关联图，如图 2.19 所示。

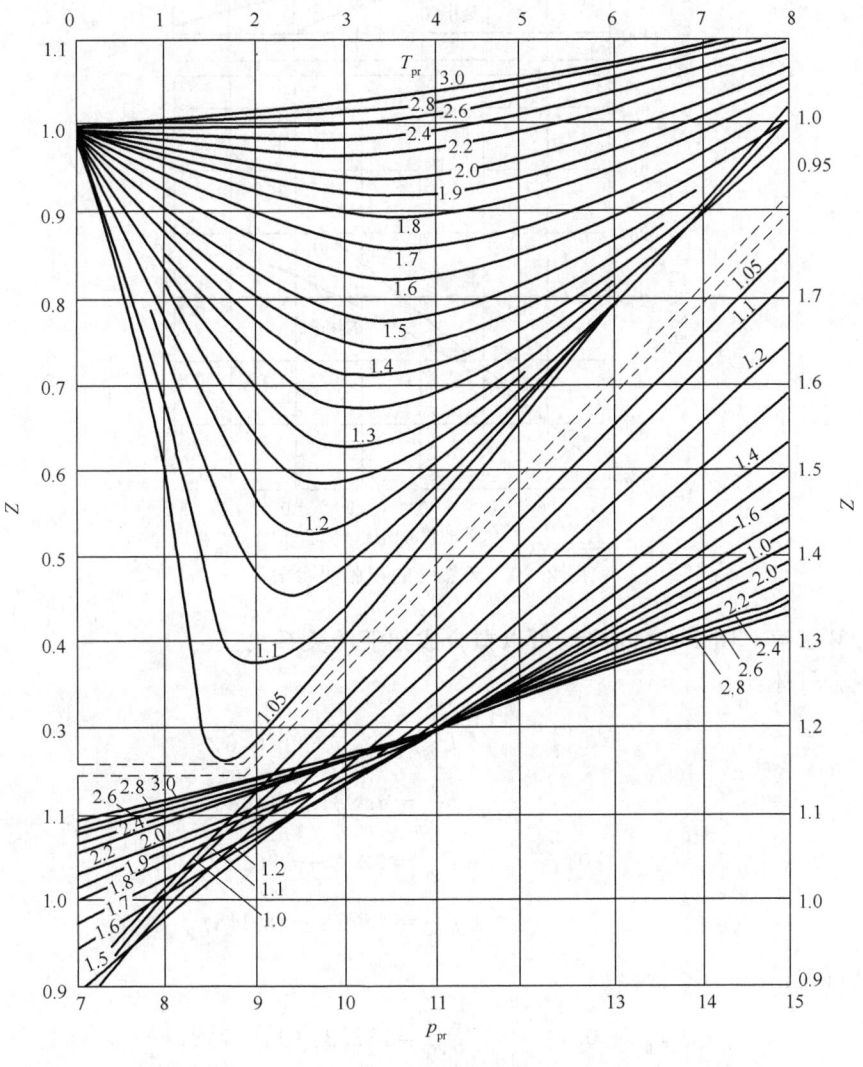

图 2.19 两参数关联图

对于天然气的视临界参数，可由下式求得：

$$T_{pc} = \sum y_i T_{ci}, \quad p_{pc} = \sum y_i p_{ci} \tag{2.26}$$

式中 T_{pc}——视临界温度，K；

p_{pc}——视临界压力，MPa；

T_{ci}——i 组分的临界温度，K；

p_{ci}——i 组分的临界压力，MPa；

y_i——i 组分的摩尔分数。

如果不知道天然气的具体组成而知道其相对密度，可以使用图 2.20 查得其视临界参数。

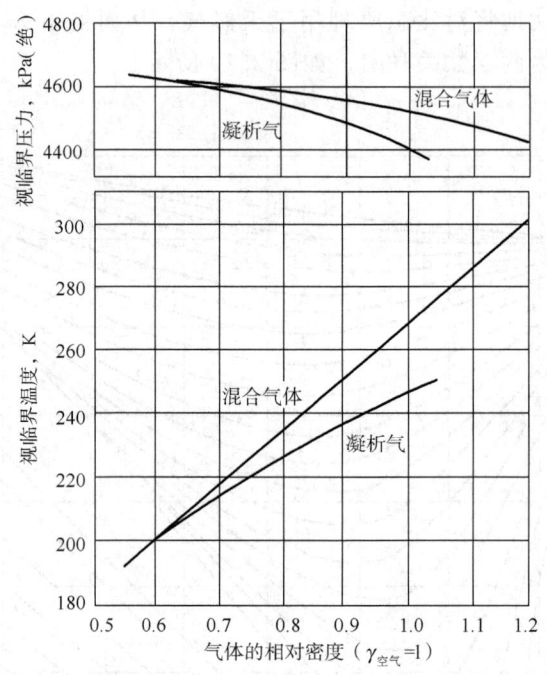

图 2.20 天然气的视临界参数

为了计算求解，图 2.20 的曲线可以拟合成如下的关系式：

对于混合气体：

$$\gamma_g \geqslant 0.7 \quad T_{pc} = 92.2 + 176.6\gamma_g \tag{2.27}$$

$$p_{pc} = 4.881 - 0.3861\gamma_g \tag{2.28}$$

$$\gamma_g < 0.7 \quad T_{pc} = 92.2 + 176.7\gamma_g \tag{2.29}$$

$$p_{pc} = 4.778 - 0.248\gamma_g \tag{2.30}$$

对于凝析气：

$$\gamma_g \geqslant 0.7 \quad T_{pc} = 132.2 + 116.7\gamma_g \tag{2.31}$$

$$p_{pc} = 5.102 + 0.689\gamma_g \tag{2.32}$$

$$\gamma_g < 0.7 \quad T_{pc} = 106.1 + 152.2\gamma_g \tag{2.33}$$

$$p_{pc} = 4.778 - 0.248\gamma_g \tag{2.34}$$

式中 γ_g——天然气的相对密度。

根据对比性质可由下式计算天然气的视对比参数：

$$T_{pr} = \frac{T}{T_{pc}}, \quad p_{pr} = \frac{p}{p_{pc}} \tag{2.35}$$

式中 T_{pr}——视对比温度；

p_{pr}——视对比压力。

显然，由 T_{pr}、p_{pr} 使用图 2.19 就可以确定 p、T 状态下的 Z 值。

对于以烃类为主要组成的任何一种天然气，均可以使用上述方法求压缩因子，但当天然气中含有较多的非烃组分时，则必须进行非烃校正。

常用于非烃校正的方法是 Wichert 和 Aziz 提出的，用以下公式计算校正后的视临界参数：

$$T'_{pc} = T_{pc} - 0.556\varepsilon \tag{2.36}$$

$$p'_{pc} = \frac{p_{pc} T'_{pc}}{T_{pc} + 0.556B(1-B)\varepsilon} \tag{2.37}$$

$$\varepsilon = 120(A^{0.9} - A^{1.6}) + 15(B^{0.5} - B^4) \tag{2.38}$$

式中 T'_{pc}——校正后的视临界温度，K；

p'_{pc}——校正后的视临界压力，MPa；

ε——视临界温度校正系数；

A——天然气中 H_2S 和 CO_2 的摩尔分数之和；

B——天然气中 H_2S 的摩尔分数。

此外，一批状态方程用于计算 Z 值也取得了较好的效果。AGA8 报告推荐了基于已知组成分析数据，已知相对密度和高发热量以及 CO_2、H_2、CO 的摩尔分数，已知相对密度及 N_2、CO_2、H_2 和 CO 的摩尔分数等的计算 Z 值的方法，同时还发表了一些直接计算 Z 值的关联式。

2.3 天然气加工常用状态方程及热力学计算式

状态方程的历史始于 1662 年波义耳（Beyle）对空气的试验。由此以来，已提出了数百种代表气体 pVT 性质的方程，有些是在范德瓦尔斯（Van der Waals）方程以前，但绝大多数是在其后提出的，其中有些方程是与很著名的名字联系在一起的，如 Rankine、Clausius、Boltzmann、Plank 等。对于液体的状态方程，在理论和关联两方面也做了不少工作，但较之气相的工作而言则仍然显得过少，比较突出的有 BWR（1940）方程和 Peng-Robinson（1976）方程等。本节就在天然气加工工程中应用较为广泛的几个方程予以介绍。

2.3.1 RK 方程

Redlich-Kwong 方程（RK 方程）是继著名的范德瓦尔斯方程之后发表的最为广泛使用

的二参数状态方程，它的标准形式如下：

$$p=\frac{RT}{V-b}-\frac{a}{T^{0.5}V(V+b)} \tag{2.39}$$

式中，a 和 b 是常数，应用临界点时的热力学稳定判据：

$$\left(\frac{dp}{dV}\right)_{T_c}=0, \quad \left(\frac{d^2p}{dV^2}\right)_{T_c}=0$$

与式(2.39)结合，则纯组分的 a、b 值可表示为临界温度 T_c 和临界压力 p_c 的函数：

$$a=\Omega_a R^2 T_c^{2.5}/p_c \tag{2.40}$$

$$b=\Omega_b R T_c/p_c \tag{2.41}$$

式中，$\Omega_a=0.42748$，$\Omega_b=0.086640$。

更准确的 Ω_a、Ω_b 值可由各组分饱和蒸气的 pVT 数据求得，表 2.4 列出了 RK 方程中的 18 种组分的 Ω_a、Ω_b 值。

表 2.4　RK 方程中的 Ω_a、Ω_b 值（饱和蒸气）

组分	Ω_a	Ω_b	组分	Ω_a	Ω_b
甲烷	0.4278	0.0867	正丁烷	0.4450	0.0906
氮气	0.4290	0.0870	环己烷	0.4440	0.0903
乙烯	0.4323	0.0876	苯	0.4450	0.0904
硫化氢	0.4340	0.0882	异戊烷	0.4450	0.0906
乙烷	0.4340	0.0880	二氧化碳	0.4470	0.0911
丙烯	0.4370	0.0889	正戊烷	0.4510	0.0919
丙烷	0.4380	0.0889	正己烷	0.4590	0.0935
异丁烷	0.4420	0.0898	正庚烷	0.4680	0.0952
乙炔	0.4420	0.0902	正辛烷	0.4760	0.0908

求解 RK 方程的更有用的其他形式以及将 RK 方程用于混合物体系时的混合规则均列于表 2.5 中。

表 2.5　RK 方程

标准形式	$p=\dfrac{RT}{V-b}-\dfrac{a}{T^{0.5}V(V+b)}$	(1)
多项式	$V^3-\dfrac{RT}{p}V^2+\dfrac{1}{p}\left(\dfrac{a}{T^{0.5}}-bRT-pb^2\right)V-\dfrac{ab}{pT^{0.5}}=0$	(2)
	$Z^3-Z^2+(A-B-B^2)Z-AB=0$	(3)
	$Z^3-Z^2+\dfrac{p_r}{T_r}\left[\dfrac{0.42748}{T_r^{1.5}}-0.08664-0.007506\dfrac{p_r}{T_r}\right]Z-0.03704\dfrac{p_r^2}{T_r^{3.5}}=0$	(4)

续表

对比形式	$p_r = \dfrac{3T_r}{V_r - 3\Omega_b} - \dfrac{9\Omega_a}{T_r^{0.5} V_r (V_r + 3\Omega_b)}$	(5)
压缩因子关系式	$h = \dfrac{b}{V} = \dfrac{bp}{ZRT} = \dfrac{0.08664 RT_c}{V p_c} = \dfrac{0.08664 p_r}{Z T_r}$	(6)
	$Z = \dfrac{1}{1-h} - \dfrac{a}{bRT^{1.5}}\left(\dfrac{h}{1+h}\right) = \dfrac{1}{1-h} - \dfrac{4.934}{T_r^{1.5}}\left(\dfrac{h}{1+h}\right)$	(7)
	$Z = \dfrac{V}{V-b} - \dfrac{a}{RT^{1.5}(V+b)}$	(8)
参数	$a = \Omega_a R^2 T_c^{2.5}/p_c = 0.42748 R^2 T_c^{2.5}/p_c$	(9)
	$b = \Omega_b R T_c/p_c = 0.08664 R T_c/p_c$	(10)
	$A = ap/R^2 T^{2.5} = 0.42748 p_r / T_r^{2.5}$	(11)
	$B = bp/RT = 0.08664 p_r / T_r$	(12)
混合物	$a = (\sum y_i a_i^{\frac{1}{2}})^2$ （RK 规则）	(13)
	$a = \sum\sum y_i y_j a_{ij} = y_1^2 a_{11} + y_2^2 a_{22} + \cdots + 2(y_1 y_2 a_{12} + y_1 y_3 a_{13} + \cdots + y_2 y_3 a_{23} + \cdots)$ （Prausnitz 规则）	(13′)
	$b = \sum y_i b_i$	(14)
	$A_m = \sum\sum y_i y_j A_{ij}$	(15)
	$B_m = \sum y_i B_i$	(16)
交互作用参数	$a_{ij} = \sqrt{a_i a_j}$ （RK 规则）	(17)
	$a_{ij} = (1 - K_{ij})\sqrt{a_i a_j}$ (Zudkevich 和 Joffe, 1970)	(18)
	$A_{ij} = (1 - K_{ij})\sqrt{A_i A_j}$	(18′)
	$a_{ij} = \dfrac{\Omega_a R (V_{ci}^{1/3} + V_{cj}^{1/3})^3 [(1 - K_{ij})\sqrt{T_{ci} T_{cj}}]^{1.5}}{8[0.291 - 0.04(\omega_i + \omega_j)]}$ (Prausnitz 和 Chueh, 1968)	(19)
	式(19) 中 ω_i、ω_j 为偏心因子	

表 2.5 中列出了压力表示的方程形式（标准形式），以及应用体积和压缩因子的多项式形式以及对比形式。其中对 h 和 Z 的一对方程，式(6) 和式(7) 是由 Redlich - Kwong 提出的，它们经常使用直接迭代法强制收敛。多项式的根很容易用 Newton - Raphson 法求得，对气体的压缩因子初值取 1，液体的压缩因子取 0。对混合规则介绍了三种形式的交互作用参数计算式——式(17)、式(18)、式(19)，其中，式(18)、式(19) 使用的二元交互作用参数 K_{ij} 列于表 2.6，表 2.6 中列出了约 100 对物质的 K_{ij} 值，而 $K_{ij} = K_{ji}$ 是成立的。

表 2.6 二元交互作用参数

体系		$K_{ij} \times 10^2$	体系		$K_{ij} \times 10^2$
1	2		1	2	
甲烷	乙烯	1	硫化氢	苯	3
	乙烷	1		甲苯	(3)
	丙烯	2		萘	8
	丙烷	2	丙烯（或丙烷）	丙烷	0

续表

体系		$K_{ij} \times 10^2$	体系		$K_{ij} \times 10^2$
1	2		1	2	
甲烷	正丁烷	4	丙烯（或丙烷）	正丁烷	0
	异丁烷	4		异丁烷	0
	正戊烷	6		正戊烷	1
	异戊烷	6		异戊烷	0
	正己烷	8		正己烷	(1)
	环己烷	8		环己烷	(1)
	正庚烷	10		正庚烷	(2)
	正辛烷	(12)		正辛烷	(2)
	苯	(8)		苯	2
	甲苯	(8)		甲苯	2
	萘	14		丙烷	8
乙烯（或乙烷）	乙烷	0		正丁烷	(9)
	丙烯	0		异丁烷	(9)
	丙烷	0		正戊烷	10
	正丁烷	1		异戊烷	(10)
	异丁烷	1	乙炔	二氧化碳	8
正庚烷	正辛烷	0		甲烷	(5)
	苯	(1)		乙烯	6
	甲苯	(1)		乙烷	8
正辛烷	苯	(1)		丙烯	7
	甲苯	(1)		丙烷	9
苯	甲苯	(0)		正丁烷	(10)
二氧化碳	甲烷	(5±2)		异丁烷	(10)
	乙烯	6		正戊烷	(11)
	乙烷	8		异戊烷	(11)
	丙烯	10	氮气	甲烷	3
	丙烷	11±1		乙烯	4
	正丁烷	16±2		乙烷	5
	异丁烷	(16±2)		丙烯	(7)
	正戊烷	(18±2)		丙烷	(9)
	异戊烷	(18±2)		正丁烷	12
	萘	24	正丁烷（或异丁烷）	异丁烷	0
硫化氢	甲烷	5±1		正戊烷	0
	乙烯	(5±1)		异戊烷	0
	乙烷	6		正己烷	0
	丙烯	(7)		环己烷	0
	正戊烷	2		正庚烷	0
	异戊烷	2		正辛烷	(1)
	正己烷	3		苯	(1)
	环己烷	3		甲苯	(1)
	正庚烷	4	正戊烷（或异戊烷）	异戊烷	0
	正辛烷	(5)		正己烷	0

续表

体系		$K_{ij}\times 10^2$	体系		$K_{ij}\times 10^2$
1	2		1	2	
正戊烷（或异戊烷）	环己烷	0	氢气	氮气	0
	正庚烷	0		氩	0
	正辛烷	0		甲烷	3
	苯	(1)		乙烷	(5)
	甲苯	1		丙烷	(7)
正己烷（或环己烷）	正庚烷	0		正丁烷	(8)
	正辛烷	0		异丁烷	(8)
	苯	(1)		正戊烷	(9)
	甲苯	1		异戊烷	(9)
氩	甲烷	2		正己烷	10
	乙烯	3	氮气	氮气	16
	乙烷	3		氩	5±1
	氧	1		甲烷	(46)
四氟甲烷	甲烷	7	氖	甲烷	28
	氮气	2		氢	20±2
	氢气	(16±2)	氦	甲烷	1

注：括号中的数值是内插或估计结果（Prausnitz 和 Chueh，1968）。

2.3.2 SRK 方程

应用甚广的 RK 方程用来预测单一组分的饱和蒸气压时正确性欠佳，用于多组分的气液平衡计算时其正确性通常也很差，为此，Soave 于 1972 年从能正确地预测单一组分的饱和蒸气压出发对 RK 方程进行了改进（SRK 方程），将 RK 方程中的温度有关项 $\dfrac{a}{T^{0.5}}$ 用温度和偏心因子的函数 $a(T,\omega)$ 代替，则其标准形式为：

$$p=\frac{RT}{V-b}-\frac{a(T,\omega)}{V(V+b)} \tag{2.42}$$

为使该方程拟合烃类的蒸气压，首先将参数 $a(T,\omega)$ 公式化，其结果为：

$$a(T,\omega)=a\alpha=0.42748\frac{R^2T_c^2}{p_c}\alpha \tag{2.43}$$

$$\alpha^{0.5}=1+(1-T_r^{0.5})(0.480+1.574\omega-0.176\omega^2) \tag{2.44}$$

Graboski 和 Daubert 修正了式(2.44)中的参数，变为：

$$\alpha^{0.5}=1+(1-T_r^{0.5})(0.48508+1.55171\omega-0.15613\omega^2) \tag{2.45}$$

对氢气，Graboski 和 Daubert 写为：

$$\alpha^{0.5}=1.096\exp(-0.15114T_r) \tag{2.46}$$

对某些混合物，混合规则与 RK 方程相同，使用的交互作用参数为 a_{ij} 或 $(a\alpha)_{ij}$：

$$a_{ij} = (a\alpha)_{ij} = (1 - K_{ij})\sqrt{(a\alpha)_i (a\alpha)_j} \qquad (2.47)$$

表 2.7 列出了 SRK 方程的其他形式和不同参数的确定方法。

表 2.8 和表 2.9 列出了 SRK 方程所使用的 K_{ij} 值，其中 Soave 参数见表 2.8，Graboski 和 Daubert 参数见表 2.9。

表 2.7 SRK 方程

标准形式	$p = \dfrac{RT}{V-b} - \dfrac{a\alpha}{V(V+b)}$	(1)
对氢气	$\alpha = 1.201\exp(-0.30228T_r)$	(2)
	$A = a\alpha p/R^2T^2 = 0.42747\alpha p_r/T_r^2$	(3)
	$B = bp/RT = 0.08664 p_r/T_r$	(4)
多项式	$V^3 - \dfrac{RT}{p}V^2 + \dfrac{1}{p}(a\alpha - bRT - pb^2)V - \dfrac{a\alpha b}{p} = 0$	(5)
	$Z^3 - Z^2 + (A - B - B^2)Z - AB = 0$	(6)
对比形式	$p_r = \dfrac{3T_r}{V_r - 0.2599} - \dfrac{3.8473\alpha}{V_r(V_r + 0.2599)}$	(7)
参数	$a = 0.42748 R^2 T_c^2 / p_c$	(8)
	$b = 0.08664 RT_c / p_c$	(9)
	$\alpha = [1 + (1 - T_r^{0.5})(0.480 + 1.574\omega - 0.176\omega^2)]^2$	(10)
	$\alpha = [1 + (1 - T_r^{0.5})(0.48508 + 1.55171\omega - 0.15613\omega^2)]^2$	(10')
混合物	$a\alpha = \sum\sum y_i y_j (a\alpha)_{ij}$	(11)
	$b = \sum y_i b_i$	(12)
	$A_m = \sum\sum y_i y_j A_{ij}$	(13)
	$B_m = \sum y_i B_i$	(14)
交互作用参数	$A_{ij} = (1 - K_{ij})\sqrt{A_i A_j}$	(15)
	$(a\alpha)_{ij} = (1 - K_{ij})\sqrt{(a\alpha)_i (a\alpha)_j}$	(16)
	$K_{ij} = 0$（对烃类和氢气）	(17)

表 2.8 SRK 方程中的二元交互作用参数 K_{ij}（Soave 参数）

i \ j	二氧化碳	硫化氢	氮气	一氧化碳
甲烷	0.12	0.08	0.02	−0.02
乙烯	0.15	0.07	0.04	—
乙烷	0.15	0.07	0.06	—
丙烯	0.08	0.07	0.06	—
丙烷	0.15	0.07	0.08	—
异丁烷	0.15	0.06	0.08	—
正丁烷	0.15	0.06	0.08	—
异戊烷	0.15	0.06	0.08	—
正戊烷	0.15	0.06	0.08	—
正己烷	0.15	0.05	0.08	—
正庚烷	0.15	0.04	0.08	—

续表

i \ j	二氧化碳	硫化氢	氮气	一氧化碳
正辛烷	0.15	0.04	0.08	—
正壬烷	0.15	0.03	0.08	—
正癸烷	0.15	0.03	0.08	—
正十一烷	0.15	0.03	0.08	—
二氧化碳	—	0.12	—	−0.04
环己烷	0.15	0.03	0.08	—
甲基环己烷	0.15	0.03	0.08	—
苯	0.15	0.03	0.08	—
甲苯	0.15	0.03	0.08	—

表 2.9　SRK 方程中的二元交互作用参数 K_{ij}（Graboski 和 Daubert 参数）

i \ j	硫化氢	二氧化碳	氮气	一氧化碳
硫化氢	—	0.102	0.140	—
二氧化碳	0.102	—	−0.022	−0.064
氮气	0.140	−0.022	—	0.046
一氧化碳	—	−0.064	0.046	—
甲烷	0.0850	0.0973	0.0319	0.03
乙烷	0.0829	0.1346	0.0388	0.00
正丙烷	0.0831	0.1018	0.0807	0.02
正丁烷	0.0609	0.1474	0.1007	—
正戊烷	0.0697	0.1278	—	—
正庚烷	—	—	0.1444	—
正辛烷	0.0737	0.1136	—	—
正壬烷	—	—	—	0.10
正癸烷	0.0542	—	—	—
丙烯	—	0.0914	—	—
环己烷	—	0.1087	—	—
苯	—	0.0810	0.2131	—

2.3.3　PR 方程

为了进一步提高对热力学性质和气液平衡数据预测的准确性，Peng-Robinson 开发了以体积三次方表示的一个新的二参数状态方程（简称 PR 方程），该方程适用于天然气处理与加工中所有流体性质的全部计算，方程形式为：

$$p = \frac{RT}{V-b} - \frac{a(T)}{V(V+b)+b(V-b)} \tag{2.48}$$

在临界点时：

$$a(T_c) = 0.45724 R^2 T_c^2 / p_c \tag{2.49}$$

$$b(T_c) = 0.07780RT_c/p_c \tag{2.50}$$

$$Z_c = 0.307 \tag{2.51}$$

在其他温度时，参数 $a(T)$ 校正为：

$$a(T) = a(T_c)\alpha(T_r, \omega) \tag{2.52}$$

这类似于 Soave 的处理，用蒸气压曲线关联到临界点，其结果是：

$$\alpha^{0.5} = 1 + (1 - T_r^{0.5})(0.37464 + 1.54226\omega - 0.26992\omega^2) \tag{2.53}$$

对混合物，PR 方程的结合规则是立方型方程中常用的一种规则，但必须考虑二元交互作用参数：

$$a_{ij} = (1 - K_{ij})\sqrt{a_i a_j} \tag{2.54}$$

在压力和温度的适当范围内，可用优化泡点压力的方法求得交互作用参数 a_{ij}。对水与 CO_2 和水与 H_2S 体系，这些参数与温度有关。在公开的文献中没有列出很广泛的交互作用参数。二氧化碳和正丁烷可用 0.13，而对水和烃类，可从和 1-丁烯的 0.38 到和甲烷或乙烷的 0.50。其他数据列于表 2.10。

表 2.10 PR 方程

标准形式	$p = \dfrac{RT}{V-b} - \dfrac{a\alpha}{V^2 + 2bV - b^2}$	(1)
多项式	$Z^3 - (1-B)Z^2 + (A - 3B^2 - 2B)Z - (AB - B^2 - B^3) = 0$	(2)
参数	$a = 0.45724R^2T_c^2/p_c$	(3)
	$b = 0.07780RT_c/p_c$	(4)
	$\alpha = [1 + (1 - T_r^{0.5})(0.37464 + 1.54226\omega - 0.26992\omega^2)]^2$	(5)
	$A = a\alpha p/R^2T^2 = 0.45724\alpha p_r/T_r^2$	(6)
	$B = bp/RT = 0.07780 p_r/T_r$	(7)
混合物	$a\alpha = \sum\sum y_i y_j (a\alpha)_{ij}$	(8)
	$b = \sum y_i b_i$	(9)
	$(a\alpha)_{ij} = (1 - K_{ij})\sqrt{(a\alpha)_i (a\alpha)_j}$	(10)
	$A_m = \sum\sum y_i y_j A_{ij}$	(11)
	$B_m = \sum y_i B_i$	(12)
	$A_{ij} = (1 - K_{ij})(A_i A_j)^{0.5}$	(13)
	$K_{ii} = 0$	(14)
Katz 和 Firoozabadi(1978)数据		
氮+烃	$K_{ij} = 0.12$ 　　乙烷+烃　　$K_{ij} = 0.01$	
CO_2+烃	$K_{ij} = 0.15$ 　　丙烷+烃　　$K_{ij} = 0.01$	
甲烷+ $\begin{cases}\text{乙烷}\\ \text{丙烷}\\ n\text{-}C_4\\ n\text{-}C_5\\ n\text{-}C_6\\ n\text{-}C_7\end{cases}$	$K_{ij} = \begin{cases}0\\ 0\\ 0.02\\ 0.02\\ 0.025\\ 0.025\end{cases}$ 　　甲烷+ $\begin{cases}n\text{-}C_8\\ n\text{-}C_9\\ n\text{-}C_{10}\\ n\text{-}C_{20}\\ \text{苯}\\ \text{环己烷}\end{cases}$ $K_{ij} = \begin{cases}0.035\\ 0.035\\ 0.035\\ 0.054\\ 0.06\\ 0.03\end{cases}$	

2.3.4 BWR 方程

BWR 方程（Benedict-Webb-Rubin 方程）是使用最为普遍的状态方程之一，它含有 8 个参数，由于其高度非线性化，常常要使用 Newton-Raphson 法进行求解。关于 BWR 的方程形式及混合规则等列于表 2.11。表 2.12 给出了 BWR 方程所使用的参数值。

表 2.11 BWR 方程

标准形式	
$p = RT\rho + (B_0 RT - A_0 - C_0 T^{-2})\rho^2 + (bRT - a)\rho^3 + a\alpha\rho^6 + cT^{-2}\rho^3(1+\gamma\rho^2)\exp(-\gamma\rho^2)$	
$Z = 1 + \left(B_0 - \dfrac{A_0}{RT} - \dfrac{C_0}{RT^3}\right)\rho + \left(b - \dfrac{a}{RT}\right)\rho^2 + \dfrac{a\alpha}{RT}\rho^5 + \dfrac{c}{RT^3}\rho^2(1+\gamma\rho^2)\exp(-\gamma\rho^2)$	
参数	在表 2.12 中给出了数值
原始混合规则	
$A_0 = [\sum x_i (A_{0i})^{1/2}]^2$	$b = [\sum x_i (b_i)^{1/3}]^3$
$B_0 = \sum x_i B_{0i}$	$c = [\sum x_i (c_i)^{1/3}]^3$
$C_0 = [\sum x_i (C_{0i})^{1/2}]^2$	$\alpha = [\sum x (\alpha_i)^{1/3}]^3$
$a = [\sum x_i (a_i)^{1/3}]^3$	$\gamma = [\sum x_i (\gamma_i)^{1/3}]^3$
Bishnoi 和 Robinson 将二元交互作用参数并入混合规则中，其结果是	
$A_0 = \sum_{i=1}^{n}\sum_{j=1}^{n} x_i x_j A_{0ij}$	式中 $A_{0ij} = \sqrt{A_{0i}A_{0j}}(1-K_{ij})$
$B_0 = \sum_{i=1}^{n}\sum_{j=1}^{n} x_i x_j B_{0ij}$	式中 $B_{0ij} = \sqrt{B_{0i}B_{0j}}$
$C_0 = \sum_{i=1}^{n}\sum_{j=1}^{n} x_i x_j C_{0ij}$	式中 $C_{0ij} = \sqrt{C_{0i}C_{0j}}(1-K_{ij})^3$
$a = \sum_{i=1}^{n}\sum_{j=1}^{n}\sum_{k=1}^{n} x_i x_j x_k (a_{ij}a_{jk}a_{ik})^{1/3}$	式中 $a_{ij} = \sqrt{a_i a_j}(1-K_{ij})$
$b = \sum_{i=1}^{n}\sum_{j=1}^{n}\sum_{k=1}^{n} x_i x_j x_k (b_{ij}b_{jk}b_{ik})^{1/3}$	式中 $b_{ij} = \sqrt{b_i b_j}$
$c = \sum_{i=1}^{n}\sum_{j=1}^{n}\sum_{k=1}^{n} x_i x_j x_k (c_{ij}c_{jk}c_{ik})^{1/3}$	式中 $c_{ij} = \sqrt{c_i c_j}(1-K_{ij})^3$
$\alpha = \sum_{i=1}^{n}\sum_{j=1}^{n}\sum_{k=1}^{n} x_i x_j x_k (\alpha_{ij}\alpha_{jk}\alpha_{ik})^{1/3}$	式中 $\alpha_{ij} = \sqrt{\alpha_i \alpha_j}$
$\gamma = \sum_{i=1}^{n}\sum_{j=1}^{n} x_i x_j \gamma_{ij}$	式中 $\gamma_{ij} = \sqrt{\gamma_i \gamma_j}$

K_{ij} 值如下

	CO_2	H_2S	N_2	CH_4	C_2H_6
CO_2	0	0.057	0.03	0.03	0.08
H_2S		0	0.068	0.09+0.01	0.085
N_2			0	0.03	0.06
CH_4				0	0.01
C_2H_6					0

	C_3H_8	i-C_4H_{10}	n-C_4H_{10}	i-C_5H_{12}	n-C_5H_{12}	n-C_6H_{14}	n-C_7H_{14}
CO_2	0.11	0.14	0.11	0.166	0.166	0.188	0.209
H_2S	0.076	0.09	0.09	0.102	0.102	0.116	0.129
N_2	0.09	0.113	0.113	0.14	0.14	0.166	0.193
CH_4	0.022	0.034	0.03	0.047	0.05	0.06	0.072
C_2H_6	0	0	0	0.01	0.01	0.02	0.03
C_3H_8	0	0	0	0.006	0.006	0.014	0.021
		n-C_4H_{10}	i-C_5H_{12}	n-C_5H_{12}	n-C_6H_{14}	n-C_7H_{14}
i-C_4H_{10}		0	0	0	0.006	0.012
n-C_4H_{10}			0	0	0.006	0.012
i-C_5H_{12}			0	0	0	0.03
n-C_5H_{12}				0	0	0
n-C_6H_{14}					0	0
n-C_7H_{14}						0

表 2.12 BWR 方程参数

组分	应用范围[①] 气相 ρ mol/L	应用范围[①] 气相 T ℃	应用范围[①] 液相 p atm	应用范围[①] 液相 T ℃	a $(L/mol)^3 \cdot atm$	A_0 $(L/mol)^2 \cdot atm$	b $(L/mol)^2$	B_0 L/mol	c $(L/mol)^3 \cdot K^2 \cdot atm$	C_0 $(L/mol)^2 \cdot K \cdot atm$	α $(L/mol)^3$	γ $(L/mol)^2$
甲烷	2.0 18.0	−70 200	4.5 41.8	−140 −85	4.94000×10^{-2}	1.85500	3.38004×10^{-3}	4.26000×10^{-2}	2.54500×10^{3}	2.225700×10^{4}	1.24359×10^{-4}	6.0000×10^{-3}
甲烷	0.75 12.5	0 350	[②]	[②]	4.35200×10^{-2}	1.79894	2.52033×10^{-3}	4.54625×10^{-2}	3.58780×10^{3}	3.18382×10^{4}	3.30000×10^{-4}	1.05000×10^{-2}
乙烷	0.5 10.0	25 275	5.5 41.4	−50 25	3.45160×10^{-1}	4.15556	1.11220×10^{-2}	6.27724×10^{-2}	3.27670×10^{4}	1.79592×10^{5}	2.43389×10^{-4}	1.18000×10^{-2}
丙烷	1.0 9.0	96.8 275	2.0 28.0	−25 75	9.4700×10^{-1}	6.87225	2.25000×10^{-2}	9.73130×10^{-2}	1.29000×10^{5}	5.08256×10^{5}	6.07175×10^{-4}	2.20000×10^{-2}
正丁烷	0.5 7.0	150 300	1.2 22.5	4.0 121	1.88231	1.00847×10	3.99983×10^{-2}	1.24361×10^{-1}	3.16400×10^{5}	9.92830×10^{5}	1.10132×10^{-3}	3.40000×10^{-2}
异丁烷	0.5 7.0	104.4 237.8	1.0 27.2	−12 119	1.93763	1.023264×10	4.24352×10^{-2}	1.37544×10^{-1}	2.86010×10^{5}	8.49943×10^{5}	1.07408×10^{-3}	3.40000×10^{-2}
正戊烷	0.46 4.8	140 280	2.1 25.5	60 180	4.07480	1.21794×10	6.68120×10^{-2}	1.56751×10^{-1}	8.24170×10^{5}	2.12121×10^{6}	1.81000×10^{-3}	4.75000×10^{-2}
异戊烷	0.5 5.0	130 280	0.34 21.5	0 160	3.75620	1.27959×10	6.68120×10^{-2}	1.60053×10^{-1}	6.95000×10^{5}	1.74632×10^{6}	1.70000×10^{-3}	4.6300×10^{-2}
新戊烷	1.0 6.0	160 275	[②]	[②]	3.4905	1.29635×10	6.68120×10^{-2}	1.70530×10^{-1}	5.46×10^{5}	1.273×10^{6}	2.0×10^{-3}	5.0×10^{-2}
正己烷	2.5 5.0	225 275	1.0 23.8	70 220	7.11671	1.44373×10	1.09131×10^{-1}	1.77813×10^{-1}	1.51276×10^{6}	3.31935×10^{6}	2.81086×10^{-3}	6.66849×10^{-2}
异己烷	1.5 5.5	250 275	[③]	[③]	7.4286	1.4930×10	1.215×10^{-1}	1.729×10^{-1}	1.400×10^{6}	2.8500×10^{6}	2.35×10^{-3}	6.20×10^{-2}

续表

组分	应用范围[①] 气相 ρ mol/L	应用范围[①] 气相 T ℃	应用范围[①] 液相 p atm	应用范围[①] 液相 T ℃	a (L/mol)³·atm	A_0 (L/mol)²·atm	b (L/mol)²	B_0 L/mol	c (L/mol)³·K²·atm	C_0 (L/mol)²·K·atm	α (L/mol)²	γ (L/mol)²
三甲基戊烷	3.2 6.0	250 275	③	③	5.9716	1.2203 ×10	1.1224 ×10⁻¹	8.1505 ×10⁻²	9.5556 ×10⁵	2.2125 ×10⁶	2.25 ×10⁻³	6.2890 ×10⁻²
2,2-二甲基丁烷	1.8 5.0	225 275	③	③	1.0108 ×10	1.1842 ×10	1.400 ×10⁻¹	1.9214 ×10⁻¹	1.7483 ×10⁶	3.3595 ×10⁶	2.189 ×10⁻³	5.6500 ×10⁻²
2,3-二甲基丁烷	1.5 5.0	250 275	③	③	4.6956	1.6430 ×10	7.900 ×10⁻²	1.9000 ×10⁻¹	1.1346 ×10⁶	2.5534 ×10⁶	3.5948 ×10⁻³	7.5 ×10⁻²
正庚烷	1.0 4.0	275 350	1.0 13.6	100 221	1.036475 ×10	1.75206 ×10	1.51954 ×10⁻¹	1.9900 ×10⁻¹	2.47000 ×10⁶	4.74574 ×10⁶	4.35611 ×10⁻³	9.00000 ×10⁻²
三甲基己烷	1.5 5.0	250 275	③	③	7.5854	1.4310 ×10	1.4321 ×10⁻¹	9.1423 ×10⁻²	1.3252 ×10⁶	3.1564 ×10⁶	2.8155 ×10⁻³	7.446 ×10⁻²
2,2-二甲基戊烷	1.8 5.0	225 275	③	③	1.1786 ×10	1.2423 ×10	1.7721 ×10⁻¹	2.0246 ×10⁻¹	2.2586 ×10⁶	5.1237 ×10⁶	2.764 ×10⁻³	6.799 ×10⁻²
正壬烷	④	④	0 6.5	204 238	5.51599 ×10	−1.31560 ×10⁻²	8.6466 ×10⁻²	−2.32095 ×10⁻¹	7.81821 ×10⁵	−3.20417 ×10⁶	2.32899 ×10⁻³	0.0
正癸烷	④	④	0 5.3	38 238	1.25122 ×10²	−3.58180 ×10⁻²	1.96701	−6.23189 ×10⁻¹	4.42954 ×10³	1.31900 ×10⁶	2.14459 ×10⁻³	0.0
乙烯	1.0 12.8	0 198	2.1 31.0	−90 −10	2.59000 ×10⁻¹	3.33958	8.6000 ×10⁻³	5.56833 ×10⁻²	2.1120 ×10⁴	1.31140 ×10⁵	1.78000 ×10⁻⁴	9.23000 ×10⁻³
丙烯	0.5 8.0	25 300	2.1 24.9	30 60	7.74056 ×10⁻¹	6.11220	1.87059 ×10⁻²	8.50647 ×10⁻²	1.02611 ×10⁵	4.39182 ×10⁵	4.55696 ×10⁻⁴	1.82900 ×10⁻²
异丁烯	1.0 7.0	150 275	1.0 27.2	−7 123	1.69270	8.95325	3.48156 ×10⁻²	1.16025 ×10⁻¹	2.74920 ×10⁵	9.27280 ×10⁵	9.10889 ×10⁻⁴	2.95945 ×10⁻²

续表

组分	应用范围①					a (L/mol)³·atm	A_0 (L/mol)²·atm	b (L/mol)²	B_0 L/mol	c (L/mol)³·K²·atm	C_0 (L/mol)²·K·atm	α (L/mol)²	γ (L/mol)²
	气相		液相										
	ρ mol/L	T °C	p atm	T °C									
丙炔	0.3 11.4	50 200	⑤	⑤		6.970948 ×10⁻¹	5.1079342	1.482999 ×10⁻²	6.946403 ×10⁻²	1.0984375 ×10⁵	6.4062824 ×10⁵	2.7363248 ×10⁻⁴	1.245167 ×10⁻²
苯	0.6 8.1	240 355	⑤	⑤		5.570	6.509772	7.663 ×10⁻²	5.030055 ×10⁻²	1.176418 ×10⁶	3.42997 ×10⁶	7.001 ×10⁻⁴	2.930 ×10⁻²
氘气	0 2.6	27 307	③	③		1.0354029 ×10⁻¹	3.7892819 ×10⁻¹	7.195 8516 ×10⁻⁴	5.1646121 ×10⁻²	1.575329 ×10²	1.7857089 ×10⁵	4.6541779 ×10⁻⁵	1.9805156 ×10⁻²
氦气	④	④	20 800	37 127		1.6797763 ×10⁻⁵	2.0259528 ×10⁻²	2.8513822 ×10⁻³	3.3649627 ×10⁻²	1.7232401 ×10²	6.0409764 ×10⁴	1.679777 ×10⁻⁵	6.6251015 ×10⁻⁴
氪气	0.02 29.8	−111 327	③	③		2.88358 ×10⁻²	8.23417 ×10⁻¹	2.15289 ×10⁻³	2.2282597 ×10⁻²	7.982437 ×10²	1.314125 ×10⁴	3.55895 ×10⁻⁵	2.3382711 ×10⁻³
二氧化碳	0 14.5	— 138	0 66	−23 31		1.36814 ×10⁻¹	2.73742	4.1239 ×10⁻²	4.99101 ×10⁻²	1.49180 ×10⁴	1.38567 ×10⁵	8.47 ×10⁻³	5.394 ×10⁻³
一氧化碳	0.15 9.0	−140.2 25	3.13 34.53	−180 −25		3.665 ×10⁻²	1.34122	2.63158 ×10⁻³	5.45425 ×10⁻²	1.040 ×10³	8.56209 ×10⁻³	1.35 ×10⁻⁴	6.0 ×10⁻³
氖气	2.0 50.0	−270 −253	0 100	−270 −267		−5.7339 ×10⁻⁴	4.0962 ×10⁻²	−1.9727 ×10⁻⁷	2.3661 ×10⁻³	−5.21 ×10⁻³	1.6227 ×10⁻¹	−7.2673 ×10⁻⁶	7.7942 ×10⁻⁴
氙气	0.02 24.34	−170 93	③	③		2.5102 ×10⁻¹	1.053642	2.3277 ×10⁻²	4.07426 ×10⁻²	7.2841 ×10²	8.05900 ×10³	1.272 ×10⁻¹	5.300 ×10⁻³
氧化亚氮	0.0 25.0	−30 150	⑤	⑤		1.677 4177 ×10⁻¹	2.5441140	5.1001 644 ×10⁻³	3.9458452 ×10⁻²	1.5946 ×10⁴	1.4793 968 ×10⁵	6.5559433 ×10⁻³	4.8129414 ×10⁻³
氧化氮	0.04 1.6	5 105	⑤	⑤		−3.50821484 ×10⁻¹	2.19573852	−7.53154391 ×10⁻³	6.04550814 ×10⁻²	−1.15237289 ×10⁴	1.79557089 ×10⁴	1.563696033 ×10⁻⁵	2.0 ×10⁻³

续表

组分	应用范围[①]					a $(L/mol)^3 \cdot atm$	A_0 $(L/mol)^2 \cdot atm$	b $(L/mol)^2$	B_0 L/mol	c $(L/mol)^3 \cdot K^2 \cdot atm$	C_0 $(L/mol)^2 \cdot K \cdot atm$	α $(L/mol)^2$	γ $(L/mol)^2$
	气相		液相										
	ρ mol/L	T ℃		p atm	T ℃								
二氧化硫	0.0 22.8	10 250				8.4468×10^{-1}	2.12044	1.4653×10^{-2}	2.6182×10^{-2}	1.1335×10^5	7.9384×10^4	7.1955×10^{-5}	5.9236×10^{-3}
氧气	0.0 2.4	27 727				$1.62689940 \times 10^{-1}$	$9.50851963 \times 10^{-1}$	$3.58834736 \times 10^{-3}$	3.5328505×10^{-8}	1.28273741×10^4	3.26435918×10^4	$-3.927058894 \times 10^{-5}$	3.01×10^{-2}
硫化氢[⑥]	ρ_r[⑦]<2.2	5 170				1.44984×10^{-1}	3.4871	4.42477×10^{-3}	3.48471×10^{-2}	1.87032×10^4	1.9721×10^5	7.0316×10^{-5}	4.555×10^{-3}
氢气[⑥]	$\rho_r<2.5$	0 150				-9.2211×10^{-3}	9.7319×10^{-2}	1.7976×10^{-4}	1.8041×10^{-2}	-2.4613×10^2	3.8914×10^2	-3.4215×10^{-6}	1.89×10^{-3}
乙炔[⑥]	$\rho_r<1.5$	20 250				-1.0001×10^{-1}	1.5307	-3.7810×10^{-5}	5.5851×10^{-3}	6.0162×10^3	2.1586×10^5	-5.549×10^{-5}	7.14×10^{-3}
1-丁烯[⑥]	⑤	150 250				1.68197	9.05497	3.4815×10^{-2}	1.16019×10^{-1}	2.7493×10^5	9.27248×10^5	9.1084×10^{-4}	2.96×10^{-2}
2-丁烯(顺式)[⑥]	⑤	⑤				1.91732	9.82266	3.8444×10^{-2}	1.21971×10^{-1}	3.3972×10^5	1.0719×10^6	1.05693×10^{-3}	3.27×10^{-2}
1,3-丁二烯[⑥]	⑤	⑤				1.39146	7.41998	2.8002×10^{-2}	9.5452×10^{-2}	2.45052×10^5	1.03999×10^6	7.09881×10^{-4}	2.35×10^{-2}
1-戊烯[⑥]	⑤	⑤				2.262816×10	1.105352×10	4.2286×10^{-2}	1.27921×10^{-1}	4.53779×10^5	1.38870×10^6	1.219208×10^{-3}	3.595×10^{-2}
氯代甲烷[⑥]	$\rho_r<2.1$	40 220				1.80052×10^{-1}	4.56359	5.19665×10^{-2}	5.07705×10^{-2}	6.87309×10^5	5.83918×10^5	4.13840×10^{-4}	1.131×10^{-2}

[①]表示适用范围，用上下两行表示，上行为下限，下行为上限；[②]未研究过；[③]不宜用于液相；[④]不宜用于气相；[⑤]数据缺；[⑥]数据取自文献，其应用范围图未区分气、液相；[⑦]ρ_r指对比密度。

2.3.5　SHBWR 方程

BWR 方程在工程上，特别是在烃类相平衡和热力学性质计算方面得到了广泛应用，但用于低温分离以及高含非烃气体和较重烃组分（C_{6+}）的体系时，不太令人满意。为了扩大 BWR 方程的应用范围，不少学者提出了各种改进的 BWR 方程，而最被广泛接受的是 Starling 和 Han 所提出的 SHBWR 方程，以该方程为基础的气液平衡模型被认为是烃类分离计算中的最佳模型之一。有关 SHBWR 方程的情况列于表 2.13。表 2.14 列出了 SHBWR 方程的交互作用参数。

表 2.13　SHBWR 方程

标准形式
$p = \rho R T + \left(B_0 R T - A_0 - \dfrac{C_0}{T^2} + \dfrac{D_0}{T^3} - \dfrac{E_0}{T^4}\right)\rho^2 + \left(bRT - a - \dfrac{d}{T}\right)\rho^3 + \alpha\left(a + \dfrac{d}{T}\right)\rho^6 + \dfrac{c\rho^3}{T^2}(1+\gamma\rho^2)\exp(-\gamma\rho^2)$
参数
p——系统压力，atm；T——系统温度，K；ρ——密度，$kmol/m^3$；R——0.08206 atm·m^3/(kmol·K)
Starling 给出了包括二元交互作用参数的混合规则
$A_0 = \sum_i\sum_j x_i x_j A_{0i}^{1/2} A_{0j}^{1/2}(1-K_{ij})$ $a = \left[\sum_i x_i a_i^{1/3}\right]^3$ $B_0 = \sum_i x_i B_{0i}$ $b = \left[\sum_i x_i b_i^{1/3}\right]^3$ $C_0 = \sum_i\sum_j x_i x_j C_{0i}^{1/2} C_{0j}^{1/2}(1-K_{ij})^3$ $c = \left[\sum_i x_i c_i^{1/3}\right]^3$ $D_0 = \sum_i\sum_j x_i x_j D_{0i}^{1/2} D_{0j}^{1/2}(1-K_{ij})^4$ $d = \left[\sum_i x d_i^{1/3}\right]^3$ $E_0 = \sum_i\sum_j x_i x_j E_{0i}^{1/2} E_{0j}^{1/2}(1-K_{ij})^5$ $\alpha = \left[\sum_i x_i \alpha_i^{1/3}\right]^3$ $\gamma = \left[\sum_i x_i \gamma_i^{1/2}\right]^2$
式中，K_{ij} 为交互作用参数，见表 2.14
普遍化（Han-Starling）方程：纯组分 i 用临界性质和偏心因子关联参数
$\rho_{ci} B_{0i} = A_1 + B_1 \omega_i$ $\rho_{ci}^3 \alpha_i = A_7 + B_7 \omega_i$ $\dfrac{\rho_{ci} A_{0i}}{RT_{ci}} = A_2 + B_2 \omega_i$ $\dfrac{\rho_{ci}^2 C_i}{RT_{ci}^3} = A_8 + B_8 \omega_i$ $\dfrac{\rho_{ci} A_{0i}}{RT_{ci}^3} = A_3 + B_3 \omega_i$ $\dfrac{\rho_{ci}^2 D_{0i}}{RT_{ci}^4} = A_9 + B_9 \omega_i$ $\rho_{ci}^2 \gamma_i = A_4 + B_4 \omega_i$ $\dfrac{\rho_{ci}^2 d_i}{RT_{ci}^2} = A_{10} + B_{10} \omega_i$ $\rho_{ci}^2 b_i = A_5 + B_5 \omega_i$ $\dfrac{\rho_{ci} E_{0i}}{RT_{ci}^5} = A_{11} + B_{11} \omega_i \exp(-3.8\omega_i)$ $\dfrac{\rho_{ci}^2 a_i}{RT_{ci}} = A_6 + B_6 \omega_i$
式中，A_j、B_j 为通用参数（$j=1, 2, \cdots, 11$），其值如下

参数下标（j）	参数值 A_j	参数值 B_j	参数下标（j）	参数值 A_j	参数值 B_j
1	0.443690	0.115449	7	0.0705233	−0.044448
2	1.28438	−0.92073	8	0.504087	1.32245
3	0.356306	1.70871	9	0.0307452	0.179433
4	0.544979	−0.270896	10	0.0732828	0.463492
5	0.528629	0.349261	11	0.006450	−0.022143
6	0.484011	0.754130			

表 2.14　SHBWR 方程中的二元交互作用参数（$K_{ij}=K_{ji}$）

i＼j	硫化氢	二氧化碳	氮气	十一烷	癸烷	壬烷	辛烷	庚烷	己烷	正戊烷	异戊烷	正丁烷	异丁烷	丙烷	丙烯	乙烷	乙烯	甲烷
甲烷	0.05	0.05	0.025	0.101	0.092	0.081	0.07	0.06	0.05	0.041	0.036	0.036	0.0275	0.023	0.021	0.01	0.01	0.0
乙烯	0.045	0.048	0.07	0.015	0.013	0.012	0.01	0.0085	0.007	0.006	0.005	0.0045	0.004	0.0031	0.003	0.0	0.0	
乙烷	0.045	0.048	0.07	0.015	0.013	0.012	0.01	0.0085	0.007	0.006	0.005	0.0045	0.004	0.0031	0.003	0.0		
丙烯	0.04	0.045	0.10	0.013	0.011	0.001	0.008	0.0065	0.005	0.0045	0.004	0.0035	0.003	0.0	0.0			
丙烷	0.04	0.045	0.10	0.013	0.011	0.001	0.008	0.0065	0.005	0.0045	0.004	0.0035	0.003	0.0				
异丁烷	0.036	0.05	0.11	0.003	0.003	0.0025	0.002	0.0018	0.0015	0.001	0.008	0.0	0.0					
正丁烷	0.034	0.05	0.12	0.003	0.003	0.0025	0.002	0.0018	0.0015	0.001	0.008	0.0						
异戊烷	0.028	0.05	0.134	0.0	0.0	0.0	0.0	0.0	0.0	0.0	0.0							
正戊烷	0.02	0.05	0.148	0.0	0.0	0.0	0.0	0.0	0.0	0.0								
己烷	0.0	0.05	0.172	0.0	0.0	0.0	0.0	0.0	0.0									
庚烷	0.0	0.05	0.200	0.0	0.0	0.0	0.0	0.0										
辛烷	0.0	0.05	0.228	0.0	0.0	0.0	0.0											
壬烷	0.0	0.05	0.264	0.0	0.0	0.0												
癸烷	0.0	0.05	0.294	0.0	0.0													
十一烷	0.0	0.05	0.322	0.0														
氮气	0.0	0.0	0.0															
二氧化碳	0.035	0.0																
硫化氢	0.0																	

2.3.6 天然气加工工程常用状态方程所导出的热力学计算式

2.3.6.1 逸度、逸度系数和焓的基本关系式

由相律可知,一个均匀混合物有 $(c+1)$ 个自由度(c 为混合物中组分数)。当混合物的组成给定时,在 p、V、T 三个变量中,仅两个是独立变量。根据选择 p、T 或 V 作为独立变量,可以由热力学关系导出两组计算热力学性质的基本方程。

1. 以 p 和 T 为独立变量的计算式

逸度 f_i 和逸度系数 φ_i 的计算式为:

$$RT\ln\frac{f_i}{y_i p}=RT\ln\varphi_i=\int_0^p \left(\bar{V}_i-\frac{RT}{p}\right)\mathrm{d}p \tag{2.55}$$

$$\bar{V}_i=\left(\frac{\partial V_\mathrm{t}}{\partial n_i}\right)_{T,p,n_j}$$

式中 $\bar{V}_i$——i 组分的偏摩尔体积;

V_t——体系的总体积;

y_i——i 组分的摩尔分数,如计算液相逸度,则代之以 x_i。

焓 H 的计算式为:

$$H=\int_0^p \left[V_\mathrm{t}-T\left(\frac{\partial V_\mathrm{t}}{\partial T}\right)_{p,n_\mathrm{t}}\right]\mathrm{d}p+\sum_{i=1}^c n_i H_i^\circ \tag{2.56}$$

式中 n_t,n_i——分别为混合物的总物质的量和 i 组分的物质的量;

H_i°——纯 i 组分的理想气体于温度 T 时的摩尔焓。

对于纯 i 组分,偏摩尔体积 $\bar{V}_i$ 等于其摩尔体积 V_i,于是式(2.55)简化为:

$$RT\ln\frac{f_i}{p}=\int_0^p \left(V_i-\frac{RT}{p}\right)\mathrm{d}p \tag{2.57}$$

或

$$\ln\frac{f_i}{p}=\int_0^p \frac{Z_i-1}{p}\mathrm{d}p \tag{2.58}$$

其中

$$Z_i=\frac{pV_i}{RT}$$

式中 Z_i——i 组分的压缩因子。

如果具有表示成以下形式的状态方程(或列表数据):

$$V_\mathrm{t}=f(T,p,n_1,n_2,\cdots,n_c) \tag{2.59}$$

便可由式(2.55)~式(2.58)求得逸度、逸度系数和焓。

2. 以 V 和 T 为独立变量的计算式

逸度 f_i 和逸度系数 φ_i 的计算式为:

$$RT\ln\frac{f_i}{y_i p}=RT\ln\varphi_i=\int_{V_\mathrm{t}}^\infty \left[\left(\frac{\partial p}{\partial n_i}\right)_{T,V_\mathrm{t},n_j}-\frac{RT}{V_\mathrm{t}}\right]\mathrm{d}V_\mathrm{t}-RT\ln Z \tag{2.60}$$

式中 Z——混合物的压缩因子。

焓 H 的计算式为:

$$H = \int_{V_t}^{\infty} \left[p - T \left(\frac{\partial p}{\partial T} \right)_{V_t, n_t} \right] dV_t + pV_t + \sum_{i=1}^{c} n_i U_i^{\circ} \tag{2.61}$$

$$U_i^{\circ} = H_i^{\circ} - RT \tag{2.62}$$

式中 U_i°——纯 i 组分的理想气体于温度 T 时的摩尔内能。

如果具有表示成以下形式的状态方程（或列表数据）：

$$p = f(T, V_t, n_1, \cdots, n_c) \tag{2.63}$$

则逸度、逸度系数和焓可由式(2.60)和式(2.61)求得。由于大多数状态方程以式(2.63)形式表示，因此式(2.60)和式(2.61)更为有用。但在应用此两式时，其积分下限 V_t 为指定 T、p 和组成条件下的总体积，需由状态方程解出。对于式(2.63)类的状态方程，因为是 V_t 的隐函数式，求解 V_t 时需用试差法。

2.3.6.2 逸度系数 φ_i 和剩余性质

应用适当的状态方程表示真实气体和液体的 pVT 关系，并由此计算有关的热力学性质，是应用甚广并取得了满意结果的方法。工程计算中应用较广的方程有二参数的 RK 方程及对其做了各种改进的 SRK 方程以及多参数的 BWR 方程和 SHBWR 方程。多参数状态方程在烃类气、液混合物的相平衡和热力学性质计算中得到了相当满意的结果，但因其包含很多需用实测的 pVT 等数据经参数估计确定的参数，方程也较复杂，计算工作量大，因此要推广应用到烃类以外的系统尚需进行不少研究工作。这里仅列出在天然气加工工程中常用的几个状态方程所导出的热力学性质计算式。

1. RK 方程

RK 方程的形式为：

$$p = \frac{RT}{V-b} - \frac{a}{T^{0.5}V(V+b)}$$

纯组分逸度系数 φ 为：

$$\ln\varphi = Z - 1 - \ln\left[Z\left(1 - \frac{b}{V}\right)\right] - \frac{a}{bRT^{1.5}}\ln\left(1 + \frac{b}{V}\right)$$

$$= Z - 1 - \ln(Z - B) - \frac{A}{B}\ln\left(1 + \frac{B}{Z}\right) \tag{2.64}$$

混合物逸度系数 φ_i 为：

$$\ln\varphi_i = \frac{b_i}{b}(Z-1) - \ln\left[Z\left(1 - \frac{b}{V}\right)\right] + \frac{1}{bRT^{1.5}}\left[\frac{ab_i}{b} - 2\sqrt{aa_i}\right]\ln\left(1 + \frac{b}{V}\right) \tag{2.65}$$

$$\ln\varphi_i = \frac{B_i}{B}(Z-1) - \ln(Z-B) + \frac{A}{B}\left(\frac{B_i}{B} - 2\sqrt{\frac{A_i}{A}}\right)\ln\left(1 + \frac{B}{Z}\right) \tag{2.66}$$

剩余性质：

$$\frac{H - H^{\circ}}{RT} = 1 - Z + \frac{1.5a}{bRT^{1.5}}\ln\left(1 + \frac{b}{V}\right) \tag{2.67}$$

$$\frac{S - S^{\circ}}{R} = \frac{a}{2bRT^{1.5}}\ln\left(1 + \frac{b}{V}\right) - \ln\left[Z\left(1 - \frac{b}{V}\right)\right] \tag{2.68}$$

2. SRK 方程

SRK 方程的形式为：

$$p = \frac{RT}{V-b} - \frac{a\alpha}{V(V+b)}$$

纯组分逸度系数 φ 为：

$$\ln\varphi = Z - 1 - \ln\left[Z\left(1-\frac{b}{V}\right)\right] - \frac{a\alpha}{bRT}\ln\left(1+\frac{b}{V}\right)$$

$$= Z - 1 - \ln(Z-B) - \frac{A}{B}\ln\left(1+\frac{B}{Z}\right) \tag{2.69}$$

混合物逸度系数 φ_i 为：

$$\ln\varphi_i = \frac{b_i}{b}(Z-1) - \ln(Z-B) - \frac{A}{B}\left(2\frac{a_i^{0.5}}{a^{0.5}} - \frac{b_i}{b}\right)\ln\left(1+\frac{B}{Z}\right) \tag{2.70}$$

剩余性质：

$$\frac{H-H°}{RT} = Z - 1 - \ln\left(1+\frac{B}{Z}\right)\left(\frac{A}{B} + \frac{a^{0.5}}{RTb}\sum_{i=1}^{c} y_i m_i \sqrt{a_{ci}T_{ri}}\right) \tag{2.71}$$

其中

$$m_i = 0.480 + 1.574\omega_i - 0.176\omega_i^2$$

3. PR 方程

PR 方程的形式为：

$$p = \frac{RT}{V-b} - \frac{a(T)}{V(V+b)+b(V-b)}$$

混合物逸度系数 φ_i 为

$$\ln\varphi_i = \frac{b_i}{b}(Z-1) - \ln(Z-B) - \frac{A}{2\sqrt{2}B}\left(\frac{2\sum_{i=1}^{c}y_i a_{ij}}{a} - \frac{b_i}{b}\right)\ln\left(\frac{Z+2.414B}{Z-0.414B}\right) \tag{2.72}$$

剩余性质：

$$\frac{(H-H°)}{RT} = (Z-1) + \frac{T\dfrac{da}{dT} - a}{RT2\sqrt{2}b}\ln\left(\frac{Z+2.414B}{Z-0.414B}\right) \tag{2.73}$$

4. SHBWR 方程

SHBWR 方程的形式为：

$$p = \rho RT + \left(B_0 RT - A_0 - \frac{C_0}{T^2} + \frac{D_0}{T^3} - \frac{E_0}{T^4}\right)\rho^2 + \left(bRT - a - \frac{d}{T}\right)\rho^3$$

$$+ \alpha\left(a + \frac{d}{T}\right)\rho^6 + \frac{c\rho^3}{T^2}(1+\gamma\rho^2)\exp(-\gamma\rho^2)$$

混合物逸度 f_i 为：

$$RT\ln f_i = RT\ln(\rho RT x_i) + \rho(B_0 + B_{0i})RT + 2\rho\sum_{j=1}^{c} x_j\left[-(A_{0i}^{1/2}A_{0j}^{1/2})(1-K_{ij})\right.$$

$$\left. - \frac{(C_{0i}^{1/2}C_{0j}^{1/2})}{T^2}\times(1-K_{ij})^3 + \left(\frac{D_{0i}^{1/2}D_{0j}^{1/2}}{T^3}\right)(1-K_{ij})^4 \right.$$

$$-\left(\frac{E_{0i}^{1/2}E_{0j}^{1/2}}{T^4}\right)(1-K_{ij})^5\right]+\frac{\rho^2}{2}\left[\begin{array}{c}3(b^2b_i)^{1/3}RT-3(a^2a_i)^{1/3}\\-\dfrac{3(d^2d_i)^{1/3}}{T}\end{array}\right]$$

$$+\frac{a\rho^5}{5}\left[3(a^2a_i)^{1/3}+\frac{3(d^2d_i)^{1/3}}{T}\right]+\frac{3\rho^5}{5}\left(a+\frac{d}{T}\right)\left[(a^2a_i)^{1/3}+\frac{3(C^2C_i)^{1/3}\rho^2}{T}\right]$$

$$\left[\frac{1-\exp(-\gamma\rho^2)}{\gamma\rho^2}-\frac{\exp(-\gamma\rho^2)}{2}\right]-\frac{2c}{\gamma T^2}\left(\frac{\gamma_i}{\gamma}\right)^{1/2}$$

$$\left[1-\exp(-\gamma\rho^2)\left(1+\gamma\rho^2+\frac{1}{2}\gamma^2\rho^4\right)\right] \tag{2.74}$$

剩余性质：

$$H-H°=\left(B_0RT-2A_0-\frac{4C_0}{T^2}+\frac{5D_0}{T^3}-\frac{6E_0}{T^4}\right)\rho+\frac{1}{2}\left(2bRT-3a-\frac{4d}{T}\right)\rho^2$$

$$+\frac{1}{5}\left(6a+\frac{7d}{T}\right)\rho^5+\frac{C}{\gamma T^2}\left[3-\left(3+\frac{1}{2}\gamma\rho^2-\gamma^2\rho^4\right)\exp(-\gamma\rho^2)\right] \tag{2.75}$$

$$S-S°=-\sum x_iR\ln(RT\rho x_i)-\rho(B_0R+2C_0/T^3-8D_0/T^4+4E_0/T^5)-1/2\rho^2(bR+D/T^2)$$

$$+1/5\rho^5ad/T^2+2c/\gamma T^3[1-(1+1/2\rho^2\gamma)\exp(-\gamma\rho^2)] \tag{2.76}$$

如果式(2.76)中 $D_0=E_0=d=0$，求得的结果即是 BWR 方程的结果。

2.4 平衡过程计算

平衡过程计算是天然气加工工程中经常用到的过程计算，这种计算包括四类基本问题：

(1) 一定压力 p（或温度 T）下，已知液相组成 x，确定泡点温度 T_b（或泡点压力 p_b）和平衡的气相组成 y，称为泡点计算。

(2) 一定压力 p（或温度 T）下，已知气相组成 y，确定露点温度 T_d（或露点压力 p_d）和平衡的液相组成 x，称为露点计算。

(3) 已知料液的量 F 和组成 Z_F，计算在一定压力 p 和温度 T 下闪蒸得到的气液两相的量 (V,L) 和组成 (y,x)，称为等温闪蒸计算。

(4) 已知料液的量 F 和组成 Z_F，其压力为 p，温度为 T，在绝热情况下瞬间降压至 p_F，系统温度降至 T_F，计算气液两相的量 (V,L) 和组成 (y,x)，称为绝热闪蒸计算。

其中，泡点压力和露点压力的计算比较简单，只需求得规定温度下各组分的饱和蒸气压，即可直接计算出泡点压力和露点压力。泡点计算和露点计算相似，只涉及相平衡关系，而等温闪蒸计算除涉及相平衡关系外，还涉及物料衡算和热量衡算。

2.4.1 烃类体系相平衡常数的计算

相平衡常数也称气液平衡比，它的正确获取是解决平衡计算的关键，也是相平衡计算的中心内容。i 组分的相平衡常数 K_i 是 i 组分在气相中的摩尔分数与在液相中的摩尔分数之比，即：

$$K_i = \frac{y_i}{x_i} \tag{2.77}$$

式中　y_i——i 组分在气相中的摩尔分数；
　　　x_i——i 组分在液相中的摩尔分数。

目前获取烃类相平衡常数的方法有三种，第一种方法是会聚压法，该法需要使用的曲线图版多，计算步骤烦琐；第二种方法是列线图法，该法是基于烃类系统气液两相均较接近理想状态而进行简化得到的，长期以来被工程上普遍采用；第三种方法是热力学模型法。本书将对第二种和第三种方法进行介绍。

2.4.1.1　获取相平衡常数的列线图法

烃类系统的相平衡常数估算常采用列线图法。

当气液两相均为理想状态时，相平衡常数 K_i 为：

$$K_i = \frac{y_i}{x_i} = \frac{f_i^{\ominus}}{f_i^{V}} \tag{2.78}$$

式中　$f_i^{\ominus}$——标准态逸度，kPa，常取处于系统温度和压力下的纯液体作为标准态，即 $f_i^{\ominus} = f_i^{L}$；
　　　f_i^{V}——气相逸度，kPa。

由于 $f_i^{\ominus}$ 和 f_i^{V} 仅与 p 和 T 有关，因此 K_i 也仅是 p 和 T 的函数，与气液相的组成无关。

对于烃类系统，经广泛的实验测定和理论推算，在相当广的温度、压力和组成范围内，得到了简便的 K_i 估算图表，如图 2.21 和图 2.22 所示的 p—T—K 列线图是较常使用的一种。只要知道系统的温度和压力就可以从图中读得 K_i 值，由于忽略了组成对 K_i 值的影响，故查出的 K_i 值只是一个近似值，其平均误差为 8%~15%，适应于 0.6~1MPa 以下的低压范围，仅可用于粗略估算和对精确度要求不高的计算中。

从图 2.21 和图 2.22 可看出如下规律：

(1) 在同一温度和压力下，K_i 值的大小按烃分子中碳原子数的增加而递减。

(2) 温度越低或压力越高，同一烃的 K_i 值越小。

(3) 在压力较低的范围内，温度和压力的变化对 K_i 值的影响较显著，而在压力较高的范围内，温度和压力的影响就不太明显。

为了适应计算机计算的需要，有学者建议将给定压力下的 K—T 数据关联成 $K = f(T)$ 的经验方程，常见的形式为：

$$\sqrt[3]{\frac{K_i}{T}} = b_{1i} + b_{2i}T + b_{3i}T^2 + b_{4i}T^3 \tag{2.79}$$

式中　T——系统温度，K；
　　　$b_{1i}, b_{2i}, b_{3i}, b_{4i}$——常数，可由各组分在给定压力下的 K—T 数据用回归方法确定。

2.4.1.2　获取相平衡常数的热力学模型法

在热力学中，气相逸度表示为：

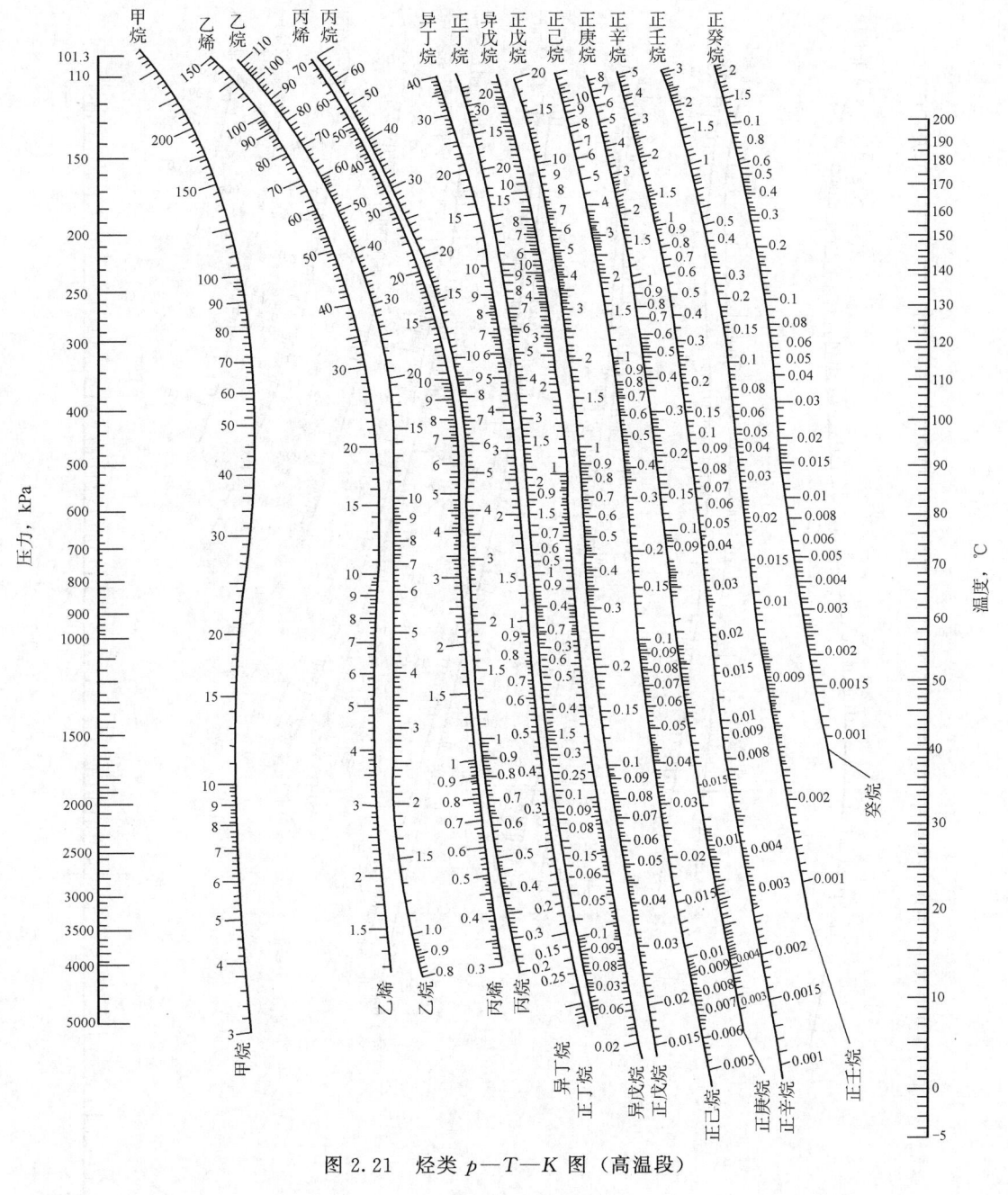

图 2.21 烃类 $p-T-K$ 图（高温段）

$$f_i^V = \varphi_i^V y_i p \tag{2.80}$$

式中 φ_i^V——i 组分的气相逸度系数；

f_i^V——i 组分的气相逸度，kPa；

p——系统总压，kPa；

y_i——i 组分在气相中的摩尔分数。

液相逸度则以下列两式表示：

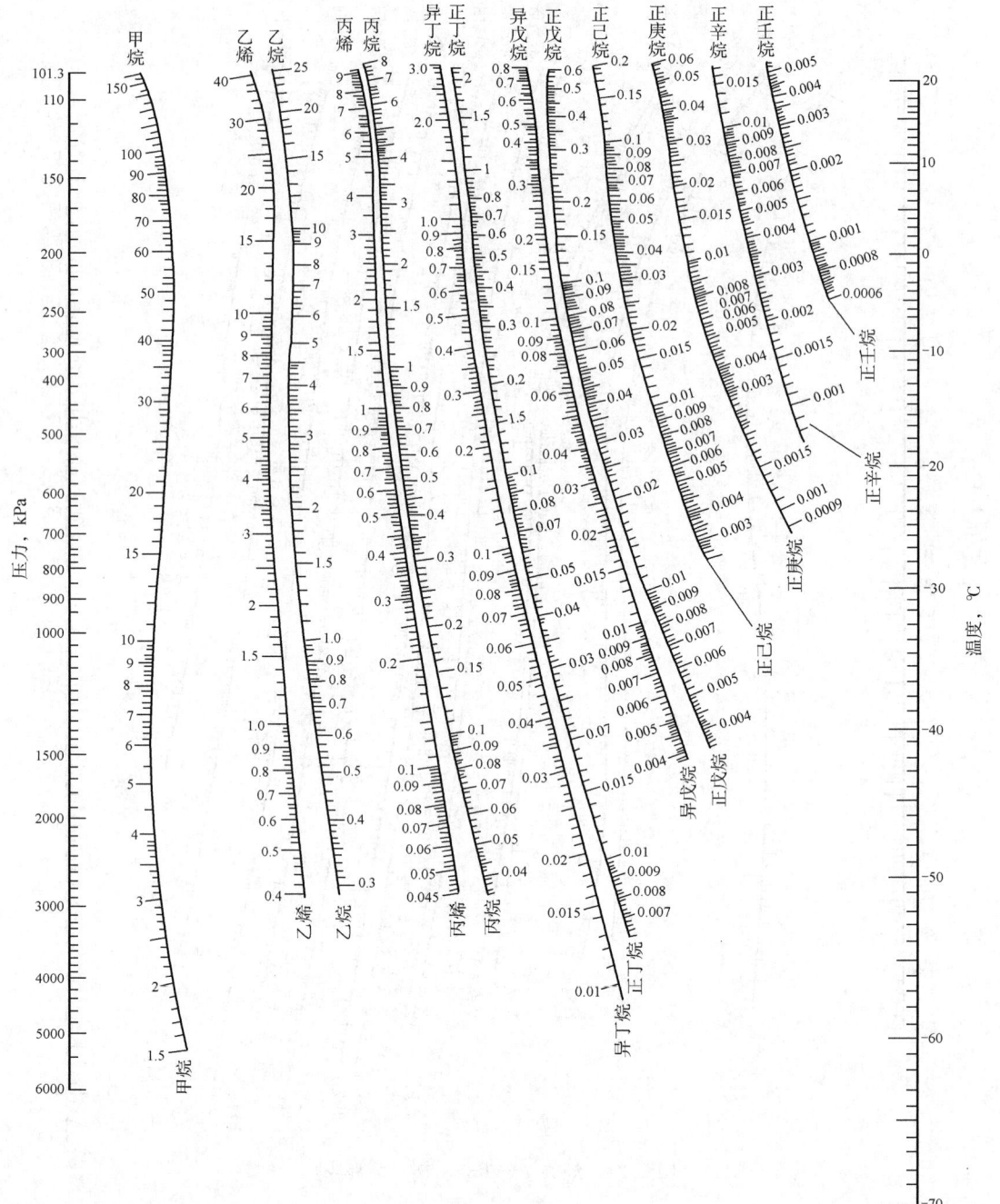

图 2.22 烃类 $p-T-K$ 图（低温段）

$$f_i^{L} = \varphi_i^{L} x_i p \tag{2.81}$$

$$f_i^{L} = \gamma_i x_i f_i^{\ominus} \tag{2.82}$$

式中　f_i^{L}——i 组分的液相逸度，kPa；

　　　φ_i^{L}——i 组分的液相逸度系数；

　　　x_i——i 组分在液相中的摩尔分数；

p——体系总压,kPa;
γ_i——i 组分在液相中的活度系数;
$f_i^\ominus$——i 组分的标准态逸度。

逸度系数可以从该物质的 pVT 关系或实测数据计算,前面已进行了介绍。结合式(2.80)、式(2.81)和气液相平衡条件,K_i 可表示为:

$$K_i = \frac{y_i}{x_i} = \frac{\varphi_i^L}{\varphi_i^V} \tag{2.83}$$

这样就可以从 pVT 关系,通过式(2.83)求得相平衡常数,这是求取相平衡常数的一条途径,即"单一模型法"。目前,已经建立了一些能同时适用于烃类及烃类混合物(包括少量 H_2、N_2、CO_2 等)的状态方程,进一步建立适用范围更广泛的状态方程是十分活跃的研究领域。

如果气相逸度使用式(2.80)计算,液相逸度使用式(2.82)计算,则计算 K_i 的计算式为:

$$K_i = \frac{y_i}{x_i} = \frac{\gamma_i f_i^\ominus}{\varphi_i^V p} = \frac{\varphi_i^L}{\varphi_i^V}\gamma_i \tag{2.84}$$

$$f_i^\ominus = \varphi_i^L p \tag{2.85}$$

式(2.84)就是常见的三项结合式,其中 φ_i^V 由气相 pVT 关系计算求得,γ_i 则按适当的活度系数关联式求取,这是求相平衡常数的另一条途径,即所谓的"双模型法",也称活度系数法。

2.4.2 泡点与露点计算

2.4.2.1 泡点计算

泡点计算是给定液相组成 x 和总压 p,计算确定液体刚开始沸腾时的温度(即泡点)T_b 和产生的气相平衡组成 y。泡点计算用到的方程有以下几个。

(1) 相平衡关系方程:

$$y_i = K_i x_i \quad 1 \leqslant i \leqslant c \tag{2.86}$$

(2) 气液相组成加和归一化方程:

$$\sum_{i=1}^{c} y_i = \sum_{i=1}^{c} K_i x_i = 1 \tag{2.87}$$

$$\sum_{i=1}^{c} x_i = 1 \tag{2.88}$$

(3) 相平衡常数关联式:

$$K_i = f(p, T, x, y) \quad 1 \leqslant i \leqslant c \tag{2.89}$$

共有 $(2c+2)$ 个方程,变量数为 $(3c+2)$,故自由度数 $=(3c+2)-(2c+2)=c$,现给定 p 和 $(c-1)$ 个 x_i,则上述方程组有唯一解。因上述方程对 y_i 和 T 均是非线性的,故需要用迭代法求解。

1. 简化计算

当相平衡常数只与温度 T 和压力 p 有关时，即 $K=f(T,p)$，则此关联一般以 p—T—K 图形式给出，如图 2.21、图 2.22 所示。泡点计算步骤为：

(1) 假设初值 T_b^0；

(2) 由 T_b^0 和 p 查 p—T—K 图得 K_i；

(3) 计算 $(1-\sum_{i}^{c} K_i x_i)$，如小于某个允许误差，T_b^0 即为所求的泡点，计算完成，否则重新假设 T_b^0，回到步骤（2）重算。

新的 T_b^0 可根据 $(1-\sum_{i}^{c} K_i x_i)$ 值调整：如此值为负，说明 K_i 偏大，原设的 T_b^0 过大（因 K_i 随 T 增高而增大），参照差值的大小，重设较小的 T_b^0；反之重设较大的 T_b^0。

【例 2.1】 由正丁烷（1）、正戊烷（2）和正己烷（3）组成的混合物加入到压力为 0.2MPa 的精馏塔中。混合物的组成为 $x_1=0.15$，$x_2=0.4$，$x_3=0.45$，要求以饱和液体状态加入塔中，试计算料液的温度为多少？

解 本题需计算料液的泡点温度 T_b，拟用试差法。

设 $T_b^0=50℃$，查图 2.21 得 $K_1=2.50$，$K_2=0.76$，$K_3=0.28$。

计算 $1-\sum_{i=1}^{c} K_i x_i = 1-(2.50\times 0.15+0.76\times 0.40+0.28\times 0.45)=0.195>0$，可见初设的 T_b^0 偏低。

重设 $T_b^0=60℃$，查图 2.21 得 $K_1=3.10$，$K_2=0.98$，$K_3=0.38$。

计算 $1-\sum_{i=1}^{c} K_i x_i = -0.028<0$，可见 T_b^0 稍高。

再设 $T_b^0=58.7℃$，查图 2.7 得 $K_1=3.00$，$K_2=0.96$，$K_3=0.37$。

计算 $1-\sum_{i=1}^{c} K_i x_i = -0.0005\approx 0$，故算得料液的温度为 58.7℃。

泡点温度可以按下述办法较快算出，将 $\sum_{i=1}^{c} K_i x_i$ 表示为：

$$\sum_{i=1}^{c} K_i x_i = K_G \sum_{i=1}^{c} \left(\frac{K_i}{K_G}\right) x_i = K_G \sum_{i=1}^{c} \alpha_{iG} x_i \tag{2.90}$$

式中，下标 G 表示对 $\sum K_i x_i$ 值影响最大的关键组分，α_{iG} 则表示 i 组分对 G 组分的相对挥发度。由于在不太宽的温度范围内可取 α_{iG} 约等于常数，于是式(2.90)可表示为：

$$\frac{1}{K_G}\sum_{i=1}^{c} K_i x_i \approx 常数 \tag{2.91}$$

对各次试差，有：

$$\frac{1}{K_{G,m}}\left(\sum_{i=1}^{c} K_i x_i\right)_m \approx \frac{1}{K_{G,m-1}}\left(\sum_{i=1}^{c} K_i x_i\right)_{m-1} \tag{2.92}$$

下标 m 指试差序号。为使第 m 次试差时 $\left(\sum_{i=1}^{c} K_i x_i\right)_m = 1$，按式（2.92）应取 $K_{G,m}$ 为：

$$K_{G,m} = \frac{K_{G,m-1}}{\left(\sum_{i=1}^{c} K_i x_i\right)_{m-1}} \quad (2.93)$$

由该 $K_{G,m}$ 值便可从 p—T—K 图中读出第 m 次试差时应假设的温度 T_m 值。按上述方法通常经过 2～3 次试算便可求得解。

2. 简化机算

当相平衡常数可以表示为 T 的经验关系式 $K = f(T)$ 时，泡点计算可用 Newton-Raphson 迭代法，通过计算机求解：

$$F(T) = \left(\sum_{i=1}^{c} K_i x_i\right) - 1 \quad (2.94)$$

求导可得：

$$F'(T) = \sum_{i=1}^{c} x_i \frac{dK_i}{dT} \quad (2.95)$$

按 Newton-Raphson 的迭代公式可写出：

$$T_{m+1} = T_m - \frac{F(T_m)}{F'(T_m)} \quad (2.96)$$

式中，下标 m 表示迭代序号。设温度初值 T_1，由 $K = f(T)$ 求出各组分的 K_i 值后，分别由式（2.94）和式（2.95）计算 $F(T_1)$ 和 $F'(T_1)$，代入式（2.96）即可定出下次迭代用的温度 T_2。依此反复进行直至 $|F(T_m)| \leqslant \varepsilon$ 为止，ε 为允许偏差，通常可取为 10^{-4}。

采用 Newton-Raphson 迭代法一般收敛很快（仅需迭代 3～5 次），但在迭代过程中应注意检验迭代温度有无超出关联 K—T 数据的温度范围。当 $T > T_U$（上限温度）或 $T < T_L$（下限温度）时，由式（2.96）等关联式求出的 K_i 值便不可靠，甚至会导致迭代计算的发散。在出现上述情况时应采取适当的制约措施。

如函数 $F(T)$ 的图形凹向上（图 2.23），则迭代过程中有可能出现 $T > T_U$ 的情况（如图 2.23 中的 T_{m+1}），此时可取：

$$T_{m+1} = \frac{T_m + T_U}{2} \quad (2.97)$$

作为第 $(m+1)$ 次迭代用的温度。

反之，如函数 $F(T)$ 的图形凹向下（图 2.24），则迭代过程中可能出现 $T < T_L$ 的情况（如图 2.24 中的 T_{m+1}），此时类似可取：

$$T_{m+1} = \frac{T_m + T_L}{2} \quad (2.98)$$

作为第 $(m+1)$ 次迭代用的温度。

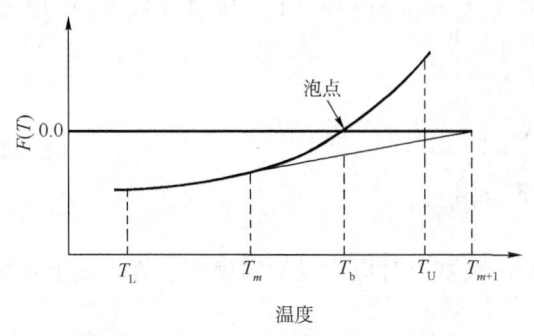 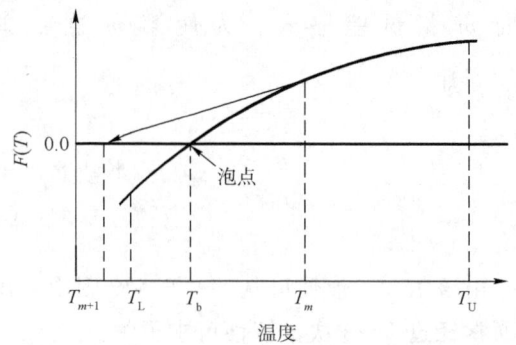

图 2.23 $T>T_U$（上限温度）的情况   图 2.24 $T<T_L$（下限温度）的情况

采取上述制约措施后如仍连续出现 $T>T_U$ 或 $T<T_L$ 的情况，则表明所求的泡点温度 T_b 将落在关联 $K-T$ 数据的温度范围之外。

3. 严格计算

本书以 SRK 状态方程为例讨论严格的泡点计算。

在泡点计算中，已知液相组成 x_i，指定体系压力 p（或温度 T），求气相组成 y_i 和体系温度 T（或压力 p）。正如在本章前面所指出的，当描述一个由 c 个组分所组成的气、液平衡体系时，其独立变量数为 c。换言之，当指定独立变量 p 和 x_i（x_c 并非独立变量，可由 $\sum x_i=1$ 求出）时，平衡体系的所有变量值均被确定，由方程 $y_i=K_i x_i$ 可计算出平衡气相组成 y_i。但是，相平衡常数 K_i 是体系温度、压力、组成的复杂函数。因此，无法从 $y_i=K_i x_i$ 简单求出平衡气相组成。泡点的计算需用迭代法进行。泡点温度的计算程序框图如图 2.25 所示。

为了使迭代计算得以进行，需赋以泡点温度和各组成 K_i 的初值。可采用理想相平衡常数 K_i°（$K_i^\circ = p_i^s/p$）作为初值，而 i 组分的饱和蒸气压 p_i^s 可由安托因方程求得。

这样，用状态方程求压缩因子仅需要临界温度、临界压力和偏心因子三个纯组分的物理常数，不需要二元交互作用参数，因而计算简便快速。

按表 2.7 中式（6）求解压缩因子 Z，该式具有一个或三个实根，在两相区最大的根代表气相的压缩因子，而最小的根则表示液相的压缩因子。用表 2.7 中式（6）求解 Z 值的 Newton 迭代步骤是：

$$Z_{m+1}=Z_m-\frac{f(Z_m)}{f'(Z_m)} \tag{2.99}$$

式中，$f(Z_m)$ 为第 m 次迭代的表 2.7 中式（6）的函数值，即：

$$f(Z)=Z^3-Z^2+(A-B-B^2)Z-AB=0 \tag{2.100}$$

对 Z 求导，则有：

$$f'(Z)=3Z^2-2Z+(A-B-B^2)=0 \tag{2.101}$$

泡点温度计算程序包含内外两层迭代循环，内层为 K 循环，外层为 T 循环。由指定的 p 及 x_i 和所设温度初值 T_1 求出液相压缩因子 Z^L，继而求出液相逸度（$f_i^L=\varphi_i^L x_i p$）及理想 K_i°，然后进入 K 循环。由理想 K_i° 据 $y_i=K_i x_i$ 求出近似的 y_i 后便可计算气相于指定 T、p 和 y_i 时的压缩因子 Z^V 和逸度 f_i^V。当迭代达到收敛时应满足：

$$f_i^L=f_i^V \qquad 1\leqslant i \leqslant c \tag{2.102}$$

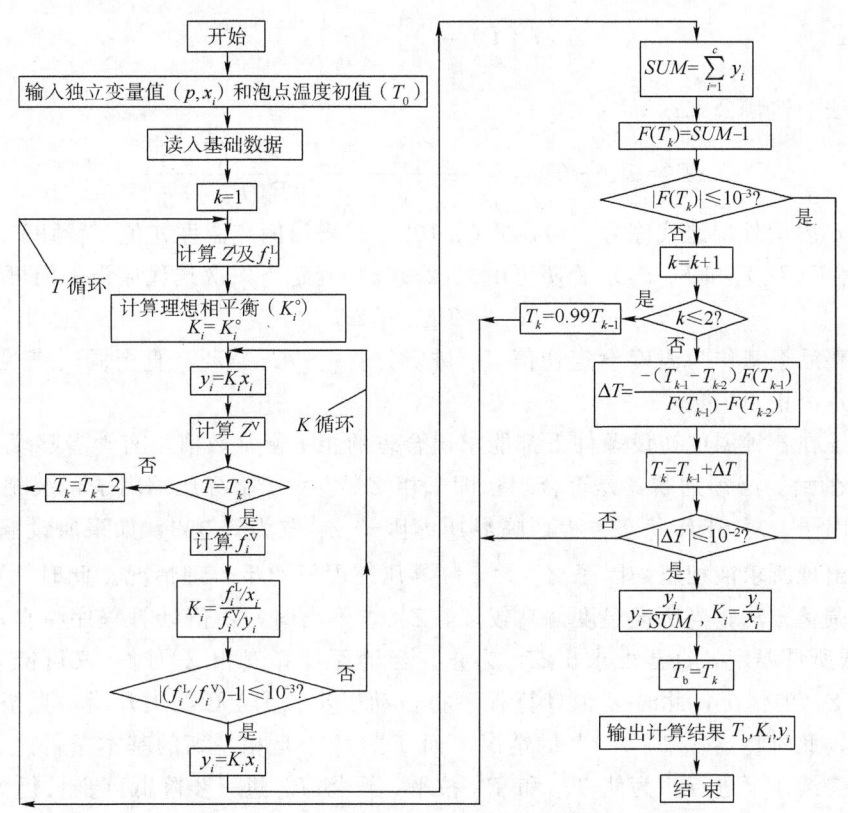

图 2.25 应用 SRK 状态方程进行泡点温度计算的框图

$$\sum_{i=1}^{c} y_i = 1 \tag{2.103}$$

泡点温度计算程序中可规定收敛精度要求为：

$$\left| \frac{f_i^{\text{V}}}{f_i^{\text{L}}} - 1 \right| \leqslant 10^{-3} \qquad 1 \leqslant i \leqslant c \tag{2.104}$$

$$\left| \sum_{i=1}^{c} y_i - 1 \right| \leqslant 10^{-5} \tag{2.105}$$

如果不满足式(2.104)的要求，则将 K_i 调整为：

$$K_i = \frac{(f_i^{\text{L}}/x_i)}{(f_i^{\text{V}}/y_i)} \tag{2.106}$$

式中　y_i——当次迭代的气相组成；

　　　x_i——指定的液相组成。

用调整后的 K_i 值重新计算 y_i——进入 K 循环，直至所有组分均满足式(2.104)。

K 循环是在 T 固定的情况下进行迭代，所设置的温度是否正确还需要由式(2.105)检验，若不满足该式要求则需调整 T。因为 y_i 是 K_i 的函数，而 K_i 又是体系温度 T、压力 p 与组成 y_i 的复杂函数，换言之，即 y_i 是体系温度 T、压力 p 与组成 y_i 的隐函数。使用 Newton 迭代法的缺点是需要对函数 $f(x)$ 求导，在求导不方便的情况下，可以采用不需求导的正割法调整。令：

$$F(T)=\sum_{i=1}^{c}y_i-1 \tag{2.107}$$

按正割法的迭代公式：

$$\Delta T=T_k-T_{k-1}=\frac{-(T_{k-1}-T_{k-2})F(T_{k-1})}{F(T_{k-1})-F(T_{k-2})} \tag{2.108}$$

式中，下标 k 表示外层迭代序号。应用式(2.108)时需设两点温度初值 T_1 和 T_2，由 T_1 和 T_2 分别求得 $F(T_1)$ 和 $F(T_2)$ 后便可由式(2.108)确定下一次迭代应设的温度：

$$T_k=T_{k-1}+\Delta T \tag{2.109}$$

温度调整后重新作为温度设定初值 T_1 进行计算——T 循环，直至同时满足式(2.104)和式(2.105)为止。

为了保证在各种温度初设条件下都能求出合理的相平衡常数值，有学者建议：在迭代过程中求出 Z 值后，必须判断其是否合理，即气相 Z^V 应大于临界压缩因子，液相 Z^L 则应小于临界压缩因子。对 SRK 状态方程，临界压缩因子 Z_c 取为 0.333，如果所设温度初值 T_1 较高，将会出现所求液相压缩因子 Z^L 大于临界压缩因子的不合理情况。此时，可采用温度初值的自动调整方法，当所设温度偏高较多，Z^L 求不出时，Z 值计算程序将自动以步长为 2℃逐次降低所设温度，直至可求出 Z^L 为止。当继而计算气相 Z^V 时，又可能发生求不出该温度下的 Z^V 的情况，此时 Z 值计算程序将自动以步长为 2℃逐次升温，直至可求出 Z^V 为止。显然，此时将出现 $T^V\neq T^L$ 的情况，而 $T^V=T^L$ 是相平衡的基本条件之一，因此迭代计算无须继续往下进行。为使 T^V 和 T^L 拉平，可将 T^L 进一步降低（步长仍为 2℃），随着 T^L 的降低，T^V 和 T^L 将逐渐靠拢，最后可在同一温度下求出 Z^L 和 Z^V，当 $T^V=T^L$ 后继续往下进行迭代计算，一般均能顺利收敛。

2.4.2.2 露点计算

露点温度是一定组成的气相在一定压力 p 下冷凝，当开始凝出第一滴液滴时所对应的温度 T_d。计算用到的方程有以下几个。

(1) 相平衡关系方程：

$$y_i=K_ix_i \qquad 1\leqslant i\leqslant c \tag{2.110}$$

(2) 气液相组成加和归一化方程：

$$\sum_{i=1}^{c}x_i=\sum_{i=1}^{c}y_i/K_i=1 \tag{2.111}$$

$$\sum_{i=1}^{c}y_i=1 \tag{2.112}$$

(3) 相平衡常数关联式：

$$K_i=f(p,T,x,y) \qquad 1\leqslant i\leqslant c \tag{2.113}$$

露点温度计算时，给定 $(c-1)$ 个 y_i 和 p，计算确定露点温度 T_d 和第一滴凝液的平衡组成 x_i。露点计算的步骤、目标函数和迭代变量的选择与泡点计算类似。

1. 简化计算

露点计算可通过以下形式的露点方程进行：

$$\sum_{i=1}^{c}\frac{y_i}{K_i}=1 \tag{2.114}$$

当指定 p、y_i 求露点温度 T_d 和平衡液相组成 x_i 时,因 $K=f(T,p)$,同样需用试差法求解。将式(2.114)改写成以下函数形式:

$$\varphi(T) = \sum_{i=1}^{c} \frac{y_i}{K_i} - 1 \tag{2.115}$$

试差求解的方法和泡点计算是类似的,可按以下步骤进行:

设T $\xrightarrow{p\text{给定}}$ 由 $p-T-K$ 图查读 K_i $\rightarrow \sum_{i=1}^{c}\frac{y_i}{K_i} \rightarrow |\varphi(T)|\leq\varepsilon?$ $\xrightarrow{\text{是}}$ $\begin{cases}T_d=T\\x_i=y_i/K_i\end{cases}$ $\rightarrow$ 结束

否 ↓ 调整T (回到设T)

按初设 T 值所求出的 $\sum\frac{y_i}{K_i}$ 值若大于 1 表明所设温度偏低,若小于 1 则表明所设温度偏高。为加速收敛可采用和泡点计算类似的调整 T 值的方法。将 $\sum\frac{y_i}{K_i}$ 表示为:

$$\sum_{i=1}^{c} \frac{y_i}{K_i} = \frac{1}{K_G}\sum_{i=1}^{c} \frac{y_i}{(K_i/K_G)} = \frac{1}{K_G}\sum_{i=1}^{c} \frac{y_i}{\alpha_{iG}} \tag{2.116}$$

若相对挥发度 α_{iG} 约等于常数,于是式(2.116)可表示为:

$$K_G \sum_{i=1}^{c} \frac{y_i}{K_i} \approx 常数 \tag{2.117}$$

或

$$K_{G,m}\left(\sum_{i=1}^{c} \frac{y_i}{K_i}\right)_m \approx K_{G,m-1}\left(\sum_{i=1}^{c} \frac{y_i}{K_i}\right)_{m-1} \tag{2.118}$$

式中,下标 G 表示关键组分,m 表示试差序号。为使第 m 次试差时 $\left(\sum\frac{y_i}{K_i}\right)_m = 1$,按式(2.118),$K_{G,m}$ 应取为:

$$K_{G,m} = K_{G,m-1}\left(\sum_{i=1}^{c} \frac{y_i}{K_i}\right)_{m-1} \tag{2.119}$$

由该 $K_{G,m}$ 值即可从 $p-T-K$ 图上定出第 m 次试差时应假设的 T_m 值。

2. 简化机算

露点温度的计算机算法同样可用 Newton-Raphson 迭代法进行。由露点方程式(2.115)求导可得:

$$\varphi'(T) = -\sum_{i=1}^{c}\left(\frac{y_i}{K_i^2}\right)\left(\frac{dK_i}{dT}\right) \tag{2.120}$$

按 Newton-Raphson 的迭代公式可写出:

$$T_{m+1} = T_m - \frac{\varphi(T_m)}{\varphi'(T_m)} \tag{2.121}$$

具体的迭代计算方法同泡点计算,不再重述。

3. 严格计算

实际上,露点计算与泡点计算相反,此时气相组成 y_i 是已知的,系统压力 p(或温度 T)是指定的,液相组成 x_i 和系统温度 T(或压力 p)是要计算的。在露点计算中所用的特定方程是 $x_i = y_i/K_i$。指定 p、y_i 用迭代法求露点温度 T_d 和液相组成 x_i 的步骤和泡点计算是类似的,图 2.26 给出了应用 SRK 状态方程进行露点温度计算的框图。

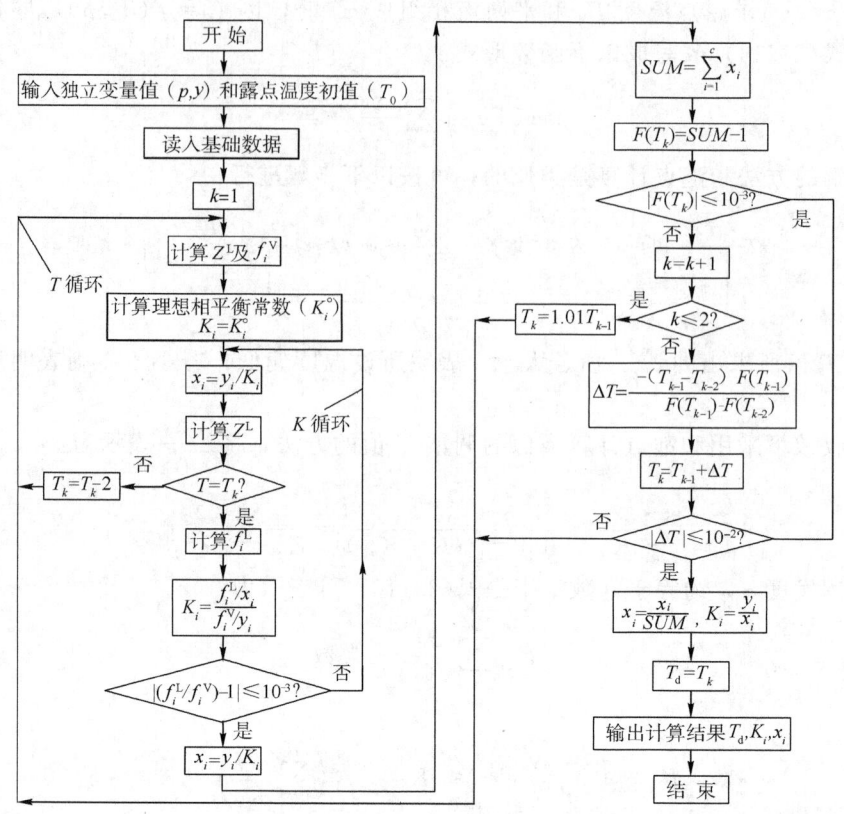

图 2.26 应用 SRK 状态方程进行露点温度计算的框图

露点计算中,当迭代达到收敛时应满足:

$$f_i^V = f_i^L \qquad 1 \leqslant i \leqslant c$$

$$\sum_{i=1}^{c} \frac{y_i}{K_i} = \sum_{i=1}^{c} x_i = 1$$

应用 SRK 状态方程进行露点计算能否顺利收敛的一个关键问题,也是要防止由于初设温度不当而出现求不出指定相态压缩因子的情况。在迭代过程中求出 Z 值后,也需要根据气相压缩因子应大于临界压缩因子,做出合理判断。

泡点计算所采用的温度自动调整措施同样可应用于露点计算,即当 $T^V \neq T^L$ 时应逐步降低初设温度(步长可同样取为2℃),直至同一温度下求出 Z^L 和 Z^V 后,方可继续进行迭代计算。

2.4.3 闪蒸计算

在泡点和露点之间的温度、压力下,存在着气液两相混合物,每一相的量和组成取决于对体系有影响的条件,这些条件最普遍的组合就是固定温度 T 和压力 p 或固定 H 和 p。一般通过物料平衡和相平衡来进行计算气液两相的量和组成。

2.4.3.1 等温闪蒸计算

气相混合物的部分冷凝和液相混合物的部分汽化均属于等温闪蒸,此时进料的量和组成是已知的,要求计算在指定压力和温度下产生的气液两相的量和组成。

对每一组分的物料衡算和平衡条件为：
$$Fz_i = Lx_i + Vy_i \tag{2.122}$$
$$y_i = K_i x_i$$

式中　F——进入的原料量，kmol/h；

　　　L——液相的量，kmol/h；

　　　V——气相的量，kmol/h；

　　　z_i——进料的摩尔分数；

　　　x_i——液相的摩尔分数；

　　　y_i——气相的摩尔分数。

引入汽化率 $e = V/F$，闪蒸条件（即目标函数）就变为：

$$f(e) = -1 + \sum K_i x_i = -1 + \sum \frac{K_i z_i}{1 + e(K_i - 1)} = 0 \tag{2.123}$$

其相应的 Newton-Raphson 算法格式为：

$$e_{k+1} = e_k + \frac{-1 + \sum \dfrac{K_i z_i}{1 + e_k(K_i - 1)}}{\sum \dfrac{K_i(K_i - 1)z_i}{[1 + e_k(K_i - 1)]^2}} \tag{2.124}$$

通过逐次逼近法求得 e 之后，可用式（2.86）和下式求出每一个相的组成。以 $e = 1$ 为初值，用这种方法常可求得一个收敛的解：

$$x_i = \frac{z_i}{1 + e(K_i - 1)} \tag{2.125}$$

Rachford 和 Rice 使用了一个常可引起更快收敛而对 e 的初值无特殊要求的目标函数：

$$f(e) = \sum y_i - \sum x_i = 0 \tag{2.126}$$

闪蒸方程为：

$$f(e) = \sum \frac{(K_i - 1)z_i}{1 + e_k(K_i - 1)} = 0 \tag{2.127}$$

其 Newton-Raphson 算法格式为：

$$e_{k+1} = e_k + \frac{\sum \dfrac{(K_i - 1)z_i}{1 + e_k(K_i - 1)}}{\sum \left[\dfrac{K_i - 1}{1 + e_k(K_i - 1)}\right]^2 z_i} \tag{2.128}$$

在应用以上两种算法格式进行汽化、冷凝计算前应先判断混合物在指定的温度压力下是否处于两相区，其判据如下：

$$\sum_{i=1}^{c} K_i z_i \begin{cases} = 1 & T = T_b & \text{进料处于泡点，} e = 0 \\ > 1 & T > T_b & e > 0 \\ < 1 & T < T_b & \text{进料处于过冷液体} \end{cases}$$

$$\sum_{i=1}^{c} \frac{z_i}{K_i} \begin{cases} = 1 & T = T_d & \text{进料处于露点，} e = 1 \\ > 1 & T > T_d & e < 1 \\ < 1 & T < T_d & \text{进料处于过热气体} \end{cases}$$

上述判据表明只有当$\sum K_i z_i$和$\sum z_i/K_i$均大于1时，混合物才处于两相区（$0<e<1$）。

和泡点、露点计算类似，若需计入组成对相平衡常数K_i的影响，应采用严谨的热力学气液平衡模型进行汽化、冷凝计算。

应用SRK状态方程进行部分汽化或冷凝计算的方法步骤如框图2.27所示。

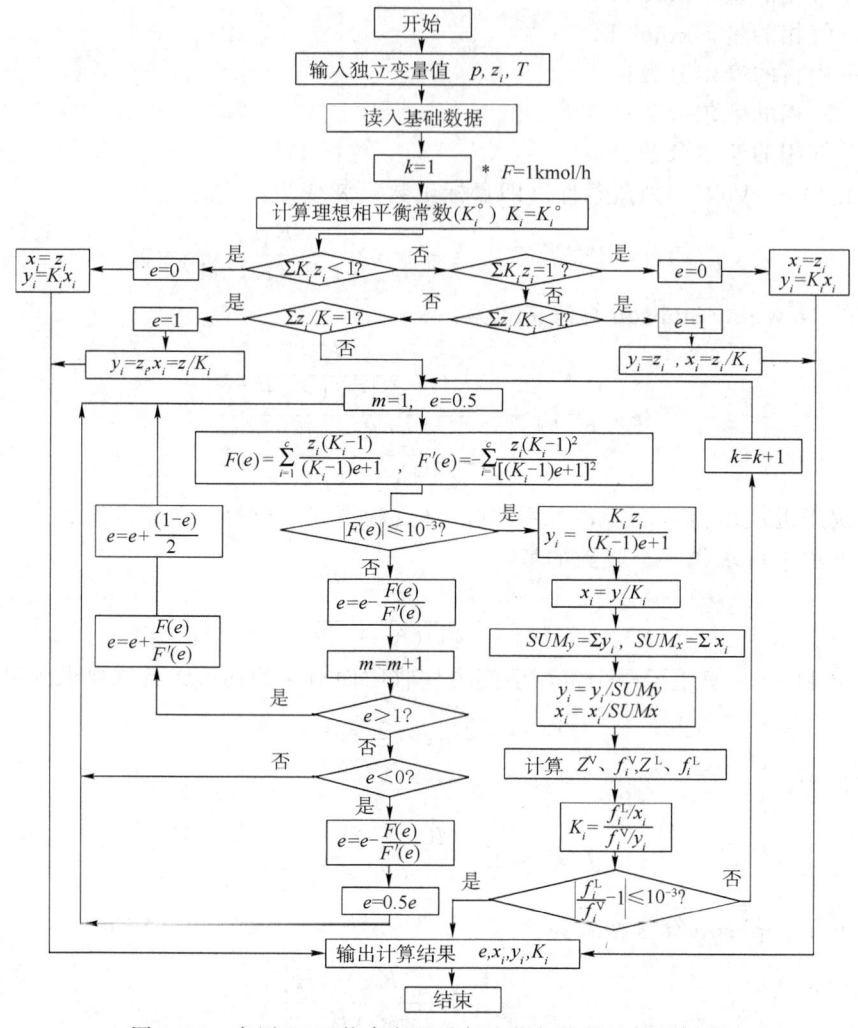

图2.27 应用SRK状态方程进行汽化与冷凝计算的框图

计算开始时首先判断所给混合物于指定的温度T、压力p下是否处于两相区，只有当$\sum K_i z_i$和$\sum z_i/K_i$均大于1时才进入迭代循环。计算程序包括内外两层迭代循环，内层为e循环，外层为K循环，在e循环中相平衡常数K_i视为常数，按方程式(2.127)迭代求解汽化率。在e循环中调整e时，为将e值控制在0到1的范围内，可采用以下的制约措施：当Newton迭代公式(2.128)求出的e_{k+1}大于1时，即改取$e_{k+1}=\dfrac{e_k+1}{2}=e_k+(1-e_k)/2$；当$e_{k+1}$小于0时则改取$e_{k+1}=e_k/2$。在外层$K$循环中，当内层$e$循环收敛后，可据方程式(2.125)及$y_i=K_i x_i$求出气、液相组成$y_i$、$x_i$，继而按所求$y_i$、$x_i$计算于指定$T$、$p$下的逸度$f_i^V$和$f_i^L$，并判别每一组分是否满足式(2.104)的要求，如有组分未能满足即将

各组分的 K_i 值按式（2.106）调整后返回内层 e 循环重新计算。当所有组分均满足式（2.104）的收敛精度要求后，程序将输出全部计算结果。

2.4.3.2 绝热闪蒸（节流）计算

在天然气加工过程中，绝热闪蒸过程是必不可少的热力学过程之一。图 2.28 是典型的绝热闪蒸（节流）过程示意图。当压力为 p_I、温度为 T_I 的混合物料 F，在绝热情况下瞬间降压至 p_F 时，其中一部分汽化，一部分为残留液体。汽化所需的潜热由原来进料的显热供给，温度降至 T_F。由于上述节流过程是在绝热情况下进行（$Q=0$）的，节流前混合物料 F 的焓基本上等于节流后气、液两股物料的焓（忽略膨胀功）之和，因而这种分离方法也称为等焓节流。节流生成的气相和残余液相分离时假设达到平衡。

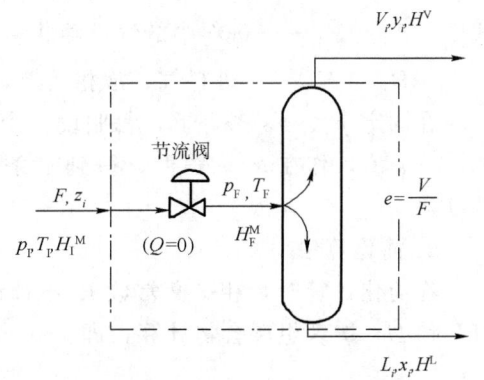

图 2.28 绝热闪蒸（节流）过程

用于描述图 2.28 所示的绝热闪蒸（节流）过程的独立方程如下。

相平衡关系方程：
$$y_i = K_i x_i \quad 1 \leqslant i \leqslant c$$

气液相组成加和归一化方程：
$$\sum_{i=1}^{c} y_i = 1$$
$$\sum_{i=1}^{c} x_i = 1$$

物料平衡： $\quad Fz_i = Vy_i + Lx_i \quad$ (2.129)

热平衡： $\quad FH_I^M = VH^V + LH^L = FH_F^M \quad$ (2.130)

或通过汽化率 e 表示为：
$$H_I^M = eH^V + (1-e)H^L = H_F^M \quad (2.131)$$

式中　H_I^M——进料液体混合物的焓，kJ/kmol；

$\quad H_F^M$——节流后混合相的焓，$H_F^M = \sum H_{Fi} \cdot x_{Fi}$，kJ/kmol；

$\quad H^V$，H^L——节流后平衡气、液相的焓，kJ/kmol。

绝热闪蒸计算问题一般是已知 F、z_i、T_I、p_I、p_F（或 T_F），通过联解方程组求节流后的温度 T_F（或 p_F），平衡气、液相的量及组成 V（或 e），L、y_i、x_i 和 H^V、H^L 等。虽然绝热闪蒸计算中仅增加了一项热平衡关系，但其求解过程要比汽化、冷凝计算复杂得多。传统的解法是假设一个等焓节流后的温度 T_F，计算出一个 H_F^M，只要 $H_F^M = H_I^M$，T_F 就是所要求的温度。其他参数可根据 T_F 求出。

1. 图解计算求 T_F

（1）先求进料组成在 p_F 下的露点和泡点。

（2）在泡点、露点间假设一系列节流后的温度 t_F，用式（2.125）或式（2.86）来计算组成，且以 $\sum x_i = 1$ 或 $\sum y_i = 1$ 为判据，求得一系列汽化率 e，以及气液相组成 y_i、x_i，并在 $t-e$ 图上得出一条闪蒸曲线。

（3）由热平衡方程可得：

$$e = \frac{H_F^M - H^L}{H^V - H^L} \quad \text{(对液相进料)} \tag{2.132}$$

$$e = \frac{\left(\dfrac{F_L H_I^L + F_V H_I^V}{F_L + F_V}\right) - H^L}{H^V - H^L} \quad \text{(对气液相混合物进料)} \tag{2.133}$$

式中　F_V，F_L——进料中的气、液相量，kmol/h；

H_I^V，H_I^L——进料气、液相的焓，kJ/kmol。

在固定 p_I、p_F 条件下，每假设一个 t_F 值，则由上式可得一个 e 值，从而计算一系列的 t_F—e 值，作在 t—e 图上，得到一条等焓平衡线，其与闪蒸曲线的交叉点，即为所求的 T_F。

2. 简化算法

在简化计算时，相平衡常数 K 不计组成的影响，即取 $K = f(T, p)$；而气、液相的焓 H^V 和 H^L 按理想混合物计算，即：

$$H^V = \sum_{i=1}^{c} H_i^V y_i \tag{2.134}$$

$$H^L = \sum_{i=1}^{c} H_i^L x_i \tag{2.135}$$

式中　H_i^V——纯 i 蒸气于指定温度和压力下的焓，kJ/kmol；

H_i^L——纯 i 液体于指定温度下的焓，kJ/kmol；

H_i^V 和 H_i^L 可由一些手册中的焓图查得。

本书只讨论适合于手算的简化计算法——K 法。

所谓 K 法，即使用 p—T—K 图进行气液平衡计算。即使采用简化 K 图，绝热闪蒸过程的计算也是相当复杂的，需经过繁复的试差运算。为避免试差的盲目性，特推荐如下算法，其计算框图如图 2.29 所示。

本计算包括两层迭代循环，内层为 e 循环，外层为 T_F 循环。计算开始先假设一个等焓节流后的温度 T_F，进入内层循环，用 Newton-Raphson 迭代法求解方程式(2.128)中的汽化率。然后进入外层循环，求出节流后温度 T_F 下的焓值 H_F^M，判断节流前后的焓值 H_I^M、H_F^M 是否相等；外层循环用正割法调整节流后的温度 T_F。计算中 e 循环和 T_F 循环的收敛精度要求分别在框图中给出。

3. 严格算法

绝热闪蒸的严格算法采用严谨的热力学气液平衡模型，用状态方程计算相平衡常数和焓值。其程序框图如图 2.30 所示。

计算程序包括三重迭代循环：

内层 e 循环：设定节流后的温度 T_F，通过计算理想相平衡常数 K_i° 进入循环，在建立循环后，即在给定相平衡常数 K_i 的情况下，用 Newton-Raphson 法求解汽化率 e。

中层 K 循环：按 e 循环求出的汽化率 e，以方程式(2.125) 和 $y_i = K_i x_i$ 求出气、液相组成 y_i、x_i。调用状态方程逸度模型分别计算各组分气、液相逸度 f_i^V 和 f_i^L，并判别是否满足 $|f_i^L / f_i^V - 1| < 10^{-3}$ 的要求。当有组分未能满足时，按式(2.108) 调整温度返回 e 循

环,直至体系各组分均满足 $|f_i^L/f_i^V-1|<10^{-3}$ 的要求再转入外层 T_F 循环。

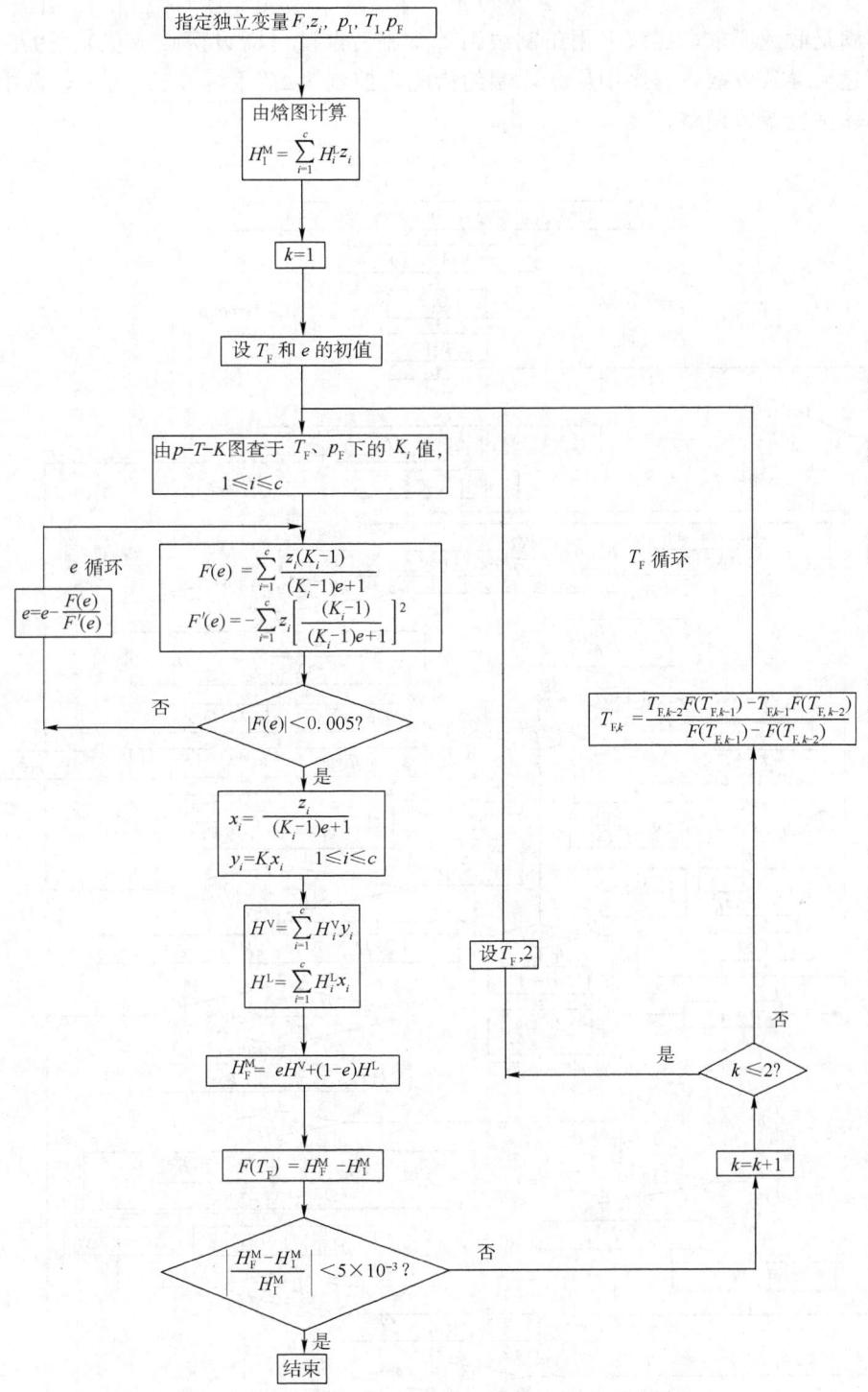

图 2.29 用 K 法进行绝热闪蒸计算（手算）的框图

外层 T_F 循环：当 K 循环收敛后，调用状态方程焓模型，计算平衡气、液相焓 H^V 和 H^L，并由 e 值根据热平衡方程求出节流后的混合相焓 H_F^M。收敛要求规定为：

$$\left|\frac{H_F^M - H_I^M}{H_I^M}\right| < 10^{-3} \tag{2.136}$$

如不满足收敛要求，建议采用正割法调整节流后温度（需设两点初值）。为了防止温度调整幅度过大导致发散，程序中应采取制约措施，控制 $|\Delta T| \leqslant 0.5 T_{F,k-1}$，其中系数 0.5 可根据具体情况予以调整。

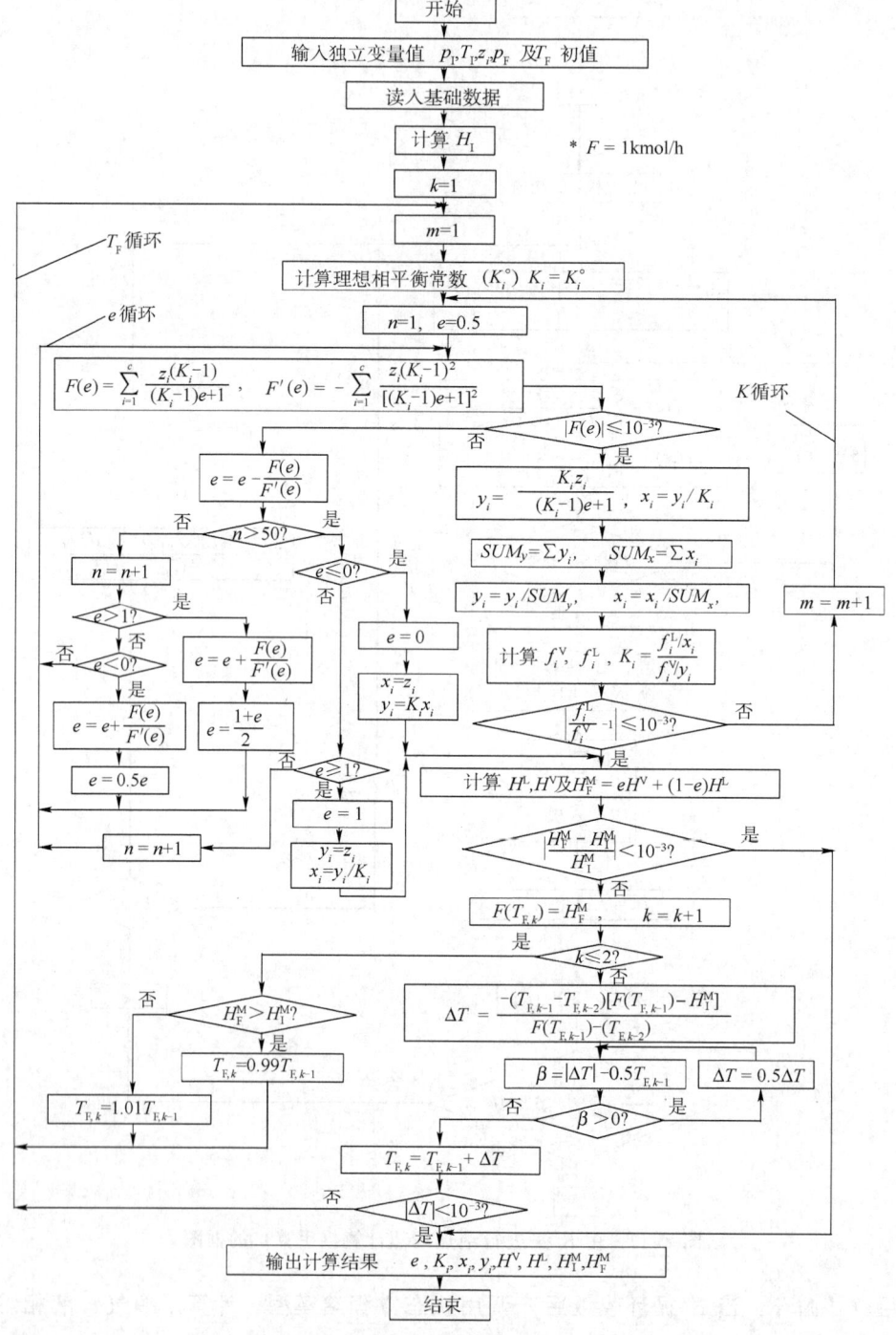

图 2.30 绝热闪蒸严格算法框图

2.4.3.3 等熵膨胀计算

等熵膨胀的计算与等焓节流的计算原理基本相同，只要将焓平衡方程式改为熵平衡方程式即可，这里不作叙述，计算框图如图 2.31 所示。

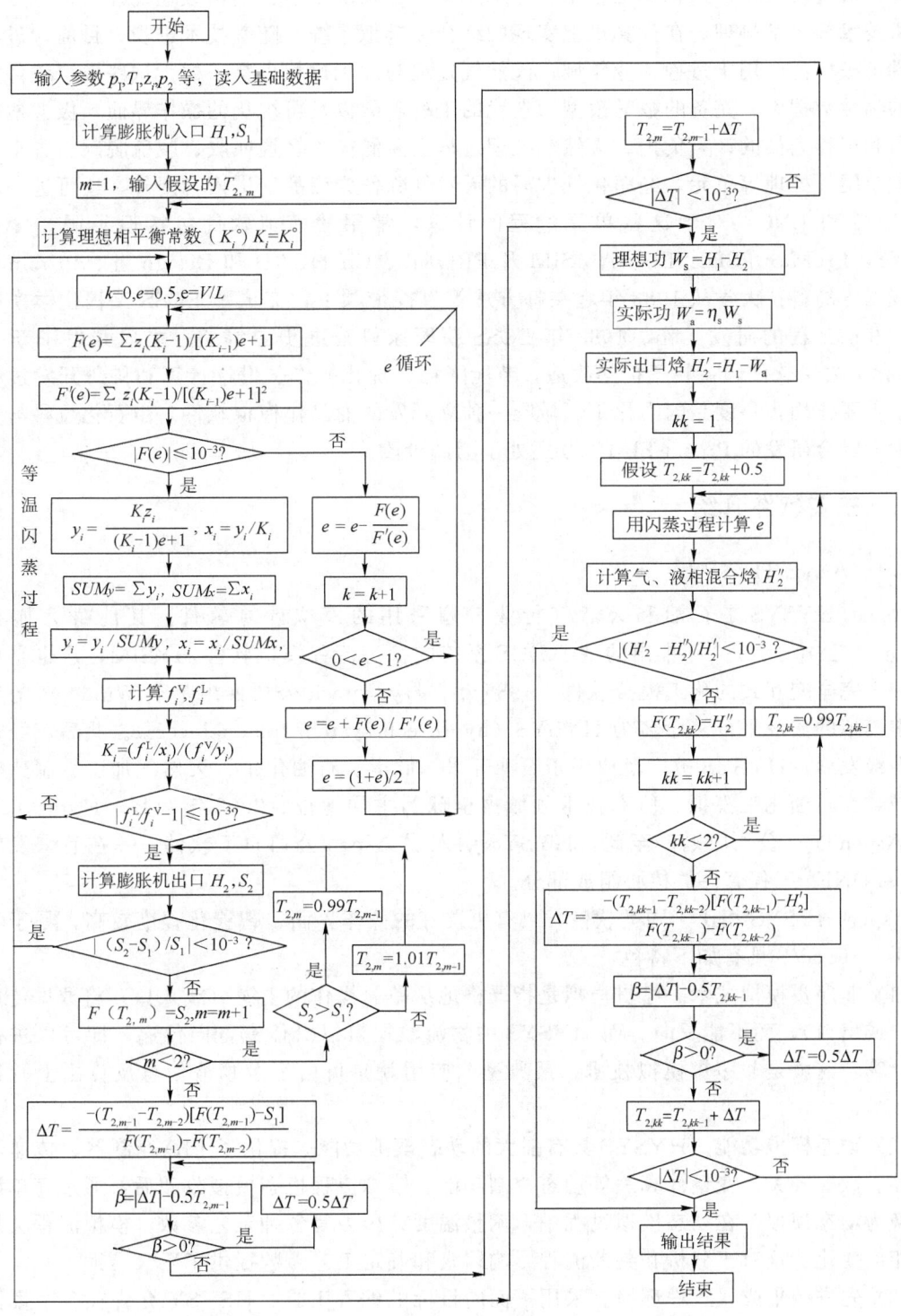

图 2.31 等熵膨胀计算框图

2.5 天然气处理与加工过程常用工程模拟软件

化工流程模拟软件是化学工程学、化工热力学、系统工程、应用数理统计、计算方法及计算机技术等多学科理论在计算机上实现的综合性模拟系统。随着技术进步，目前，过程模拟软件已被广泛应用于过程工业领域，天然气处理与加工过程也是一样。这些模拟软件凭借可靠的物性数据库、完备的数学模型、迭代的工程参数以及可视化的操作界面，极大地减轻了科研和工程人员的计算负担。天然气处理过程主要涵盖了轻烃回收、脱硫脱碳、脱水、硫黄回收及尾气处理等单元。经净化处理后的天然气除作为商品气进入管网外，还可进一步加工为 CNG 和 LNG。对于这些单元过程的计算，常用的模拟软件包括但不限于 Aspen HYSYS，ProMax，SULSIM、AMSIM 及 PRO/Ⅱ、ChemCAD 和 Design Ⅱ、ProSimPlus 等。我国青岛科技大学从 1983 年起在韩方煜等教授带领下，完成了 ECSS 工程化学模拟系统Ⅰ、Ⅱ期工程的研发工作。1988 年 ECSS 获国家科技进步二等奖。之后开发了新一代 ECSS 化工之星软件，在装置扩建改造、节能降耗、优化操作、设计计算和科研开发过程中发挥了重要作用，一度是国内化工领域唯一独立开发的商品化模拟软件。由石化盈科与青岛科技大学联合研发的 Procet-SIM 1.0 还处于测试阶段。

2.5.1 主要软件介绍

2.5.1.1 Aspen HYSYS

Aspen HYSYS 是石油和天然气行业普遍采用的模拟计算软件。其前身为加拿大 Hyprotech 公司于 1980 年推出的基于 DOS 系统的稳态流程模拟软件 HYSIM，这也是世界上第一个完全交互式的化工模拟软件。1985 年，Hyprotech 公司推出基于 Windows 的稳态和动态模拟的集成平台，命名为 HYSYS（hyprotech system for engineers）。此后，经过持续地升级发展，HYSYS 被广泛应用于石油开采、储运、石油化工、天然气加工、制药等诸多领域，在石油化工模拟、仿真技术领域占全球的主导地位。2002 年 7 月，Hyprotech 公司被 AspenTech 公司收购。至此，HYSYS 纳入了 Aspen 公司旗下软件，并在后来发展成为 aspenONE® 工程套件的核心组成部分。

Aspen HYSYS 相比于同类软件，具有更友好的操作界面，智能化程度较高，易于学习和上手。HYSYS 具有如下特色：

（1）非序贯模拟技术。序贯模拟是指严格地从单元操作的上游（或入口）将数据传递至下游（或出口），而不能反向。而 HYSYS 中物流数据可以沿任意方向传递，即可以进行倒推式计算，这就是非序贯模拟技术。最典型的应用就是可由下游物流信息反算出上游物流信息。

（2）动态模拟功能。HYSYS 具有强大的动态模拟功能，提供了 PID 控制器、传递函数发生器、数控开关、变量计算表等动态控制功能。模拟流程稳态模拟收敛后，通过简单设置可切换为动态模拟。在动态模拟过程中，调整温度、压力等各种工艺参数，模拟流程会自动出现相应变化。这对于分析和判断流程影响因素和确定工艺参数提供了巨大帮助。

（3）先进的集成式工程环境。采用了面向目标的编程工具，HSYSY 允许在一个模拟环境中将复杂的工艺流程分成若干个子流程进行模拟。这种集成环境可以实现子流程和主流程间的数据共享和互通，同时允许各子流程采用不同的物性计算包。

（4）DCS接口。HYSYS可以通过动态链接库DLL与DCS控制系统进行连接，使两者数据可以互相调取。这种技术可以实现在线优化控制和仪表系统离线调试，同时可以协助完成生产指导和培训。

（5）物性包与数据回归。依托Aspen强大的物性计算包，HYSYS可以调用到超20000个交互作用参数和超4500个纯物质数据。这些基础数据均经过Aspen公司的严格检验。HYSYS还提供了强大的数据回归工具，不仅可以提高运算速度，在特定条件下还可提高计算精度。

除上述特点外，HYSYS还具有功能强大的优化器，它有五种算法供您选择，可解决无约束、有约束、等式约束及不等式约束的问题。其中序列二次型是比较先进的一种方法，可进行多变量的线性、非线性优化，配合使用变量计算表，可将更加复杂的经济计算模型加入优化器中，以得到可获最大经济效益的操作条件。具有物性计算包、物性预测系统、数据回归包、人工智能、事件驱动、窄点分析工具、方案分析工具、各种塔板的水力学计算、任意塔的计算等。在天然气处理与加工的工程设计过程中，HSYSY通常被用来模拟脱水、轻烃回收、LNG、硫黄回收等单元，其结果的准确性已经得到工程实践的验证。已被国内外许多设计公司广泛采用。

2.5.1.2 ProMax

ProMax是美国布莱恩研究与工程公司（BR&E）开发的一款功能强大的化工流程模拟软件，在天然气加工和石油化工等领域得到了广泛应用和认可。BR&E分别于1978年和1983年推出的TSWEET和PROSIM两款软件是ProMax的前身。2005年ProMax 1.0版本正式发布，其与Microsoft Visio，Excel及Word深度集成，用户界面简单直观，上手容易。经过多年的更新升级，BR&E于2022年发布了ProMax 6.0版本。该软件已具有超过50多个热力学数据包、2300多种纯组分数据以及多种油的特性。在天然气处理与加工领域，ProMax在多个方面表现突出。

在脱硫脱碳方面，ProMax包含了MEA、DEA、TEA、MDEA、DIPA等化学吸收溶剂的完整数据，同时可以构建模拟如MDEA＋DEA、MDEA＋哌嗪等配方溶液。这使得ProMax在天然气脱硫脱碳的模拟方面与工程实际数据有很高的吻合度，其数据往往可以直接用于工程设计。

在甘醇法脱水方面，ProMax可使用的物性数据包括EG、DEG、TEG和甲醇，几乎可以涵盖了甘醇法脱水的所有形式。同时它还能够准确地预测BTEX和挥发性物质。另外ProMax还常被用来计算天然气含水量，绘制水合物曲线相图等。

除此之外，ProMax在硫黄回收和尾气处理工艺单元的模拟计算中也有不错表现。

2.5.1.3 SULSIM

SULSIM是加拿大Sulphur Experts公司开发的一款专门用于天然气处理和石油炼化行业模拟硫黄回收和尾气处理工艺的软件。其基础数据主要来源于硫黄回收工厂，包含了硫黄回收工艺涉及的20多种分子和9种硫气相形态。这保证了其热力学模型在实际工况下的模拟表现明显优于其他软件。除常规克劳斯工艺外，SULSIM对富氧克劳斯、低温克劳斯等数种改进硫黄回收工艺进行完美模拟，几乎涵盖了硫黄回收装置可能用到的所有形式。国内外大量工程公司采用其进行硫黄回收和尾气处理工艺的模拟计算，其结果可被直接用于工程设计。

2014 年 SULSIM 被 AspenTech 公司收购，并于 2016 年正式集成进 HYSYS 软件。

2.5.1.4 AMSIM

AMSIM 软件是加拿大 DBR 公司基于 20 多年实验室数据研发的一款针对天然气和液化石油气利用醇胺溶液或物理溶剂脱除硫化物（硫化氢、二氧化碳、羰基硫、二硫化碳和硫醇）的专用模拟软件。AMSIM 不仅包含 6 种主要胺液（MEA、DEA、MDEA、TEA、DGA 和 DIPA）的完整物性数据，还允许不同胺液间的任意组合，形成混合溶剂。同时，AMSIM 包括近 30 种商业化填料数据，模拟过程中可选取具体的填料类型而非 HETP 等板高度进行计算，使模拟结果更为准确。

相比于 ProMax，AMSIM 在天然气和液化石油气的脱硫脱碳方面更为专业，计算模型更为严格，两款软件的结果可做相互比对和校验。

2.5.2 Aspen HYSYS 使用入门

Aspen HYSYS 使用入门

习　　题

1. 天然气体积计量中常用的 3 种参比状态是什么？如何进行体积的换算？
2. 简述天然气热值的定义和表示；总热值和净热值的区别；干基热值和湿基热值的区别。常用的天然气、液化气、煤气的热值大概是多少？
3. 什么是爆炸极限？常压下，天然气的爆炸极限是多少？
4. 在纯组分的 p—V 相图中，等温线在临界点处的特点是什么？
5. 多组分体系中，临界凝析温度点、临界凝析压力点分别指什么？
6. 与单组分、双组分体系相比，油气体系的相图特征是什么？
7. 简述反凝析现象。反凝析区有哪些特点？
8. 简述状态方程法和活度系数法计算相平衡常数的表达式。
9. 怎样判断在一个化工设备中的物料所处的相态，若为两相区应采用什么方法计算其平衡组成？
10. 针对等温闪蒸过程，若已知闪蒸后的汽化率或液化率，请建立并阐述计算闪蒸温度的方法。
11. 简述绝热闪蒸过程的特点；绝热闪蒸过程与等温闪蒸过程的区别。
12. 计算 9492kmol/h 的天然气，在 3 种不同参比条件下的体积处理量。
13. 计算某天然气样品的低位发热量（参比条件 101.325KPa、20℃）。样品的组成见表 2.15。

表 2.15　某样品组成

组分	CH_4	C_2H_6	C_3H_8	N_2	CO_2	总计
摩尔分数	0.933212	0.025656	0.015368	0.010350	0.015414	1.000000

14. 在50℃和4050kPa下，甲烷和正丁烷二元体系呈气液平衡，在气相中含甲烷0.8077（摩尔分数，下同），与其平衡的液相含甲烷0.1774，试用SRK状态方程计算以下性质：
(1) 气、液密度；
(2) 气、液中各组分逸度系数和相平衡常数。

15. 某烃类混合物的组成见表2.16。

表 2.16　烃类混合物组成

组分	C_3H_8	$n-C_4H_{10}$	$n-C_5H_{12}$	$n-C_6H_{14}$
摩尔分数	0.30	0.10	0.15	0.45

在压力为200kPa时，若要使该烃类混合处于饱和液体，试估算所需要的温度是多少？

16. 某烃类混合物含甲烷0.05（摩尔分数，下同）、乙烷0.10、丙烷0.30及异丁烷0.55，试计算混合物在25℃时的泡点压力和露点压力。

17. 某气田的天然气组成见表2.17。

表 2.17　某气田天然气组成

组分	CH_4	C_2H_6	C_3H_8	$i-C_4H_{10}$	$n-C_4H_{10}$
摩尔分数	0.8596	0.0600	0.0240	0.0120	0.0100
组分	$i-C_5H_{12}$	$n-C_5H_{12}$	C_6+	N_2	CO_2
摩尔分数	0.0039	0.0035	0.0062	0.0048	0.0160

若该天然气在6000kPa下用管道输送，为了防止输送过程中结露，试估算其最低输送温度是多少？

18. 某烃混合物中乙烷0.05，丙烷0.30，正丁烷0.65（均为摩尔分数），操作压力下各组分的平衡常数可按下式进行计算（t 为温度，℃）：

乙烷：$K=0.13333t+4.6667$

丙烷：$K=0.6667t+1.13333$

正丁烷：$K=0.02857t+0.08571$

试计算其泡点温度。

19. 某天然气经预冷降温至-35℃后，进入气液分离器内进行气液分离。已知分离器内压力为3200kPa，在操作条件下，天然气组成（摩尔分数）及相平衡常数见表2.18。

表 2.18　某天然气组成（摩尔分数）及相平衡常数

组分	CH_4	C_2H_6	C_3H_8	$i-C_4H_{10}$	$n-C_4H_{10}$
z_i	0.776	0.141	0.069	0.008	0.006
K_i	2.993	0.387	0.087	0.031	0.020

(1) 判断该天然气在此低温分离器中处于什么状态？
(2) 建立天然气气化率计算的目标方程。
(3) 利用建立的目标方程，请你采用 Newton Raphson 算法估算预冷后天然气的气化率是多少？
(4) 根据气化率计算离开分离器的气液相组成。

20. 在 101.3kPa 下，有一烃混合物，其组成见表 2.19。

表 2.19 某天然气组成

组分	$n-C_4H_{10}$	$n-C_5H_{12}$	$n-C_6H_{14}$	$n-C_7H_{16}$
摩尔分数	0.0273	0.4918	0.4372	0.0437

(1) 试计算该混合物的泡点和露点温度；
(2) 将此混合物在 101.3kPa 下进行闪蒸，使进料的 50% 气化，计算闪蒸温度、两相的组成。

21. 来自气井的天然气进入某集气站，进站压力为 10.5MPa，温度为 27℃，进站天然气组成见表 2.20。

表 2.20 某天然气组成（摩尔分数）

组分	CH_4	C_2H_6	C_3H_8	N_2	CO_2
z_i	0.9198	0.0439	0.0150	0.0053	0.0160

在集气站中，将该天然气节流降压至 6.5MPa，试计算：节流后天然气的温度和气化率。

3 烃—水体系与天然气水合物

自储层开采出来的天然气和采用湿法脱除酸性组分的天然气中一般都含有饱和的水蒸气或者说含有饱和水。当天然气条件改变时，气相水会变成液态水或游离水。通常只有游离水才是有害的，因此需要探讨烃—水体系，预测天然气含水量和水合物生成条件。

3.1 天然气含水量及烃水体系平衡计算

天然气中往往含有饱和水，为了满足天然气气质指标和深冷分离过程的需要，必须将天然气中的水分脱除到一定程度。为此，在脱水工艺和注防冻剂设计中首先就要确定天然气的含水量。天然气的含水量取决于天然气的温度、压力和组成等条件。绝对含水量也称绝对湿度，是指单位体积天然气中含有的水汽的量，单位为 mg/m^3。在一定温度和压力下，天然气含水汽量若达到饱和，这个饱和的含水汽量称为饱和湿度，而天然气绝对湿度与饱和湿度之比则为天然气相对湿度。天然气的水露点温度则是指天然气在一定压力下水蒸气开始冷凝结露的温度。

天然气的含水量可由多种实验方法进行测定，如重量法、露点法等，而在设计过程中普遍采用的是估算法，本节就估算天然气含水量的主要方法进行介绍。

3.1.1 天然气含水量估算

天然气含水量的估算一般按非酸性天然气、酸性天然气两大类进行。

3.1.1.1 非酸性天然气含水量估算

1. Mcketta-Wehe 算图

Mcketta-Wehe 算图主要用来确定非酸性天然气的含水量，同时可结合其他算图进行酸性天然气含水量的估算。

Mcketta-Wehe 算图于 1958 年首次发表，一直沿用至今，图 3.1 是经过数据拓展后发表的新算图，图中的曲线是按相对密度为 0.6、与纯水接触的天然气制定的，因此需要进行相对密度校正和含盐量校正，校正曲线附在算图的左上侧，校正计算式如下：

$$W = C_G \times C_S \times W_0 \tag{3.1}$$

式中 W——校正后的含水量，mg/Sm^3；

W_0——相对密度为 0.6 的天然气含水量，mg/Sm^3；

C_G——相对密度校正系数；

C_S——含盐量校正系数。

2. 公式法

1) 饱和蒸气压法

该法基于水蒸气的饱和蒸气压，并对盐类组成和酸气含量根据拉乌尔定律进行了修正：

$$W = 804 \times \frac{p_{SW}(1-s-y_{H_2S}-y_{CO_2})}{p-p_{SW}(1-s-y_{H_2S}-y_{CO_2})} \tag{3.2}$$

$$p_{SW} = p_c \exp\left[f\left(\frac{T_{SW}}{T_c}\right) \times \left(1-\frac{T_c}{T_{SW}}\right)\right] \tag{3.3}$$

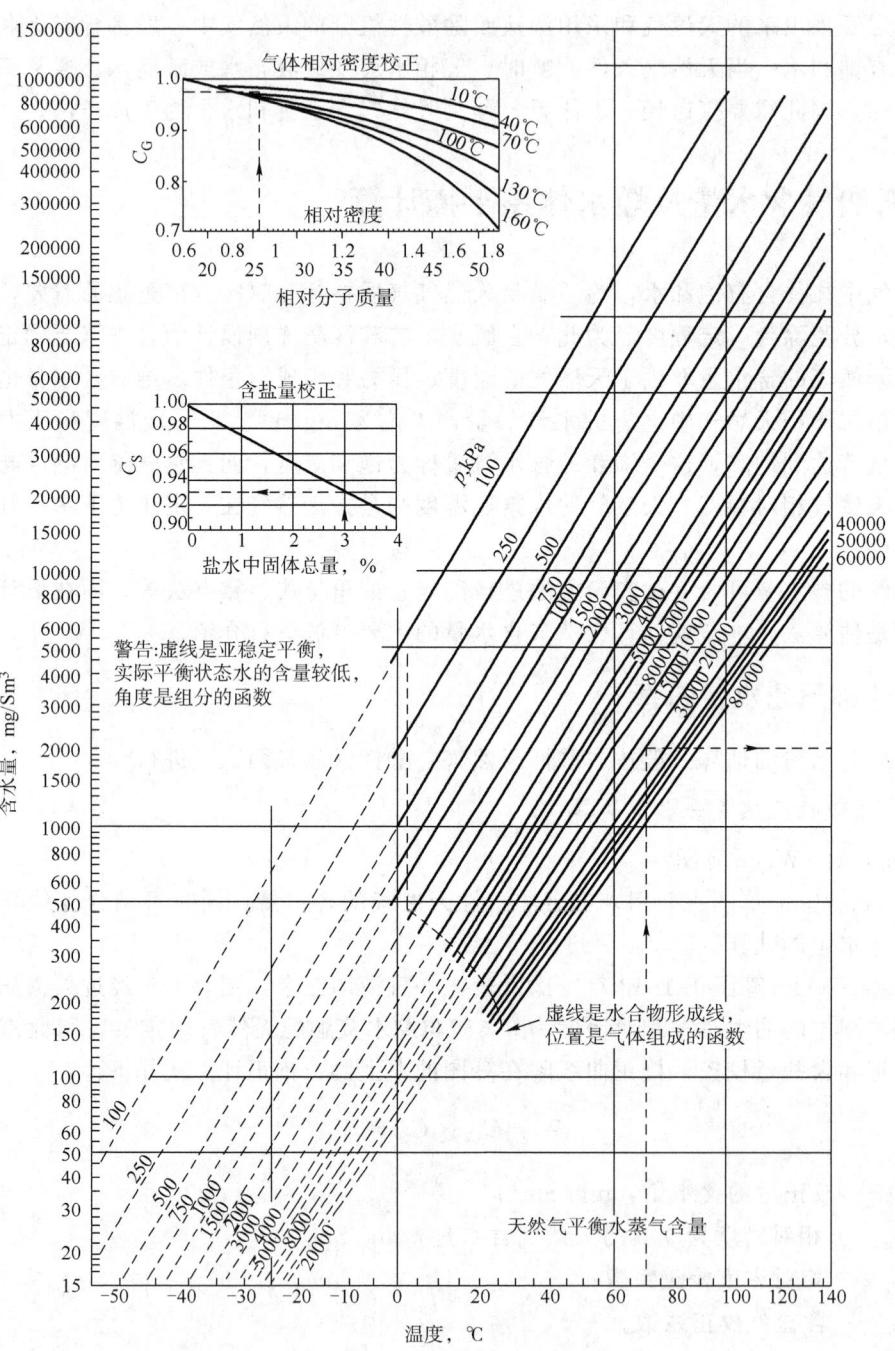

图 3.1 天然气含水量算图

当 $T_c < T_{SW}$ 时：

$$f\left(\frac{T_{SW}}{T_c}\right)=7.21275+3.981\left[0.745-\frac{T_{SW}}{T_c}\right]^2+1.05\left[0.745-\frac{T_{SW}}{T_c}\right]^3 \tag{3.4}$$

当 $T_c > T_{SW}$ 时：

$$f\left(\frac{T_{SW}}{T_c}\right)=7.21275+4.33\left[\frac{T_{SW}}{T_c}-0.745\right]^2+185\left[\frac{T_{SW}}{T_c}-0.745\right]^5 \tag{3.5}$$

式中 W ——天然气含水量，g/m^3；

p_{SW} ——水的饱和蒸气压，MPa；

s ——天然气水分中的盐类含量；

y_{H_2S} ——天然气中 H_2S 的摩尔分数；

y_{CO_2} ——天然气中 CO_2 的摩尔分数；

p ——天然气系统压力，MPa；

p_c ——水蒸气的临界压力，$p_c=22.12$MPa；

T_c ——水蒸气的临界温度，$T_c=647.3$K；

T_{SW} ——饱和水蒸气的温度，K。

2) Bukacek 法

Bukacek 发表了压力在 1.4～21MPa 范围内，天然气含水量的计算公式：

$$\ln W = A_0 + A_1\left(\frac{1}{T}\right)^2 + A_2\left(\frac{1}{T}\right)^3 + A_3(\ln p) + A_4(\ln p)^2 +$$
$$A_5(\ln p)^3 + A_6(\ln p/T)^2 + A_7(\ln p/T)^3 \tag{3.6}$$

式中 W ——天然气含水量，g/m^3；

p ——天然气系统压力，MPa；

T ——天然气水露点温度，K；

A_0，A_1，A_2，A_3，A_4，A_5，A_6，A_7 ——系数，见表 3.1。

表 3.1 Bukacek 法使用的系数

A_0	A_1	A_2	A_3	A_4	A_5	A_6	A_7
−17.48151	−4528899.1	7.538552×10⁸	14.96074	−2.187018	0.0990396	0.390777	−0.101408

3) Kaziam 法

Kaziam 报道了一种快速简捷的计算含水量的方法，该法的使用范围是压力为 2～8MPa，温度小于 82℃。计算公式为：

$$W = 16.017 A \times B^{(1.8t+32)} \tag{3.7}$$

$$A = \sum_{i=1}^{4} a_i \left(\frac{0.145p - 350}{600}\right)^{i-1} \tag{3.8}$$

$$B = \sum_{i=1}^{4} b_i \left(\frac{0.145p - 350}{600}\right)^{i-1} \tag{3.9}$$

式中 W ——天然气含水量，g/m^3；

t ——天然气系统温度，℃；

A，B ——与压力有关的系数，由式(3.8)、式(3.9)计算；

p ——天然气系统压力，kPa；

a_i，b_i ——系数，随温度变化，列于表 3.2 中。

表 3.2 a_i 与 b_i 随温度的变化

系数	温度范围	
	$t<37.78℃$	$37.78℃≤t≤82.22℃$
a_1	4.34322	10.38175
a_2	1.35912	−3.41588
a_3	−6.82391	−7.93877
a_4	3.95407	5.8495
b_1	1.03776	1.02674
b_2	−0.02865	−0.01235
b_3	0.04198	0.02313
b_4	−0.01945	−0.01155

4) 经验公式法

为了较好地解决非酸性天然气含水量的计算问题，诸林等采用现代计算机技术，得到了如下经验公式：

$$W = \frac{101.325A}{p} + B \tag{3.10}$$

$$A = a_0 + a_1 t + a_2 t^2 + a_3 t^3 + a_4 t^4 + a_5 t^5 + a_6 t^6 + a_7 t^7 \tag{3.11}$$

$$B = b_0 + b_1 t + b_2 t^2 + b_3 t^3 + b_4 t^4 + b_5 t^5 + b_6 t^6 + b_7 t^7 \tag{3.12}$$

式中　W——天然气含水量，g/m³；

p——天然气系统压力，kPa；

A，B——系数，由式(3.11)、式(3.12) 计算；

a_i，b_i——系数，列于表3.3中；

t——温度，℃。

表 3.3 系数表

系数	系数值	系数	系数值
a_0	4.65925	b_0	$4.67351×10^{-2}$
a_1	$3.37802×10^{-1}$	b_1	$4.60019×10^{-3}$
a_2	$1.11426×10^{-2}$	b_2	$8.68387×10^{-6}$
a_3	$2.04372×10^{-4}$	b_3	$-4.65719×10^{-6}$
a_4	$1.91021×10^{-6}$	b_4	$9.32789×10^{-8}$
a_5	$1.56275×10^{-8}$	b_5	$2.06031×10^{-9}$
a_6	$1.99046×10^{-10}$	b_6	$-4.79843×10^{-11}$
a_7	$-1.23039×10^{-12}$	b_7	$2.37537×10^{-13}$

3.1.1.2 酸性天然气含水量估算

由于 Mcketta-Wehe 算图只适宜非酸性天然气或体积分数小于5%的酸性天然气含水量的确定，而对于酸性天然气则需要进行必要的校正，本书把这种用于校正的算图称为辅助算图。

1. 坎贝尔辅助算图

坎贝尔辅助算图如图 3.2 所示，其实质是基于纯酸气（H_2S 或 CO_2）与水相的平衡，它是配合坎贝尔（Campbell）公式使用的。坎贝尔公式如下：

$$W = y_C W_C + y_{H_2S} W_{H_2S} + y_{CO_2} W_{CO_2} \tag{3.13}$$

式中　W——天然气含水量，mg/Sm^3；

W_C——天然气中烃类部分含水量，mg/Sm^3，由图 3.1 查知；

W_{H_2S}——给定条件下纯 H_2S 的含水量，mg/Sm^3，由图 3.2（a）查知；

W_{CO_2}——给定条件下纯 CO_2 的含水量，mg/Sm^3，由图 3.2（b）查知；

y_C——天然气中烃类的摩尔分数；

y_{H_2S}——天然气中 H_2S 的摩尔分数；

y_{CO_2}——天然气中 CO_2 的摩尔分数。

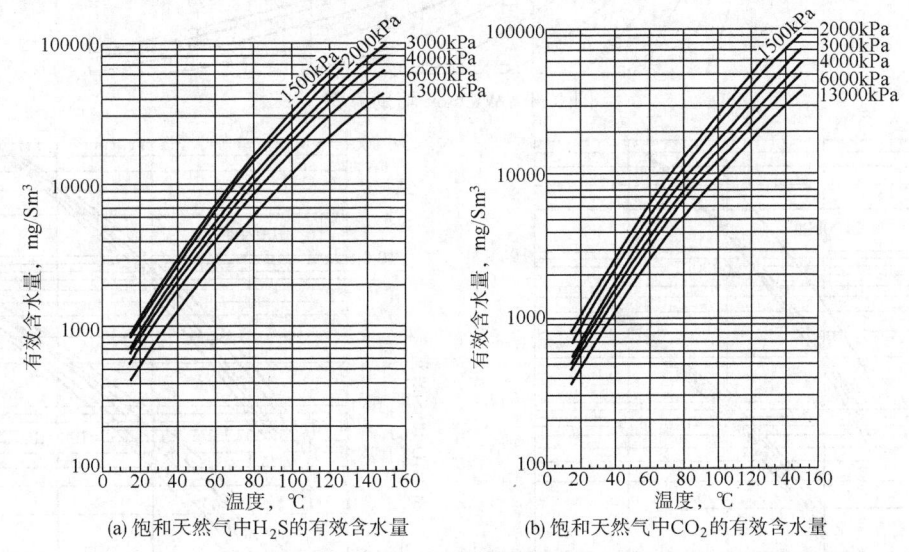

(a) 饱和天然气中H_2S的有效含水量　　(b) 饱和天然气中CO_2的有效含水量

图 3.2　坎贝尔辅助算图

2. Wichert 辅助算图

Wichert 辅助算图是配合 Mcketta-Wehe 算图使用的另一类算图，如图 3.3 所示。使用该算图时，首先要将酸性天然气中 CO_2 的量折算成 H_2S 的量，折算方法为：1mol CO_2 将向混合物中带入的水量相当于 0.75mol H_2S 将带入的水量，即 H_2S 的浓度为 H_2S 的实际浓度加上 0.75 倍 CO_2 的实际浓度。以 H_2S 的浓度和温度条件作为参数查取一点，过该点作垂线交等压线（压力条件）于一点，再过此点作水平线便可查得一个因子（R）的值，该因子为酸性天然气含水量与非酸性天然气含水量之比，即：

$$R = \frac{\text{酸性天然气含水量}(W)}{\text{非酸性天然气含水量}(W_C)} \tag{3.14}$$

从而可以估算酸性天然气的含水量。

3. 直接查算法

直接以温度、压力作为参数，再配合烃类和酸气含量（以 H_2S 计，CO_2 的浓度可折算成 H_2S 的浓度）查取酸性天然气含水量的方法，称为直接查算法，如图 3.4、图 3.5 所示。

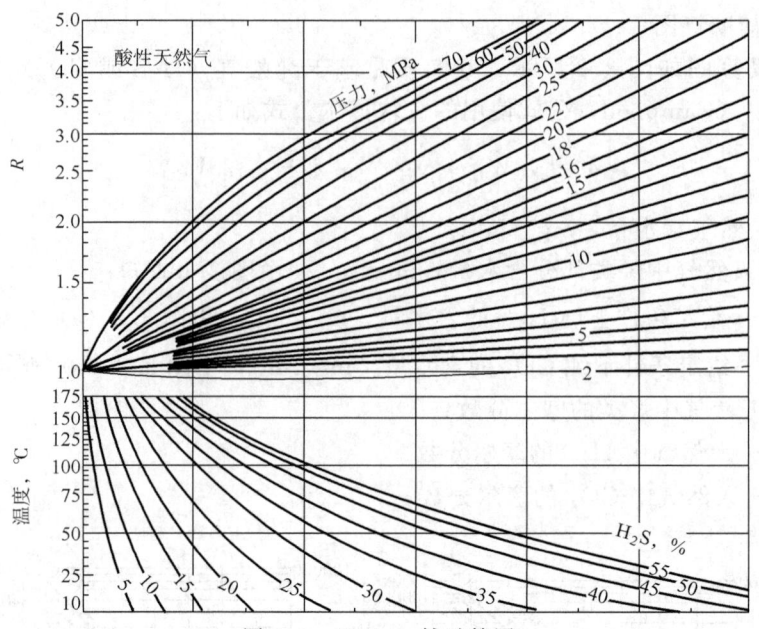

图 3.3 Wichert 辅助算图

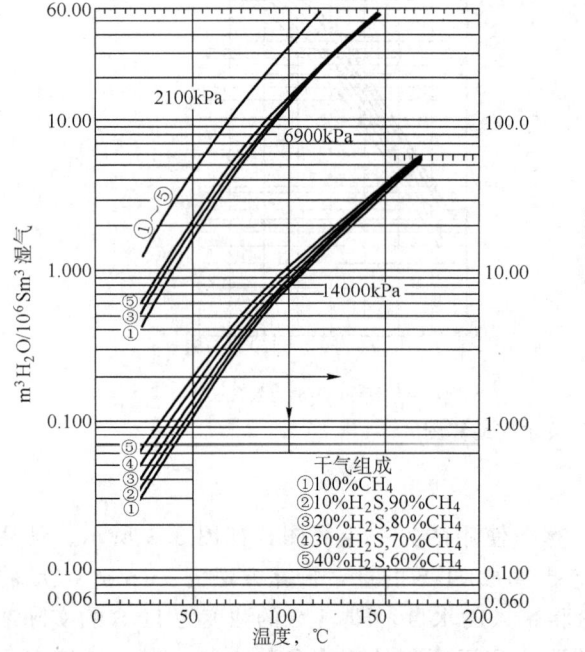

图 3.4 14000kPa 以下酸性天然气含水量算图　　图 3.5 41000kPa 以下酸性天然气含水量算图

【例 3.1】 计算在温度 70℃、压力 13800kPa（绝）下 80%C_1 及 20%CO_2 混合气体的饱和含水量，实验值为 2760mg/Sm^3。

解 方法一：

查图 3.1 得：　　　　　$W_C = 2670$ mg/Sm^3

查图 3.2(b) 得：　　　$W_{CO_2} = 3840$ mg/Sm^3

由式（3.13）得：　　　$W = 0.8 \times 2670 + 0.2 \times 3840 = 2910$ mg/Sm^3

方法二：

查图 3.1 得：　　　　　　$W_C = 2670 \text{mg/Sm}^3$

$y_{H_2S} = 0.75 y_{CO_2} = 0.75 \times 0.20 = 0.15$

查图 3.3 得：　　　　　　$R = 1.08$

$W = 1.08 \times 2670 = 2883.6 \text{mg/Sm}^3$

方法三：

首先将 CO_2 浓度换成 H_2S 的浓度 y_{H_2S}：

$y_{H_2S} = 0.75 y_{CO_2} = 0.75 \times 0.20 = 0.15$

查图 3.4 得：　　　　　　$W = 2.75 \times 10^{-6} \text{m}^3/\text{Sm}^3$

由于水的密度为 1000kg/m^3，故：

$W = 2.75 \times 10^{-6} \times 1000 = 2.75 \times 10^{-3} \text{kg/m}^3 = 2750 \text{mg/Sm}^3$

3.1.2 烃—水体系平衡计算

在天然气加工领域，水和烃的相互溶解包括三种形式：水溶解于天然气中；水溶解于液态烃中；烃溶解于水中。用估算法计算的是总的含水量，而不能预测烃类在不同相间的分布，也不能预测水在富烃液相中的溶解度。在天然气加工中常常会遇到烃、水、气的三相平衡问题，如三相分离器、天然气浅冷分离器等都要进行三相共存时的平衡计算，其实质在于确定烃液和气相中的含水量。

3.1.2.1 简化计算法

烃—水体系平衡的简化计算方法有两种。

方法一是基于两液相完全不互溶的假定，其中水不作为一个组分，采用无水基的烃类（干基烃类）进行计算，烃类组分的相平衡常数 K_i 可根据烃分压（而不是总压）和平衡温度由 p—T—K 图查取。其计算步骤是：

(1) 首先将原料组分换算成无水基表示，假定一泡点或者露点温度，并按下式计算烃分压：

$$p_{HC} = p - p_{H_2O} \tag{3.15}$$

式中　p_{HC}——烃分压，kPa；

p——总压，kPa；

p_{H_2O}——计算泡点时为 $p^*_{H_2O}$（饱和蒸气压），计算露点时为水的分压，kPa。

(2) 在设定温度和烃分压 p_{HC} 下求相平衡常数 K_i 值。

(3) 计算 $\sum y_i = \sum K_i z'_i$ 或者 $\sum x_i = \sum z'_i / K_i$，其中 z'_i 指无水基的烃含量。如果 $\sum x_i$ 或 $\sum y_i$ 不等于1，需重新设定温度，重复上述计算过程，$\sum y_i$ 等于1时的温度即为烃—水体系的泡点温度。但是，在 $\sum x_i$ 等于1时的温度下，有可能出现 $p_{H_2O} = p^*_{H_2O}$ 的情况，此时水首先开始冷凝，冷凝温度即为烃—水体系的露点温度。因此，必须校核是烃还是水最先开始冷凝。

方法二承认水少量地存在于烃液中。与方法一不同，水将作为一个组分单独参与计算，且烃类组分的相平衡常数 K_i 根据体系总压（而不是分压）和平衡温度由 p—T—K 图读取。

按方法二计算泡点温度的程序是：

(1) 计算烃液相的组成 x_i，由于水少量地存在于烃液相中，计算烃液相组成时可忽略水的存在，即认为烃液相中无水。

(2) 假定一泡点温度，在假定温度和体系总压下求各烃类组分的相平衡常数 K_i，并利用烃液相的组成 x_i 计算气相中每一烃组分的组成 y_i。

(3) 当水液相存在时，求假定温度下水的饱和蒸气压 $p^*_{H_2O}$，根据 $y_{H_2O} = p^*_{H_2O}/p$ 计算气相中水的含量；当水液相消失时则可利用原料中的水量得到水的气相含量。

(4) 根据下式计算 $\sum y_i$：

$$\sum y_i = y_{H_2O} + \sum (K_i x_i)_{HC} \tag{3.16}$$

如果 $\sum y_i$ 不等于1，重新设定温度，重复上述计算。

按方法二计算露点温度基本上与泡点温度相同，在 $\sum x_i = \sum z_i/K_i$ 中，i 指体系中的任意组分，包括烃组分和水组分。由于被溶解的水具有很高的 K 值，以至 z_{H_2O}/K_{H_2O} 实际上可视为 0。值得注意的是，在进行上述计算后需要校核水蒸气开始冷凝的温度，以判断烃类冷凝前水蒸气是否已经冷凝。

3.1.2.2 三相平衡计算模型

前面已经讨论了有关多组分烃—水体系平衡过程的简化计算方法，下面介绍含水复杂体系三相平衡的模拟计算法。含水烃类体系三相平衡过程的通用模型如图 3.6 所示。

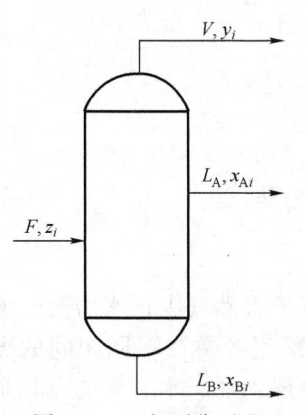

图 3.6 三相平衡过程通用模型

假设三相间处于热力学平衡，且所有组分在三相中均存在。本过程总的物料平衡分别表示如下：

$$F = V + L_A + L_B \tag{3.17}$$

$$\text{或} \quad Fz_i = Vy_i + L_A x_{Ai} + L_B x_{Bi} \quad i = 1, 2, \cdots, c \tag{3.18}$$

$$FH_F = VH_V + L_A H_A + L_B H_B \tag{3.19}$$

式中 F——进料物流的流量，kmol/h；

V——气相的流量，kmol/h；

L_A——富烃相的流量，kmol/h；

L_B——富水相的流量，kmol/h；

z_i——进料物流中 i 组分的摩尔分数；

y_i——气相中 i 组分的摩尔分数；

x_{Ai}——富烃相中 i 组分的摩尔分数；

x_{Bi}——富水相中 i 组分的摩尔分数；

H_F——进料物流的焓，kJ/kmol；

H_V——气相的焓，kJ/kmol；

H_A——富烃相的焓，kJ/kmol；

H_B——富水相的焓，kJ/kmol。

当取 $F = 1\text{kmol}$ 时，V、L_A 和 L_B 分别表示部分汽化后气相、富烃相和富水相的摩尔分数。相平衡关系式为：

$$y_i = K_{Ai} x_{Ai} \tag{3.20}$$

$$y_i = K_{Bi} x_{Bi} \tag{3.21}$$

式中 K_{Ai}——富烃相中 i 组分的平衡常数；

K_{Bi}——富水相中 i 组分的平衡常数。

应用上述物料平衡和相平衡关系式，可以导出描述三相平衡状态的方程式：

$$x_{Ai} = \frac{z_i}{L_A(1 - K_{Ai}) + L_B(K_{Ai}/K_{Bi} - K_{Ai}) + K_{Ai}} \tag{3.22}$$

$$x_{Bi} = \frac{z_i(K_{Ai}/K_{Bi})}{L_A(1 - K_{Ai}) + L_B(K_{Bi}/K_{Ai} - K_{Ai}) + K_{Ai}} \tag{3.23}$$

于是式(3.20)为：

$$y_i = \frac{K_{Ai}z_i}{L_A(1-K_{Ai}) + L_B(K_{Ai}/K_{Bi} - K_{Ai}) + K_{Ai}} \tag{3.24}$$

当指定平衡汽化过程的温度 T、压力 p 及进料组成 z_i 时，计算任务是求能满足以下一组方程的 V、L_A 和 L_B 值：

$$f_{Ai}^V = f_{Ai}^L \qquad i = 1, 2, \cdots, c \tag{3.25}$$

$$f_{Bi}^V = f_{Bi}^L \qquad i = 1, 2, \cdots, c \tag{3.26}$$

$$\sum_{i=1}^{c} M_i = 1.0 \tag{3.27}$$

式中 f_{Ai}^L ——富烃相中 i 组分的液相逸度，kPa；

  f_{Ai}^V ——富烃相中 i 组分的气相逸度，kPa；

  f_{Bi}^L ——富水相中 i 组分的液相逸度，kPa；

  f_{Bi}^V ——富水相中 i 组分的气相逸度，kPa；

  M_i —— y_i、x_{Ai}、x_{Bi}。

本法需要计算机求解，同时，通常依靠第 2 章所介绍的状态方程来求定方程中所用的 K 值。

因此，对于天然气含水量的计算，为了保证一定的可靠性，往往采用手算法进行估算，然后用 HYSYS 等工程软件通过平衡计算的方式，在已知天然气干基组成的情况下，计算其含水量，如果其结果相差不大，宜采用 HYSYS 的计算结果。

3.2 天然气水合物及其生成条件

天然气水合物又称为天然气水化物，俗称可燃冰，有的文献也称固体甲烷，是一种天然气与水的类冰状固态结合物，是气体分子与水分子非化学计量的包藏配合物。天然气水合物最早发现于 19 世纪初叶，而关于其结构和生成条件的数据多半是在 20 世纪 30 年代获得的。当时，天然气水合物的形成与沉淀给输气管道、气井和一些工厂设备带来了许多麻烦（如冰堵等），人们一方面对水合物形成的热力学和动力学条件进行研究，寻找解决水合物生成的抑制办法，另一方面又利用水合物对气体的高吸附性（$1m^3$ 可燃冰可释放 $164m^3$ 的天然气），开展气体储存、运输的研究，同时开始注重于具有巨大价值的未来能源——天然气水合物矿藏的寻找、开发、试采工作，并取得了一定的成就。

3.2.1 天然气水合物

天然气水合物在外观上是白色的结晶物，依据它的生成条件不同，类似于疏松的冰或致密的雪，它的化学成分不稳定，一般用 $M \cdot nH_2O$ 表示，M 为水合物中的气体分子，n 为水分子数。如 $CH_4 \cdot 6H_2O$，$CH_4 \cdot 7H_2O$，$C_2H_6 \cdot 7H_2O$ 等，也有多种气体混合的水合物。水合物相对密度为 0.96～0.98，因而可浮在水面上和沉于液烃中。

20 世纪 50 年代曾用 X 射线晶体结构分析的方法研究了水合物的结构，后来又用中子图示法作了更进一步的研究，结果表明水分子形成了多面体骨架，其中有孔穴，孔穴体积由气体分子占据，即水合物是一种笼形包合物（水分子借氢键结合成笼形晶格，气体分子则在范德瓦尔斯力作用下，被包围在晶格中）。气体水合物有Ⅰ型和Ⅱ型两种结构，如图 3.7(a) 所示。

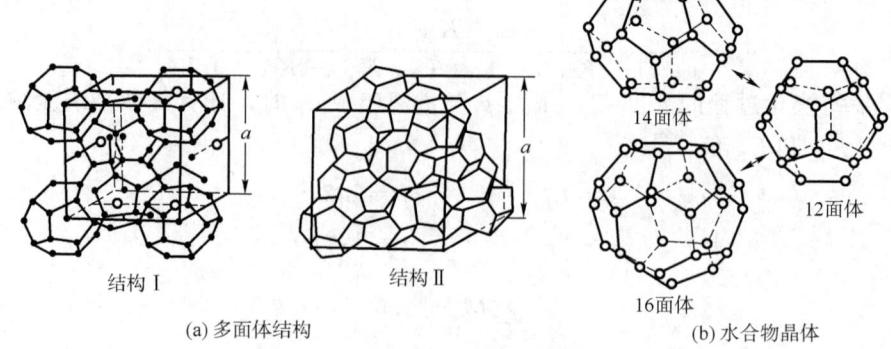

图 3.7 气体水合物晶体

结构Ⅰ和结构Ⅱ都包含有两种大小不同而数目一定的孔穴。所谓孔穴是指由水分子通过氢键连接起来而构成的多面体,有12面体、14面体和16面体三种。12面体分别和14面体、16面体搭配而形成Ⅰ(体心立方晶体结构)、Ⅱ(金刚石结构)两种结构。结构Ⅰ中甲烷、二氧化碳和硫化氢可占据较小的和大的孔穴,而乙烷分子仅仅能占据大的孔穴。在结构Ⅱ中,氮气能占据大的和小的孔穴,而丙烷和异丁烷却仅能占据大孔穴。大于正构丁烷的分子因太大,一般不能形成水合物。

天然气是一种混合物,其中往往含有可以生成两种结构的气体组分,但一般只生成一种结构的水合物,即结构Ⅰ和结构Ⅱ中较为稳定的一种,具体是哪种结构则取决于天然气的组成。一般而言,混合气体会形成结构Ⅱ。

有关水合物晶格的结构数据列于表 3.4 中。

表 3.4 水合物晶格的结构数据

参数	结构Ⅰ	结构Ⅱ
单位晶胞中水分子数	46	136
单位晶胞中小孔穴数	2	16
单位晶胞中大孔穴数	6	8
小孔穴直径,nm	0.79	0.78
大孔穴直径,nm	0.86	0.95
晶胞的体积,m^3	1.728×10^{-27}	5.728×10^{-27}
典型的形成物质	CH_4, C_2H_6, H_2S, CO_2	C_3H_8, i-C_4H_{10}, N_2

3.2.2 天然气水合物生成条件

在天然气开采、集输及处理与加工中,常常需要知道天然气水合物的形成条件。促使水合物形成的重要条件有两个:在适宜的温度和压力下存在天然气,而压力应足够高,温度则足够低;有游离水存在。对于任何组成的天然气,在给定压力下,存在一个水合物形成温度,低于这个温度将形成水合物,而高于这个温度则不形成水合物或已形成的水合物将发生分解;当压力升高时,形成水合物的温度也随之升高。若天然气中没有游离水,则不会形成水合物。另外,形成水合物还有一些次要的条件,如高的气体流速、任何形式的搅动及晶种的存在等。

形成天然气水合物有一个临界温度,也是水合物存在的最高温度,若超过这个温度,再高的压力也不能形成水合物,表 3.5 列出了几种天然气组分形成水合物的临界温度。

表 3.5 天然气组分形成水合物的临界温度

名称	CH_4	C_2H_6	C_3H_8	i-C_4H_{10}	n-C_4H_{10}	CO_2	H_2S
临界温度,℃	21.5	14.5	5.5	2.5	1.0	10.0	29.0

预测天然气水合物生成条件的方法比较多，而常用的有相对密度法、相平衡常数法（Katz法）、Baillie-Wichert法和分子热力学模型法。近年来对高压条件下和高含硫天然气水合物生成条件预测方法的研究十分活跃，本节只介绍无抑制剂存在时天然气水合物生成条件的主要预测方法。

3.2.2.1 相对密度法

相对密度法是Katz教授和他的合作者在20世纪40年代所做的工作，其主要优点是简单。该法使用图3.8，根据天然气的相对密度来预测一定温度下天然气水合物形成的最低压力或一定压力下水合物形成的最高温度。使用该法十分简单，如果已知压力、温度和气体相对密度，要判断是否形成水合物，首先，要由压力和温度在图3-8中决定一点。如果该点在图中的相对密度线的左上方，则会形成水合物；若在相对密度线右下方，则不能形成水合物。由此可见，水合物是在高压低温的条件下形成的。只要知道温度（或压力），相对密度法则可以确定形成水合物的压力（或温度）条件。该法不能预测形成水合物的类型。该法对含H_2S的天然气误差较大，不宜使用。若相对密度在两条曲线之间，可采用内插法进行近似计算。

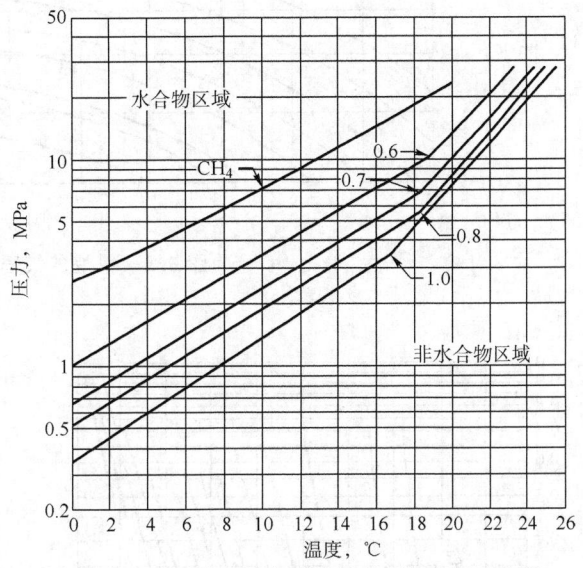

图3.8 预测形成天然气水合物的压力—温度曲线

【例3.2】 天然气相对密度为0.693，温度为10℃。求生成水合物的最低压力为多少？

解 查图3.8得：

气体相对密度0.6时，生成水合物的压力 $p=3.350$ MPa

气体相对密度为0.7时，生成水合物压力 $p=2.300$ MPa

气体相对密度为0.693时，生成水合物压力用内插法求得：

$$p = 3.350 - \left[(3.350 - 2.300) \times \frac{0.693 - 0.6}{0.7 - 0.6} \right] = 2.374 \text{MPa}$$

3.2.2.2 相平衡常数法

Katz和Carson于1942年提出了一种当组成已知时基于气固相平衡常数来估算天然气水合物生成条件的方法，该法尤其适用于含有典型烷烃组成的无硫天然气，而对非烃含量多的天然气及在压力高于6.9MPa的情况下，准确性较差。

该法预测的基本方程为：

$$x_i = \frac{y_i}{K_i} \tag{3.28}$$

式中 x_i——天然气中i组分在水合物中的摩尔分数（干基）；

y_i——天然气中i组分在气相中的摩尔分数（干基）；

K_i——天然气中i组分的气固相平衡常数。

K_i值可由图3.9～图3.15查得，对于氮气或较丁烷重的烃类K值可视为无穷大。

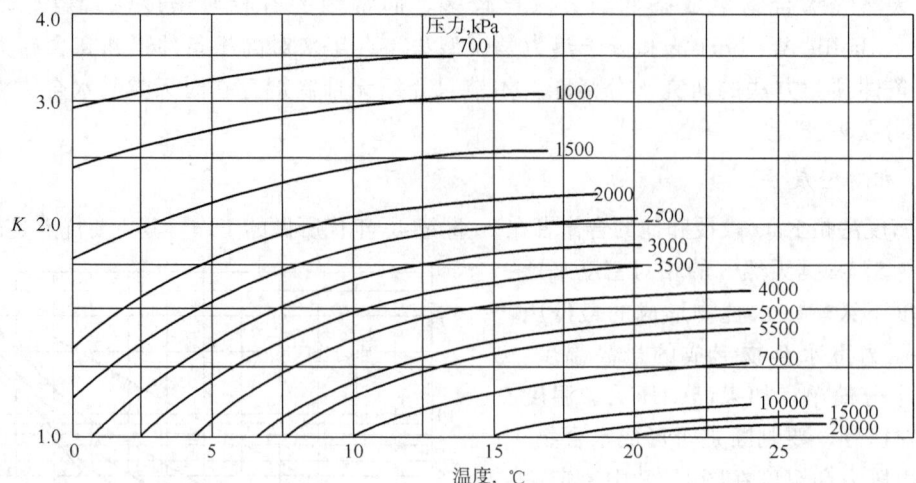

图 3.9 甲烷的气固相平衡常数

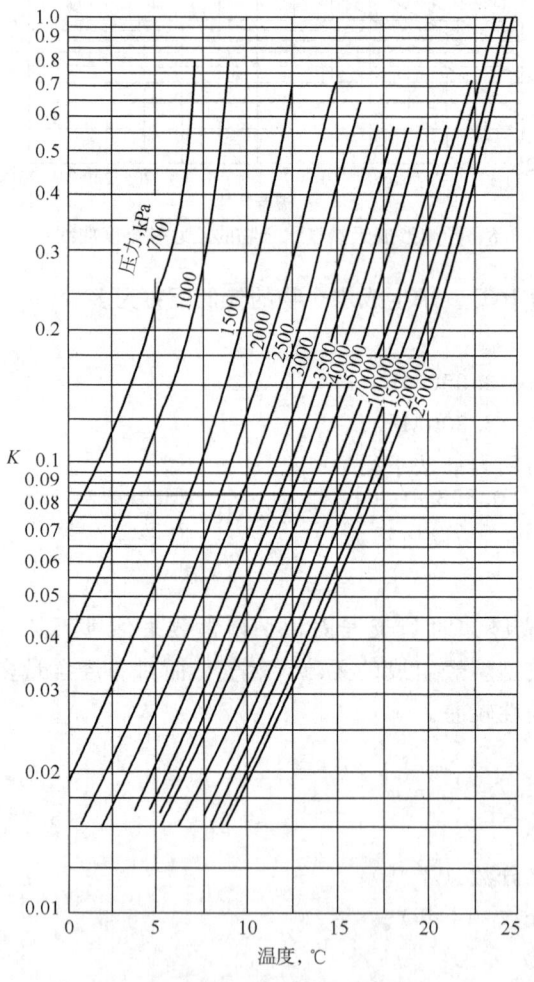

图 3.10 丙烷的气固相平衡常数

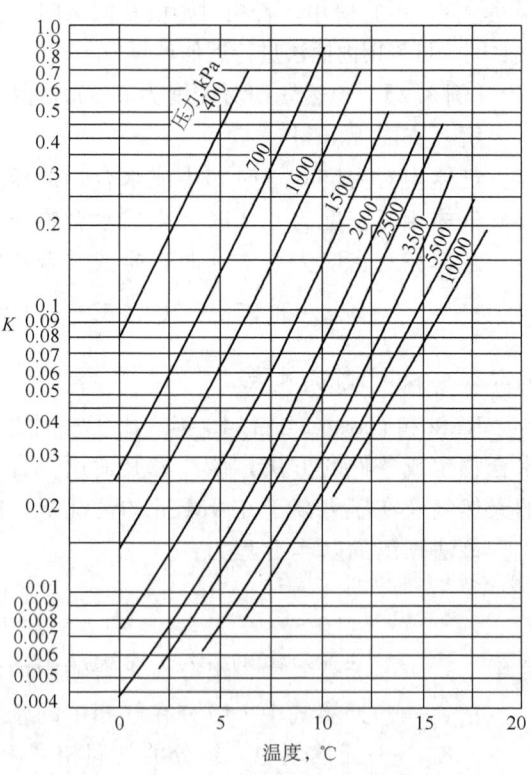

图 3.11 异丁烷的气固相平衡常数

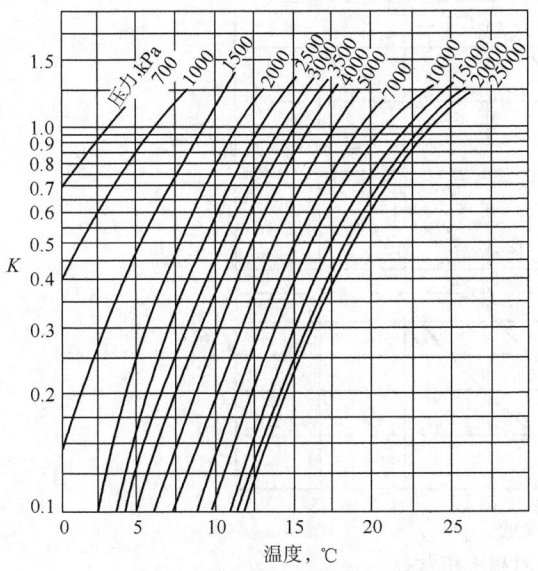

图 3.12 乙烷的气固相平衡常数

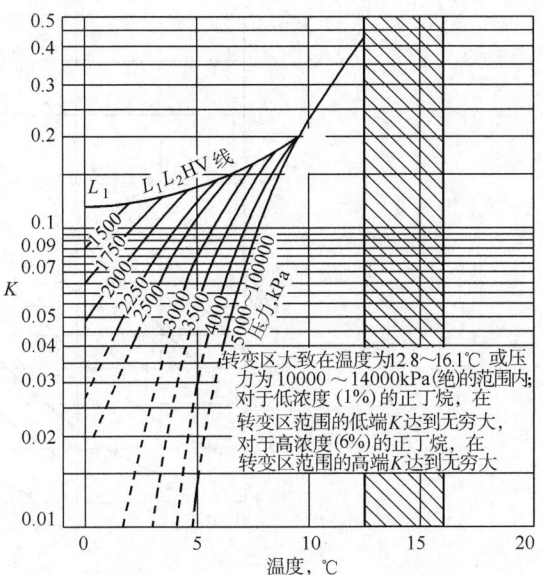

图 3.13 正丁烷的气固相平衡常数

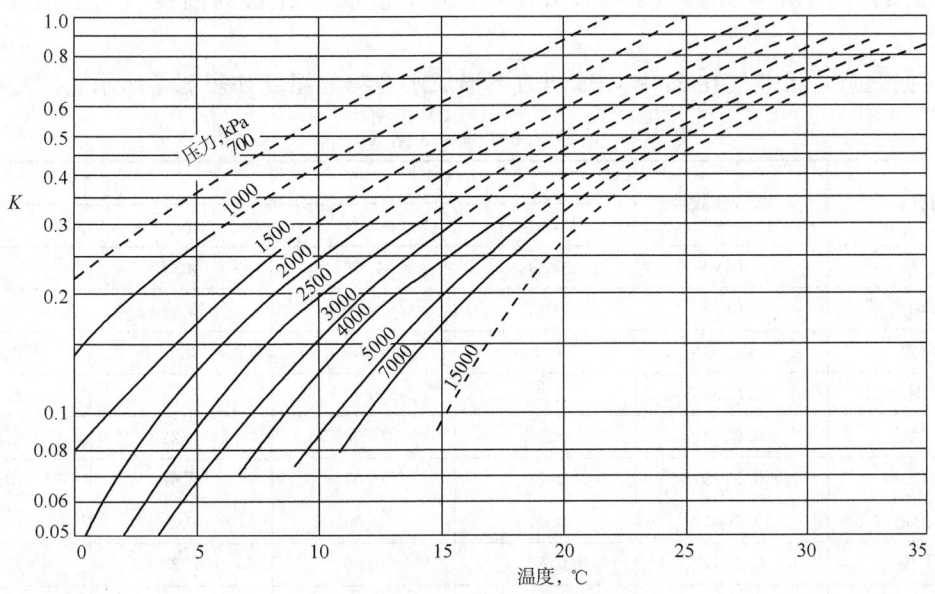

图 3.14 H_2S 的气固相平衡常数

在给定压力下,确定水合物形成温度的步骤是:假定一水合物形成温度;对于每一组分确定各自的 K_i 值;对于每一组分计算 y_i/K_i;求 $\sum y_i/K_i$ 值;若 $\sum y_i/K_i \neq 1$,则重复前面几步直至 $\sum y_i/K_i = 1$。值得注意的是参与计算的组分不含水,也就是干基组成,但认为体系中的水分是足以形成水合物的。

对于已知温度,确定压力的步骤与前述一致,这一过程常常用表解的方式给出(如例 3.3)。

当天然气中 H_2S 摩尔分数等于或大于 30% 时,这种天然气形成水合物的温度大致与在

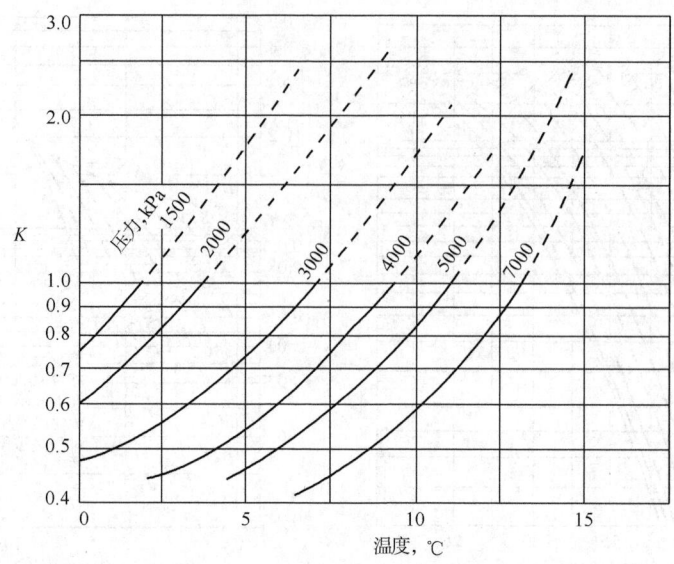

图 3.15 CO_2 的气固相平衡常数

纯 H_2S 中形成水合物的温度相当。

【例 3.3】 计算某天然气在 27.6MPa 压力下形成水合物的温度（天然气组成列于表 3.6 中）。

解 据题意，天然气在 27.6MPa 压力下形成水合物的温度如表 3.6 所示。

表 3.6 例 3.3 附表

组分	摩尔分数	21℃		26.7℃	
		K_i	y_i/K_i	K_i	y_i/K_i
氮气	0.0144	无穷	0.00	无穷	0.00
二氧化碳	0.0403	无穷	0.00	无穷	0.00
硫化氢	0.000019	0.3	0.00	0.5	0.00
甲烷	0.8555	0.95	0.90	1.05	0.81
乙烷	0.0574	0.72	0.08	1.22	0.05
丙烷	0.0179	0.25	0.07	无穷	0.00
异丁烷	0.0041	0.15	0.03	0.6	0.01
正丁烷	0.0041	0.72	0.00	1.22	0.00
正戊烷	0.0063	无穷	0.00	无穷	0.00
总计	1.0000		1.08		0.87
线性内插，$\sum y_i/K_i = 1$ 时温度为 23.3℃					

3.2.2.3 Baillie-Wichert 法

为适应含 H_2S 的天然气水合物生成条件的简化算法的要求，Baillieh 和 Wichert 于 1987 年得到了由 HYSIM 软件求取估算水合物形成条件的算图，如图 3.16 所示，它在相对密度的基础上考虑了 H_2S 和 C_3 含量的影响。气体相对密度范围为 0.6~1.0，H_2S 含量可达 50%，C_3 含量可达 10%。Baillie-Wichert 法可用于酸性天然气，也可用于不含酸气的天然气，这点优于相对密度法和相平衡常数法。其使用步骤如下：

（1）由图 3.16 右下方大图中左侧压力值向右引水平线与 H_2S 含量曲线相交，设交点为 a，由 a 点向下引垂线与相对密度线相交，设交点为 b。再依图中斜线走向引过 b 点的斜线，该斜线与横坐标交点的读数为该酸性天然气水合物形成温度的初值。

（2）由图 3.16 左上方小图中左侧 H_2S 含量值向右引水平线与 C_3 含量曲线相交，设交点为 a，由 a 点向下引垂线与压力线相交，设交点为 b。再过 b 点向右（或向左）引水平线与纵坐标相交，与交点 b 距离最近一侧的纵坐标读数即为 C_3 含量的校正值。当 C_3 含量小于 1% 时（左侧），校正值为负值；当 C_3 含量大于等于 1% 时（右侧），校正值为正值。

以上（1）、（2）两步读数之和即为该酸性天然气在给定压力下的水合物形成温度。用相似的步骤可以估算形成水合物的压力条件。

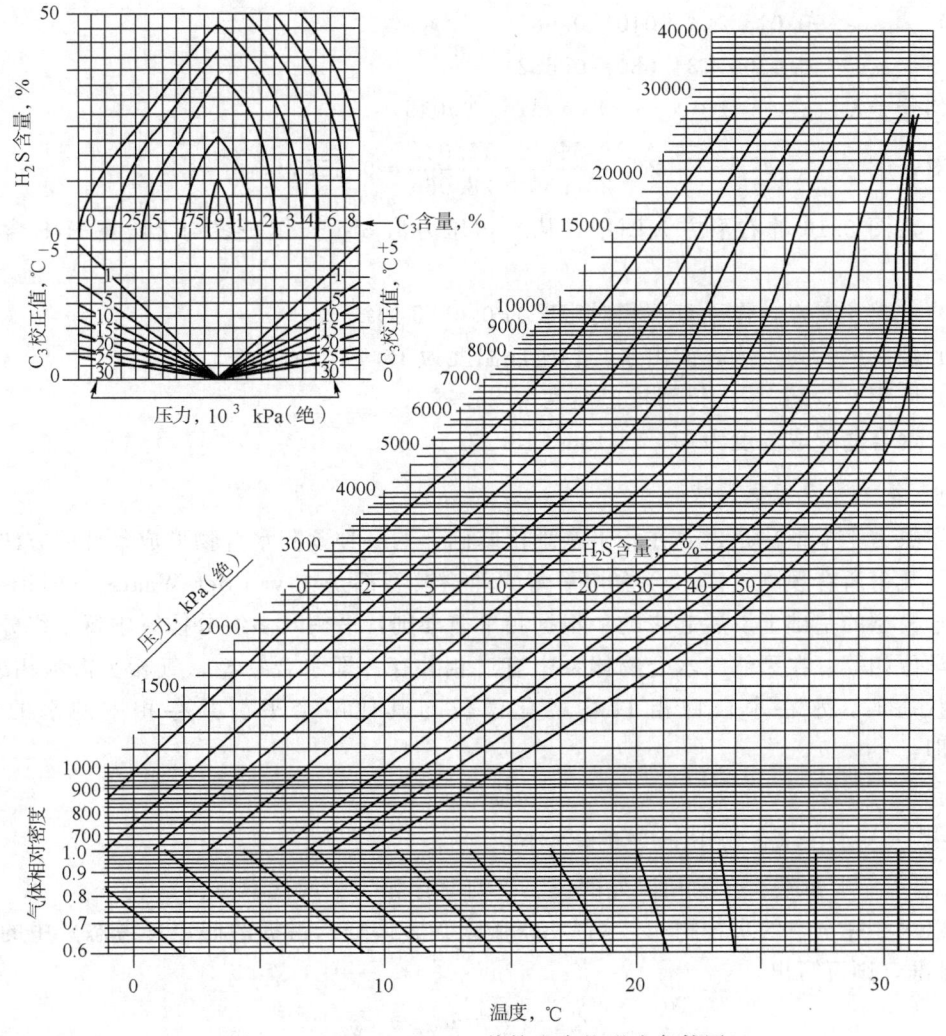

图 3.16　Baillie-Wichert 估算水合物形成条件图

【例 3.4】 用 Baillie-Wichert 法估算酸性天然气在 5MPa 下形成水合物的温度，天然气组成如表 3.7 所示。

表 3.7 天然气组成数据

组成	CH_4	C_2H_6	C_3H_8	$i\text{-}C_4H_{10}$	$n\text{-}C_4H_{10}$	C_5H_{12}	C_6H_{14}	CO_2	H_2S
摩尔分数,%	86.25	6.06	2.97	0.31	0.63	0.20	0.02	1.56	2.00

解 (1) 计算该气体的平均分子量和相对密度：

甲烷　　　　$0.8625 \times 16.043 = 13.887$
乙烷　　　　$0.0606 \times 30.070 = 1.822$
丙烷　　　　$0.0297 \times 44.097 = 1.310$
异丁烷　　　$0.0031 \times 58.125 = 0.180$
正丁烷　　　$0.0063 \times 58.125 = 0.366$
戊烷　　　　$0.0020 \times 72.150 = 0.144$
正己烷　　　$0.0002 \times 86.177 = 0.017$
CO_2　　　$0.0156 \times 44.010 = 0.687$
H_2S　　　$0.0200 \times 34.080 = 0.682$
平均分子量　　　　　　　　　$M = 19.045$

相对密度　　　$\gamma = \dfrac{M}{28.966} = \dfrac{19.045}{28.966} = 0.6575$

(2) 在图 3.16 的右下方大图中，从左边压力值 5MPa 作一线与 2% 的 H_2S 含量的线相交；

(3) 过上一交点，作垂直于相对密度为 0.6575 的线；

(4) 顺着斜线的走势，读出水合物生成温度为 16.7℃；

(5) 应用 C_3 校正图，得到校正温度为 +1.5℃；

(6) 水合物形成温度为 16.7+1.5=18.2℃。

3.2.2.4　分子热力学模型法

分子热力学模型法是建立在相平衡理论基础上的一种预测水合物形成条件的方法。到目前为止，几乎所有预测气体水合物相平衡的理论模型都是在 van der Waals - Platteeuw 统计热力学模型的基础上发展起来的。根据相平衡准则，平衡时多组分体系中每个组分在各相中的化学位相等。在天然气水合物体系中有三相共存，即水合物相、气相、富水相或冰相。在平衡状态时，水在水合物相 H 中的化学位与其他两个平衡共存相中的水的化学位相等，即：

$$\mu_W^H = \mu_W^\alpha \tag{3.29}$$

式中　μ_W^H——水在水合物相 H 中的化学位；

　　　μ_W^α——水在除水合物相以外的任一平衡共存相 α 中的化学位。

若以水在完全空的水合物相 β（晶格空腔未被客体分子占据的假定参考态）中的化学位 μ_W^β 为基准，则可写出：

$$\mu_W^\beta - \mu_W^H = \mu_W^\beta - \mu_W^\alpha \tag{3.30}$$

或

$$\Delta\mu_W^{\beta-H} = \Delta\mu_W^{\beta-\alpha} \tag{3.31}$$

其中

$$\Delta\mu_W^{\beta-H} = \mu_W^\beta - \mu_W^H \tag{3.32}$$

$$\Delta\mu_W^{\beta-\alpha} = \mu_W^\beta - \mu_W^\alpha \tag{3.33}$$

因此，预测水合物形成条件的理论模型可分为水合物相和富水相的热力学模型两部分。下面分别对这两部分模型进行简要介绍。

1. 水合物相

水合物相的热力学模型主要有下述几种。

(1) van der Waals-Platteeuw（vdWP）模型（1959年）。

此模型根据水合物晶体结构的特点，应用统计热力学的方法，结合 Langmuir 气体等温吸附理论推导出计算 $\Delta\mu_W^{\beta-H}$ 的公式：

$$\Delta\mu_W^{\beta-H} = -RT\sum_{i=1}^{2}\nu_i \ln\left(1-\sum_{j=1}^{NC}\theta_{ij}\right) \tag{3.34}$$

$$\theta_{ij} = \frac{C_{ij}f_j}{1+\sum_{j=1}^{NC}C_{ij}f_i} \tag{3.35}$$

式中　ν_i——水合物晶格单元中 i 型空腔数与构成晶格单元的水分子数之比，是水合物结构的特性常数，i 代表Ⅰ型或Ⅱ型；

θ_{ij}——客体分子 j 在 i 型空腔中所占有的分数；

f_j——客体分子 j 在平衡各相中的逸度；

C_{ij}——客体分子 j 在 i 型空腔中的 Langmuir 常数；

NC——气体混合物中可生成水合物的组分数目。

逸度 f_j 通常由状态方程计算，而 C_{ij} 反映了水合物晶格空腔中客体分子与水分子之间相互作用的大小。C_{ij} 是温度的函数，计算式为：

$$C_{ij} = \frac{4\pi}{kT}\int_0^R \exp\left[\frac{-W(r)}{kT}\right]r^2 dr \tag{3.36}$$

式中　$W(r)$——在半径为 R 的球形空腔中客体分子与晶格中水分子之间的势能总和；

r——客体分子偏离球形空腔中心的距离；

T——绝对温度，K；

k——玻尔兹曼常数，$k=1.38062\times10^{-23}$ J/K；

R——球形空腔的半径。

如果给定客体分子与水分子之间的势能函数模型，便可根据加和性假设得出 $W(r)$，从而计算出 C_{ij}。其中，常用的势能函数模型是 Kihara 势能函数模型。

van der Waals 和 Platteeuw 采用 Lennard-Jones12-6 势能函数模型描述客体分子与水分子之间的相互作用，计算了 9 个纯气体在 0℃时的水合物形成压力。计算结果表明，对于单原子或近球形分子，预测结果与实验数据较为接近，但对于 CO_2 及 C_2H_6 之类非球形分子预测误差较大。McKoy 等人指出，在处理非球形分子时，Kihara 势能函数模型要优于其他势能函数模型，他们在计算中所用的 Kihara 分子势能参数是由第二维里系数回归得到的。之后，又有不少人提出了改进的水合物相热力学模型。虽然一般均采用 Kihara 势能函数模型计算 C_{ij}，但拟合出的 Kihara 分子势能参数并不统一。

(2) Parrish-Prausnitz 模型（1972年）。

Parrish-Prausnitz 考虑到 C_{ij} 只与温度有关，根据方阱势能函数模型提出了一个简单的经验表达式来计算 C_{ij}，较大地简化了 vdWP 模型中 C_{ij} 计算，并率先将 vdWP 模型推广到多组分体系的水合物相平衡计算中。

(3) Ng-Robinson 模型（1976 年）。

由于 Parrish-Prausnitzn 模型预测的非对称多组分体系的水合物形成压力往往比实验值偏高，因此，Ng-Robinson 等在 vdWP 模型中增加了一个经验校正因子，因而对某些多组分体系水合物形成条件的预测结果有所改进。

(4) John-Paradopoulos-Holder 模型（1985 年）。

John 等人考虑到实际客体分子的非球形及外层水分子对空腔总势能 $W(r)$ 的影响，采用了三层球模型描述水合物晶格空腔中客体分子与空腔周围水分子之间的相互作用。空腔的总势能 $W(r)$ 由各层球的势能 $W_i(r)$ 加和而得。为此，John 等人对 vdWP 模型中的 C_{ij} 作了两项校正。

(5) Chen-Guo 模型（1996 年）。

此模型是完全不同于 vdWP 模型的新模型。它基于水合物形成的动力学机理，采用统计热力学方法推导出水合物相中客体分子 j 的逸度公式：

$$f_j = \exp\left(\frac{\Delta \mu_W^{\beta-\alpha}}{RT\lambda_2}\right) \frac{1}{C_2} \left(1 - \frac{C_1 f_j}{1+C_1 f_j}\right)^{\frac{\lambda_1}{\lambda_2}} \tag{3.37}$$

式中　λ_1，λ_2——分别为水合物相中络合孔数和连接孔数与水分子数的比值；

C_1，C_2——实验拟合参数。

采用 Chen-Guo 模型对纯水中气体水合物形成条件进行预测时，其结果令人满意。之后，他们又提出了一个经简化改进的非常规水合物模型，在预测精度上有所改进。但是，这两种模型目前还未能扩展用于含盐水的气体水合物体系。

2. 富水相

对于纯水相（液态水或冰），Marshall 等人（1964 年）提出计算 $\Delta\mu_W^{\beta-\alpha}$ 的公式为：

$$\frac{\Delta\mu_W^{\beta-\alpha}}{RT} = \frac{\Delta\mu_W^0}{RT_0} - \int_{T_0}^T \frac{\Delta h_W}{RT^2} dT + \int_{T_0}^T \frac{\Delta V_W}{RT}\left(\frac{dp}{dT}\right) dT \tag{3.38}$$

式中　Δh_W——水在完全空的水合物晶格与纯水相之间的摩尔比焓差；

ΔV_W——水在完全空的水合物晶格与纯水相之间的摩尔体积差；

$\Delta\mu_W^0$——在 T_0（通常取 273.15K）和零压条件下，水在完全空的水合物晶格与冰之间的化学位差。

对于含烃类溶质的富水相，Holder 等（1980 年）假定 ΔV_W 与温度无关，在对式(3.38)进行简化之后提出的 $\Delta\mu_W^{\beta-H}$ 计算公式为：

$$\frac{\Delta\mu_W^{\beta-\alpha}}{RT} = \frac{\Delta\mu_W^0}{RT_0} - \int_{T_0}^T \frac{\Delta h_W}{RT^2} dT + \int_0^p \frac{\Delta V_W}{RT} dp - \ln\gamma_W x_W \tag{3.39}$$

$$\Delta h_W = \Delta h_W^0 + \int_{T_0}^T \Delta c_{pW} dT \tag{3.40}$$

$$\Delta c_{pW} = \Delta c_{pW}^0 + b(T - T_0) \tag{3.41}$$

式中　γ_W——富水相中水的活度系数；

x_W——富水相中水的摩尔分数；

Δh_W^0 —— $T_0 = 273.15K$ 时水在完全空的水合物晶格与纯水相之间的摩尔比焓差；

Δc_{pW}^0 —— $T_0 = 273.15K$ 时水在完全空的水合物晶格与纯水相之间的比热容差；

b —— 比热容的温度系数。

$\Delta \mu_W^0$、Δh_W^0、ΔV_W、Δc_{pW}^0 和 b 均需通过实验数据回归求得，对不同的水合物结构，需取不同的数据，其值可查阅有关文献。

对于冰相，$x_W = 1.0$。对于液态水相，低压下烃类及氮气等气体在水中摩尔分数很小，x_W 可以近似看作为 1.0；但在高压下，则需根据烃类气体在水中的摩尔分数 x_j 求取 x_W。Holder 等所推荐的摩尔分数计算公式为：

$$x_j = f_j x_{0j} \exp\left[-\frac{\overline{V}_j (p-1)}{82.06T}\right] \quad (3.42)$$

$$x_{0j} = \exp(A_{0j} + B_{0j}/T) \quad (3.43)$$

式中 f_j —— 客体分子 j 在气相中的逸度；

A_{0j}，B_{0j} —— 客体分子 j 的常数，可以从有关文献中查到；

$\overline{V}_j$ —— 客体分子 j 在富水相中的偏摩尔体积，对乙烯取 60，其他组分均取 32。

因此，富水相中水的摩尔分数计算式为：

$$x_W = 1 - \sum x_j \quad (j \text{ 表示非水组分}) \quad (3.44)$$

对于含水合物抑制剂（醇类或电解质）的水溶液体系，富水相中水的活度系数对水合物形成条件影响很大。Anderson（1986 年）等采用 UNIQUAC 活度系数模型预测含甲醇体系的水合物形成压力，Munck 等（1988 年）也采用此模型对含单盐水溶液的水合物形成条件进行计算。Du 和 Guo（1990 年）及 Englezos 等（1992 年）分别对含甲醇体系、含水溶性聚合物水溶液体系的水合物形成条件提出了相应的数学模型，并取得了较好的预测结果。Maddox 等（1993 年）考虑了压力对水合物生成焓的影响，并采用由 Margules 方程关联的水的活度系数计算公式，建立了一种可用于预测高压体系水合物形成条件的模型。

此外，一系列的商用软件也可用于天然气水合物生成条件预测，如 D. B. Robinson 公司的 EQUI-PHASE Hydrate 软件，Bryan 公司的 Prosim 软件和 Aspen 公司的 Aspen HYSYS 软件等。

3.3 天然气水合物防止措施

为了防止生成天然气水合物，一般有四种途径：向气流中加入抑制剂（阻化剂）；提高天然气的流动温度；降低压力至给定温度下水合物的生成压力以下；脱除天然气中的水分。其中最积极的方法是保持管线和设备不含液态水，而最常用的办法则是向气流中加入各种抑制剂。抑制剂法分为热力学抑制剂法和动力学抑制剂法，本节只介绍这种方法。对于深冷分离过程，由于气流温度特别低，因而只有用脱水的办法，将在第 5 章中学习。

3.3.1 热力学抑制剂法

3.3.1.1 常见抑制剂

常见的热力学抑制剂有醇类（如甲醇、甘醇）和电解质（如 $CaCl_2$）。向天然气中加入这类抑制剂后，可改变水溶液或水合物相的化学位，从而使水合物的形成条件移向较低的温度或较高的压力范围。目前，在天然气工业中多用甲醇和乙二醇作为抑制剂。

甲醇可用于任何操作温度。由于甲醇能较多地降低水合物形成温度，其沸点低，蒸气压高，水溶液凝固点低，黏度小，通常用于制冷过程或气候寒冷的场所。一般情况下喷注的甲醇蒸发到气相中的部分不再回收，液相甲醇溶液经蒸馏后可循环使用，但是否循环使用需根据处理气量等具体情况经技术经济分析后确定。在许多情况下，回收液相甲醇是不经济的，但若液相甲醇溶液不回收，废液的处理将是个难题，需采用回注或焚烧等措施。为降低甲醇的液相损失，应尽量减少带入系统的游离水量。国外在制定商品天然气质量标准时，考虑到甲醇具有中等程度的毒性，已限制天然气中可能存在的作为抑制剂注入的甲醇量。

乙二醇、二甘醇及三甘醇等甘醇类物质常用于水合物抑制，但由于乙二醇的成本低、黏度低及在液烃中溶解度低而更为常用。乙二醇无毒，较甲醇沸点高，蒸发损失小，一般可回收重复使用，适用于处理气量较大的井站和输送管线。乙二醇溶液黏度较大，在有凝析油存在时，若温度过低，会造成分离困难，溶解和夹带损失增大，其溶解损失一般为 $0.12\sim0.72 L/m^3$ 凝析油，多数情况为 $0.25 L/m^3$ 凝析油，在含硫凝析油系统中的溶解损失大约是不含硫系统的3倍。当操作温度低于 $-10℃$ 时，不提倡使用乙二醇。

在工程实际中，往往需要确定抑制剂的用量及使用抑制剂后所带来水合物形成温度的变化。抑制剂的注入点则多选在预冷器被冷却介质进口前的管线上或预冷器的管板上。

3.3.1.2 抑制剂浓度与天然气水合物生成温度降的关系

人们长期以来研究了抑制剂浓度与天然气水合物生成温度降的关系，如表3.8所示。

表3.8 抑制剂浓度与天然气水合物生成温度降的关系

名 称	关 系 式	应 用 范 围
Hammerschmidt 法	$\Delta T = \dfrac{K_H w_I}{(1-w_I) M_I}$	甲醇水溶液质量分数小于20%～25%，乙二醇水溶液质量分数小于60%～70%
Nielsen-Bucklin 法	$\Delta T = -72 \ln x_{H_2O}$	高浓度的甲醇水溶液，大于50%
冰点下降法	$\Delta T = 0.665 \Delta T'$	可用于任何抑制剂

注：ΔT——天然气水合物生成温度降，K；M_I——抑制剂的分子量；K_H——抑制剂种类常数，不同文献有不同推荐值，一般是甲醇为1297，乙二醇为1297～2222；w_I——抑制剂质量分数；x_{H_2O}——水在抑制剂水溶液中的摩尔分数；$\Delta T'$——抑制剂冰点值。

摩尔分数与质量分数的关系如式(3.45)

$$w_I = \frac{x_I M_I}{x_I M_I + 18(1-x_I)} \tag{3.45}$$

式中 w_I——抑制剂质量分数；

M_I——抑制剂分子量；

x_I——抑制剂摩尔分数。

表3.8中的抑制剂冰点值可由物化数据手册查取，推荐的一系列抑制剂冰点值 $\Delta T'$ 与抑制剂质量分数 w_I 之间的回归关系如下。

甲醇：

$$\Delta T' = A + B \times w_I + C \times w_I^2 + D \times w_I^3, \text{适用条件：} w_I < 68\% \tag{3.46}$$

式中，$A=-4.19697\times10^{-1}$；$B=6.83433\times10^{-1}$；$C=2.29540E\times10^{-3}$；$D=1.22945\times10^{-4}$。

$$\Delta T' = A + B\times w_I + C\times w_I^2 + D\times w_I^3 + E\times w_I^4，\text{适用条件}：68\%<w_I<82.9\% \tag{3.47}$$

式中，$A=2.46703\times10^2$；$B=-2.52740$；$C=-1.28865\times10^{-2}$；$D=1.62995\times10^{-4}$；$E=1.76000\times10^{-6}$。

$$\Delta T' = A + B\times w_I，\text{适用条件}：82.9\%<w_I<100\% \tag{3.48}$$

式中，$A=2.51429\times10^2$；$B=-1.54287$。

乙二醇：

$$\Delta T' = A + B\times w_I + C\times w_I^2 + D\times w_I^3 + E\times w_I^4，\text{适用条件}：w_I<56\% \tag{3.49}$$

式中，$A=5.21800\times10^{-2}$；$B=2.85300\times10^{-1}$；$C=5.03880\times10^{-3}$；$D=6.04300\times10^{-5}$；$E=1.91800\times10^{-7}$。

$$\Delta T' = A + B\times w_I + C\times w_I^2 + D\times w_I^3 + E\times w_I^4，\text{适用条件}：56\%<w_I<100\% \tag{3.50}$$

式中，$A=1.21408\times10^2$；$B=2.89200\times10^{-1}$；$C=1.49200\times10^{-2}$；$D=6.90000\times10^{-5}$；$E=8.08600\times10^{-7}$。

甲醇抑制剂的质量分数与天然气水合物生成温度降的关系也可使用图3.17直接查取。

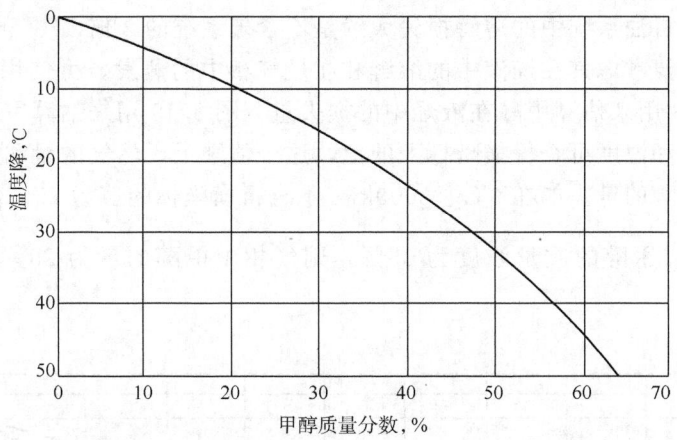

图3.17 甲醇抑制剂的质量分数与天然气水合物温度降的关系

3.3.1.3 抑制剂用量的确定

一旦知道了要求的抑制剂质量分数，则可用下式计算在水相中抑制剂的质量流量：

$$m_I = \frac{w_R \times m_{H_2O}}{w_L - w_R} \tag{3.51}$$

式中 m_I——水相中抑制剂的质量流量，kg/h；

w_R——抑制剂在混合液中的质量分数；

m_{H_2O}——水的质量流量，kg/h；

w_L——抑制剂的质量分数。

天然气中所使用的抑制剂用量应包括液相用量和气相蒸发量，应满足使液相水溶液和进入到气相中的抑制剂具有必要的浓度。通常电解质型溶液的饱和蒸气压低于由气流中凝结下来的纯水的蒸气压,因此,汽化的抑制剂量极小,可以忽略这一部分,而对醇类抑制剂则不然。

计算抑制剂最小单位用量的普遍式如下:

$$q = \frac{(W_1 - W_2) \times w_{out}}{w_{in} - w_{out}} + w_{out} \times 10^{-3} \times \alpha \qquad (3.52)$$

$$\alpha = 1.97 \times 10^{-2} p^{-0.7} \exp(6.054 \times 10^{-2} \times T - 11.128) \qquad (3.53)$$

式中 q——抑制剂最小单位用量,g/m^3;

W_1,W_2——抑制剂入、出口处气相含水量,g/m^3;

w_{out}——抑制剂移出(质量)分数;

w_{in}——抑制剂加入(质量)分数;

α——系数,对乙二醇可取 $\alpha = 0$,对甲醇则按式(3.53)计算,α 是温度和压力的函数;

p——体系压力,MPa;

T——体系温度,K。

用式(3.51)求得了抑制剂的最小单位用量后,便可求得抑制剂的用量,为保险起见,实际用量取计算值的 1.15~1.20 倍。

乙二醇由于不易扩散到气相中,因此在气相中的损失不大,其主要损失发生在制冷系统,以及在油中溶解、泄漏、乙二醇—水和油的分离而被油相带走,溶解损失一般为 $40g/m^3$ 凝析油,在含硫凝析油系统中的溶解损失大约是不含硫系统的 3 倍。

对甲醇,则需要考虑其在烃液中的溶解和在烃气相中的蒸发,可使用图 3.18 和图 3.19 进行计算。图 3.18 用来估算甲醇在液烃中的损失量,图 3.19 用来估算甲醇在天然气气相中的损失量。由压力和温度可查得横坐标上的值,这个值乘上天然气的量和甲醇的质量浓度就可以得到气相中甲醇的量。如在 9℃、5000kPa 下查得横坐标的值为 25,假定气体的处理量为 $50 \times 10^3 Sm^3/d$,甲醇的质量浓度为 35%,则气相中甲醇的量为 $25 \times \left(50 \times \frac{10^3}{10^6}\right) \times 35 = 43.75 kg/d$。

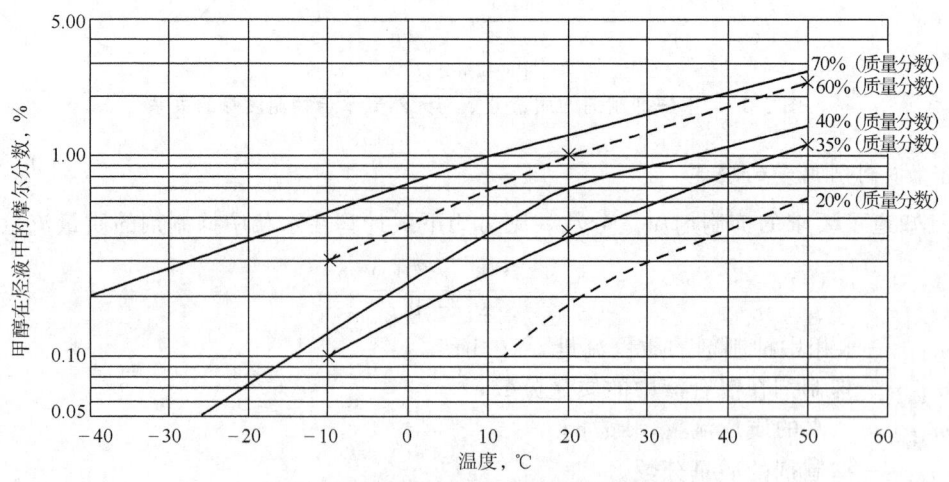

图 3.18 甲醇在烃液中的摩尔分数

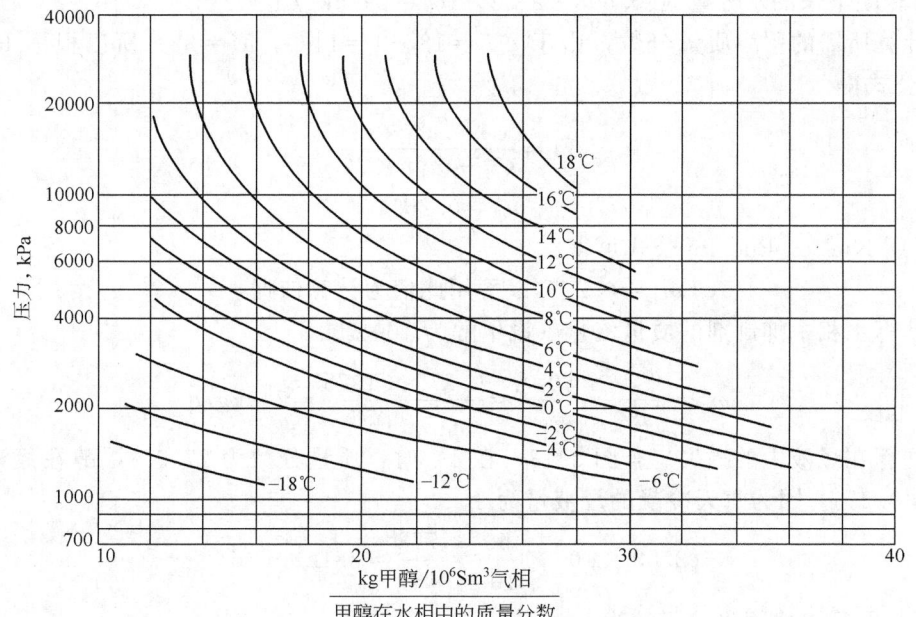

图 3.19 甲醇气相浓度与液相浓度比

一般化工流程模拟软件都能用于水合物抑制剂的计算。

【例 3.5】 某天然气在 15℃，12.79MPa 时形成天然气水合物。试估算当温度降低 10℃ 时，需分别加入甲醇和乙二醇来抑制水合物生成的含量（用 Hammerschmidt 公式）。

解 （1）计算甲醇含量。

甲醇分子量是 32.042，故其含量为：

$$w_I = \frac{M_H \Delta T}{K_H + M_H \Delta T} = \frac{32.042 \times 10}{1297 + 32.042 \times 10} = 0.1981 = 19.8\%$$

所需的甲醇质量分数大约为 20%。

（2）计算乙二醇含量。

乙二醇分子量为 62.07g/mol，故其含量为：

$$w_I = \frac{M_H \Delta T}{K_H + M \Delta T} = \frac{62.07 \times 10}{1297 + 62.07 \times 10} = 21.83\%$$

所需的乙二醇质量分数大约为 21.83%。

【例 3.6】 某海上平台天然气以 $2.83 \times 10^6 Sm^3/d$ 的速率在 38℃、8300kPa 的条件下输送，天然气到达陆地时温度为 4℃、压力为 6200kPa。天然气的水合物生成温度为 18℃，伴生的凝析油产量是 $56m^3/10^6 Sm^3$，凝析油的密度为 $778kg/m^3$，分子量为 140。计算在管线中防止水合物生成所需的甲醇用量（甲醇 100%）及采用 80% 乙二醇抑制剂的量。

解 （1）甲醇作为抑制剂。

① 计算冷凝水的量 ΔW，查图 3.1 得：

在 38℃、8300kPa 下，$W_{in} = 850 mg/Sm^3$

在 4℃、6200kPa 下，$W_{in} = 152 mg/Sm^3$

$$\Delta W = 850 - 152 = 698 mg/Sm^3 = 0.698 kg/Sm^3$$

每天冷凝下来的水分量为：$0.698 \times 2.83 \times 10^6 = 1975 \text{kg/d}$

② 计算所需的甲醇质量分数，由于 $\Delta T = 18 - 4 = 14℃$，$M = 32$，所以根据 Hammerschmidt 公式得：

$$14 = \frac{1297 \times w_I}{(1-w_I) \times 32}$$

$$w_I = 0.255$$

同样用 Nielsen-Bucklin 公式可得：

$$w_I = 0.275 \text{（以下用此值为计算依据）}$$

③ 计算水相中抑制剂的质量流量（设甲醇为100%）：

$$m_I = \frac{w_R \times m_{H_2O}}{w_L - w_R} = \frac{0.275 \times 1975}{1 - 0.275} = 749 \text{kg/d}$$

④ 估算在烃液中的损失。查图 3.18，在 4℃时，质量分数为 27.5% 甲醇在烃液中的摩尔分数为 0.2%。因为每天冷凝的烃液量为

$$2.83 \times 10^6 \times \frac{56}{10^6} \times \frac{778}{140} = 881 \text{kmol/d}$$

故每天在烃液中损失的甲醇为：

$$881 \times 0.002 \times 32 = 56 \text{kg/d}$$

⑤ 估算气相中甲醇损失。查图 3.19，在 4℃、6200kPa 下的损失为 $\frac{16.8 \times 10^{-6} \text{kg/m}^3}{\text{甲醇的质量分数}}$，故每天在气相中损失的甲醇为：

$$16.8 \times 10^{-6} \times 2.83 \times 10^6 \times 27.5 = 1310 \text{kg/d}$$

⑥ 总的甲醇用量为：

$$749 + 1310 + 56 = 2115 \text{kg/d}$$

（2）乙二醇作为抑制剂。

① 计算要求的抑制剂质量分数，由于 $\Delta T = 14℃$，$M = 62$，取 $K_H = 2222$，所以根据 Hammerschmidt 公式得：

$$w_I = 0.28$$

② 计算水相中抑制剂的质量流量：

$$m_I = \frac{0.28 \times 1975}{0.8 - 0.28} = 1063 \text{kg/d}$$

对乙二醇可忽略其在气相和烃液中的损失。

3.3.2 动力学抑制剂法

传统的热力学抑制剂已使用多年，由于其在水溶液中的质量分数很高（10%～50%），用量较多，为了降低成本，不少学者力图开发一种可替代的、价格低廉且符合环保要求的新型水合物抑制剂即动力学抑制剂。

动力学抑制剂通过显著降低水合物的成核速率、延缓乃至阻止临界晶核的生成、干扰水合物晶体的优先生长方向及影响水合物晶体的定向稳定性等方式来抑制水合物的生成。目前已发现了这种具有抑制作用的化学物质。

Duncum 等 1993 年最早在其专利中叙述了水合物动力学抑制剂，它们是酪氨酸及其衍生物。随后，Anselme 等指出，N-乙烯基吡咯烷酮（NVP）的聚合物，如 NVP 均聚物

（PVP）及其丁基衍生物均可作为水合物抑制剂，它们的单元结构如图 3.20 所示。Sloan 介绍的水合物抑制剂是含有五元环、六元环和七元环的聚合物，其中包括 N-乙烯基吡咯烷酮（五元环）、羟乙基纤维素（六元环）及 N-乙烯基己内酰胺（七元环）的聚合物。在这些动力学抑制剂中，NVP 均聚物的丁基衍生物和 NVP、N-乙烯基己内酰胺及二甲胺基丙烯酸甲酯的三聚物（Gaffix VC-713，见图 3.21）的抑制效果均较 PVP 要好。图 3.21 中从左至右为 N-乙烯基己内酰胺、N-乙烯基吡咯烷酮和二甲胺基丙烯酸甲酯。

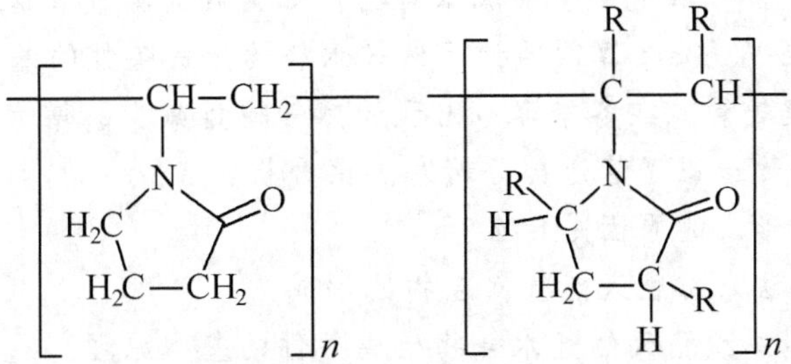

图 3.20　PVP 及其丁基衍生物（R 为 C_4H_9）的单元结构

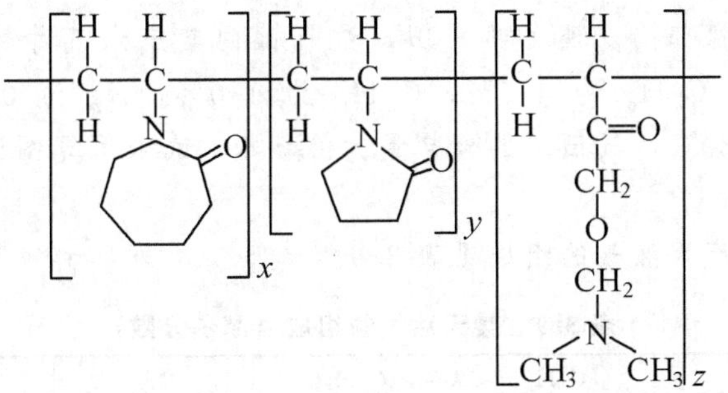

图 3.21　三聚物 Gaffix VC-713 单元的单元结构

动力学抑制剂是一些水溶性或水分散性的聚合物。它们在水合物成核和生长的初期吸附在水合物颗粒的表面上，从而防止颗粒达到临界尺寸（在这种尺寸下，颗粒的生长在热力学上是有利的），或者使已达到临界尺寸的颗粒缓慢生长。Rodger 的试验表明，N-乙烯基吡咯烷酮的环是一些活性中心，它们主要通过吡咯烷酮的氧在水表面形成两个氢键而吸附到水合物表面上，从而防止水合物颗粒进一步生长。此外，除吡咯烷酮以外的其他部分的结构，以及除聚乙烯基链以外连接到聚合物上的其他类型的链，也可能与水合物具有更大的相互作用能量。

动力学抑制剂的抑制效果用过冷度来表示。所谓过冷度就是管道等体系内实际操作温度低于该体系水合物形成温度之差值。已开发使用的动力学抑制剂的主要缺点是抑制效果有限。尽管至今报道过的动力学抑制剂在实验室内当过冷度为 10℃时，可使水合物成核及晶体生长时间推迟 2～3d，但现场试验所得到的过冷度则不超过 8℃，相当于质量分数约为 15%～18%的甲醇抑制剂的效果。

习　题

1. 水分对天然气集输、加工以及使用有哪些方面的危害？

2. 阐述天然气含水量随温度、压力、分子量、盐含量以及酸性组分含量的变化规律。
3. 阐述采用 Mecketta Wehe 主算图和 Wichert 辅助算图估算酸性天然气含水量的基本步骤。
4. 天然气水合物的定义是什么？天然气水合物的基本特性是什么？简述天然气水合物生成的必备条件和辅助条件。
5. 自然界中天然气水合物分布在哪些地方？简述天然气水合物的主要开采方法。
6. 在什么条件下，输气管道中会形成水合物？如何判断输气管道中形成水合物？
7. 简述采用 Baillie-Wichert 算图估计天然气水合物生成条件的基本步骤。
8. 西北某天然气集气管线在冬季容易出现天然气输量减少、增大管线压差增大的情况，检测发现是天然气水合物造成了管道部分堵塞。试分析：
(1) 管道中水合物形成的原因是什么？
(2) 可采用哪些方法来防止天然气水合物的形成？
9. 简述热力学模型法预测天然气水合物生成条件的基本原理。
10. 天然气水合物抑制剂有哪些类型？不同类型的抑制剂有什么特点？列举工程中常用的 2 种水合物抑制剂。
11. 中国石油的勘探部门发现了新气田，该气田内某产水气井的天然气组成（摩尔分数）：CH_4 为 93.7%、C_2H_6 为 4.5%、C_3H_8 为 1.0%、N_2 为 0.8%，其井口压力为 7.0MPa，井口温度为 80℃，气田水的含盐量为 0.5%。试采用算图法估算该天然气的饱和含水量。
12. 已知某气田所产天然气的组成见表 3.9。

表 3.9 某天然气的组成（摩尔分数）

组分	CH_4	C_2H_6	C_3H_8	N_2	CO_2	H_2S
y_i	0.7785	0.0218	0.0078	0.0047	0.0827	0.1045

试估算该天然气在 55℃、6500kPa 条件下的含水量是多少？

13. 已知某气田所产天然气的组成见表 3.10。请同时用 Aspen HYSYS 进行计算。

表 3.10 某天然气的组成（摩尔分数）

组分	CH_4	C_2H_6	C_3H_8	C_4H_{10}	N_2	CO_2
y_i	0.9066	0.0355	0.0172	0.0093	0.0055	0.0259

试估算：(1) 天然气在 25℃、5200kPa 下，其含水量是多少？
(2) 天然气在 5200kPa 时的水合物生成温度是多少？

14. 某气田的天然气组成见表 3.11。

表 3.11 某天然气的组成（摩尔分数）

组分	CH_4	C_2H_6	C_3H_8	$i-C_4H_{10}$	$n-C_4H_{10}$
y_i	0.8596	0.0600	0.0240	0.0120	0.0100
组分	$i-C_5H_{12}$	$n-C_5H_{12}$	C_6^+	N_2	CO_2
y_i	0.0039	0.0035	0.0062	0.0048	0.0160

已知气量 $45 \times 10^4 Sm^3/d$、压力 8.5MPa、温度 40℃的天然气在管径为 $\phi159mm \times 9mm$、长度为 30km 的水平管道中进行输送，试判断：

(1) 是否会形成水合物；

(2) 管道内不形成水合物的最低起点温度是多少？

15. 已知某天然气的组成见表 3.12。

表 3.12　某天然气的组成（摩尔分数）

组分	CH_4	C_2H_6	C_3H_8	C_4H_{10}	N_2	CO_2
y_i	0.9407	0.0263	0.0095	0.0057	0.0053	0.0126

试估算：(1) 压力为 14000kPa、温度为 40℃，在不生产水合物的情况下可以膨胀到（即降压到）什么程度？

(2) 压力为 14000kPa、温度为 60℃，在不生产水合物的情况下可以膨胀到什么程度？

(3) 从 10000kPa 膨胀到 3500kPa，在不产生水合物的情况下，该天然气的最低初始温度是多少？

(4) 压力从 10000kPa 节流调压到 4500kPa，该天然气的最低温度是多少才不会生成水合物？

16. 已知某天然气的压力 7.0MPa，温度 30℃，其相对密度 0.75，输气管道地下温度 4.4℃，气体处理量为 $25 \times 10^4 m^3$(CHN)/d。现采用浓度为 80% 的乙二醇（分子量为 62.1）注入以防止水合物形成，计算乙二醇的用量。

4 天然气酸性组分的脱除

来自地下储层的天然气通常不同程度地含有 H_2S、CO_2 和有机硫化物（RSH、COS、RSSR'）等酸性组分，在开采、集输和处理时会造成设备和管道腐蚀，而且含硫组分往往有毒、有害并具有难闻的臭味，会污染环境和威胁人身安全；当天然气用作化工原料时，还会引起催化剂中毒，同时，CO_2 含量过高将降低天然气的热值。因此，出于安全、腐蚀、产品规范的原因，必须严格控制商品天然气中 H_2S、CO_2 的含量，其允许值视其用途而定。对于管输天然气，必须满足 GB 17820—2018《天然气》的要求。而用作化工原料时，则要求硫含量小于 1.0mg/m^3。

当天然气中 H_2S、CO_2 等酸性组分含量超过商品气气质标准时，必须进行脱除处理。从酸性天然气中脱除 H_2S、CO_2 等酸性组分的工艺过程称为脱硫脱碳或脱酸气。若该过程主要是脱除 H_2S 和有机硫化物则称为脱硫。若主要是脱除 CO_2 则称为脱碳。既脱硫又脱碳还脱水，则称为天然气净化。

4.1 天然气脱硫脱碳方法

4.1.1 脱硫脱碳方法分类

天然气脱除酸性组分的方法很多，根据脱硫剂的形态，可分为干法和湿法。干法以固体作脱硫剂，硫脱除率高，但再生困难，而且硫容（单位体积或单位质量溶剂可吸收的硫的质量）低，因此应用较少。湿法以溶液作脱硫剂。按照脱硫脱碳过程本质又可分为化学吸收法、物理吸收法、物理化学吸收法以及氧化还原法、膜分离法等。

4.1.1.1 化学吸收法

化学吸收法以可逆化学反应为基础，采用碱性溶液与天然气中的酸性组分（H_2S、CO_2）反应生成某种化合物而脱硫脱碳。吸收了酸性组分的碱性溶液在再生（升高温度、降低压力）时又能使生成的化合物分解而放出酸气。这类方法中最具代表性的是醇胺法和碱性盐溶液法。

目前，醇胺法是天然气脱除酸性组分最常用的方法，所使用的醇胺溶液有一乙醇胺（MEA）、二乙醇胺（DEA）、三乙醇胺（TEA）、二甘醇胺（DGA）、二异丙醇胺（DIPA）、甲基二乙醇胺（MDEA）以及配方型醇胺溶液、空间位阻胺等。

属于碱性盐溶液法的有改良热钾碱法（Catacarb 法、Benfield 法，使用热碳酸盐）和氨基酸盐法等，主要用于脱除 CO_2。

4.1.1.2 物理吸收法

该法利用 H_2S、CO_2 等与烃类在物理溶剂中溶解度的差异而将天然气中的酸性组分脱除。一般在高压和较低温度下进行吸收，在压力降低时进行溶液再生，适合于处理酸气分压较高的天然气。物理吸收法具有溶剂不易变质、比热容小、腐蚀性小以及能脱除有机硫化物（RSH、COS 和 CS_2）等优点。但是物理溶剂对重烃的溶解度较大，不宜用于重烃含量高的天然气。同时受溶剂再生程度的限制，物理吸收法净化效果不如化学吸收法，当要求较高的净化度时则需采用气提等再生措施。

目前，常用的物理吸收法有聚乙二醇二甲醚法（Selexol）、冷甲醇法（Rectisol）以及碳酸丙烯酯法（Flour Solvent）等。

4.1.1.3 物理化学吸收法

物理化学吸收法又称联合吸收法或混合溶液法，使用的溶剂是醇胺、物理溶剂和水的混合物，兼有物理吸收法和化学吸收法的特点。在物理化学吸收法中，砜胺法（Sulfinol）应用最广泛，包括环丁砜法—甲基二乙醇胺（Sulfinol-M）、环丁砜—二异丙醇胺（Sulfinol-D）法以及Selefining法、Optisol法、Amisol法等。

4.1.1.4 氧化还原法

氧化还原法又称为直接转化法或湿式氧化法，它以氧化还原反应为基础，用液相氧载体将碱性溶液吸收的 H_2S 氧化为元素硫，然后利用空气使溶液再生。这类方法主要有海绵铁法、蒽醌法、Lo-Cat法、Lo-CatⅡ法（EDTA及多醛基糖配位铁溶液）、Sulfolin法（含钒及有机氮化物溶液）、SulFerox法（总铁浓度高达4%的配位铁溶液）、Unisulf法（芳烃磺酸盐配位的钒盐溶液）。

4.1.1.5 膜分离法

膜分离法（气体渗透法）是利用 H_2S、CO_2 等酸性组分与烃类组分在压力的推动下透过薄膜的传递速率不同，而从天然气中脱除酸性组分。

膜分离法是20世纪70年代发展起来的一种新型分离方法，能耗低，适用于粗脱。

4.1.1.6 其他类型的方法

除了上述脱硫方法外，还可以使用低温分馏、分子筛和生物化学等方法脱除天然气中 H_2S、CO_2 以及有机硫等组分。另外，非再生性的固体（如氧化锌法）和液体脱硫剂以及浆液脱硫剂（如氧化铁浆液法）多用于处理低 H_2S 含量的天然气。

4.1.2 脱硫脱碳方法原理及特点

国内外已报道的脱硫脱碳方法有近百种，主要脱硫脱碳方法及其工艺特点如表4.1所示。表4.2列出了其中一些方法的脱除程度、是否有选择性以及能否脱除有机硫等信息。

表4.1 天然气脱硫脱碳方法及特点

类别		处理剂	方法名称	方法原理	主要特点	适应性
化学方法类	醇胺法	醇胺溶液	MEA法、DEA法、TEA法、DGA法、DIPA法、MDEA法、SNPA-DEA法、Flexsorb SE法、Flexsorb HP法等	醇胺溶液具有碱性，可在常温下与 H_2S、CO_2 反应，然后升温降压再生放出酸气，醇胺溶液循环使用	净化度高，既可完全脱除 H_2S 和 CO_2，也可选择性脱除 H_2S；烃溶解少，有机硫脱除效率不高；工业经验丰富	对不同天然气组成有广泛的适应性
	热钾碱法	加有活化剂的 K_2CO_3 溶液	Benfield法、Catacarb法、双活化剂法等	以热钾碱液在较高温度下吸收酸气，然后降压再生放出酸气，碱液循环使用	净化度不如醇胺法，但能耗较醇胺法低	宜用于合成气脱 CO_2

续表

类别		处理剂	方法名称	方法原理	主要特点	适应性
化学方法类	氧化还原法	含有氧载体的溶液	Lo-Cat法、SulFerox法、Stretford法、栲胶-$NaVO_3$法、Sulfolin法、Unisulf法、PDS法等	以中性或微碱性溶液吸收H_2S，其中的氧载体可将其转化为元素硫，利用空气再生溶液后，循环使用	H_2S净化度高，将脱硫和硫回收合为一体，一般不脱除CO_2；溶液循环量大，再生能耗低，有废液处理问题	适用于低H_2S含量的天然气脱硫，也可处理贫H_2S酸气
	非再生性方法	可与H_2S发生反应的固体或流体	海绵铁法、氧化铁浆法、Chemsweet法、Sulfa Treat法、Sulfa-Scrub法等	使用氧化铁、锌盐、三嗪等固体、浆液或液体与H_2S反应而将其脱除，反应产物废弃	净化度高，脱除H_2S而不脱CO_2，投资费用低，有废料处理问题	适用潜硫量很低的气体脱硫
物理方法类	物理吸收法	H_2S、CO_2有高溶解度而烃等溶解度低的有机溶剂	Selexol法、Flour Solvent法、Rectisol法、IFPexol法、Purisol法、Morphysorb法等	利用H_2S、CO_2在溶剂中的高溶解度而脱除，通过降压闪蒸等措施使溶液再生，然后循环使用	达到高净化度较困难，溶液负荷与酸气负荷成正比，能耗低，有烃的损失问题，溶剂较贵	适于天然气酸气组分分压高且重烃含量低的工况
	分子筛法	13X型、5A型等分子筛		利用分子筛吸附H_2S及有机硫，然后升温使之解析，分子筛床层切换使用	有很高的净化度，对有机硫特别是硫醇的脱除能力好，可同时脱水，但再生气含量不均匀较难处理	适于已脱除H_2S的天然气进一步脱除硫醇
	膜分离法	可将H_2S、CO_2与CH_4等烃类分离的薄膜	Prism法、Gasep法、Delsep法、Separex法等	利用酸气和烃类渗透通过薄膜性能的差异而脱除，特别是CO_2	难以达到高的净化度，流程简单，能耗低，但存在烃的损失问题	适于高酸气浓度的天然气处理，可用于粗脱
	低温分馏法		Ryan/Holmes法	通过天然气的低温分馏而除去CO_2、H_2S等，以C_4^+为添加剂防止固体CO_2生成，并解决C_2-CO_2共沸问题	能耗高，但可将NGL回收和酸气分离融为一体，从而生产多种产品	适用于CO_2驱伴生气的处理
物理化学类	物理化学吸收法	醇胺与物理溶剂组合的溶液	Sulfinol-M法、Sulfinol-D法、Amisol法等	在较高酸气组分分压下，溶液除化学吸收酸气外，还有较高的酸气溶解度，降压升温可使酸气解析，溶液循环使用	净化度高，有机硫脱除效率高，高H_2S分压下能耗显著低于醇胺法，酸气中烃含量高于醇胺法，溶液价格较贵	适于含有机硫天然气的处理，重烃含量高时不宜采用
生化类	生化法	含有可促进溶液脱硫或溶液再生的细菌的溶液	Bio-SR法、Shell-Paquas法等	溶液吸收H_2S后，细菌将H_2S转化为元素硫，或促进溶液再生，溶液循环使用	与氧化还原法相比没有有机物的化学降解问题，不脱除CO_2，需供给细菌营养	适于低H_2S含量的天然气脱硫

表 4.2 气体处理的工艺能力

脱硫方法	可否达到 6mgH_2S/m^3	脱除 RSH、COS 等硫化物的情况	可否选择性地脱除 H_2S	括号中的物质可否造成溶剂降解
MEA 法	可	部分脱除	否	可（COS、CO_2、CS_2）
DEA 法	可	部分脱除	否	轻度（COS、CO_2、CS_2）
DGA 法	可	部分脱除	否	可（COS、CO_2、CS_2）
MDEA 法	可	略微脱除	可④	否
Sulfinol 法	可	可以脱除	可④	轻度（CO_2、CS_2）
Selexol 法	可	略微脱除	可④	否
Benfield 法	可①	不能脱除③	否	否
Flour 法	否②	不能脱除	可	否
海绵铁法	否	部分脱除	可	否
分子筛法	否	可以脱除	可	否
蒽醌法	否	不能脱除	可	高浓度的 CO_2
Lo-Cat 法	否	不能脱除	可	高浓度的 CO_2
Chemsweet	否	部分脱除 COS	可	否

注：①高纯度型；②COS 仅仅水解；③该法稍有选择性；④可以满足特定的设计要求。

4.2 醇胺法

在各类脱硫脱碳方法中，溶液吸收法的吸收机理各不相同，但它们的工艺流程及所用设备都具有相似性，其中，醇胺法是天然气脱硫脱碳最主要的方法，本书以此作为主要内容介绍。

4.2.1 醇胺法原理

从天然气中脱除 H_2S 和 CO_2 的许多现有溶剂中，醇胺类是普遍公认和广泛应用的。醇胺法工艺从 20 世纪 30 年代实现工业化以来，一直作为天然气脱酸性组分的主要方法。

4.2.1.1 醇胺性质

目前，在天然气净化领域使用的醇胺有一乙醇胺（MEA）、二乙醇胺（DEA）、三乙醇胺（TEA）、二甘醇胺（DGA）、二异丙醇胺（DIPA）、甲基二乙醇胺（MDEA）等，醇胺类化合物的分子结构中至少包含有一个羟基和一个氨基。醇胺的物理化学性质如表 4.3 所示。

表 4.3 主要醇胺的物理化学性质

醇胺	MEA	DEA	TEA	DGA	DIPA	MDEA
分子式	$HOC_2H_4NH_2$	$(HOC_2H_4)_2NH$	$(HOC_2H_4)_3N$	$H(OC_2H_4)_2NH_2$	$(HOC_3H_6)_2NH$	$(HOC_2H_4)_2NCH_3$
分子量	61.08	105.14	148.19	105.14	133.19	119.16
沸点（101.3kPa）℃	170.5	269（分解）	360（分解）	221	248.7	247

续表

醇胺	MEA	DEA	TEA	DGA	DIPA	MDEA
凝固点，℃	10.5	28.0	22.4	−12.5	42	−23
临界压力，kPa	5985	3273	2448	3772	3770	3877.5
临界温度，℃	350	442	514	403	109	322.03
密度（20℃）kg/m^3	1018	1095	1124	1058（15.6℃）	999（30℃）	1042.6
相对密度（20℃/20℃）	1.0179	1.0919（30℃/20℃）	1.1258	1.0572	0.989（45℃/20℃）	1.0418
比热容（15.6℃）kJ/(kg·℃)	2.55（20℃）	2.512	2.931	2.391	2.889（30℃）	2.24
热导率（20℃）W/(m·℃)	0.256	0.220	—	0.209	—	0.275
汽化热（101.3kPa）kJ/kg	419	670（9.73kPa）	535	510	430	476
反应热，kJ/kg　H_2S　CO_2	−1905　−1920	−1190　−1510	−930　−1465	−1568　−1977	−1140　−2180	−1050　−1420
黏度，mPa·s	24.1（20℃）	350（20℃）（90%溶液）	1013（20℃）（95%溶液）	40（15.6℃）	870（30℃）198（45℃）86（54℃）	1.01（20℃）33.8（40℃）
折射率 n_D^{20}	1.4539	1.4776	1.4852	1.4598	1.4542（45℃）	1.469
闪点（开杯），℃	93.3	138	185	127	124	129.4
Antoine 方程常数　A　B　C	8.02401　1921.6　203.3	8.12303　2315.46　173.3	9.6586　4055.05　237.67	8.6211　2721.1　249.54	9.8698　3600.3　265.54	16.23　7456.8　311.71

醇胺类物质是无色透明并略有刺激性气味的液体。除 TEA 外，其他醇胺均可视为化学稳定的物质，因为它们在加热到其沸点时不分解，TEA 在低于其正常沸点 360℃时分解。

估算各种醇胺蒸气压的 Antoine 方程式为：

$$\lg p = A - \frac{B}{T+C} \tag{4.1}$$

式中　p——蒸气压，mmHg❶；

T——温度，℃；

A，B，C——Antoine 方程常数，由表 4.3 查知。

醇胺—水混合物的蒸气压可按理想溶液性质计算。水的 Antoine 方程常数是 $A=7.96681$，$B=1668.201$，$C=228.000$。醇胺溶液的蒸气压也可查相关手册获取。

---

❶ 1mmHg=133.3224Pa。

4.2.1.2 醇胺与 H_2S、CO_2 的主要化学反应

醇胺类化合物中的羟基能够降低化合物的蒸气压,并增加其在水中的溶解度;而氨基则在水溶液中提供了所需的碱度,以促进对酸气组分的吸收。当醇胺水溶液用来吸收 H_2S 与 CO_2 时,所发生的主要反应如下:

伯胺
$$RNH_2 + H_2S \rightleftharpoons RNH_3^+ + HS^- \quad \text{瞬间反应} \quad (4.2)$$
$$2RNH_2 + CO_2 \rightleftharpoons RNH_3^+ + RNHCOO^- \quad \text{中速反应} \quad (4.3)$$
$$RNH_2 + CO_2 + H_2O \rightleftharpoons RNH_3^+ + HCO_3^- \quad \text{慢反应} \quad (4.4)$$

仲胺
$$R_2NH + H_2S \rightleftharpoons R_2NH_2^+ + HS^- \quad \text{瞬间反应} \quad (4.5)$$
$$2R_2NH + CO_2 \rightleftharpoons R_2NH_2^+ + R_2NCOO^- \quad \text{中速反应} \quad (4.6)$$
$$R_2NH + CO_2 + H_2O \rightleftharpoons R_2NH_2^+ + HCO_3^- \quad \text{慢反应} \quad (4.7)$$

叔胺
$$R_2R'N + H_2S \rightleftharpoons R_2R'NH^+ + HS^- \quad \text{瞬间反应} \quad (4.8)$$
$$R_2R'N + CO_2 \quad \text{不反应} \quad (4.9)$$
$$R_2R'N + CO_2 + H_2O \rightleftharpoons R_2R'NH^+ + HCO_3^- \quad \text{慢反应} \quad (4.10)$$

由上述反应方程式可看出,醇胺法脱酸气原理基本类似,主要反应均为可逆反应。在吸收塔中反应平衡向右移动,天然气中的酸性组分被脱除;在解吸塔中平衡向左移动,溶剂释放出酸性组分而再生。

各种醇胺与 H_2S 之间的反应属瞬间反应,其反应速率均明显高于气相 H_2S 的扩散速率,吸收过程属于气膜控制过程。但醇胺与 CO_2 的反应要复杂得多,伯胺、仲胺既能进行直接与 CO_2 生成氨基甲酸盐的中速反应,又能进行与 CO_2 和水生成碳酸氢盐的慢反应;而叔胺由于氮原子上无氢质子相连,故仅能进行生成碳酸氢盐的慢反应,醇胺吸收 CO_2 的过程属于液膜控制过程。因此,叔胺与 H_2S、CO_2 在反应速率上的巨大差异是产生选择性吸收 H_2S 的动力学基础。

4.2.1.3 醇胺溶剂性能比较

1. 一乙醇胺

早期的净化装置都以一乙醇胺(MEA)为溶剂,可同时脱除 H_2S 和 CO_2,因而没有选择性。MEA 是各种醇胺中最强的碱,与酸气反应最迅速,很容易将天然气中的 H_2S 含量降至国家标准 GB 17820—2018《天然气》规定的 $6mg/m^3$(CHN)以下。在所有的醇胺中,MEA 的分子量最低,在单位质量或单位体积的基础上它具有最大的酸气负荷,故脱除一定量的酸气所需要循环的溶液较少。

MEA 的缺点是容易发泡及降解变质,在净化过程中 MEA 和原料气中的 CO_2 会发生副反应而生成难以再生的噁唑烷酮等降解产物,导致部分溶剂丧失脱硫能力;MEA 与羰基硫(COS)、二硫化碳(CS_2)的反应也是不可逆的,因而会造成溶剂损失和反应生成的固体产物在溶液中的积累。同时,MEA 的再生温度较高,再生塔底温度一般在 121℃以上,导致再生系统腐蚀严重,在高酸气负荷下则更为严重。因此,一般采用质量分数为约 15% 的 MEA 溶液,最高也不超过 20%,且酸气负荷也仅取 0.3 左右。MEA 比其他醇胺具有更高的蒸气压,蒸发损失量大,通常需借助水洗的方法来降低损失。同时需要设置能使降解产物

分解的复活釜。

2. 二乙醇胺

二乙醇胺（DEA）属仲胺，对天然气中的 H_2S 和 CO_2 基本上也无选择性。与 COS、CS_2 的反应速率比 MEA 慢，得到的产物也不同，它与有机化合物反应造成的溶剂损失量小。因此，DEA 适用于炼厂气、人造煤气和有机硫化物含量高的原料气。DEA 与 H_2S、CO_2 的反应热小，溶液再生所需热量较少，且比 MEA 蒸气压低，蒸发损失较小。

用 DEA 法降低 H_2S 浓度到管输要求有时会遇到困难，然而，改良的 DEA 法（SNPA-DEA）能将 H_2S 脱除到大约 $2.3mg/m^3$ 的水平。在合理地选择材质并使用缓蚀剂的情况下，DEA 水溶液的质量分数可提高至 55%，酸气负荷也可达到 0.7 以上，从而可大幅度降低溶液循环量。

3. 三乙醇胺

虽然三乙醇胺（TEA）是第一个获得工业应用的醇胺法脱硫试剂，但在很大程度上它已被 MEA、DEA 或 DGA 所代替。作为叔胺，TEA 与 H_2S 和 CO_2 的反应性显得较差，目前很少把 TEA 用在工业规模的天然气脱硫上。

4. 二甘醇胺

二甘醇胺（DGA）即 β,β'-羟基氨基乙醚，属于伯胺，具有高反应性、低平衡分压等优点，可在压力低于 0.86MPa 时将气体中的 H_2S 脱除至 $5.7mg/m^3$。DGA 不仅可脱除气体和液体中的 H_2S 和 CO_2，而且可脱除 COS 和 RSH。

与 MEA 相比，DGA 具有以下特点：溶液质量分数高达 50%~70%，循环量相应降低而获得节能效果；H_2S 净化度高，即使贫液温度高达 54℃ 也可保证 H_2S 的净化度，因此溶液冷却可仅使用空冷而不用水冷，故适合于沙漠及干旱地区；溶液的凝固点低于 -40℃，适用于寒冷地区。

此外，DGA 降解反应速率快，而且对重烃、芳香烃的溶解能力强。因此，在 DGA 脱硫脱碳装置的设计中需要采用复活釜以及活性炭过滤器。

5. 二异丙醇胺

二异丙醇胺（DIPA）属于仲胺，对 H_2S 有一定的选择性，用 DIPA 处理天然气能够达到净化气的管输要求，DIPA 也可用于从液化石油气中脱除 H_2S 和 COS。

与 MEA 相比，DIPA 主要有以下优点：富液容易再生；较 MEA 稳定，不被 COS 和 CS_2 所降解，与 CO_2 发生降解反应的速率缓慢，副反应可逆，且副反应产物在再生温度下可分解；腐蚀能力较弱。

通常 DIPA 与环丁砜复合使用（Sufinol-D），兼有物理吸收和化学吸收的优点，特别适用于有机硫含量高的天然气的净化。

6. 甲基二乙醇胺

甲基二乙醇胺（MDEA）属于叔胺，在 CO_2 存在条件下，可选择性脱除 H_2S 以符合净化气的质量指标。但是，若净化气中的 CO_2 含量超过允许值，则需进一步处理。

与 MEA 相比，MDEA 具有以下特点：对 H_2S 具有选择性脱除能力，因脱除的酸气量减少可使溶液循环量和再生系统的热负荷降低；脱除的酸气中 H_2S 和 CO_2 的浓度大，有利于硫黄回收；溶液的发泡倾向和腐蚀性均低于 MEA 和 DEA；可采用较高的气液比，提高装置的处理能力；化学稳定性好，溶剂不易变质；溶液的质量分数可达 50% 以上，酸气负荷可达 0.5~0.6。

此外，MDEA 与 CO_2 的反应是反应热较小的酸碱反应，再生时需要的热量较少，因而用于大量脱除 CO_2 是很理想的，这也是一些适用于大量脱除 CO_2 的配方溶液的主剂是 MDEA 的原因所在。

MDEA 既可单独使用，亦可与环丁砜合并使用（Sulfinol - M）。MDEA 法对于净化低含硫、高碳硫比、高含有机硫的天然气是目前最为优秀的方法。

7. 配方型醇胺溶液

配方型醇胺溶液是一种新型的醇胺溶液系列，与大多数醇胺溶液相比，采用配方型醇胺溶液可减小设备尺寸和降低能耗。目前，常见的配方型醇胺溶液产品有 Dow 化学公司的 Gas/Spec^{TM}、Union Carbide 公司的 Ucarsol^{TM}、Huntsman 公司的 Hextreat^{TM} 等。

配方型醇胺溶液通常具有比 MDEA 更好的优越性，有的配方型醇胺溶液可选择性地脱除 H_2S 低至 4×10^{-6}（体积分数），而只脱除少部分 CO_2；有的配方型醇胺溶液则可深度脱除 CO_2 以满足深冷分离工艺的需要；有的配方型醇胺溶液还可在选择性脱除 H_2S 低至 4×10^{-6}（体积分数）的同时，将高含 CO_2 气体中的 CO_2 脱除至 2%。特别是在"碳捕集"方面具有应用场境。

8. 空间位阻胺

所谓空间位阻胺是指在氮原子上带有一个或多个具有空间位阻结构的非链状取代基团的醇胺类化合物。空间位阻胺具有较高的沸点、良好的水溶性，且具有与 H_2S 反应的良好活性。

美国 Exxon 公司开发了一系列牌号为 Flexsorb 的空间位阻胺溶剂，广泛应用于天然气脱硫脱碳，现有 Flexsorb SE、Flexsorb SE＋、Flexsorb SE（混合）、Flexsorb PS 和 Flexsorb HP 等 5 个产品牌号。其中，Flexsorb SE、Flexsorb SE＋主要用于选择性脱硫；Flexsorb SE（混合）由 SE 空间位阻胺、水和物理溶剂混合组成，可选择性脱除 H_2S，并可兼脱有机硫；Flexsorb PS 由空间位阻胺和物理溶剂混合而成，主要用于脱硫脱碳；Flexsorb HP 是含有空间位阻胺促进剂的热碳酸钾溶液，主要用于合成气脱碳。

关于主要醇胺法工艺的指导原则如表 4.4 所示。可用于天然气脱硫的设计参考。

表 4.4 醇胺法工艺的指导原则[①]

	MEA	DEA	DGA	Sulfinol	MDEA
酸气吸收能力，$m^3/100L$ 在 38℃，正常范围[②]	2.3～3.2	5.0～5.6	3.5～5.4	3.0～12.75	2.2～5.6
酸气吸收能力，mol/mol 胺，正常范围[③]	0.33～0.40	0.20～0.80	0.25～0.38	NA	0.2～0.80
贫液酸气，mol/mol 胺，正常范围[④]	0.12±	0.01±	0.06±	NA	0.005～0.01
富液酸气负荷，mol/mol 胺，正常范围[③]	0.45～0.52	0.21～0.81	0.35～0.44	NA	0.20～0.81
最大溶液质量浓度（质量分数），%	25	40	60	3 组分可变	65
重沸器近似热负荷，kJ/L 贫液[⑤]	280～335	235～280	300～360	100～210	220～250
蒸汽加热重沸器管束，近似平均热通量，$Q/A = MJ/(h\cdot m^2)$[⑥]	100～115	75～85	100～115	100～115	75～85

续表

	MEA	DEA	DGA	Sulfinol	MDEA
明火加热重沸器火管，平均热通量 (Q/A)，$MJ/(h \cdot m^2)$⑥	90～115	75～85	90～115	90～115	75～85
复活釜，蒸汽管束或火管，平均热通量 (Q/A)，$MJ/(h \cdot m^2)$⑥	70～90	NA⑦	70～90	NA	NA⑦
重沸器温度，正常操作范围，℃⑧	107～127	110～121	121～127	110～138	110～127
反应热⑨；估计： $kJ/kg\ H_2S$ $kJ/kg\ CO_2$	1420 1920	1290 1700	1570 2000	N/A N/A	1230 1425

NA：指没有应用或不可用的

① 这些数据不可为了特定设计目的单独使用。在实际装置设计中必须考虑许多具体设计因素。
② 取决于酸气的分压和溶液浓度。
③ 取决于酸气的分压和溶液的腐蚀性，对于腐蚀体系而言仅为60%或更低的值。
④ 随着再生塔顶部回流比而变。低残余酸气量需要更多的再生塔塔盘及/或更高的回流比而导致更大的重沸器负荷。
⑤ 随着再生塔顶部回流比、富液入再生塔温度和再沸器温度而变化。
⑥ 在明火火管的进口最高燃烧温度下最大热流达 $230～285MJ/(hm^2)$，火管加热部分最满意的设计是使用了一个利用基于所期望热效率的逐区计算。并且控制最高管壁温度以防止溶液的热降解，平均热通量 (Q/A) 就是这些计算的结果。
⑦ 复活釜在 DEA 和 MDEA 系统中不使用。
⑧ 重沸器温度取决于溶液浓度。火炬和排空管线背压和/或所要求残余 CO_2 浓度量，重沸器在尽可能低的温度度下操作。
⑨ 反应热随着酸气负荷、溶液浓度发生变化，这里取的均值。

4.2.2 醇胺法工艺流程

醇胺法脱硫脱碳工艺是基于醇胺与酸性组分（H_2S、CO_2）的反应设置的，在加压及常温条件下，醇胺溶液吸收天然气中的酸性组分，在低压高温条件下使醇胺溶液吸收的酸性组分释放，再生后的醇胺溶液循环使用。

4.2.2.1 基本流程

采用醇胺法脱除酸性组分的基本工艺流程如图4.1所示。

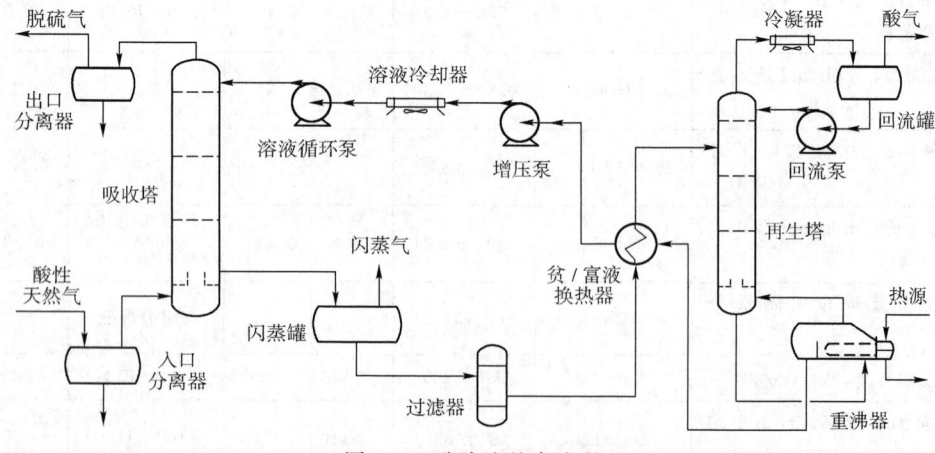

图 4.1 醇胺法基本流程

醇胺法工艺的基本流程主要由吸收、闪蒸、换热和再生四部分构成。其主要设备有入口分离器、吸收塔、再生塔、闪蒸罐、过滤器和换热器等。吸收塔的结构图可参见第5章的图5.13。

含酸性组分的天然气经入口分离器除去液固杂质后进入吸收塔底部，由下而上与醇胺溶液逆流接触，脱除其中的酸性组分。达到净化要求的净化气离开吸收塔顶部，经出口分离器除去携带的醇胺液滴后出装置。吸收了酸性组分的醇胺溶液（通常称为富液）由吸收塔底部流出后降至一定压力进入闪蒸罐，使富液中溶解和夹带的烃类闪蒸出来，闪蒸气可用作装置的燃料气。闪蒸后的富液经过滤器后进入贫/富液换热器，与已完成再生的热醇胺溶液（简称贫液）换热而被加热，然后进入在低压下操作的再生塔顶部。

在再生塔中，富液首先在塔顶闪蒸出部分酸性组分，然后自上而下流动，与在重沸器中加热汽化的气体（主要为水蒸气）接触，将溶液中其余的酸性组分进一步气提出来。因此，出再生塔的溶液为贫液，只含有少量未汽提出的残余酸性组分。离开重沸器的热贫液经贫/富液换热器回收热量后，再经溶液冷却器进一步冷却至适当温度，然后由溶液循环泵送至吸收塔顶部，完成溶液循环。

离开再生塔顶部的酸性组分和水蒸气进入冷凝器，以冷凝分出大部分水蒸气；冷凝液作为回流返回再生塔顶部，以回收被酸性气流带出的醇胺蒸气。酸气送至硫黄回收装置或其他气体处理设施进一步处理（如火炬）。

对于溶剂会与有机硫、CO_2发生反应而生成盐的醇胺法（如MEA等）还需要在再生塔底重沸器旁设置复活釜。

4.2.2.2 分流循环流程

当原料天然气中酸性气体分压较高时，为了降低重沸器的水蒸气消耗，可考虑采用分流循环流程，如图4.2所示。

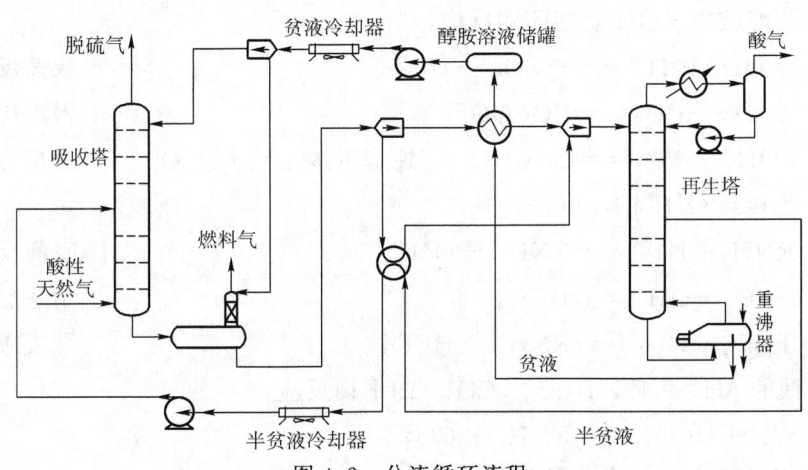

图4.2 分流循环流程

在图4.2中，由再生塔中部抽出部分半贫液（已在塔内气提出绝大部分酸性组分但尚未在重沸器中进一步气提的溶液）经冷却后送入吸收塔的中部某个位置，而经过重沸器后的贫液仍送至吸收塔顶部以完成溶液循环。尽管分流循环工艺更复杂，但对酸性组分含量高的天然气处理却可显著降低能耗。

此外，吸收塔上部的直径也可以比下部显著减小，进入吸收塔中部的贫液也不需要冷却到进入塔顶的贫液那么低的温度，从而可以减少热交换器的面积。

4.2.3 选择性脱硫

醇胺法脱硫常规工艺包括 MEA、DEA、DGA 等，这些溶液在有 H_2S 和 CO_2 共存时，没有选择性或基本没有选择。而选择性脱硫是指在天然气中同时存在 H_2S 和 CO_2 的条件下，几乎完全脱除 H_2S 而仅吸收部分 CO_2 的工艺。能够实现选择性脱硫的醇胺法称为选择性醇胺法。

自 20 世纪 80 年代以来，以 MDEA 为代表的选择性脱硫工艺获得了广泛应用，形成了以 MDEA 为主剂的不同溶液体系，包括 MDEA 水溶液（传统 MDEA 溶液）、MDEA 和物理溶剂的混合溶液、MDEA 配方溶液、活化 MDEA 溶液以及混合醇胺溶液等。此外，一些空间位阻胺也具有良好的选择性脱硫能力。这些选择性脱硫方法的使用，在同时含有 H_2S 和 CO_2 的原料气中选择性地脱除 H_2S，将相当量的 CO_2 保留在净化气中，不仅节能效果明显，而且极大地改善了酸气质量，为 Claus 硫黄回收创造了优良的条件。

4.2.3.1 选择性脱硫的理论基础

1. 反应机理

应用于天然气净化的各种醇胺，它们与 H_2S 的反应均可以认为是瞬间反应。根据气液传质的双膜理论，此反应在近界面处液膜内极窄的表面即可完成，且在界面和液相中处处都达到平衡。但醇胺与 CO_2 的反应则情况不同，它们之间大致存在以下 5 类平衡反应。

（1）CO_2 与醇胺溶液中 H_2O 的反应：

$$CO_2 + H_2O \rightleftharpoons H^+ + HCO_3^- \qquad \text{慢反应} \qquad (4.11)$$

$$RNH_2 + H^+ \rightleftharpoons RNH_3^+ \qquad \text{瞬间反应} \qquad (4.12)$$

$$RNH_2 + CO_2 + H_2O \rightleftharpoons RNH_3^+ + HCO_3^- \qquad \text{总反应} \qquad (4.13)$$

（2）CO_2 与醇胺中 $-OH$ 功能团的反应：

$$-C-OH + OH^- \rightleftharpoons -CO^- + H_2O \qquad \text{快速反应} \qquad (4.14)$$

$$-CO^- + CO_2 \rightleftharpoons COCOO^- \qquad \text{慢反应} \qquad (4.15)$$

$$-C-OH + OH^- + CO_2 \rightleftharpoons COCOO^- \text{（烷基甲酸盐）} + H_2O \qquad \text{总反应} \qquad (4.16)$$

（3）CO_2 直接与 OH^- 的反应：

$$RNH_2 + H_2O \rightleftharpoons RNH_3^+ + OH^- \qquad \text{瞬间反应} \qquad (4.17)$$

$$CO_2 + OH^- \rightleftharpoons HCO_3^- \qquad \text{中速反应} \qquad (4.18)$$

$$RNH_2 + CO_2 + H_2O \rightleftharpoons RNH_3^+ + HCO_3^- \qquad \text{总反应} \qquad (4.19)$$

（4）当溶液的 pH>9 时，HCO_3^-/CO_3^{2-} 的平衡反应：

$$RNH_2 + HCO_3^- \rightleftharpoons RNH_3^+ + CO_3^{2-} \qquad (4.20)$$

（5）CO_2 与醇胺分子中活泼 H 原子的反应：

$$CO_2 + RNH_2 \rightleftharpoons H^+ + RNHCOO^- \qquad \text{快速反应} \qquad (4.21)$$

$$H^+ + RNH_2 \rightleftharpoons RNH_3^+ \qquad \text{瞬间反应} \qquad (4.22)$$

$$CO_2 + 2RNH_2 \rightleftharpoons RNH_3^+ + RNHCOO^- \text{（氨基甲酸酯）} \qquad \text{总反应} \qquad (4.23)$$

上述 5 类反应中，CO_2 与 H_2O 的总反应和 CO_2 与 OH^- 的总反应方程虽然相同，但反应机理完全不同。从反应速率看，CO_2 与 H_2O 的反应是慢反应，而 CO_2 与 OH^- 的反应则是中速反应。

从上述反应机理可以看出，对伯胺、仲胺而言，主要经过 CO_2 与活泼 H 原子这个快速反应来吸收 CO_2 而生成氨基甲酸酯，对 H_2S 和 CO_2 没有选择性。但 MDEA 是叔胺，因分子中不存在活泼 H 原子，故不存在这个反应。MDEA 对 CO_2 的吸收速率取决于 HCO_3^-/CO_2 的平衡反应，而该反应的控制步骤又在于 CO_2 与 H_2O 反应的慢反应。

2. 热力学选择性和动力学选择性

采用醇胺溶液吸收天然气中的 H_2S、CO_2 等酸性组分时，首先是酸性组分溶解于水（物理溶剂）中，然后再进行各种化学反应。因此，酸性组分总溶解量为物理溶解量与化学消耗量之和。

在稀溶液时，根据亨利定律，一定温度下气体在水中的平衡溶解度与其分压成正比：

$$E = \frac{p^*}{\alpha} \tag{4.24}$$

式中　　p^*——酸性组分的平衡分压，kPa；

　　　　E——亨利系数，kPa；

　　　　α——酸性组分在液相中的平衡溶解度，mol/mol。

一定温度下，H_2S 和 CO_2 在水中溶解的热力学选择性可用下式表达：

$$S_T = \frac{E_C}{E_S} = \frac{p_C^* \cdot \alpha_S}{p_S^* \cdot \alpha_C} \tag{4.25}$$

式中　　S_T——一定温度下水对 H_2S 和 CO_2 吸收的热力学选择性，若 $S_T>1$ 表明在分压相同时，H_2S 在水中的平衡溶解度大于 CO_2 在水中的平衡溶解度；

　　　　E_C——CO_2 的亨利系数，kPa；

　　　　E_S——H_2S 的亨利系数，kPa；

　　　　p_C^*——CO_2 的平衡分压，kPa；

　　　　p_S^*——H_2S 的平衡分压，kPa；

　　　　α_C——CO_2 在液相中的平衡溶解度，mol/mol；

　　　　α_S——H_2S 在液相中的平衡溶解度，mol/mol。

当用 MDEA 水溶液吸收含 H_2S 和 CO_2 的天然气时，溶液的热力学选择性将受 MDEA 与 CO_2 反应的平衡常数的影响而发生变化。对于 $H_2S—CO_2—MDEA—H_2O$ 反应体系，液相中总是存在以下反应：

$$H_2S + HCO_3^- \rightleftharpoons HS^- + CO_2 + H_2O$$

上述反应的平衡常数（K_{CS}）可视为由以下两个部分构成：

$$K_S = \frac{[HS^-][H^+]}{[H_2S]} \tag{4.26}$$

$$K_C = \frac{[HCO_3^-][H^+]}{[CO_2]} \tag{4.27}$$

则有

$$K_{CS} = K_S/K_C = \frac{[HS^-]}{[HCO_3^-]} \cdot \frac{p_C^*}{p_S^*} \cdot \frac{E_S}{E_C} \tag{4.28}$$

又因

$$[HS^-] \approx m\alpha_S \tag{4.29}$$

$$[HCO_3^-] = m\alpha_C \tag{4.30}$$

式中 m——醇胺溶液的浓度，mol/L。

结合式(4.28)和式(4.25)，得到 S_T 的表达式为：

$$S_T \leqslant \frac{E_C}{E_S} \cdot K_{CS} \tag{4.31}$$

动力学上的选择性源自 MDEA 与 H_2S 和 CO_2 反应速率上的巨大差别。醇胺与 H_2S 的反应都可视为瞬间反应；MEA、DEA 主要通过生成氨基甲酸酯的反应来吸收 CO_2，是快速反应，对 H_2S 和 CO_2 基本上无选择性；但 MDEA 是通过 HCO_3^-/CO_3^{2-} 的平衡反应来吸收 CO_2，其控制步骤是 CO_2 与 H_2O 反应生成 HCO_3^- 的慢反应。

因此，当 MDEA 水溶液与同时含有 H_2S、CO_2 的天然气接触时，MDEA 和 H_2S 的反应是受气膜控制的瞬间反应，而与 CO_2 的反应则是接近于物理吸收的慢反应，这种反应速率上的巨大差别构成了选择性吸收的基础。若再控制吸收反应的气液比和气液接触方式、塔板数等，还可以更进一步从动力学上改善对 H_2S 的选择性吸收效果。

4.2.3.2 MDEA 配方溶液

MDEA 配方溶液是一种高效气体脱硫脱碳溶液，以 MDEA 为主剂，加入少量的一种或几种助剂来增加或抑制 MDEA 吸收 CO_2 的动力学性能而形成"MDEA+"系列。因此，有的 MDEA 配方溶液可比 MDEA 具有更好的脱硫选择性，有的 MDEA 配方溶液可比其他醇胺溶液具有更好的脱除 CO_2 的效果从而找到更适合的应用场境。

1. MDEA 配方溶液及特点

世界上首例 MDEA 配方溶液是美国 Union Carbide 公司开发的 Ucarsol HS，已发展成为系列产品，部分产品名称、用途及特点见表 4.5，此后又开发了主要用于脱除 CO_2 的 CR 系列的多种配方溶液，如表 4.6 所示。美国 Dow 化学公司也开发了类似的配方溶液，如 Gas/Spec SS 及 CS 系列溶液。

表 4.5 Ucarsol HS 系列溶液用于选择性脱除 H_2S

产品名称	用途	特点
HS-101	天然气、炼厂气、LPG 和尾气	通用型选择性脱 H_2S 溶液，其选择性高于 MDEA
HS-102	低压、高温天然气	用于低压（<0.7MPa）或高温天然气，处理后 H_2S 含量可小于 4×10^{-6}（体积分数）
HS-103	Claus 硫黄回收尾气	处理后 H_2S 含量可小于 10×10^{-6}（体积分数），其选择性高于 MDEA
HS-104	含 COS 天然气、炼厂气和尾气	同时脱 COS 的通用型选择性脱 H_2S 溶液，处理后 H_2S 含量可小于 10×10^{-6}（体积分数）
HS-111	高 CO_2/H_2S 比的天然气、炼厂气	选择性高于 HS-101
HS-115	炼厂含烯烃的 LPG、天然气	减少 LPG 溶解，CO_2 脱除率低于 MDEA

表 4.6　Ucarsol CR 系列配方溶液用于脱除 CO_2

产品名称	用途	特点
CR-301	天然气	用于深度脱除 CO_2，处理后 CO_2 含量可小于 0.1%（体积分数）
CR-302	高含 CO_2 的天然气	可控制 CO_2 脱除率
CR-303	低压、高温天然气	可控制 CO_2 脱除率，同时处理后 H_2S 含量可小于 10×10^{-6}（体积分数）
CR-421	合成气	CO_2 脱至小于 100×10^{-6}（体积分数）
CR-402 CR-422	去深冷分离的天然气	用于 LNG 生产和深冷 NGL 回收中对天然气中的 CO_2 脱除要求

中国石油西南油气田分公司天然气研究院开发的 CT8 系列配方溶液也是以 MDEA 为主剂的配方溶液，其性能与 Ucarsol 溶液的 HS 系列和 CR 系列相当，如表 4.7 所示。HS 系列在 MDEA 溶剂中加入适量能抑制 MDEA 与 CO_2 反应速率的添加剂，在保证净化气中 H_2S 指标合格的前提下，提高溶液的脱硫选择性，并辅助加入微量消泡剂、缓蚀剂和抗氧化剂来改善溶液的操作稳定性。

表 4.7　CT8-系列工艺溶液牌号及其适用范围

溶剂牌号	适用范围
CT8-5	以 MDEA 为主要组分，加入少量改性添加剂的配方脱硫溶液，提高了 MDEA 水溶液脱硫选择性、抗发泡性及抗氧化性能，主要用于选择性脱硫
CT8-9	以 MDEA 水溶液为基础，加入适量的添加剂复配而成的混合胺溶剂，可使 CO_2 脱除量在 30%～90% 范围内进行调节，主要用于提高脱碳能力
CT8-11	以 MDEA 水溶液为基础，加入其他助剂、溶剂等添加剂而形成的配方溶液，有机硫脱除性能优异，主要用于含有机硫较高的 LPG 脱硫
CT8-16	采用位阻胺选择性脱硫配方溶液，主要用于选择性脱硫
CT8-20	以 MDEA 水溶液为基础的配方溶液，主要用于从高含 H_2S 和 CO_2 的气体中脱硫脱碳及有机硫
CT8-21	采用物理溶剂，主要用于从高含 H_2S 和 CO_2 的气体中脱硫及有机硫
CT8-23	以 MDEA 水溶液为基础的配方溶液，主要用于从高含 H_2S 和 CO_2 的气体中脱硫脱碳及有机硫，特别是深度脱碳

2. 工业应用

与 MDEA 水溶液和其他醇胺溶液相比，采用合适的 MDEA 配方溶液脱硫脱碳可明显降低溶液循环量和装置能耗。因此，MDEA 配方溶液是近年来广泛采用的一类气体脱硫脱碳溶液。

重庆天然气净化总厂长寿分厂的天然气脱硫装置设计处理量为 $400\times10^4 m^3/d$，操作压力为 3.4MPa，原料气组成为：H_2S 0.20%，CO_2 1.52%。原设计使用 MDEA 水溶液选择性脱硫，后在流程和设备不作任何改动的情况下使用了脱硫选择性更好的 MDEA 配方溶液（CT8-5），可使酸气中 H_2S 含量由采用 MDEA 水溶液时的 30.48%（计算值）提高至 39.04%，再生水蒸气用量下降 10%，装置投产一次成功，1998 年开工以来运转平稳。

长庆气田第三天然气净化厂所处理的原料气中 CO_2 和 H_2S 含量分别为 5.286% 和 0.028%，CO_2/H_2S 之比高达 188.8，要求采用既可大量脱除 CO_2，又可深度脱除 H_2S 的脱硫脱碳溶液，因此在工艺上选用适合该要求的 MDEA 配方溶液脱硫脱碳。其装置于 2003 年年底建成投产，工艺流程如图 4.3 所示。装置设计处理量为 $300\times10^4 m^3/d$，操作压力为 5.5MPa，操作温度为 26.6℃。出装置净化气中 H_2S 含量约为 $0.38mg/m^3$，CO_2 含量降至 2.418%（体积分数）。

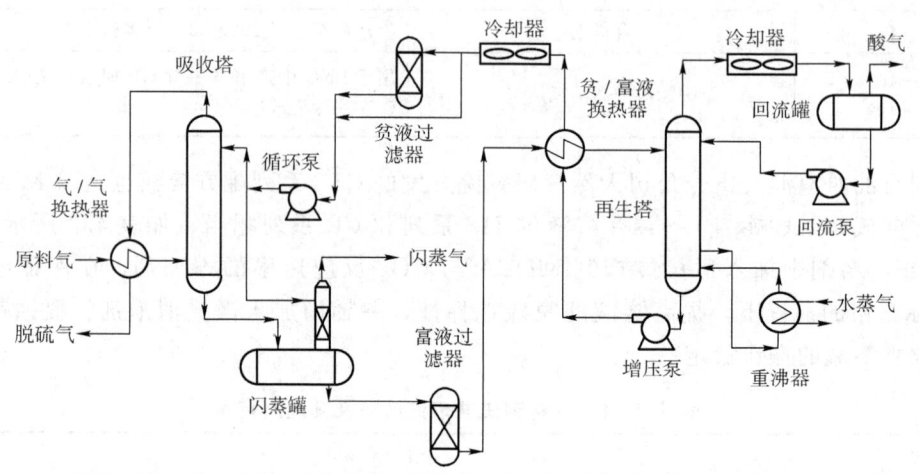

图 4.3 长庆气田第三天然气净化厂脱硫脱碳装置工艺流程

4.2.3.3 砜胺溶液

砜胺溶液由物理溶剂和化学溶剂复配构成。物理溶剂是环丁砜，化学溶剂可以用任何一种醇胺化合物，常用的是二异丙醇胺（DIPA）和甲基二乙醇胺（MDEA）。

采用砜胺溶液的选择性吸收工艺兼有物理吸收法和化学吸收法的优点，溶液的酸气负荷几乎正比于气相中酸气的分压，处理高酸气分压的气体时，砜胺溶液比醇胺溶液有更高的酸气负荷，净化气中酸气组分含量低，较易达到气质标准。

1. 砜胺溶液的组成

砜胺溶液是由环丁砜（物理溶剂）、醇胺溶液（DIPA 或 MDEA 等化学溶剂）和水组成的三元复配溶液体系，环丁砜（$C_4H_8SO_2$）是无色透明液体，对水、酸、碱、氧稳定，在 220℃以下有很好的热稳定性，溶于水，不易挥发、无毒、不易燃，具有溶解性强、选择性好的特点。

国外在砜胺法的发展过程中，曾经试用过 MEA、DEA 和 DIPA 作化学溶剂，工业化后几乎全部使用 DIPA，主要原因是 DIPA 对设备的腐蚀最轻微，不易变质和发泡，反应热低等。目前具有选择性脱硫的 MDEA 很大程度上代替了砜胺溶液中的 DIPA。

工业上砜胺溶液的质量组成通常为：环丁砜 35%～45%，DIPA 或 MDEA 40%～55%，水 10%～15%，多数情况下砜：醇胺：水＝40：45：15。溶液含水量过少，再生困难，溶液黏度大，导致换热设备效果变差，而且与酸性气体同时被吸收的烃类量也随溶液水含量的减少而增加，因此溶液中水含量不应低于 10%。但是溶液中水含量过高容易引起发泡，一般认为水含量的上限为 25%。醇胺的含量主要取决于溶液的酸气负荷，原料气酸气组分含量高则要求溶液中醇胺的含量也相应高些，以免溶液循环量过大。若要求脱除有机硫化合物,则吸收塔应有足够多的塔板数,同时环丁砜含量越高,脱除有机硫的效果也越好。

2. 砜胺法的主要优缺点

以环丁砜与 DIPA 或 MDEA 水溶液作溶剂的砜胺法,即 Sulfinol 法。环丁砜—二异丙醇胺体系称为 Sulfinol-D(砜胺Ⅱ型),环丁砜—甲基二乙醇胺体系称为 Sulfinol-M(砜胺Ⅲ型),后者的选择性优于前者。

1) 优点

(1) 酸气负荷高。与醇胺溶液比较,砜胺溶液用环丁砜代替醇胺溶液中的一部分水,环丁砜是 H_2S 的良好吸收剂,在其他条件相同时,H_2S 在环丁砜中的溶解度比在水中的溶解度大得多,所以砜胺溶液比醇胺溶液有较高的酸气负荷。图 4.4 中砜胺溶液的平衡吸收曲线代表了物理吸收和化学吸收两种作用的总和:在 H_2S 分压低时,平衡吸收量随分压的变化不明显,表明化学吸收起主导作用;随着 H_2S 分压升高,物理吸收作用迅速增大。在相当宽的 H_2S 分压范围内,砜胺溶液的酸气负荷均超过 MEA 溶液。砜胺溶液在操作条件下允许采取的吸收量,可以达到平衡吸收量的 90% 左右。酸气分压对砜胺法在操作条件下能达到的酸气负荷有影响,随着酸气分压增高,溶液的酸气负荷成倍增加,最高可达 $120m^3/m^3$。但是为了保证净化气符合管输标准,富砜胺溶液中酸气含量一般不大于 $40m^3/m^3$。同时在大致相同的分压下,溶液对 H_2S 的吸收能力比 CO_2 大,对 H_2S 的酸气负荷要比 CO_2 高约 70%。

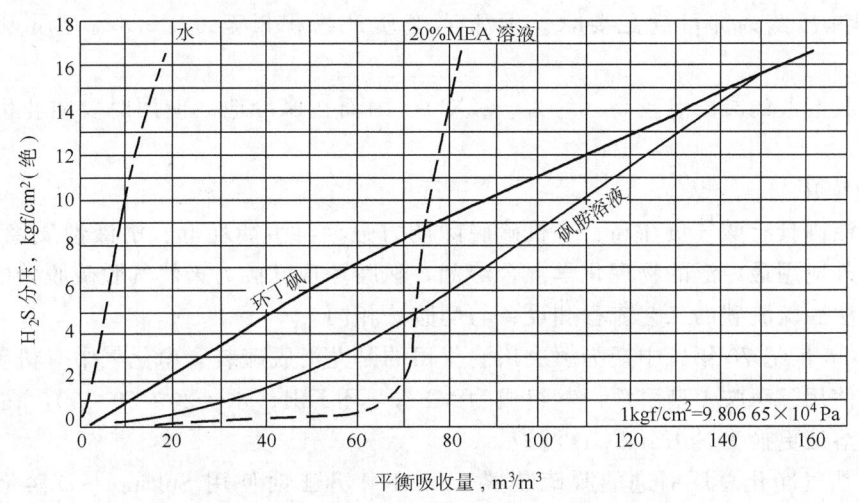

图 4.4 不同溶液中酸性气体的吸收等温线

(2) 消耗指标低。由于砜胺溶液的酸气负荷高,所以相应的溶液循环量就低,一般约为 MEA 法的 50%~70%;砜胺溶液的比热容也比醇胺溶液低,所以砜胺法的水、电和水蒸气等消耗指标均较低。另外,酸气分压升高对砜胺法的消耗指标有很大改善。

(3) 净化度高。与其他物理吸收法相比,砜胺法的净化度高,可以达到常用的管输标准。

(4) 有机硫脱除能力强。砜胺法既可以从天然气中选择性脱除 H_2S,又具有良好的脱除有机硫的能力,脱除效率和操作条件及有机硫的种类有关。

(5) 溶剂损失量小。环丁砜化学性质稳定，不易受热分解，蒸气压低，损失量较少。

(6) 对设备的腐蚀较轻微。实验室和中型装置的试验结果都表明，砜胺溶液的腐蚀情况比 MEA 溶液或 DEA 溶液轻微，所有设备均可选用碳钢，因而投资低。

2) 缺点

(1) 溶液吸收重烃的能力强。与醇胺溶液比较，烃类气体在砜胺溶液中有更大的溶解度，因此，砜胺溶液在吸收塔中吸收酸气时，同时吸收了一部分烃类气体。这些被吸收的烃类气体，除芳烃外，大部分可在闪蒸罐中被释放出来，闪蒸气一般只占进料气的百分之几；闪蒸气可以增压后返回吸收塔，也可和醇胺法一样经过一个低压吸收塔脱除 H_2S 后用作燃料气。在解吸过程中，轻烃解吸效率较重烃高，芳烃解吸效率最低，仅5%。因此，在离开再生塔的酸气中 C_{5+} 烃类相对来说是富集了。对于一般砜胺法气体净化装置，只要选择合适的闪蒸罐操作条件，就可以保证得到的酸气中烃类含量不超过2%，这在处理高 H_2S 含量或高 H_2S/CO_2 比的天然气时，不会严重影响克劳斯装置❶的操作；但是若酸气中 H_2S 含量仅为 20%，2%的烃含量相对来说就过大了，应采取措施降低烃含量。当酸气中烃含量过高时，要求硫黄回收装置燃烧炉的火嘴有特别设计，或者在酸气进硫黄回收装置前用活性炭吸附器脱烃。

(2) 环丁砜是良好的溶剂，泄漏至管线或设备上会溶解油漆，也会溶解铅油等密封材料，故一般常用管子螺纹进行密封。

(3) 砜胺溶液的价格较贵，而且溶液变质产物复活困难。砜胺法中二异丙醇胺变质产物噁唑烷酮可用加碱处理的方法分解。有些砜胺法脱硫装置溶液复活时不进行加碱处理，仅作减压蒸馏即可满足要求。通常当变质产物积累至6%～8%（质量分数）时开始复活。

(4) 砜胺溶液的凝固点较高（约为-22℃），因而在寒冷地区使用时要防止因溶液凝固而堵塞管线。

3. 工业应用

砜胺溶液因具有酸气负荷高、有机硫脱除能力强、再生能耗低、溶液性质稳定等优点，一直是国内外应用最广泛的物理化学混合溶剂，砜胺法现已成为天然气脱硫脱碳的主要方法之一。砜胺法脱硫脱碳的工艺流程和设备与醇胺法相同。

我国在20世纪70年代中期为解决川渝气田的卧龙河脱硫装置净化气中有机硫含量高的问题，首次使用了砜胺Ⅰ型溶液，其组成为 MEA：环丁砜：水＝20：50：30，在1976年又将砜胺Ⅰ型溶液更换为 Sulfinol-D 溶液。

重庆天然气净化总厂引进的脱硫装置，1981年开工时使用 Sulfinol-D 溶液，投产后一直运转平稳。20世纪80年代后期，由于原料天然气中 CO_2 含量大幅度上升，H_2S 含量下降，使该装置的操作工况严重偏离设计值，导致能耗上升。针对此问题于1991将原用的 Sulfinol-D 水溶液改为 Sulfinol-M 水溶液进行了工业试验，原装置的流程和设备均未作改动，考虑到原料气中有机硫含量下降，因而把吸收塔的塔板数由35块减少为23块。工业试验结果表明，在合适的操作条件下，净化气中 H_2S 含量不超过 $5mg/m^3$，有机硫上升至 $184mg/m^3$，但总硫含量仍低于规定标准（$250mg/m^3$）；酸气中 H_2S 含量从67.3%上升至79.9%。再生塔回流比从1.36下降为0.66，水蒸气用量下降22%，节能

---

❶ 克劳斯装置是指采用催化氧化法将酸气中 H_2S 转化为元素硫而进行硫黄回收的装置，将在本书第6章进行介绍。

效果十分明显。

4.2.3.4 活化 MDEA 法

自 1971 年德国 BASF 公司开发的活化 MDEA 工艺工业化以来，作为一个低能耗工艺，活化 MDEA 主要用于脱除天然气及合成气中的 CO_2，同时也可脱除气体中的微量 H_2S。法国 Elf Aquitaine 公司（现已更名为 Total Fina Elf 公司）也开发了类似的活化 MDEA 工艺。我国南京化学工业公司研究院、中国石油西南油气田公司天然气研究院等单位也于 20 世纪 80 年代开发成功类似方法，并用于合成氨原料气的脱碳、吉林油田的高含 CO_2 天然气脱碳。

1. 基本原理

纯 MDEA 与 CO_2 不能直接发生反应，但其水溶液与 CO_2 可按下式反应：

$$CO_2+H_2O \rightleftharpoons H^++HCO_3^-$$

$$H^++R_2NCH_3 \rightleftharpoons R_2NCH_3H^+ \quad (4.32)$$

前一个反应式受液膜控制，反应极慢，反应式(4.32)则是瞬间可逆反应，因此前一个反应式为 MDEA 吸收 CO_2 的控制步骤。为加快吸收速率，在 MDEA 溶液中加入活化剂（如哌嗪、DEA、丁基乙醇胺、咪唑或甲基咪唑等）来激活 CO_2 转化为 HCO_3^- 的反应，使大量 CO_2 溶解在水中。

例如，加入活化剂 DEA（$R_2'NH$）后，反应就按下式进行：

$$R_2'NH+CO_2 \rightleftharpoons R_2'NCOOH \quad (4.33)$$

$$R_2'NCOOH+R_2NCH_3+H_2O \rightleftharpoons R_2'NH+R_2NCH_3NH^+HCO_3^+ \quad (4.34)$$

将反应式(4.33)和式(4.34)相加得：

$$R_2NCH_3+H_2O+CO_2 \rightleftharpoons R_2NCH_3NH^+HCO_3^+ \quad (4.35)$$

由反应式(4.33)、式(4.34)、式(4.35)可知，活化剂吸收了 CO_2，然后向液相 MDEA 传递 CO_2，大大加快了反应速率，而活化剂又被再生。

2. 活化 MDEA 法的主要特点

(1) 再生能耗低。活化 MDEA 法的低能耗特性源于大量 CO_2 通过降压闪蒸而被释放。活化 MDEA 溶液吸收 CO_2 属于物理化学吸收，活化 MDEA 溶液可视为物理化学吸收剂，被吸收的 CO_2 通过闪蒸就可以解吸，既可以满足净化度的要求，又可以节省再生能耗，而且 MDEA 含有一个叔胺作为活性基团，吸收 CO_2 后生成碳酸氢盐，再生加热时远比伯胺、仲胺与 CO_2 生成的较为稳定的氨基甲酸盐所需热量低得多。

(2) 气体净化度高。活化 MDEA 法能够将原料气中 H_2S 含量降至 $6mg/m^3$，CO_2 脱除至 200×10^{-6}（体积分数）以下。

(3) 腐蚀程度轻。根据 BASF 公司的多年经验，活化 MDEA 装置无严重的腐蚀问题，可以使用碳钢设备。

3. 工业应用

活化 MDEA 法主要用于原料气中 H_2S 含量低而需要大量脱除 CO_2 的场合，也用于天然气深度脱碳，将天然气中的 CO_2 脱除至符合 NGL 回收装置或 LNG 生产装置的要求。在工艺流程安排上有三个基本类型：一段吸收与两级或多级闪蒸；一段吸收与两级或多级闪蒸继以气提；贫液及半贫液两段吸收与两级或多级闪蒸继以气提，如图 4.5 所示。

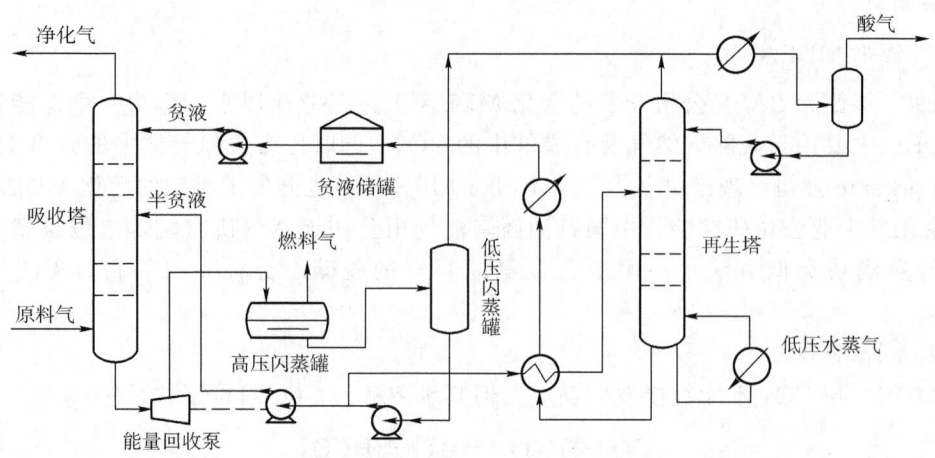

图 4.5 两段吸收脱碳装置工艺流程

我国中海油湛江分公司采用此法先后建成 2 套 $8\times10^8\,\mathrm{m}^3/\mathrm{a}$ 脱碳装置，将原料气 CO_2 含量 19.71%、30%（体积分数）脱至 1.5% 以下，运行良好。

4.2.4 醇胺法的一般操作问题

在醇胺法脱硫脱碳装置运行过程中总被一些相同的操作问题所困扰，这些操作问题主要有设备腐蚀、溶液发泡、溶剂损失及非酸性气体的夹带等。因此，在设计和操作中需采取相应措施防止和减缓这些问题的发生。

4.2.4.1 设备腐蚀

在醇胺法脱硫脱碳装置的操作中，最严重的问题是设备腐蚀，它可能导致装置非计划性停产、设备寿命缩短甚至造成设备损坏和人员伤亡等重大事故。

1. 腐蚀破坏形态及敏感区域

醇胺法系统主要的腐蚀剂是酸性组分气体本身，特别在使用 MEA 溶液的装置中，腐蚀随着溶液中酸性气体浓度的增加而增强。游离的或化合的 CO_2 均能引起严重腐蚀，且在高温以及有水存在时尤其严重。其次的腐蚀剂为溶剂的降解产物，这些产物是溶剂和原料气组分的不可逆反应造成的。在溶液循环的某些部分，由于存在氧与溶液接触，也会促使某种情况的严重腐蚀。溶液中的悬浮固体即硫化铁的侵蚀，以及溶液在热交换器管程和管路中的高速流动，都会加快腐蚀。

在没有杂质且没有固体颗粒的操作系统中，酸性气体组分含量最大同时温度最高的区域，腐蚀将最剧烈。显然在醇胺水溶液系统中，特别是 MEA 系统中，重沸器是最易发生腐蚀的部分。在含有 DEA、TEA 或 MDEA 的系统中，由于这些醇胺很容易解吸出酸性气体组分，所以换热器腐蚀最严重。在既有醇胺脱硫又有甘醇脱水的净化系统中，全部酸性气体的脱除，主要是在解吸塔完成的，因此酸性气体浓度最高且温度最高的地方是换热器的富液通路。MEA 水溶液系统中的腐蚀分布比其他醇胺装置要广得多。这是由于 MEA 水溶液解吸不完全，因而再生后的溶液中仍含有显著量的酸性气体。在其他系统中，贫液基本上不含酸性气体组分，腐蚀集中在富液与热金属表面相接触的部位。

醇胺法装置的腐蚀有多种形态，基于肉眼可见的腐蚀特征，醇胺法脱硫脱碳装置存在均匀腐蚀、电化学腐蚀、缝隙腐蚀、坑点腐蚀、晶间腐蚀（常见于不锈钢）、选择性腐蚀（从金属合金中选择性浸出某些元素)、磨损失腐蚀(包括冲蚀和气蚀)、应力腐蚀开裂(SCC)及氢腐蚀(氢蚀、氢脆)。从腐蚀机理可明确区分其类别,但腐蚀破坏的表现形态之间由于错综复杂的相互关系而呈现出重叠性。

2. 腐蚀的影响因素

醇胺法脱硫脱碳装置的腐蚀程度及其类型除了受酸性组分(H_2S、CO_2)浓度影响外,还会受其他一系列因素影响,应特别注意的是多种因素叠加而产生的严重后果。

(1) 醇胺的类型。使用 MEA 溶剂的装置腐蚀最严重,使用 DEA 溶剂的装置次之,使用 MDEA 溶剂的装置腐蚀比较轻微。目前国内的天然气处理装置几乎已都使用 MDEA 溶液或配方型醇胺溶液,除了选择性吸收和降低能耗外,减轻腐蚀也是重要原因。

(2) 溶液的酸气负荷。一般情况下,装置腐蚀程度随酸气负荷的上升而增加,故溶液的酸气负荷不能太高。MEA 法装置的酸气负荷约为平衡溶解度的 30%,即 0.3;而 MDEA 法装置的酸气负荷通常可取 0.5 或更高。

(3) 溶液中的污染物。污染物的来源有两个途径:一是原料气带入(气田水、油田化学药剂、液烃等);二是溶剂降解或金属材料腐蚀而产生。这些污染物的存在会进一步加速腐蚀过程。

(4) 装置不同部位的操作条件(温度、压力)。通常在操作温度与酸气分压较高且有液相水存在的部位容易发生腐蚀。

(5) 溶液流速。溶液流速过高会因强烈的冲刷作用而破坏金属表面的保护膜,导致设备腐蚀加剧。

3. 减轻腐蚀的措施

减轻腐蚀作用可用各种方法,应该从设计和操作两个方面来考虑。

1) 设计方面

(1) 合理的材质选用。一般部位采用碳钢,但贫/富液换热器的富液侧(管程)、富液管线、重沸器、再生塔的内部构件(如顶部塔板)和酸气回流冷凝器等应选用奥氏体不锈钢。

(2) 采用保护涂层。在易发生应力腐蚀开裂部位使用有效的聚合物涂层,将诱发应力腐蚀开裂的操作条件与金属材料隔开,以减轻应力腐蚀开裂。

(3) 控制管线中溶液流速,减小溶液的湍流程度和局部阻力。在碳钢设备中的流速不应超过 1m/s;在不锈钢设备中的流速应控制在 1.5~2.4m/s 的范围。

(4) 设置固体过滤器和活性炭过滤器,以除去溶液中的固体颗粒、烃类和降解产物。推荐富液采用全量过滤,至少不低于溶液循环量的 25%;必要时对富液、贫液都进行全量过滤。

(5) 操作温度超过 90℃或与酸性组分接触的设备和管线,如再生塔、重沸器等应进行焊后热处理以消除应力,避免应力腐蚀开裂。

(6) 其他。如在重沸器设计中,为了在所有时刻均维持最低的水蒸气温度,在水蒸气管线中,水蒸气流量控制阀应设在重沸器前面,而不设在离开重沸器的冷凝管线上;采用原料气分离器和/或原料气聚结过滤器,防止地层水进入醇胺溶液中等措施。

2) 操作方面

(1) 重沸器中溶液的温度与重沸器中所用水蒸气的温度应尽可能低。

(2) 避免用高温载热体,以使金属壁面的温度维持最低。

(3) 压力再生而产生的高温会引起重沸器加热管严重腐蚀，所以再生塔与重沸器的压力应维持得尽可能低些。

(4) 为了防止氧气进入系统，使所有暴露在大气中的溶液界面上有一层惰性气体覆盖，并使泵的入口处维持适当正压。

(5) 使用腐蚀抑制剂，包括高分子量的胺和重金属盐，例如钒酸盐所形成的膜。腐蚀抑制剂使用的成功与否由装置操作的许多因素来决定，所以需要对可供选择的抑制剂进行试验后而确定。

另外，设备的清洗也能显著地影响腐蚀。用酸清洗以除去硫化铁与其他沉积物时，可能会使金属表面裸露而促进腐蚀。在大多数情况下，用好的除垢剂能有效地清洗设备。有时必须使清洗溶液沸腾几小时，特别是对主要的容器，如吸收塔与再生塔。在发生严重结垢的设备中，甚至必须用机械方法来除去沉积物。

4.2.4.2 溶液发泡

在醇胺法装置的吸收塔中，常常会遇到醇胺溶液的发泡问题，有时在再生塔中也可能发生，严重时会引起冲塔。塔压降的波动往往就预示着溶液发泡现象的产生。发泡通常是由溶液中的杂质引起的，例如，凝结的轻烃、细小的悬浮固体（如硫化铁）、醇胺的降解产物或进口气体中带入的表面活性剂等。溶液发泡会导致脱硫装置处理能力严重下降，醇胺溶液再生不合格，脱硫效率达不到设计标准，净化气中 H_2S 含量超标，溶液损失增加等。由于原料气中可能带有含油污水、酸化液、钻井液、缓蚀剂等容易引起发泡的物质，因此必须对原料气在入吸收塔前进行有效的分离，以除去游离液体。保持贫液的温度比进口气高5℃～10℃，可以防止进口气体中的轻烃组分凝结下来。溶液中的固体颗粒可以借分流连续过滤方式而除去。除溶液严重变质外，通常连续过滤量为溶液循环量的5%较为恰当。

有效的过滤是保持醇胺溶液清洁的必要手段之一。当溶液由于高分子量有机化合物的溶解或乳化而引起发泡时，可将溶液通入活性炭床层而消除。将循环溶液的5%～10%连续通入活性炭床层，就足以避免发泡，活性炭过滤器床层深度为2.5～3.5m，流率范围为 $6～12m^3/(h·m^2)$。

为了控制发泡，在大多数情况下可加入泡沫抑制剂或除去发泡物质。应用得最广泛的泡沫抑制剂是硅酮化合物以及高沸点的醇类。由于泡沫抑制剂在解吸塔内将因机械夹带或蒸馏而不断损失，所以必须连续地加入，泡沫抑制剂的质量浓度以10～15mg/L较合适。二甘醇与三甘醇都是很有效的泡沫抑制剂，所以甘醇—醇胺溶液系统不发泡。此外，有效的闪蒸可以脱除出吸收塔富液中可能溶解的少量烃类，从而避免引起再生塔内溶液发泡。一般来说，溶液在闪蒸罐内停留时间应为10～20min。

4.2.4.3 溶剂损失

在醇胺法脱硫脱碳装置操作中，溶剂损失是一个严重的操作问题。溶剂损失是由溶液蒸发、醇胺溶液降解、夹带、醇胺溶液在烃液中的溶解以及机械损失而引起的。

1. 溶液蒸发

溶液蒸发主要出现在吸收塔、再生塔和闪蒸罐的出口处，气相中醇胺的多少与吸收塔、再生塔和闪蒸罐的操作条件有关。温度、压力和醇胺浓度是影响醇胺蒸发损失的重要原因，当温度升高和/或压力降低时，醇胺的蒸发损失也增加。防止醇胺蒸发损失可用各种方法，其中最简单的方法是用水或甘醇在一小段填料塔或板式塔中洗涤冷却净化气以回收醇胺；也可以将蒸发的醇胺吸附在矾土或类似的固体吸附剂上,然后加热并加入水蒸气,再生已饱和的吸附剂而回收醇胺。

醇胺蒸气与少量CO_2密切接触便能从净化气中沉淀下来。乙醇胺,特别是MEA,在气相中与CO_2反应生成该乙醇胺的氨基甲酸盐。此化合物因蒸气压极低而冷凝,可用高效除雾器回收。一般情况下,醇胺蒸发损失在总的溶剂损失中占有极少的份额,大量的醇胺损失发生在其他几个方面。

2. 溶液降解

醇胺溶液降解不仅造成了醇胺的损失,使溶液的有效浓度下降,增加了溶剂消耗,而且不少降解产物使溶液的腐蚀性增强、易发泡并增加了溶液黏度。

醇胺溶液降解的方式相当复杂,主要有热降解、化学降解和氧化降解三种类型。不同醇胺溶液按这三种方式降解而生成不同的有机物和热稳定性盐。

1) 热降解

醇胺受热而发生的降解称为热降解。醇胺中DEA的热稳定性较差,MEA和MDEA的热稳定性均良好,只要重沸器温度控制恰当,一般不会发生严重的热降解。目前,天然气净化装置大多使用MDEA或$MDEA^+$系列,它们与H_2S、CO_2的反应热低,再生比较容易,再生塔底温度一般低于120℃,进一步缓解了MDEA的热降解。

2) 化学降解

化学降解是指醇胺与原料气中的CO_2、有机硫化物(CS_2、COS)等反应而生成难以再生的热稳定性盐,是导致溶剂损失的主要原因。

MEA与CO_2反应生成的主要降解产物是由碳酸盐转化而来的噁唑烷酮-2、1-(2-羟基)-咪唑啉酮-2和N-(2-羟乙基)-乙二胺等,它们大部分不能再生而导致醇胺溶液降解变质。

DEA和CO_2反应生成的降解产物更为复杂,主要产物为N-(2-羟乙基)噁唑烷酮、N,N,N-三(2-羟乙基)乙二胺、N,N-二(2-羟乙基)哌嗪和N,N-二(2-羟乙基)咪唑啉酮等。

DIPA与CO_2的降解反应一般认为仅产生3-(2-羟丙基)-5-甲基噁唑烷酮-2一种降解产物。

COS与MEA或DEA的反应与上述反应类似,产物除噁唑烷酮和咪唑啉酮外还存在乙二醇脲。CS_2与MEA或DEA反应时先生成二硫代氨基甲酸盐的衍生物,然后再转变为硫代氨基甲酸酯。

MDEA是叔胺,分子中不存在与碳原子直接相连的活泼氢原子,不具备与CO_2反应的条件。

3) 氧化降解

原料气中的氧或其他杂质与醇胺反应能生成一系列热稳定性盐(HSS),它们一旦生成很难再生。有些热稳定性盐是碱性的,它们虽不能再生但还具有一定与H_2S反应的能力;另一些热稳定性盐是酸性的,不仅不能与H_2S反应,而且因其强烈的腐蚀性而导致装置产生严重的操作问题。例如MEA氧化降解会生成草酸盐、乙酸盐等;氧能使MDEA降解而生成DEA,将影响脱硫溶液的选择性能。

各种醇胺抗氧化降解的能力以DEA最强,依次为MEA和MDEA。还应当指出,净化过程中氧可能将H_2S氧化为元素硫,硫可与醇胺反应,此外还可能生成硫代硫酸盐而降低有效浓度,产生一系列问题。因此,防止氧气进入系统可显著改善溶液的氧化降解,同时使用氧化抑制剂也是有益的。

3. 夹带

夹带是指醇胺溶液在净化气或酸气中的物理携带,液相以雾状颗粒在气相中分散,气相以发泡的形式在液相中分散。醇胺溶液粒径在 $0.1\sim5000\mu m$ 范围内易被气流夹带出塔;溶液发泡易产生带沫损失,这往往由于捕沫效果不良或发泡引起;严重的夹带经常发生在吸收塔的操作高于设计气速或低于设计压力的情况下。因此,控制物料流速及设置高效分离设施是降低夹带损失的有效途径。当系统需要补充水以维持醇胺溶液浓度时,在吸收塔顶设置一个小的水洗段更可以大幅度降低夹带损失。

4. 醇胺溶液在烃液中的溶解

当使用醇胺溶液处理 NGL 或 LPG 时,存在二者相互溶解的问题。醇胺溶液在烃液中的溶解受到温度、压力和醇胺溶液浓度的影响,而塔内温度、压力一般是不变的,控制适当的醇胺溶液浓度成了减少醇胺溶液在烃液中溶解的主要手段。此外也可以采用水洗等方法来减少溶解损失。

5. 机械损失

机械损失是指脱硫脱碳装置中醇胺溶液的跑冒滴漏,因此,醇胺溶液浓度越高更需降低机械损失,这取决于装置的设计、管理及操作水平。

4.2.4.4 溶液中非酸性气体的夹带

在脱硫脱碳装置某些操作中,特别是在高压下除去酸性组分气体时,从吸收塔至再生部分,溶液会夹带大量的非酸性气体(指烃类)。当还要进一步利用酸性组分气体时,例如生产干冰或元素硫,特别不希望带出非酸性气体。

非酸性气体在溶液中呈泡沫(或烃类的液滴)而被带出。吸收塔底部设计适当时,可减少非酸性气体的机械夹带。应该安装设计正确的降液导管,而且出口管设计应该能防止涡流的形成,以避免液体飞溅并自由落下。但即使吸收塔底部设计适当,在大多数场合下仍不能完全消除机械夹带。

另外,在高压下大多数非酸性气体在醇胺溶液中的溶解度较大,所以在离开吸收塔之后与进入再生部分之前,必须设置分离设备使非酸性气体自溶液中分出。根据设备的操作条件与对酸性气体的纯度要求,可在吸收塔溶液出口与再生塔溶液入口间,装设一个或几个闪蒸罐。为了提供最大的分离面积,一般采用卧式闪蒸罐。从闪蒸罐释放出的气体中含有不同浓度的酸性组分气体,在闪蒸罐顶装一小吸收塔,用少量贫液与释放出的气体接触便能将此酸性组分气体回收。

4.2.5 醇胺法设计考虑与主要运行参数

4.2.5.1 醇胺法系统设计的一般考虑

1. 原料气分离

醇胺法脱硫脱碳装置经常发生的设备腐蚀、溶液发泡和换热设备热阻增加等都与醇胺溶液中存在过多的外来物质有关。烃液和固体夹带物通常是引起吸收塔发泡的原因。加入气井中的缓蚀剂、钻井液及酸化液等都可能被天然气带入装置,污染溶液,因而无论原料气条件如何都应该重视原料气的分离。

天然气净化装置中常用的分离器按外形可分为卧式分离器、立式分离器和球型分离器；按实现分离的利用能量分为重力式、离心式和混合式。考虑到原料气带入杂质的瞬间流量可能极高的特点，通常将原料气分离系统设计为两级：第一级是重力分离，第二级是过滤分离，将重力分离器设在前面可以减少管式过滤器的负荷。在重力分离器内，既可分离瞬间流量较大的物流，又可使粒径大于 $100\mu m$ 的固体或液体沉降分离，通过设在重力分离器内的丝网除雾器后，还可分离出气流中 $5\sim 10\mu m$ 的雾滴。在管式过滤器中可过滤除去小于 $5\mu m$ 的固体和液体颗粒。

2. 吸收塔和再生塔

吸收塔和再生塔是醇胺法工艺的核心设备，分别承担吸收酸性组分和从溶液中赶出酸性组分的职责。

(1) 直径大于等于 0.8m 时，宜用板式塔。在计算塔径时，考虑到醇胺溶液易起泡的特点，不宜采用过小的板间距。通常采用的板间距为 600mm，为检修方便，有人孔时板间距采用 800mm。

(2) 由于浮阀塔盘具有弹性大、效率高、处理能力比泡罩塔高的优点且兼有泡罩塔和筛板塔的特点，应优先选用。至于处理能力与浮阀塔相当的筛板塔，虽结构简单，但弹性小，不宜于矿场预处理采用。

(3) 计算浮阀塔盘鼓泡面积时首先需要计算浮阀数，通常用刚好能使浮阀全开的速率（临界阀孔速率）确定浮阀数。

(4) 当采用对 H_2S 具有选择性吸收性能的 MDEA 法时，为了在满足 H_2S 净化度的要求下，降低 CO_2 共吸收率，吸收塔可采用多点进料流程，如图 4.6 所示。因下部塔盘气液比较大，操作时可根据经验适当降低堰高，减少气液接触时间，从而减少 CO_2 吸收量。

(5) 因 MEA 蒸气压较高，用它作脱硫溶剂时，为降低气相损失，可在吸收塔上部设水洗塔盘或设置出口分离器。

值得注意的是，近年来高效规整填料也在醇胺法装置中获得了应用。

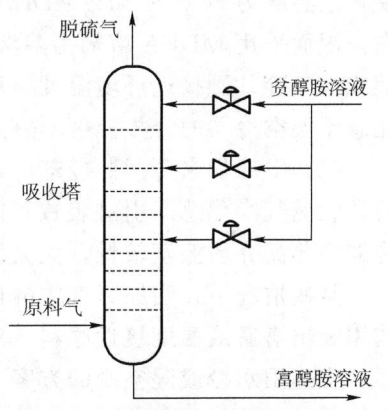

图 4.6 吸收塔多点进料示意图

3. 闪蒸罐和换热器

1) 闪蒸罐

采用砜胺法或进料气重烃含量较高时，必须设置闪蒸罐。如果不是这两种情况，酸气又不经克劳斯装置处理而直接焚烧后排空，则设或不设闪蒸罐需视具体情况而定。当溶液循环量较低时可以不设，但通常情况下仍以设置闪蒸罐为好。因为回收闪蒸气作为燃料使用，有利节能；可降低酸气中的烃含量；可降低再生塔的蒸气负荷。为了减少溶液换热器管程中解吸出的过多酸气，溶液换热器管程应维持一定压力，设置溶液闪蒸罐正好能提供合适的压力，否则就应将吸收塔液位调节阀设在溶液换热器管程出口位置，使溶液换热器与吸收塔处于同一压力等级，这样做势必加大投资。应当指出，既不设闪蒸罐又不维持溶液换热器管程压力，把吸收塔液位调节阀装在溶液换热器的入口位置，会加重设备的腐蚀，是不可取的作法。

2) 贫/富液换热器

贫/富液换热器一般选用管壳式换热器，其传热面积大，传热效果好，结构紧凑、坚固，且能用多种材料来制造，适应性强。它可分为固定管板式、浮头式和U型管式。当壳程与管程间流体温差较大且管束空间需定期清洗时，应优先选用浮头式换热器。

通常情况下，为了提高管壳式溶液换热器的温差校正系数，不应只用一台，需要选用两台或两台以上的换热器进行串联。选用两台串联时，一般将富液流经的第二台管束采用不锈钢，以便节省投资。当采用砜胺法时，为了在较高的温度下进行闪蒸，以降低酸气中的烃含量，还可将溶液闪蒸罐改设在两台串联的换热器之间；如需设置贫液增压泵，可设在两台换热器之间，此外贫液温度低于泡点，对提高溶液换热器的总传热系数、降低投资有利。

4. 溶液和酸气的冷却方式

溶液和酸气的冷却方式有三种，即全水冷、全空冷和空冷加水冷。

(1) 全水冷。早期建成的净化厂的溶液和酸气冷却均为全水冷，由于此方式存在能耗高、耗水量大、投资高和高温部位冷却水易于结垢等弊病，设计时不推荐采用。

(2) 全空冷。该冷却方式可取消净化厂循环水系统，投资、能耗和操作费用均最低，还可避免对环境水体的污染。适用于气温不太高和缺水或水质较差的地区以及在撬装装置上采用。四川遂宁撬装装置溶液和酸气冷却都为全空冷，设计的贫液和酸气温度都为52℃，出吸收塔的净化气温度为53℃。由于夏季净化气和酸气温度偏高、下游脱水装置负荷加大、酸气中含水量加大对克劳斯装置的转化率均略有影响，因而是否采用全空冷冷却方式要经过分析和论证。必须指出，当采用MDEA法时，由于MDEA蒸气压较低，气相损失较小，即使贫液温度为50℃的40%MDEA，气相损失也只有贫液温度为40℃的15%MEA的10%左右，因而采用MDEA溶剂为溶液的全空冷化提供了有利条件。采用干湿联合空冷器可使溶液或酸气冷却到接近环境温度。湿式空冷器的最大缺点是喷淋水会在翅片上结垢，设计时除注意干湿空冷器的分界温度不宜过高外，还应注意喷淋水的硬度要求。

(3) 空冷加水冷。此冷却方式的经济效果介于上述两种方式之间。中国石油西南油气田公司天然气净化总厂引进装置和国内设计的其他天然气净化厂都采用这种冷却方式。由于空冷器中热流介质温度较低，大大缓解了冷却水的结垢问题。

某些情况下，当原料气中酸性组分含量较低，吸收塔气液比很高时，由于受气体的冷却作用，出塔富液温度接近原料气温度，出换热器后的贫液温度降至60℃左右。为进一步降温，宜选用水冷或湿空冷的方案。但对缺水、年沙暴日数较多、平均气温较低的地区，也可采用干空气冷却的方案。

5. 溶液过滤和惰气保护

(1) 采用DEA法时，不仅应滤除溶液中的固体杂质，醇胺溶液中的一些降解产物也应及时清除。前者用机械过滤，后者用活性炭过滤。当采用MDEA法时，因不设复活釜（采用MEA和DGA之类的伯醇胺时降解产物较多，需设复活釜），更应设置活性炭过滤器以滤除溶液中的变质产物，减轻装置腐蚀和溶液发泡。

(2) 过滤器以往多设在贫液管线上，需设过滤泵。建议在不设过滤泵的情况下，将过滤器改设在溶液闪蒸罐出口位置，利用富液的压力而省去过滤泵，有利于实现机械过滤器全流量过滤。因设有过滤器，将减少装在换热器出口位置的闪蒸罐液位调节阀的压降，当闪蒸罐操作压力较低时，对该调节阀的特性会造成影响，设计时应适当提高闪蒸罐的压力。

(3) 为防止醇胺溶液与空气中的氧接触生成不可再生的化学降解产物，导致设备腐蚀和溶液发泡，因而应当用惰性气体保护醇胺溶液，对储罐、低位罐等进行气封。工厂有氮气供应时用氮封，若无制氮设施时，可用净化天然气代替。

6. 溶液再生系统

溶液再生系统是脱硫装置腐蚀最为严重的部位，这是酸气从溶液中逸出而温度又最高的地方，因而应特别予以重视。

1) 加热介质的选择

可用饱和水蒸气、热油（或乙二醇水溶液）和直接火焰加热三种形式。

(1) 饱和水蒸气具有冷凝潜热大，给热系数高，加热均匀，不会出现局部过热现象，且输送方便，易于通过改变压力来调节水蒸气的温度等优点。采用水蒸气加热方式还可为配制溶液和清洗滤布过滤器提供所需要的凝结水，因而通常采用水蒸气作热载体。

(2) 乙二醇溶液的凝固点很低，比热容也相对较高，特别适用于在气候极寒冷的地区作为重沸器的热载体使用。采用乙二醇作热载体可大大减少操作人员，乃至可无人值守，对撬装装置较为适合。

(3) 直接火焰加热所需的公用设施最为简单，更适合于撬装装置。

从热效率来讲，采用锅炉产生水蒸气的方式较好。无论采用何种热载体都应注意：应与下游硫回收装置统一考虑；应控制重沸器中接触醇胺溶液侧的金属壁温。为此要控制饱和水蒸气的压力，或乙二醇水溶液的温度和流速，或火管加热的热流强度。为防止局部过热，采用火管加热时，烟气入口附近溶液侧金属壁温应控制低于127℃。

当采用水蒸气作加热介质时，凝结水应回收利用。为减少凝结水降压后自蒸发所造成的热能损失，当凝结水量较大时，宜设置压力回水罐，提高锅炉给水泵入口压力，少量二次蒸汽供给除氧器使用。因压力回水罐的水温可高于硫黄凝固点，故采用此措施时，应将回收装置的末级冷凝器改为以锅炉给水取热的形式，这样做不仅能充分回收克劳斯过程的热能，而且可降低硫蒸气损失。

2) 重沸器的型式

重沸器将热量提供给再生塔，脱硫装置重沸器型式有釜式和热虹吸式两种，如图4.7和图4.8所示。在工业化装置中，一种方式是半贫液从再生塔中部或下部流出，通过壳程中部进入热虹吸式重沸器，气液混合相从上部出口返回再生塔底部溶液缓冲容积段，H_2S气体充分解吸并上升。而另一种方式是半贫液从再生塔底部流进釜式重沸器，经过管程蒸汽换热，由釜式重沸器内部溢流堰流到重沸器溶液缓冲容积段。无论哪种方式，半贫液加热后，H_2S必须要有充分的解吸空间，贫液中H_2S含量不得大于1g/L。

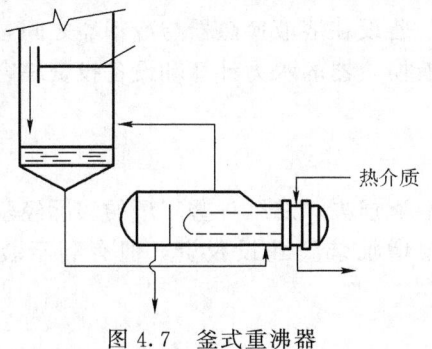

图4.7 釜式重沸器

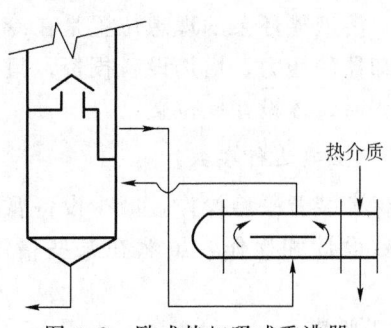

图4.8 卧式热虹吸式重沸器

从腐蚀角度来说，由于釜式重沸器气液分相流动，动能较低，因而优于热虹吸式。但如果操作得当，选用热虹吸式重沸器也是可行的。选用热虹吸式重沸器时需注意以下问题：

（1）卧式热虹吸式重沸器的气液返回管线管径应设计得当，以防止管径过大出现柱塞流，引起压力波动；但管径过小会增大流动阻力，加剧返回线的腐蚀。

（2）为延长再生塔的使用寿命，气液返回管线入口接管应采用加厚管；正对返回管线入口的塔壁上应焊防冲护板。

（3）为降低重沸器和再生塔的腐蚀，应监视进入重沸器的半贫液中酸性组分含量；气提气量不宜过低，再生塔顶温度需要控制，不宜超过108℃。

7. 溶液缓冲罐及增压泵

这两台设备都属于视具体情况可增减的设备。

1）溶液缓冲罐

当采用热虹吸式重沸器或架高后溶液能返回再生塔的釜式重沸器时，均可利用再生塔底部空间作为溶液缓冲容积，代替溶液缓冲罐。为了满足溶液停留时间，中国石油西南油气田公司天然气净化总厂引进装置还放大了再生塔底部储液段的直径。取消溶液缓冲罐，需增加再生塔的投资费用。当采用安装在地面上的釜式重沸器时，应当设置溶液缓冲罐，缓冲罐内也应有惰性气体密封。

2）增压泵

工艺设计时，应从再生塔或缓冲罐的液位到溶液循环泵的中心线计算贫液沿程阻力降和泵入口处的汽蚀余量是否符合离心泵的性能要求。若不满足要求，则需设置增压泵补充能量。增压泵有利于提高贫液在溶液换热器和冷却器中的流速，提高总传热系数，有利于缩小设备尺寸。增压泵不宜设在换热器之前，因为该处温度为溶液泡点，易汽蚀。增压泵的理想位置是在换热器和冷却器之间。

8. 溶液循环泵的选用

（1）应根据装置物料平衡计算的流量和水力计算的扬程，考虑一定裕量后作为选泵时的基本参数。

（2）溶液循环泵宜选用离心式油泵，泵体和主要零件应选用耐中等硫腐蚀的材料，为降低溶剂损耗和减少污水处理装置的负荷，应选用机械密封。

（3）若工厂已有1.3MPa或2.5MPa的压力水蒸气系统，宜用背压式汽轮机作溶液循环泵的原动机，背压水蒸气供重沸器使用以便节能。对溶液循环量很大和扬程很高的装置，为了回收富液的部分压力能，降低电耗，选用能量回收泵是合理的。

（4）溶液循环泵的理想位置是在冷却器之后。若设在溶液换热器与冷却器之间，热量必提高冷却器的压力，增加设备投资，只有在对溶液换热器的水力计算和设备投资综合比较后认为必要时，才设在此位置。

4.2.5.2 主要运行参数

为保证装置平稳操作，减少设备腐蚀和醇胺溶液损失，总结一些工厂的实际经验。按照这些参数设计和操作，虽然在某些情况下可能会增加装置建设投资，但有利于装置平稳操作。

1. 吸收塔

计算吸收塔的理论塔板数或实际塔板数比较复杂，在伴有化学反应的吸收过程中，这种计算变得更加困难。根据实践经验，对一般醇胺溶液吸收塔应有4～5块理论塔板，塔板效率约为25%～40%，实际使用的塔板数为20～25块，最多用到30块塔板。吸收塔顶部塔板与捕雾器的距离为0.9～1.2m，塔的最大空速可按Souders-Brown公式计算：

$$v_g = 0.0762[(\rho_1 - \rho_g)/\rho_1]^{1/2} \tag{4.36}$$

式中　v_g——最大空塔气速，m/s；

ρ_1——醇胺溶液在操作条件下的密度，kg/m³；

ρ_g——天然气在操作条件下的密度，kg/m³。

为了防止液泛和溶液在塔板上大量起泡，由式(4.36)计算的气速应分别降低25%～35%和15%，然后再以降低后的气速计算塔径。降液管液流速率不宜超过0.12m/s，常取0.08～0.1m/s，浮阀塔塔径可比泡罩塔小10%～20%。

对于MEA溶液，离开吸收塔的富液中的酸气浓度不应超过0.3mol/mol，富液温度不宜超过49℃（即吸收塔最高温度不超过49℃），否则要发生解吸，为此，入口气的温度不能大于38℃。

为了防止天然气中重烃凝析，进吸收塔的贫液温度应较进吸收塔原料气温度至少高1～5℃，吸收塔应安装差压计，以便检查塔内是否发生液泛和起泡。在吸收塔前应安装高效分离器，分离出原料气中的液相和固相杂质；吸收塔顶应安装破沫网，以减少醇胺溶液损失。在净化气出口应设置分离器或在吸收塔顶部设水洗塔板，以回收气体中夹带的醇胺溶液。

2. 再生塔

直径大于1m的再生塔塔径一般取决于气相负荷，再生塔塔径计算和吸收塔相似。直径为0.75～0.9m的再生塔塔径可能取决于气相负荷，也可能取决于液相负荷，一般认为降液管流速不应大于0.12m/s。若采用泡罩塔，其齿缝速率不能大于5m/s。再生塔所需塔板数由经验确定，一般为3～4块理论塔板，对于MEA、DEA水溶液再生，一般在进料口下部应有12～20块塔板，用于溶剂气提；进料口上部应有2～6块塔板，用于减少醇胺溶液蒸发损失。沸点高的醇胺，进料口上部塔板数可减少，如DEA和TEA用2～4块塔板就足够了，而MEA一般要用4～6块塔板。

在进行再生塔热平衡计算时，正确估计进入再生塔的富液的状态和热焓是很复杂的问题。富液进塔前通过贫/富液换热器升高温度，部分被吸收的酸性组分蒸发并吸收溶解热，酸性组分的蒸发量与组成要用烦琐的试差法估算。为简化起见，在进行再生塔热平衡计算时，常常近似认为在换热器中无汽化发生，富液接受贫液传给的全部热量，并且此热量全部用于升高富液温度。虽然这样计算出的富液入塔温度偏高，会减少塔底重沸器热负荷，但是，由于假定在换热器中无酸气蒸发，富液中溶解的酸性组分全部在再生塔内解吸，这又会增加重沸器负荷，上面两个因素基本上可以互相抵消，因而计算出的再生塔重沸器热负荷和实际值相近。重沸器水蒸气耗量对装置生产成本有较大影响，一般再生塔水蒸气耗量为0.12～0.18t/m³，最高不应超过0.24t/m³。在设计重沸器时如使用水蒸气为加热介质，则应使用饱和水蒸气，重沸器加热管应浸泡在醇胺溶液中，加热管间要有足够的管间距，使水分能顺利蒸发和从溶液中分离出，减小局部过热和生成气膜的可能性。一般说来，重沸器最高温度为120℃，重沸器水蒸气最高温度为150℃。

为保证克劳斯硫黄回收装置的硫黄质量，离开再生塔顶的气体中，烃类气体含量应低于1%～2%。在离开再生塔的气体中，回流比一般为3∶1～1∶1；回流量可按醇胺溶液循环量的10%～15%计算。对于伯胺和CO_2与H_2S含量比值较低的酸性气体，再生时应用较高的回流比；对于叔胺和CO_2与H_2S含量比值较高的酸性气体，再生时可用较小的回流比。当再生塔顶气体进入冷凝冷却器的温度为96～107℃，离开冷凝冷却器的温度为38～54℃时，冷凝冷却器的热负荷可按下式估算：

$$Q = 29309V \tag{4.37}$$

式中 V——贫液循环量，m^3/h；

Q——冷凝冷却器热负荷，其中冷凝负荷约占75%，kJ/h。

3. 富液换热和贫液冷却

为减轻腐蚀和减少富液中酸性组分的解吸，在一般情况下，富液和贫液不需要最大限度地换热。设计时，离开换热器的富液温度大多数定为82～94℃，这只是离开再生塔热贫液中可能传给富液的热量的一少部分。贫液每降低10℃，富液大约升高10℃，因此，这样设计对富液进再生塔温度留有相当大的调节余地。

为减少管线和换热器中的腐蚀，醇胺溶液流动速率不应超过0.6～1.0m/s。一般富液走管程，换热器倾斜置放，富液由低向高流动。

冷却器一般采用典型的翅片式空冷器，也有采用水冷的，贫液走壳程；此外还有空冷加水冷的方式。根据贫液流率、离开换热器的醇胺温度以及酸气入口温度（贫液入口温度比酸气入口温度高约10℃）可计算出冷却器的热负荷。

4. 富液闪蒸罐

富液闪蒸罐通常采用卧式闪蒸罐以保证足够的闪蒸面积。

闪蒸压力越低越有利于闪蒸出烃类。目前天然气脱硫脱碳装置吸收塔操作压力为4～6MPa，闪蒸罐压力一般为0.5MPa。闪蒸温度比闪蒸压力更重要，闪蒸温度越高则闪蒸效果越好。对于两相分离（原料气贫，吸收压力低，富液中只有甲烷、乙烷），溶液在闪蒸罐内停留时间为10～15min；对于三相分离（原料气富，吸收压力高，富液中还有较重烃类），溶液在闪蒸罐内停留时间为20～30min。

4.3 醇胺法脱硫脱碳工艺计算

4.3.1 醇胺溶液的基础物化数据

各种醇胺溶液的基础物化数据，如饱和蒸气压、pH值、密度、黏度、比热容、表面张力等是天然气脱硫脱碳工艺开发、研究、设计必不可少的基础数据。本书只列出了主要醇胺及其水溶液的有关数据，其他的请参考相关专著。

4.3.1.1 饱和蒸气压

1. 醇胺

几种常见醇胺纯物质及环丁砜在不同温度下的饱和蒸气压如图4.9所示，纯MDEA的饱和蒸气压如图4.10所示。

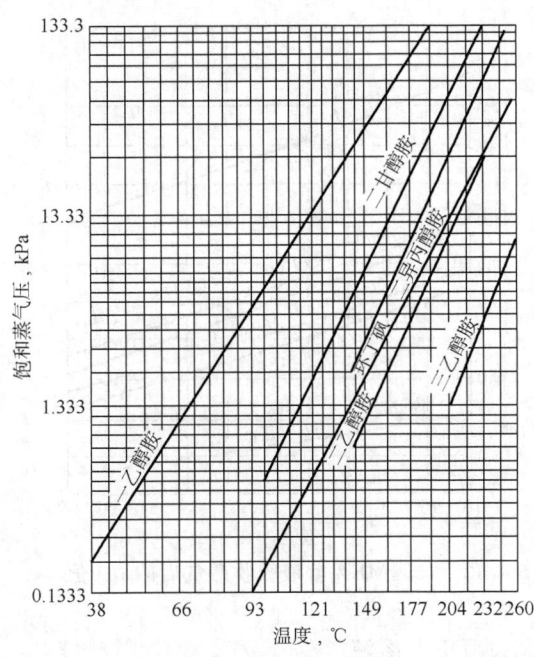

图 4.9 醇胺纯物质及环丁砜的饱和蒸气压

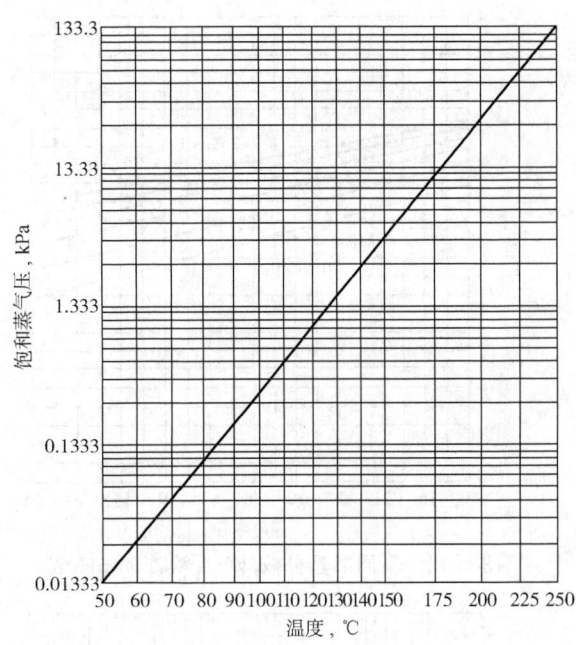

图 4.10 纯 MDEA 的饱和蒸气压

2. MEA 溶液

10％及 15％MEA 溶液的饱和蒸气压如表 4.8 所示。

表 4.8 MEA 溶液的饱和蒸气压   kPa

温度,℃	30	40	50	60	70	80	90	100
10％MEA	4.61	7.84	12.68	19.74	30.57	45.86	68.26	99.08
15％MEA	4.48	7.76	12.64	19.66	30.12	45.25	67.53	98.46

3. MDEA 溶液

30％及 45％MDEA 溶液的饱和蒸气压如图 4.11 所示，依据测定结果回归的计算公式如下。

30％MDEA 溶液：

$$\lg p = 10.985 - (2237.57/T) \quad (4.38)$$

45％MDEA 溶液：

$$\lg p = 11.008 - (2252.70/T) \quad (4.39)$$

式中 p——饱和蒸气压，kPa；

T——温度，K。

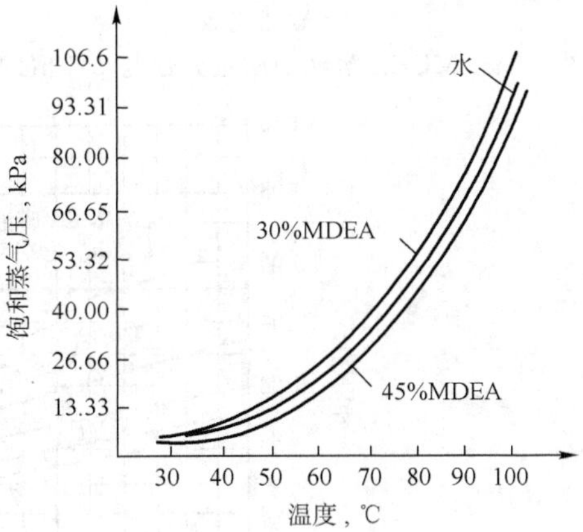

4.3.1.2 pH 值

1. MEA 溶液

不同质量分数的 MEA 溶液在不同温度下的

图 4.11 30％及 45％MDEA 溶液的饱和蒸气压

pH 值如图 4.12 所示。醇胺溶液吸收酸气后，其 pH 值会下降，图 4.13 表示 15％MEA 溶液吸收了酸气后在不同酸气负荷下的 pH 值。

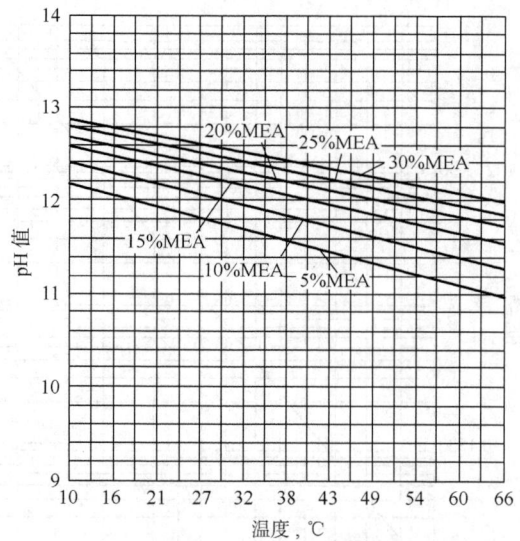

图 4.12 不同质量分数 MEA 溶液的 pH 值

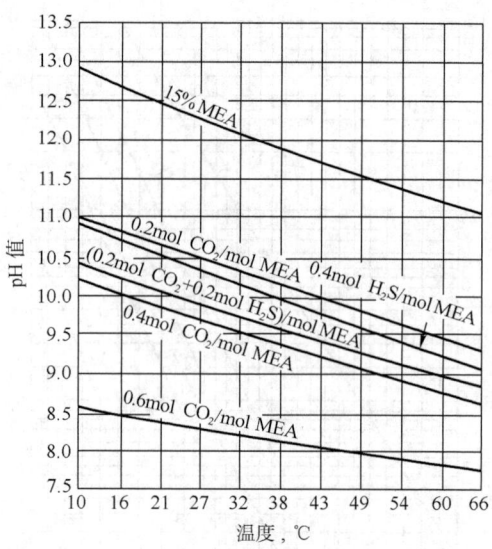

图 4.13 15％MEA 溶液吸收酸气后的 pH 值

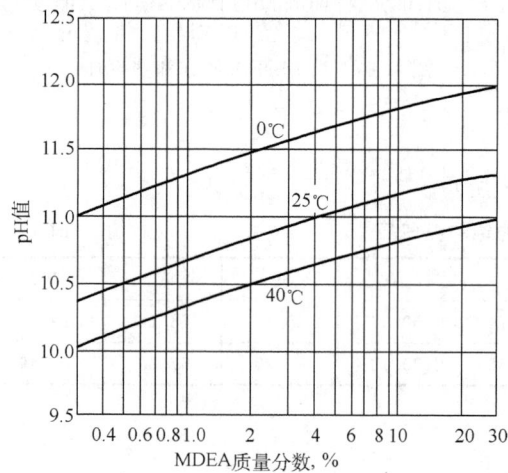

图 4.14 MDEA 溶液的质量分数与 pH 值的关系

2. MDEA 溶液

MDEA 溶液的质量分数与 pH 值的关系如图 4.14 所示。

4.3.1.3 密度与相对密度

醇胺溶液的密度随醇胺溶液质量分数的增加而上升，随温度的升高而下降；醇胺溶液在吸收酸气后其密度也会上升。

1. MEA 溶液

MEA 溶液与 15.6℃ 水的相对密度如图 4.15 所示，吸收酸气后 15％MEA 溶液的相对密度如图 4.16 所示。

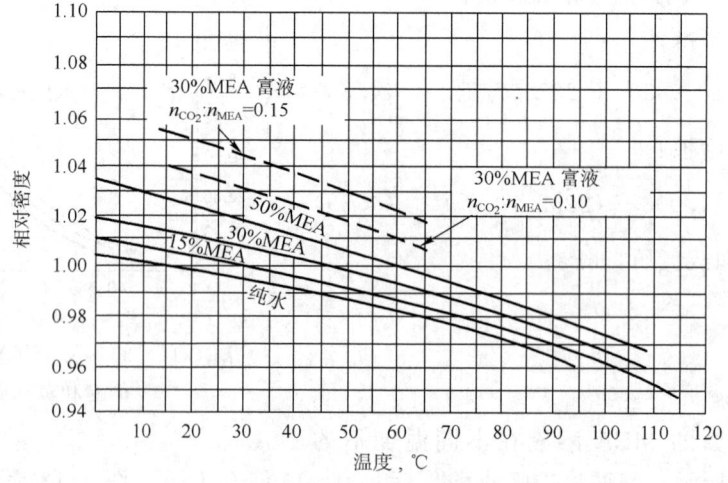

图 4.15 MEA 溶液与 15.6℃ 水的相对密度

2. MDEA 溶液

30%及45%MDEA溶液的密度如图4.17所示,在303～383K的温度范围内的回归公式如下。

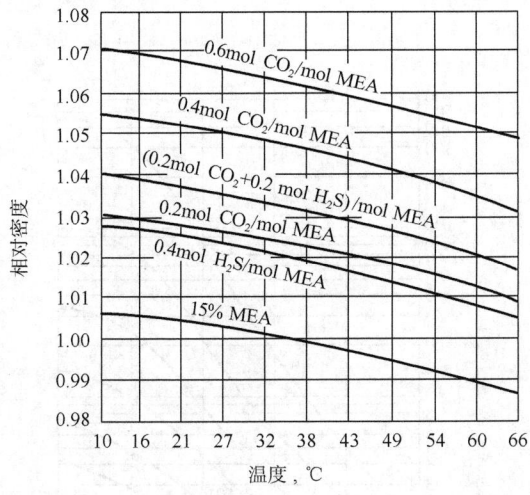

图4.16 吸收酸气后15%MEA溶液的相对密度

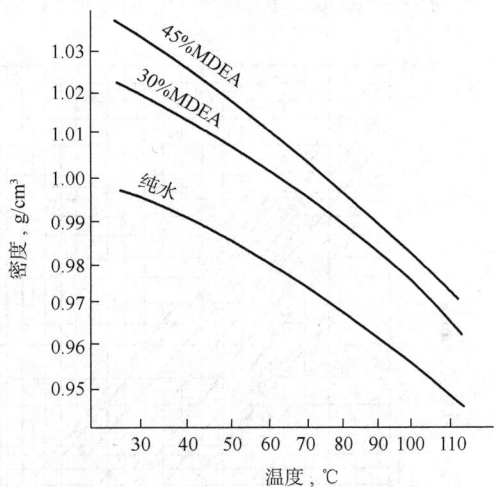

图4.17 30%及45%MDEA溶液的密度

30%MDEA 溶液:

$$\rho = 0.9949 + 0.000703T - 2.018 \times 10^{-6} T^2 \quad (4.40)$$

45%MDEA 溶液:

$$\rho = 1.0991 + 0.0002237T - 2.425 \times 10^{-6} T^2 \quad (4.41)$$

式中 ρ——密度,kg/m^3;

T——温度,K。

4.3.1.4 黏度

1. MEA 溶液

不同质量分数 MEA 溶液在不同温度下的动力黏度如图4.18所示,15%MEA 溶液吸收酸气后的运动黏度如图4.19所示。

2. MDEA 溶液

不同温度下 MDEA 溶液的运动黏度如图4.20所示,依据测定数据回归的运动黏度计算公式如下。

30%MDEA 溶液:

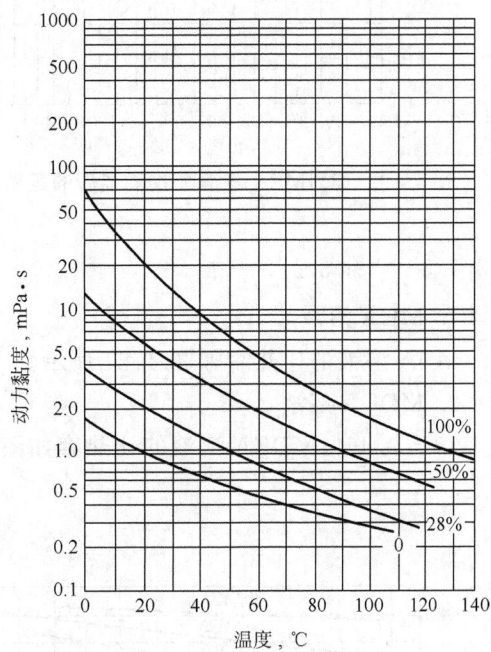

图4.18 MEA溶液的动力黏度

$$\lg v = -3.1463 + (1074.5/T) \quad (4.42)$$

45%MDEA 溶液：
$$\lg v = -3.6587 + (1326.0/T) \tag{4.43}$$

式中 v——运动黏度，mm^2/s；

　　　T——温度，K。

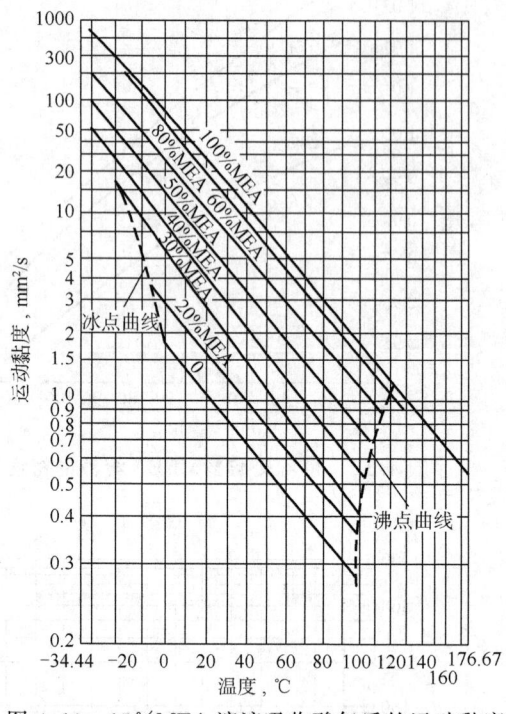

图 4.19　15%MEA 溶液吸收酸气后的运动黏度

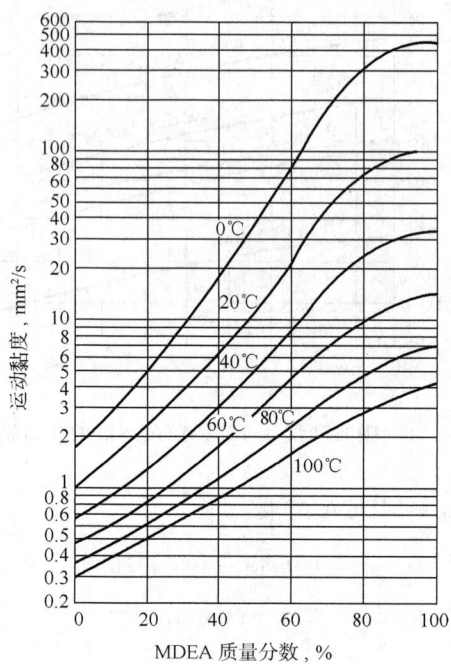

图 4.20　MDEA 溶液的运动黏度

4.3.1.5　比热容

1. MEA 溶液

MEA 溶液的比热容如图 4.21 所示。

2. MDEA 溶液

30%及 45%MDEA 溶液的比热容如图 4.22 所示，依据测定数据回归的计算公式如下。

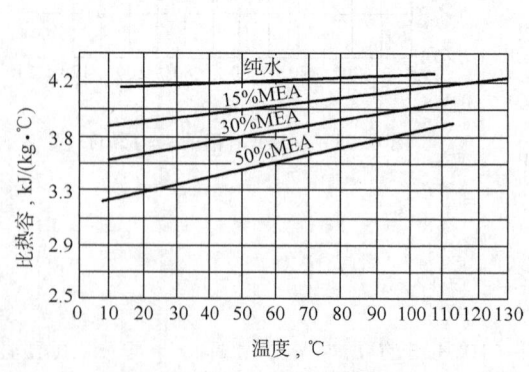

图 4.21　MEA 溶液的比热容

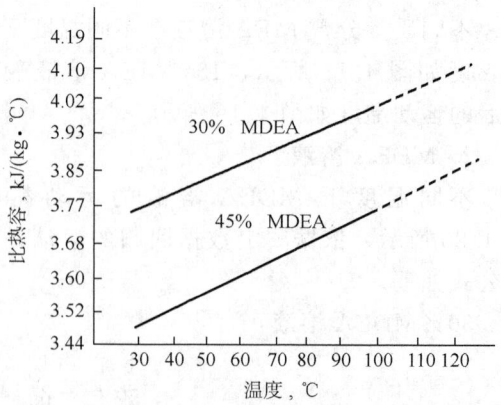

图 4.22　30%及 45%MDEA 溶液的比热容

30％MDEA溶液：

$$c_p = 3.6467 + 0.00391T \tag{4.44}$$

45％MDEA溶液：

$$c_p = 3.3536 + 0.00435T \tag{4.45}$$

式中　c_p——比热容，kJ/(kg·℃)；
　　　T——温度，℃。

4.3.1.6　表面张力

1. MEA 溶液

10％及 15％MEA 溶液的表面张力如表 4.9 所示。

表 4.9　MEA 溶液的表面张力　　　　　　　　　　　mN/m

温度，℃	30	40	50	60	70	80	90	100	110	120
10％MEA	68.91	67.07	65.77	64.01	62.24	60.24	58.45	56.42	54.74	52.84
15％MEA	66.58	65.29	63.67	62.00	60.22	58.47	56.67	55.31	53.64	52.34

2. MDEA 溶液

30％及 45％MDEA 溶液的表面张力如图 4.23 所示，依据测定数据回归的计算公式如下。

30％MDEA 溶液：

$$\sigma = 59.35 - 0.1449T \tag{4.46}$$

45％MDEA 溶液：

$$\sigma = 55.65 - 0.1376T \tag{4.47}$$

式中　σ——表面张力，mN/m；
　　　T——温度，℃。

相关文献提供的 50％MDEA 溶液在 25℃时的表面张力为 48.0mN/m，100℃时则为 36.5mN/m。

4.3.1.7　气液平衡

1. MEA 溶液

MEA 溶液在 101.3kPa 下的气液平衡曲线如图 4.24 所示。

2. MDEA 溶液

正常沸点下，MDEA 溶液在气相和液相中的分配关系如图 4.25 所示。

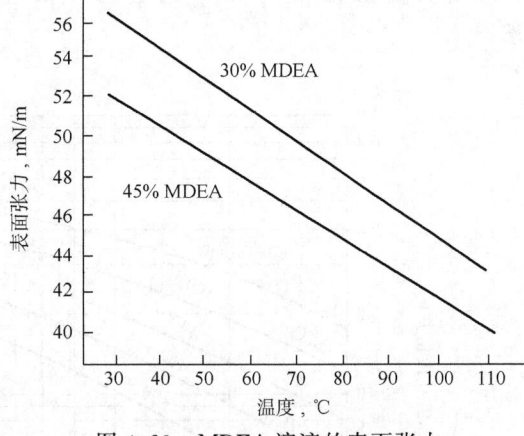

图 4.23　MDEA 溶液的表面张力

4.3.2　酸性组分在醇胺溶液中的平衡数据

天然气脱硫脱碳过程中吸收—再生单元的工艺参数，如吸收的气液比、塔板数、吸收塔底的富液温度和酸气负荷等，都涉及 H_2S、CO_2 在吸收液中的平衡数据（溶解度参数）。本书只以 MEA 溶液、MDEA 溶液为例进行介绍，有关其他诸如 DEA 溶液、DIPA 溶液、混合胺液、砜胺溶液的数据读者可查阅相关书籍。

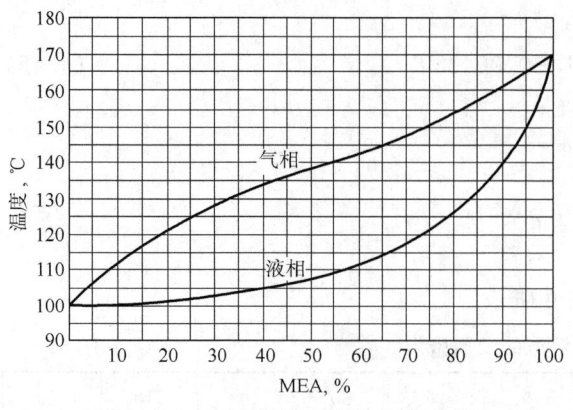

图 4.24 MEA 溶液的气液平衡曲线

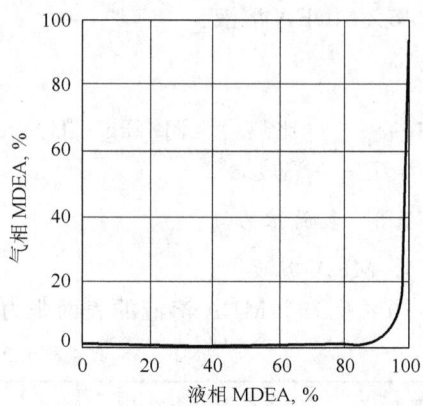

图 4.25 正常沸点下 MDEA 溶液在气液相中的分配

4.3.2.1 酸性组分在 MEA 溶液中的平衡数据

单一酸性组分在 MEA 溶液中的平衡数据如图 4.26、图 4.27、图 4.28、图 4.29 所示。

当 H_2S 和 CO_2 同时存在时，就不能使用图 4.26、图 4.27、图 4.28、图 4.29 中的数据了。因为与酸气中某一组分进行了反应的醇胺溶液将会影响到另一组分的蒸气压，例如，若部分醇胺溶液与 CO_2 已进行了反应，则该溶液的 H_2S 分压将显著增大，反之亦然。

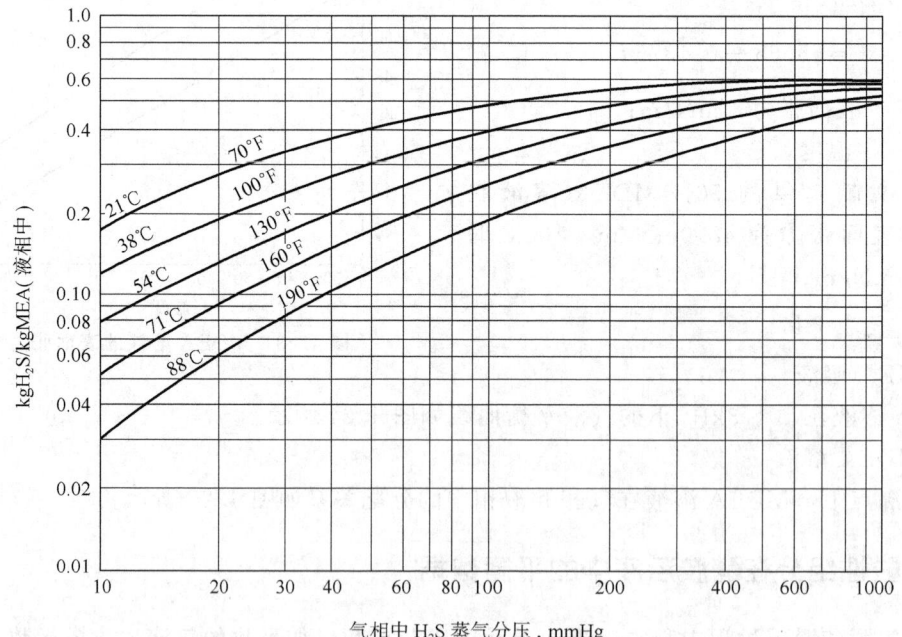

图 4.26 H_2S 在 15% MEA 溶液中的平衡数据

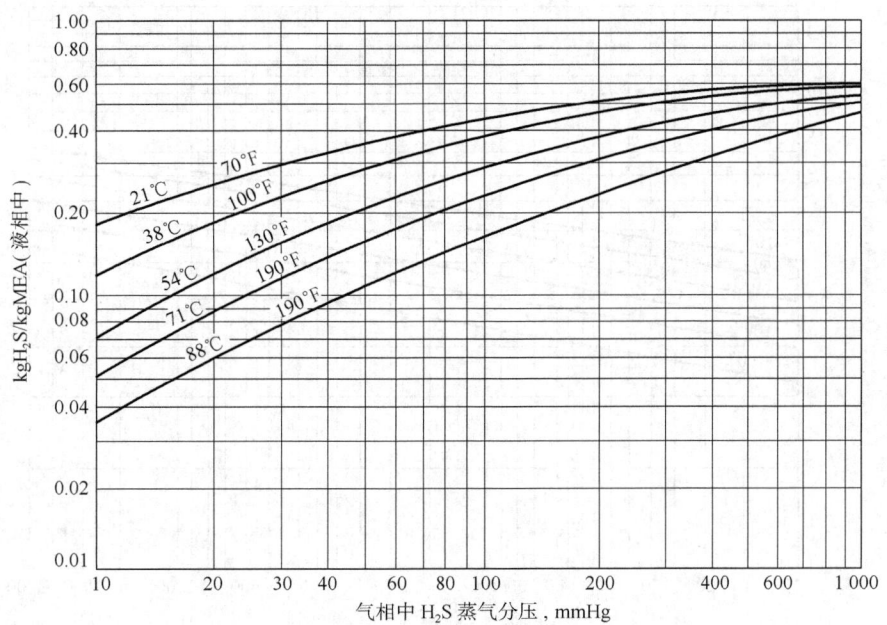

图 4.27 H_2S 在 25%MEA 溶液中的平衡数据

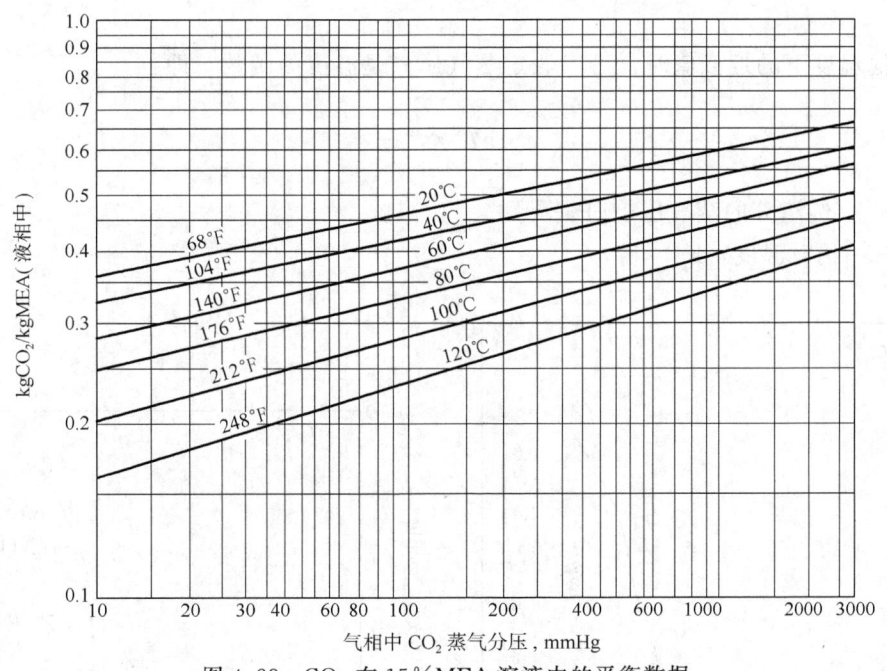

图 4.28 CO_2 在 15%MEA 溶液中的平衡数据

研究表明 CO_2 对 MEA 吸收 H_2S 的能力有不利影响。根据实验数据,已做成图 4.30、图 4.31、图 4.32、图 4.33、图 4.34、图 4.35、图 4.36、图 4.37,使用这些图常常更方便。图中 R_V 表示 H_2S 分压与 CO_2 分压之比,R_L 表示 H_2S 在 MEA 溶液中的酸气负荷与 CO_2 在 MEA 溶液中的酸气负荷之比。当然,这些图并不包括醇胺处理装置中会碰到的各种可能

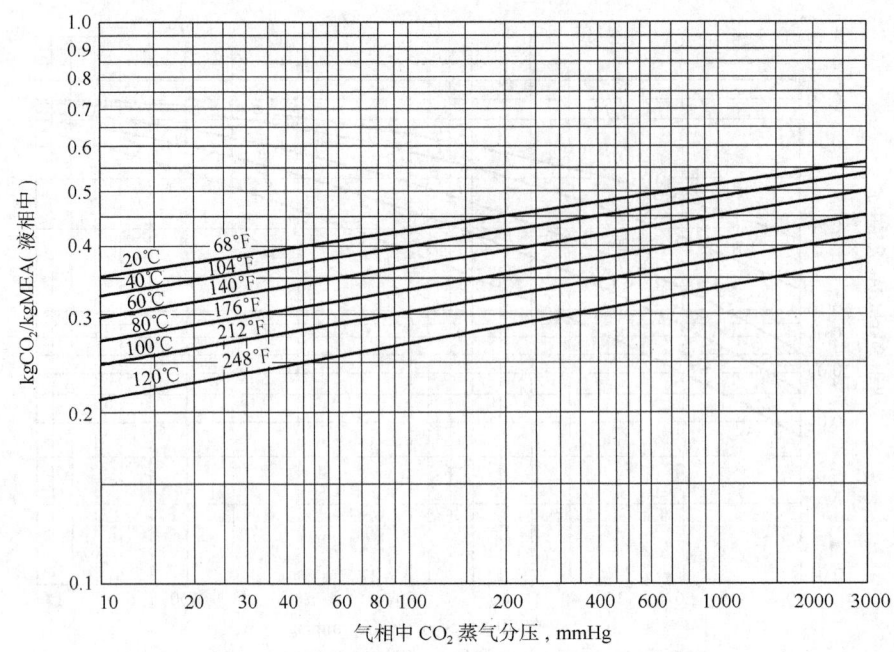

图 4.29 CO_2 在 25%MEA 溶液中的平衡数据

的温度。因而，在平衡数据图上出现一个中间温度值时，需要对酸气分压和平衡浓度采取内插的办法。

求其他温度下的近似值时，可以假定蒸气压只是温度的函数，即：

$$\ln p^0 \propto \frac{1}{T} \tag{4.48}$$

式中　p^0——纯组分的蒸气压，kPa；
　　　T——绝对温度，K。

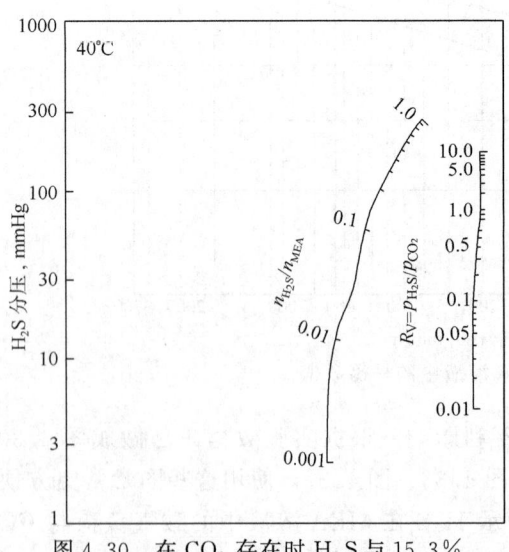

图 4.30　在 CO_2 存在时 H_2S 与 15.3%
MEA 溶液的平衡数据（40℃）

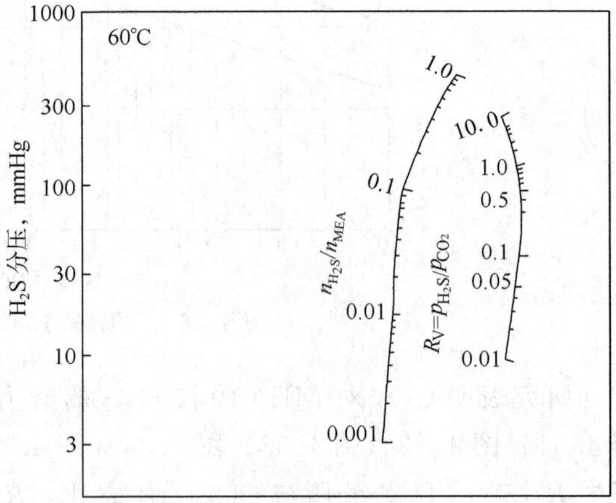

图 4.31　在 CO_2 存在时 H_2S 与 15.3%
MEA 溶液的平衡数据（60℃）

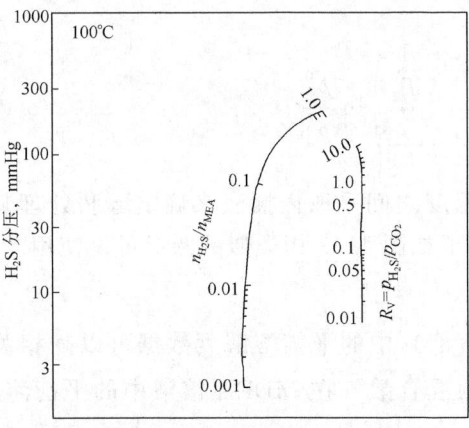

图 4.32　在 CO_2 存在时 H_2S 与 15.3% MEA 溶液的平衡数据（100℃）

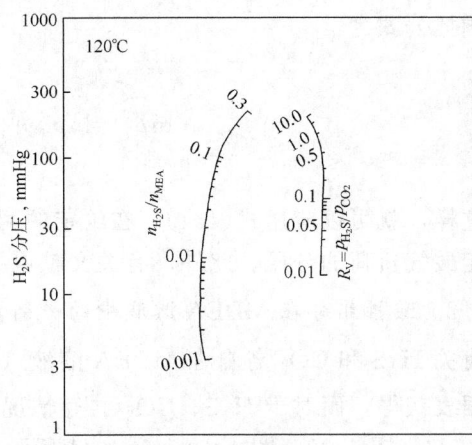

图 4.33　在 CO_2 存在时 H_2S 与 15.3% MEA 溶液的平衡数据（120℃）

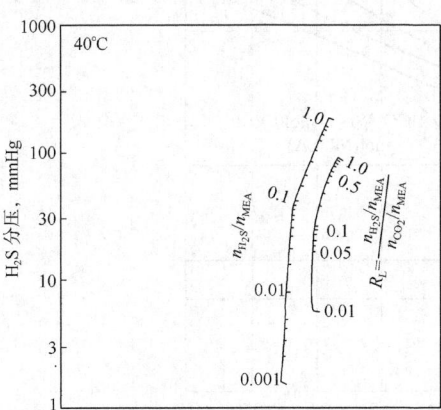

图 4.34　在 H_2S 存在时 CO_2 与 15.3% MEA 溶液的平衡数据（40℃）

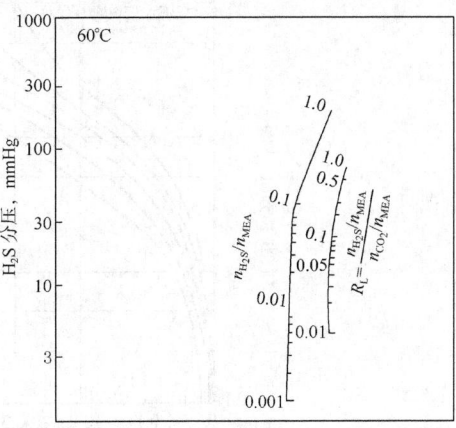

图 4.35　在 H_2S 存在时 CO_2 与 15.3% MEA 溶液的平衡数据（60℃）

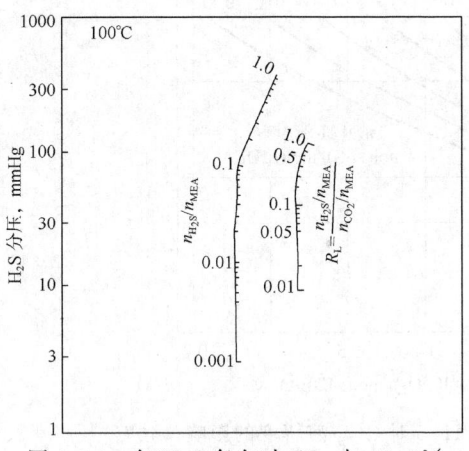

图 4.36　在 H_2S 存在时 CO_2 与 15.3% MEA 溶液的平衡数据（100℃）

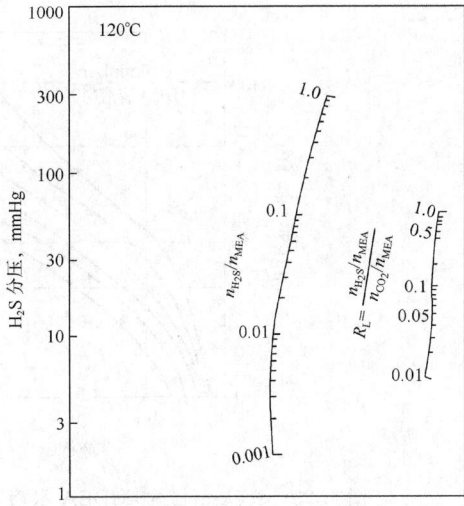

图 4.37　在 H_2S 存在时 CO_2 与 15.3% MEA 溶液的平衡数据（120℃）

内插公式为：

$$\ln p_i^0 = \ln p_1^0 + \left(\frac{\dfrac{1}{T_1} - \dfrac{1}{T_i}}{\dfrac{1}{T_1} - \dfrac{1}{T_2}} \right) \ln \frac{p_2^0}{p_1^0} \tag{4.49}$$

这样，就可以应用式(4.49)在给定的两个温度之间采取内插法来确定醇胺处理装置中已给定酸气负荷的分压。此外，有关文献也报道了如图4.38相类似的图形可供使用。

4.3.2.2 酸性组分在MDEA溶液中的平衡数据

有关H_2S和CO_2各自在MDEA溶液（水溶液）中的平衡溶解度数据可以查相关手册的数据表获得，而对于H_2S、CO_2共存情况下的混合酸气在MDEA溶液中的平衡溶解度，如图4.38、图4.39、图4.40、图4.41所示。

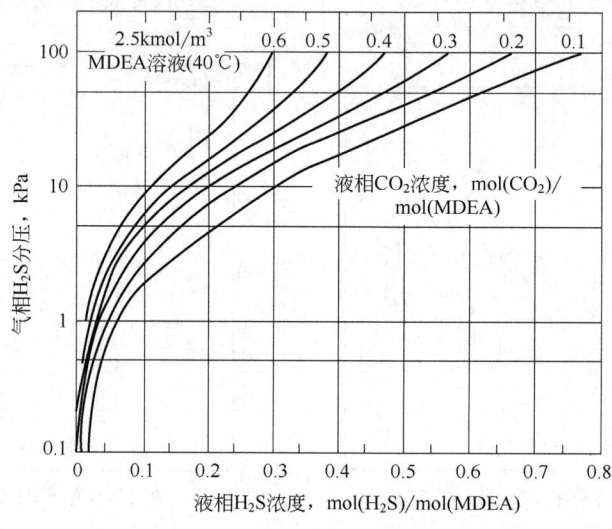

图4.38　2.5kmol/m³ MDEA 水溶液中 CO_2 对 H_2S 溶解度的影响（40℃）

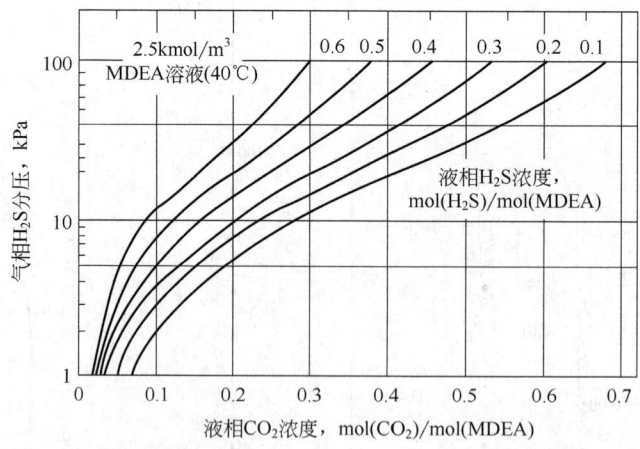

图4.39　2.5kmol/m³ MDEA 水溶液中 H_2S 对 CO_2 溶解度的影响（40℃）

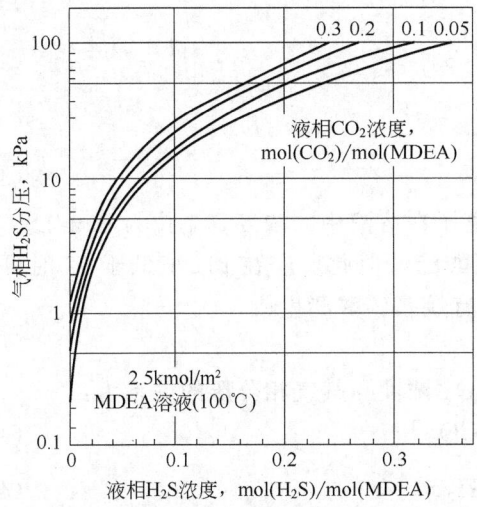
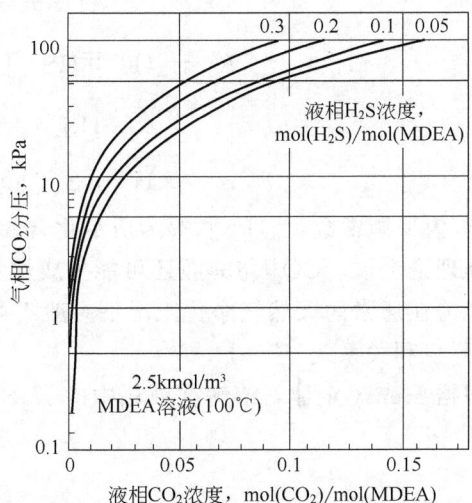

图 4.40　$2.5 kmol/m^3$ MDEA 水溶液中 CO_2 对 H_2S 溶解度的影响（100℃）

图 4.41　$2.5 kmol/m^3$ MDEA 水溶液中 H_2S 对 CO_2 溶解度的影响（100℃）

4.3.2.3　H_2S、CO_2 在醇胺溶液中的溶解度模型

通过试验测定所有不同组合条件下酸气在醇胺溶液中平衡溶解度数据是不现实的。自 20 世纪 70 年代中期以来，学者们结合理论分析和实测数据，不断地探索能够通过计算途径获得酸气在醇胺溶液中平衡溶解度的模型，从而为计算机流程模拟打下基础。

目前，已开发出了一些可供有效应用的计算 H_2S、CO_2 在醇胺溶液中的平衡溶解度的数学模型，其中 K—E（Kent-Eisenberg）模型是诸多热力学模型中最具有代表性的。

1. 平衡关系式

1) 化学反应平衡式

在 H_2S—CO_2—醇胺—水体系中，存在以下 7 个化学反应平衡及相应的平衡常数关系式：

$$RNH_3^+ \rightleftharpoons RNH_2 + H^+$$

$$K_1 = [RNH_2][H^+]/[RNH_3^+] \tag{4.50}$$

$$RNHCOO^- + H_2O \rightleftharpoons RNH_2 + HCO_3^-$$

$$K_2 = [RNH_2][HCO_3^-]/[RNHCOO^-] \tag{4.51}$$

$$CO_2 + H_2O \rightleftharpoons H^+ + HCO_3^-$$

$$K_3 = [H^+][HCO_3^-]/[CO_2] \tag{4.52}$$

$$H_2O \rightleftharpoons H^+ + OH^-$$

$$K_4 = [H^+][OH^-] \tag{4.53}$$

$$HCO_3^- \rightleftharpoons H^+ + CO_3^{2-}$$

$$K_5 = [H^+][CO_3^{2-}]/[HCO_3^-] \tag{4.54}$$

$$H_2S \rightleftharpoons H^+ + HS^-$$

$$K_6 = [H^+][HS^-]/[H_2S] \tag{4.55}$$

$$HS^- \rightleftharpoons H^+ + S^{2-}$$

$$K_7 = [H^+][S^{2-}]/[HS^-] \tag{4.56}$$

式中 K 为平衡常数，[H^+] 等为所示化合物或离子在溶液中的浓度，单位为 mol/L。

从理论上说，CO_2 与醇胺还可能生成烷基碳酸酯，但此反应在 pH 值低于 12 时可以忽略，因为在通常的天然气净化工况下一般不可能有烷基碳酸酯生成。

2) 亨利关系式

根据 Henry 定律，溶解在液相中的 H_2S、CO_2 浓度与其气相分压的关系为：

$$p_C = H_C[CO_2] \tag{4.57}$$

$$p_S = H_S[H_2S] \tag{4.58}$$

式中 p_C, p_S——CO_2 及 H_2S 的分压，kPa；

H_C, H_S——CO_2 及 H_2S 的亨利系数，(kPa·L)/mol；

[CO_2]——液相中 CO_2 的浓度，kmol/m³；

[H_2S]——液相中 H_2S 的浓度，kmol/m³。

3) 电荷平衡式

液相应遵循的电荷平衡关系式为：

$$[HCO_3^-] + [OH^-] + 2[CO_3^{2-}] + [HS^-] + 2[S^{2-}] + [RNHCOO^-] =$$
$$[RNH_3^+] + [H^+] \tag{4.59}$$

4) 物料平衡式

根据物料平衡关系有：

$$m = [RNH_2] + [RNH_3^+] + [RNHCOO^-] \tag{4.60}$$

$$m\alpha_S = [HS^-] + [S^{2-}] + [H_2S] \tag{4.61}$$

$$m\alpha_C = [HCO_3^-] + [CO_3^{2-}] + [RNHCOO^-] + [CO_2] \tag{4.62}$$

式中 m——醇胺浓度，mol/L；

α——酸气负荷，mol/mol 醇胺；

α_S——胺对 H_2S 的酸气负荷，mol H_2S/mol 醇胺；

α_C——胺对 CO_2 的酸气负荷，mol CO_2/mol 醇胺。

2. Kent-Eisenberg 模型

1976 年 Kent 和 Eisenberg 综合分析了实验测定的平衡溶解度数据，建立了模拟计算平衡溶解度常数的第一个热力学模型。

Kent—Eisenberg（K—E）模型假定的 $K_3 \sim K_7$ 以及 H_C、H_S 各式均为理想的，可采用相关文献中查到的各项数据，液相的活度系数也都被假定为 1；而醇胺与 H_2S 的质子化反应以及醇胺与 CO_2 反应生成氨基甲酸盐的平衡常数 K_1、K_2 则使用测定数据拟合。因此，整个体系的非理想性都被归到拟合的平衡常数 K_1 和 K_2 之中，由此模型获得的计算值与文献中的测定值颇为一致。

K—E 模型的主要计算式有：

$$p_S = \frac{H_S}{K_6 K_7} \cdot \frac{A[\mathrm{H}^+]^2}{1 + \frac{[\mathrm{H}^+]}{K_7}} \qquad (4.63)$$

$$p_C = \frac{H_C}{K_3 K_5} \cdot \frac{B[\mathrm{H}^+]^2}{1 + \frac{[\mathrm{H}^+]}{K_5} + \frac{m[\mathrm{H}^+]}{K_2 K_5 K'}} \qquad (4.64)$$

$$[\mathrm{H}^+] = \frac{A\left(1 + \frac{K_7}{K_7 + [\mathrm{H}^+]}\right)}{1 + \frac{m}{K_1 K'}} + \frac{B\left(1 + \frac{K_2 K_5}{K_2 K_5 + K_2[\mathrm{H}^+] + \frac{m[\mathrm{H}^+]}{K'}}\right)}{1 + \frac{m}{K_1 K'} + \frac{K_4}{[\mathrm{H}^+]\left(1 + \frac{m}{K_1 K'}\right)}} \qquad (4.65)$$

$$A = m\alpha_S - p_S/H_S \qquad (4.66)$$

$$B = m\alpha_C - p_C/H_C \qquad (4.67)$$

$$K' = 1 + \frac{[\mathrm{H}^+]}{K_1} + \frac{p_C K_3}{K_2 H_C [\mathrm{H}^+]} \qquad (4.68)$$

K—E 模型所使用的 $K_3 \sim K_7$ 及 H_S、H_C 七个常数值如表 4.10 所示。

表 4.10　K—E 模型所用常数

常数	单位	A	$B \times 10^{-4}$	$C \times 10^{-8}$	$D \times 10^{-11}$	$E \times 10^{-13}$
K_3	g/L	−241.818	53.6855	−4.8123	1.94	−2.96445
K_4	(g/L)^2	39.5554	−17.7822	1.843	−0.8541	−1.4292
K_5	g/L	−294.740	65.5893	−5.9667	2.4249	−3.7192
K_6	g/L	−304.689	69.6979	6.31007	2.5551	−3.91757
K_7	g/L	−657.965	164.936	−15.8964	6.72472	−10.6043
H_S	(mmHg·L)/mol	104.518	−24.6254	2.39029	−1.01898	1.59734
H_C	(mmHg·L)/mol	22.2819	−2.48951	0.223996	−0.090918	0.12601

注：$K_i = \exp(A + B/T + C/T^2 + D/T^3 + E/T^4)$，$i = 3, 4, 5, 6, 7$，式中温度为兰氏度°R❶。

通过拟合得到 15.3%MEA 溶液的 K_1 及 K_2 值分别为：

$$K_1 = \exp(-3.3636 - 10532/T) \qquad (4.69)$$
$$K_2 = \exp(6.69425 - 5563.49/T) \qquad (4.70)$$

对于 20.5%DEA 溶液：

$$K_1 = \exp(-2.551 - 10174/T) \qquad (4.71)$$
$$K_2 = \exp(4.8255 - 3392.6/T) \qquad (4.72)$$

式中　T——温度，°R。

---

❶ °R = $\frac{9}{5}$°C + 491.67。

3. Zhu—Chen 模型

朱利凯及陈赓良认为醇胺溶液吸收酸气后的 pH 值通常在 8～10 的范围内，而将 K—E 模型进一步简化。对于伯胺及仲胺：

$$p_S = A \frac{H_S [H^+]}{K_6} \tag{4.73}$$

$$K_1 K_3^2 p_C^2 + (m K_1 K_3 H_C [H^+] + K_1 K_2 K_3 H_C [H^+] - K_1 K_2 B H_C [H^+] +$$

$$K_2 K_3 H_C [H^+]^2) p_C - K_1 K_2 B H_S^2 [H^+]^2 + B K_2 H_C^2 [H^+]^3 = 0 \tag{4.74}$$

$$[H^+]^3 - \frac{K_3 p_C [H^+]^2}{B H_C} - \frac{K_1 K_3 p_C [H^+]}{K_2 H_C} - \frac{K_1 K_3 K_6 p_C p_S}{K_2 B H_C H_S} = 0 \tag{4.75}$$

式中，A 和 B 采用式(4.66)和式(4.67)计算。

Zhu—Chen 模型拟合的 DIPA 溶液的 K_1 及 K_2 值分别为：

$$K_1 = \exp\left(-4.3290 - \frac{4767.3}{T}\right) \tag{4.76}$$

$$K_2 = \exp\left(2.9907 - \frac{789.0}{T}\right) \tag{4.77}$$

对于叔胺，由于不与 CO_2 生成氨基甲酸盐，故可进一步简化：

$$p_S = A \frac{H_S [H^+]}{K_6} \tag{4.78}$$

$$p_C = B \frac{H_C [H^+]}{K_3} \tag{4.79}$$

$$[H^+] = \frac{1}{\dfrac{m}{K_1(A+B)} - \dfrac{1}{K_1}} \tag{4.80}$$

Zhu—Chen 模型拟合出的 MDEA 溶液的 K_1 值为：

$$\lg K_1 = \frac{\alpha_S}{\alpha_S + \alpha_C}(-14.4848 + 0.0193T - 1.0200\alpha_S) +$$

$$\frac{\alpha_C}{\alpha_S + \alpha_C}(-14.8754 + 0.0217T - 1.5000\alpha_C) \tag{4.81}$$

式中 T——温度，℃。

式中其他符号同式(4.62)。

4.3.2.4 酸气残余量

图 4.42 是 MEA 贫液中 H_2S 残余量图，只要知道进料气的组成及再生塔水蒸气用量，就可直接确定贫液中残余 H_2S 量。图 4.42 中的虚线表示吸收塔在 6.3MPa（表压）、44℃条件下操作时，为生产符合管输标准的天然气的，再生塔最小水蒸气用量。这条虚线也可用于指导确定其他操作条件。

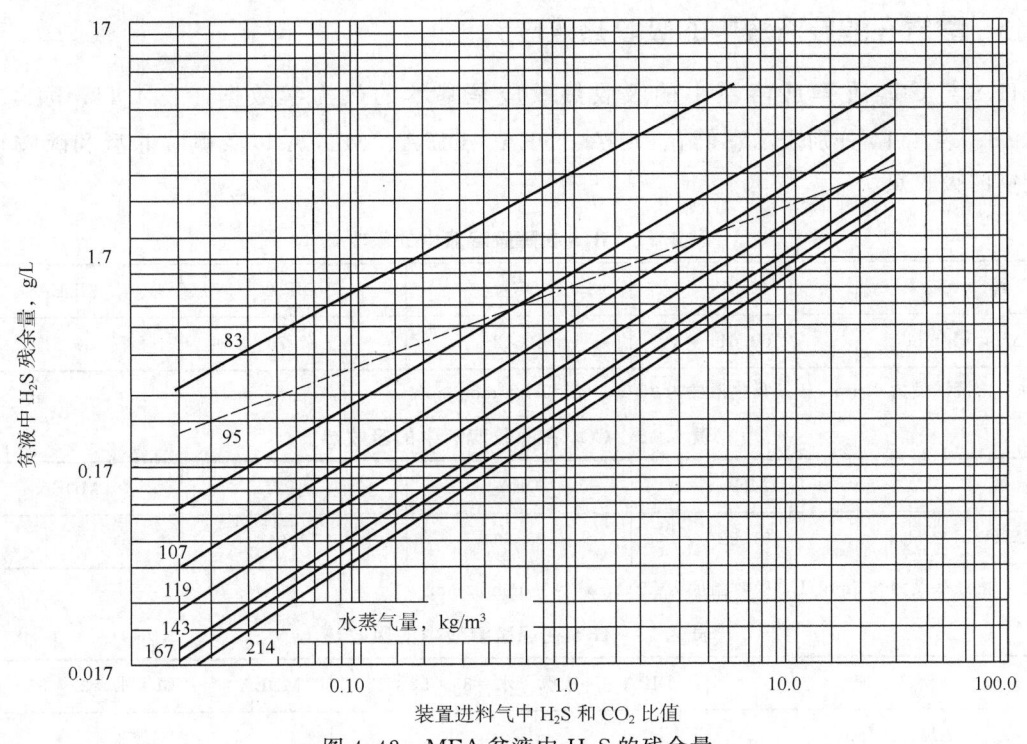

图 4.42　MEA 贫液中 H_2S 的残余量

图 4.43 表示已知再生水蒸气量、进料气中 H_2S 和 CO_2 比值时，MEA 贫液中 CO_2 的残余量。根据图 4.30～图 4.37 及图 4.42 和图 4.43 可得到 MEA 净化处理工艺计算所需的贫液 H_2S、CO_2 残余量。

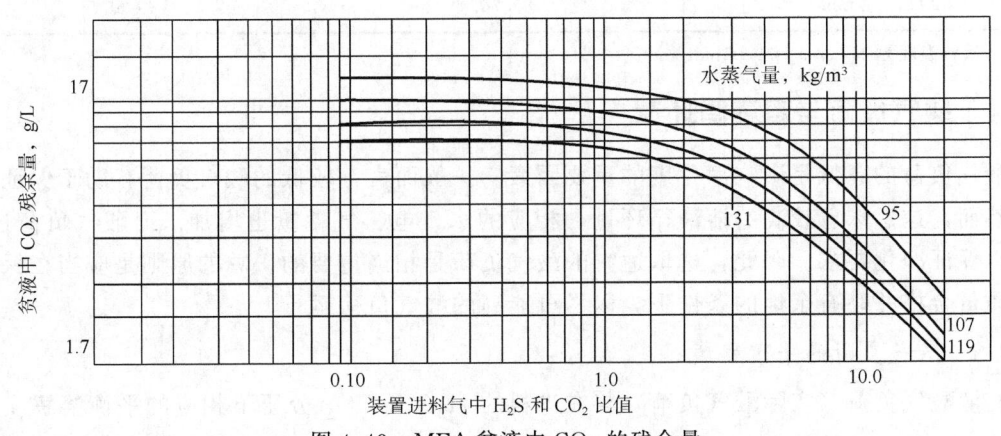

图 4.43　MEA 贫液中 CO_2 的残余量
（在重沸器温度为 122℃ 和不同水蒸气用量的条件下）

图 4.42 中数据表明酸性天然气中 H_2S 和 CO_2 比值高造成醇胺溶液中较高的 H_2S 残余量，不论重沸器的水蒸气用量是多少，对于每一个 H_2S 和 CO_2 比值，都有一个残余量的渐近值，而低于比值的 H_2S 含量不能再降低。

有关其他醇胺的相关数据请查阅有关书籍。

4.3.3 酸气在醇胺溶液中的吸收热效应

H_2S 与 CO_2 在醇胺溶液中的吸收热效应是基本的热力学数据，表 4.11、表 4.12、表 4.13、表 4.14 分别表示它们在 MEA、DEA、DIPA、MDEA 以及砜胺Ⅱ型和砜胺Ⅲ型溶液中的吸收热。

表 4.11　H_2S 在醇胺溶液中的吸收热

醇　　胺	MEA	DEA	DIPA	MDEA
ΔH，kJ/mol	50.61	42.12	42.70	36.81

注：溶液浓度为 2.5mol/L，吸收温度为 25℃，$\alpha_S = 0.004$ mol/mol。

表 4.12　CO_2 在醇胺溶液中的吸收热

醇　　胺	MEA	DEA	DIPA	MDEA
ΔH，kJ/mol	91.52	78.58	79.64	56.94

注：溶液浓度为 2.5mol/L，吸收温度为 25℃，$\alpha_C = 0.01$ mol/mol。

表 4.13　H_2S 在砜胺溶液中的吸收热

溶　　液	DIPA：环丁砜：水 = 33：52：15	MDEA：环丁砜：水 = 29：56：15
ΔH，kJ/mol	61.75	51.53

注：吸收温度为 25℃，$\alpha_S = 0.004$ mol/mol。

表 4.14　CO_2 在砜胺溶液中的吸收热

溶　　液	DIPA：环丁砜：水 = 33：52：15	MDEA：环丁砜：水 = 29：56：15
ΔH，kJ/mol	85.76	69.65

注：吸收温度为 25℃，$\alpha_S = 0.01$ mol/mol。

4.3.4 酸气负荷与溶液循环量

酸气负荷的高低是影响净化度的重要因素。一般而言，较低的酸气负荷有助于保证净化度，然而，这意味着较高的溶液循环量，相应的水、电、气耗量也增加。而酸气负荷过高，则难以保证净化要求。因此，选取适宜的酸气负荷是相当重要的。总的原则是应当在保证净化气质量合格并略有余地的条件下，以尽可能高的酸气负荷运行。

4.3.4.1 酸气负荷的平衡程度

富液酸气负荷（实际酸气负荷）与在进料的 H_2S 及 CO_2 分压下相应的平衡溶解度的比值称为酸气负荷的平衡程度。在设计过程中，酸气负荷应结合酸气负荷的平衡程度加以选择。

1. 酸气负荷的第一平衡程度

由前面的讨论可知，对于一定的醇胺溶液体系，在一定的温度及一定的 H_2S 分压 p_S 和 CO_2 分压 p_C 下，可获得相应的平衡溶解度 α_{S1}、α_{C1}，而实际过程中吸收塔底富液的酸气负荷为 α'_S、α'_C，把酸气负荷的第一平衡程度分别定义为：

$$K_{S1} = \alpha'_S / \alpha_{S1} \tag{4.82}$$

$$K_{C1} = \alpha'_C / \alpha_{C1} \tag{4.83}$$

一般而言，较低的酸气负荷有助于保证净化度，但意味着较高的溶液循环量，使投资费用、能耗增加，即经济效益变差。

要在保证净化度的前提下取得较好的经济性，需要恰当地选择酸气负荷。在设计时，可选取平衡程度为 65%～75%，一般取 70%，据此可计算出 α'_S、α'_C，然后分别计算出所需循环量，为安全起见，一般取高值。而对于 MEA 法，为了减轻溶液的腐蚀性，减少化合物变质，一般限制酸气负荷在 0.35mol/mol 以下，最好不超过 0.3mol/mol。对于 DEA 法脱硫装置，酸气负荷可取 0.4mol/mol。对于 H_2S 和 CO_2 比值高的天然气脱硫，吸收液酸气负荷可取较高值。

2. H_2S 负荷的第二平衡程度

对于选择性醇胺法来说，由于要尽可能少吸收 CO_2，因此，不适合用酸气负荷概念来处理，需使用 H_2S 负荷这一概念。在选择性醇胺法中，H_2S 负荷的平衡程度远远大于 CO_2 负荷的平衡程度，即 $K_{S1} \gg K_{C1}$，由于 K_{C1} 值相当低，因此 $\alpha'_C \ll \alpha_{C1}$。因而，导致 α'_S 逼近甚至超过 α_{S1} 成为可能，第一平衡程度的概念已不大适合，于是有学者提出了第二平衡程度的概念。

在涉及的选择性醇胺溶液浓度和温度条件下，令 $\alpha_{C2} = \alpha'_C$，再计算出在 p_S 和 p_C 条件下与 α_{C2} 相匹配的 α_{S2}，则定义 H_2S 负荷的第二平衡程度为：

$$K_{S2} = \alpha'_S / \alpha_{S2} \tag{4.84}$$

根据前面的叙述可知 $\alpha_{S2} > \alpha_{S1}$，所以 $K_{S2} < K_{S1}$，即在任何条件下 K_{S2} 恒小于 100%。这样，就要使用 H_2S 负荷的第二平衡程度 K_{S2} 来评价选择性醇胺法装置的运行状况以及设计新装置。

4.3.4.2 醇胺溶液循环量及相关参数的计算

1. 溶液循环量

醇胺溶液循环量是醇胺法脱硫脱碳中一个十分重要的参数，它决定了脱硫脱碳装置诸多设备尺寸、投资和装置能耗。

在确定醇胺法溶液循环量时，除了凭借经验估计外，就必须有 H_2S、CO_2 在醇胺溶液中的热力学平衡溶解度数据。自 1974 年 Kent 和 Eisenberg 首先提出采用拟平衡常数法关联实验数据以确定 H_2S、CO_2 在 MEA、DEA 水溶液中的平衡溶解度后，国内外不少学者系统地采用实验方法测定了 H_2S、CO_2 在不同分压、不同温度下，在不同浓度的 MEA、DEA、DIPA、DGA、MDEA 和醇胺溶液中的平衡溶解度，并进一步采用数学模型法关联这些实验数据。

酸性天然气中一般会同时含有 H_2S、CO_2，而 H_2S 和 CO_2 与醇胺的反应又会相互影响，即其中一种酸性组分即使有微量存在，也会使另一种酸性组分的平衡分压产生很大差别。只有一种酸性组分（H_2S 或 CO_2）存在时其在醇胺溶液中的平衡溶解度远大于 H_2S 和 CO_2 同时存在时的数值。

目前，H_2S 和 CO_2 同时存在时，在 MEA、DEA、DIPA、DGA 和 MDEA 等水溶液中的平衡溶解度可通过模型计算，也可从有关文献中查取。本书前面只列出了 MEA、MDEA 溶液的有关数据。

现以常规醇胺法（H_2S 和 CO_2）为例，通常其溶液循环量的计算方法如下：

(1) 选择合适的醇胺溶液和浓度。

(2) 根据原料气组成，计算 H_2S、CO_2 的分压。

(3) 估计吸收塔塔底富液出口温度。由于吸收过程是放热的，该温度一般比原料气进口温度高 1～20℃。

(4) 从图表中查取或采用数学模型计算原料气中 H_2S、CO_2 在富液中吸收达到平衡时的负荷。采用这种方法时需要有不同条件下 H_2S、CO_2 酸性组分在各种醇胺溶液中的平衡溶解度数据。这些数据还应考虑到 H_2S、CO_2 同时存在时的相互影响。

(5) 从动力学角度考虑，H_2S 和 CO_2 在富液中的实际溶解度（富液酸气负荷）不可能达到平衡值，所以需要根据经验确定其实际溶解度。对于富液，其酸气负荷大致是平衡溶解度的 65%～75%；对于贫液，其残余酸气负荷因醇胺类型不同而异。表 4.4 中的数据可供参考。

(6) 根据富液酸气负荷和贫液残余酸气负荷确定溶液的净酸气负荷。

(7) 根据溶液的净酸气负荷和原料气中酸性组分流量，计算醇胺溶液循环量。

(8) 根据溶液的净酸气负荷，计算 H_2S、CO_2 被溶液吸收时的反应热和溶解热。

(9) 估计贫液进吸收塔的温度和湿净化气出吸收塔的温度（比原料气进吸收塔的温度高 8～17℃或比贫液高 0～8℃）。

(10) 对吸收塔进行热平衡计算，核对所有假定是否合适。如不合适，应根据相互关系重新假定和计算。

对于 MEA、DEA、DGA 和 MDEA 等溶液可以采用式(4.85)进行粗略估算溶液循环量，公式的使用范围是原料气中 H_2S 和 CO_2 的浓度总和不宜超过 5%（摩尔分数），醇胺的浓度不宜大于 30%（质量分数）。

$$V = K_A \times \frac{Qy}{x} \tag{4.85}$$

式中　V——溶液循环量，m^3/h；

　　　Q——原料气的处理量，$10^6 Sm^3/d$；

　　　y——原料气中酸性组分总浓度（摩尔分数），%；

　　　x——醇胺溶液浓度（质量分数），%，（不能超过表 4.4 给定的最大值）；

　　　K_A——醇胺系数，见表 4.15。

表 4.15　醇胺溶液循环量估算计算系数

溶剂	MEA	DEA		DGA	MDEA
		一般负荷	高负荷		
K_A	327	361	256	448	415
酸气负荷，mol/mol 胺	0.33	0.50	0.70	0.39	0.50
说明					活性 MDEA，MDEA：DEA 为 9：1

一旦确定了醇胺溶液循环量后就可以用表 4.16 估算换热量、用表 4.17 计算泵的功率、用式(4.86)或图 4.44 计算吸收塔的直径、用式(4.87)计算再生塔直径或用表 4.18 估算再生塔直径和其他主要容器尺寸。

表4.16 热交换器估算

	热负荷	面积, m²
重沸器（直接加热）	93×V	4.63×V
贫/富液换热器	58×V	4.60×V
胺冷却器（空冷）	19.3×V	4.18×V
回流冷凝器	38.6×V	2.13×V

注：V——溶液循环量，m³/h

表4.17 动力需求估算

	功率，kW	说明
主溶液泵	0.00031×p×V	p：再生系统的压力，kPa（表压）
胺增压泵	0.20×V	
回流泵	0.20×V	
空冷器	1.20×V	

注：V——溶液循环量，m³/h

$$D_c = 10800 \times \sqrt{(Q/\sqrt{p})} \quad (4.86)$$

式中 Q——原料气的处理量，$10^6 Sm^3/d$；
p——吸收塔操作压力，kPa；
D_c——吸收塔的直径，mm。

相应地，再生塔低于进料口以下的直径可以用式(4.87)估算。

$$D_r = 160 \times \sqrt{V} \quad (4.87)$$

式中 V——溶液循环量，m³/h；
D_r——再生塔底部直径，mm。

而再生塔进料口以上部分的直径可以按下部直径的0.67倍估算。

表4.18 再生设备尺寸估算

溶液循环量 m³/h	再生塔直径 mm	缓冲罐，mm		回流罐，mm		闪蒸罐，mm		过滤器，mm	
		直径	长度	直径	长度	直径	长度	直径	长度
2.27	406	610	1829	406	914	610	1829	406	2134
5.68	610	1067	2438	610	1219	1067	2438	610	2134
11.36	762	1219	3658	762	2438	1219	3658	762	2438
22.71	1067	1524	4877	1067	2438	1524	4877	1219	2438
45.42	1524	2134	7315	1524	2438	2134	7315	1524	2438
62.14	1829	2134	9754	1829	2438	2134	9754	1829	2438
90.84	2134	2438	9754	2134	2438	2438	9754	2134	2438

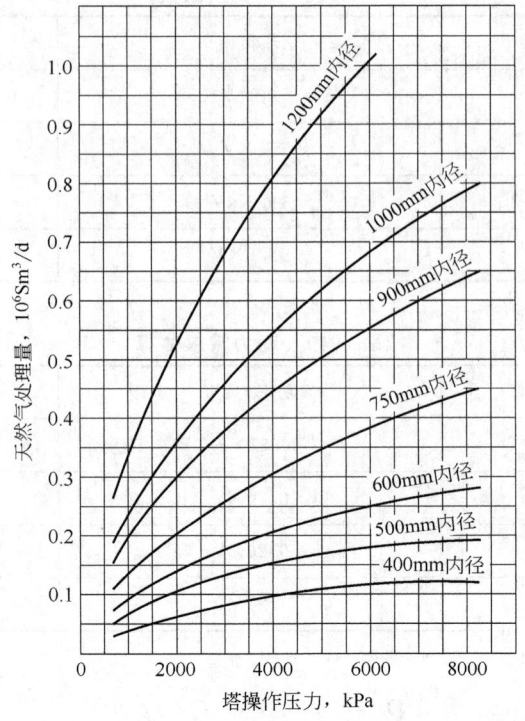

图 4.44　吸收塔处理量、压力与塔径关系

【例 4.1】 某天然气脱硫装置，采用 15%（质量分数）一乙醇胺（MEA）水溶液作为吸收剂，天然气处理量为 $1.42×10^6 Nm^3/d$，吸收塔操作压力 0.63MPa（表压），天然气中含 H_2S 0.5%、CO_2 2.0%，净化气要求 H_2S 含量在 $6mg/m^3$ 以下，天然气温度为 32℃，一乙醇胺溶液入塔温度为 40℃，试计算溶液循环量。

解 （1）根据题设条件，求 MEA 中未蒸脱的酸气量。

设每再生 $1m^3$ MEA 溶液用 0.12t 水蒸气。

已知天然气中 $H_2S/CO_2=0.25$，由图 4.42 查出贫液中残余 H_2S 浓度为 0.2054g/L，由图 4.43 查出贫液中残余 CO_2 浓度为 13.7g/L。分别对 H_2S、CO_2 浓度进行换算：

$$H_2S \quad 0.2054g/L = \frac{0.2054}{34.076} = 0.0060 kmol/m^3$$

$$CO_2 \quad 13.7g/L = \frac{13.7}{44.01} = 0.3113 kmol/m^3$$

$1m^3$ 贫液残余总酸气量为：

$$0.3113 + 0.0060 = 0.3173 kmol/m^3$$

由图 4.15 知，15%（质量分数）MEA 40℃时的相对密度为 0.997，即密度为 $997kg/m^3$，故 MEA 质量浓度为：

$$997 × 15\% = 149.6 kg/m^3$$

MEA 的摩尔浓度为：

$$\frac{149.6}{61.08} = 2.449 kmol/m^3$$

1kmol MEA 中残余酸气负荷为：

$$\frac{0.3173}{2.449}=0.1296 \text{kmol/kmol}$$

(2) 求吸收塔底富液总酸气浓度。

按理想气体考虑，根据分压定律，则天然气中 H_2S 分压为：
$$p_S = 0.005 \times (63+1) \times 735.6 = 235.4 \text{mmHg}$$

天然气中 CO_2 分压为：
$$p_C = 0.02 \times (63+1) \times 735.6 = 941.6 \text{mmHg}$$

酸气分压的比值：
$$R_V = \frac{p_S}{p_C} = \frac{235.4}{941.6} = 0.25$$

要确定 MEA 离开吸收塔底的平衡组成，必须先知道富液温度，为此，设富液离开吸收塔的温度为 50℃。

根据温度为 50℃，$R_V = 0.25$，H_2S 分压 235.4mmHg，由图 4.30 和图 4.31 用内插法求得 H_2S 在 MEA 中的平衡浓度为 $0.088 \text{kmol} H_2S/\text{kmolMEA}$，然后由图 4.34 和图 4.35 用内插法求得：
$$R_L = \frac{n_{H_2S}/n_{MEA}}{n_{CO_2}/n_{MEA}} = 0.16$$

所以：
$$n_{CO_2}/n_{MEA} = \frac{0.088}{0.16} = 0.55$$

在 50℃ 离塔温度下，MEA 的平衡酸气浓度为：
$$0.088 + 0.55 = 0.638 \text{kmol 总酸气/kmolMEA}$$

据文献推荐，塔底富液酸气平衡浓度的设计值取平衡值的 65%～75%，可取 65%，因此离开吸收塔底部的富液中总酸气浓度为：
$$0.638 \times 0.65 = 0.4147 \text{kmol 总酸气/kmolMEA}$$

MEA 溶液净酸气负荷为：
$$0.4147 - 0.1296 = 0.2851 \text{kmol 总酸气/kmolMEA}$$

(3) 求 MEA 溶液循环量。

天然气处理量为：
$$\frac{1.42 \times 10^6}{24 \times 60} = 0.0986 \times 10^4 \text{m}^3/\text{min} = 986 \text{m}^3/\text{min}$$

天然气中 CO_2 含量为：
$$986 \times 0.02 = 19.72 \text{m}^3/\text{min}$$

天然气中 H_2S 含量为：
$$986 \times 0.005 = 4.93 \text{m}^3/\text{min}$$

标准状态下，CO_2、H_2S 体积为 22.4m^3。因此，进料气体中 CO_2、H_2S 的物质的量分别为：
$$\frac{19.72}{22.4} = 0.88 \text{kmol/min}$$

$$\frac{4.93}{22.4} = 0.22 \text{kmol/min}$$

不考虑净化气中 H_2S、CO_2 含量，则脱除的总酸气量为：
$$0.88+0.22=1.1 \text{kmol/min}$$

所需 MEA 量为：
$$\frac{1.1}{0.2851}=3.858 \text{kmol/min}$$

MEA 循环量为：
$$\frac{3.858}{2.449}=1.58 \text{m}^3/\text{min}$$

为留有安全裕度，MEA 的设计循环量采用 $2\text{m}^3/\text{min}$。

应当注意，并不是酸气浓度 2.5% 都可得到合适的醇胺溶液负荷，应充分考虑酸气中 H_2S 和 CO_2 之间的影响。

(4) 核算富液离开吸收塔的温度，做吸收塔的热平衡。

已知脱除的 CO_2、H_2S 量分别为：
$$0.88\times44.01=38.73 \text{kg/min}$$
$$0.22\times34.076=7.497 \text{kg/min}$$

根据表 4.4，取 CO_2 与 MEA 的反应热为 1920kJ/kg，H_2S 与 MEA 的反应热为 1420kJ/kg。因而酸性气体与醇胺反应放出的总热量为：
$$(38.73\times1920)+(7.497\times1420)=85007.3 \text{kJ/kg}$$

近似认为净化气为纯甲烷（分子量为 16），离开吸收塔的净化气温度与贫液进塔温度相同，即为 40℃。查基础数据可得：

40℃甲烷的焓值为 810.9kJ/kg，32℃甲烷的焓值为 785.8kJ/kg，其差值为 25kJ/kg。

净化气质量流速为：
$$986\times(1-0.5\%-2.0\%)\times\frac{1}{22.4}\times16=686 \text{kg/min}$$

净化气体带出热量为：
$$686\times25=17150 \text{kJ/min}$$

由图 4.21 可知，MEA 溶液比热容为 3.93kJ/(kg·℃)，不考虑吸收塔热损失，则 MEA 溶液通过吸收塔的温升为：
$$\frac{85007.3-17150}{2\times997\times3.93}=8.7℃$$

富液出吸收塔温度为 $40+8.7=48.7℃$，和假设富液出吸收塔温度相近，故计算正确。

用式(4.85)计算，$V=327\times\dfrac{1.42\times2.5}{15}=77.39\text{m}^3/\text{h}$ 即 $1.3\text{m}^3/\text{min}$。

2. 压力和温度

吸收塔操作压力一般在 4~6MPa，主要取决于原料气进塔压力和净化气外输压力要求。降低吸收压力虽有助于改善溶液选择性，但压力降低也使溶液负荷降低，装置处理能力下降，因而不应采用降低压力的方法来改善选择性。再生塔一般均在略高于常压下操作，其值视塔顶酸气去向和所要求的背压而定。为避免发生热降解反应，重沸器中溶液温度应尽可能较低，其值取决于溶液浓度、压力和所要求的贫液残余酸气负荷。不同醇胺溶液在重沸器中的正常温度范围见表 4.4。

通常，为避免烃类在吸收塔中冷凝，贫液温度应较塔内气体烃露点高 5~6℃，因为烃类的冷凝析出会使溶液严重发泡。所以，应该核算吸收塔入口和出口条件下的气体烃露点。这是因为脱除酸性组分后，气体的烃露点升高。还应该核算一下，在吸收塔内由于温度升高、压力降低，气体有无反凝析现象。

采用 MDEA 溶液选择性脱 H_2S 时贫液进吸收塔的温度一般也不宜高于 45℃。由于吸收过程是放热过程，故富液离开吸收塔底和湿净化气离开吸收塔顶的温度均会高于原料气温度。塔内溶液温度变化曲线与原料气温度和酸性组分含量有关。MDEA 溶液脱硫脱碳时吸收塔内溶液温度变化曲线见图 4.45。由图 4.45 可知，原料气中酸性组分含量低时，主要与原料气温度有关，溶液在塔内温度变化不大；原料气中酸性组分含量高时，还与塔内吸收过程的热效应有关。此时，吸收塔内某处将会出现温度最高值。

3. 气液比

气液比是指单位体积溶液所处理的气体体积量（m^3/m^3），它是影响脱硫脱碳净化度和经济性的重要因素，也是操作中最易调节的工艺参数。MDEA 法的气液比为 2450～4570，醇胺法的气液比为 660～1100，MDEA 法溶液循环量大大低于醇胺法，这样

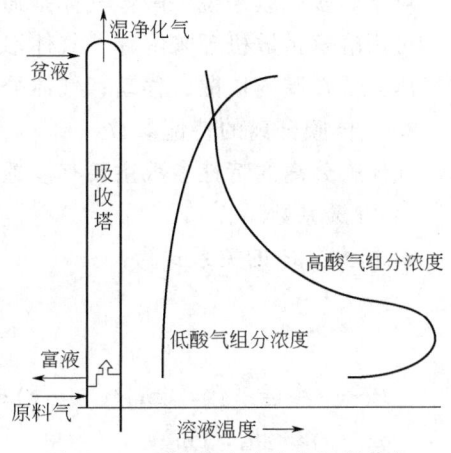

图 4.45 吸收塔内溶液的温度分布

可节约水、电、汽（气）的消耗。对于采用 MDEA 溶液选择性脱除 H_2S 来讲，提高气液比有利于从动力学上改善其选择性，因而降低了能耗。但是，随着气液比的提高，净化气中的 H_2S 含量也会增加，因此应以保证 H_2S 的净化度为原则。

4.4 其他脱硫脱碳方法

4.4.1 膜分离法

膜分离法是在 20 世纪初出现，20 世纪 60 年代后迅速崛起的一门分离新技术。但是，气体分离膜在工业生产中广泛应用只是近 20 年的事。1979 年，Monsanto 公司 Prism 膜分离器的工业化奠定了现代气体膜分离技术的基础。

20 世纪 80 年代初，膜分离技术应用于天然气净化在国外实现了工业化，主要是处理 CO_2 驱油后的伴生气，也涉及 H_2S 的分离净化。

膜分离过程具有选择性好、适应性强、不使用化学药剂、无化学反应、工艺简单、易操作和控制等优点，因而成为传统分离方法，如吸收、吸附分离法等的强有力的竞争者。

4.4.1.1 膜分离原理

天然气膜分离法脱除 CO_2、H_2S 等酸性气体的基本原理是，根据天然气中酸性组分与烃类组分在压力的推动下透过膜的相对传递速率不同而得以分离。

1. 膜的分类及分离机理

用于气体分离的膜材料按材质大致分为多孔膜、均质膜（非多孔膜）、非对称膜及复合膜。常见的气体膜分离机理主要有微孔扩散机理和溶解扩散机理两种。

1) 微孔扩散机理

由于酸性气体分子与多孔介质之间的相互作用程度不同，其分子运动的平均速率不同，而当膜的微孔孔径远小于气体运动的平均自由程时，通过微孔的分子数与分子运动的平均速率成正比，从而实现气体分离。

2) 溶解扩散机理

对于非多孔膜来说，酸性气体是通过分子间隙渗透，分离效果基本上和气体流动状态无关，可用溶解扩散机理来解释。气体渗透过程分为三个阶段：气体分子溶解于膜表面；溶解的气体分子在膜内扩散、移动；气体分子在膜的另一侧表面低压解吸。

2. 气体膜分离的特性参数

气体膜分离的特性参数主要有渗透系数 P、分离系数 α。

1) 渗透系数

渗透系数 P 的关系式为：

$$P = 1.33 \times 10^3 \frac{ql}{At\Delta p} \tag{4.88}$$

式中　P——渗透系数，$cm^2/(Pa \cdot s)$；

　　　q——渗透量，cm^3；

　　　l——膜厚，cm；

　　　A——膜的表面积，cm^2；

　　　t——时间，s；

　　　Δp——压力差，Pa。

要使混合气获得有效分离，一定要选用待分离的气体渗透系数差别大的薄膜。一些气体组分在醋酸纤维膜上的相对渗透系数如表 4.19 所示。

表 4.19　醋酸纤维膜上气体的相对渗透系数

水蒸气	He	H_2	H_2S	CO_2	O_2	CH_4	N_2	C_2H_6
100	15	12	10	6	1.0	0.2	0.18	0.1

2) 分离系数

对于气体组分 A 和 B，其分离系数 α 可用下式计算：

$$\alpha_{A/B} = \frac{Y_A/Y_B}{W_A/W_B} = \frac{Y_A W_B}{Y_B W_A} \tag{4.89}$$

式中　W_A, W_B——气体组分 A 和 B 在供给侧的摩尔浓度；

　　　Y_A, Y_B——气体组分 A 和 B 在透过侧的摩尔浓度。

除以上用实测值计算外，也可用下式计算：

$$\alpha_{A/B} = \frac{P_A}{P_B} \cdot \frac{\left(1 - \dfrac{p_{A2}}{p_{A1}}\right)}{\left(1 - \dfrac{p_{B2}}{p_{B1}}\right)} \tag{4.90}$$

式中　P_A, P_B——A 和 B 组分的渗透系数；

　　　$p_{A1}, p_{A2}, p_{B1}, p_{B2}$——A 和 B 组分在供给侧和透过侧的分压。

4.4.1.2 气体膜分离工艺流程

1. 气体膜分离系统的构成

气体膜分离系统大体上由三部分组成，如图 4.46 所示。

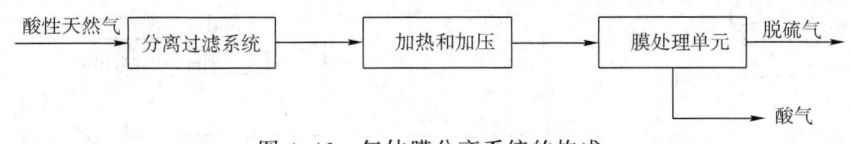

图 4.46 气体膜分离系统的构成

分离过滤系统通常设有三个分离器。第一分离器为立式重力式分离器，分上下两段，上段有过滤网，其主要目的是彻底分离游离水、液态烃和固体杂质，以免损坏膜处理单元。第二分离器主要过滤井下带来的化学药剂（如缓蚀剂、甘醇类）的气相部分，可采用活性炭吸附，用后更换。第三分离器与第一分离器功效相同，也可作为第一分离器的备用设备，平时起把关作用。当然，分离过滤系统也可根据气井来气的性质进行设计安装。

加热的主要目的是防止液态水的形成，这是因为液态水会破坏膜的渗透能力。一般的加热方式有两种，当膜分离系统为单级时采用水套炉加热，当膜分离系统为两级时利用压缩机的出口高温气体进行换热。如果气井来气经过分离过滤后的干净气体压力过低则需要加压系统。

2. 工艺流程

1) 单级膜分离流程

各种膜工艺中最常用的是单级膜分离系统，其流程如图 4.47 所示。单级膜系统结构具有简单、投资少的优点。虽然单级膜分离系统的净化气回收率比多级系统低，但经济性可观。

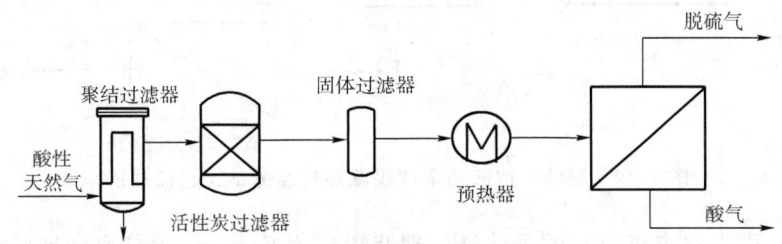

图 4.47 单级膜分离法脱除酸性气体流程示意图

含 CO_2、H_2S 等酸性气体的天然气通过聚结过滤器，除去游离水、液烃以及固体杂质后，经过活性炭过滤器吸附，过滤掉井下带来的化学药剂的气相部分，再由固体过滤器除去细小的固体微粒，然后经过预热器升温，以防止天然气中出现液态水或液态烃而破坏膜结构，预热后的天然气进入膜分离器，酸性组分优先透过膜而与天然气中的烃类分离。

2) 两级膜分离流程

两级膜分离流程如图 4.48 所示，它另外增加了一套膜分离系统来对第一级系统排出的气体进行再分离，大幅度地提高酸气质量和烃类产品回收率。

来自第一级膜分离系统的透过气经压缩和预处理后，进入第二级膜分离系统再次进行处理，其残余气返回预热器前与新鲜原料气混合，而第二级膜分离的透过气则直接进入下游处理装置。

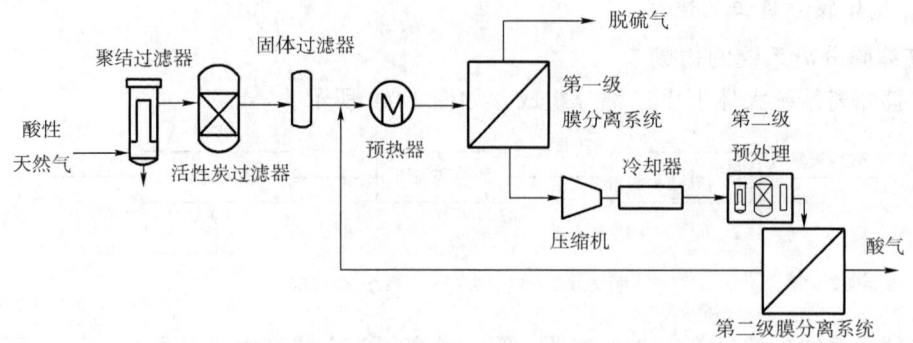

图 4.48 两级膜分离法脱除酸性气体流程示意图

3) 膜法—醇胺法集成工艺流程

为了保证净化气质量,也可以把膜分离技术和醇胺法脱硫结合使用,即串级脱硫流程,利用各自技术特有的优势,在满足应用要求的前提下降低装置的投资和运行费用,简化操作工艺。图 4.49 为典型膜法—醇胺法集成脱除酸性组分的工艺流程。

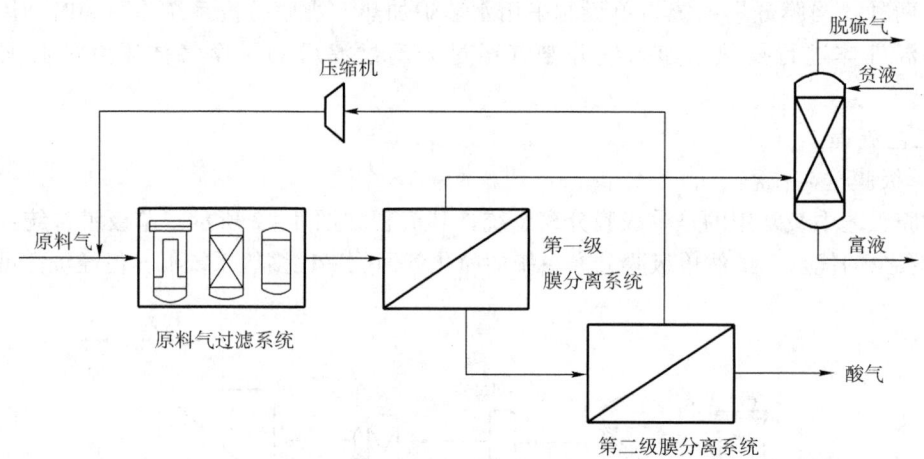

图 4.49 膜法—醇胺法集成脱除酸性组分的工艺流程图

美国一套采用上述串级流程的天然气处理装置先用 Separex 膜分离器把原料气中的 H_2S 含量从 20% 降至 3%,然后再以醇胺法处理,则酸气中的 H_2S 浓度可达到 71.6%。该工艺特别适合高含酸性组分的天然气的净化处理。

4.4.1.3 膜组件

工业应用于气体分离的高分子膜组件(渗透器)主要有两种类型:螺旋卷式膜分离单元和中空纤维膜分离单元。典型结构分别如图 4.50 和图 4.51 所示。

4.4.1.4 气体膜分离技术适用范围

气体膜分离技术适应于以下范围:

(1) 原料气已具有中高压力 (1.7~13MPa) 和适宜的温度 (0~65℃)。因为气体膜分离是压力驱动的分离过程,这样在工艺中可以降低或避免压缩,以及加热或冷却的费用。

(2) 在原料气中有合适浓度(摩尔分数为 10%~85%)的易渗透组分。即原料气中具备易渗透组合的合理分压,能够建立起渗透组分的渗透推动力。

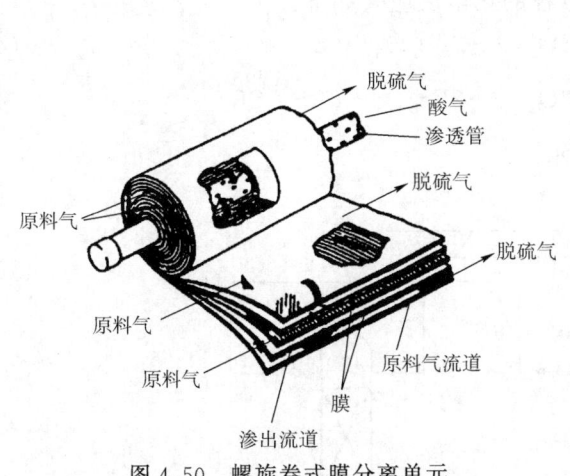

图 4.50 螺旋卷式膜分离单元

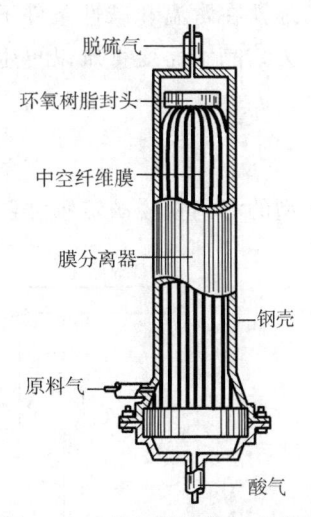

图 4.51 中空纤维膜分离单元

(3) 产品不需要绝对纯或 100% 的回收。根据膜分离的原理及工艺特点，将它作为一种粗脱方法在技术经济上是较为有利的。例如使用膜分离法脱除 H_2S 达到管输标准（H_2S 20mg/m³ 或 5mg/m³）是相当困难但经济的。

当需要非常高的产品纯度和回收率时，仅用膜分离法是不合适的。然而，用膜分离过程与其他单元操作集成可以有效解决上述分离问题。

4.4.2 固体氧化铁法

固体氧化铁法属于干法脱硫工艺，利用活性氧化铁能够与 H_2S、RSH 等反应的特性来脱除天然气中的 H_2S。

4.4.2.1 脱硫原理

自然界中的氧化铁有多种类型，但只有 $\alpha\text{-}Fe_2O_3 \cdot H_2O$ 和 $\gamma\text{-}Fe_2O_3 \cdot H_2O$ 两种可以用于气体脱硫，它们对 H_2S 有很高的反应活性，生成的硫化铁易于再生而重新氧化为活性态的氧化铁。它们与 H_2S 的基本化学反应式为：

$$Fe_2O_3 + 3H_2S \longrightarrow Fe_2S_3 + 3H_2O \tag{4.91}$$

$$Fe_3O_4 + 4H_2S \longrightarrow 3FeS + 4H_2O + S \tag{4.92}$$

$$FeS + S \longrightarrow FeS_2 \tag{4.93}$$

最初使用的氧化铁脱硫剂是天然物料，如黄土（沼铁矿），此后为了提高活性及硫容（脱除的 H_2S 与氧化铁的质量比）采用了人工合成的方法。

4.4.2.2 海绵铁法

海绵铁法是一种古老的气体脱硫工艺。海绵铁由 Fe_2O_3 的水化物浸渍木屑或木刨花制成，具有很高的硫容，木屑或木刨花可以增加 Fe_2O_3 水化物的接触面积，并能控制气体分布或气体压降。海绵铁按氧化铁含量分为几个等级，在天然气中一般使用氧化铁含量最高的一种：含氧化铁 194kg/m³、纯碱 13kg/m³，堆密度 432kg/m³。

除 H_2S 外，海绵铁亦可脱除部分硫醇，反应式为：

$$Fe_2O_3 + 6RSH \longrightarrow 2Fe(RS)_3 + 3H_2O \tag{4.94}$$

海绵铁在常温和碱性条件下脱硫效果最理想。温度高于 50℃ 或酸性条件下，都会使硫化铁失去结晶水而变得难以再生。再生过程的化学反应式如下：

$$2Fe_2S_3+3O_2 \longrightarrow 2Fe_2O_3+6S \tag{4.95}$$

$$4Fe(RS)_3+3O_2 \longrightarrow 2Fe_2O_3+6RS:SR \tag{4.96}$$

典型的海绵铁脱硫流程如图 4.52 所示。

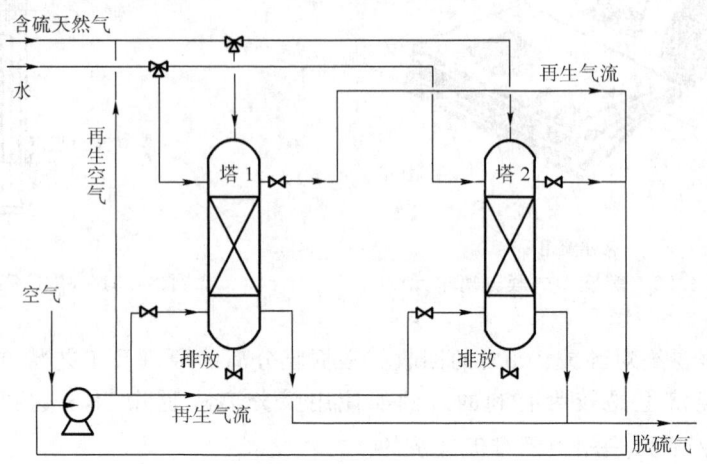

图 4.52 海绵铁脱硫流程

含硫天然气由上而下流动通过反应塔，气体得到净化。在再生过程中，反应塔即成再生塔，不断向塔内鼓入空气使 Fe_2S_3 与空气中的氧反应而转化为 Fe_2O_3 得到再生，并释放出元素硫。当出口气体中氧的浓度达到一定程度，出海绵铁床层的气体温度开始下降时，即认为再生结束。也可在原料气中注入少量空气，在天然气净化的同时，使海绵铁再生并释放出元素硫，达到连续再生的目的。

虽然海绵铁法的脱硫剂是可以再生的，但最终都要更换。由于在打开床层卸料时，海绵铁与空气接触后立即升温，可能导致床层自燃，因此更换海绵铁时必须十分小心，卸料前应将整个床层淋湿。

海绵铁法有明显的缺点：脱硫剂的装卸麻烦、费时、费力；废弃的海绵铁有自燃性，处理时要注意安全；废弃的海绵铁中含有大量的木屑，环境的可接受性差；天然气中有油或缓蚀剂时，海绵铁使用寿命会缩短。该法只适宜边远井和试采时使用。

4.4.2.3 Sulfa Treat 法

美国 Sulfa Treat 公司开发的粒状脱硫剂除含 Fe_2O_3 及 Fe_3O_4 外，还含有 Fe_2O_4，后者与 H_2S 的反应为：

$$Fe_2O_4+4H_2S \longrightarrow 2FeS_2+4H_2O \tag{4.97}$$

Sulfa Treat 脱硫剂使用时要求气体中含有饱和水，因此通常在脱硫塔前设一水饱和器。脱硫剂粒度为 4~30 目，堆密度为 1121kg/m³，它的特点是具有流动性，便于装卸，同时废弃脱硫剂不自燃而安全性较好。

Sulfa Treat 脱硫剂的主要缺点是反应活性较低，一般情况下均需要双塔串联运行以保证 H_2S 的脱除率和达到 10%~15% 的硫容。

4.4.3 直接转化法

直接转化法是指使用含有氧载体的溶液将天然气中的 H_2S 氧化为元素硫，被还原的氧化剂经空气再生后恢复氧化能力。因其主反应是在液相中进行的氧化还原反应，因此也被称为湿式氧化法。

与醇胺法相比，直接转化法具有以下特点：净化度高，可使净化后的气体含硫量低于 $5mg/m^3$；脱硫的同时直接生成元素硫，不需采用克劳斯硫回收装置和尾气处理装置，无二次污染；既可在常温下操作，又可在加压下操作；直接转化法硫容低，溶液循环量大，电耗高；基本上无气体污染问题，但存在 $Na_2S_2O_3$ 等生成及配位剂降解问题；操作问题较多，主要是因溶液中含有固相硫黄导致的非均相性而产生的，如堵塞、腐蚀（磨蚀）等问题，此外，硫黄质量也不如克劳斯法生产的硫黄。

直接转化法的研究始于20世纪20年代，至今已发展到百余种，其中有工业应用价值的仅有二十多种。目前，以所使用的氧载体分类，主要有铁法和钒法。

4.4.3.1 铁法

20世纪70年代，美国气体产品与化学品有限公司开发的 Lo-Cat 法、美国 Shell 公司和 Dow 公司联合开发的 SulFerox 法是典型的铁法工艺，已在天然气、伴生气、炼厂气以及合成气等气体处理过程中得到广泛应用。

1. 脱硫原理

铁是一种多价态的金属元素，在直接转化法中，常以三价铁盐为 H_2S 的氧化剂，它与 H_2S 的反应式为：

$$H_2S + 2Fe^{3+} \longrightarrow 2H^+ + S\downarrow + 2Fe^{2+} \tag{4.98}$$

Fe^{2+} 的再生反应为：

$$\frac{1}{2}O_2 + H_2O + 2Fe^{2+} \longrightarrow 2OH^- + 2Fe^{3+} \tag{4.99}$$

2. Lo-Cat 法

Lo-Cat 法所使用的配位剂是 EDTA（二乙胺四乙酸）配位铁开发以来的第三代催化体系；它可能是一种双配位剂体系，除 EDTA 外，还加入了多羟基糖。溶液为含配位铁的 Na_2CO_3-$NaHCO_3$ 体系，pH 值为 8.0~8.5，总铁含量为 500mg/L，按此值计算的理论硫容为 0.14g/L。已形成 ARI 系列药剂。该工艺拥有一套配伍性能优良的化学药剂配方，以保证处理溶液的稳定性和操作的连续性，同时也利于硫黄的形成和沉降，并抑制副反应的发生。

Lo-Cat 法有双塔和单塔两种基本流程，用于不同性质的原料气，分别如图 4.53 和图 4.54 所示。

双塔流程用于天然气或其他可燃气脱硫，一塔吸收，一塔再生。吸收部分设置了一个文丘里预吸收器，以及一个鼓泡吸收塔保证净化度。再生槽塔以空气氧化溶液，生成的硫黄沉降为硫浆从下部抽出去硫回收工序。

单塔流程用于处理废气，如醇胺法酸气、克劳斯装置加氢尾气等，吸收与再生在一个塔中同时进行。对流筒吸收区中溶液因 H_2S 氧化为元素硫，密度上升而下沉，筒外溶液则因空气（空气远多于酸气量）鼓泡而密度下降，不断抬升进入对流筒。

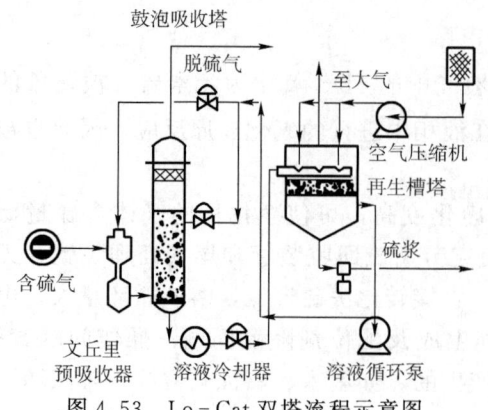
图 4.53 Lo-Cat 双塔流程示意图

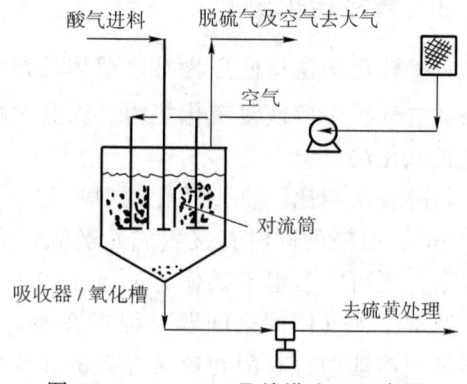
图 4.54 Lo-CatⅡ 单塔流程示意图

该法不仅可用于气体脱硫,也可用于酸气进行硫回收。

3. SulFerox 法

与 Lo-Cat 法相比,SulFerox 法的溶液铁含量高达 4%,为前者的 80 倍,理论硫容为 11.5g/L。高硫容具有溶液循环量低和设备尺寸小等优点,有利于处理较高压力的天然气。但高硫容也带来了设备易堵塞及溶液机械损失等问题。

SulFerox 法根据原料气工况不同有三种流程可供选择。处理高于常压的天然气时采用类似 Lo-Cat 双塔流程;常压处理醇胺法酸气时,可使用逆流的鼓泡吸收塔;处理克劳斯尾气时使用并流吸收器,气液一起进入再生槽,不同于 Lo-Cat 单塔流程,SulFerox 单塔流程用于间歇操作的工况。

4.4.3.2 钒法

最早获得工业应用的钒法是 ADA-NaVO₃ 法,命名为 Stretford 法,在欧洲的煤气脱硫领域获得广泛应用。

1. 脱硫原理

ADA 是蒽醌二磺酸钠的缩写,依据磺酸钠在蒽环上的位置不同而有多种异构体,用于脱硫以 2,7-ADA 为最佳,其氧化能力来自自身的醌型结构。

吸收脱硫的反应为:

$$H_2S + Na_2CO_3 \longrightarrow NaHS + NaHCO_3 \tag{4.100}$$

$$2NaHS + 4NaVO_3 + H_2O \longrightarrow Na_2V_4O_9 + 4NaOH + 2S\downarrow \tag{4.101}$$

$$Na_2V_4O_9 + 2NaOH + H_2O + 2ADA(氧化态) \longrightarrow 4NaVO_3 + 2ADA(还原态) \tag{4.102}$$

溶液再生的反应为:

$$O_2 + 2ADA(还原态) \longrightarrow 2ADA(氧化态) + 2H_2O \tag{4.103}$$

系统内还有生成 $Na_2S_2O_3$ 等的副反应,在溶液吸收超负荷情况下,有可能产生 V-O-S 黑色沉淀。

2. ADA-NaVO₃ 工艺

ADA-NaVO₃ 法的溶液是在碳酸钠溶液中加入 ADA、偏钒酸钠和酒石酸钾钠等。影响溶液吸收性能的工艺条件有溶液钒含量、pH 值、反应时间和反应温度;影响再生的工艺条件有溶液 pH 值、温度、吹风强度以及再生时间等。

国内最大的一套 ADA-NaVO₃ 法装置是贵州赤水天然气化肥厂的脱硫装置,于 1978

年建成投产，设计单套处理量为 $100\times10^4\text{m}^3/\text{d}$，其工艺流程如图 4.55 所示，采用连续熔硫法回收硫黄。

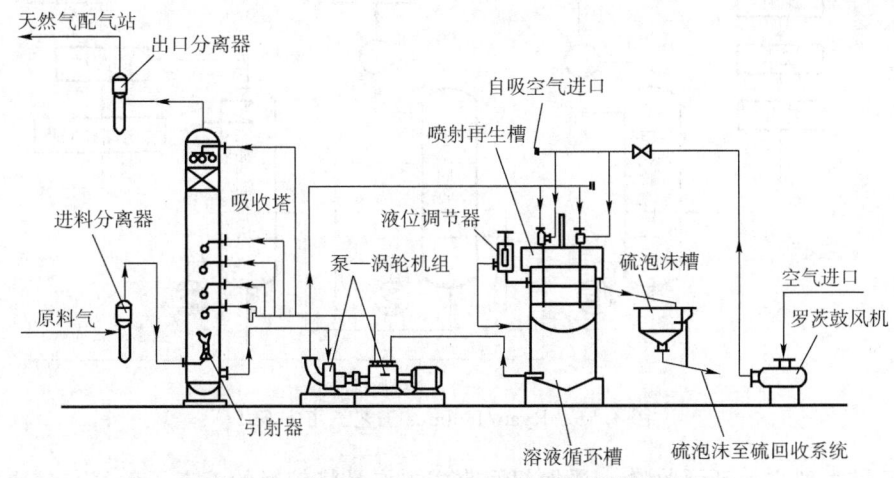

图 4.55　赤水 ADA－NaVO$_3$ 法脱硫装置流程图

在流程中吸收塔除空塔喷淋以及填料保证净化度外，在塔底还设置了一个引射器，利用原料气的喷射作用吸入已流至塔底部的溶液再次进行脱硫反应，实际上是一个并流反应器，脱硫效率可达到 90% 或更高。同时，考虑到溶液循环量且富液处于高压下，流程中还设置了泵—涡轮机组，可回收 35% 的能量。

ADA－NaVO$_3$ 法也存在以下工艺问题：浮选的硫颗粒回收困难，易造成过滤器堵塞；副产品使化学药品耗量较大；硫黄质量差；对 CS_2、COS 及硫醇几乎不起作用；有害废液处理困难，可能造成二次污染。

目前，国内外钒法工艺除 ADA－NaVO$_3$ 法以外，成功开发的工艺还有栲胶－NaVO$_3$ 法、茶灰－NaVO$_3$ 法、Sulfolin 法、Unisulf 法等。

4.4.4　低温分馏法

低温分馏法可将含有大量 CO_2 和 H_2S 的气体混合物（如 CO_2 驱油的伴生气）分离成甲烷、CO_2 和液态天然气（天然气凝液）。尽管低温分馏是一种高能耗工艺，但当被处理的气体含有大量 CO_2（以及 H_2S），且其他净化工艺的能耗也相当时，采用该法反而可能更有竞争力。

美国 Koch 滤膜系统公司开发的 Ryan/Holmes 法是一种典型的低温分馏工艺，主要涉及甲烷与 CO_2、CO_2 与乙烷、CO_2 与 H_2S 三个分离过程。因低温系统可能形成固体 CO_2 以及产生 $CO_2-C_2H_6$ 共沸物问题，工艺中采用了 C_{4+} 凝液作添加剂。目前，Ryan/Holmes 工艺主要有三塔方案和四塔方案两种，三塔方案如图 4.56 所示。

三塔工艺方案由甲烷脱除塔、乙烷回收塔和添加剂回收塔组成，原料天然气经压缩、脱水和冷却处理后，送入甲烷脱除塔。甲烷脱除塔塔顶馏分主要是甲烷和较轻的组分（如 N_2），塔底产物则为 CO_2、乙烷以及较重的烃类，包括 C_3、C_{4+} 和添加剂。若原料天然气中同时含有 H_2S，则全部 H_2S 将留在塔底产物中，然后这些塔底产物送往乙烷回收塔。

乙烷回收塔的塔顶馏出物主要是 CO_2，塔底产物为乙烷、H_2S、C_3、C_{4+} 及添加剂，此

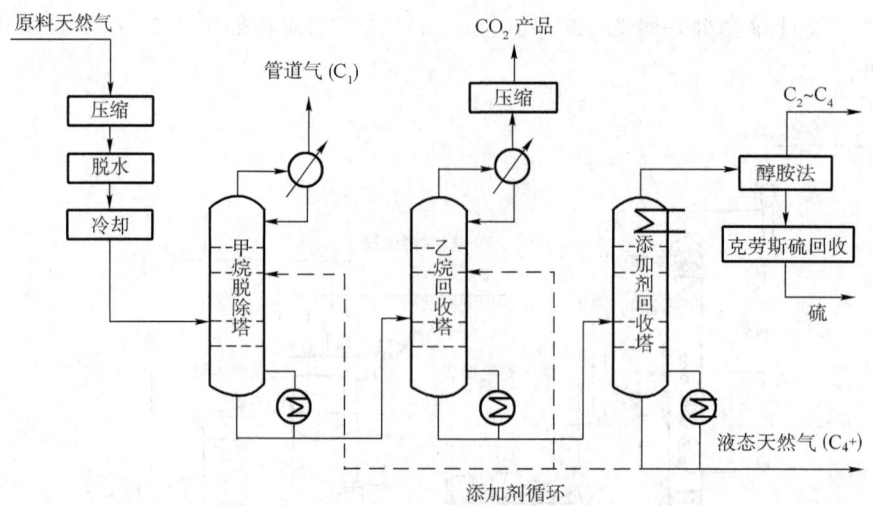

图 4.56　Ryan/Holmes 工艺三塔方案

塔底产物又进入到添加剂回收塔。添加剂回收塔主要是将较轻的液态天然气与较重的液态天然气分离。若含有 H_2S，则塔顶产物是 C_2、C_3 和部分 C_4 以及全部 H_2S，且 H_2S 还需要经过醇胺法处理装置和克劳斯硫回收装置处理，得到 $C_2 \sim C_4$ 组分和元素硫。而添加剂回收塔塔底产物是丁烷以及较重的烃类，可将部分塔底产物作为添加剂循环到前面两个塔。

如图 4.57 所示为 Ryan/Holmes 工艺的四塔方案。主要包括乙烷回收塔、CO_2 回收塔、甲烷脱除塔和添加剂回收塔。

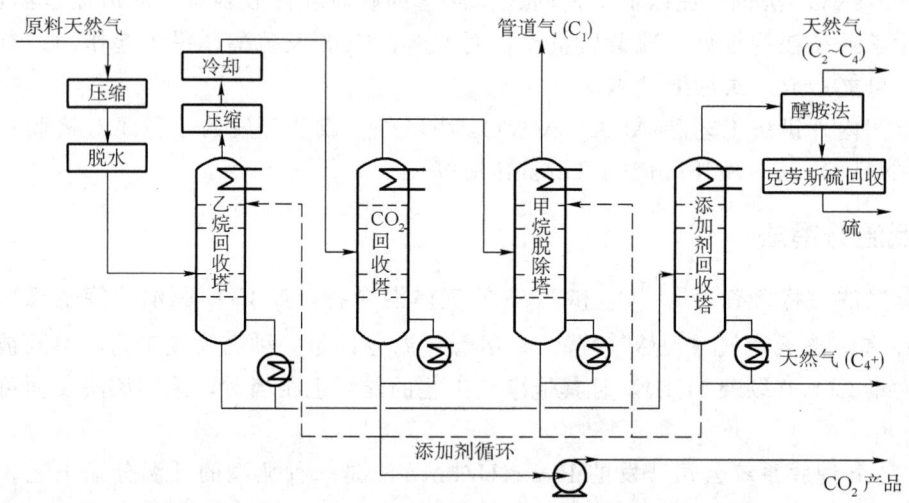

图 4.57　Ryan/Holmes 工艺的四塔方案

原料天然气进入乙烷回收塔，在添加剂作用下分离成塔顶 CO_2 和塔底乙烷、H_2S 和 C_{3+}。塔顶 CO_2 经过压缩和冷却后进入 CO_2 回收塔，这里不用添加剂，塔顶馏出物是含 15%～30% CO_2 的甲烷气，塔底产物是液态 CO_2，CO_2 回收塔的塔顶产物送入甲烷脱除塔，因其中 CO_2 含量大大降低，故使用少量添加剂就可使甲烷脱除塔塔顶产物达到管输的质量标准，甲烷脱除塔的塔底产物与来自添加剂回收塔的部分塔底产物混合作为乙烷回收塔的添加剂。乙烷回收塔的塔底产物送入添加剂回收塔，添加剂回收塔塔顶馏出物为乙烷、丙烷、丁烷以及原料中的全部 H_2S，H_2S 经过醇胺法处理装置和克劳斯硫回收装置处理后得到天然气（$C_2 \sim C_4$）和元素硫，塔底产物则是天然气凝液（C_{4+}）和可循环利用的添加剂。

4.5 脱硫脱碳方法选择与技术进展

4.5.1 天然气脱硫脱碳方法选择

在众多的脱硫脱碳方法中没有绝对优越的方法，而各有其特点和适用范围，在应用时需根据实际情况进行选择。

选择脱硫脱碳方法的重要标准主要是动力和投资费用，但在许多情况下这种选择是困难的，因为它受到三方面因素的制约：

(1) 方法的外部参数——原料气的组成、压力、温度、要求的净化度、动力资源参数（蒸气压力、现有废热）、利用二次动力的可能性等，即不取决于脱硫脱碳方法的设备工艺配置因素的参数；

(2) 方法的内部参数——热量消耗、电力、溶剂、废渣、设备的重量和型式，以及它们与原料气和净化度各参数的关系，即对脱硫脱碳方法的设备工艺配置有影响的参数；

(3) 经济因素——动力资源、原料、废渣、设备的价格，以及某种形式的原料（溶剂等）和动力的稀缺程度。

此外还有方法的技术成熟度等。

要选择一种合适的天然气脱硫脱碳处理工艺，应该考虑：

(1) 关于脱硫脱碳和/或尾气排放时对空气污染的控制即排放要求；
(2) 酸性气体中杂质的种类和浓度；
(3) 净化气的技术规格；
(4) 酸气的技术规格；
(5) 可利用的酸气的温度和压力以及要输送的低硫气体净化气的温度与压力；
(6) 拟处理的气体量；
(7) 拟处理的气体中的烃组分；
(8) 脱酸性气体组分所要求的选择性；
(9) 投资与操作费用；
(10) 工艺专利权使用费及液体产品技术规格。

脱硫脱碳方法的选择要在工艺方面、热力学方面以及总的技术经济方面进行了详细的分析、多种方案的比较，完成可行性研究后，再择优选择。图 4.58、图 4.59、图 4.60、图 4.61 常用来作为初步选择的甄别工具。这些图表并不是企图替代工程技术人员的判断。新的处理过程正在连续不断地发展着，对现存专利工艺技术的修改将改变这些图表的适用范围以及相应的价格。故这些图表只可对最初已研究的几个可能的候选对象作出选择，以确定已给条件下哪种方法经济些。

要选择一种处理过程，首先就要确定入口气体的流量、温度、压力、酸气浓度，以及出口气流中允许的酸气浓度。知道了这些资料之后，就可以计算酸气成分的分压了。接着，确定是否属于下列四种情况之一，若属于，则使用适当的指导：无 H_2S 存在，脱除 CO_2；无 CO_2 存在，脱除 H_2S；清除 CO_2 和 H_2S；CO_2 存在，有选择地脱除 H_2S。

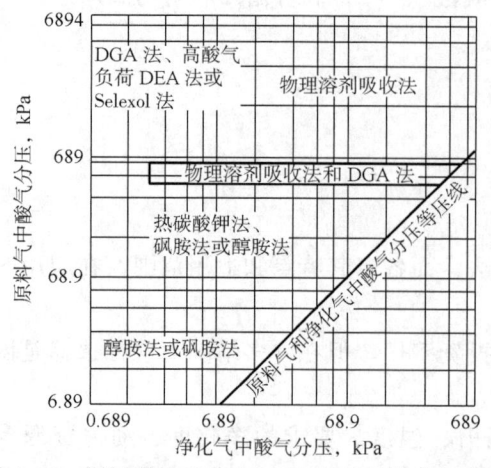
图 4.58 同时脱除 H_2S 与 CO_2 时工艺的应用范围

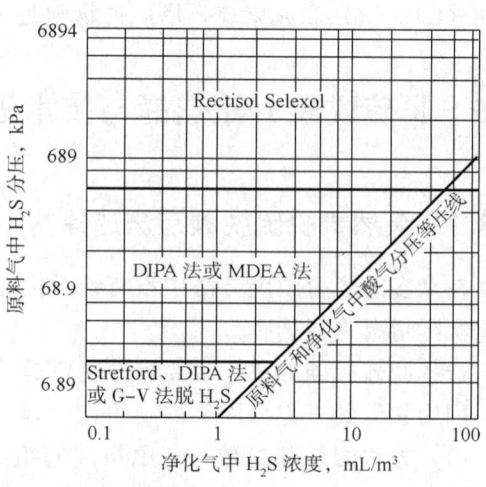
图 4.59 选择性脱除 H_2S 时工艺的应用范围

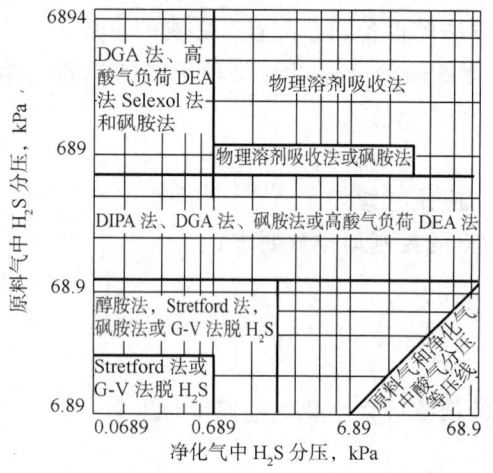
图 4.60 只脱除 H_2S 时工艺的应用范围

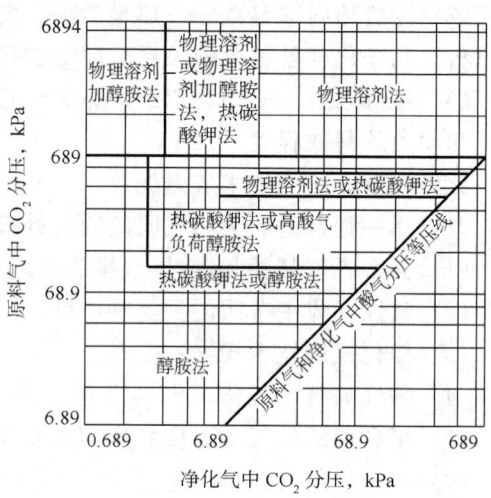
图 4.61 只脱除 CO_2 时工艺的应用范围

一般而言，对于处理量比较大的脱硫脱碳装置首先应考虑采用醇胺法的可能性；当需要脱除原料气中的有机硫时一般应考虑采用砜胺法；H_2S 含量低的原料气可考虑选用直接转化法；高压、高酸气含量的原料气可能需要在醇胺法和砜胺法之外选用其他方法或方法的组合。

4.5.2 脱硫脱碳技术进展

随着科技的进步、环保要求的严格，天然气脱硫脱碳技术的新方法、新工艺、新溶剂不断涌现。

4.5.2.1 节能

节能是世界性的课题，是一大趋势，天然气脱硫节能的主要途径为：

（1）采用选择性脱硫工艺（如 MDEA 法）。这类方法虽然开发初期的原动力是提高酸气中 H_2S 浓度以满足克劳斯装置的要求，但在使用中却获得了异常显著的节能降耗收益，因此推广 MDEA 法的主要意图已从提高酸气质量转向了取得经济效益。

(2) 提高醇胺溶液浓度。MEA 法采用抗硫型醇胺保护剂，溶液浓度由 15% 升至 25%，SNPA-DEA 法由 25%～30% 升至 40%，MDEA 法初期常使用 20% 浓度的溶液，近期已升至 40%～50%；溶液浓度的提高导致循环量大幅度下降。

(3) 巧妙安排工艺流程。根据具体条件采用富液分流，贫液与半贫液分流及吸收塔内增加内冷器等措施，可以取得一定的节能效果。

4.5.2.2 溶液体系系列化

国内外许多公司为了扩大其适应各种条件的能力，纷纷将其掌握的脱硫脱碳方法系列化以形成专利或专有技术，例如美国 Union Carbide 公司有 Ucarsol 系列，Dow 化学公司则有 Gas/Spec 系列等，从而可针对不同的气质、净化要求及其他条件选用不同的溶剂。同时，开发新的脱硫剂，如空间位阻胺是从希望它具有的性能出发来设计合成的，从而加强了理论指导。美国 Exxon 开发的 Flexsorb 法已投入使用，广泛应用于天然气脱硫脱碳与 Scot 法尾气处理。

4.5.2.3 新型脱硫过程开发

1. 膜分离技术

低能耗、操作简单、易于模块化设计的膜分离技术已成功地应用于 CO_2 驱油伴生气的分离。对于高含 H_2S 天然气的处理，采用膜分离作为第一级分离，继之醇胺法，可以提高过程的经济性。此外，电化学膜法技术也在兴起。

2. 微生物脱硫技术

微生物脱硫的概念始于 20 世纪 50 年代，最初用于煤炭脱硫，随着该技术的深入，近几年已逐步扩展到用于脱除天然气中的硫化物。如日本钢管公司开发的 Bio-SR 工艺、荷兰 Paques 公司与 Shell 公司联合开发的 Shell-paques 工艺以及美国气体研究院与能源部联邦能源技术中心研发的 Biodesulf 工艺等。

由于微生物脱硫条件温和、能耗低、投资少、废物排放少，特别适于处理中低含硫天然气，正逐渐成为脱硫领域研究的新热点。

3. 脱硫溶剂复合化

脱硫溶剂复合化表现在混合醇胺法的开发及直接转化法等方面。不同醇胺混合使用的目标是得到高净化度与低能耗的统一，为此选用高浓度的叔胺与低浓度的伯、仲胺组合，如各类 MDEA 配方溶液。在直接转化法方面，将 H_2S 氧化为元素硫的氧化剂或配位剂由一元向二元变化的趋势也十分显著。

习　题

1. 酸性天然气为何需要进行脱硫处理？脱硫的主要方法有哪些？各有什么特点？
2. 醇胺法脱硫的原理是什么？与用强碱进行碱洗有什么区别？
3. 酸性天然气、酸气、脱硫气、净化气的区别是什么？
4. 为何 MDEA 溶液在原料气中 H_2S、CO_2 共存时具有选择性脱除 H_2S 的能力？
5. MDEA＋系列指以 MDEA 为主的系列溶剂，形成这些溶剂系列的主要思路是什么？
6. 写出醇胺法的主要反应式。

7. 画出醇胺法脱硫的基本流程并说明主要设备及其作用。
8. 活化 MDEA 的主要特点是什么？为何设置高、低压两级闪蒸？
9. 说说醇胺法的发展，从醇胺法脱硫溶剂的演进中给你带来哪些启示？
10. 什么是酸气负荷？H_2S、CO_2 共存时的酸气负荷与酸气组分单独存在时有什么区别？
11. 砜胺法的特点是什么？为何在天然气脱硫中能有不可替代的作用？天然气发电的优势有哪些？
12. 醇胺溶液降解的原因有哪些？如何防止或延缓降解？
13. 从 H_2S、CO_2 在醇胺溶液中的溶解度模型的学习中能否分析主要矛盾和矛盾的主要方面对推导过程的指导意义吗？
14. 某天然气的处理量为 $1.2\times10^6 Sm^3/d$，压力为 5680kPa，H_2S 含量为 0.6%，CO_2 含量为 2.8%（均为摩尔分数），现采用 20%（质量分数）的 DEA 脱硫，计算 DEA 溶液的循环量和相关系统参数。
15. 天然气醇胺法脱硫系统中醇胺耗损的途径有哪些？有什么措施来解决？
16. 膜分离的原理是什么？有什么优点？
17. 简要画出 Lo—Cat 法的单塔工艺并说明使用的药剂的特点。
18. 试回答脱硫塔的设计应考虑什么因素？计算方法或过程是怎样的？

5 天然气脱水

井口流出的天然气几乎都为气相水所饱和,甚至会携带一定量的液态水。天然气中水分的存在往往会造成严重的后果:含有 CO_2 和 H_2S 的天然气在有水存在的情况下会形成酸而腐蚀管路和设备;在一定条件下会形成天然气水合物而堵塞阀门、管道和设备;降低管路输送能力,造成不必要的动力消耗。水分在天然气中的存在是有百害而无一利的事,因此,需要脱除天然气中的部分水分,以满足管输和用户的需要。对于天然气液化和提氦等需要深冷的过程,则对脱水的要求更为严格。天然气脱水指标有两种表达方式。一是绝对含水量 mg/m^3,一种是水露点温度。一般而言,对管输天然气的水露点要求是在起点输送压力下应比输送条件下最低温度低5℃。对于天然气深冷装置,应比最低制冷温度至少低5℃。脱水深度往往用水的露点降来表达,所谓露点降就是脱水前天然气(湿气)的水露点温度与脱水后干气的水露点温度的差。

通常将从天然气中脱除水分的过程称为天然气脱水,本章主要介绍在天然气工业中常用的脱水方法及工艺计算。

5.1 天然气脱水方法

天然气脱水的方法一般包括低温法、溶剂吸收法、固体吸附法、化学反应法和膜分离法等。低温法脱水按照提供冷量的制冷系统不同而分为膨胀制冷、冷剂制冷和复合制冷三类,具体内容参见本书第7章。仅就脱水而言,用得最多的低温法是利用天然气节流膨胀降温或利用气波机膨胀降温而实现的,这种工艺适合于高压天然气;而对低压天然气,若要使用则必须增压,从而影响了过程的经济性。溶剂吸收法和固体吸附法目前在天然气工业中应用较广泛,本章主要介绍这两种方法;化学反应法由于再生困难而难以推广。表5.1列出了天然气脱水方法的情况。

表5.1 天然气脱水方法

方法名称	分离原理	脱水剂	特点	应用情况
低温法	天然气节流膨胀降温		能同时控制水露点、烃露点	适宜于高压天然气
溶剂吸收法	天然气与水在脱水溶剂中溶解度的差异	氯化钙水溶液	费用低,需更换,腐蚀严重,露点降较低(10~25℃)	适宜于边远、寒冷、气井等不宜集中建厂的情况
		氯化锂水溶液	对水有高的容量,露点降为22~36℃	由于价格昂贵一般不使用
		甘醇—胺溶液	同时脱除水、H_2S、CO_2,携带损失大,再生温度要求高,露点降低于三甘醇水溶液	仅限于酸性天然气脱水
		二甘醇水溶液(DEG)	对水有高的容量,再生容易,再生质量分数不超过95%;露点降低于三甘醇水溶液,携带损失大	应用较多
		三甘醇水溶液(TEG)	对水有高的容量,再生容易,质量分数达98.7%,蒸气压低,携带损失小,露点降较高(28~58℃)	应用最普遍

续表

方法名称	分离原理	脱水剂	特点	应用情况
固体吸附法	利用多孔介质对不同组分吸附作用的差异	活性铝土矿	便宜，湿容量低，露点降较低	
		活性氧化铝	湿容量较活性铝土矿高，干气露点可达−73℃，能耗高	不宜处理含硫天然气
		硅胶	湿容量高，易破碎，可吸附重烃，露点降可达80℃	一般不单独使用
		分子筛	高湿容量，高选择性，露点降大于120℃，投资及操作费用高于二甘醇及三甘醇	应用于深度脱水
化学反应法	利用与H_2O的化学反应		可使气体完全脱水但再生困难	用于水分测定
膜分离法	利用H_2O与烃类渗透通过薄膜性能的差异	高分子薄膜	工艺简单，能耗低，露点降较低（∼20℃），存在烃的损失问题	国外已有工业装置运行

5.2 溶剂吸收法脱水

溶剂吸收法脱水是目前天然气工业中应用最普遍的方法之一，采用一种亲水的溶剂与天然气充分接触，利用天然气中烃类组分与水分在溶剂中的溶解度差异使水传递到溶剂中从而达到脱水的目的。

溶剂吸收法中常采用甘醇类物质作为吸收剂，在甘醇的分子结构中含有羟基和醚键，能与水形成氢键，对水有极强的亲和力，具有较高的脱水深度。

5.2.1 甘醇的主要性质

表5.2列出了在天然气脱水工业中曾成功应用的四种甘醇的物理性质。

表5.2 常见甘醇的物理性质

甘醇	乙二醇（EG）	二甘醇（DEG）	三甘醇（TEG）	四甘醇（TREG）
分子式	$CH_2CH_2(OH)_2$	$\begin{array}{c}CH_2CH_2OH\\ \|\\ O\\ \|\\ CH_2CH_2OH\end{array}$	$\begin{array}{c}CH_2OCH_2CH_2OH\\ \|\\ CH_2OCH_2CH_2OH\end{array}$	$\begin{array}{c}C_2H_4OC_2H_4OH\\ \|\\ O\\ \|\\ C_2H_4OC_2H_4OH\end{array}$
分子量	62.1	106.1	150.2	194.2
沸点（101.325kPa），℃	197.3	244.8	285.5	314
蒸气压（25℃），Pa	16	<1.33	<1.33	<1.33
密度（25℃），kg/m^3	1110	1113	1119	1120
黏度（25℃），mPa·s	16.5	28.2	37.3	44.6
理论热分解温度，℃	165	164.4	206.7	237.8
实际使用再生温度，℃	129	148.9∼162.8	176.7∼196.1	204.4∼233.9
比热容（25℃），kJ/(kg·K)	2.43	2.30	2.22	2.18
冰点，℃	−13	−8	−7	−5.5
燃点，℃	118	143	166	191
闪点，℃	116	124	177	204
折射率（25℃）	1.430	1.446	1.454	1.457
表面张力（25℃），mN/m	47	44	45	45

最早用于天然气脱水的甘醇是二甘醇，由于受再生温度的限制，贫液质量分数一般为95%左右，露点降较低；而三甘醇再生容易，贫液质量分数可达98%~99%，具有更大的露点降，且运行成本较低，因此得到了广泛应用。

5.2.1.1 三甘醇溶液的物理化学性质

三甘醇溶液的密度、黏度、比热容、热导率、表面张力、凝固点等参数见图5.1、图5.2、图5.3、图5.4、图5.5、图5.6。

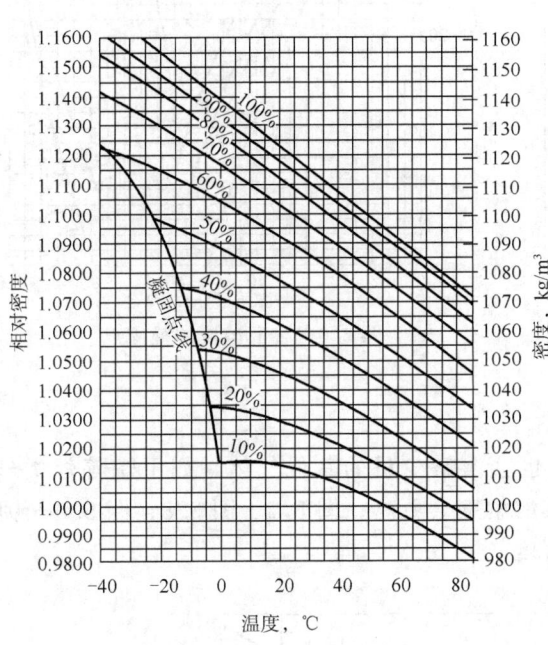

图5.1 三甘醇溶液的密度

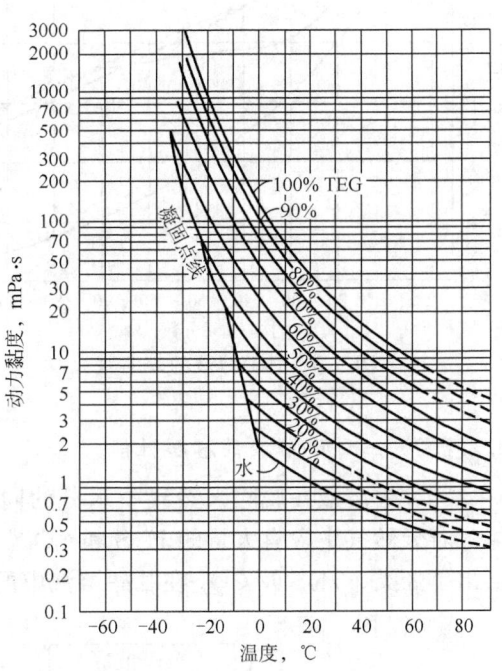

图5.2 三甘醇溶液的黏度

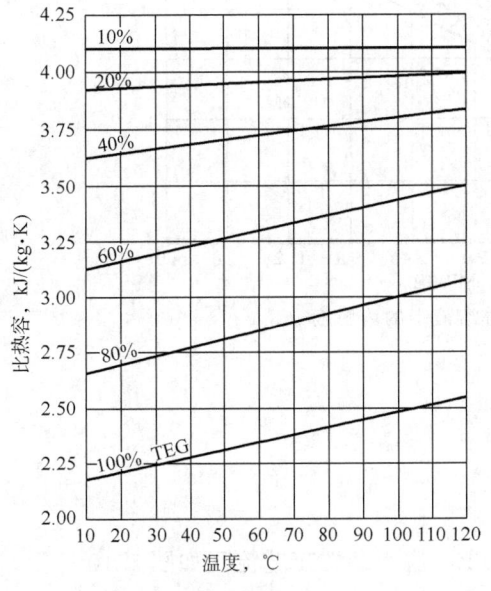

图5.3 三甘醇溶液的比热容

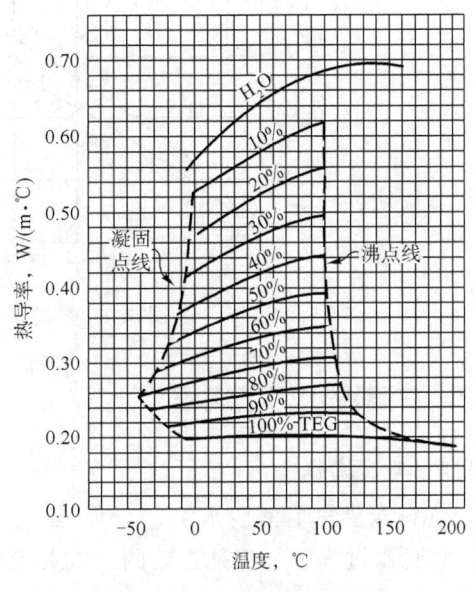

图5.4 三甘醇溶液的热导率

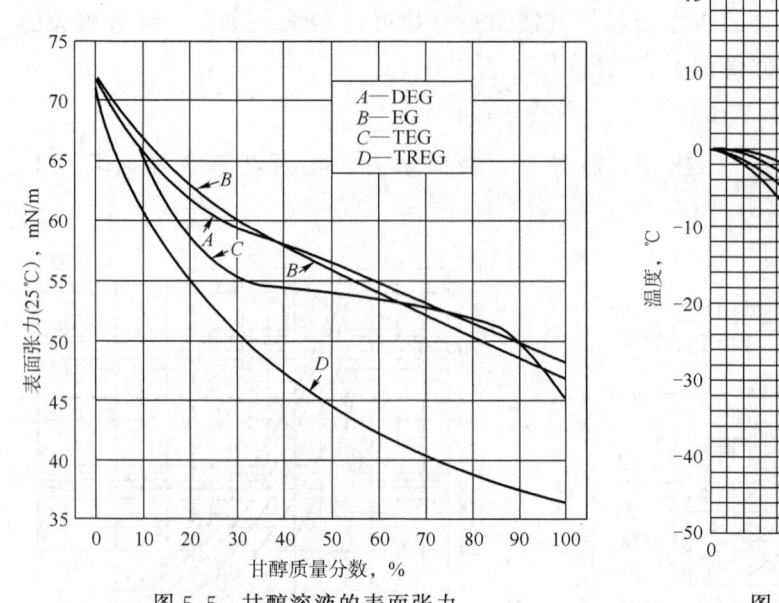

图 5.5 甘醇溶液的表面张力

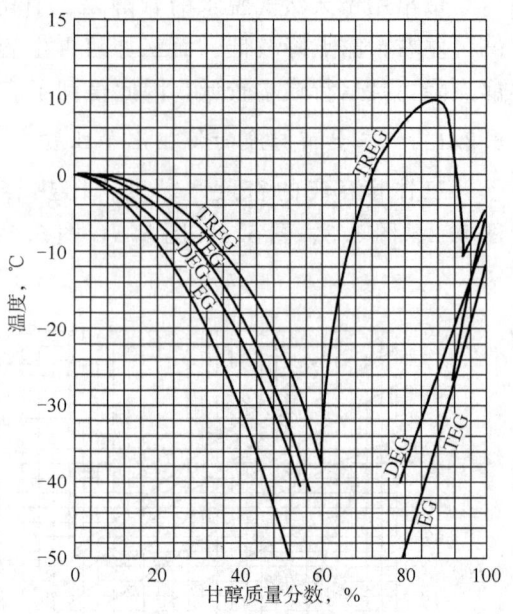

图 5.6 甘醇溶液的凝固点

5.2.1.2 三甘醇溶液的溶解性能

三甘醇溶液在脱除天然气中水分的同时，也会溶解少量的其他气体，如甲烷等烃类气体。若天然气中含有大量的 H_2S 和 CO_2，则其溶解度会更高。图 5.7、图 5.8、图 5.9 分别给出了烃类、H_2S 及 CO_2 在甘醇溶液中的溶解度。

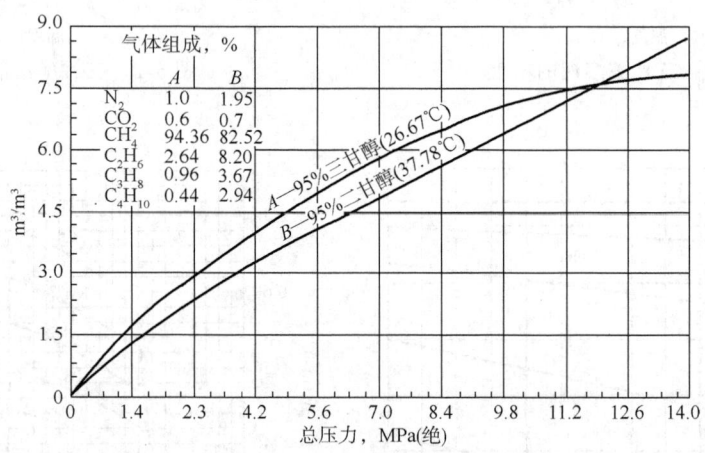

图 5.7 烃类在甘醇溶液中的溶解度

5.2.2 甘醇脱水工艺流程

5.2.2.1 工艺流程

1. 无硫天然气甘醇脱水工艺

甘醇脱水过程一般都是连续的，其典型的 TEG 脱水装置工艺流程如图 5.10 所示，用于处理井口无硫天然气或来自醇胺法脱硫装置的脱硫气。

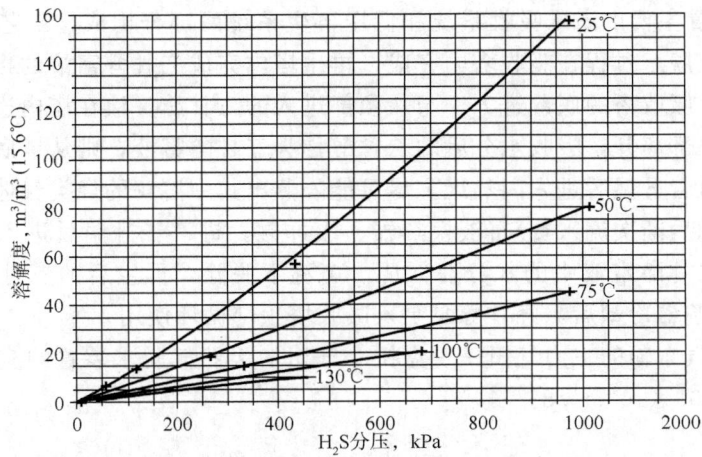

图 5.8 H₂S 在纯 TEG 中的溶解度

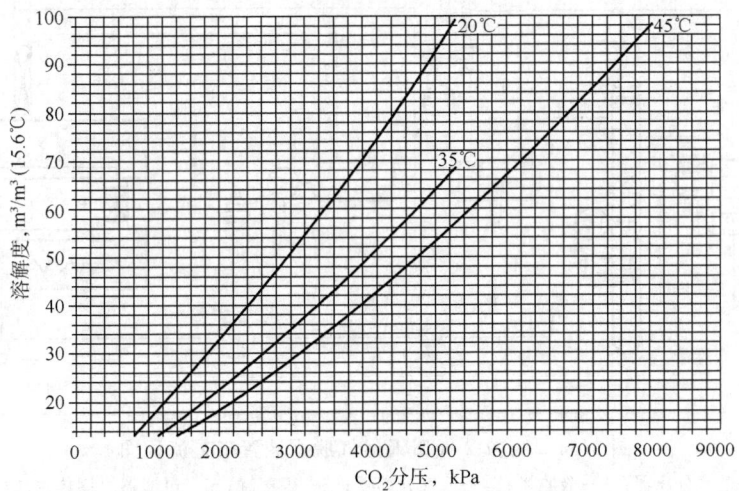

图 5.9 CO₂ 在 96.5%TEG 溶液中的溶解度

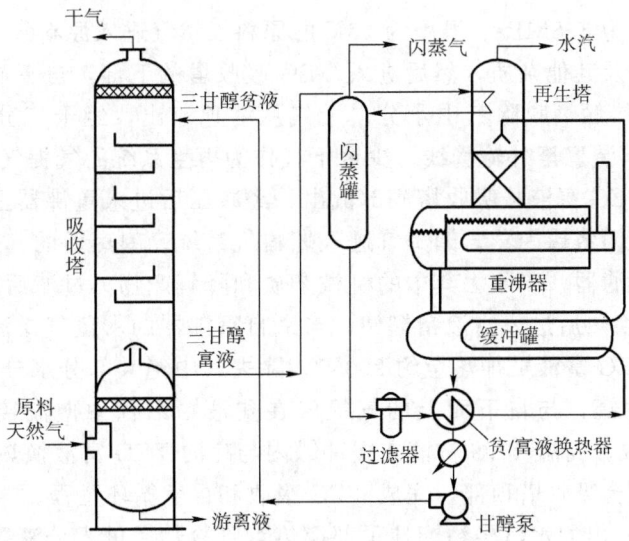

图 5.10 三甘醇脱水装置工艺流程图

TEG 脱水装置主要由高压吸收系统和低压再生系统两部分构成，工艺过程的核心设备是吸收塔。天然气脱水过程在吸收塔内完成，再生塔内完成三甘醇富液的再生操作。

原料天然气从吸收塔的底部进入，与从顶部进入的三甘醇贫液在塔内逆流接触，脱水后的干气从吸收塔顶部离开，吸收水分后的三甘醇称为三甘醇富液，则从塔底排出，经过再生塔顶部冷凝器的盘管升温后进入闪蒸罐，尽可能闪蒸出其中溶解的烃类气体，离开闪蒸罐的液相经过滤器过滤后渐次流入贫/富液换热器、缓冲罐，进一步升温后进入再生塔。在再生塔内通过加热使三甘醇富液中的水分在低压、高温下脱除，再生后的三甘醇称为三甘醇贫液，经贫/富液换热器冷却后，经甘醇泵泵入吸收塔顶部循环使用。

图 5.11 是西气东输的主力气田——克拉 2 气田的天然气脱水装置的实际工艺流程，单套装置处理量为 $500 \times 10^4 \mathrm{m}^3/\mathrm{d}$。

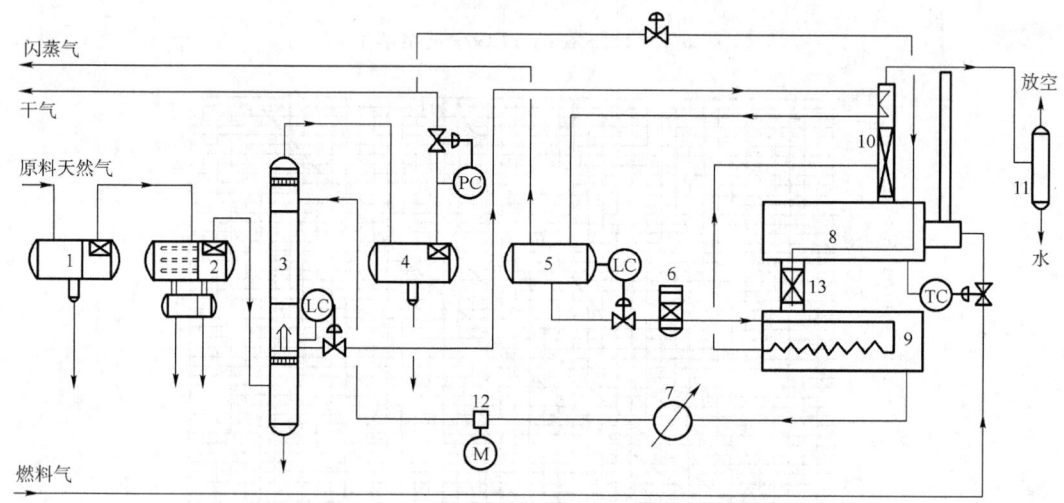

图 5.11 克拉 2 气田天然气脱水装置工艺流程图

1—入口分离器；2—过滤分离器；3—吸收塔；4—干气分离器；5—闪蒸罐；6—过滤器（固体过滤器、活性炭过滤器）；7—冷却器；8—重沸器；9—缓冲罐；10—富液精馏柱；11—分液罐；12—循环泵；13—贫液精馏柱

来自集气站压力为 8.8MPa、温度为 23℃的原料天然气进入原料气入口分离器与过滤分离器，分出液态水分及其他杂质，然后进入 TEG 吸收塔的下部，自下而上流动，与从上而下的 TEG 贫液逆流接触，脱除其中水分。干气从塔顶流出，经干气分离器分离出夹带的 TEG 后，绝大部分出装置至外输管线，少量干气作为再生系统的气提气。

吸收了水分的 TEG 富液从吸收塔底部流出，经减压后进入重沸器上部的精馏柱顶部换热盘管，加热后进入闪蒸罐闪蒸，闪蒸气进入燃料气系统。闪蒸后的 TEG 富液先后通过固体过滤器和活性炭过滤器，以除去其中的机械杂质和降解产物。过滤后的 TEG 富液经缓冲罐与热的 TEG 贫液换热后进入富液精馏柱，与来自重沸器的水蒸气逆流接触而得到部分提浓。在重沸器内，TEG 富液被加热至约 200℃，除去其中绝大部分水分。然后 TEG 溶液经贫液精馏柱进入缓冲罐，与自下而上的气提气在贫液精馏柱中逆流接触，以进一步提高 TEG 贫液的质量分数。高温 TEG 贫液在缓冲罐内与冷的 TEG 富液换热后，经冷却器冷却，再经循环泵升压后送至吸收塔顶部，完成 TEG 吸收和再生循环过程。

从 TEG 富液中脱出的水汽经精馏柱顶部换热盘管冷却后进入分液罐，分离后的气体直接排入大气中。

2. 含硫天然气甘醇脱水工艺

在含硫气田的开发过程中,为防止集输过程中管线发生腐蚀,需要把含硫天然气先脱水再输送。当甘醇装置用于井场含硫天然气脱水时,H_2S 在 TEG 中的溶解会导致溶液 pH 值下降、溶液变质等问题。因此,若 H_2S 含量不高,再生的含 H_2S 的气体可灼烧排放;但对于 H_2S 含量较高的天然气,需要采用如图 5.12 所示的流程,在再生塔前设置富液气提塔,解吸出 H_2S 并返回吸收塔,与 CH_4 等烃类一起输送到脱硫装置。

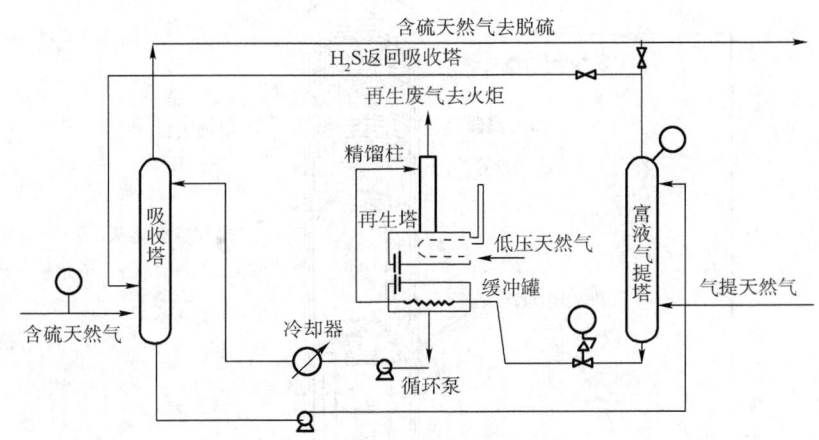

图 5.12 处理含硫天然气的甘醇脱水流程

富液气提塔一般采用不含硫的天然气或其他惰性气体进行气提,可从富液中除去 98% 以上的酸气,但是在含硫气井场难以取得无硫天然气;若使用含硫天然气作气提气,气提 H_2S 的效果又会变差。因此,TEG 法不适合处理高含 H_2S 的天然气。

处理含硫天然气的装置一般建在井场,处理量不太大时,尽可能采用撬装装置。

5.2.2.2 主要设备

1. 入口分离器

入口分离器用于分离原料天然气所夹带的固体或液滴等杂质,常见杂质及危害有:

(1) 游离水。水会增加甘醇的循环量、重沸器的热负荷和燃料费用。

(2) 油。溶解的油会减弱甘醇的脱水能力,有游离水存在时,会引起溶液发泡;不可溶的油会在换热器的热交换表面结焦,同时会增加甘醇的黏度。

(3) 盐。盐溶解于甘醇中会腐蚀钢材,易引起重沸器火管穿孔。

(4) 添加剂。如腐蚀防护剂、酸化和压裂液组分,这些物质易引起溶液发泡、腐蚀和对火管造成热蚀。

(5) 固体杂质。如砂、腐蚀产物（FeS、铁锈等）,这些固体易引起溶液发泡、侵蚀泵和阀门、堵塞塔板和填料。

入口分离器常用卧式或立式的重力分离器,内装金属网除沫器。若原料天然气中夹带有一些细小的固体粒子或液滴,还需设置过滤式分离器或水洗式旋风分离器以除去直径 $10\mu m$ 以上的液滴。

2. 吸收塔

吸收塔是气液传质的场所,使气相中的水分转入甘醇溶液中,可采用板式塔或填料塔,塔顶往往设置捕雾器。尽管浮阀塔板比泡罩塔板的效率高,但因甘醇脱水装置通常气液比很高，即甘醇循环量很小，且甘醇有较高的黏度，在低气量时采用泡罩塔板不会发生漏液，因此，实际过程中往往采用泡罩塔板，图 5.13 是典型的带有塔底入口分离段的甘醇吸收塔。当吸收塔直径小于 300mm 时应考虑采用填料塔，常用的填料有瓷质鞍型填料和不锈钢环。近年来，规整填料吸收塔也在一些塔径 1m 以上的脱水装置中得到了应用。

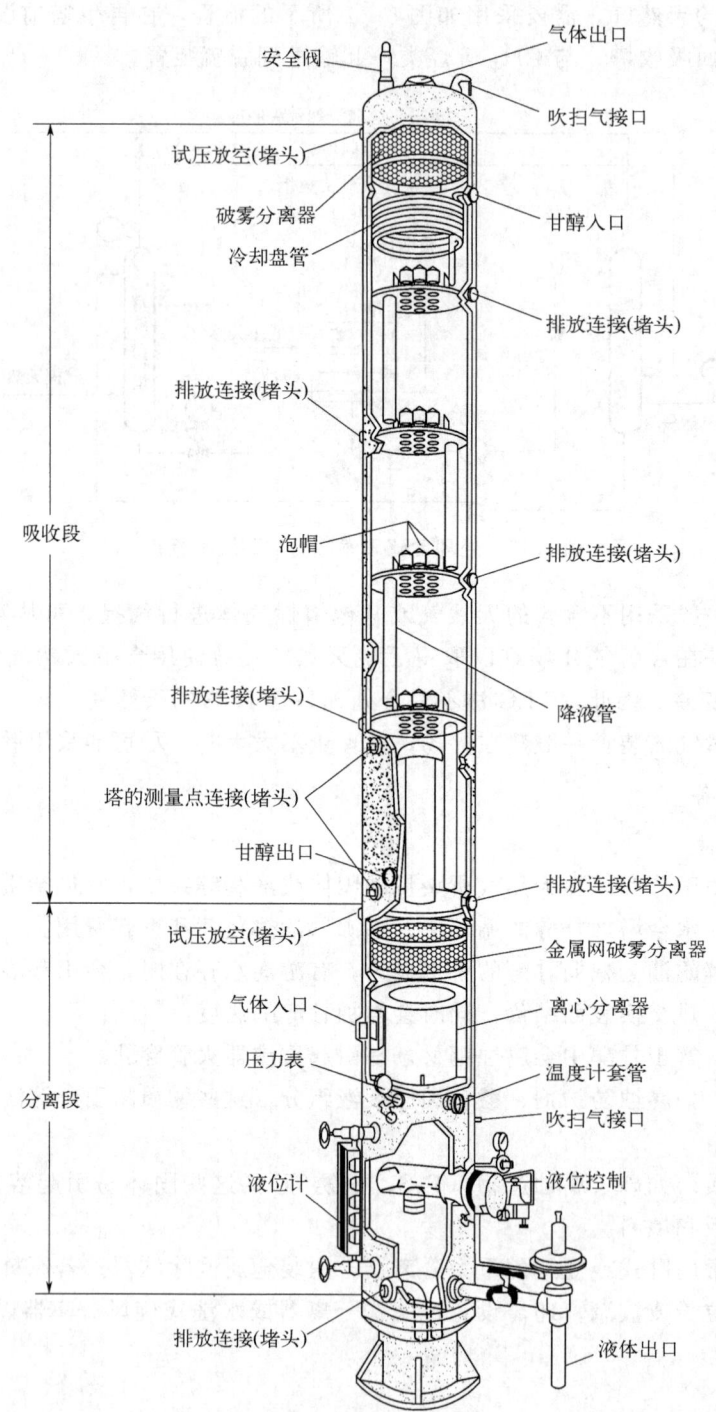

图 5.13 典型的带有塔底入口分离段的甘醇吸收塔

塔顶的捕雾器保证气相中尽可能少地夹带甘醇，捕集垫由100～200mm的不锈钢和涤纶组成。液滴的分离空间十分重要，从捕雾器到第一块塔板应留有足够的空间距离。

3. 闪蒸罐

在甘醇吸收水分的过程中，较重的烃类包括芳烃会不可避免地部分溶解于甘醇溶液中。闪蒸罐的作用就是在较低压力下除去甘醇富液中的烃类气体，以减少再生塔的负荷。可设置在贫/富液换热器的上游或下游。原料天然气较贫时可选用两相分离器，溶液的停留时间为5～10min。原料天然气较富时，甘醇吸收了大量的重质烃，气体的相对密度大，应选用三相分离器，其停留时间应为20～30min。气体—凝液—甘醇分离的最佳条件是温度为38～65℃，压力为350～500kPa（表），但闪蒸时的压力一定要保证甘醇能流过下游的设备如换热器和过滤器等。

4. 过滤器

过滤器的作用是过滤溶液以除去腐蚀产物及其他杂质，减小溶液发泡的可能性。过滤器一般设置在闪蒸罐后，此时溶液温度较高，黏度较低，便于过滤。

常用的过滤器有固体过滤器和活性炭过滤器。其中固体过滤器以纤维制品、纸张或玻璃纤维为滤料，可除去5μm以上的粒子；固体过滤器的容量应满足处理全部循环溶液的需要。活性炭过滤器主要是除去溶液中的溶解性杂质，如高沸点的烃类、表面活性剂、压缩机润滑油以及甘醇降解产物等，宜设置在固体过滤器之后。循环溶液可以全部进入活性炭过滤器处理，也可以部分处理，视溶液中杂质含量而定。活性炭过滤器的筒体长度与直径比宜为3～5，甘醇流速宜为$2～3m^3/(h·m^2)$。溶液在过滤器内的停留时间应为15～20min，以保证处理效果。

5. 循环泵

循环泵是脱水装置中唯一的转动设备，它使甘醇贫液增压后进入吸收塔。常用的循环泵有三种驱动方式：高压气体驱动、高压液体驱动和电驱动。

一般设置两台泵，每台泵的能力都要能满足全部甘醇循环的需要，一台工作，另一台备用。对大型装置选择电动泵、水平或正位移泵。对小型的边远装置，经常选用高压液体或气体驱动的循环泵。从吸收塔底出来的高压甘醇可给双动泵提供部分动力，从吸收塔顶出来的高压气体也能提供部分动力，当然这就要求吸收塔内有较高的压力。

6. 贫/富液换热器

贫/富液换热器用来控制进闪蒸罐和过滤器的富液温度，并回收贫液的热量，使富液升温至148℃左右进再生塔，以减轻重沸器的热负荷。最常用的是管壳式换热器。对小型装置可以不设置专门的换热器，而在缓冲罐中用换热盘管来代替，采用这种换热形式可以简化流程，节省投资，但其换热效果较差，换热后的入塔富液温度很难超过93℃。

7. 再生塔

再生塔主要由精馏柱、重沸器和带有换热盘管的缓冲罐构成，其作用是蒸出甘醇富液中的水分而使之再生。

精馏柱安装在重沸器上部，柱内一般填充1.2～2.4m高的填料，或采用塔板。精馏柱顶部设有冷却盘管作回流冷凝器，使部分水蒸气冷凝而提供柱顶回流，从而控制柱顶温度。

重沸器主要提供热量将甘醇加热至一定温度，使其所吸收的水分汽化。重沸器一般采用釜式，可以用燃料气直接加热，也可以用水蒸气或导热油加热，条件具备时还可采用电加热或其他废热加热。通常用的是带可移动火箱的明火加热管（又称火管）的直燃式重沸器，形状为U形管。

缓冲罐的主要作用是容纳从吸收塔出来的全部甘醇。正常运行期间，缓冲罐应半满，同时应设置气封以防止甘醇与空气接触。

5.2.3 三甘醇脱水工艺计算与操作

三甘醇脱水是基于吸收而实现的，影响脱水效果的因素包括三甘醇的质量分数、三甘醇循环量、处理量、操作压力和温度以及影响平衡过程的其他因素，工艺计算就是确定有关参数和主要设备的几何尺寸。

5.2.3.1 设计考虑因素

1. 入口气体温度

（1）在恒定压力条件下，入口气体温度升高时，入口气体的含水量增加。也就是说，在较高的温度下，三甘醇不得不脱除更多的水量才能符合管道技术规范的要求。

（2）入口气体温度的升高，会导致所需的吸收塔塔径增加。这是由于温度升高实际上增大了气体的体积。

（3）入口气体温度超过48℃将导致三甘醇的损失增大。虽然在较高的气体温度下，三甘醇仍可使用，但在气体进入吸收塔之前，一般的作法是将其冷却到48℃以下，而且只要保持在天然气水合物形成温度之上，入口气体的温度越低，所需的三甘醇装置就越小。

因此，最低的气体入口温度应高于天然气水合物形成的温度，并总高于10℃。若低于10℃，三甘醇会变稠；低于15℃，甘醇会同气体中的液体烃类形成稳定的乳化液，并在吸收塔内导致发泡。另外，在用于冷却气体的换热器系统和三甘醇装置的尺寸大小之间，实际上存在着一个经济的权衡选择。较小的三甘醇装置需要设置较大的冷却器，反之亦然。一般说来，通常所设计的三甘醇装置的入口气体温度都在26～43℃之间。

2. 吸收塔内压力

在吸收塔内压力低于20.68MPa（表压）的情况下，吸收压力不会对三甘醇的吸收过程有很大影响。在恒定的温度下，入口气体的含水量随压力增加而减少，这样，气体在较高的压力下需要脱除的水就少一些。而且，在高压下气体的实际流速低时，就可采用小直径的吸收塔。

但是在低压下，较薄的壁厚就可以维持相应的压力，从而减少设备投资，因此，工作压力和吸收塔的价格之间存在着一个经济上的权衡。一般宜大于2.5MPa，不宜大于10.0MPa，通常认为，3.45～8.27MPa的吸收塔内压力是最经济的。

3. 吸收塔塔板数

在各级吸收塔的塔板上，三甘醇并不都是达到平衡状态的。设计通常用25%的塔板效率，换句话说，若需一块理论塔板的话，那么就得用4块实际塔板。在三甘醇循环量和三甘醇质量分数恒定的情况下，塔板数越多，露点降越大。由于重沸器的热负荷与三甘醇循环量有直接关系，故所用的塔板数越多，节约燃料也越多。通常吸收塔采用6～8块实际塔板。

因三甘醇溶液易于发泡，故板式塔的板间距应不小于450mm，最好是600～750mm。在泡罩塔内，相邻塔板的间隔一般为600mm。吸收塔塔顶要设置捕雾器以除去出口干气中的三甘醇液滴，顶层塔板到捕雾器的间距应不小于板间距的1.5倍，捕雾器到干气出口的间距不小于吸收塔直径的0.35倍。

4. 三甘醇温度

进入吸收塔塔顶的三甘醇的温度对气体的露点降有较大的影响。温度低能使三甘醇循环量减至最小,温度若太高会使较多的三甘醇损失到塔顶的排出干气中。同时,应保持三甘醇的温度略高于吸收塔的温度,否则烃类会在塔中冷凝而引发三甘醇发泡。一般应比出口气流温度高6~16℃,多数设计要求三甘醇较吸收塔的出口气体温度高10℃,且低于60℃。

5. 三甘醇质量分数

在给定了三甘醇循环量和塔板数的情况下,三甘醇的质量分数越高水露点降就越大。

图5.14表示与不同质量分数的三甘醇接触的气体在不同温度下的平衡露点,而离开吸收塔的气体的实际露点,一般较平衡露点高5.5~8.3℃。

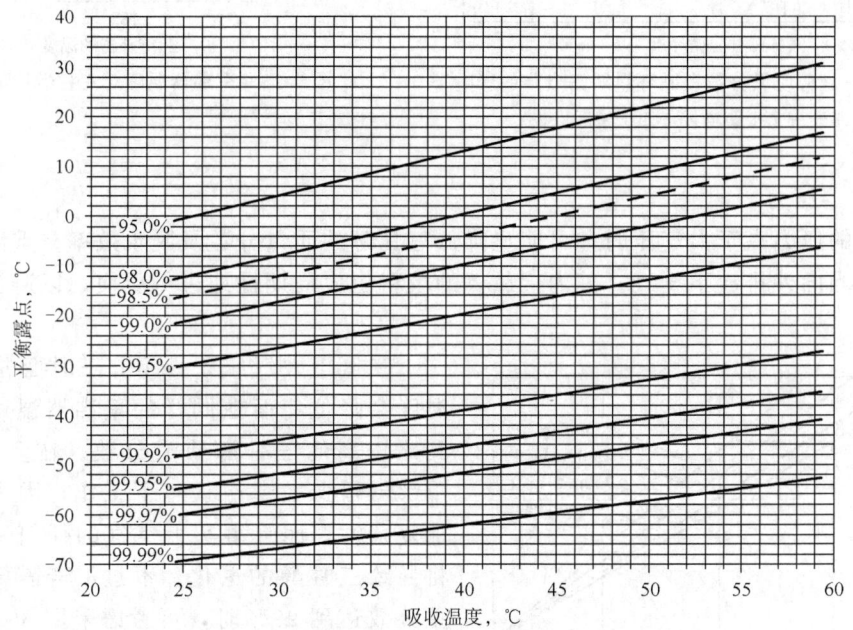

图5.14 不同三甘醇质量分数下出塔干气平衡露点与吸收温度的关系
注:虚线为在常压和204℃温度下的重沸器中生成的三甘醇贫液质量分数。

图5.15给出了三甘醇质量分数对气体露点降影响的程度。图5.15表明:对于露点降,增加三甘醇质量分数比增加循环量更有效。

根据气体的气提率、重沸器压力和温度,可以确定三甘醇的质量分数。对于多数装置,三甘醇质量分数为98%~99%是很普遍的。

6. 重沸器温度

重沸器的温度可控制水在三甘醇中的质量分数。如图5.16所示,重沸器温度越高,三甘醇溶液的质量分数也越大。通常把重沸器的温度限制在204℃(TEG热分解温度),在无气提气情况下,这个温度可将最大的三甘醇质量分数限制到98.7%。一般比较流行的作法是把重沸器的温度限制到188~199℃间,如此可将三甘醇的降解减至最小,从而有效地将三甘醇质量分数限制在98.2%~98.5%之间。

若需较高的三甘醇质量分数,可将气提气加进重沸器或者使重沸器和精馏柱工作在负压状态下。

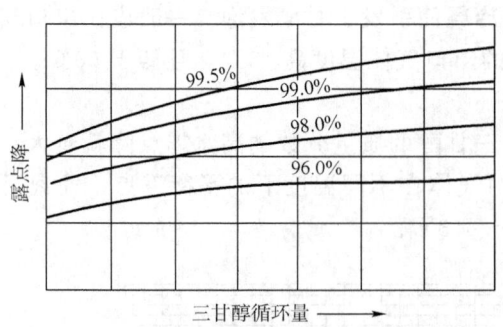
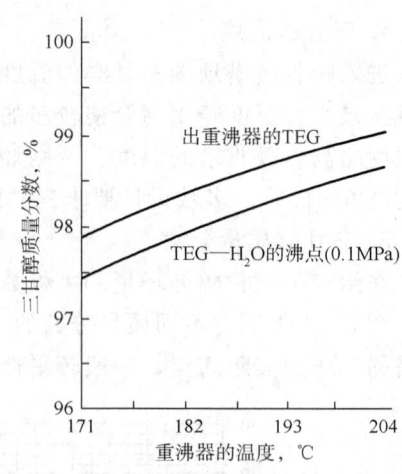

图 5.15　三甘醇质量分数和循环量对露点降的影响
注：基于一个平衡塔板（四个实际塔板）

图 5.16　重沸器温度对三甘醇质量分数的影响

7. 重沸器压力

重沸器的压力高于大气压时，可明显降低三甘醇的质量分数及脱水效率。重沸器上部的精馏柱应适当向外排放不凝气，其内部放置的填料也应周期性地进行更换，以避免回压作用在重沸器上。

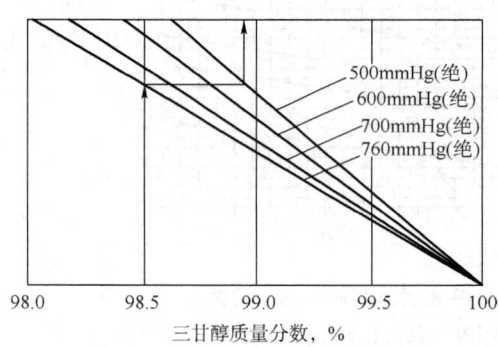

图 5.17　重沸器真空度对三甘醇质量分数的影响

在低于大气压条件下，三甘醇富液的沸腾温度会降低；而在同样的重沸器温度下，可得到比较高的三甘醇质量分数。在多数装置中，重沸器很少在真空状态下工作，因为那样会增加复杂性，而且事实上空气的任何一点泄漏都将导致三甘醇的退化。不过，若需要三甘醇质量分数达到99%时，可考虑采用66.7kPa的重沸器压力及采用气提气。有时，附加的真空度有助于扩大三甘醇的处理量。图5.17可用来估算真空度对三甘醇质量分数的影响。

8. 气提气

使三甘醇同气提气接触能降低离开重沸器的三甘醇质量分数。在常温常压下，常使用被水蒸气饱和的湿气。

大多数情况下，效果相同时，需加热重沸器以增加三甘醇质量分数的附加燃料气总是少于所需的气提气。因此，一般都希望使三甘醇质量分数达到98.5%以上时才用气提气，此时重沸器仍可维持在一般的温度下。对于现有的装置，若必须超过设计水平增加循环量，而重沸器又达不到希望的温度，则使用气提气以取得希望的三甘醇质量分数是可取的。

9. 三甘醇循环量

当吸收塔的塔板数和三甘醇质量分数确定后，天然气的露点降就是三甘醇循环量的函数了。与天然气接触的三甘醇越多，则从天然气中脱除的水蒸气也越多。但是，三甘醇的质量分数主要影响干气的露点，三甘醇循环量仅控制着总的被清除的水量。能够保证三甘醇—气体接触较好的最小循环量大约是脱除1kg水需16.7L三甘醇；最大的循环量为清除1kg水需 58.4L 三甘醇；而最常用的循环量是脱除 1kg 水需 25～60L 三甘醇。

循环量过大会使再生系统的重沸器超载，且会妨碍三甘醇的再生，重沸器所需的热量同循环量成正比。因此，增加循环量就有可能减少重沸器的温度。只有当重沸器温度保持恒定时，增加循环量才会降低气体的水露点。

10. 精馏柱温度

较高的精馏柱顶温度会增加三甘醇的损失，这主要是因为过度蒸发引起。精馏柱顶的建议温度为 99℃。当温度超过 104℃时，三甘醇就会显著地蒸发损失。借助增加流经回流盘管的三甘醇量，可以降低精馏柱顶的温度，也可单独设置其他的冷回流设施。

若精馏柱顶的温度变得太低（低于 93℃），就会有更多的水冷凝，这样无疑要增加重沸器的热负荷。回流盘管中三甘醇的温度太低，有时也可将精馏柱的温度降低至 104℃以下。为了能够手动或自动控制精馏柱的温度，一般在回流盘管上都设置旁通。

5.2.3.2 工艺计算

前面就影响三甘醇脱水的因素作了比较详尽的介绍。在工艺计算中往往给定原料气的组成、进料状态、处理量和对干气的水露点要求，而需要确定吸收剂的质量分数、溶液循环量、吸收塔塔板数和塔径以及再生系统的参数、换热器的传热系数等。

1. 三甘醇质量分数

出吸收塔的干气水露点取决于进塔三甘醇的质量分数、流量和操作条件。

实践证明，当吸收塔操作压力小于 17.3MPa 时，吸收塔顶流出的干气的水露点温度基本上和吸收塔操作压力无关。一般三甘醇吸收塔操作压力远低于此值，因而在计算干气水露点时可不考虑吸收塔操作压力的影响。吸收塔操作温度对出塔干气水露点是有影响的，但是，因为进塔天然气的质量流量远较进塔三甘醇溶液的质量流量为大，因此吸收塔的有效吸收温度由进塔天然气温度所控制。一般情况下吸收塔中各点温度相差也不会超过 2℃。当需要精确计算吸收塔中有效吸收温度时，可以取 30℃时 1kg 水汽在三甘醇贫液中的溶解热为 211kJ，这样根据吸收的热平衡可计算出吸收塔中有效吸收温度。

图 5.14 是不同三甘醇质量分数下吸收塔顶出口的干气平衡水露点与吸收温度的关系图。已知吸收温度和干气水露点温度，则可确定所需要的三甘醇的质量分数。不管吸收塔理论级数和三甘醇溶液循环量如何，这个质量分数是必须达到的最低要求，低于此值，则吸收塔顶出来的干气就不能达到预期的水露点温度。

如果给出的天然气含水量指标是单位体积气体含水汽的质量，那么可由图 3.1 换算为吸收塔的操作压力下天然气的水露点温度，再确定三甘醇溶液的质量分数。图 5.14 中纵坐标表示的露点是干气的平衡水露点，只有当出塔干气和进塔三甘醇充分接触并达到平衡时才能达到，但因吸收塔顶气液两相的接触时间太短而不足以达到平衡，故出塔干气不能达到平衡水露点，出塔干气的实际水露点比平衡水露点要高 6～11℃，可用下式表示：

$$t_e = t_r - \Delta t \tag{5.1}$$

式中　t_e——出塔干气平衡水露点，℃；

　　　t_r——出塔干气实际水露点，℃；

　　　Δt——偏差值，一般情况下，$\Delta t = 6 \sim 11$℃。

t_r 和 t_e 的接近程度取决于塔板的设计、溶液循环量、塔径及其他影响气液两相平衡接触时间的因素。已知欲达到的干气水露点后，可根据式(5.1)计算出其平衡水露点，再用后者按图 5.14 确定三甘醇质量分数。

2. 溶液循环量

在确定了三甘醇质量分数后，溶液的循环量和吸收塔的理论级数就决定了干气的水露点，增加理论级数和增加循环量都能增加露点降，前者使设备费用增加，后者使溶液费用、操作费用增加，因此，必须作经济上的权衡。

从图 5.15 可知，在三甘醇质量分数一定的情况下，循环量增加，露点降也增加，但当循环量增加到一定程度后，再增加循环量，露点降的增加变得相当缓慢，因而存在一个经济而适宜的循环量。根据长期的实践，在天然气满足管输要求的含水量范围内，循环量的经验取值是吸收 1kg 水需 25～60L 三甘醇溶液，低于 25L 可能造成塔板上的液封不够或不能完全润湿填料，高于 60L 则会过多地增加动力消耗和冷却水的消耗。因此，可先根据条件求出单位时间内从天然气中脱出的水量，然后选取 25～60L 间的合适值求得单位时间内溶液的循环量（即循环率）。

一般的估算过程是在一定的原料气组成、温度、压力下，根据干气的水露点温度（减去 10℃温差），查图 5.14，确定必需的三甘醇质量分数。如果根据实际操作经验，用气提法再生还不能达到这个质量分数，就应降低吸收温度（例如经过预冷）或者降低对干气水露点的要求。经过气提再生的三甘醇质量分数达到 99.6% 是不成问题的。假定三甘醇富液的质量分数是 96%，就可确定三甘醇用量了，此值应在 25～60L/kg 之间。如果温度、压力、组成、三甘醇质量分数、实际塔板数都已经确定，那么一味增加三甘醇循环量也不能提高水露点降。

3. 吸收塔理论板数与实际板数

三甘醇脱水属多组分逆流吸收过程。在吸收塔中由于从天然气中脱除的水量较少，沿塔气液相流率 V、L 基本保持不变，液气比 L/V 可视为一常数，即满足恒摩尔流假设，同时，吸收过程沿塔温度变化不大，因此可使用吸收因子法（Kremser-Brown 法）来计算吸收塔的理论板数。Kremser-Brown 法是一种能提供塔的进出口组成和理论板数的近似计算方法，其计算简单，在塔器设计中有着广泛应用。

Kremser-Brown 方程如下：

$$\frac{y_{N+1}-y_1}{y_{N+1}-y_0}=\frac{A^{N+1}-A}{A^{N+1}-1} \tag{5.2}$$

$$A=L/KV$$

式中　y_{N+1}——原料天然气中水的摩尔分数；
　　　y_1——出塔干气中水的摩尔分数；
　　　y_0——出塔干气与进塔三甘醇溶液处于平衡状态时干气中水的摩尔分数；
　　　A——吸收因子，是操作线斜率 L/V 与平衡线斜率 K 之比；
　　　L——三甘醇溶液循环量，kmol/h；
　　　V——原料天然气流量，kmol/h；
　　　K——吸收塔内气相中水汽和三甘醇溶液中液相水之间水的相平衡常数，$y=Kx$；
　　　N——吸收塔理论板数（板序从上向下）。

式(5.2) 的左端是吸收塔内气相中实际水摩尔分数变化与最大水摩尔分数变化的比值。若式(5.2) 分子分母同乘以吸收塔内气相流率，则分子部分 $V(y_{N+1}-y_1)$ 代表水分在吸收塔内被吸收的量；由于 y_0 代表与入塔三甘醇平衡时干气中水分的摩尔分数，则 $V(y_{N+1}-y_0)$ 代表了该吸收塔内水分可能被吸收的最大值，两项之比称为吸收率。

完整的 Kremser-Brown 算图如图 5.18 所示，图中 C_u 或 C_o 为吸收率或解吸率，A 或 S 为吸收因子或解吸因子。由于大多数工业三甘醇吸收塔常使用 1~1.5 块理论板，最多不超过 2 块理论板，图 5.19 给出了在天然气脱水中常用的 Kremser-Brown 算图。

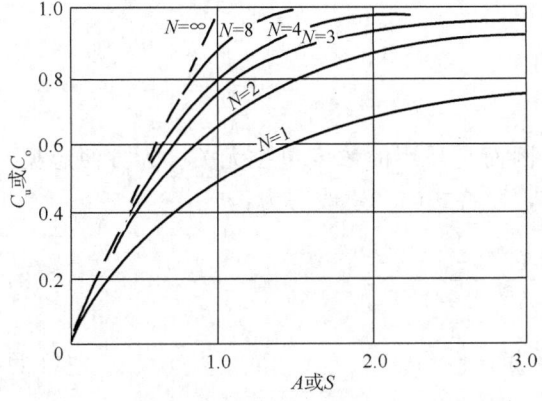

图 5.18 完整的 Kremser-Brown 吸收因子图

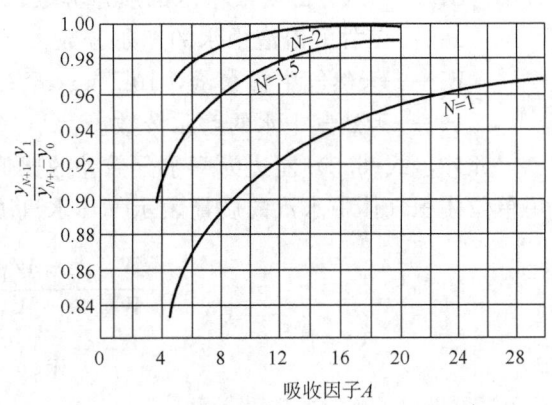

图 5.19 常用的 Kremser-Brown 吸收因子图

显然，对于设计型计算，只要确定了吸收因子 A 就可以利用 Kremser-Brown 算图求得所需的理论板数，而确定 A 则必须求得相平衡常数 K。若 A 是变化的，则可用 Edmister 法采用有效平均吸收因子 A_e 计算：

$$A_e = [A_N(A_1+1)+0.25]^{1/2} - 0.5 \tag{5.3}$$

该法也适合解吸计算（采用解吸因子 S，$S=1/A$）。

在吸收塔内，由于沿塔三甘醇质量分数是变化的，故 K 值也是变化的。对大多数计算，用入口三甘醇质量分数求 K 值。人们通过长期实践提出了操作条件在 1.5~1.7MPa、4~50℃间的一种简便而又满意的计算 K 值的方法，计算公式如下：

$$K = y_0 \cdot \gamma \tag{5.4}$$

式中 y_0——天然气与纯液相水呈平衡状态时，饱和水汽在天然气中的摩尔分数，可由图 3.1 求得含水量后换算得到。

γ——三甘醇溶液中水的活度系数，可根据三甘醇溶液的质量分数由图 5.20 查出。

若已知 K 值，y_0 可由下式计算：

$$y_0 = Kx_0 \tag{5.5}$$

式中 x_0——进塔的三甘醇溶液中水的摩尔分数。

在大多数情况下三甘醇溶液表示为质量分数，而天然气的水汽含量用单位体积气体中水汽

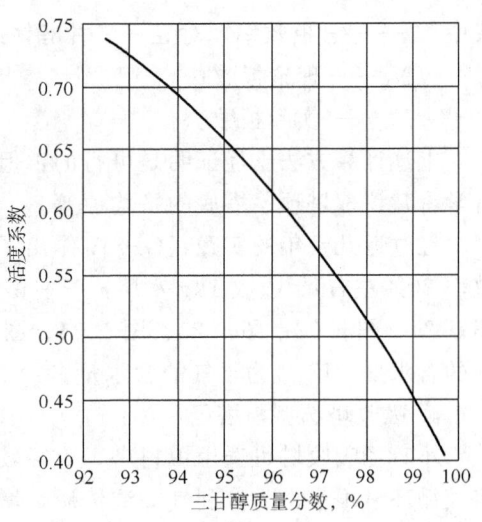

图 5.20 三甘醇溶液中水的活度系数

的质量表示，它们与摩尔分数的换算式分别如下：

$$G_W = \frac{x}{8.3333 - 7.3333x} \tag{5.6}$$

$$W = 803000y \tag{5.7}$$

式中　G_W——三甘醇溶液中水的质量分数；
　　　x——三甘醇溶液中水的摩尔分数；
　　　W——天然气中含水量，10^{-6} kg/m³；
　　　y——天然气中水的摩尔分数。

此外，式(5.2)左边为摩尔分数差的比值，因而与采用的浓度单位无关。为方便起见，用单位体积气体中水汽的质量表示气体水汽浓度，可将式(5.2)改写为：

$$\frac{W_{N+1} - W_1}{W_{N+1} - W_0} = \frac{A^{N+1} - A}{A^{N+1} - 1} \tag{5.8}$$

$$W_0 = \gamma W^0 x_0 \tag{5.9}$$

$$K = 1.25 \times 10^{-8} W_0 \gamma \tag{5.10}$$

式中　W_{N+1}——原料天然气含水量，10^{-6} kg/m³；
　　　W_1——出塔干气含水量，10^{-6} kg/m³；
　　　W_0——出塔干气与进塔三甘醇处于平衡状态时干气中的含水量，10^{-6} kg/m³；
　　　W^0——饱和水汽含量，10^{-6} kg/m³。

当求得了吸收塔的理论板数后，根据塔的总板效率的定义就可求得吸收塔的实际塔板数。若知道填料塔的等板高度，也可计算填料塔的填料层高度。塔的总板效率定义如下：

$$\eta = \frac{N_e}{N_p} \times 100\% \tag{5.11}$$

式中　η——总板效率，对烃—三甘醇体系，一般取 25%～40%；
　　　N_e——理论板数；
　　　N_p——实际板数。

上述计算方法已经证明是可行的，但在水的相平衡常数计算上还有值得研究之处，例如有学者建议取塔顶、塔底的平均值等。

经过近几十年的实践，GPSA 作出了吸收温度为 38℃ 时，吸收塔的实际塔板数（总板效率 20% 左右）、吸收 1kg 水所需三甘醇的量、三甘醇的质量分数与气体露点降的关系，见图 5.21、图 5.22、图 5.23、图 5.24、图 5.25。图中纵坐标为脱水率，其中 W_{in} 为原料天然气的含水量，W_{out} 为干气的含水量。

4. 吸收塔选型与塔径

小直径吸收塔可选用填料塔，直径较大时，则应选用板式塔。选用板式塔时，若三甘醇溶液循环量很小，为有利气—液传质，增大操作弹性，一般采用泡罩塔；处理量大时采用浮阀塔。而喷淋塔、填料塔适用于露点降为 28～33℃ 的井场小装置。

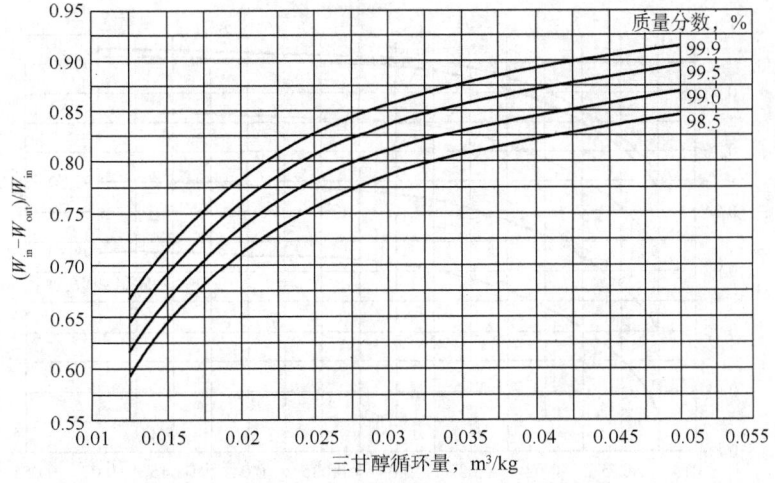

图 5.21 不同质量分数三甘醇的循环量与脱水率的关系（$N_e=1$）

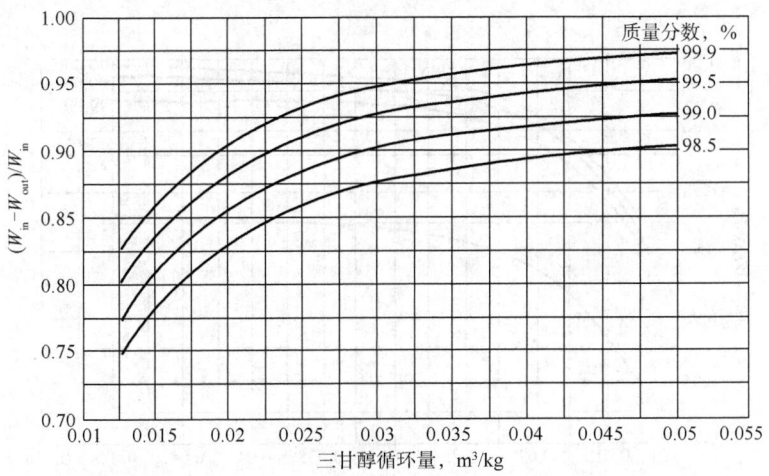

图 5.22 不同质量分数三甘醇循环量与脱水率的关系（$N_e=1.5$）

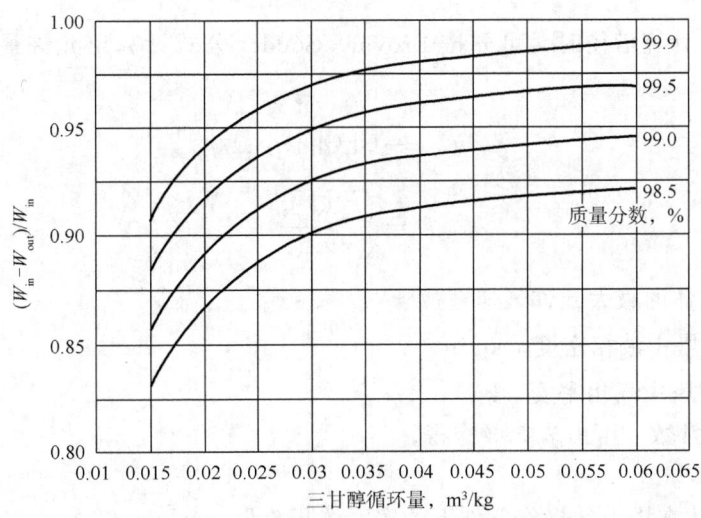

图 5.23 不同质量分数三甘醇的循环量与脱水率的关系（$N_e=2$）

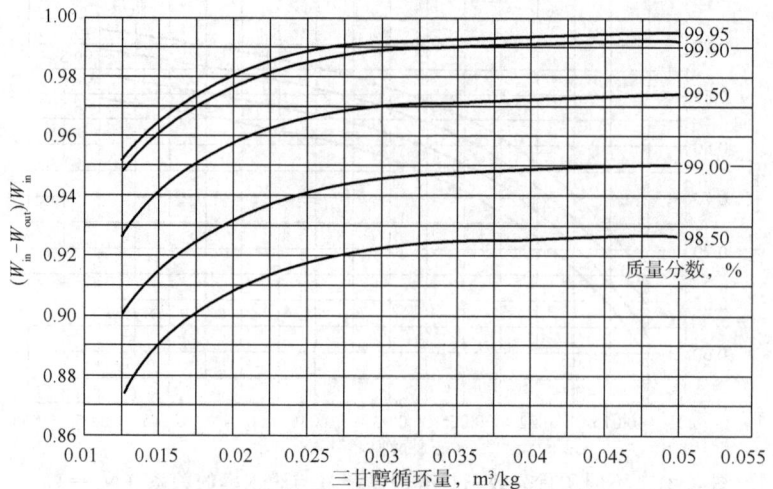

图 5.24　不同质量分数三甘醇的循环量与脱水率的关系（$N_e=2.5$）

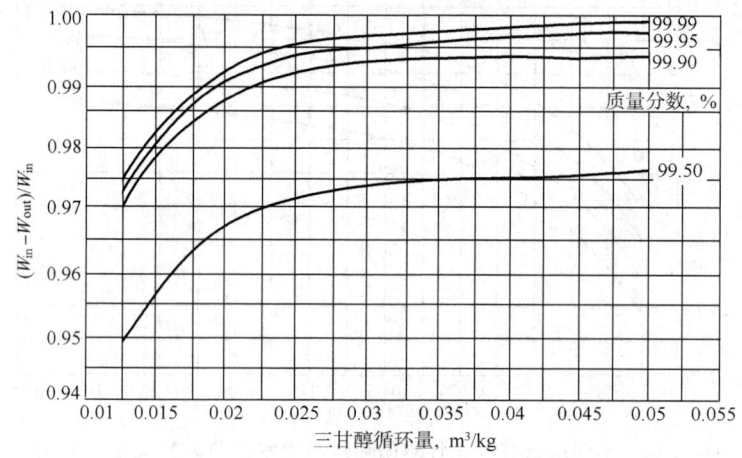

图 5.25　不同质量分数三甘醇的循环量与脱水率的关系（$N_e=3$）

对于板式塔，计算塔径时，可先按 Brown–Souder 公式计算出允许最大空塔气速，计算公式如下：

$$u_{\max}=C[(\rho_1-\rho_g)/\rho_g]^{0.5} \tag{5.12}$$

$$D=\sqrt{\frac{4Q_{ac}}{\pi u_{\max}}} \tag{5.13}$$

式中　$u_{\max}$——气体的最大允许气速，m/s；

ρ_1——吸收塔中液相密度，kg/m^3；

ρ_g——吸收塔中气相密度，kg/m^3；

C——经验常数，可由表 5.3 查得；

D——塔径，m；

Q_{ac}——气体在塔内的操作条件下的实际体积流量，m^3/s。

表 5.3　设计吸收塔推荐的 C 值

吸收塔类型			C，m/s
泡罩塔板间距，mm	500		0.043
	600		0.045
	700		0.052
填料类型	规整填料		0.091～0.122①
	乱堆填料	2.5cm 鲍尔环	0.040～0.055
		5cm 鲍尔环	0.058～0.079

①取决于填料密度和供应商。

吸收塔的计算请参见有关著作。

【例 5.1】 已知处理量为 500000Sm³/d、相对密度为 0.6 的天然气，进入三甘醇吸收塔，塔内操作压力为 5000kPa、温度为 30℃，要求出口干气含水量为 50mg/Sm³；气体在操作条件下的密度为 39.2kg/m³，气体的压缩因子为 0.899。试确定所需三甘醇的质量分数、最小实际塔板数、三甘醇循环量和吸收塔直径。

解 (1) 计算所要求的三甘醇质量分数。

查图 3.1，在 5000kPa 下，含水量为 50mg/Sm³ 的干气对应的露点为 -14℃；假定平衡露点比实际露点低 6℃，则要达到的平衡露点应为 -20℃。

查图 5.14，在吸收温度为 30℃、平衡露点为 -20℃下，所需三甘醇质量分数约为 99.2%。

(2) 求最小实际塔板数及三甘醇循环量。

由图 3.1 查得原料气在 5000kPa、30℃时的饱和含水量 W_{in} 为 800mg/Sm³，则吸收塔的脱水率为：

$$\frac{W_{in} - W_{out}}{W_{in}} = \frac{800 - 50}{800} = 0.934$$

由图 5.21 可知，在理论塔板为 1 时所需三甘醇质量分数必须高于 99.9%（总板效率按 25% 计算）。

由图 5.22 可知，在理论塔板为 1.5 时，采用 99.2% 的三甘醇能够满足要求，此时需要 45L/kg 的三甘醇循环量，因此吸收塔的实际塔板数为 6 块。

由图 5.23 可知，理论塔板为 2 时，在三甘醇循环量为 32L/kg 的条件下可实现脱水目的，吸收塔的实际塔板数为 8 块。

此外，图 5.24 表明如果理论塔板为 2.5 块，即吸收塔有 10 块实际塔板，最小循环量为 20L/kg。

(3) 求三甘醇循环量。

以理论塔板为 2，即实际塔板数为 8 块的情况为例，三甘醇的最小循环量为：

$$循环量 = \frac{500000 \times (800 - 50) \times 32}{24 \times 60 \times 10^6}$$

$$= 8.33 L/min$$

即在实际塔板数为 8 块时，三甘醇的最小循环量为 8.33L/min。

(4) 求吸收塔直径。

由图 5.1 查得，质量分数为 99.2% 的甘醇，在 30℃时其相对密度为 1.115，即密度为

$1114 kg/m^3$。

对于板间距为600mm的泡罩塔，由表5.3取C为0.045。由式(5.12)求得其允许最大空塔气速为：

$$u_{max} = 0.045 \times [(1114 - 39.2)/39.2]^{0.5} = 0.236 \text{ m/s}$$

天然气在塔内操作条件下的实际流量Q_{ac}为：

$$Q_{ac} = \frac{0.899 \times 500000 \times 101.325 \times (273.15 + 30)}{24 \times 3600 \times 5000 \times (273.15 + 15)} = 0.111 \text{ m}^3/\text{s}$$

采用泡罩塔板时的直径为：

$$D = \sqrt{\frac{4Q_{ac}}{\pi u_{max}}} = \sqrt{\frac{4 \times 0.111}{3.14 \times 0.236}} = 0.774 \text{m} = 774 \text{mm}$$

5. 再生系统的参数

一般三甘醇脱水装置中，三甘醇溶液的再生系统由再生塔和重沸器组成。对于小型的脱水装置，再生塔常安装在重沸器之上，再生压力一般为常压，如图5.10所示。若要求有较大露点降时，可采用真空再生或气提再生。采用真空再生时，再生塔顶与真空系统连接；采用气提再生时，在重沸器贫液出口处安装贫液气提柱。

再生塔顶应注入一定回流量，回流比约为1:1，供给回流的方式视具体情况而定。最简单的方法是再生塔顶部分筒体不保温或者不保温并装上翅片，增加散热面积，使部分水蒸气冷凝冷却，作为回流返回再生塔，气井和井场小处理量装置多采用此法，其缺点是天气反常时回流量不易控制。一些较大的装置采用管壳式冷凝冷却器，使塔顶部分水汽冷凝冷却，返回再生塔作为回流。冷凝冷却器可安装在塔顶，冷凝后的水在重力作用下流回再生塔；也可安装在塔的一侧，用回流泵泵送冷凝水入塔，此时回流量可准确控制，但增加了一些设备，使投资增大。为了节省投资，有的装置直接用新鲜水作再生塔回流，用此法时，如水质不好，可能将盐分带入系统。

三甘醇富液一般从再生塔中部进塔，为防止三甘醇雾沫夹带的损失量过大，在进料口上部要安装一定厚度的破沫网或一定高度的填料层，进料口以下要有相当于1~2个理论塔板的实际塔板数或填料高度。用板式塔时，由于进料口上部液相负荷很小，因此塔板筛孔应尽量小，保持塔板上液封，防止操作过程中漏液。用式(5.13)计算再生塔塔径时，由于塔内气相、液相负荷一般均较小，故经常有较大的富裕度。

贫液气提柱用于增加出重沸器的三甘醇贫液与气提气的接触面，进一步提高三甘醇贫液的质量分数。

1) 再生系统操作条件与气提气用量

常压再生时，三甘醇贫液的质量分数决定于三甘醇再生的温度，如果需要更高的三甘醇贫液质量分数则应采用气提法。三甘醇的热分解温度约为206℃，因而，重沸器的操作温度最高不应超过204℃。图5.14中虚线为常压再生时的限界质量分数，超过此值应考虑采取其他措施，如采用负压操作或向重沸器中通入气提气或进行共沸蒸馏等措施。

利用气提气进行再生，气提气可在重沸器内预热后通入贫液气提柱，也可直接通入重沸器；通入方式不同，效果也不一样。图5.26中，N_S表示重沸器下气提柱的理论级数，从贫液气提柱下面注入气提气，可用较小的气提气量获得更好的气提效果。在现场上，常用经过脱水的天然气或三甘醇富液的闪蒸气作气提气，使用时要注意控制用量以避免气提柱发生液泛而冲塔。

图 5.27 给出了在常压、减压和有气提气存在时,三甘醇贫富液的质量分数间的关系,可用于再生系统的计算。

采用常压和气提再生时,气提气用量的计算步骤如下[图 5.28(a)]:

(1) 根据所需达到的三甘醇贫液质量分数,在图 5.27 顶部三甘醇贫液质量分数线上确定 B 点,由 B 点作垂线交与重沸器操作温度对应的等温线交于 K_1 点,然后由 K_1 点作水平线 K_1X。

(2) 根据进再生塔的三甘醇富液质量分数,在图 5.27 底部三甘醇富液质量分数线上确定 A 点,由 A 点作垂线与 K_1X 相交于 K_2 点,由 K_2 点即可读出应注入再生系统的气提量。

采用减压和气提再生时,气提气用量的计算步骤如下[图 5.28(b)]:

(1) 由所需达到的三甘醇贫液质量分数,在图 5.27 顶部三甘醇贫液质量分数线上确定 B' 点,由 B' 点作垂线与重沸器操作压力对应的等压线于 K'_1 点,再由 K'_1 点作水平线交 760mmHg 等压线于 K'_2 点;然后由 K'_2 点作垂线交与重沸器操作温度对应的等温线于 K'_3 点,再由 K'_3 点作水平线 K'_3X'。

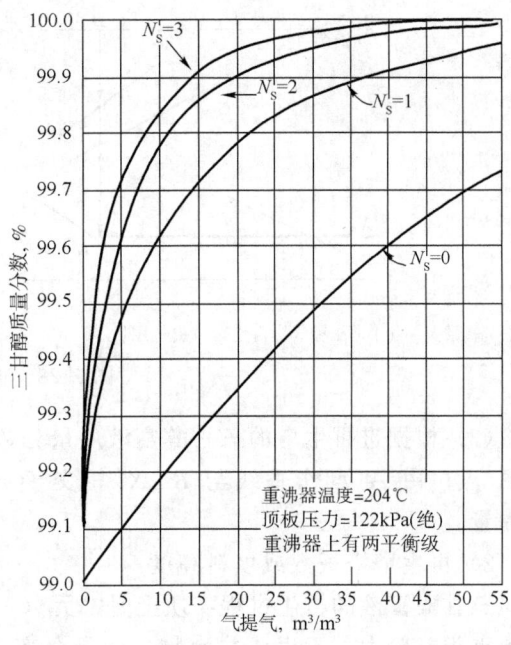

图 5.26 气提气量与三甘醇质量分数的关系

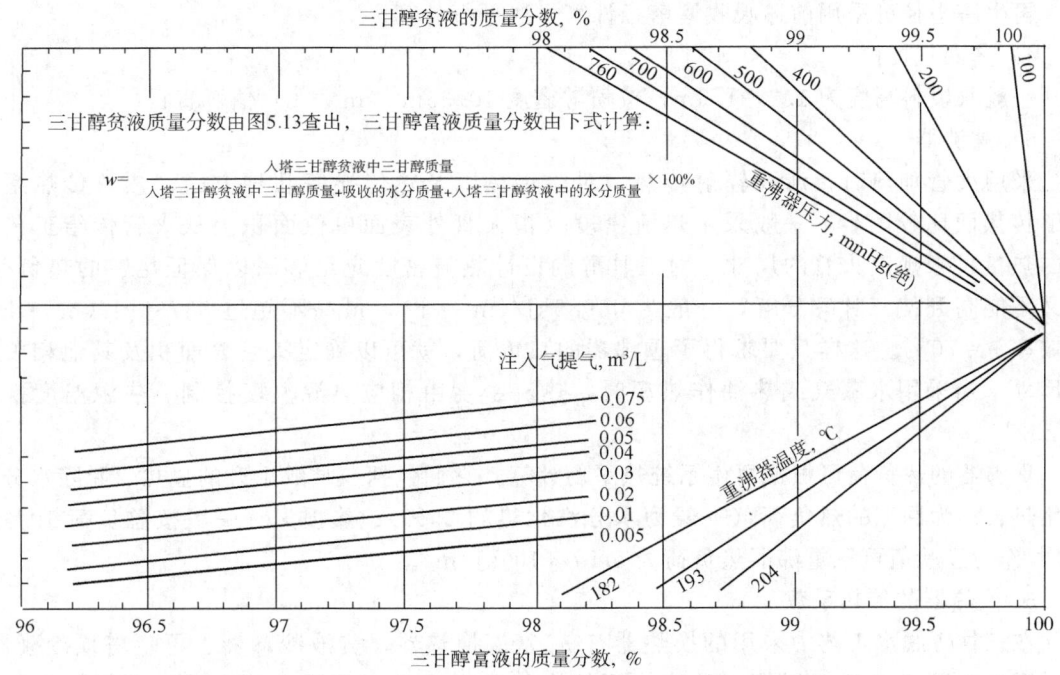

图 5.27 气提气注入量和注入方式对三甘醇贫富液质量分数的影响

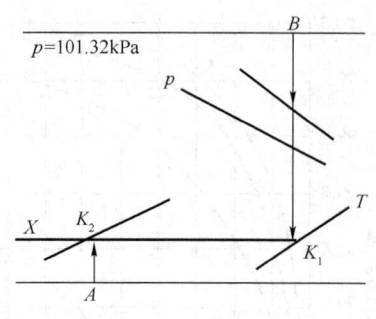
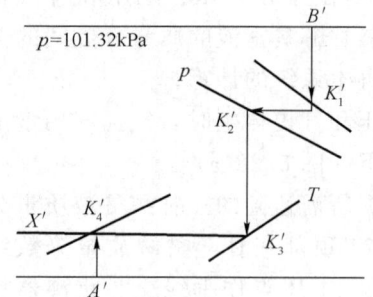

(a) 常压和气提再生时气提气用量　　　　(b) 减压和气提再生时气提气用量

图 5.28　查图方法示例

(2) 根据进再生塔的三甘醇富液质量分数，在图 5.27 底部三甘醇富液质量分数线上确定 A' 点；由 A' 点作垂线与 K'_3X' 相交于 K'_4 点，由 K'_4 点即可读出应注入再生系统的气提量。

2) 再生塔塔板数或填料高度

三甘醇富液的再生过程实质上是二元（三甘醇和水）混合物的简单蒸馏过程。三甘醇和水沸点相差较大，不生成共沸物，较易分离，仅需 2～3 块理论塔板，即顶部回流冷凝器、中部填料（或塔板）段和底部重沸器。三甘醇富液中吸收的水汽从塔顶流出排放到大气中，再生后的三甘醇贫液从重沸器流出。

再生塔塔板数或填料高度可用二元精馏的方法先计算出所需的理论塔板数，再由总板效率或等板高度来计算。

3) 再生塔塔径

再生塔塔径可采用前述吸收塔塔径计算方法进行计算。

4) 贫液气提柱

一般取填料高度为 1.2～1.6m，按喷淋密度 $10.35 m^3/(m^2·h)$ 估算直径。

5) 重沸器

采用火管加热时，涉及辐射传热、对流传热以及热传导等几种方式，按总传热系数求解传热面比较困难，一般采用热流密度（指火管外表面单位面积上从火管传给工艺流体的热量）来确定火管的尺寸。对三甘醇的设计热流密度应足够高以保证足够的热负荷，但又不能高到使三甘醇分解，一般为 $66989 kJ/(m^2·h)$，最高不超过 $83736 kJ/(m^2·h)$，热效率 $\eta=70\%$。这样只要求得了重沸器的热负荷，就可以确定火管表面积及其他相关几何尺寸。当采用水蒸气或热油作热源时，热流密度由相应热源温度控制。热源温度推荐为 232℃。

重沸器的热负荷可根据再生系统热平衡计算，它们包括三甘醇温升的显热、脱除水分的汽化热、作为回流的热负荷（一般为水分汽化热的 25%）、热损失（一般按总负荷 10% 计算）。作为经验值可取重沸器热负荷为 $5.57×10^5 kJ/m^3$。

6. 换热器的传热系数

在三甘醇脱水工艺中采用的换热器有贫/富液换热器、贫液冷却器、再生塔顶冷凝器，有时还设置原料气冷却器等，具体使用的换热器型式各不相同，用于设计的传热系数如表 5.4 所示。

表 5.4 三甘醇脱水装置换热器传热系数

设备种类	热流体	冷流体	传热系数，W/(m²·K)
换热器	三甘醇贫液	三甘醇富液	93
冷却器	三甘醇贫液	水	87～99
冷却器	三甘醇贫液	空气	255.5

5.2.3.3 提高三甘醇质量分数的措施

三甘醇贫液质量分数越大露点降就越大，即脱水程度越深。三甘醇贫液质量分数取决于重沸器温度。受三甘醇热分解温度的限制，重沸器操作的最高温度不能超过204℃，一般为188～199℃间，相应三甘醇贫液质量分数在98％左右。若要进一步提高质量分数就必须采取措施，可应用的措施有气提再生、共沸蒸馏以及Coldfinger法再生等。

1. 气提再生

将三甘醇溶液与干的气提气在再生系统中接触，降低水蒸气的分压，典型流程如图5.29所示。气提气可以先经重沸器预热再进入再生系统，也可以由缓冲罐直接进入再生系统，前者气提效果更好，可以减少气提气用量。

经过气提再生后，三甘醇贫液质量分数可达到99.95％，露点降可达75～85℃。但该方法因气提气与蒸出的水气一起排向大气，由于含大量水汽而不能燃烧，故存在环境污染问题。

图5.30所示的再生过程采用了气提气与抽真空相结合的再生方式。通过真空泵的抽真空降低再生塔的操作压力，可以气提出更多的水分，三甘醇贫液质量分数高。但此法系统复杂，操作费用高，限制了它的应用。

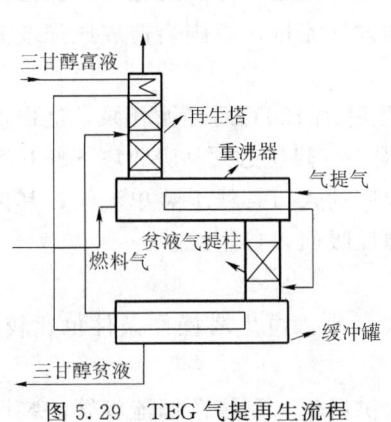

图 5.29 TEG气提再生流程

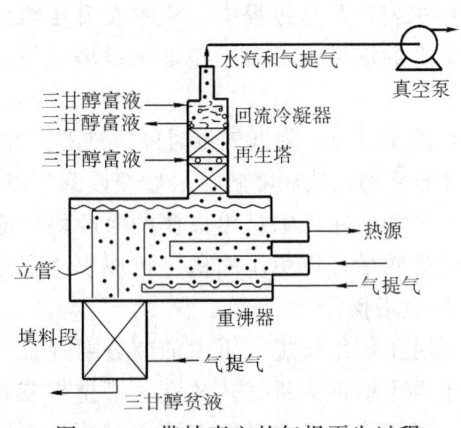

图 5.30 带抽真空的气提再生过程

2. 共沸蒸馏

采用共沸蒸馏的典型工艺是美国杜邦公司开发的Drizo工艺，如图5.31所示。采用分子量为80～100的烃溶剂（即可汽化的溶剂作为共沸剂，也是气提剂）与三甘醇中的残余水分形成低沸点的共沸物而将水分蒸出。从再生塔出来的水蒸气和气提溶剂一起冷凝，分离出水后的共沸剂循环使用，不需要额外的气提气。

经不断改进，Drizo工艺可将三甘醇质量分数最高提到99.999％，露点可达到－95℃。共沸剂在闭路内循环，无大气污染，而且能将三甘醇从天然气中吸收的芳烃在共沸蒸馏中回收。此法虽然不用汽提气，但是增加了设备和汽化共沸剂的能耗。

3. Coldfinger 法再生

Coldfinger 法再生流程如图 5.32 所示，不使用气提气，而是在重沸器下的热贫液缓冲罐的气相空间内插入一个指形冷却盘管，将气相中的水、烃蒸气冷凝，从而提高三甘醇贫液质量分数。据称可将其升至 99.9%。

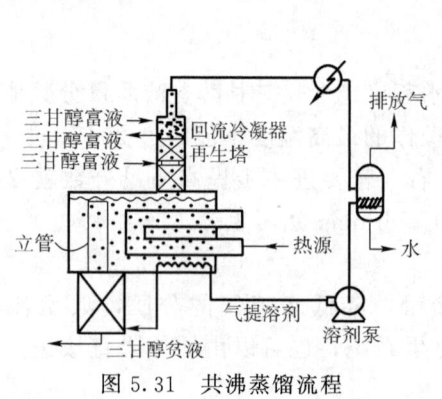

图 5.31 共沸蒸馏流程

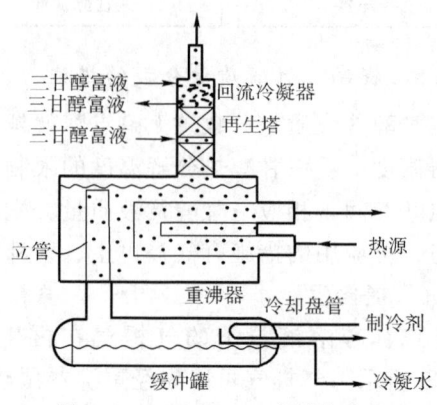

图 5.32 Coldfinger 法再生流程

5.2.3.4 三甘醇法脱水操作注意事项

1. 吸收塔操作

（1）吸收塔内的传质元件保证气液充分接触，保持塔板清洁能避免由于发泡或气液接触不良造成的气体露点升高。

（2）在装置开车过程中，应缓慢升压至操作压力，然后使三甘醇系统循环，保证所有塔板达到要求的液位，最后慢慢增加进塔气量，直至达到设计流量，否则会造成压降增大，甘醇损失。

（3）停车时应在降低气量时停重沸器，在三甘醇温度降到 120℃ 后停循环泵，这样可防止由于三甘醇局部过热而降解，最后慢慢降压以防三甘醇损失（降压必须从吸收塔下部开始）。

（4）对安装在压缩机出口侧的吸收塔，必须在吸收塔的入口管线上装单流阀，其位置应尽量靠近吸收塔，以免压缩机停机或发生意外时三甘醇反吸回入口管线。

2. 再生塔操作

（1）对于使用气提气再生的装置要保证三甘醇损失最小，再生塔操作条件也比较苛刻，这是由于再生塔顶大量气体放空，可携带三甘醇。

（2）若用来自吸收塔的富液通过再生塔回流盘管提供回流，则塔顶回流盘管应装设手动副线阀，在正常情况下，该副线阀关闭，全部富液通过回流盘管。

（3）在寒冷季节操作，环境空气冷却可提供部分回流或全部回流，产生过多回流，再生塔不能达到正常温度。可通过调节副线阀进行适宜的调节，使部分或全部富液通过回流盘管副线。

（4）大量的液烃进入再生系统可能带来很大的问题和危险，液烃在再生塔中闪蒸冲塔，增加三甘醇损失，重烃和气体可能散发到再生塔外，造成严重火灾事故。因此，从安全角度考虑，再生塔顶放空管线应远离工艺设备。

（5）在极冷天气下应保温，以防止水蒸气的冻结而堵塞管线和造成再生塔因超压而爆炸。

3. 重沸器操作

(1) 重沸器的温度控制着三甘醇中水的浓度。为防止三甘醇脱色变质，重沸器温度不能超过 206.7℃。

(2) 焦油状物质及盐类易沉淀在火管上，使热传系数减小，导致火管烧坏。局部过热，特别是在盐类聚集的地方，将使三甘醇分解。因此，要经常清洗火管。

(3) 在装置开车过程中，应在气体通过吸收塔之前，把重沸器温度升至正常的操作温度。

4. 防腐

不洁的三甘醇在循环后，常常引起腐蚀问题。造成腐蚀的原因有：

(1) 氧化。氧气随着天然气、没有加缓冲气的三甘醇储罐、泵密封压盖进入三甘醇系统，三甘醇在氧气存在下迅速氧化生成腐蚀性有机酸（主要是甲酸）。为了防止氧化，开口设备中应有缓冲气以隔绝空气并加一些抗氧化剂。

(2) 热分解。主要由于局部过热使三甘醇分解形成腐蚀性化合物。因此，要注意重沸器温度、火管的清洁度等。

(3) 盐类污染。随天然气进入的盐类（如 $NaCl$）的沉积会加速设备腐蚀，减小火管的传热系数，从而引起火管局部穿孔，因此，要特别注意除去进入系统的自由水。

pH 值是三甘醇中酸性物质含量的标志，也是三甘醇分解的一种表征。三甘醇溶液所希望的 pH 值为 7.0~7.5。在装置运行时如不采取必要措施，pH 值会不断下降。三甘醇氧化生成的有机酸、热分解产物以及原料气带进的酸性气体都是最严重的腐蚀性化合物。可采用硼砂、三乙醇胺或其他中和剂控制 pH 值，但 pH 值不能增加太快或高于 8.5，否则会促使三甘醇发泡，同时产生黑色沉淀物。

5. 三甘醇发泡

在三甘醇脱水工艺中易发生溶液发泡，发泡会造成三甘醇损失增加和装置处理能力降低。在塔板上形成稳定泡沫时，吸收塔内三甘醇被气体夹带出塔，同时造成气液接触不良，脱水效率下降。三甘醇本身对碳钢无腐蚀也不起泡，但由于杂质（轻烃、油田缓蚀剂、盐类、细小悬浮颗粒）的发泡助催作用往往会造成不良的后果。解决三甘醇发泡的关键是保持其系统的清洁，可以采取以下措施：在使用中检查吸收塔洗涤段的捕雾网；三甘醇贫液温度应大于气体出口温度约 5℃；闪蒸罐设计的停留时间不小于 5min，三甘醇循环量不要超过设计值；过滤器压降不正常时应及时更换过滤元件或活性炭，并用清水清洗；吸收塔不应在大于设计能力下操作；防止重沸器过热，保持最大平均液体温度 202℃；防止氧气进入系统，保持三甘醇溶液的 pH 值为 7~8。此外，也可以加入消泡剂解决临时性的发泡问题，但要对消泡剂的种类、加入的量及加入方式进行试验，不要盲目使用，否则会适得其反。

5.3 固体吸附法脱水

当流体与多孔的固体表面接触时，由于流体分子与固体表面分子之间的相互作用，流体分子会被吸附在固体表面上，导致流体分子在固体表面上含量增多，这种现象称为固体表面的吸附现象。固体吸附法就是利用多孔固体颗粒选择性地吸附流体中一定组分在其内外表面上，从而使流体混合物得以分离的方法。具有一定吸附能力的固体材料称为吸附剂，被吸附的物质称为吸附质。

目前，固体吸附法在化工、冶金、石油炼制和轻工业等部门获得了广泛的应用。在天然气加工中，脱水、脱硫过程都可应用吸附法。特别是吸附法脱水，由于其具有脱水深度高、装置简单、占地面积小等优点，在天然气轻烃回收、深冷液化、车用CNG加气站和海上平台等方面应用广泛。

根据吸附剂表面与吸附质之间作用力的不同，吸附可分为物理吸附和化学吸附。

物理吸附是指吸附质分子与吸附剂表面分子间的作用力为范德瓦尔斯力，其吸附速率快，吸附过程类似于气体凝聚过程。当气体压力降低或系统温度升高时，被吸附的吸附质可以很容易地从吸附剂表面脱附下来，而不改变气体原来的性质。物理吸附为可逆过程，工业上利用这种可逆性，改变操作条件，使吸附的物质脱附，达到吸附剂再生、回收或分离吸附质的目的。

化学吸附类似于化学反应。吸附时，吸附剂表面的不饱和化学键与吸附质之间发生电子转移及重新分布，在吸附剂表面形成一个单分子层的化合物。化学吸附的吸附热与化学反应热有同样的数量级。化学吸附具有选择性，它仅发生在吸附剂表面某些活化中心，且吸附速率较慢。化学吸附往往是不可逆的，要很高的温度才能把被吸附的分子逐出，且所释放出的气体常已发生化学变化。

在实际过程中，有时物理吸附与化学吸附相伴发生，同一物质在低温时以物理吸附为主，在高温时以化学吸附为主。在通常的吸附分离中，主要是物理吸附。

5.3.1 常用吸附剂与吸附性能

5.3.1.1 工业吸附过程对吸附剂的要求

吸附剂的性能对吸附操作极为重要，工业用吸附剂应满足如下要求：

（1）有高度选择性：吸附剂对流体混合物中的不同组分应具有较强的选择性吸附作用，例如10X分子筛吸附水和硫化氢的能力远远大于吸附乙烯、丙烯和丙烷的能力，当裂解气与10X分子筛接触时，吸附的只是水和硫化氢，使裂解气得以脱水和脱硫。不同的吸附剂由于其结构、吸附机理的差异，对吸附质的选择性有显著的区别。

（2）有较大的内表面积：吸附剂的吸附作用主要发生在与流体相通的固体孔隙的内表面上，内表面积越大，吸附量就越多，比表面积（单位体积或单位质量吸附剂所具有的表面积）也大。

（3）有高的吸附活性：吸附活性即吸附容量，吸附活性以单位体积（或单位质量）吸附剂所能吸附的物质量的多少来衡量。

（4）有一定的机械强度和物理特性：为避免在装卸及使用过程中磨损与压碎，或因流体的流速分布不均匀造成短路、返混等现象，吸附剂应有一定的机械强度，吸附剂颗粒的几何形状、粒度等也要合适。

（5）有良好的化学惰性、热稳定性以及价廉易得等。

5.3.1.2 天然气工业常用吸附剂

天然气工业中常用的吸附剂有硅胶、活性氧化铝、活性铝土矿和分子筛等。

1. 硅胶

硅胶是一种亲水性的吸附剂，它是粒状无晶形氧化硅，分子式为$SiO_2 \cdot nH_2O$。硅胶由硅酸钠溶液用酸处理、沉淀后得到的硅酸凝胶，经约360℃温度下加热，再老化、水洗（去盐)、干燥而得,比表面积可达 $600m^2/g$。硅胶吸水量很大,可达自身质量的 50%,吸水后的硅胶可加热至 300℃ 逐出水分而再生,其典型组成如表 5.5 所示。

表 5.5 硅胶的组成

组 成	SiO_2	Fe_2O_3	Al_2O_3	TiO_2	Na_2O	CaO	ZrO_2	其 他
质量分数,%	99.71	0.03	0.10	0.09	0.02	0.01	0.01	0.03

2. 活性氧化铝

活性氧化铝由含水的氧化铝在严格控制的加热速率下,加热活化制成,化学式为 $Al_2O_3 \cdot nH_2O$,比表面可达 $350m^2/g$,具有很高的机械强度,且耐高温、抗腐蚀,但不宜在强酸、强碱条件下使用。活性氧化铝对水的吸附能力大,常用于气体干燥、液体脱水及焦炉气或炼厂气的精制。国外用于天然气脱水的活性氧化铝的商品品牌有 F-1 型,H-151 型,KA-201 型,其组成见表 5.6。

表 5.6 典型活性氧化铝的组成

组成 品 名	Al_2O_3	Na_2O	SiO_2	Fe_2O_3	灼烧损失
F-1	92.00	0.90	<0.10	0.08	6.50
H-151	90.00	1.40	1.10	0.10	6.00
KA-201	93.60	0.30	0.02	0.02	6.00

3. 活性铝土矿

活性铝土矿是选择适当的铝矾土矿,在加热情况下驱水而制得的坚硬红棕色颗粒。美国 Florite 活性铝土矿的组成见表 5.7。

表 5.7 Florite 铝土矿的组成

组成	Al_2O_3	Fe_2O_3	SiO_2	TiO_2	CaO	MgO	灼烧损失
质量分数,%	70~75	3~4	11~12	3~4	<1	<1	4~6

4. 分子筛

分子筛是一种人工合成的沸石,与天然沸石一样是水合铝硅酸的晶体,其化学通式为 $Me_{2/n}O \cdot Al_2O_3 \cdot xSiO_2 \cdot yH_2O$。

分子筛是一种新型、具有高度选择性的吸附剂,它具有以下特点:选择性高,因其具有均匀的孔径,只吸附能进入这些孔道的分子;吸附性能好,在吸附质浓度很低或较高温度下,仍有相当大的吸附容量;为极性吸附剂,对极性分子有很大的亲和力,具有优先吸附不饱和分子、极性分子以及易极化分子的特性;热稳定性和化学稳定性高。

不同型号的分子筛,具有不同的分子结构、不同的 SiO_2 与 Al_2O_3 比例、不同的孔径及化学组成,见表 5.8。

表 5.8 常用分子筛的型号与组成

型号	$SiO_2:Al_2O_3$(分子比)	孔径,Å	典型化学组成
3A(钾A型)	2	3~3.3	$2/3K_2O \cdot 1/3Na_2O \cdot Al_2O_3 \cdot 2SiO_2 \cdot 4.5H_2O$
4A(钠A型)	2	4.2~4.7	$Na_2O \cdot Al_2O_3 \cdot 2SiO_2 \cdot 4.5H_2O$

续表

型号	SiO$_2$：Al$_2$O$_3$（分子比）	孔径，Å	典型化学组成
5A（钙A型）	2	4.9～5.6	0.7CaO·0.3Na$_2$O·Al$_2$O$_3$·2SiO$_2$·4.5H$_2$O
10X（钙X型）	2.3～3.3	8～9	0.8CaO·0.2Na$_2$O·Al$_2$O$_3$·2.5SiO$_2$·6H$_2$O
13X（钠X型）	2.3～3.3	9～10	Na$_2$O·Al$_2$O$_3$·2.5SiO$_2$·6H$_2$O
Y（钠Y型）	3.3～6	9～10	Na$_2$O·Al$_2$O$_3$·5.0SiO$_2$·8H$_2$O
钠丝光沸石	3.3～6	约5	Na$_2$O·Al$_2$O$_3$·10SiO$_2$·(6～7)H$_2$O

注：1Å=10^{-10}m。

硅胶、活性氧化铝、活性铝土矿和分子筛的主要物理性质列于表5.9。

表5.9 常用吸附剂的主要物理性质

物理性质 \ 类型	硅胶				活性氧化铝		活性铝土矿	分子筛
	青岛细孔	0.3型	R型	H型	H-151型	F-1型		4A、5A
表面积，m^2/g	700	750～830	550～650	740～770	350	210	100～20	700～900
孔体积，cm^3/g	—	0.40～0.45	0.31～0.34	0.50～0.54	—	—	—	0.27
孔直径，Å	—	20～30	21～23	21～23	27～28	—	—	—
平均孔隙率，%	—	50～65	—	—	65	51	35	55～60
相对密度	—	2.1～2.2	—	—	3.3	3.3	3.40	—
堆积密度，kg/m^3	>670	720	780	720	630～880	800～880	800～830	660～690
视相对密度	1.0	1.2	—	—	—	1.6	1.6～2.0	1.1
比热容 kJ/(kg·℃)	—	0.92	1.05	1.05	1.00	1.00	—	0.84～1.05
热导率 kJ/(m·h,℃)	—	0.520	—	0.520（38℃） 0.754（49℃）	—	0.566（182℃，4～8目）	—	2.137（已脱水）
再生温度，℃	—	120～230	150～230	—	180～450	180～310	180	150～310
水含量（质量分数），%	—	4.5～7	—	—	6.0	6.5	4～6	变化
静态吸附容量（相对湿度60%）	—	35	33.3	—	22～25	14～16	10	22
颗粒形状	粒状	粒状	球状	球状	球状	粒状	粒状	圆柱状

在天然气脱水过程中，以上几种吸附剂可单独使用，也可同时使用。如果将分子筛和硅胶联合使用，天然气首先通过硅胶床层脱去饱和水，再通过分子筛床层深度脱除微量水以获得更低的露点。

关于选用何种或几种吸附剂脱水，取决于要求的脱水深度、气质、水分含量等条件。一般说来，对低压天然气脱水宜用硅胶或氧化铝或分子筛复合床层联合脱水，对无硫或低硫天然气脱水至管输标准（即水露点不是很低时）采用硅胶和活性氧化铝比较合适，而要求露点很低时，宜采用分子筛（4A型或3A型），如果同时要求脱硫化物时就应考虑选用抗酸型分子筛。

5.3.1.3 分子筛吸附性能

1. 选择吸附性能

与硅胶、活性氧化铝等吸附剂相比，分子筛具有非常大的比表面积，约为 $800\sim1000m^2/g$。分子筛由于表面离子晶格的特点具有较高的极性，因而对不饱和分子、极性分子和易极化分子具有较强的吸附作用和较高的吸附容量。某些孔径小于分子筛的分子，即使能够进入其孔道内，但因其分子的极性、不饱和度与空间结构不同，也不会被大量吸附。

天然气中的水、硫化物、二氧化碳就属于极性分子，因此，分子筛对它们具有较强的吸附力。分子筛对一些物质的吸附强度顺序如下：

$$H_2O > NH_3 > CH_3OH > CH_3SH > H_2S > COS > CO_2 > N_2 > CH_4$$

可见，天然气中水最易被分子筛所吸附，而 CH_4 则不易被吸附。

分子筛内具有许多孔径均匀的孔道与排列整齐的孔穴，限制了大分子的进入，起到筛选分子的选择性吸附作用，因此分子筛是具有选择性吸附能力的吸附剂。表 5.10 列出了几种分子筛的选择吸附性能。

表 5.10 分子筛的选择吸附性能

型号	孔径，nm	能吸附的分子	不能吸附的分子	应用范围
3A	0.3	直径小于 0.3nm 的分子，如 H_2O、NH_3	直径大于 0.3nm 的分子，如乙烷等	不饱和烃脱水，甲醇、乙醇脱水
4A	0.4	直径小于 0.4nm 的分子，包括 3A 分子筛能吸附的分子及 C_2H_5OH、H_2S、CO_2、SO_2、C_2H_4、C_2H_6、C_3H_6	直径大于 0.4nm 的分子，如丙烷等	饱和烃脱水，作为冷冻系统干燥剂
5A	0.5	直径小于 0.5nm 的分子，包括 4A 分子筛吸附的分子及 $n\text{-}C_4H_9OH$、$n\text{-}C_4H_{10}$、$C_3H_9\sim C_{22}H_{46}$	直径大于 0.5nm 的分子，如异构物和大于 4 个碳的环状物	从支链烃、环烷烃中分离正构烃
10X	0.8	直径小于 0.8nm 以下的分子，包括 5A 分子筛能吸附的分子及异构烷烃、烯烃、苯	直径大于 0.8nm 的分子，如二正丁基胺及更大的分子	芳烃分离
13X	1.0	直径在 1.0nm 以下的分子	直径大于 1.0nm 的分子	同时脱水、CO_2、H_2S 等，天然气脱 H_2S 及硫醇

从表 5.10 可看出，当分子筛用于富天然气脱水时，为防止乙烷以上烃类被吸附，可选用 3A 分子筛；若用于贫天然气脱水或用于脱硫则需要使用 4A 乃至更大孔径的分子筛。

2. 脱水深度

当分子筛用于天然气脱水时，选择适当的型号，可以达到选择性吸附水，减少甚至消除其他气体成分共吸附的情况，因而可提高吸附脱水的深度。表 5.11 给出了天然气工业中常用吸附剂的脱水深度。

表 5.11 天然气工业中常用吸附剂的脱水深度

吸附剂	分子筛		氧化铝		硅胶	
	4A	13X	H-151型	F-1型	R型	H型
干气含水量，mL/m³	0.1	0.1	5.1	0.1	5.1	5.1

3. 湿容量

吸附剂的湿容量是指100kg吸附剂可以吸附的水量。

在不同相对湿度、温度条件下，分子筛的湿容量与其他吸附剂的湿容量分别如图5.33、图5.34所示。

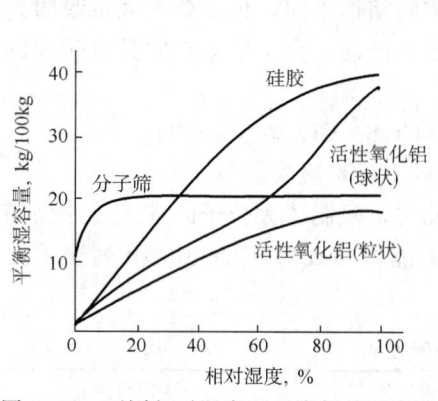

图 5.33 不同相对湿度下吸附剂的湿容量　　图 5.34 不同温度下吸附剂的湿容量（水分压1.33kPa）

图5.33表明，流体中相对湿度很低时，分子筛的湿容量大大高于活性氧化铝和硅胶，说明分子筛特别适用于气体深度脱水。图5.34指出，吸附温度即使高达90℃，分子筛仍然具有较高的湿容量。因此，在相对湿度很低或温度较高的情况下，分子筛仍有很大的湿容量，吸附能力比活性氧化铝和硅胶好得多。

以上所提到的湿容量均是指平衡湿容量，也就是静态湿容量。天然气脱水是在动态条件下进行的，这时吸附剂的湿容量一般都会下降，图5.35反映了在不同相对湿度下新使用的吸附剂的动态平衡湿容量（动态平衡湿容量为建议值，温度为25℃）。

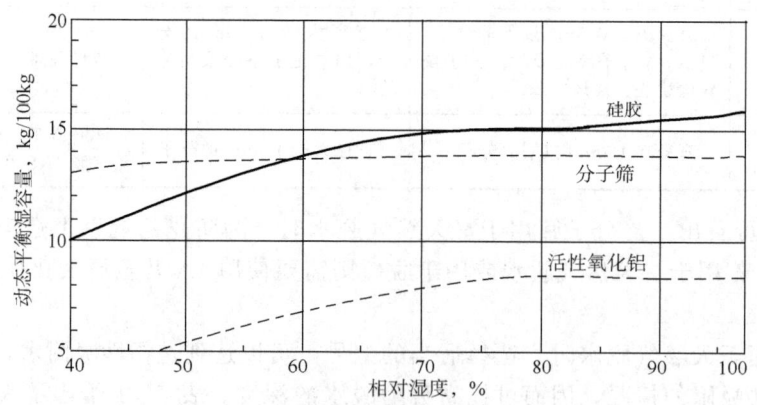

图 5.35 新使用的吸附剂的动态平衡湿容量

5.3.2 吸附法脱水工艺流程

天然气脱水的吸附设备多采用固定床吸附塔。为了保证干气的连续生产必须循环操作，且要用许多个并联的吸附塔。吸附塔的数量和安排形式，从两个交替到多个不等。在每个吸附塔内，三种不同的功能或循环必须交替起作用。这三个循环是：吸附或干燥循环，加热或再生循环,冷却循环。

5.3.2.1 工艺流程

图 5.36 为典型的分子筛吸附脱水双塔工艺流程图。任何固体吸附剂脱水系统的基本组成都是:入口分离器;填充以固体吸附剂的两个或多个吸附塔(脱水器、脱水塔);提供热再生气使塔内吸附剂再生的再生气加热器;将热再生气中的水分冷凝的再生气冷却器;清除再生气中冷凝水的再生气分离器;按照工艺过程的要求直接控制气流的管道、切换阀及控制器等。

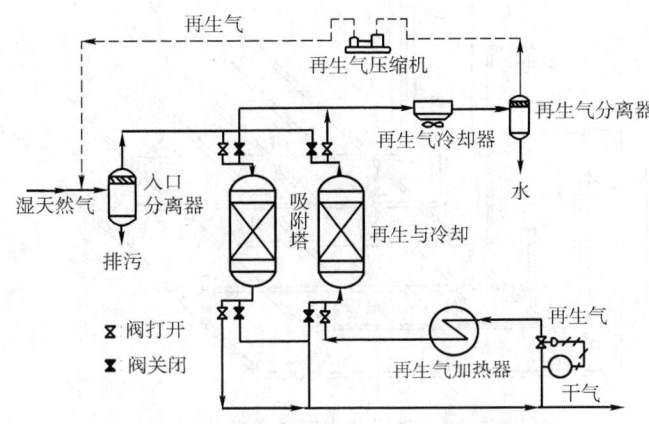

图 5.36 分子筛吸附脱水双塔工艺流程图

如图 5.36 所示,一个吸附塔(左塔)处于脱水阶段,另一个吸附塔(右塔)则处于再生与冷却阶段。脱水时湿天然气是上进下出,以减少气流对床层的搅动;再生时再生气下进上出,以保证床层底部得到充分再生,因为床层底部是湿天然气吸附干燥过程的最后接触部位,直接影响流出床层干气的露点温度。

在吸附脱水周期中,湿天然气首先进入入口分离器,并在其中清除掉自由液体、夹带的固体杂质。入口分离器是一个重要的设备,因为自由液体会损坏或破坏吸附床层,固体杂质甚至可能堵塞床层,因此一般要求脱除 $10\mu m$ 以上的所有液滴,且尽量靠近脱水塔。然后,湿天然气自上而下流经吸附塔,水分子在床层的顶部首先被吸收,干的烃类气体是在穿过床层时被吸附的。当吸附塔顶部的吸附剂被水饱和后,湿天然气流中的水就开始置换吸附塔下部被吸附的烃类。

对于入口气流中的各种组分来说,在吸附塔中会有一段床层厚度,该层的顶部吸附剂已被水分饱和,而床层底部的吸附剂则刚开始吸附水分。人们把从饱和到开始吸附的这层厚度称作传质区。实际上,传质区只不过是一段床层,在那里,水分被吸附剂所吸附。

由于气流的连续流动,传质区不断向下移动,同时水汽将先前吸附的气体置换掉,直至床层最终全部由水所饱和。若整个吸附床层都由水蒸气所饱和,则出口的干气就和入口的湿天然气一样了。显然,在吸附床层完全被水饱和之前,吸附塔必须进行切换操作,使其从吸附周期转换到再生周期(加热和冷却)。

在任何给定的时间内,当其他塔处于被加热或冷却以再生吸附剂的过程时,至少有一座塔要进入吸附状态。当由吸附切换至再生时,再生气加热器中的再生气被加热,且被引入塔内以清除先前吸附的水分。当塔内温度升高时,捕集在吸附剂孔隙内的水分会转变成气相,并由再生气所携带。携带了水汽的再生气离开塔顶后被再生气冷却器所冷却,水蒸气的饱和程度明显降低，水被冷凝。冷凝水在再生气分离器中被分离，而冷的饱和再生气再次进行循环，以脱除水分。在较再生塔低的压力下进行脱水操作或压缩再生气，有利于完成脱水过程。

吸附与再生的切换往往是由控制器进行控制，而控制器执行切换工作又是依照规定的时间周期进行的。脱水后的天然气应进行过滤，以除去其中可能夹带的固体粉尘。

当装置处理量很大时也可采用三塔流程，图5.37为典型的吸附脱水三塔工艺流程。

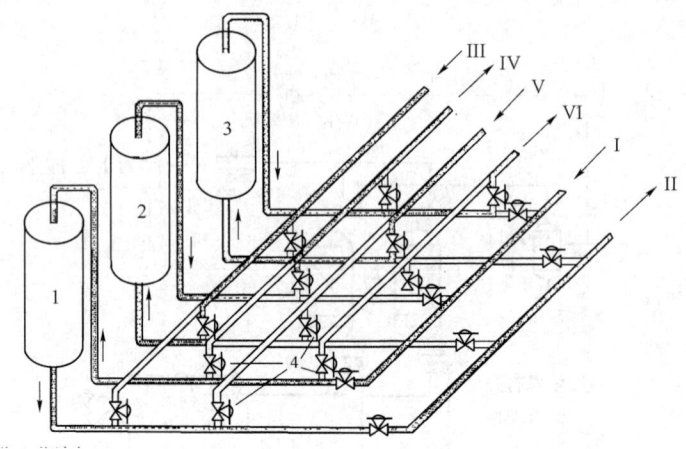

图 5.37　吸附脱水三塔工艺流程图
1—在吸附的干燥塔；2—在再生的干燥塔；3—在冷却的干燥塔；4—程序切换阀
Ⅰ—湿天然气入口；Ⅱ—干气出口；Ⅲ—热吹气入口；Ⅳ—热吹气出口；
Ⅴ—冷吹气入口；Ⅵ—冷吹气出口

通常，具有三台干燥塔的吸附装置一般是一塔处于脱水阶段，一塔处于再生阶段，另一塔处于冷却阶段。

5.3.2.2　主要设备

主要设备有入口分离器、吸附塔、再生气加热器、冷却器、分配器、压缩机、切换阀等。其中最主要的是吸附塔，如图5.38所示。

吸附塔也称干燥器、干燥塔等，外形为一筒体结构。内部由床层支撑柱/梁和支撑栅板、气体进/出口、装料口、排料口以及取样口、温度计插孔等组成。在支撑栅板上有一层10～20目的不锈钢滤网，以防止分子筛和瓷球随气流下沉。滤网上放置的瓷球一般为两层，下层瓷球直径一般为12mm，上层瓷球直径一般为6mm，总高为150～200mm。支撑栅板下的支撑柱应能支承床层的静载荷（填充的分子筛等的质量）和动载荷（气体流动压降）。为了气流分布充分，一般在气体的进口设置有分配器和挡板以使气体沿径向、低流速流向床层，从而有效减少气流对床层的扰动。床层顶部一般也会设置浮动滤网，滤网上放置瓷球，瓷球直径一般为12mm，高度100～150mm。这样可以进一步改善进口气流的分布，避免气体直接对床层的冲击，也可以防止再生周期气流向上流动时对分子筛的托举来保证床层的稳定，进而防止分子筛的移动和破碎。此外，吸附塔由于在再生阶段温度较高，因此需要进行内外保温隔离。外壁保温相对容易，内壁保温效果更为明显，可以降低大约30%的再生能耗。但作内保温时要特别注意防止保温衬里发生龟裂，否则会发生气体短路现象。

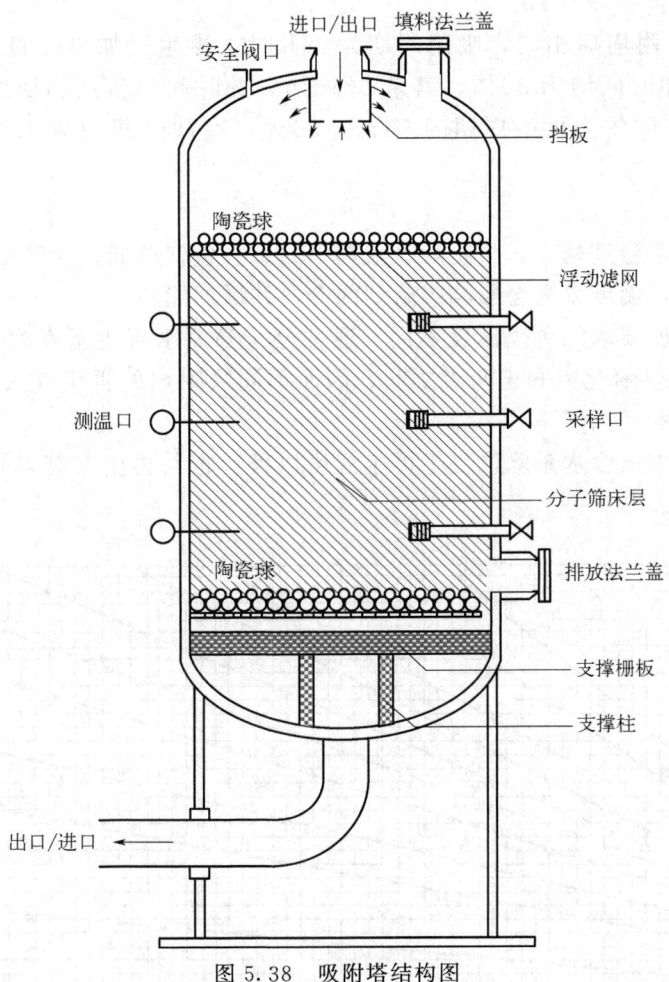

图 5.38 吸附塔结构图

5.3.2.3 工艺参数

1. 吸附温度

吸附塔在操作时，对进入气体的温度是很敏感的。由图 5.34 可知，吸附剂的湿容量随着床层温度升高而下降，即吸附效果变差。因此，为了保证吸附剂有较高的湿容量，吸附操作温度不宜超过 50℃，但原料气温度也不能低于其水合物生成温度。

2. 吸附压力

压力对吸附剂湿容量影响甚微，因此，吸附操作压力由上游和下游工艺系统压力决定，但在操作过程中应注意压力平稳，避免波动。若吸附塔放空过急，床层截面局部气速过高，会引起床层移动和摩擦，导致吸附剂颗粒粉碎而被气流夹带出塔。

3. 吸附周期和再生时间

吸附床层的吸附周期主要取决于吸附剂的装填量和湿容量，同时也与原料气的含水量、空塔气速、床层高径比以及再生气能耗等因素有关。

对于如图 5.36 所示的双塔脱水流程，吸附周期一般为 8~24h，通常取 8~12h。如果原料气未被水汽所饱和，吸附周期可大于 12h。吸附周期长，意味着再生次数较少，吸附剂寿命长，但床层较长，投资高。对压力不高、含水量较大的气体脱水，为避免吸附塔尺寸过大，吸附周期宜小于或等于8h。

再生周期与吸附周期相同，吸附周期为24h时，再生气加热时间一般为再生周期的65%～68%，冷却时间约为30%，其余2%～5%的时间为备用和切换。吸附周期为8h时，再生气加热时间约为再生周期的50%～55%，冷却时间约为40%，其余时间为备用和切换。

4. 再生温度

再生时床层加热温度越高，再生后吸附剂中的水含量就越低，即湿容量就越大，可获得更好的脱水深度，但温度太高会影响吸附剂的寿命并增加能耗。

不同的吸附剂所要求的再生温度不同，通常分子筛要求再生温度为200～300℃，硅胶为150～230℃，活性氧化铝介于两者之间。因而不同吸附剂的再生气入口温度上限为：分子筛315℃、硅胶245℃。

再生后分子筛中的含水量除取决于再生温度以外，也与再生气露点有关，图5.39反映了它们之间的关系。

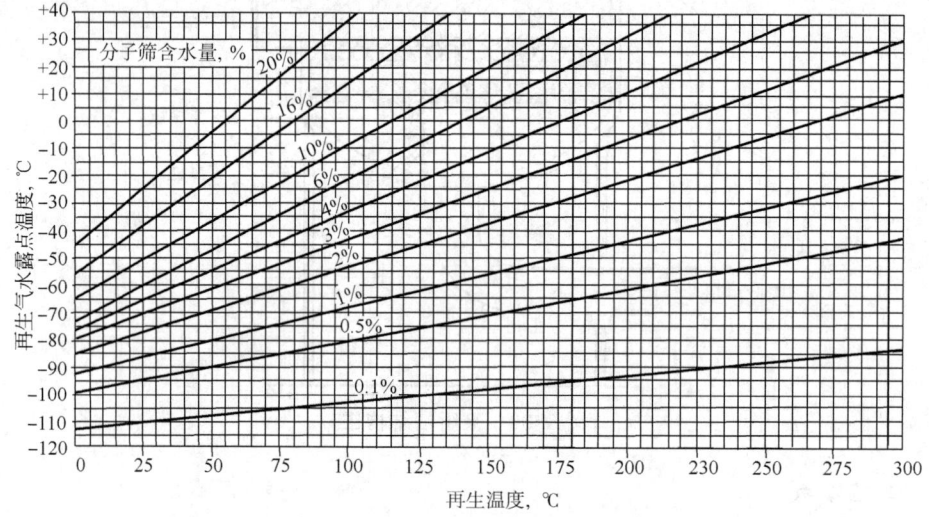

图5.39 分子筛含水量与再生温度及再生气水露点温度的关系

可见，再生气水露点越高，则为达到一定再生要求的再生温度也越高，从而也会影响吸附剂的寿命。

5. 冷却温度

吸附床在冷却周期达到的温度也是很重要的。若使用湿气来冷却吸附剂，当床层温度达到101℃时，冷却周期应终止。若继续冷却会造成从湿气中吸收水分，即在下一周期开始之前给床层预加了载荷。若使用干气进行冷却，吸附剂应冷却至不超出吸附周期中入口气体温度的3～7℃，通常为40～55℃，一般宜低于50℃，从而使床层达到最大的吸附能力。

6. 吸附剂使用寿命

吸附剂使用寿命一般为2～3年，取决于原料气气质和再生过程操作情况。

7. 再生气和冷却气流量

再生气流量约为原料气的5%～15%，由具体操作而定。再生气流量应能保证在规定时间内将再生吸附剂提高到规定的温度。冷却气流量一般与再生气流量相同或相近。

5.3.3 吸附过程特征及工艺计算

5.3.3.1 吸附负荷曲线与透过曲线

1. 吸附负荷曲线

吸附负荷曲线是表示吸附质浓度沿床层高度的变化曲线。与吸附塔的几何尺寸、吸附剂颗粒的大小和形状、操作条件和吸附平衡数据等因素有关。

吸附负荷曲线可以用吸附质的浓度沿床层高度的变化表示,也可以用吸附剂上吸附的吸附质沿床层高度的变化表示。由于吸附剂中吸附质的浓度不易测定,故吸附负荷曲线一般以床层中气体的浓度来表示。如图 5.40 所示,横坐标表示床层高度,纵坐标表示气体的浓度,x_0、y_1 分别为与 y_0、x_1 成平衡的浓度。

如果采用的是新鲜吸附剂,当初始浓度为 y_0 的气体等速流过吸附床层并经过一定时间后,形成了 S 形的吸附负荷曲线,这曲线称为传质前沿、传质波或吸附波。随着气体不断通入,传质波会随时间增加而平行向前移动。在

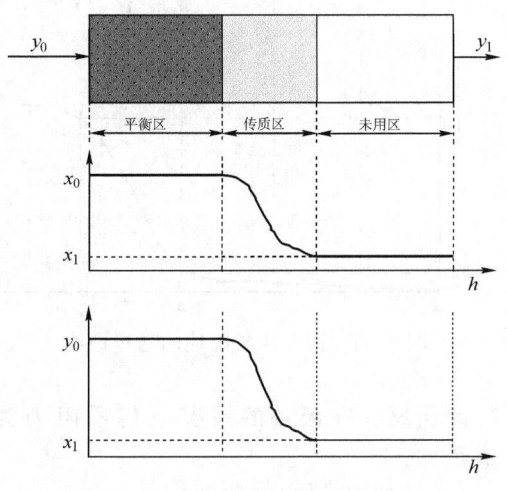

图 5.40 固定床的吸附负荷曲线

某一时刻,传质波的前端到达床层的出口,此时停止进料,以免吸附质溢出床层,达不到预期的分离效果。

S 形传质波的床层长度为传质区,传质区越小,表示传质阻力越小,床层利用率越高。当传质波末端离开床层时,进、出口气体中的吸附质浓度相等,吸附剂已饱和而不再吸附。实际操作中为了安全起见,在传质波的前端还未到达床层出口前就停止进料。

综上所述,当传质波到达床层某一位置时,床层内沿气体流动方向依次分为三个区域:平衡区、传质区和未用区。在平衡区内,吸附剂为吸附质所饱和,床层的浓度不变;在传质区内,床层浓度从接近饱和到接近零之间剧烈变化,所有的传质都在传质区内进行;而未用区内未发生吸附。

2. 透过曲线

吸附负荷曲线表达了床层内气体浓度的分布情况,通过吸附负荷曲线可直观地了解床层内操作状况,但气体浓度的实验测定困难。因为若在实验过程中取样分析床层不同位置气体浓度,取样过程会破坏气体的流速和浓度分布,若以吸附剂浓度作为基准也不现实。因此,常用透过曲线代替吸附负荷曲线。透过曲线表示了流出床层气体中吸附质浓度随时间的变化关系。

如图 5.41 所示为固定床吸附柱,浓度为 y_0 的气体自上而下等速通过床层,吸附剂中原来不含吸附质。

天然气进入后,最上层吸附剂开始对吸附质进行吸附,从床层底部出来的气体中不含吸附质(水分),如图 5.41(a) 所示。随着天然气不断进入,床层的最上部逐渐被饱和,和前面讨论的吸附负荷曲线一样,吸附主要发生在一个不很厚的传质区内。当天然气继续流过床层,传质区便不断下移。经过一段时间后,大约有一半的吸附柱已被吸附质饱和,但床层底

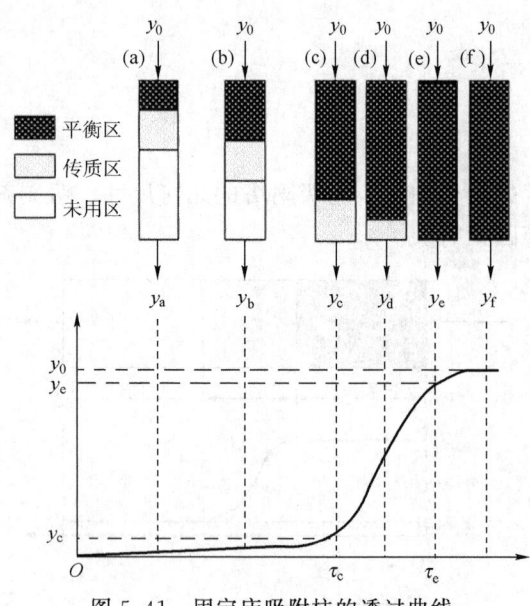

部流出气体中吸附质的浓度基本上仍为零，如图 5.41(b) 所示。在图 5.41(c) 中，传质区的前沿刚到达床层底部，流出气体中吸附质浓度突然升高到一定值，此时，系统达到了"破点"（透过点）。随着传质区逐步通过床层底部，流出气体中吸附质浓度迅速上升，到图 5.41(e) 时，已基本达到了初始值 y_0，在图 5.41(c) 与图 5.41(e) 之间，那段流出物浓度随时间变化的曲线称为"透过曲线"。若气体继续流出时浓度不再变化，则整个床层的吸附剂达到饱和。

气体不断通入床层时的吸附负荷曲线与透过曲线的变化情况如图 5.42 所示。

透过曲线与吸附负荷曲线的传质波一样，传质阻力越大，传质区越大，透过曲线 S 型的波幅也大；传质阻力越小，则情

图 5.41 固定床吸附柱的透过曲线

况与此相反。在极端的情况下传质阻力为零，则透过曲线与吸附负荷曲线一样，均为一垂线。

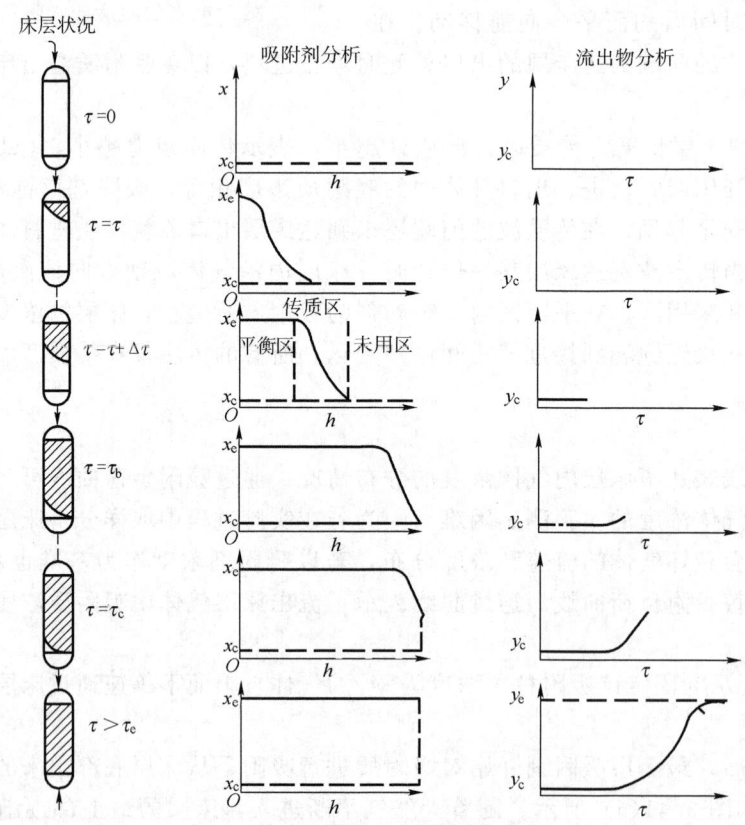

图 5.42 吸附负荷曲线与透过曲线

在传质波的前端到达床层出口时,相当于透过曲线的破点;当传质波的末端离开床层时,相当于透过曲线的最上端。因此,床层内吸附负荷曲线与透过曲线成镜面对称。透过曲线的形状及破点出现的时间,对固定床吸附器的操作影响很大,有的情况破点出现非常明显,有的则不明显,影响透过曲线形状的因素很多,归纳起来,有以下几个方面:

(1) 吸附质摩尔分数的影响。进料中吸附质摩尔分数越高,相应的透过曲线向上的凸度越大。如图 5.43 所示,进料为 $n\text{-}C_5$ 与 $n\text{-}C_6$ 的混合液,其中吸附质 $n\text{-}C_6$ 摩尔分数越大,曲线越陡,凸度越大。

(2) 吸附剂粒度的影响。如果吸附剂均为球形颗粒,在其他条件相同时,颗粒粒度越小,透过曲线的斜率越大,如图 5.44 所示。图 5.44 中,D 为床层直径,R 为颗粒直径。

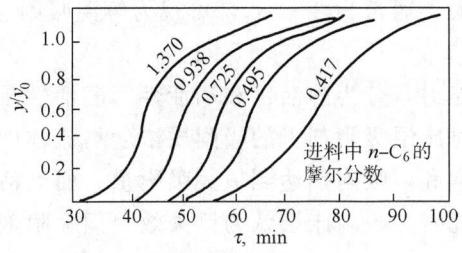

图 5.43 吸附质摩尔分数的影响

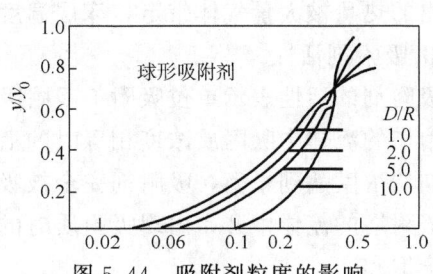

图 5.44 吸附剂粒度的影响

(3) 吸附剂种类的影响。对同一种吸附质,不同吸附剂的透过曲线不一样。图 5.45 表明,对吸附二氧化碳而言,13X 分子筛要比 5A 分子筛好些,因为 13X 分子筛的透过曲线的斜率较大,故其传质区短,吸附速率快些。

(4) 使用周期的影响。如图 5.46 所示,随着吸附剂使用周期的增长,其透过曲线形状逐渐改变,斜率也逐渐减小,吸附剂性能逐渐变差,点线表示使用周期过长需要更新吸附剂的透过曲线。

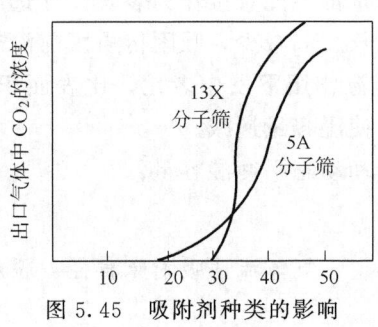

图 5.45 吸附剂种类的影响

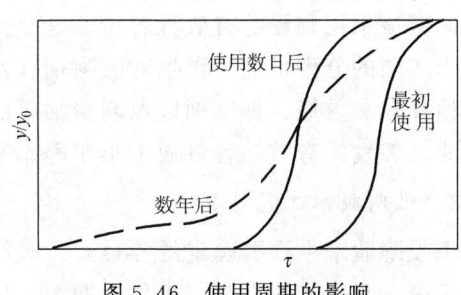

图 5.46 使用周期的影响

对多组分吸附,根据吸附剂对气体中各组分吸附力的强弱,混合气体中可被吸附的组分按不同顺序被吸附,会出现一连串的吸附传质区,同时,先被吸附的组分会被有更强吸附力的组分所顶替,如图 5.47 所示。

在天然气脱水过程中,除了活性炭吸附剂外,对于其他吸附剂,水是最强的吸附质,

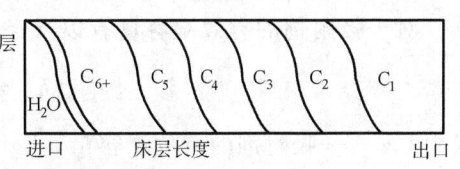

图 5.47 多组分吸附过程

它可以置换烃类等,水的吸附传质区沿吸附床移动速率最慢。以硅胶为例,在一般工业吸附塔内,采用一般的工业气速进行湿天然气吸附,甲烷、乙烷几乎立即从床层出口流出,戊烷透过时间是10～20min,若过程进行超过30～40min,则除重烃外,其他烃类几乎均被水置换出床层,此时,主要发生天然气的脱水过程。因此,给定装置的操作主要取决于吸附操作周期的长度。对于短周期,发生水和烃的吸附,而对于长周期,主要对水进行吸附。

5.3.3.2 吸附等温线与吸附剂活性

1. 吸附等温线

吸附等温线是指当气体通过固体床吸附剂床层,吸附达到平衡时,在等温条件下测得的吸附剂中吸附质浓度与气体中吸附质浓度的关系曲线。

水蒸气吸附是放热过程,对压力大于3.5MPa的高压天然气,由于其中水含量较少,吸附放出的热量被大量气体带走,床层温度变化不大,通常为3～6℃,可视为等温吸附。

2. 吸附剂活性

吸附剂的活性表示单位吸附剂吸附吸附质的能力,分为静活性和动活性。静活性是当进出吸附塔的流体中吸附质浓度相等时的活性,此时床层吸附剂上的吸附质浓度与流体中吸附质的初始浓度达到平衡,吸附剂完全被吸附质所饱和,吸附剂达到最大吸附量。而动活性是当出吸附塔的流体中开始出现吸附质时的活性,此时,吸附床层认为已失效,但吸附剂未达到完全饱和。

在天然气脱水过程中,通常用湿容量来表征吸附剂的活性,湿容量有平衡湿容量和有效湿容量两种。

(1) 平衡湿容量。指新鲜吸附剂与一定湿度的气体充分接触,最后水蒸气在固相和气相中达到平衡时的湿容量。平衡湿容量又可分为静态平衡湿容量和动态平衡湿容量。在静态条件(即气体不流动)下的平衡湿容量称为静态平衡湿容量,图5.33、图5.34中的平衡湿容量为静态平衡湿容量。而动态平衡湿容量是指气体以一定流速连续流过吸附剂床层时测定的平衡湿容量,图5.35中的湿容量为动态平衡湿容量。

(2) 有效湿容量。静态平衡湿容量和动态平衡湿容量都不能直接作为装置设计选用的湿容量,而应该采用装置的有效湿容量。这是因为随床层长度的减少,吸附传质区前沿未用床层占整个床层的分率增加;再生时吸附剂在水蒸气和高温作用下发生老化,比表面积减少;由于各种甘醇、重烃、抑制剂以及润滑油等的污染也会使湿容量递减。

因此,装置的有效湿容量通常小于静态平衡湿容量和动态平衡湿容量。

5.3.3.3 吸附脱水工艺计算

对于吸附脱水主要要确定的参数有:吸附剂的湿容量、气体流速吸附床直径、脱水量与吸附剂用量、吸附床层高度、操作周期等。

1. 吸附剂湿容量的确定

1) 经验公式法

对于吸附剂的有效湿容量有以下经验公式:

$$xh_T = x_s h_T - 0.45 h_z x_s \tag{5.14}$$

式中 x——吸附剂的有效湿容量,kg水/100kg吸附剂;

x_s——吸附剂的动态平衡湿容量,kg水/100kg吸附剂;

h_z——吸附传质区的长度，m；

h_T——床层进口端距吸附传质区前沿的长度，m。

当吸附操作在破点结束时，未用吸附床层高度为零，此时 h_T 即为床层总高度，而 x 为吸附剂破点的湿容量。常数0.45是一个均值，它是吸附段长度的函数，其变化范围仅为0.40～0.52。

h_z 可由式(5.15)估算：

$$h_z = 1.41A \left[\frac{q^{0.7895}}{v_g^{0.5506} \Psi^{0.2646}} \right] \quad (5.15)$$

式中 A——吸附剂系数，对于硅胶 $A=1$，活性氧化铝 $A=0.8$，分子筛 $A=0.6$；

q——吸附床层水负荷，kg/(h·m²) 由式(5.16)计算；

v_g——气体空塔气速，m/min；

Ψ——进口湿气的相对湿度，即天然气含水汽量与其饱和含水汽量之比，%，一般取100%。

$$q = \frac{0.05305 Q_f W_{in}}{D^2} \quad (5.16)$$

式中 Q_f——气体处理量，$10^6 Nm^3/d$；

W_{in}——天然气含水量，$kg/10^6 Nm^3$；

D——吸收塔直径，m。

另外可采用 GPSA 工程数据手册介绍的方法计算 h_z，公式如下：

$$h_z = \eta \left(\frac{v_g}{35} \right)^{0.3} \quad (5.17)$$

式中 η 为系数，对于 $\phi 3.2mm$ 的分子筛，$\eta=0.74$，对于 $\phi 1.6mm$ 的分子筛，$\eta=0.37$。

对新使用的吸附剂的 x_s，可根据图5.35由原料气的相对湿度和吸附剂的种类查得。其中对于硅胶和活性氧化铝还需由图5.48进行温度校正（乘以校正系数）。

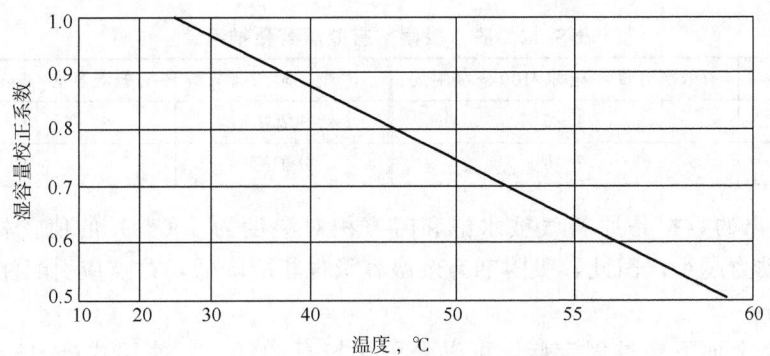

图5.48 硅胶及活性氧化铝对水的吸附能力的温度校正

分子筛的动态平衡湿容量随天然气相对湿度升高而增加，随吸附温度升高而下降，可采用图5.49和图5.50对天然气相对湿度和吸附温度进行校正。

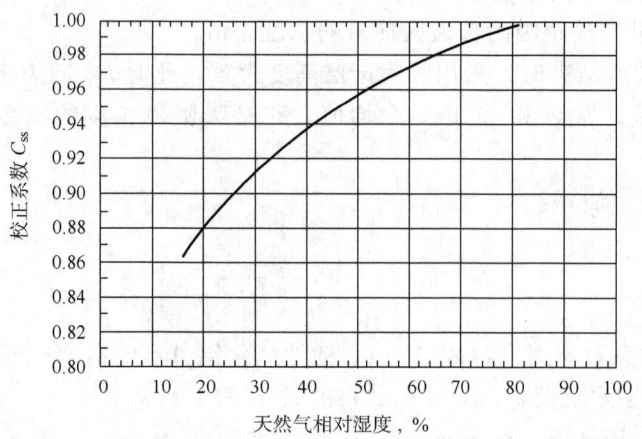

图 5.49 分子筛动态平衡湿容量的相对湿度校正系数

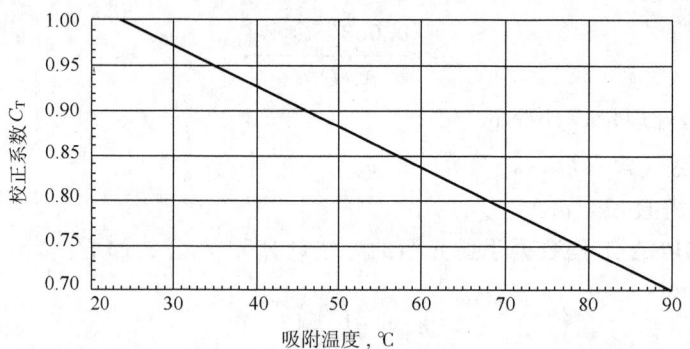

图 5.50 分子筛动态平衡湿容量的吸附温度校正系数

2）经验值法

吸附剂的有效湿容量虽然可由经验公式(5.14)求得，但求得的值在设计中一般不采用。而应由分子筛制造商提供或采用表 5.12 中推荐使用的有效湿容量。

表 5.12 脱水吸附剂有效湿容量推荐值

吸 附 剂	有效湿容量，kg 水/100kg 吸附剂	吸 附 剂	有效湿容量，kg 水/100kg 吸附剂
活性铝土矿	4～6	活性氧化铝	4～7
硅胶	7～9	分子筛	9～12

表 5.12 给出的数据是原料气被水饱和时（相对湿度为 100%）的值。相对湿度越小，吸附过程的推动力越小，因此，吸附剂有效湿容量也相应降低，这点应引起注意。

2. 气体流速

湿原料气从上而下穿过固定床，可以采用比较高的气速，使用式(5.18) 和式（5.19）计算的气速不会造成床层的搅动和粉碎：

$$G = 3600(C\rho_g\rho_b d_p)^{0.5} \tag{5.18}$$

$$v_{g,\max} = \frac{G}{\rho_g} \tag{5.19}$$

式中　　G——允许气体空塔质量流速，kg/(h·m²)；
　　　　ρ_g——操作条件下气体密度，kg/m³；
　　　　ρ_b——吸附剂的堆积密度，kg/m³；可参考表5.9选取；
　　　　d_p——吸附剂平均直径（球形）或当量直径（条形），m；
　　　　C——常数，自上向下流动时C为0.25～0.32，一般取0.29，自下向上流动时C为0.167；
　　　　$v_{g,max}$——允许空塔气速，m/min；

允许空塔气速的另一推荐式如式(5.20)。

$$v_{g,max}=\frac{A}{\sqrt{\rho_g}} \tag{5.20}$$

式中　　A——常数，3.2mm球形分子筛取67，1.6mm球形分子筛取48。

在设计气速时还必须考虑床层的压降，空塔气速与床层压降的关系可由Ergun公式计算：

$$\frac{\Delta p}{h_B}=B\mu v_g+C\rho_g v_g^2 \tag{5.21}$$

式中　　Δp——压降，kPa；
　　　　h_B——床层高度，m；
　　　　μ——气体黏度，mPa·s；
　　　　ρ_g——气体在操作条件下的密度，kg/m³；
　　　　v_g——空塔气速，m/min。

式(5.21)中的B和C为常数，由表5.13给出。注意条状颗粒的当量直径d_e的计算式如式(5.22)。

$$d_e=d_o/[(2/3)+(d_o/3l_o)] \tag{5.22}$$

式中　　d_o——圆柱（条）直径，(mm)；
　　　　l_o——条长度，mm。

表5.13　Ergen公式中的常数

颗粒类型	B	C	颗粒类型	B	C
3.2mm球形	4.155	0.00135	3.2mm条形	5.357	0.00188
1.6mm球形	11.218	0.00207	1.6mm条形	17.660	0.00319

一般说来，通过固定床的设计压降应在34.5kPa左右，不推荐设计压降大于55.2kPa。

GPSA工程数据手册（11版）推荐压降为7.50kPa/m时，用图5.51计算分子筛吸附塔中允许的空塔气速。该图是在设定天然气组成和温度条件下由Ergun公式得到的。

3. 吸附床直径估算

吸附床层的直径可采用下式计算：

$$D=\left(\frac{4Q_{ac}}{60\pi v_{g,max}}\right)^{0.5} \tag{5.23}$$

$$D = \sqrt{\frac{328 Q_f \times T_f \times Z_f}{v_{g,max} \times p_f}} \tag{5.24}$$

式中 D——吸附床层直径，m；

Q_{ac}——操作条件下气体的体积流量，m^3/h；

$v_{g,max}$——允许空塔气速，m/min；

Q_f——气体体积流量，$10^6 Nm^3/d$；

p_f——吸附操作压力，kPa；

T_f——吸附操作温度，K；

Z_f——原料气在 P_f、T_f 下的压缩系数。

一旦获得了吸附床直径，需要进行圆整，此时应重新计算空塔气速。

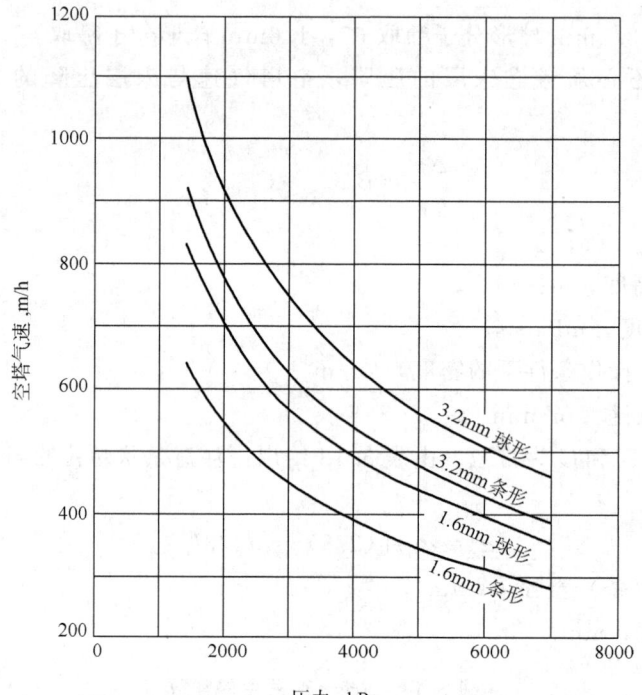

图 5.51 分子筛吸附塔允许空塔气速

4. 脱水量与吸附剂用量

由物料平衡可求出脱水量，计算如下：

$$W_{H_2O} = \frac{Q\tau(W_{in} - W_{out})}{24} \tag{5.25}$$

式中 W_{H_2O}——每个周期的脱水量，kg/周期；

Q——原料气流量，$10^6 m^3/d$；

τ——脱水周期，h；

W_{in}——入口天然气含水量，10^6 kg 水/m^3 天然气；

W_{out}——出口干气含水量，10^6 kg 水/m^3 天然气。

一般情况下，入口气都被水汽所饱和，而出口干气含水量可忽略不计。

在知道吸附剂有效湿容量后，可由式(5.26)计算吸附剂的用量：

$$V_{DES} = \frac{100W_{H_2O}}{x\rho_b}$$ (5.26)

式中　V_{DES}——吸附剂用量，m^3；

　　　x——吸附剂的有效湿容量，对分子筛一般取8%～10%，kg水/100kg吸附剂；

　　　ρ_b——吸附剂密度，kg/m^3。

5. 吸附床层高度

由式(5.27)可计算吸附床层的高度也就是吸附饱和区的高度：

$$h_B = \frac{4V_{DES}}{\pi D^2}$$ (5.27)

床层设计高度L_D一般为$h_B/0.6$，应包括饱和区和传质区的总和，即：$L_D = h_B + h_z$。实际塔高为吸附床层高度加上支撑床层的支撑高度以及床层为确保气流分布好的足够空间，这些附加高度通常为1～1.5m。

6. 带水突破床层时间

可由下式计算带水突破床层时间θ_B：

$$\theta_B = \frac{0.01x\rho_b L_D}{q}$$ (5.28)

式中　θ_B——带水突破床层时间，h；

　　　q——吸附床层水负荷，由式(5.16)计算，$kg/m^2 \cdot h$。

7. 吸附塔计算步骤

(1) 确定吸附塔个数，假定或选择吸附周期，确定相应的吸附时间，再生时间；

(2) 由式(5.18)或式(5.21)或图5.51估算允许空塔气速；

(3) 由式(5.25)计算每个周期的脱水量；

(4) 由图(5.33)或表5.12确定吸附剂有效湿容量x；

(5) 由式(5.23)计算床层直径D并圆整，再计算相应的空塔气速；

(6) 由式(5.26)计算吸附剂的用量；

(7) 由式(5.27)计算吸附床层高度h_B；

(8) 由式(5.14)计算分子筛的有效湿容量并验证选取是否合理；

(9) 由式(5.22)计算Δp，若不满足$\Delta p < 55.2 kPa$，则调整空塔气速，重复步骤(6)、(7)、(8)、(9)；

(10) 利用式(5.28)核算操作周期θ_B，比较其与事先选择的周期长度是否相等或相近，若不符，则从(1)开始重新计算。

【例5.2】　分子筛吸附计算

已知条件：

天然气处理量：$Q = 6.03 \times 10^6 Nm^3/d$；进口温度：$T = 20℃$；进口压力：$p = 6730 kPa$。

操作条件下的有关参数：

气体压缩因子$Z = 0.8483$；视分子量$M = 16.99$；天然气黏度$\mu = 0.01301 cP$；天然气密度$\rho_g = 55.29 kg/m^3$；天然气脱水量$W_{H_2O} = 80 kg/h$。

请进行分子筛吸附塔计算。

解：(1) 假设采用双塔系统脱水，分子筛脱水塔 1 个操作周期内吸附 12h，再生 6h，冷却 6h，运行期间保持一塔吸附、一塔再生/冷却，周期为 24h。选择 3.2mm 球形分子筛 $d_b=3.2$mm；分子筛密度：$\rho_b=720$kg/m³。(分子筛的具体参数可以咨询分子筛供应商)

(2) 估算允许气体空塔气速 $v_{g,max}$，有以下 4 种方法进行计算。

方法 1：查图 5.51，在压力 6730kPa 下，$v_{g,max}=480$m/h，即 8m/min。

方法 2：由式(5.21) 得，$v_{g,max}=A/\sqrt{\rho_g}=67/\sqrt{55.29}=9.204$m/min，取 $A=67$。

方法 3：由式(5.18)，取 $C=0.29$，则 $G=3600\times(0.29\times55.29\times720\times0.0032)^{0.5}=21880.9$kg/(m²·h)，即 6.078kg/(m²·s)。由式(5.20) 得，$v_{g,max}=G/\rho_g=6.078/55.29=0.1099$m/s，即 6.594m/min。

方法 4：由式(5.22)，令 $\Delta p/h_T=7.5$kPa/m，则 $4.155\times0.01301\times v_{g,max}+0.00135\times52.99\times v_{g,max}^2=7.5$，求得 $v_{g,max}=9.868$m/min。

以下计算以方法 2 的结果进行。

(3) 计算吸附床层直径 D。

$$D=\sqrt{\frac{328\times Q_f\times T\times Z}{v_{g,max}\times p}}=\sqrt{\frac{328\times6.03\times293.15\times0.8483}{9.204\times6730}}=2.82\text{m}$$

取床层直径 $D=2.8$m。

(4) 计算实际气体空塔气速 $v_{g,max}$

$$v_{g,max}=\frac{328\times Q_f\times T\times Z}{D^2\times P}=\frac{328\times6.03\times293.15\times0.8483}{2.8\times2.8\times6730}=9.32\text{m/min}$$

(5) 假定分子筛的有效湿容量 $X=10\%$（质量分数，一般取 10%）。

由式(5.26)，$V_{DES}=100\times12\times80/(720\times10)=13.33$m³，吸附剂用量 $=13.33\times720=9597.6$kg。

(6) 计算吸附床层高度 h_B。

由式(5.27)，$h_B=4\times13.33/(3.14\times2.8\times2.8)=2.166$m，床层设计高度 $L_D=h_B\div0.6=2.166\div0.6=3.61$m，取床层高度 L_D 为 4m。

(7) 计算气体通过吸附床的压降 Δp。

$\Delta p/L_D=B\mu v_g+C\rho_g v_g^2=4.155\times0.01301\times9.32+0.00135\times55.29\times9.32\times9.32=6.985$kPa/m

$\Delta p=6.985\times4=27.94$kPa，不超过 35kPa，压降合理。

(8) 计算分子筛床水负荷 q。

由式(5.29)，$q=W_{H_2O}\div(0.785\times D^2)=80\div(0.785\times2.8\times2.8)=13$kg/(h·m²)。

(9) 计算传质区 (MTZ) 长度 h_Z。

由式(5.15) 得 $h_z=0.6\times1.41\times q^{0.7895}\div v_g^{0.5506}\div\psi^{0.2646}=0.6\times1.41\times13^{0.7895}\div9.32^{0.5506}\div100^{0.2646}=0.55$m

或由式(5.17) 得 $h_Z=0.74(9.32/35)^{0.3}=0.499$m

(10) 核算分子筛的有效湿容量 x

由图 5.33 可查知，新使用的分子筛的静态平衡湿容量为 21%，取动态平衡湿容量 x_S 为静态平衡湿容量的 60%（一般 50%~70%），则动态平衡湿容量 $x_S=21\%\times0.6=12.6\%$。

也可查图 5.35，新使用的分子筛的动态平衡湿容量约为 13%，查图 5.49，相对温度校正系数取 1，查图 5.50，吸附温度校正系数取 1，则 x_S 也为 13%。

此时分子筛的有效湿容量，由式(5.14)，h_T 即为 L_D。

$$x=(x_S \cdot h_T - 0.45 \times h_Z \cdot x_S)/h_T = \frac{12.6 \times 4 - 0.45 \times 0.55 \times 12.6}{4} = 11.81\%$$

同样，如果 h_Z 取 0.499，则 $x=11.89\%$。

计算得有效湿容量 x 大于 10%，由于考虑分子筛老化问题，则所取分子筛的有效湿容量 $x=10\%$ 是合理的。

(11) 计算带水突破床层时间 θ_B

由式(5.28)，$\theta_B = 0.01 x \rho_b h_T \div q = 0.01 \times 10 \times 720 \times 4/13 = 22.2 \text{h}$

带水突破床层时间大于床层吸附时间 12h，故周期设定合理。

5.3.3.4 再生与冷却过程计算

在天然气吸附法脱水中吸附质较少，操作循环周期较长，再生时希望尽可能除去吸附剂上所有的水分。脱除吸附剂上水分的方法较多，有变温脱附、变压脱附、变浓度脱附、冲洗脱附。常用的方法是变温脱附，即升高吸附剂床层温度，使被吸附水分子脱附，然后用载气将脱附的水分携出床外，从而实现再生。吸附剂再生所需要的热量由载气带入，因此，载气也称为再生气。一般吸附剂的再生温度为 175～260℃。4A 分子筛的再生温度一般为 260～288℃，3A 分子筛的再生温度一般为 180～220℃。用分子筛作吸附剂进行深度脱水时，再生温度可高至 260～371℃。再生操作压力通常与吸附操作压力相同，有时也采用在较低压力下再生以提高被吸附分子的脱附能力。

图 5.52 是高压天然气脱水吸附装置典型的再生和冷却周期温度变化曲线，再生周期为 8h，其中再生时间为 6h，冷却时间为 2h（也适合任何超过 4h 的操作周期）。曲线 1 表示热再生气进床层温度 T_H，曲线 2 表示再生气出口温度，曲线 3 表示原料湿天然气温度 T_1，即环境温度。

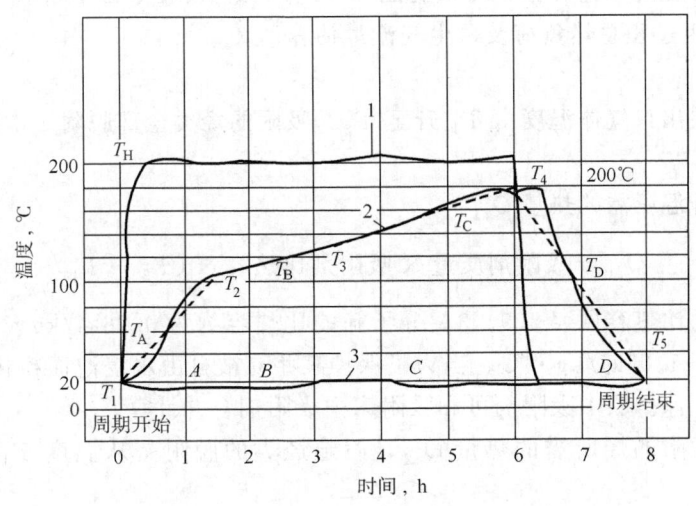

图 5.52 再生和冷却周期温度变化曲线

再生开始时，最先进入的热气体主要用于加热塔体及其内容物，经过一段时间后，塔内温度升至大约 120℃，水开始蒸发脱附，曲线 2 变得比较平缓，这时，大部分热量用于汽化水分。在设计时，通常假设水在大约125℃的平均温度下脱附，脱附后，出床层气体温度再次升高，当达到所要求的出口温度时，加热过程终止，然后切换通入冷气流（或再生气绕过加热器）用于冷却床层。若使用湿天然气作冷却气，冷却床层时将发生吸附剂被水汽预饱和的情况，为减少其影响，在50～55℃时就终止冷却，也可采用出口干天然气或其他外部干气流作冷却气。

由图5.52可见，曲线1与曲线2之间的温差就确定了需要传给吸附剂床层的热量。吸附剂的再生过程可划分为A、B、C、D四个阶段，在A阶段，床层、壳体和吸附的物质被加热，烃类全部被脱附，水的脱附集中在B阶段，此时输入的热量主要用于水的脱附与汽化，C阶段主要清除残余水分和重烃等不易脱附的物质，增加再生后吸附剂的湿容量，D阶段则冷却床层至吸附温度。图5.52中，$T_2 \approx 110℃$，$T_3 \approx 127℃$，$T_B \approx 116℃$，$T_4 \approx 175～260℃$，$T_H = T_4 + 19℃$ 或 $T_H = T_4 + 38℃$，$T_5 = 50～55℃$。再生气体温度和流量控制了每一阶段的时间；吸附塔的数目和吸附操作周期决定了再生过程可以延续的时间，而吸附剂再生实际时间应低于这一时间。

操作周期超过4h，床层出口气体温度达到175～260℃，吸附剂均能较好地得到再生。为了脱除重烃，加热到一定高温是必须的，然而，在不影响吸附剂再生质量的前提下，应尽可能采用较低的再生温度，以减少加热设备的负荷，降低燃料耗量。

再生总的热负荷是将塔体及其内容物加热到T_4以及脱附所有被吸附组分所必需热量的总和。

在再生计算过程中，对操作周期大于4h的吸附塔，通常假定脱附的烃类数量约为吸附水量的10%，对于按短周期操作的吸附塔则应进行实际测定。

在计算显热负荷时，对于采用内部保温层的吸附塔，不应计算加热吸附塔壳体需要的热量；考虑到可能产生的热损失，应在计算的热负荷数值上增加10%～15%。目前采用的吸附塔大多数采用了内部保温层，以减少再生时燃料的消耗。

吸附剂再生过程的工艺计算，可根据图5.52分A、B、C、D四个阶段进行。

1. 吸附剂再生过程总热负荷及再生气流量估算

1) A阶段

在此阶段床层出口气体温度由T_1升至T_2，吸附的烃类全部脱附。本阶段的热负荷H_a是以下各项之和。

(1) 吸附剂升温所需的热量Q_{a1}:

$$Q_{a1} = 吸附剂质量 \times 吸附剂比热容 \times (T_2 - T_1) \tag{5.29}$$

常用吸附剂的比热容见表5.9。3A分子筛的比热容约为0.96kJ/kg·℃，4A分子筛的比热容约为0.84～1.05kJ/kg·℃。当为了保护某些易被自由水浸泡而粉化的吸附剂而采用吸附剂保护层时，保护层中吸附剂可和吸附床中吸附剂合并计算。

(2) 加热被吸附的烃所需的热量Q_{a2}，假定烃类的脱附是从温度T_1到T_2均匀进行的，则：

$$Q_{a2} = 吸附的烃类质量 \times 烃液的比热容 \times (T_A - T_1) \tag{5.30}$$

T_A为A阶段的平均温度，即$T_A = (T_2 + T_1)/2$，烃液比热容取平均温度下的值。

(3) 烃类脱附吸收的热量 Q_{a3}：

$$Q_{a3} = 吸附的烃类质量 \times 烃的脱附热 \tag{5.31}$$

烃的脱附热一般可取 465kJ/kg。

(4) 加热被吸附的水所需的热量 Q_{a4}：

$$Q_{a4} = 吸附的水的质量 \times 液态水的比热容 \times (T_2 - T_1) \tag{5.32}$$

水的比热容为 4.187kJ/kg。

(5) 吸附塔内其他内容物，如吸附剂垫料层（一般为瓷球）、支撑结构等在此阶段升温所需要的热量 Q_{a5}，可按下式计算：

$$Q_{a5} = 除吸附剂外吸附塔内其他内容物的质量 \times 内容物的比热容 \times (T_2 - T_1) \tag{5.33}$$

瓷球的比热容约为 1.0kJ/kg·℃，其堆积密度约为 1600kg/m³。

(6) 吸附塔壳体在此阶段升温所需的热量 Q_{a6}，可按下式计算：

$$Q_{a6} = 吸附塔壳体质量 \times 壳体材质在平均温度下的比热容 \times (T_2 - T_1) \tag{5.34}$$

钢的比热容约为 0.5kJ/kg·℃。

故 A 阶段的热负荷 Q_a 是以上各项之和：

$$Q_a = Q_{a1} + Q_{a2} + Q_{a3} + Q_{a4} + Q_{a5} + Q_{a6} \tag{5.35}$$

当吸附塔采用内部保温层时，可省略第（6）项计算，但应在第（1）～（5）项计算的热负荷之和上增加 10%～15%，即：

$$Q_a = (Q_{a1} + Q_{a2} + Q_{a3} + Q_{a4} + Q_{a5}) \times (1.10 \sim 1.15) \tag{5.36}$$

在 A 阶段中再生气体放出的热量 Q'_a 为：

$$Q'_a = m \times 再生气比热容 \times (T_H - T_A) \times \theta_a \tag{5.37}$$

或

$$Q'_a = m \times \Delta h \times \theta_a \tag{5.38}$$

而

$$Q_a = Q'_a \tag{5.39}$$

式中 m——再生气流量，kg/h；

Δh——再生气在温度 T_H 和 T_A 下的焓差，kJ/kg；

θ_a——A 阶段经历的时间，h。

2）B 阶段

吸附剂床层出口气体温度由 T_2 升至 T_3，此阶段热负荷 Q_b 是以下各项之和。

(1) 吸附剂升温所需要的热量 Q_{b1}：

$$Q_{b1} = 吸附剂质量 \times 吸附剂比热容 \times (T_3 - T_2) \tag{5.40}$$

(2) 加热被吸附的水所需的热量 Q_{b2}：

$$Q_{b2} = 吸附水的质量 \times 液态水比热容 \times (T_B - T_2) \tag{5.41}$$

为简化计算,一般认为全部吸附的水是在 T_B 温度下脱附的。对于高压天然气脱水吸附塔再生过程,T_B 约为 116℃。

(3) 水脱附吸收的热量 Q_{b3}:

$$Q_{b3} = 吸附水的质量 \times 水的脱附热 \tag{5.42}$$

对于活性氧化铝和硅胶吸附剂,水的脱附热约为 3260kJ/kg;对于分子筛吸附剂,水的脱附热约为 4190kJ/kg。

(4) 吸附塔内其他内容物(如瓷球、支撑结构等)升温所需的热量 Q_{b4},可按下式进行计算:

$$Q_{b4} = 除吸附剂外吸附塔内其他内容物质量 \times$$
$$内容物的比热容 \times (T_3 - T_2) \tag{5.43}$$

(5) 吸附塔壳体升温所需热量 Q_{b5},计算和处理方法与 A 阶段相同,但应采用新的温度条件。

$$Q_{b5} = 吸附塔壳体质量 \times 壳体比热容 \times (T_3 - T_2) \tag{5.44}$$

因此 B 阶段的热负荷 Q_b 是以上各项之和:

$$Q_b = Q_{b1} + Q_{b2} + Q_{b3} + Q_{b4} + Q_{b5} \tag{5.45}$$

考虑热损失时:

$$Q_b = (Q_{b1} + Q_{b2} + Q_{b3} + Q_{b4} + Q_{b5}) \times (1.05 \sim 1.10) \tag{5.46}$$

若吸附塔有内部保温时,可省略 Q_{b5},此时

$$Q_b = (Q_{b1} + Q_{b2} + Q_{b3} + Q_{b4}) \times (1.10 \sim 1.15) \tag{5.47}$$

在 B 阶段再生气体放出的热量 Q'_b 为:

$$Q'_b = m \times 再生气比热容 \times (T_H - T_B) \times \theta_b \tag{5.48}$$

或

$$Q'_b = m \times \Delta h \times \theta_b \tag{5.49}$$

而

$$Q_b = Q'_b \tag{5.50}$$

式中 Δh——再生气在温度 T_H 和 T_B 下的焓差,kJ/kg;

θ_b——B 阶段经历的时间,h。

3) C 阶段

吸附床出口气体温度由 T_3 升至 T_4,此阶段热负荷 Q_c 是以下各项之和。

(1) 吸附剂升温所需要的热量 Q_{c1}:

$$Q_{c1} = 吸附剂质量 \times 吸附剂比热容 \times (T_4 - T_3) \tag{5.51}$$

(2) 吸附塔内其他内容物升温所需热量 Q_{c2}:

$$Q_{c2} = 除吸附剂外吸附塔内其他内容物质量 \times 内容物的比热容 \times (T_4 - T_3) \tag{5.52}$$

(3) 吸附塔壳体此阶段升温所需热量 Q_{c3}，计算方法同 A 阶段和 B 阶段。
因此 C 阶段的热负荷 Q_c 是以上各项之和：

$$Q_c = Q_{c1} + Q_{c2} + Q_{c3} \tag{5.53}$$

考虑热损失时：
$$Q_c = (Q_{c1} + Q_{c2} + Q_{c3}) \times (1.05 \sim 1.10) \tag{5.54}$$

若吸附塔保温时，则

$$Q_c = (Q_{c1} + Q_{c2}) \times (1.1 \sim 1.15) \tag{5.55}$$

在 C 阶段，再生气体放出的热量 Q'_c 按下式计算：

$$Q'_c = m \times 再生气比热容 \times (T_H - T_C) \times \theta_c \tag{5.56}$$

或

$$Q'_c = m \times \Delta h \times \theta_c \tag{5.57}$$

而

$$Q_c = Q'_c \tag{5.58}$$

式中　T_C——C 阶段的平均温度；

Δh——再生气在温度 T_H 和 T_C 下的焓差，kJ/kg；

θ_c——C 阶段经历的时间，h。

4) D 阶段

本阶段进吸附剂床层的气体为不加热的冷的湿天然气或干天然气，床层出口气体温度由 T_4 降至 T_5，为防止再生后的吸附剂过度预饱和，T_5 一般不应低于50℃，通常为50～55℃，冷却气为温度 T_1 的天然气，故冷却负荷 Q_d 可按以下各项计算：

(1) 分子筛降温所放出的热量 Q_{d1}

$$Q_{d1} = 分子筛质量 \times 分子筛比热容 \times (T_4 - T_5) \tag{5.59}$$

(2) 吸附塔内其他内容物降温所放出的热量 Q_{d2}

$$Q_{d2} = 吸附塔内其他内容物质量 \times 内容物的比热容 \times (T_4 - T_5) \tag{5.60}$$

(3) 吸附塔壳体降温所放出的热量 Q_{d3}

$$Q_{d3} = 吸附塔壳体质量 \times 壳体材质比热容 \times (T_4 - T_5) \tag{5.61}$$

故：
$$Q_d = Q_{d1} + Q_{d2} + Q_{d3} \tag{5.62}$$

当吸附塔采用内部保温时，可省略 Q_{d3}。

冷却气体带走的热量 Q'_d 为：

$$Q'_d = m \times 比热容 \times (T_D - T_1) \times \theta_d \tag{5.63}$$

或

$$Q'_d = m \times \Delta h \times \theta_d \tag{5.64}$$

而

$$Q_d = Q'_d \tag{5.65}$$

式中　m——冷却气流量，假定冷却气流量等于再生气流量；

T_D——D 阶段的平均温度；

Δh——冷却气在温度 T_D 和 T_1 下的焓差，kJ/kg；

θ_d——D 阶段经历的时间，h。

由以上叙述可知，除可得到每阶段能量平衡方程式外，还可得到如下总的能量平衡方程式：

$$Q_a + Q_b + Q_c = Q'_a + Q'_b + Q'_c \tag{5.66}$$

而且

$$\theta_a + \theta_b + \theta_c + \theta_d \leqslant \theta \tag{5.67}$$

式中　θ 为吸附操作周期，单位 h。

上述诸式中包括了再生气（或冷却气）的流量 m 及每阶段经历的时间，给定周期时间后根据以上热平衡式可解出 m。

通常最大热负荷发生在 B 阶段。按式(5.49)解 m 值要用试算法，第一次试算可假定 m 为湿天然气的 10%。

计算时，假定全部水是在 B 阶段脱附的，因而再生气流量 m 必须能将脱附的水在 θ_b 时间内带出吸附床。假定脱附的水被平均温度 $T_B = 116\text{℃}$ 的气体带出床层，在此温度和再生操作压力下的气体饱和含水量，即为再生气可带出装置的最大水汽量。可列出如下物料平衡方程：

$$W_{H_2O} = \frac{18m}{\text{再生气分子量}} \times \theta_b \times (y_B - y_1) \tag{5.68}$$

式中　W_{H_2O}——每个周期的脱水量，kg/周期；

θ_b——水脱附的时间，即 B 阶段经历的时间，h；

y_B——再生压力和 116℃下被水饱和的再生气体中水的摩尔分数；

y_1——进料湿天然中水的摩尔分数（当用干气作再生气时，为干气中水的摩尔分数）。

当操作周期在 4h 以上时，B 阶段水的脱附时间（即 θ_b）约为操作周期的 16%～17%。由此可按式(5.67)解出 m 值。此值为再生气最小流量，它一般低于按热平衡计算出的 m 值。

2. 加热器热负荷和燃料耗量的计算

加热再生气体的设备的热负荷按下式计算：

$$Q = m \times \text{比热容} \times (T_H - T_1) \tag{5.69}$$

当用加热炉加热再生气体时，则加热炉燃料耗量按下式计算：

$$V = \frac{Q/\eta}{H} \tag{5.70}$$

式中　Q——加热炉的热负荷，kJ/h；

V——燃料气耗量，m³/h；

η——加热炉热效率，一般取 60%；

H——燃料气的热值，kJ/m³。

要注意，加热器尺寸不能设计太小，应留有足够的裕量。

3. 冷凝器负荷

一般应先分别计算 A、B、C 三个阶段中的冷凝器负荷，找出最大冷凝器负荷值。实际上，对长期运转的吸附脱水装置，冷凝器最大负荷常发生在 B 阶段，假定在 B 阶段内水的脱附是均匀进行的，即可计算出最大的冷凝器负荷及传热面积。对于水冷器，最小传热温差不宜小于 8~10℃；对于空冷器，最小传热温差不宜小于 16~20℃。

4. 计算步骤

由于有一系列的相关参数需要先行设定，然后才能继续进行接下来的一系列计算。因此，推荐的一般步骤如下：

(1) 假定再生气量 m 为处理原料气量的 10%；

(2) 计算床层压降，床层压降 $\Delta p/h_D$ 不应小于 0.23kPa/m，否则改变假定的再生气量 m，直到合理为止；

(3) 计算分子筛质量；

(4) 计算瓷球质量；

(5) 确定再生过程中各个温度值；

(6) 计算吸附烃量，对操作周期大于 4h 的吸附塔，通常假定脱附的烃类约为吸附水量的 10%；

(7) 分别计算分子筛再生过程在 A、B、C、D 阶段的热负荷；

(8) 分别计算分子筛再生过程在 A、B、C、D 阶段的时间；

(9) 加热和冷却阶段的时间大致为再生时间的 60%~70% 和 30%~40%；且加热时间 $\theta_a+\theta_b+\theta_c$ 不应小于 1h；

(10) 计算再生气的最小用量，校核 (1) 中假定的再生气量是否合理，如不合理，则重复步骤 (1)、(2) 和 (8)，直到合理为止。

5.4 其他脱水方法

目前，除溶剂吸收法和固体吸附法两种脱水方法外，有时在井场或集气站还采用氯化钙法和低温法脱水。

5.4.1 氯化钙法脱水

氯化钙（$CaCl_2$）用作消耗型的吸附剂也可脱除天然气中的水分。无水 $CaCl_2$ 可结合水分而形成 $CaCl_2$ 水合物（$CaCl_2 \cdot xH_2O$），随着 $CaCl_2$ 不断从天然气中吸收水分，而变成稳定性好的结晶水合物，最后形成 $CaCl_2$ 盐溶液。$CaCl_2$ 是一种吸湿性较强的盐，露点降可达到 40℃。通常氯化钙法脱水主要用于边远地区处理量较小的装置，这种装置的设备只有一个塔，在较低部位有一分离段，分离段上方有 3~4 块塔板，上面有一填料板，板上有大量的 $CaCl_2$。塔的内部结构如图 5.53 所示。

湿天然气进入分离段，在该段将液体分离出来。湿天然气再向上穿过载有 $CaCl_2$ 盐溶液的塔板（3~4 块板），脱除掉一部分水分，然后湿天然气与固相 $CaCl_2$（10~20mm 片状）接触。$CaCl_2$ 吸附水分后，自身被水溶解形成盐溶液，盐溶液向下流过塔板到塔底，最后满足水含量要求的天然气从塔顶流出。通常，空塔气速为 6~9m/min，每千克 $CaCl_2$ 可脱除 2.5kg 水，床层的高径比至少应为 3:1~4:10。

对用 $CaCl_2$ 进行脱水的天然气，出口气体的含水量可达 16mg/Sm^3。

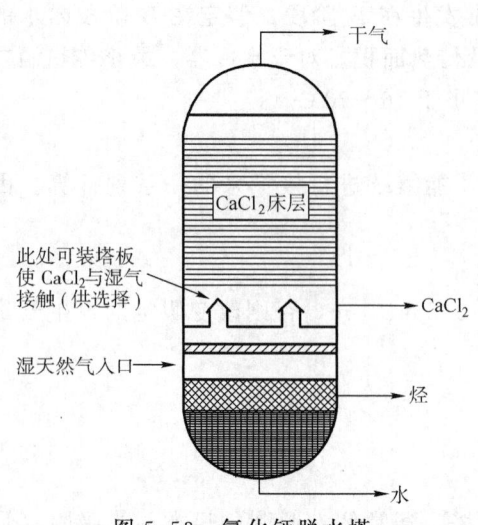

图 5.53 氯化钙脱水塔

值得注意的是,虽然用 $CaCl_2$ 脱水有价廉、没有火灾隐患、装置紧凑等优点,但由于床层下部的 $CaCl_2$ 会溶于水而形成盐溶液,因此存在 $CaCl_2$ 的消耗、腐蚀和由此而引起的环境影响等问题。此外,在一定的操作条件下,固定床层内的 $CaCl_2$ 还会形成桥连,从而造成气体沟流而使脱水效果变差。

5.4.2 低温法脱水

由图 3.1 可知,在一定压力下,随着温度下降,天然气中的饱和含水量也会下降。因此,可采用降低天然气温度使气体中部分水蒸气冷凝析出而脱水的方法。

如果天然气井口压力高,可以利用基于焦耳—汤姆逊效应让高压气体膨胀制冷获得低温的方法,从而降低天然气的含水量。若天然气中含有的重烃也可冷凝下来,则低温法能够同时满足脱烃要求。图 5.54 是低温法脱水脱烃的示意图。

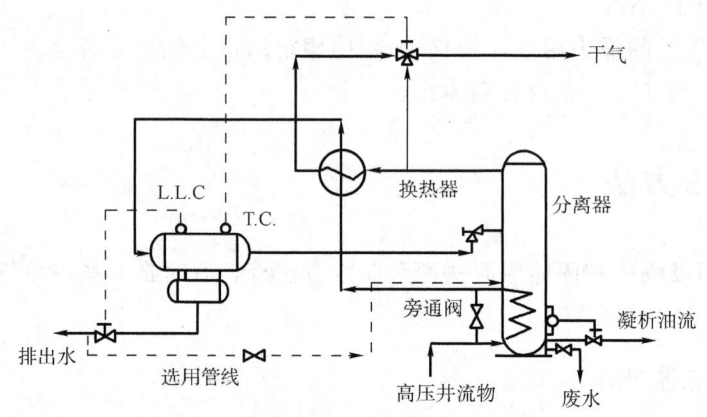

图 5.54 低温法脱水脱烃流程示意图

低温法脱水需要利用气体膨胀获得冷量,而且能够同时控制水露点和烃露点,因此,大多用于高压凝析气或含重烃的高压湿天然气等井口有多余压力可供利用的场合。若是针对低压伴生气或无压差利用的高压湿天然气,需要采用制冷剂制冷。

习　题

1. 水分对天然气集输、加工以及使用有哪些方面的危害?
2. 三甘醇溶液脱水的理论依据是什么?绘出其脱水的基本流程,并指出主要设备及其作用。
3. 分子筛脱水的理论依据是什么?绘出其脱水的基本流程,并指出主要设备及其作用。
4. 三甘醇脱水的工艺参数的选择有什么原则?影响其脱水效果的主要因素有哪些?

5. 分子筛脱水的工艺参数的选择有什么原则？影响其脱水效果的主要因素有哪些？

6. 某天然气的处理量为 $400 \times 10^4 \text{Nm}^3/\text{d}$，采用 TEG 脱水。含饱和水气的原料气在 3.9MPa、30℃的情况下进入吸收塔的下部，要求脱水后的干气露点温度小于 -5℃，气体分子量为 26。

求：（1）进入吸收塔的 TEG 贫液的最低浓度；

（2）TEG 的循环量；

（3）估算吸收塔的塔径。

7. 已知：天然气处理量为 $20000\text{Nm}^3/\text{d}$；温度 30℃，压力 25MPa；组成：$C_1 0.95$、$C_2 0.02$、$C_3 0.02$、$CO_2 0.01$（摩尔分数）；要求的脱水深度为 1×10^{-6}（V）；分子筛条件 $d_p=3.2\text{mm}$、球形 $\rho_b=660\text{kg/m}^3$；（提示：可根据 HYSYS 计算工况条件下的参数，若自己不使用或没有条件使用 HYSYS 则采用水汽饱和后的天然气分子量为 16.99；含水量为 332.2kg/m^3；密度为 204.3kg/m^3；压缩因子为 0.8246；黏度为 $2.453 \times 10^{-2}\text{cP}$）；建议采用双塔吸附流程，吸附周期采用 8h。计算：分子筛吸附床层直径与床层高度。

8. 在第 7 题的求解条件下，采用干气再生，计算相应的再生系统工艺参数。

9. 在本章例 5.2 的基础上完成再生过程计算。

6 酸气处理

来自醇胺法及砜胺法等脱硫装置的含 H_2S 的酸气混合物相比于原料酸性天然气（sour-gas）的 H_2S 的浓度要大，往往称为酸气（acid gas），这些酸气主要有以下几种处理方式：

(1) 将酸气混合物中的 H_2S 转化为单质硫，即硫黄回收；

(2) 利用酸气生产有机硫或无机硫化工产品；

(3) 若酸气中 H_2S 浓度极低且潜硫量极少，将酸气混合物送入放空火炬燃烧，灼烧后排放；

(4) 将酸气混合物增压后重新回注地层，即酸气回注。

酸气处理的主流工艺是以空气为氧源将 H_2S 转化为硫黄的克劳斯工艺，其不仅使硫资源得到充分利用，同时又可防止污染大气，从而化害为利，变废为宝。硫是重要的化工原料之一，其应用极为广泛，如制造硫酸、化肥、农药、医药、合成树脂、橡胶、染料、纸张、糖、火柴、黑色火药、硫酸盐、硫化物等，其中大部分硫黄用于硫酸工业，占75%以上。

6.1 硫黄及硫黄回收方法

6.1.1 硫黄

硫黄又称硫，是一种淡黄色晶体，性脆易碎，是热和电的不良导体，有特殊气味，不溶于水，微溶于酒精，易溶于 CS_2。熔融态硫在444.6℃（101.3kPa下）沸腾，变成黄色的硫蒸气，将硫蒸气急速冷却可得到黄色粉末状的硫。

硫的化学性质比较活泼，能与氧、金属、氢气、卤素（除碘外）及大多数金属化合。硫的化合价为 -2、$+2$、$+4$ 和 $+6$，可形成离子化合物、共价化合物和配位化合物。硫在空气中燃烧呈蓝色火焰，生成有刺激性气味的 SO_2，空气中硫粉尘质量浓度达到 $35g/m^3$ 遇火花会引起爆炸。

6.1.1.1 单质硫的分子结构

硫有很多同素异形体，呈各种不同的分子聚集形态。固态硫和液态硫的主要同素异形体习惯上称为 S_λ、S_μ 和 S_π，熔融状态的硫固化时，S_π 很快变成 S_μ，然后慢慢变成 S_λ，S_λ 在固态时是稳定的。S_λ 由八个硫原子组成环状结构，S_π 由八个硫原子组成链状结构，S_μ 为硫原子的长聚合链。固态硫在95.5℃以下呈斜方晶形，习惯上称为 α-硫（斜方硫、菱形硫），其密度为 $2066kg/m^3$（20℃），熔点为112.8℃；固态硫在95.5℃以上直到熔点呈单斜晶形，习惯上称为 β-硫（单斜硫），其密度为 $1954kg/m^3$（20℃），熔点为114.6℃。α-硫和 β-硫均属 S_λ。当温度上升到115℃后，单斜硫逐渐转变为液态硫。将加热至接近沸点的液硫迅速冷却可得到无定形硫，其密度为 $1922kg/m^3$。单质硫的比热容如图6.1所示。

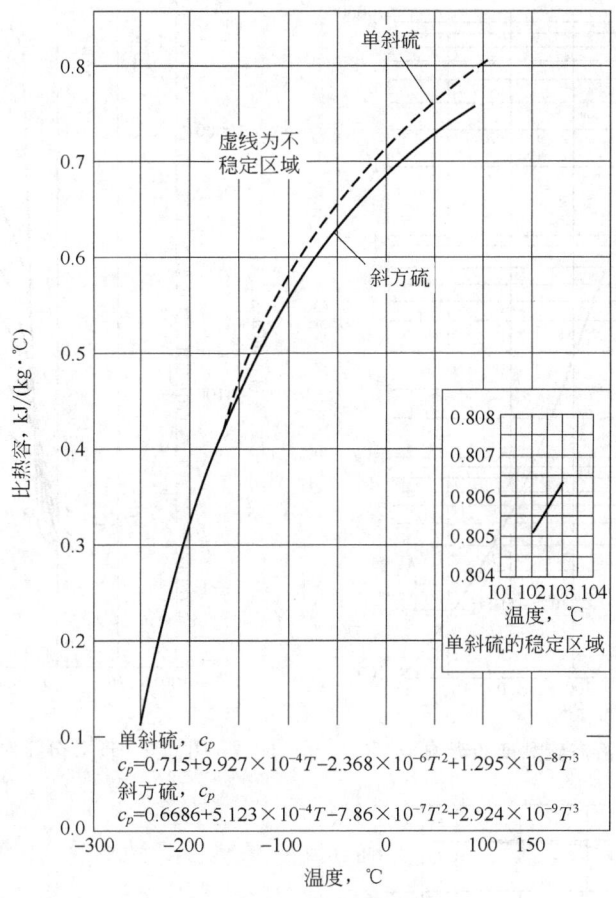

图 6.1 恒压下单质硫的比热容

6.1.1.2 温度对液态硫黏度的影响

固体硫黄的熔点从斜方硫的113℃开始，融化时，硫黄变成棕黄色透明液体，液态硫在温度达到159℃以前主要以 S_λ 和 S_π 存在，温度达到159℃以后结构开始变化，开始变成 S_μ，随着温度继续升高 S_μ 含量增加，颜色变成暗红棕色。从187℃开始直到硫的沸点，由于S—S键断裂，使 S_μ 的链变短。这一变化表现为纯液态硫黏度的变化：在120℃时约为11mPa·s，在157℃时降到7.6mPa·s；以后开始上升，160℃时达到30mPa·s，187℃时达到黏度最高点93000mPa·s；以后又下降较快，在306℃时，黏度为2000mPa·s。温度对纯液态硫黏度的影响如图6.2所示，图6.3反映了不同温度下 H_2S 分压对液态硫黏度的影响。也就是溶解在液态硫中的 H_2S 对液态硫黏度的影响。

6.1.1.3 硫蒸气分子组成

硫蒸气分子组成更为复杂，随温度、压力不同在 S_2、S_3、S_4、S_5、S_6、S_7、S_8、S_9、S_{10} 之间组成一个复杂的平衡状态，其中 S_9 和 S_{10} 含量极少。不同温度下硫蒸气的平衡组成如图6.4所示，由图可看出，在常温至硫沸点的饱和硫蒸气中，主要是 S_6、S_7、S_8，其中 S_8 随温度上升而减少，S_6、S_7 随温度上升而增加；在硫沸点以上，随温度升高，S_2 逐渐增加，S_6、S_7、S_8 均减少；到900℃时基本呈 S_2 状态；至1700℃时开始解离形成单个硫原子。在硫黄回收装置的温度范围内，硫蒸气的平衡组成通常只考虑 S_8、S_6 和 S_2，如图6.5所示。

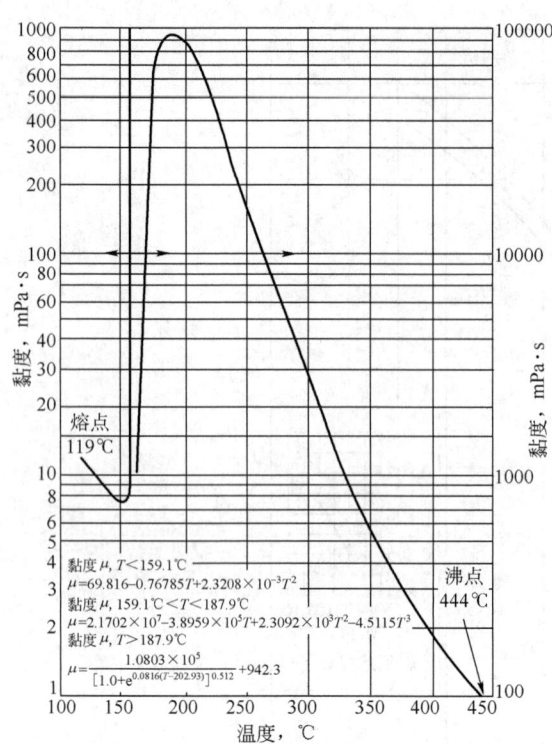

图 6.2 温度对液态硫黏度的影响

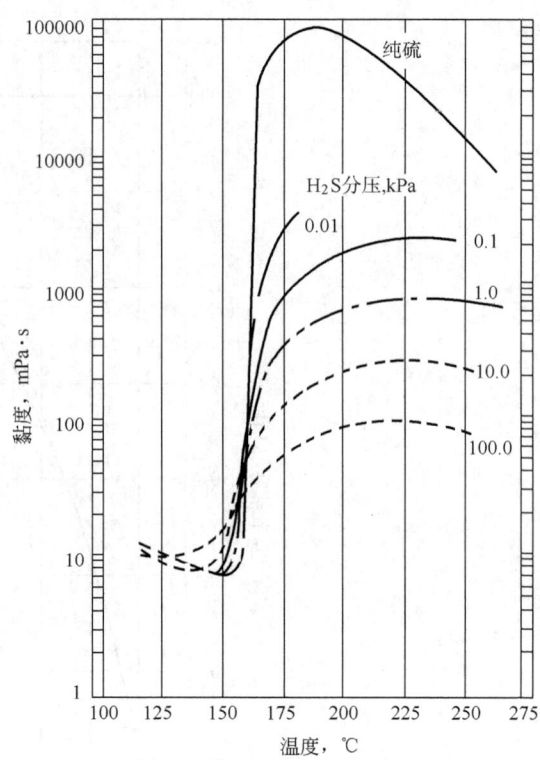

图 6.3 H₂S分压对液态硫黏度的影响

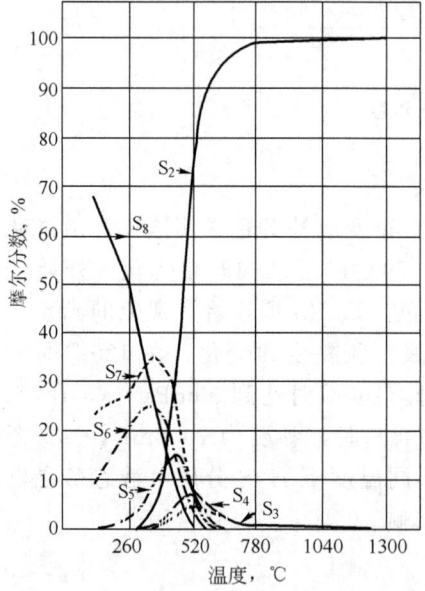

图 6.4 不同温度下硫蒸气的平衡组成

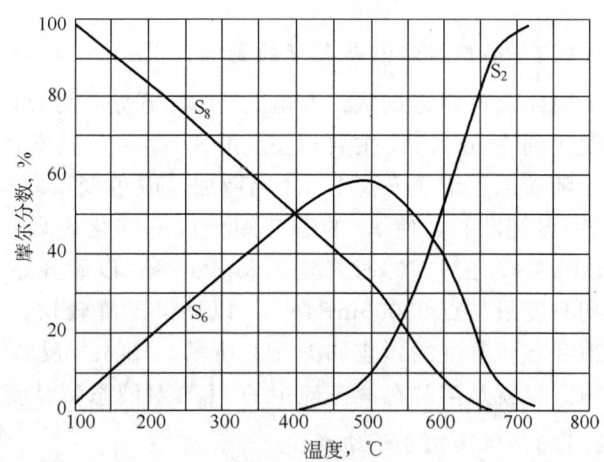

图 6.5 硫蒸气组成随温度的变化

6.1.1.4 硫的其他性质算图

图 6.6 为硫的蒸气压，图 6.7 为液态硫的密度，图 6.8 为液态硫的汽化热，图 6.9 为液态硫的比热容，图 6.10 液态硫的导热系数，图 6.11 气态硫的黏度，图 6.12 平衡态硫蒸气的比热容，图 6.13 为硫蒸气的解离热，图 6.14 为 S_6 和 S_8 的摩尔冷凝热，这些图常常用于设计计算。

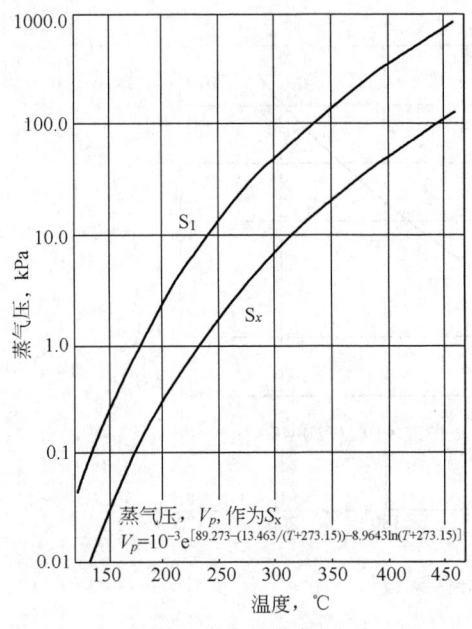

图 6.6 硫的蒸气压

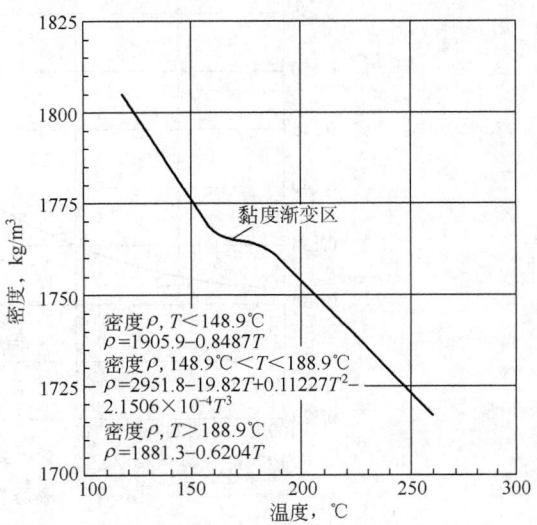

图 6.7 液态硫的密度

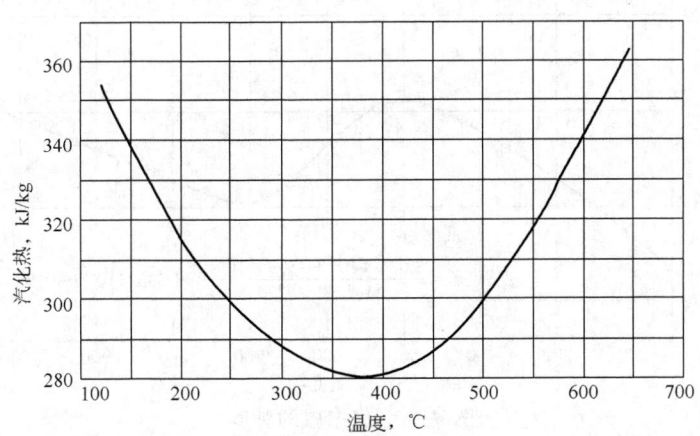

图 6.8 液态硫的汽化热

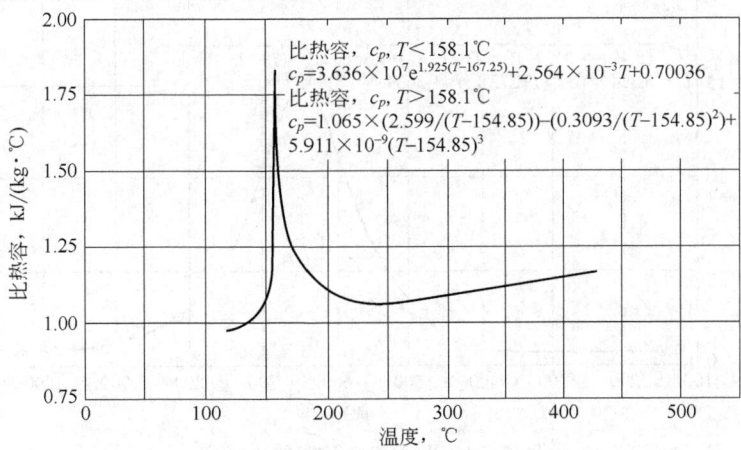

图 6.9 液态硫的比热容

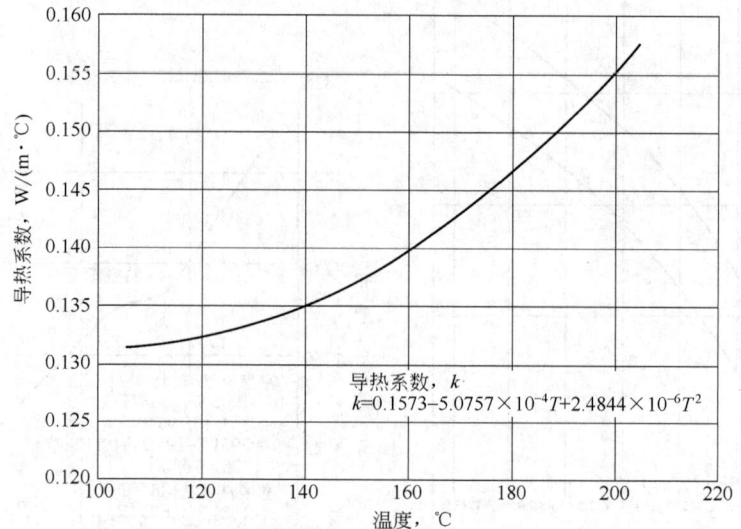

图 6.10　液态硫的导热系数

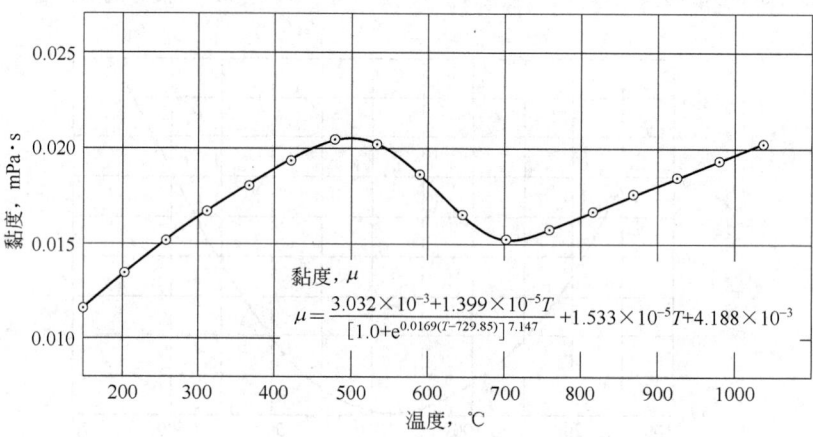

图 6.11　气态硫的黏度

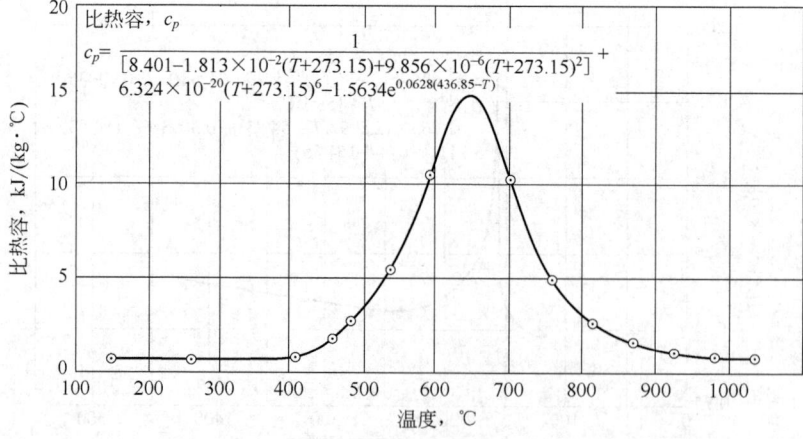

图 6.12　平衡态硫蒸气的比热容

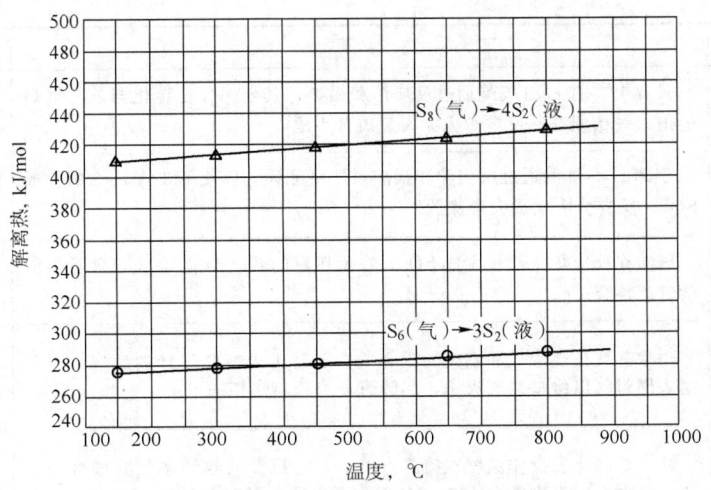

图 6.13 硫蒸气的解离热

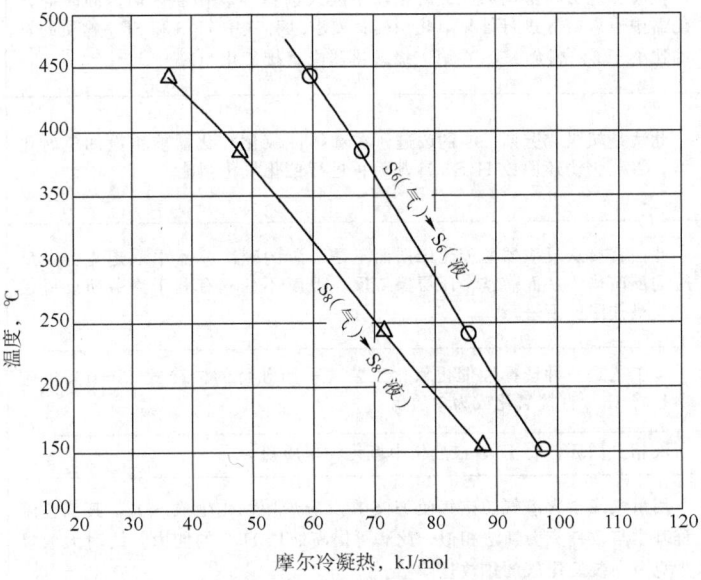

图 6.14 S_6 和 S_8 的摩尔冷凝热

6.1.2 硫黄回收方法

在天然气净化过程中,从酸气中回收硫黄的过程称为硫黄回收,常用方法见表 6.1。

表 6.1 硫黄回收方法

方法名称	内容简介	备注
克劳斯法	由 C. F. Claus 发展,1883 年申请专利	—
改良克劳斯法	H_2S 的部分氧化分两阶段进行:1/3 的 H_2S 氧化为 SO_2 的自由火焰氧化;剩余 2/3 的 H_2S 在催化剂上与反应炉中生成的 SO_2 反应。增加了处理量,回收了浪费掉的能量	—

续表

方法名称		内容简介	备注
改良克劳斯——现代的型式	分流法	只有1/3的H_2S气流通过反应炉和锅炉,其余部分在转化器前与锅炉的出口气相混合,反应炉内无大量硫黄生成	适于贫原料气
	直流法	全部H_2S气流通过反应炉和锅炉,严格配风,仅使1/3的H_2S氧化成SO_2,反应炉中生成大量硫黄	适于富原料气
	硫循环法	硫黄在反应炉中燃烧生成SO_2,在紧接着的转化器前与H_2S含量很低的气流混合	适于极贫原料气
阿莫科法		用水蒸气预热酸气和空气的混合气,随后进入特殊设计的反应炉,并通入燃料气以维持酸气火焰,后续流程与分流法相同	适用于H_2S体积分数为15%的原料气
低温克劳斯法		特点是转化器操作温度在硫露点以下,将硫黄回收和尾气处理合为一体;吸附反应温度常在130~150℃,再生还原温度在(310±10)℃	MCRC CBA CPS
超级克劳斯法	超级克劳斯-99	在改良克劳斯法的第三级转化器中装入选择性氧化催化剂,同时向转化器中通入空气进行催化氧化制硫;要求过程中H_2S和SO_2物质的量的比大于2,剩余H_2S在第三级转化器中直接氧化为硫	—
	超级克劳斯-99.5	此法是超级克劳斯-99的改进,在选择性氧化转化器前增设加氢转化器,将硫化物还原成H_2S,冷却后再进行催化氧化制硫	—
Clinsulf-SDP		此法直接从反应器的催化床层而不是下游的硫冷凝器中取走克劳斯反应的反应热,从而使整个床层保持反应温度不变,有利于克劳斯反应始终在最佳温度下进行	—
Clinsulf-DO		该工艺是一种选择性催化氧化工艺,采用独特的内冷式Clinsulf反应器,将H_2S直接氧化成为单质硫	—
Lo-Cat Ⅱ		液相自循环,将H_2S在液相中氧化为单质硫	—
富氧克劳斯法		用氧气或富含氧气的空气使H_2S在反应炉中氧化生成SO_2,其工艺流程基本与改良克劳斯法相似,此法可提高处理H_2S的能力,同时大大减少克劳斯装置尾气的排放量	COPE SURE Oxyclaus
Sure双级燃烧工艺		包括两个串联的反应炉和一个废热炉,在第一级反应炉中用超过化学计量较多的H_2S来操作,以控制炉温,并使H_2S浓度降低到不使第二级反应超温的合适水平。除反应炉外,流程与传统的工艺完全一样,催化段不需作任何改进	

6.2 克劳斯硫黄回收

从酸气中回收硫黄普遍采用克劳斯法(Claus Process),所谓克劳斯法本质上就是催化氧化制硫的一种工艺方法。改良后的克劳斯法应用广泛,近几十年来,在工艺流程、设备设计、催化剂的选择、自控系统、材质和防腐技术等方面都取得了较大的进展。

6.2.1 克劳斯反应的基本原理

1883年英国化学家Claus开发了H_2S氧化制硫的方法，即：

$$3H_2S + \frac{3}{2}O_2 \xrightleftharpoons[570\sim 600K]{\text{催化剂}} \frac{3}{x}S_x + 3H_2O$$

$$\Delta H(0℃)\approx -644.26kJ/mol \tag{6.1}$$

上式称为克劳斯反应，也称传统或原始克劳斯反应，这一经典的反应由于强的放热而很难维持合适的温度，只能借助于限制处理量来获得80%~90%的转化率。

20世纪30年代，德国法本公司将克劳斯工艺发展为改良克劳斯工艺，H_2S的部分氧化分两阶段完成，同时忽略了烃类和其他可燃性气体的反应。第一阶段是1/3的H_2S氧化为SO_2的自由火焰氧化反应（高温放热反应或燃烧反应）：

$$H_2S + \frac{3}{2}O_2 \xrightleftharpoons{>1200K} SO_2 + H_2O \tag{6.2}$$

$$\Delta H(0℃)\approx -517.9kJ/mol$$

第二阶段是余下的2/3的H_2S在催化剂上与反应炉中生成的SO_2反应（中等放热的催化反应）：

$$2H_2S + SO_2 \xrightleftharpoons{<700K} 2H_2O + \frac{3}{x}S_x \tag{6.3}$$

$$\Delta H(0℃) = -126.36kJ/mol$$

这是对在克劳斯单元中实际发生的反应的简化。事实上，由于存在各种气态硫（S_2、S_3、S_4、S_5、S_6、S_7和S_8），反应平衡变得复杂。此外，酸气中存在烃类、硫化氢和二氧化碳的副反应可导致羰基硫（COS）、二硫化碳（CS_2）、一氧化碳（CO）和氢（H_2）的生成，副反应多，严格的计算变得十分困难。但对于通常的克劳斯进料原料气组成（饱和水、30%~80% H_2S，0.5%~1.5%烃，其余为CO_2），改良克劳斯工艺的高温段（燃烧器）温度约为980~1370℃。在此温度范围内，主要分子种类为S_2，有利于硫化氢直接氧化[式(6.4)]而不是克劳斯反应[式(6.5)]。

$$2H_2S + O_2 \rightleftharpoons 2H_2O + S_2 \tag{6.4}$$
$$\Delta H(0℃) = -313.9kJ/mol$$
$$2H_2S + SO_2 \rightleftharpoons 2H_2O + 3/2S_2 \tag{6.5}$$
$$\Delta H(0℃) = +47.06kJ/mol$$

反应炉中生成的硫蒸气主要由S_2组成，随温度降低将发生分子构型转化。

$$3S_2 \rightleftharpoons S_6 \tag{6.6}$$
$$4S_2 \rightleftharpoons S_8 \tag{6.7}$$
$$4S_6 \rightleftharpoons 3S_8 \tag{6.8}$$

虽然硫黄回收装置实际发生的反应十分复杂，但是其主要反应不外乎是反应式(6.2)~反应式(6.8)。反应式(6.2)进行的程度取决于过程的配风比，反应式(6.3)不仅取决于操作温度、压力，而且还受H_2S和SO_2摩尔比的影响。

6.2.2 克劳斯法硫黄回收工艺

近一个世纪以来硫黄回收工艺发展已基本成熟，改良克劳斯法目前应用的有直流法、分流法和硫循环法、直接氧化法四种基本型式,如图 6.15 所示,其中前两种应用最为广泛。这些不同型式的工艺都是针对酸气中 H_2S 浓度高低不同、克劳斯反应条件(主要是反应温度、过程气中 H_2S 与 SO_2 的比例要求)要求而提出来的,各有特点。

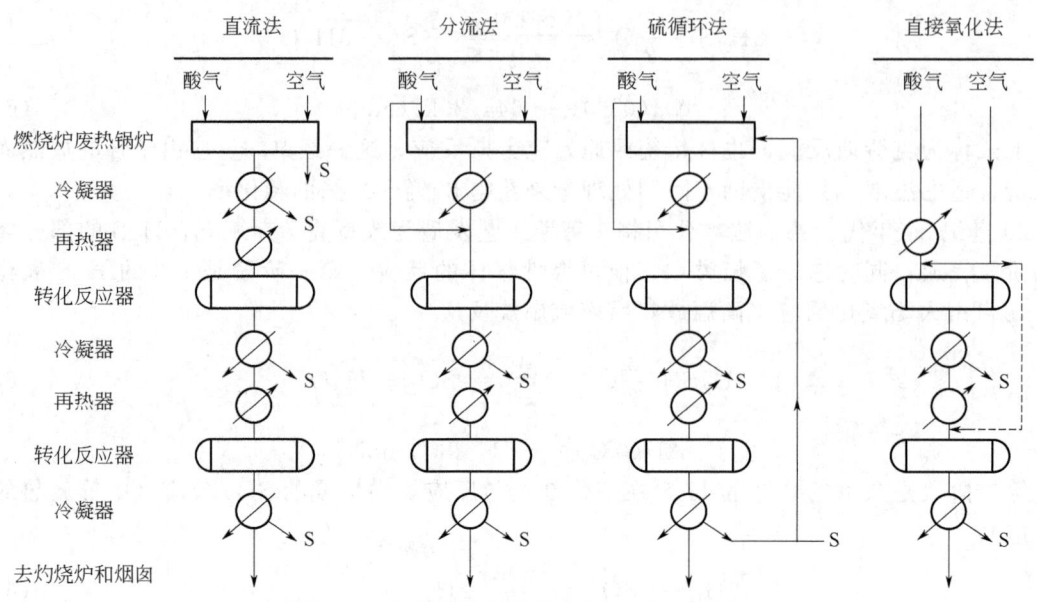

图 6.15 克劳斯工艺的基本型式(S 为液硫)

直流法的显著特点是全部酸气都进入燃烧反应炉(燃烧炉、反应炉),而空气的供给量仅够酸气中 1/3 体积的 H_2S 燃烧生成 SO_2,然后进入转化反应器。燃烧炉内虽不存在催化剂,但通过热反应 H_2S 仍能转化为硫,其转化率随着温度升高而增加。分流法的显著特点是全部酸气分成两股,其一占 1/3 直接进入燃烧反应炉,余下的 2/3 作为另一股与燃烧反应炉出来的过程气混合后进入转化反应器。硫循环法的显著特点是过程生产的硫黄部分循环到燃烧反应炉燃烧,以提供过程需要的热量。直接氧化法是原始克劳斯法的一种型式,其显著特点是将酸气和空气预热至适当的温度后,直接送入转化器内进行低温催化反应。其实质上是把 H_2S 氧化为 SO_2 的反应以及随后发生的 Claus 法制硫的两个反应结合在一个反应器中进行。随着原料气的不同和硫回收要求的不同,后来在这几种基本型式的基础上发展起来了一系列特殊的变形型式,例如超级克劳斯工艺、低温克劳斯工艺、克劳斯直接氧化工艺以及富氧克劳斯工艺等。

6.2.2.1 直流法工艺

直流法又称部分燃烧法或单流法,其流程如图 6.16 所示。

酸气中 H_2S 含量大于 55% 时推荐采用直流法。在直流法中,全部酸气进入反应炉,要求严格配给空气量,以使酸气中的全部烃完全燃烧,而 H_2S 仅有 1/3 氧化成 SO_2,使剩余 2/3 的 H_2S 与氧化成的 SO_2 在理想的配比下进行催化转化,以获取更高的转化率。空气流量通过捕集器出口 H_2S 与 SO_2 比值分析仪来调节。反应炉温度高达 1100~1600℃,此时酸气中 H_2S 约有 60%~70% 转化成硫,含硫蒸气的高温气体经余热锅炉回收热量后进入一级冷凝器,再次回收热量并分离出液态硫,出一级冷凝器的气相进入一级再热器,使其在进一级转化器前达到所需的反应温度,然后进入一级转化器,在已活化的催化剂上反应,由于反应放热,出口气温度明显升高,经二级冷凝器回收热量并分离出液态硫之后的气相,经二

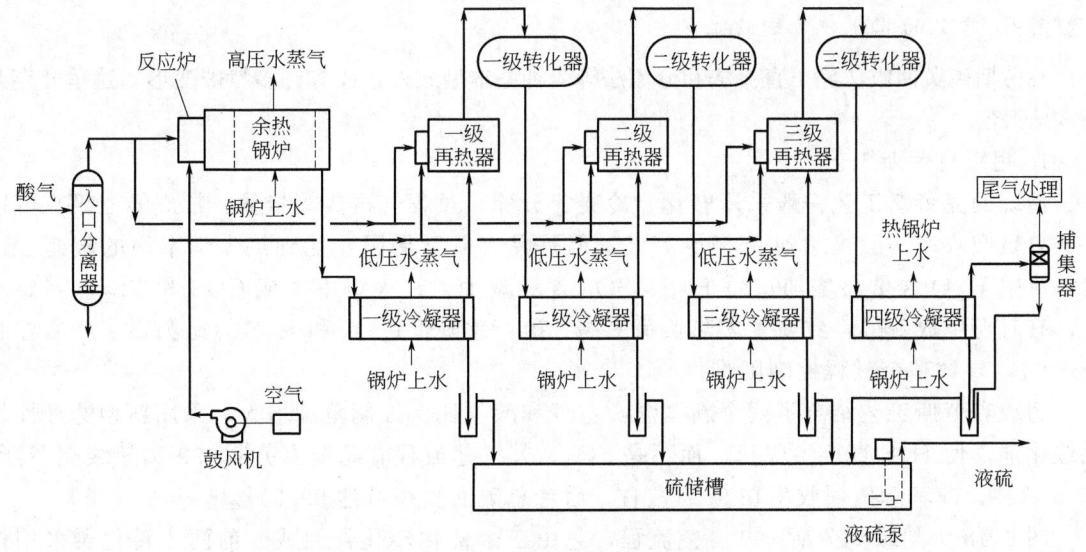

图 6.16 直流法硫黄回收工艺流程

级再热器再热达到需要的温度，进入二级转化器，催化转化后温度升高，经三级冷凝器回收热量并分离出液态硫，分出液态硫后的气相进入第三级再热器，再热后进入三级转化器，使 H_2S 和 SO_2 最大限度地转化为硫，从三级转化器出来的气相经四级冷凝器冷却以除去最后生成的硫。分离出液态硫后的尾气通过捕集器，进一步捕集液态硫后进入尾气处理装置进一步处理后排放。各级冷凝器及捕集器中分离出来的液态硫流入硫储槽，经成型后即为硫黄产品。图 6.16 的过程气再热是采用酸气在线燃烧方式。对于酸气中 H_2S 浓度介于 30%～55% 的情况，推荐采用带有预热酸气和/或空气的直流法工艺。

6.2.2.2 分流法工艺

分流法也可称为双流法，如图 6.17 所示，只有 1/3 的酸气通过反应炉和余热锅炉，其余 2/3 的酸气与余热锅炉的出口气相混合后进入一级冷凝器，其余流程基本上与直流法相同。此工艺的反应炉中无大量硫生成，适合反应热不足以使整个酸气气流温度升高到令人满意的水平的情况。对酸气中 H_2S 含量在 15%～30% 范围内推荐采用分流法。一般适合规模较小的硫黄回收装置。

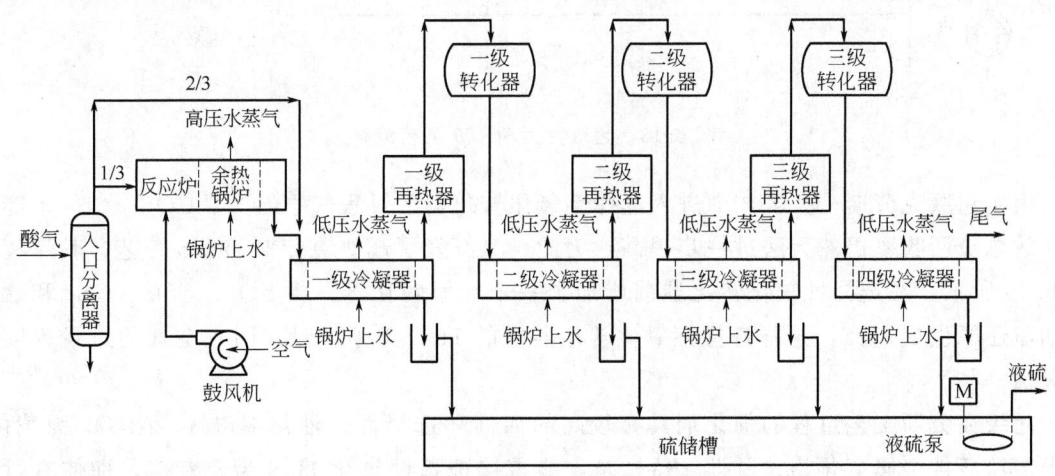

图 6.17 分流法硫黄回收工艺流程

6.2.2.3 常见的其他硫黄回收工艺

克劳斯硫黄回收法除了直流法和分流法等4种基本型式外,还有许多特殊变形,这里介绍几种常见工艺。

1. 超级克劳斯工艺

传统的克劳斯工艺一般采用转化、冷凝、分硫、过程气再热等步骤。常规的三级克劳斯工艺总硫回收率一般可达到96%~97%,但是具有以下局限:受到热力学平衡的限制;过程气流中H_2O含量会增加,而H_2S、SO_2含量减少;在火焰中生成COS和CS_2,需要水解,有时还生成硫醇,致使工艺热负荷提高,硫产率降低;O_2和H_2S的比例要求严格控制为2:1,导致整个过程控制困难。

超级克劳斯工艺结合了两个新概念:空气和酸气比例控制范围增大;采用新型选择性氧化催化剂,使H_2S直接生成硫,而不是SO_2。其工艺流程有超级克劳斯-99和超级克劳斯-99.5两种,前者总硫回收率在99%左右,后者总硫回收率可达99.5%。

图6.18为超级克劳斯-99工艺流程,它由三个催化转化器组成,前两个转化器采用标准克劳斯反应催化剂,后一个转化器装填新开发的选择性氧化催化剂。在热回收段,酸气与略低于化学计量的空气燃烧,离开第二级转化器时,尾气中含0.8%~3%的H_2S。空气流量依靠酸气流量控制仪和第二级转化器出口H_2S分析仪来调节。

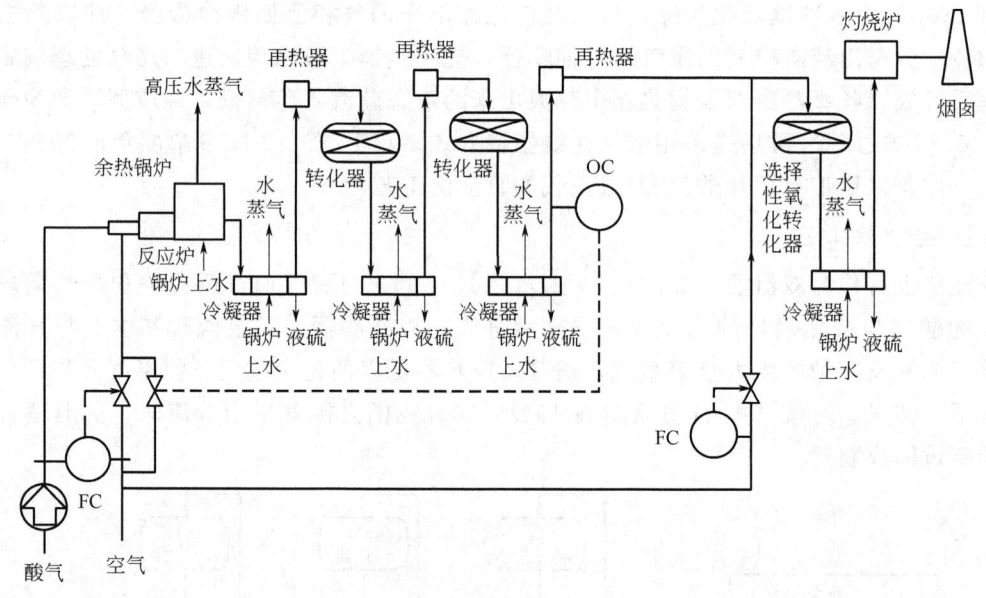

图6.18 超级克劳斯-99工艺流程

由于超级克劳斯-99工艺中进入选择性氧化转化器的过程气中SO_2、COS、CS_2不能转化,故总硫回收率仍然无法进一步提高。为此,又开发了超级克劳斯-99.5工艺,其流程如图6.19所示,在选择性氧化转化器前增加了一个加氢转化器,将SO_2、COS、CS_2和硫蒸气加氢还原生成H_2S,这样选择性氧化转化器中的H_2S无须过量,引入空气的过量程度也可灵活一些。

超级克劳斯工艺过程的催化剂具有较高的活性和选择性。催化剂以$\alpha-Al_2O_3$为载体,其上浸渍活性金属氧化物,其催化特性是:能直接选择性氧化H_2S为元素硫,即使有过量空气存在，SO_2 生成量也很低；催化剂对过程气中水分含量不敏感；催化氧化过程中不会因副反应而生成 COS 或 CS_2，从而更为有效地提高总硫收率。

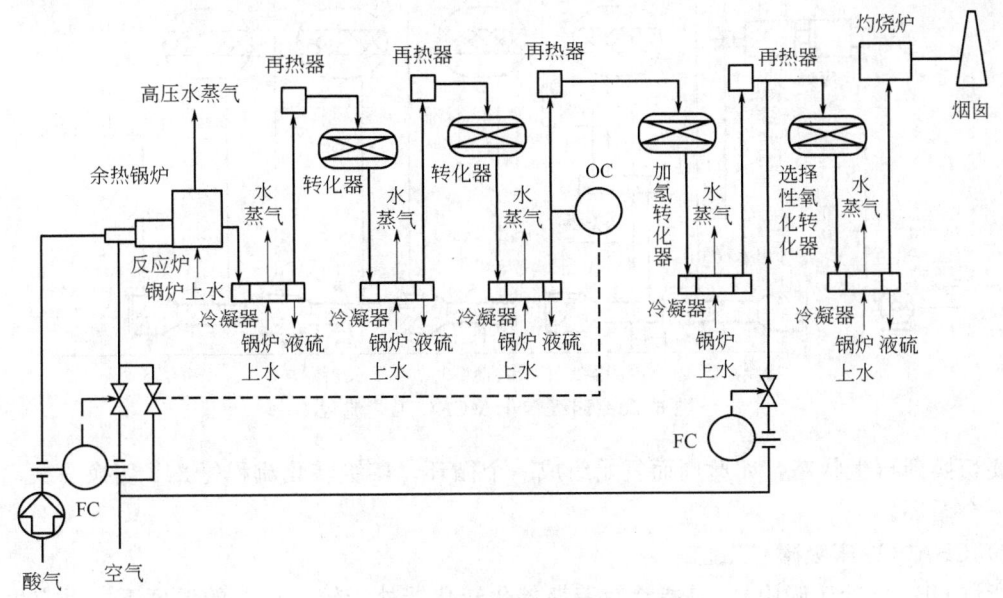

图 6.19 超级克劳斯-99.5 工艺流程

2. 低温克劳斯工艺

低温克劳斯工艺的特点是在低于硫露点的条件下进行克劳斯反应。已工业化的 MCRC 法和 CBA（冷床吸附）法用于尾气处理后，引起了克劳斯装置设计理念的深刻变化，即转化器操作温度可以低于硫露点（即亚露点）以提高转化率。国内也自主开发成功了 CPS 工艺并进行了工业应用。

1）MCRC 工艺

MCRC 是一种硫黄回收与尾气处理一体化的硫黄回收工艺。该工艺把最后一级或两级转化器置于低温下操作，在工艺流程、技术经济等方面颇具特色。MCRC 装置的转化器级数有三级和四级两种，设计硫收率三级为 98.5%～99.2%，四级为 99.3%～99.4%。

中国西南油气田分公司川西北气矿天然气净化厂引进了一套三级转化 MCRC 装置，日处理 H_2S 体积分数为 53.6% 的酸气 $56 \times 10^4 m^3$，硫产量 46t/d，硫收率为 99%，采用的低温催化剂为 S-201，反应生成的液态硫吸附在催化剂微孔内壁上，硫吸附容量高。用过程气在线再生，过程气中的 H_2S 能把吸附周期中催化剂上生成的硫酸盐大部分还原，从而恢复活性。国内已研制成功了同类的 CT6-4 催化剂。

图 6.20 是四级转化 MCRC 工艺流程图。

图 6.20 中转化器 R_1 及以前的部分与常规克劳斯装置相同，关键在于后面三个转化器，如图 6.20 所示它们分别处于再生、一级低温克劳斯反应状态和二级低温克劳斯反应状态。从 2 号冷凝器出来的气相经再热器升温后进入转化器 R_2，使已完成低温克劳斯反应的该转化器处于再生阶段。转化器 R_2 出来的带有大量硫蒸气的过程气在 3 号冷凝器中冷凝并分离液态硫。出 3 号冷凝器的过程气不经再热直接进转化器 R_3，在低于硫露点的温度下进行克劳斯反应，生成的液态硫吸附在催化剂上。从转化器 R_3 出来的过程气在 4 号冷凝器中进一步冷凝并分离硫后，进转化器 R_4。当转化器 R_3 或 R_4 中的催化剂上吸附了足够多的硫后，

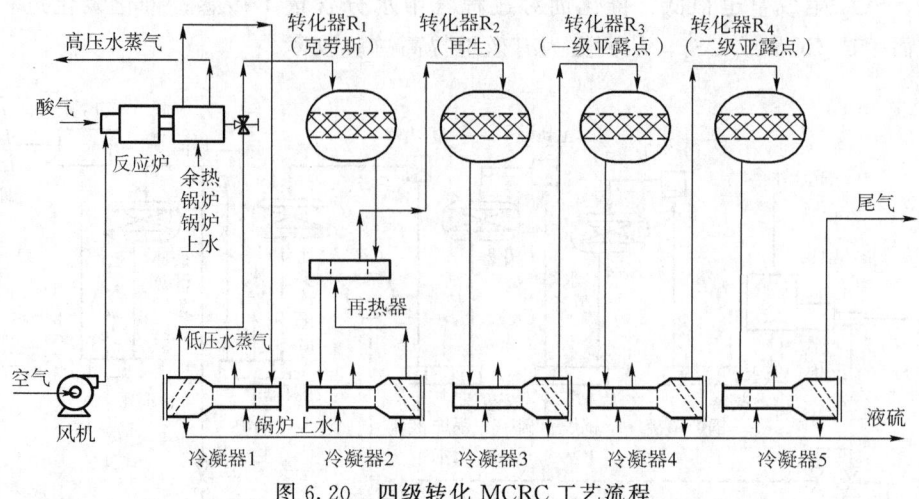

图 6.20 四级转化 MCRC 工艺流程

就需要切换到再生状态,如此周而复始组成一个循环。四级转化流程每 24h 切换一次,三天完成一个循环。

2) CBA(冷床吸附)工艺

所谓 CBA(冷床吸附),是指让克劳斯催化转化器处于较"冷"的温度下,反应生成硫并吸附在催化剂上,然后切换至较高温度下运行将硫脱附逸出,从而使催化剂获得再生。该工艺由美国阿莫科公司开发,是最早将常规克劳斯法和低温克劳斯法组合在一起的工艺,总硫回收率可达 99% 以上。

图 6.21 为四级转化工艺流程图,反应器 1 和反应器 2 作为常规克劳斯装置的一级和二级转化器,后面两个 CBA 床层则进行反应吸附和再生冷却的循环,即一个床层处于反应吸附阶段,另一个床层处于再生冷却阶段,然后定期切换。

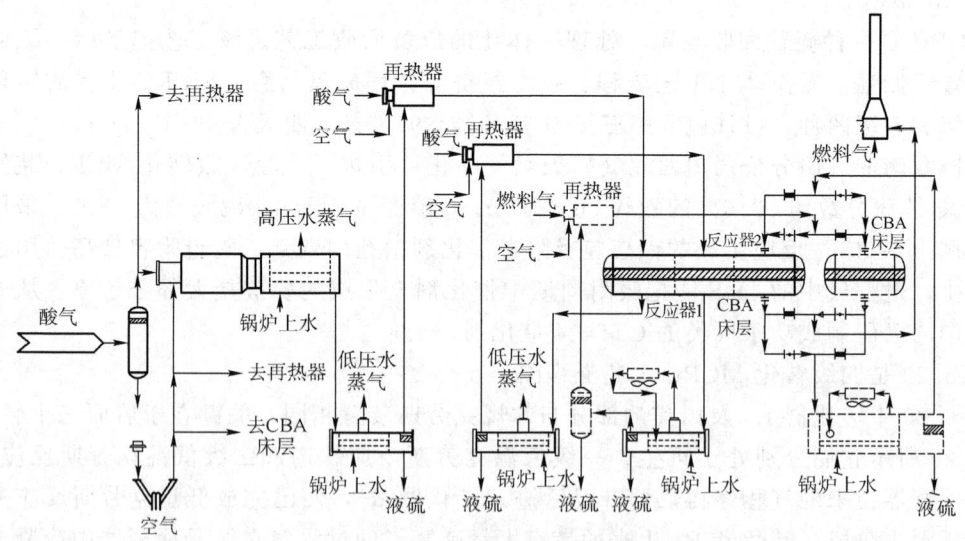

图 6.21 四级转化 CBA 工艺流程

我国西南油气田公司天然气净化总厂引进分厂于 2008 年建成了两套相同的四级 CBA 装置。单套装置设计硫产量为 35t/d,硫收率不低于 99.2%。

3) CPS工艺

CPS（China Petroleum Sulfur Recovery Process）硫黄回收工艺是由中国石油工程建设有限公司西南分公司自主开发的一种低温克劳斯工艺，于2009年在中国石油西南油气田分公司天然气净化总厂万州分厂建成首套装置，设计硫黄产量112t/d，硫收率超过99.25%。具有流程较简单，操作方便，投资与操作费用相对较低的特点。工艺流程如图6.22所示，该工艺由1个热反应段、1个常规克劳斯反应器和3个后续的低温克劳斯反应器（CPS反应器）组成。燃烧炉起到一个非催化转化段（热转化段）的作用，在热转化段转化总硫量的68%。催化转化段由1个克劳斯反应器和3个低温克劳斯反应器（CPS反应器）组成，它是克劳斯延伸先进工艺之一。CPS工艺采用的催化剂相同于克劳斯工艺，但其温度范围更低以便更高效地生成硫黄并吸附至催化剂表面，催化剂在严重失活前会再生以恢复其活性。再生是通过尾气烟气加热Claus冷凝器的出口过程气，从而形成热气流流过CPS主反应器以加热催化剂、脱附催化剂上的硫黄来实现的，随后CPS冷凝器对主反应器出口过程气中的硫蒸气进行冷凝。用灼烧后的高温尾气加热克劳斯冷凝器出口的过程气是该工艺的最大特点。该工艺充分利用了尾气余热，具有良好的节能效果。

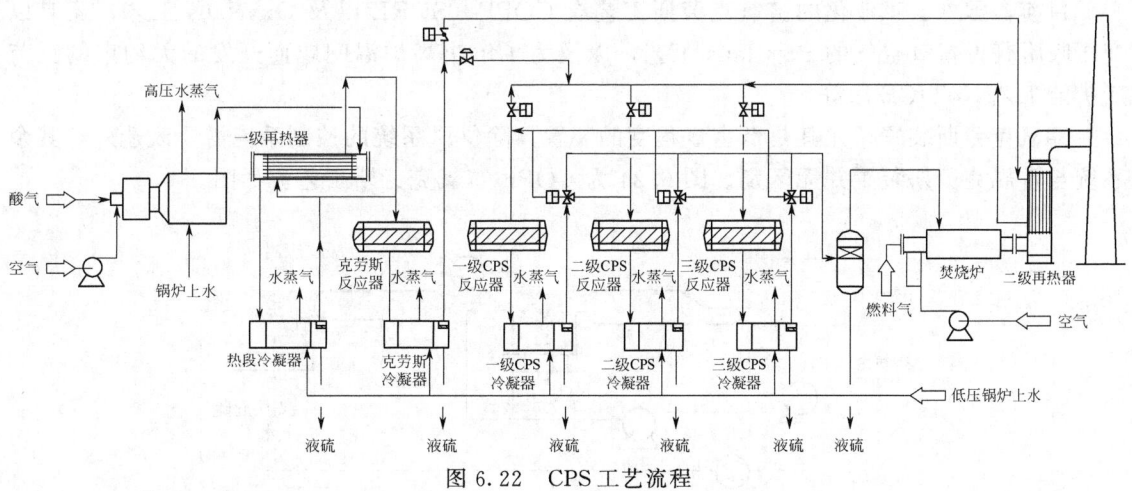

图6.22　CPS工艺流程

3. 克劳斯直接氧化工艺

采用常规克劳斯法硫黄回收工艺，当酸气中H_2S含量很低时，其燃烧不足以维持炉温，装置无法正常运行，这时可采用直接氧化工艺。直接氧化工艺可分为两类：一类是将H_2S选择性催化氧化为元素硫，此类工艺在处理克劳斯尾气中获得了良好的应用；另一类是将H_2S催化氧化为元素硫及SO_2，在氧化段后继之常规克劳斯催化段，此类工艺的典型代表是Selectox工艺。

Selectox工艺分一次通过法和循环法。当酸气中H_2S体积分数小于5%时可使用一次通过法，当H_2S体积分数大于5%时，为控制反应温度使过程气出口温度不超温（371℃）需采用循环法。图6.23为Selectox循环工艺流程示意图。

酸气预热后与空气一起进入装有Selectox催化剂的氧化段，此段硫回收率约为80%，然后进入克劳斯转化段，最后尾气使用Selectox催化剂催化灼烧后排放。

4. 富氧克劳斯工艺

常规克劳斯工艺均以空气作为H_2S氧化的氧化剂，由于空气带入了大量的N_2等惰性气

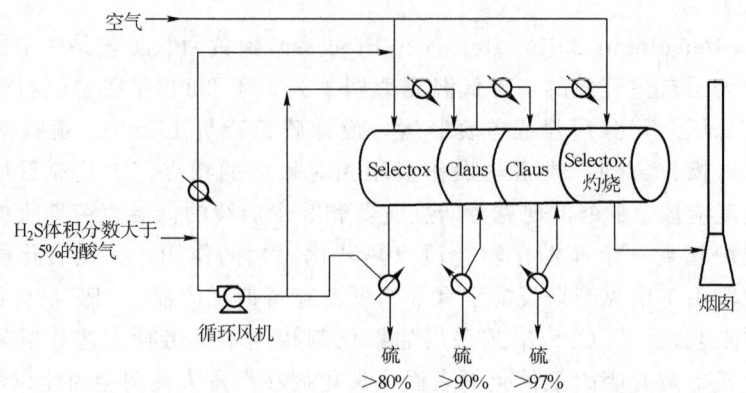

图 6.23 Selectox 循环工艺流程

体而稀释了过程气，降低了装置的总硫回收率。为此，20 世纪 80 年代开发了以富氧空气作为 H_2S 氧化剂的富氧克劳斯工艺，能够提高装置效率、扩大装置的处理能力，且延伸了对酸气中 H_2S 含量的适应范围。

目前，国外已工业化的富氧克劳斯工艺有 COPE、SURE 以及 Oxyclaus 工艺，还有以变压吸附获得富氧空气的 PS Claus 工艺，以及为了解决高炉温问题而开发的无约束的克劳斯扩能工艺 NoTICE 法等。

富氧克劳斯装置，尤其是低富氧程度的装置，除供风系统的控制系统需要改造外，其余系统与常规克劳斯装置并无区别。图 6.24 为 COPE 富氧克劳斯工艺流程图。

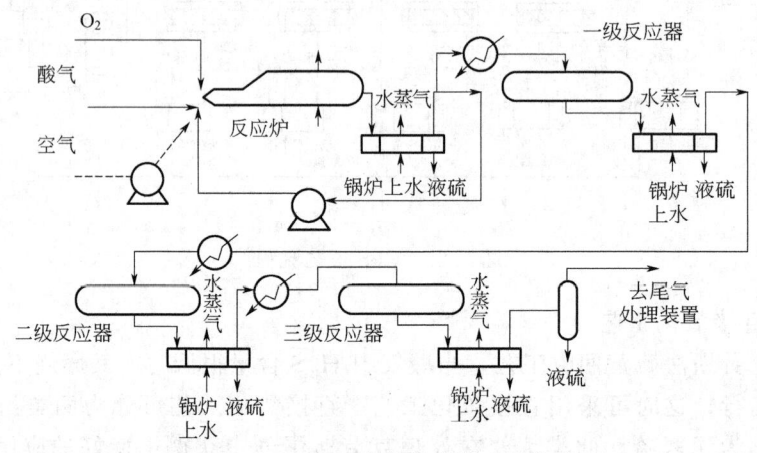

图 6.24 COPE 富氧克劳斯工艺流程

由于较低的富氧程度可在较少的投入下获得较多的收益，因此目前富氧克劳斯装置大多在较低的富氧程度下运行。

6.2.3 过程气再热方式

过程气再热的目的是将硫蒸气冷凝后的反应气流加热，使其温度达到能够继续进行克劳斯反应的温度。一般说来，其温度要比预期的出口硫露点高 14～17℃，但又应尽可能低，以使 H_2S 转化率达到最大（因为反应为放热反应），不过也应足够高以便得到满意的克劳斯反应速率，对第一个转化器还要达到足以使 COS 和 CS_2 进行水解的温度。

在选择工艺流程时，必须认真考虑过程气再热方式，常用的再热方式有直接再热法和间接再热法。直接再热法包括热气体旁通法（高温掺合法）、酸气再热器法和燃料气再热器法；间接再热法包括水蒸气换热法、电加热法、导热油换热法等。但多以水蒸气换热法为主。

再热器法适用于各级转化器，它利用排管燃烧器在线燃烧燃料气或酸气，将燃烧产物与冷凝器出口气相混合。热气体旁通法通常只适用于一级转化器，它是将余热回收设备分出的一股高温气流与转化器上游的冷凝器出口气相混合。水蒸气换热法通常用于二、三级转化器。

目前，大型装置多采用酸气再热器法和燃料气再热器法，而中小型装置普遍采用热气体旁通法和水蒸气换热法。一般说来，热气体旁通法是通常可供选择的最便宜的方法，控制比较简单，并且产生的压降低，但总硫收率较低，尤其是在进料量减少时更是如此；酸气再热器法和燃料气再热器法压降较低，但酸气可燃烧生成SO_3，燃料气易生成烟垢；水蒸气换热法费用较高，产生的压降高，但总硫收率高。不同再热方式流程见图6.25。

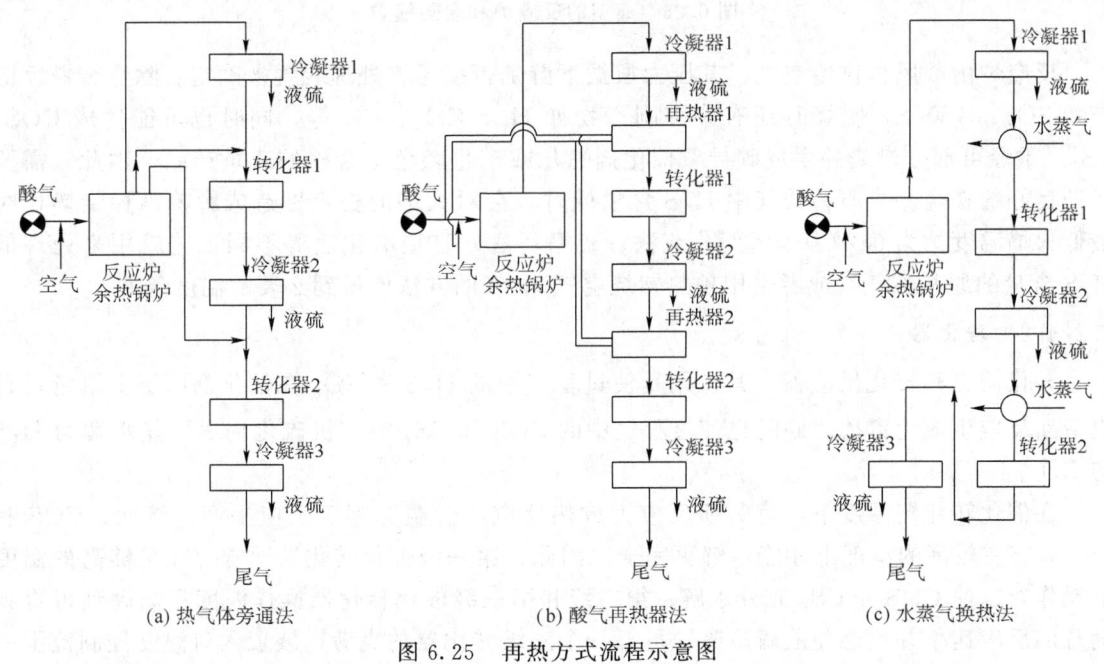

(a) 热气体旁通法　　　　(b) 酸气再热器法　　　　(c) 水蒸气换热法

图 6.25　再热方式流程示意图

6.2.4　克劳斯硫黄回收主要设备

克劳斯硫黄回收系统主要由反应炉、余热锅炉、转化器、再热器、冷凝器等设备所组成。

6.2.4.1　反应炉和余热锅炉

改良克劳斯法中硫黄回收的第一个工艺设备由一个自由火焰的反应室（即燃烧室、燃烧炉或反应室、反应器）和一个换热器组成（余热锅炉），反应炉和余热锅炉可分为分体式（外部型）和整体式（内部型），前者反应炉与余热锅炉分置，后者合在一起。余热回收是利用火管式余热锅炉内产生的水蒸气来冷却离开燃烧室的反应气体，余热锅炉出口温度一般在反应气体的硫露点以上，然而，当热负荷不足时，某些硫可能冷凝，因而应采取措施排出反应物流中的硫。其功能为：用空气燃烧1/3的H_2S使其生成SO_2，使其余2/3的H_2S于转化器

中与生成的 SO_2 继续反应；部分氧化 H_2S 直接生成元素硫；破坏原料酸气中的杂质（烃类和 RSH 等）；冷却反应炉出口气流并回收大量废热产生水蒸气。典型的整体式反应炉和余热锅炉见图 6.26。

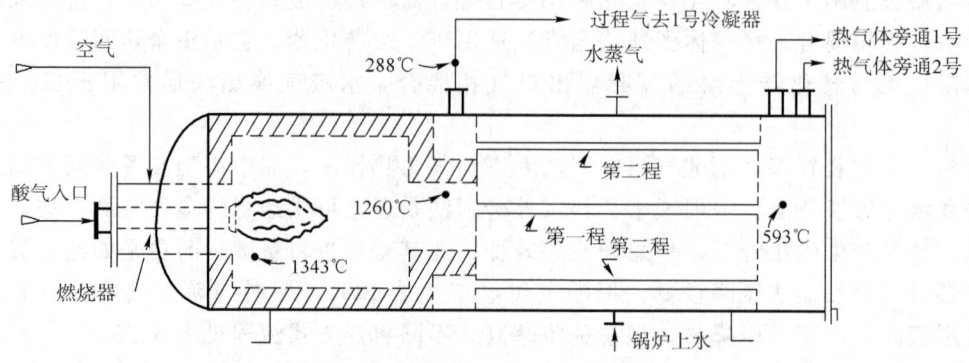

图 6.26　典型的反应炉和余热锅炉

反应炉由鼓风机供给空气，其压力根据下游是否接尾气处理装置来确定。除克劳斯反应产物 SO_2、S 等外，燃烧时还有许多副产物如 H_2、CO_2、CO 等，同时也可能生成 COS、CS_2。重烃可部分燃烧并生成碳导致催化剂钝化或产生颜色不合格的硫黄产品，因此，需要保证良好的燃烧。当原料酸气中 H_2S 含量低时，会对火焰的稳定性造成影响（稳定操作时最低火焰温度约为 982℃），因而分流法、硫循环法、直接氧化法等不同工艺就用来处理低 H_2S 含量的原料酸气，或者采用预热燃烧空气/酸气的方法而得到必要的温度条件。

6.2.4.2　转化器

转化器也称转化反应器，其作用是使过程气中的 H_2S 和 SO_2 在催化剂床层上继续进行克劳斯反应生成元素硫，同时也使过程气中的 COS 和 CS_2 等有机硫化物尽可能水解为 H_2S 与 CO_2。

在催化转化器温度下，克劳斯反应为放热反应，低温有利于反应平衡。然而，COS 和 CS_2 只有在较高的温度下才能水解更完全。因此，第一级催化转化器通常都在足够高的温度下操作，以使 COS 和 CS_2 充分水解；第二级和第三级催化转化器操作温度只需高到可得到满意的反应速率并且避免液硫冷凝即可。一个三级转化器的克劳斯装置入口温度控制范围一般为：一级转化器 232～249℃；二级转化器 199～221℃；三级转化器 188～210℃。因为克劳斯反应和 COS、CS_2 水解反应均为放热反应，因此转化器床层会出现温升。一级转化器温升一般为 44～100℃，二级转化器为 14～33℃，三级转化器为 3～8℃。

典型的转化器结构如图 6.27 所示。

转化器过程气进口在顶部，出口在底部。在过程气进口处设置有导向挡板以防止气体与催化剂床层直接接触，并防止在床层中形成死区而影响转化效率。催化剂床层的顶部也铺有一层瓷球以进一步改善气体在床层中的分布。催化转化器一般在操作条件下，按每立方米催化剂床层通过 20～40m^3/h 的过程气的标准来设计。考虑到压降，床层高度一般为 915～1525mm。催化剂放在由密度较大的支撑物所构成的 75～150mm 高的填料层上部。这种填料层可阻挡催化剂随气流移动和/或降低催化剂细粉进入下游冷凝器的可能。催化剂与支撑材料放在铺在碳钢钢栅上的不锈钢丝网上。转化器一般不需要耐火材料衬里，除非需要就地再生催化剂，在这种情况下钢栅层的设计必须保证能承受足够高的温度。如果内部不使用耐

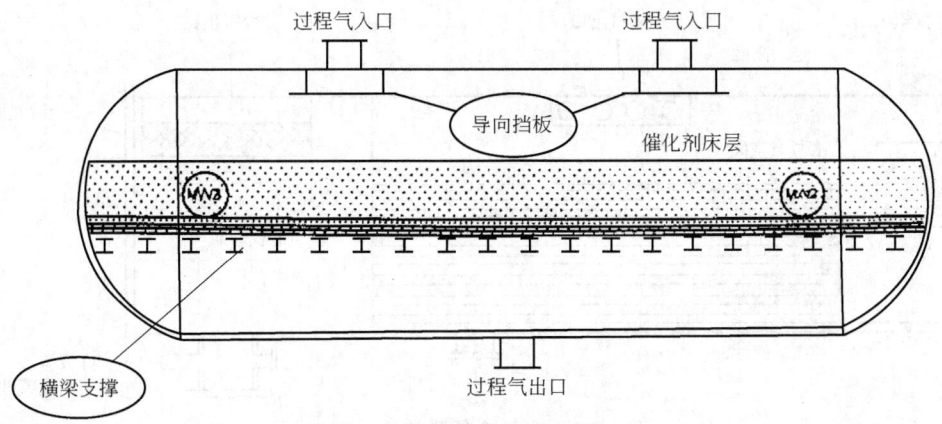

图 6.27 转化器结构示意图

火层,则推荐在外部使用至少 75mm 厚的绝热层。如果有耐火衬里,那么外部绝热层厚度可减少为 25~50mm,绝大多数的转化器都在从底部到高于催化剂床层以上 150mm 之间加耐火衬里,以防止高温造成的损害。催化剂床层底部的出口管道应与转化器底部齐平以方便产生的液硫排出。

6.2.4.3 再热器

再热器的作用是将冷凝分离出液态硫后的过程气加热到进入转化器所必需的温度。使用在线燃烧方式的再热器通常由炉头和炉身组成,通常在线燃烧炉使用酸气,但有时也使用天然气。在炉身内过程气的停留时间一般为 0.1~0.3s。典型在线燃烧炉如图 6.28 所示。

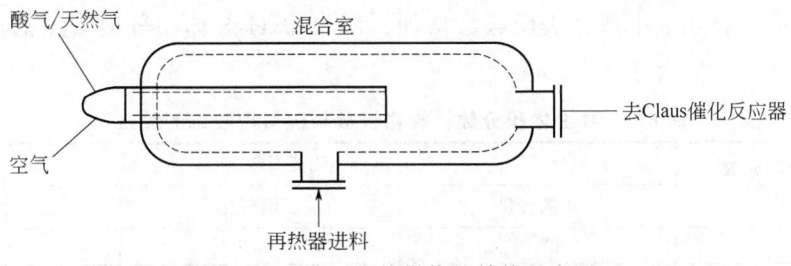

图 6.28 典型在线燃烧炉结构示意图

6.2.4.4 冷凝器

硫黄回收装置中冷凝器(又称硫冷器)的作用是将转化器中生成的硫蒸气冷凝为液态硫而分离除去,这样既能防止硫积存在催化剂上,提高转化器单程转化率,又能回收部分热量,过程气同时得到冷却。目前应用最广的是卧式管壳式冷凝器,如图 6.29 所示。过程气走管程,而冷却介质走壳程。管程中过程气的质量流量为 15~30kg/m^2·s,流量低于 15kg/m^2·s 时易存在形成硫雾沫的危险,而大于 30kg/m^2·s 时,已冷凝于管壁上的液硫又会被过程气夹带。管内流速的设计还应考虑管程压降,通常为 2~4kPa。水平列管的倾斜角约为 1°。同时,应保证冷凝器的后部有足够的分离空间,并在过程气出口处设置金属丝网填料以强化雾沫的分离。气液分离空间的表观气速通常为 6~9m/s。冷凝器典型的设计出口温度(除最后一个冷凝器外)保持在 166~182℃,这样可使冷凝下来的液态硫有适当低的黏度和在反应气体侧使金属表面温度在硫露点以上。最后一个冷凝器出口温度可低至 126℃。

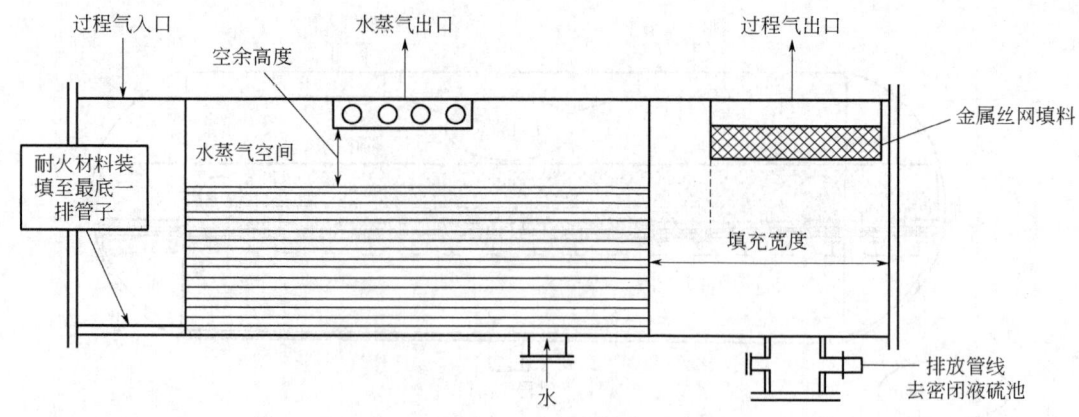

图 6.29 硫黄冷凝器结构示意图

除此之外,克劳斯硫黄回收装置中还常设有原料酸气分离器、酸水压送罐、尾气捕集器、硫黄储罐或储槽。

6.2.5 影响硫黄回收率的因素

影响克劳斯法硫黄回收率的因素很多,主要有酸气体积分数、转化级数、操作温度、酸气中杂质含量、配风比以及有机硫损失、硫蒸气损失和夹带硫损失等。

6.2.5.1 酸气体积分数、转化级数和操作温度

转化级数和末级转化器出口温度是影响硫黄回收率的重要因素。假设酸气中烃含量为1%,采用正常的再热技术和操作条件,酸气中 H_2S 体积分数、转化级数与硫黄回收率的关系如表 6.2 所示。表 6.2 中数据表明级数增加、酸气中 H_2S 体积分数增加都将使硫黄回收率增加。

表 6.2 H_2S 体积分数、转化级数与硫黄回收率的关系

酸气中 H_2S 体积分数 %	硫黄回收率,%		
	两级转化	三级转化	四级转化
20	92.7	93.8	95.0
30	93.1	94.4	95.7
40	93.5	94.8	96.1
50	93.9	95.3	96.5
60	94.4	95.7	96.7
70	94.7	96.1	96.8
80	95.0	96.4	97.0
90	95.3	96.6	97.1

H_2S 和 SO_2 反应生成元素硫是放热可逆过程,因受化学平衡的限制,装置尾气中不可避免会含有一定的 H_2S 和 SO_2。通常克劳斯法装置中采用二级或三级催化转化。一级转化器由于受到过程气硫露点的限制,并考虑到 COS 和 CS_2 的水解,操作温度通常在 300℃ 以上,不能获得较高的转化率。以后各级转化器由于逐级除硫,过程气的硫露点降低,可在较低的温度下操作,二级转化器过程气进口温度应在 205~210℃ 的范围,三级转化器过程气进口温度应在 195~200℃ 左右。这样可达到较高的转化率。末级转化器出口温度是影响化

学平衡硫黄回收率的关键,如果催化剂活性足够高,末级转化器出口温度每降低11℃,装置的硫黄回收率约增加0.5%。当然,过程气的温度不能低于硫露点(除MCRC等外),过程气的硫露点可以根据气流中硫元素的含量(在相应压力和温度下每立方米过程气中硫元素的质量)由表6.3查出。

表6.3　饱和硫蒸气中硫含量与温度的关系

温度,℃	120	140	160	180	200	220	240	260	280	300
硫含量,g/m³	0.3	1.0	2.9	7.5	17.2	35.7	68.3	122.7	206.7	331.9

在选择转化级数时,除考虑硫黄回收率外,更要考虑尾气排放标准,或后续尾气处理工艺,同时要考虑经济技术可行性。

6.2.5.2　反应炉配风比

配风比是指进反应炉的气体中空气与酸气的体积比,也称风气比。根据酸气中H_2S、CH_4及其他可燃组分的含量(烃类可按耗氧量折合成CH_4),计算并按化学计量配给空气。若用直流法,由化学反应方程式可推得:

$$配风比 = \left(y_{H_2S} \times \frac{1}{2} + y_{CH_4} \times 2 + y_{C_2H_6} \times \frac{7}{2} + \cdots \right) \times \frac{1}{y_{O_2}} \tag{6.9}$$

式中　y_{H_2S},y_{CH_4},$y_{C_2H_6}$——酸气中H_2S、CH_4及C_2H_6的体积分数;

y_{O_2}——空气中O_2的体积分数。

在操作克劳斯装置时应控制合适的配风比,保证进入各级转化器的过程气中H_2S和SO_2的比为2,以达到最高的转化率。如果H_2S与SO_2比值偏高,则化学平衡硫损失将剧烈增加。从表6.4可知,空气不足比空气过剩对化学平衡硫损失的影响更大,同时亦说明两级转化的克劳斯装置要求配风比控制在±2%;三级转化的克劳斯装置要求配风比控制在±1%,这样才能获得较高的转化率。

表6.4　化学平衡硫损失和配风比的关系

		空气不足				空气过剩		
配风比①,%		97	98	99	100	101	102	103
化学平衡硫损失,%	采用两级转化器	3.6	3.12	2.7	2.53	2.56	2.79	3.2
	采用三级转化器	3.1	2.14	1.32	1.05	1.20	1.54	2.1

①按保证过程气中$n_{H_2S} : n_{SO_2} = 2:1$需要的配风比为100%计。

图6.30是转化率与过程气中H_2S/SO_2比值的关系,从图6.30可知,当反应前过程气中H_2S与SO_2物质的量之比为2时,反应后过程气中H_2S与SO_2的比值恒为2;反应前H_2S与SO_2比值与2有任何微小的偏差,均将使反应后的比值与2产生更大的偏差,而且转化率越高偏差越大。所以现在大多数克劳斯装置采用2:1比值分析仪来监测液硫捕集器出口尾气中H_2S与SO_2的比值,根据监测结果,比值分析仪会传输信号给空气控制阀以实现自动调整配风量。由于这种方式是实时调节,对提高硫黄收率,防止积碳有很大帮助。

6.2.5.3　酸气中杂质含量

从天然气脱硫装置而来的酸气除含H_2S外,通常还含有CO_2、CH_4等烃类及饱和水蒸气等杂质,它们不仅会降低平衡转化率,而且使克劳斯装置难以平稳操作。

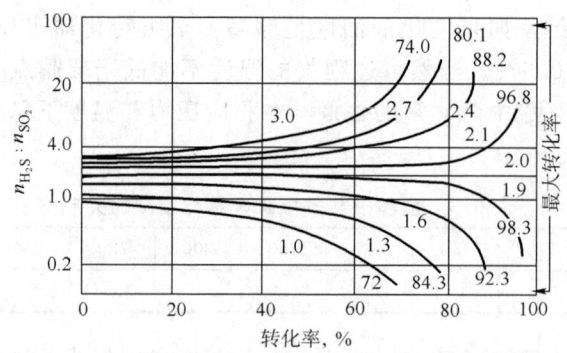

图 6.30 转化率与过程气中 H_2S/SO_2 的关系

1. 二氧化碳

若酸气中含有 CO_2，不仅会降低酸气中 H_2S 的分压起到稀释作用，还会在反应炉内与 H_2S 反应生成 COS 和 CS_2，导致硫黄回收率下降。酸气中 CO_2 体积分数从 3.6% 增加至 43.5% 时，随尾气排放的硫损失将增加 52.2%。

2. 烃类和其他有机化合物

烃类和其他有机化合物（脱硫溶剂）的主要影响是提高反应炉温度和增加余热锅炉热负荷，也增加了空气的需求量。在空气量不足时，分子量较高的烃类（尤其是芳烃）和醇胺类脱硫溶剂将在高温下和硫反应生成焦炭或焦油，严重影响催化剂活性。此外，过多的烃类存在也会增加反应炉内 COS 和 CS_2 的生成量，影响总转化率，故一般要求原料气中烃含量（以 CH_4 计）不超过 4%，在苛求的条件下甚至要求不超过 2%。

3. 水蒸气

水蒸气是惰性气体，同时又是克劳斯反应的产物，它的存在能抑制反应，降低反应物的分压，从而降低总转化率。过程气温度、水蒸气体积分数（水含量）与转化率的关系如表 6.5 所示。

表 6.5 过程气温度、水含量和转化率的关系

过程气温度，℃	转化率，%		
	水蒸气体积分数为 24%	水蒸气体积分数为 28%	水蒸气体积分数为 32%
175	84	83	81
200	75	73	70
225	63	60	56
250	50	45	41

4. 氨

如果醇胺法脱硫装置操作失常，酸气中有可能夹带极少量的 NH_3。此外，天然气净化厂 SCOT 尾气处理装置的急冷塔酸水若加 NH_3 调节 pH 值，酸水气提气中还可能含有少量 NH_3。当反应炉内空气量不足，温度也不够高时，酸气中的 NH_3 不能完全转化为 N_2 和 H_2O，大部分转化为硫氢化铵和多硫化铵，会堵塞冷凝器的管程，增加系统阻力，严重时导致停产。

6.2.5.4 有机硫损失

酸气中可能含有一定量的 COS 和 CS_2；同时，酸气中的 CO_2 和烃类气体与含硫化合物

在反应炉中反应也可能生成COS和CS_2，二者十分稳定，可以通过各级转化器，最后随尾气排出装置，造成有机硫损失。当COS和CS_2含量过大时应采取一定的措施，否则会影响装置的硫黄回收率。实验证明，在一般克劳斯反应催化剂作用下，COS和CS_2在371℃左右发生水解反应，反应进行很迅速，基本可以达到化学平衡状态：

$$COS + H_2O \rightleftharpoons H_2S + CO_2 \tag{6.10}$$

$$CS_2 + 2H_2O \rightleftharpoons 2H_2S + CO_2 \tag{6.11}$$

因此，为了提高装置硫黄回收率，在设计时应考虑使第一级转化器在371℃或稍低温度下操作，并加入能加速COS和CS_2水解的催化剂促使它们转化为H_2S。采用高的反应温度会使一级转化器中克劳斯反应效果变差，为弥补此项损失有时需要考虑增加转化器级数。在分流法工艺中，进反应炉的酸气中所含H_2S全部燃烧转化为SO_2，没有COS和CS_2生成，因此，在设计一级转化器的操作条件时不需要考虑这些有机硫化合物的水解问题。

6.2.5.5 硫蒸气损失和夹带硫损失

末级冷凝器的温度和捕集器的操作好坏是决定硫蒸气损失和夹带硫损失的关键。在保证液态硫具有良好流动性能的前提下，末级冷凝器出口温度应尽可能低，以降低硫蒸气造成的损失，一般装置末级冷凝器出口过程气温度约为127℃。

末级冷凝器后安装的液态硫捕集器，用于分离尾气中夹带的液态硫雾滴，以减少夹带硫损失并防止液态硫被带入灼烧炉或下一单元。捕集器一般是立式容器，内部充填不锈钢丝网或拉西环。

6.2.6 硫黄回收催化剂

硫黄回收装置通常是与脱硫装置配套的，如果硫黄回收装置不能正常运转，势必造成含硫气体大量排放，引起严重的大气污染，甚至迫使脱硫装置停止运转。因此，要求硫黄回收装置能长期稳定运转并有较高的硫黄回收率。为此，除了正确地设计和选用设备外，正确选择和使用硫黄回收催化剂非常关键。

6.2.6.1 硫黄回收催化剂种类

对克劳斯催化剂的一般要求是：催化活性高，抗失活及抗老化能力强，机械强度高以及热稳定性好，对气流的阻力低以及价格合理。根据不同的工况和使用位置，部分催化剂还需具有抗"漏氧"性、抗硫酸盐化和水解有机硫的特性。国内外投入克劳斯法硫黄回收生产的部分知名催化剂分别如表6.6和表6.7所示。

1. 铝基催化剂

铝基催化剂是工业上使用最广泛的克劳斯催化剂。早期采用的克劳斯催化剂是天然铝矾土，现在已被淘汰，为活性氧化铝催化剂所取代。

1) 活性氧化铝催化剂

活性氧化铝催化剂的孔径分布要求是小孔（小于3nm）少，中孔（3～75nm）和大孔（大于75nm）多，因为小孔内易产生硫的凝结，而中孔提供了大表面积和反应活性，大孔有助于反应物的进入，特别是硫蒸气和水汽的逸出。

表 6.6 国内克劳斯法硫黄回收催化剂一览表

厂家	牌号	形状	尺寸 mm	堆密度 kg/L	主要组分	助催化剂	比表面积 m^2/g	孔容 mL/g	压碎强度 N/粒	特点
西南油气田分公司天然气研究院	CT6-2	球形	φ4~6	0.67	Al_2O_3		200	0.4	160	高活性
	CT6-2B	球形	φ4~6	0.71	Al_2O_3		≥300	0.3	≥150	性能优于CT6-2
	CT6-4	球形	φ3~6	0.89	Al_2O_3	有	188	0.299	110	常温及低温克劳斯工艺兼用
	CT6-4B	球形	φ4~6	0.85	Al_2O_3	有	≥200	0.202	≥130	常温及低温克劳斯工艺兼用
	CT6-7	球形	φ3~6	0.65~0.75	Al_2O_3	有	200	≥0.30	≥200	有机硫转化率高
	CT6-8	条形	φ2~4	0.70~0.80	TiO_2		≥110	0.15~0.25	≥150	高活性、脱O_2、有机硫水解
	CT6-8B	条形	φ2~4	0.70~0.90	TiO_2		≥110	0.15~0.25	≥150	脱O_2、有机硫水解、抗硫酸盐化
山东齐鲁科力化工研究院有限公司（原山东齐鲁石化研究院）	LS-02	球形	φ4~6	0.60~0.70	Al_2O_3	—	≥350	—	≥120	大比表面、高活性
	LS-300	球形	φ4~6	0.65~0.72	Al_2O_3		≥300	≥0.40	≥150	高活性
	LS-821	球形	φ4~6	0.72~0.75	Al_2O_3	TiO_2	≥220	≥0.40	≥130	有机硫转化率高
	LS-901	条形	φ4×10	0.95~1.05	TiO_2	有	≥100	≥0.20	≥80	高活性、抗硫酸盐化
	LS-931	球形	φ4~6	0.72~0.75	Al_2O_3	有	≥230	0.43	≥130	活性稳定、耐硫酸盐化
	LS-971	球形	φ4~6	0.70~0.82	Al_2O_3	有	≥260	0.40	≥130	高活性、脱O_2、耐硫酸盐化
	LS-981	条形	φ4~6	0.90~1.05	Al_2O_3-TiO_2	—	≥180	—	≥200	有机硫水解、脱O_2、耐硫酸盐化
江苏南京催化剂厂	NCT-10	球形	φ3~5	0.67	Al_2O_3		260		>140	高活性
	NCT-11	球形	φ3~5	0.71	Al_2O_3	有	240		>130	有机硫转化率高

表 6.7 国外克劳斯法硫黄回收催化剂一览表

厂家	牌号	形状	尺寸 mm	堆密度 kg/L	主要组分	助催化剂	比表面积 m^2/g	孔容 mL/g	压碎强度 N/粒	特点
Procatalyse	CR	球形	φ4~6	0.67	Al_2O_3		260		120	高孔容
	CR-3S	球形		0.68	Al_2O_3					大孔最佳化
	CRS-21	球形		0.71	Al_2O_3	TiO_2	240		140	有机硫转化率高
	CRS-31	柱状	φ4	0.95	TiO_2		120		90	有机硫转化率高、抗硫酸盐化
	S-100	球形	φ5~7	0.72	Al_2O_3		325	0.5	290	高活性
	S-400	球形	φ5~7	0.67	Al_2O_3					高活性、大孔多
	DD-431	球形	φ5~7	0.67	Al_2O_3					大孔多、高表面积

续表

厂家	牌号	形状	尺寸 mm	堆密度 kg/L	主要组分	助催化剂	比表面积 m^2/g	孔容 mL/g	压碎强度 N/粒	特点
La Roche	S-201	球形	φ3~6	0.72	Al_2O_3		325			高孔容
	S-501	球形	φ3~6	0.83	Al_2O_3	有	250			抗硫酸盐化
	S-701	三叶草条			TiO_2		250			有机硫转化率高
	S-731	柱状		0.95	TiO_2					有机硫转化率高、抗硫酸盐化
	S-2001	球形	φ4~6	0.67	Al_2O_3					高孔容、低压降
Catalysts & Chemical	CSR-2	球形		0.84	Al_2O_3		318	0.41	280	高活性、低压降
	CSR-3	球形		0.87	Al_2O_3		64	0.26	70	有机硫转化率高
	CSR-7	球形		0.80	Al_2O_3		280	0.32	250	抗硫酸盐化
Húls	H9050	片状		0.9	TiO_2					有机硫转化率高
Topsoe	CKA	片状		0.6	Al_2O_3					COS水解率高
保护性除氧催化剂										
Procatalyse	AM	球形		0.75	Al_2O_3	Fe				除氧,保护下层的催化剂不会硫酸盐化
直接氧化催化剂										
UOP	Selectox32	柱状			Bi-V/SiO_2-Al_2O_3					H_2S直接氧化,不产生SO_3
	Selectox33	柱状			Bi-V/SiO_2-Al_2O_3					H_2S直接氧化,不产生SO_3
尾气灼烧催化剂										
Procatalyse	CT739	球形		0.60	SiO_2	Fe				催化灼烧

2) 添加助剂的氧化铝催化剂

能够用于改进活性氧化铝性能的助剂有碱土金属氧化物、氧化钠以及氧化钛等。

碱土金属氧化物可改进催化剂的抗硫酸盐化能力,能够增强克劳斯反应和COS水解能力。氧化钠有助于强化氧化铝催化剂的碱性而增强其水解CS_2的能力,但它会加速催化剂的硫酸盐化和使催化剂易于烧结,氧化钠的含量通常在0.1%~0.5%之间。加有氧化钛的氧化铝催化剂主要用于低温克劳斯段,它可以将氧化钛的高活性和氧化铝的多孔性结合起来。

2. 氧化钛催化剂

与铝基催化剂相比,氧化钛催化剂的主要优点是具有高的克劳斯反应活性,特别是水解有机硫的活性;其次,由于在工况条件下氧化钛上的表面硫酸盐是不稳定的,可被H_2S还原或被水汽水解,故可维持稳定的高活性;此外,氧化钛催化剂的水热熔结在运行的几个小时内即已基本定型,而铝基催化剂则要延续很长时间。

由于氧化钛催化剂价格高,通常仅用于一级转化器的下段,使有机硫转化率达到95%以上;此外,它也可作为尾气中H_2S直接氧化的催化剂。国内外的氧化钛催化剂有CT6-8、CT6-8B、LS-901、CRS-31、S-701等牌号。

6.2.6.2 硫黄回收催化剂活性衰退及再生措施

无论是铝土矿型还是活性氧化铝型的硫黄回收催化剂，未经加热处理时比表面积达不到 $20m^2/g$，经过 400～500℃加热脱水后比表面积增大，孔隙率增高，此过程称为催化剂的活化。和一般催化剂一样，在硫黄回收催化剂表面，特别是微孔隙内部表面，分布着大量的表面活性中心，反应物（H_2S 和 SO_2）被吸附在表面活性中心进行反应，生成的硫蒸气从表面活性中心脱附并扩散到过程气中，因此，催化剂比表面积越大，表面活性中心越多，催化剂的活性就越高。但是硫黄回收催化剂在使用过程中活性会逐渐降低，主要原因是孔隙被堵塞或表面活性中心损失，使硫黄回收率降低，床层温升下降，此过程称为催化剂的活性衰退。引起催化剂活性衰退的因素有两类：一类是催化剂内部结构变化，它使催化剂活性缓慢降低且不能再生；另一类是外部因素，其作用迅速，但有时可以防止，且采取一定措施后催化剂活性可以部分或全部恢复。

1. 催化剂内部结构变化引起的活性衰退

催化剂在使用过程中，由于内部结构变化，引起比表面积逐渐变小的过程，称为老化过程。这种活性降低用一般方法是难以恢复的。老化过程可分为热老化和水热老化，温度高和有液态水存在会引起热老化和水热老化。在 500℃以下老化过程进行得很缓慢。对活性氧化铝催化剂，在比表面积降到 $123m^2/g$ 以前通常可以保持操作必需的活性。若催化剂床层温度超过 550℃，催化剂组分发生相变化，逐渐生成高温氧化铝，比表面积急剧下降，多孔氧化铝孔道开始倒塌，使催化剂永久性地失去活性，操作中应特别注意避免这种结构性失活。

2. 外部因素引起的活性衰退

影响催化剂活性衰退的外部因素主要有三个：硫沉积、含碳物质沉积和硫酸盐化。它们造成的催化剂活性降低是暂时的，可以恢复。恢复催化剂活性的过程称为催化剂的再生。

1）硫沉积及除硫措施

硫黄回收催化剂在使用过程中，表面活性中心会被硫覆盖，硫的沉积可能是在冷凝和吸附两种作用下发生的。当转化器操作温度低于过程气硫露点时，硫蒸气冷凝沉积在催化剂上，堵塞催化剂颗粒的微孔隙，甚至堵塞催化剂颗粒之间的空隙，不仅影响催化剂的活性，同时引起催化剂床层压降增加，必须立即采取除硫措施。即使转化器操作温度高于过程气硫露点（通常至少高 10℃），但由于催化剂比表面积大，并具有微孔结构，因此硫蒸气会由于吸附作用和毛细管凝聚作用而被吸附在表面活性中心上，导致催化剂活性降低。为使催化剂活性恢复，一般采用提高床层温度的方法，使被吸附的硫脱附并挥发到过程气中。

除硫的具体操作为：

（1）在装置运转过程中除硫。在装置正常操作的情况下，可定期地提高转化器的操作温度，从第一级转化器开始，顺次将床层入口温度升高 15～30℃，维持 36～48h，可吹出部分沉积的硫，使催化剂恢复到高活性。

（2）停工时除硫。在装置停工前必须清除装置内部和催化剂内部沉积的硫。通常第一步是把转化器入口温度提高 15～30℃，维持 36～48h；第二步将酸气切换成燃料气，按化学计量燃烧，并向反应炉中喷入水蒸气，防止反应炉耐火材料损坏和生成碳；接着让燃烧尾气在315～370℃下流经各级转化器催化剂床层，当冷凝器中无液态硫流出以后，继续吹扫 12～24h，然后降低吹扫温度，当低于硫燃烧温度（180～208℃）时，通入少量空气，并控制空气流量，使进入转化器的气流中含氧量低于1%，密切监视床层温度和进出口气体的温差（温差上升，表明有硫黄燃烧，应立即降低含氧量）；逐渐增加空气量，减少燃料气量，使装置冷却至环境温度，也可以在惰性气体保护下降温。如果有350℃以上的过热水蒸气，也可用水蒸气吹扫除硫，但除硫后仍要用惰性气体将水蒸气置换掉，以防止水分在系统中凝结而造成设备腐蚀。如果短期停工，只需把床层入口温度提高到15～30℃，维持36～48h，等待运转。

2) 含碳物质沉积及烧炭操作

在直流法反应炉中的强还原性气氛下或在分流法中炉温不够高时，酸气中含有的烃类有时不能完全燃烧而生成焦炭和焦油状含碳物质，它们容易被催化剂吸附并沉积在一级转化器床层顶部。焦炭是由于烃类不完全燃烧生成的，若沉积的焦炭量太大，并延伸到整个床层，会增加床层压降，影响硫黄产品的质量。焦炭在催化剂上吸附不牢，可以去除。焦油是烃—硫聚合物，由过程气中夹带的重烃或有机溶剂等在高温下和硫反应生成，焦油沉积在催化剂表面能堵塞催化剂颗粒表面的微孔，降低催化剂活性，当催化剂表面沉积1%～2%（质量分数）的焦油时，会完全丧失活性。

催化剂中沉积的焦油量少时，一般可只更换床层顶部的催化剂；若焦油沉积延伸到整个床层，则要求更换全部催化剂，或者采用烧炭措施。在烧炭前要按除硫步骤进行除硫。

除硫完毕后，逐渐用燃料气切换酸气，按化学计量燃烧，逐渐升温到450～500℃，然后调节进反应炉的空气量，使转化器的气流中含氧量不超过1%，并注意观察系统中各部位温度的变化，切勿超过550℃。为了保护反应炉的耐火材料并控制炭的生成，应向反应炉内喷入适量水蒸气。根据转化器进出口气流中O_2和CO_2的含量可以判断烧炭效果，当进出口气流中O_2和CO_2含量不变时，停止烧炭，降温后切换成酸气或停工。烧炭时容易使催化剂局部超温，加速催化剂老化，虽然烧炭使催化剂活性有所提高，但其比表面积减小较大。一般情况下应严格控制酸气中烃的含量，改善燃烧条件，以防止积炭，除非必须不推荐烧炭。

3) 硫酸盐化及还原操作

在操作过程中由于催化剂和过程气中二氧化硫、三氧化硫和氧气的作用，催化剂中的氧化铝和氧化铁会转化成硫酸盐，占据催化剂的表面活性中心，降低催化剂的活性。

催化剂表面硫酸盐化可以按几种方式发生，在装置正常操作期间，二氧化硫化学吸附在氧化铝表面上的氧或氢氧基上，生成硫酸盐，但数量不多。如果过程气中有三氧化硫或氧气存在，即使只有微量，也会加速催化剂的硫酸盐化。操作过程中，催化剂表面生成的硫酸盐量并不是无限增加，因为生成的硫酸盐能与过程气中硫化氢反应，重新生成氧化铝。

当生成速率与还原速率相等时，硫酸盐的量不再增加，达到一种平衡状态。改变条件，如提高H_2S体积分数和床层温度，可促使硫酸铝重新转化为氧化铝。因此，硫酸盐的还原操作是：将一级转化器入口温度提高到340～370℃，二级转化器入口温度提高到比一般操作温度高30℃，维持12～24h，除去催化剂表面吸附的硫；然后调节过程气中H_2S和SO_2的摩尔比为2.5或更高，维持24～36h，再将温度及H_2S和SO_2比值恢复到正常操作条件，即可观察到催化剂活性恢复。但是，此过程将引起H_2S转化率下降，尾气中H_2S、SO_2含量升高引起污染。为此，要避免催化剂的硫酸盐化并研制抗硫酸盐化的催化剂。

除此之外，磨耗和上游夹带来的固体机械杂质也是引起催化剂活性衰退的外部因素，应尽量避免。

6.2.7 克劳斯硫黄回收工艺计算

6.2.7.1 纯 H_2S 制硫的平衡转化率

1953年甘姆森等结合实验数据,用平衡常数法系统地研究了克劳斯反应,率先从理论上总结了克劳斯法硫黄回收过程。该法认为反应(6.12)平衡常数很大。按化学计量供给空气进行反应时,产物中无 O_2 存在,故实际平衡计算只考虑如下反应:

$$2H_2S + SO_2 \underset{}{\overset{K_1}{\rightleftharpoons}} 2H_2O + 3/x S_x \tag{6.12}$$

$$S_6 \underset{}{\overset{K_2}{\rightleftharpoons}} 3S_2 \tag{6.13}$$

$$S_8 \underset{}{\overset{K_3}{\rightleftharpoons}} 4S_2 \tag{6.14}$$

$$K_1 = \frac{p_{H_2O}^2 p_{S_x}^{3/x}}{p_{H_2S}^2 p_{SO_2}} = \frac{0.25 p_{S_x}^{3/x} p_{H_2O}^2}{p_{SO_2}^3} \tag{6.15}$$

$$K_2 = \frac{p_{S_2}^3}{p_{S_6}} \tag{6.16}$$

$$K_3 = \frac{p_{S_2}^4}{p_{S_8}} \tag{6.17}$$

式中 K_1,K_2,K_3——平衡常数;
  p_i——i 组分的分压,i 表示 H_2S、SO_2、H_2O、S_2、S_6、S_8。

H_2S 和 SO_2 的反应在高温反应段($x=2$)和温度较低的催化反应器($x=6,8$)中都可以进行。大致在 927~1727℃ 的范围内 S_2 是唯一稳定存在的,在 27~927℃ 范围内存在 S_8、S_6 和 S_2 间的复杂平衡,平衡组成取决于温度和硫的总分压。

K_1 值如图 6.31 所示,K_2、K_3 的值列于表 6.8 中。

表 6.8 平衡常数 K_2、K_3 的值

温度,K	400	600	800	900	1000	1100	1200
K_2	7.71×10^{-21}	8.24×10^{-9}	1.007×10^{-2}	1.12	49.3	1132	15520
K_3	5.67×10^{-30}	4.20×10^{-12}	4.71×10^{-3}	5.17	1444	1.55×10^5	7.25×10^6

若按化学计量将干燥空气加到纯 H_2S 气体中,平衡混合物各组分分压间有如下关系:

$$p_{H_2S} = 2p_{SO_2} \tag{6.18}$$

$$p_{N_2} = 3.76(p_{SO_2} + 0.5 p_{H_2O}) \tag{6.19}$$

$$p_{H_2O} = p_{SO_2} + 2p_{S_2} + 6p_{S_6} + 8p_{S_8} \tag{6.20}$$

平衡总压 p_t:

$$p_t = p_{H_2S} + p_{SO_2} + p_{H_2O} + p_{N_2} + p_{S_2} + p_{S_6} + p_{S_8} \tag{6.21}$$

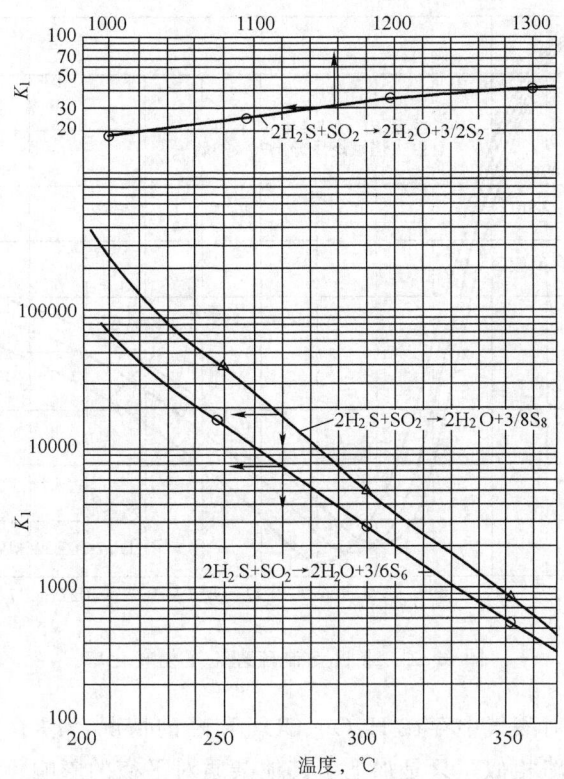

图 6.31 克劳斯反应平衡常数

整理得:

$$p_t = 6.76 p_{SO_2} + 2.88 p_{H_2O} + p_{S_2} + p_{S_6} + p_{S_8} \quad (6.22)$$

各组分的平衡分压计算步骤如下:

(1) 假定 $p_{H_2O}^2$ 与 $p_{SO_2}^3$ 比值为 A;
(2) 由式(6.15)求 p_{S_2};
(3) 由式(6.16)、(6.17)求 p_{S_6}、p_{S_8};
(4) 联立方程 (6.20)、(6.22) 求 p_{SO_2} 和 p_{H_2O};
(5) 计算 $p_{H_2O}^2$ 与 $p_{SO_2}^3$ 比值并与假设值 A 比较,若不相等重新假设 A 值计算直到达到要求为止。

按上述步骤得出各组分分压后用下式求平衡转化率 η:

$$\eta = \frac{2 p_{S_2} + 6 p_{S_6} + 8 p_{S_8}}{2 p_{S_2} + 6 p_{S_6} + 8 p_{S_8} + p_{H_2S} + p_{SO_2}} \quad (6.23)$$

用此法计算一系列数据再绘制成图 6.32 所示的纯 H_2S 制硫理论平衡转化率曲线。

图 6.32 为露点下的理论平衡转化率曲线,在低于 627℃ 的区域内反应速率较慢,降温升压有利于平衡向生成硫的方向进行,但反应速率较慢,通常需要催化剂,故称为催化反应区。高于上述温度,生成的硫主要以 S_2 形式存在,由反应式(6.12)可见,此时克劳斯反应为体积增大的吸热反应,故降低系统压力和提高反应温度都有利于平衡向生成硫的方向进行,且反应速率快,不需催化剂,故称热反应区。

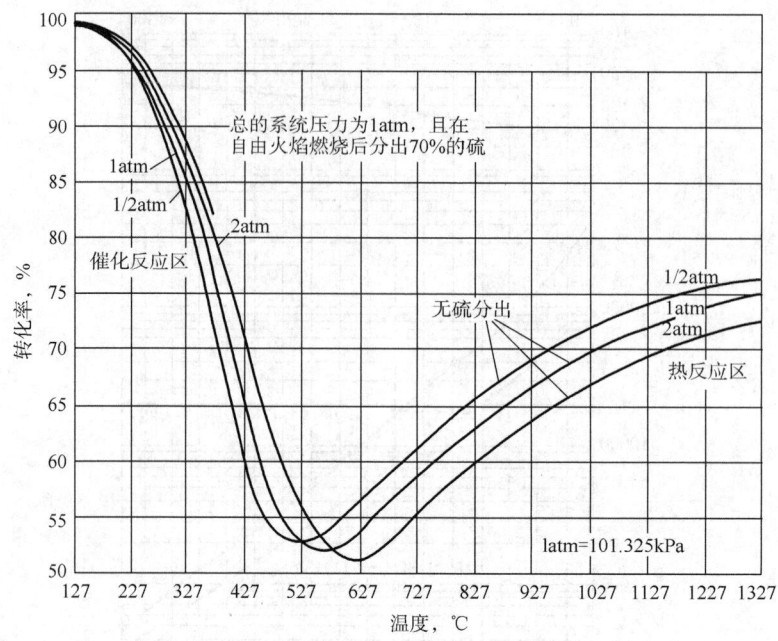

图 6.32 纯 H_2S 制硫理论平衡转化率

在此基础上，人们对酸气中存在 H_2O、CO_2 和烃的情况考虑了一系列副反应，提出了另一套数据，其基本思路相似，只是加上了其他杂质对平衡的影响，此处不详述。一些学者还采用最小自由能法来计算反应的平衡组成，对克劳斯回收工艺进行研究。

6.2.7.2 设计考虑因素

1. 硫黄回收率与转化级数

确定硫黄回收率的主要依据是进料酸气的 H_2S 体积分数、工厂规模以及国家和地方的环保标准，为达到一定的硫黄回收率又必须配合适宜的转化级数。目前建设的克劳斯装置大都只有两级反应器，某些大装置采用三级，而采用四级的比较少。

2. 操作条件

进行工艺计算时，必须首先确定温度和压力等条件。

1) 操作压力

不管是热反应区还是催化反应区，低压对硫的生成有利，也利于降低空气鼓风机的动力消耗，同时，可降低上游脱硫装置再生塔的操作温度，减少设备腐蚀。在设计中通常由尾气处理所需要的压降和克劳斯装置本身设备、管道压降来初步推算克劳斯装置中各点过程气的操作压力，然后确定所需的进料酸气的压力。国内尾气处理装置的压降约 34.3kPa，反应炉压降 9.8kPa，余热锅炉约 4.5kPa，冷凝器 0.2kPa，转化器约 1.5kPa，克劳斯装置总压降 23.5～34.3kPa。

2) 操作温度

反应炉温度由进料酸气组成和反应炉热损失确定，一般为了使燃烧稳定，反应炉温度应在 1010℃左右。

余热锅炉进口温度即为反应炉出口温度（余热锅炉与反应炉直接相连）。当余热锅炉产生压力较高的水蒸气时，为多产水蒸气，希望余热锅炉出口温度尽可能低，一般为 280～

400℃。对直流法，余热锅炉出口温度宜为 280～350℃；对分流法装置，由于余热锅炉出口气流要在转化器前与旁通酸气混合，故应由一级转化器进口温度计算所需要的余热锅炉出口温度。

各级转化器的温度受热力学和动力学的限制。从热力学出发，希望催化反应温度尽可能低，但低限受硫露点的限制，否则会导致硫在催化剂上沉积。一般认为，转化器操作温度至少应比硫露点高 30℃。同时，从动力学出发，又必须维持一定的温度以获得较高的反应速率。一般说来，一级转化器在较高温度下操作以促进 COS、CS_2 的水解，二、三级转化器在获得合适的反应速率和避免液态硫沉积的足够低的温度下操作。为此，一级转化器进口温度一般为 232～260℃，而后面各级转化器的进口温度通常为 204～221℃。设计时，应根据实际情况选择适当的转化器进口温度，然后计算出口温度，使进、出口温度在硫露点以上的安全范围内，并保证床层温度在所用催化剂活性最佳的范围内。此外，当进二级转化器的气体用一级转化器出口气流再热时，还要保证一级转化器出口气流能提供足够的热量。

冷凝器出口的气体无论是进入下一级转化器还是进入尾气处理单元，都希望其中的硫尽可能少，因此，冷凝器出口温度应尽可能低，其下限值为硫的凝固点温度（约 120℃），一般应控制在 170℃以下。为减轻再热器的热负荷，还应结合热交换设备结构选择和热能利用方案进行统筹，同时结合考虑液态硫黏度。

液态硫的输送温度应考虑其黏温特性，一般以 130～155℃为好，为降低能耗和减少硫的升华损失，可在 130℃左右储存和输送液态硫。

6.2.7.3 工艺计算

克劳斯工艺计算是使用物料平衡和热量平衡的手段，结合过程特点对各单元过程进行计算。由于克劳斯回收过程中存在各种气态硫，同时还发生了一系列副反应，因此严格的计算通常按平衡条件和组分情况借助计算机来实现。为了说明计算过程，现忽略副反应，以例 6.1 来进行示例。表 6.9、表 6.10、表 6.11 列出了克劳斯反应过程中主要物质的焓数据。

表 6.9 主要烃类的焓　　　　　　　　　　　　　　　　kJ/kmol

温度℃	C_1	C_2	C_3	$n-C_4$	$i-C_4$	$n-C_5$	$n-C_6$
15	519.2	756.3	1052	1414	1379	1720	2042
25	868.8	1275	1778	2388	2331	2905	3450
50	1758	2626	3680	4934	4833	6004	7132
100	3617	5565	7862	10510	10350	12800	15220
150	5614	8826	12540	16730	16550	20400	24260
200	7770	12400	17700	23570	23390	28760	34220
250	10090	16290	23310	30990	30820	37870	45050
300	12590	20460	29340	38940	38820	47650	56690
350	15240	24910	35770	47390	47320	58070	69060
400	18040	29620	42550	56310	56280	69080	82120
450	20990	34560	49670	65650	65680	80630	95800
500	24060	39740	57100	75380	75480	92680	110100

续表

温度℃	C_1	C_2	C_3	$n-C_4$	$i-C_4$	$n-C_5$	$n-C_6$
550	27250	45120	64830	85490	85640	105200	124800
600	30560	50710	72830	95940	96160	118100	140100
650	33980	56490	81090	106700	107000	131500	155900
700	37500	62450	89590	117800	118100	145200	172000
800	44820	74840	107200	140800	141200	173600	205500
900	52510	87820	125700	164800	165300	203300	240300
1000	60530	101300	144800	189600	190200	233900	276300
1100	68850	115200	164500	215100	215800	265500	313400
1200	77470	129600	184700	241300	242100	298000	351400
1300	86350	144200	205400	268100	268900	331200	390300
1400	95470	159200	226500	295400	296200	365100	430100
1500	104800	174400	247900	323100	323900	399700	470600
1600	14400	189900	269700	351100	352000	434900	511900
1700	124100	205500	291700	379500	380500	470800	553900

注：表中数值以 0℃时焓为 0kJ/kmol 作为基准。

表 6.10　燃烧气体的焓　　　　　　　　　　　　　　　　　　　　kJ/kmol

℃	N_2	O_2	Air	H_2	CO	CO_2	H_2O
15	437.6	452.4	436.2	439.5	437.9	548.7	512.5
25	729.5	756	727.2	732.3	730.1	921	855.7
50	1460	1521	1455	1464	1461	1873	1719
100	2923	3074	2915	2924	2927	3861	3461
150	4390	4648	4383	4381	4398	5941	5221
200	5863	6237	5861	5838	5878	8100	6994
250	7344	7838	7351	7293	7369	10330	8779
300	8836	9449	8857	8748	8873	12620	10580
350	10340	11070	10380	10200	10390	14970	12390
400	11860	12700	11920	11660	11930	17370	14220
450	13390	14330	13470	13120	13480	19830	16070
500	14940	15970	15050	14570	15050	22330	17950
550	16510	17630	16640	16040	16640	24880	19850
600	18090	19290	18240	17500	18250	27480	21780
650	19690	20960	19870	18980	19870	30110	23750
700	21300	22650	21500	20450	21510	32780	25740
800	24580	26050	24820	23430	24830	38220	29840
900	27910	29500	28190	26450	28210	43780	34090
1000	31290	33000	31600	29510	31630	49440	38470
1100	34710	36540	35050	32620	35100	55180	43000

续表

℃	N_2	O_2	Air	H_2	CO	CO_2	H_2O
1200	38170	40140	38540	35780	38600	60990	47650
1300	41660	43780	42050	38990	42130	66860	52420
1400	45180	47470	45590	42250	45690	72790	57300
1500	48730	51190	49160	45560	49270	78760	62280
1600	52310	54950	52740	48920	52870	84770	67360
1700	55900	58750	56350	52320	56490	90810	72520

注：表中数值以0℃时焓为0kJ/kmol作为基准。

表 6.11 含硫组分的焓　　　　　　　　　　　kJ/kmol

℃	S_2	SO_2	SO_3	H_2S	CS_2	COS	S_3	S_4	S_5	S_6	S_7	S_8
15	482.4	590.1	756.7	504.6	669.3	609.3	722.8	967.1	1294	1666	1971	2306
25	806.5	990.2	1272	841.5	1122	1022	1210	1623	2168	2792	3302	3864
50	1625	2013	2596	1686	2273	2076	2447	3295	4391	5653	6688	7819
100	3293	4146	5376	3392	4654	4269	4986	6763	8976	11540	13650	15950
150	4997	6377	8303	5129	7123	6557	7595	10360	13720	17580	20820	24290
200	6730	8687	11350	6911	9668	8927	10260	14060	18590	23750	28120	32810
250	8486	11060	14510	8745	12280	11370	12960	17830	23570	30000	35530	41460
300	10260	13480	17770	10640	14940	13870	15690	21660	28660	36310	43020	50240
350	12050	15950	21120	12590	17660	16420	18450	25540	33840	42680	50570	59130
400	13850	18450	24550	14600	20420	19030	21230	29460	39100	49090	58180	68140
450	15670	21000	28060	16670	23210	21680	24030	33410	44430	55530	65820	77260
500	17490	23570	31640	18790	26040	24360	26840	37380	49820	62010	73490	86480
550	19330	26190	35280	20970	28900	27090	29660	41370	55250	68510	81190	95820
600	21170	28830	38990	23190	31780	29840	32500	45390	60720	75040	88910	105300
650	23020	31500	42740	25460	34690	32630	35340	49410	66220	81580	96650	114800
700	24880	34210	46540	27760	37610	35440	38180	53450	71740	88160	104400	124400
800	28630	39700	54270	32480	43520	41140	43890	61570	82810	101400	120000	143800
900	32410	45290	62140	37340	49480	46920	49620	69710	93890	114700	135600	163400
1000	36220	50960	70130	42320	55490	52760	55360	77880	105000	128000	151200	183100
1100	40060	56720	78220	47420	61540	58670	61120	86070	116000	141500	166800	202800
1200	43930	62540	86390	52620	67620	64620	66880	94280	127000	155100	182500	222500
1300	47840	68430	94630	57920	73730	70610	72650	102500	137900	168800	198200	242100
1400	51770	74370	102900	63320	79860	76640	78430	110700	148800	182600	213900	261600
1500	55730	80350	111300	68810	86010	82700	84210	119200	159700	196500	229600	281100
1600	59720	86380	119700	74380	92190	88790	89990	127200	170500	210400	245300	300400
1700	63730	92440	128100	80030	98380	94910	95780	135500	181300	224300	261000	319700

注：表中数值以0℃时焓为0kJ/kmol作为基准。

【例 6.1】 已知某酸气组成为 H_2S 60.65%（摩尔分数，下同），CO_2 32.17%，H_2O 6.20%，烃类（以 C_1 计）0.98%；酸气温度为 43.3℃，压力为 143kPa，进料量为 217.75kmol/h；环境中空气的干球温度为 38℃，湿球温度为 24℃，空气鼓风机出口温度为 82.2℃，试进行工艺计算。

解 （1）反应炉燃烧反应段。

燃烧段进行的反应有：

$$H_2S + \frac{3}{2}O_2 \longrightarrow H_2O + SO_2 \quad \Delta H(0℃) = -517.9 \text{kJ/mol}$$

$$CH_4 + 2O_2 \longrightarrow CO_2 + 2H_2O \quad \Delta H(0℃) = -802.8 \text{kJ/mol}$$

求进料中 $\frac{1}{3}$ 的 H_2S 和烃类所需的氧气量：

$\frac{1}{3}$ 的 H_2S：$\frac{1}{3} \times \frac{3}{2} \times 60.65\% \times 217.75 = 66.03 \text{kmol/h}$

烃类（以 C_1 计）：$2 \times 0.98\% \times 217.75 = 4.28 \text{kmol/h}$

所需氧气量为：$66.03 + 4.26 = 70.31 \text{kmol/h}$

根据计算得到的所需氧气量，可计算所需空气量（空气中 N_2 含量按 78.99% 计算，得 N_2 为 264.36kmol/h，根据已知干、湿球温度可计算空气含水量为 9.94kmol/h）。

在反应段设 x 为反应的 H_2S 的量，反应段生成 S_2。故：

$$2H_2S + SO_2 \longrightarrow 2H_2O + \frac{3}{2}S_2 \quad \Delta H(0℃) = +47.06 \text{kJ/mol}$$

$$x \quad \frac{1}{2}x \quad x \quad \frac{3}{4}x$$

燃烧反应段的物料平衡数据示于表 6.12。

表 6.12 反应炉燃烧反应段物料平衡数据

组　成	进料气，kmol/h	空气，kmol/h	燃烧产物，kmol/h	反应产物，kmol/h
H_2S	132.06	—	88.04	88.04−x
CO_2	70.05	—	72.19	72.19
H_2O	13.50	9.94	71.73	71.73+x
SO_2	—	—	44.02	44.02−x
N_2	—	264.36	264.36	264.36
O_2	—	70.31	—	—
S_2	—	—	—	3x/4
烃类（以 C_1 计）	2.14	—	—	—
合计	217.75	344.61	540.34	540.34+x/4

若通过反应炉的压降 Δp 为 11.4kPa，则 $p = 143 - 11.4 = 131.6 \text{kPa}$ 或 1.3atm，在平衡时有：

$$K_p = \frac{p_{H_2O}^2 p_{S_2}^{1.5}}{p_{H_2S}^2 p_{SO_2}} = \frac{n_{H_2O}^2 n_{S_2}^{1.5}}{n_{H_2S}^2 n_{SO_2}} \left(\frac{p}{n_{总}}\right)^{0.5}$$

$$= \frac{(71.73+x)^2 \left(\frac{3}{4}x\right)^{1.5}}{(88.04-x)^2(44.02-0.5x)} \left(\frac{1.3}{540.34+0.25x}\right)^{0.5}$$

(6.24)

式中 p_i——i 组分的分压，i 表示 H_2S、H_2O、SO_2、S_2，atm；

n_i——i 组分的物质的量，i 表示 H_2S、H_2O、SO_2、S_2，kmol；

p——总压，atm；

$n_总$——平衡时总的物质的量，kmol。

令 x 分别为 58.98kmol/h、61.25kmol/h、63.52kmol/h 可算出如表 6.13 所示的结果。

表 6.13 不同 x 值时的平衡常数与平衡温度

x, kmol/h	K_p（计算值）	平衡温度，℃（由图 6.31 查得）
58.98	19.9	1027
61.25	27.9	1143
63.52	39.8	1310

利用表 6.9、表 6.10、表 6.11 中的热力学数据对每个 x 值用热平衡确定火焰温度，例如 $x=58.98$kmol/h，计算结果如表 6.14、表 6.15、表 6.16 所示。

表 6.14 进料气 (43.3℃)

组 成	流量，kmol/h	ΔH，kJ/kmol（查表 6.9、表 6.10、表 6.11）	热负荷，kJ/h
H_2S	132.06	1467	193732
CO_2	70.05	1599	112010
H_2O	13.50	1449	19562
烃类（以 C_1 计）	2.14	1541	3298
合计	217.75	—	328602

表 6.15 燃烧空气 (82.2℃)

组 成	流量，mol/h	ΔH，kJ/kmol（查表 6.10）	热负荷，kJ/h
O_2	70.31	2433	171064
N_2	264.36	2403	635257
H_2O	9.94	2778	27613
合计	344.61	—	833934

表 6.16 反应产物

组 成	流量，mol/h	ΔH，kJ/kmol（1149℃）（查表 6.10、表 6.11）	热负荷，kJ/h（1149℃）	ΔH，kJ/kmol（1204℃）（查表 6.10、表 6.11）	热负荷，kJ/h（1204℃）
H_2S	29.06	48893	1420831	51684	1501937
CO_2	72.19	58173	4199509	61406	4432899
H_2O	130.71	45287	5919464	47846	6253951
SO_2	14.53	58592	851342	61686	896298
N_2	264.36	36448	9635393	38356	10139792
S_2	44.24	41496	1835783	43566	1927360
合计	555.09	—	23862322	—	25152237

热平衡计算：

① 酸气带入热量为328602kJ/h，空气带入热量为833934kJ/h；

② H_2S 燃烧放热：$\frac{1}{3} \times 132.06 \times 517900 = 22797958$ kJ/h，C_1 燃烧放热：$2.14 \times 802800 = 1717992$ kJ/h；

③ 克劳斯反应耗热为：$\frac{58.98}{2} \times (-47060) = -1387799$ kJ/h；

④ 总的热量为24290687kJ/h。

故用内插法可得火焰温度为1168℃。

同理当 $x=61.25$ kmol/h 时，火焰温度为1166℃；$x=63.52$ kmol/h 时，火焰温度为1164℃。

绘制假设的 x 值与计算的平衡温度与火焰温度的曲线，其交点 $x=61.71$ kmol/h（转化率为70.1%），温度为1166℃，符合热平衡和动力学平衡条件。

（2）余热锅炉热负荷计算。

设余热锅炉产生的水蒸气压力为1723kPa（表压），经冷却的燃烧产物温度为371℃。由图6.5查得371℃下硫蒸气的分布约为：S_2 0.5%，S_6 45%和 S_8 54.5%。在70.1%的转化率下，$x=61.71$ kmol/h。产物冷却到371℃时，除 S_2 外，其余组分不发生变化，故冷却燃烧产物的组成和余热锅炉热平衡如表6.17所示。

表6.17　冷却燃烧产物的组成和余热锅炉热平衡

组成	燃烧产物（1166℃）			冷却的燃烧产物（371℃）		
	流量，kmol/h	ΔH, kJ/kmol（查表6.10、表6.11）	热负荷 kJ/h	流量 kmol/h	ΔH, kJ/kmol（查表6.10、表6.11）	热负荷 kJ/h
H_2S	26.33	49755	1310049	26.33	13481	354954
CO_2	72.19	59172	4271627	72.19	15945	1151070
H_2O	133.44	46077	6148515	133.44	12960	1729382
SO_2	13.17	59548	784247	13.17	16703	219978
N_2	264.36	37037	9791101	264.36	10962	2897914
S_2	46.28	42135	1950008	0.0635	12788	812
S_6	—	—	—	5.889	32576	191840
S_8	—	—	—	7.137	42398	302594
合计	555.77	—	24255547	522.58	—	6848544

则 $\Delta H = 24255547 - 6848544 = 17407003$ kJ/h。

由图6.13可计算硫构型转化的热：

$3S_2$（气）$\to S_6$（气）：$5.889 \times 279026 = 1643184$ kJ/h

$4S_2$（气）$\to S_8$（气）：$7.173 \times 414624 = 2959171$ kJ/h

总的热负荷 $= 17407003 + 1643184 + 2959171 = 22009358$ kJ/h

$$硫蒸气分压 = \frac{n_{S_2} + n_{S_6} + n_{S_8}}{n_总} \times p_总$$

$$= \frac{0.0635 + 5.889 + 7.137}{522.58} \times 131.6$$

$$= 3.30 \text{kPa}$$

而由图 6.6 可知，在 371℃时，硫的蒸气压为 30kPa，故无冷凝硫产生。

（3）一级冷凝器计算。

令反应流体经冷凝器进一步冷却至 177℃，其压降为 3.44kPa，由图 6.6 可知，在 177℃时的硫蒸气饱和分压为 0.111kPa，故该流体处于硫露点温度以下。由图 6.5 得到的硫分布为：S_6 14.5% 和 S_8 85.5%。若不发生冷凝，应有 1.74kmol/h 的 S_6 和 10.26kmol/h 的 S_8。

$$未冷凝的硫 = \frac{硫蒸气分压}{总压} \times n_总$$

$$= \frac{0.111}{(131.6 - 3.44) - 0.111} \times [522.58 - (1.74 + 10.26)]$$

$$= 0.443 \text{kmol/h}$$

S_6：$0.145 \times 0.443 = 0.0642$ kmol/h 　　未冷凝量

　　$1.74 - 0.0642 = 1.676$ kmol/h 　　冷凝量

S_8：$0.855 \times 0.443 = 0.3788$ kmol/h 　　未冷凝量

　　$10.26 - 0.3788 = 9.88$ kmol/h 　　冷凝量

冷凝器出口组成及热平衡见表 6.18。

表 6.18　冷凝器出口组成及热平衡

组成	流量，kmol/h	ΔH，kJ/kmol	热负荷，kJ/h
H_2S	26.33	6173	162535
CO_2	72.19	7053	509156
H_2O	133.44	6032	804910
SO_2	13.17	7477	98472
N_2	264.36	5176	1368327
S_2（气）			
S_6（气）	1.74	15177	26407
S_8（气）	10.26	19742	202552
合计	1149.37		3172359

故 $\Delta H = 6848544 - 3172359 = 3676185$ kJ/h。

由图 6.14 查得，S_6 和 S_8 的冷凝热为：

S_6（气）→ S（液）：$1.676 \times 92288 = 154675$ kJ/h

S_8（气）→ S（液）：$9.88 \times 80987 = 800151$ kJ/h

从 371℃条件下 0.0635kmol/s 的 S_2 蒸气经降温到 177℃时，遵从 S_6 和 S_8 的分布规律，其冷凝热为：

S_2（气）→ S_6（气）：$0.00227 \times 275771 = 626$ kJ/h

S_2（气）$\to S_8$（气）：$0.014065 \times 409741 = 5763$ kJ/h

总的热负荷 $= 3676185 + 154675 + 800151 + 626 + 5763 = 4637400$ kJ/h

（4）一级再热器计算。

再加热的主要目的之一是使通过转化器的反应气体温度保持在硫露点以上。为了估算转化器出口的硫露点温度，假设进料中 H_2S 的 20% 在第一级转化器中能转化成单质硫。于是转化器出口的总硫（以 S_1 计）为：$0.0642 \times 6 + 0.3787 \times 8 + 0.20 \times 132.06 = 29.83$ kmol/h。另假设再热器和转化器的压降为 6.89 kPa，则硫蒸气压（以 S_1 计）为 $\frac{29.83}{512.4} \times 121.3 = 7.06$ kPa。

由图 6.6 查得 7.06 kPa 下以 S_1 计的温度为 229℃，加上保险起见取为 246℃，则再热器热负荷如表 6.19 所示。

表 6.19　再热器热负荷

组成	流量，kmol/h	热值，kJ/kmol（查表 6.10、表 6.11）	热负荷 kJ/h（246℃）	热负荷（入口）kJ/h（177℃）
H_2S	26.33	8697	228992	162535
CO_2	72.19	10093	728613	509156
H_2O	133.44	8447	1127168	804910
SO_2	13.17	10651	140273	98472
N_2	264.36	7211	1906300	1368327
S_6（气）	0.11	21268	2339	960
S_8（气）	0.33	27669	9130	7501
合计	509.93	—	4142815	2951861

注：在 246℃下，硫蒸气的组成为 $0.255 S_6$ 和 $0.745 S_8$（查图 6.5）。

总的热负荷 $= 4142815 - 2951861 = 1190954$ kJ/h

（5）一级转化器计算。

转化器的温度范围通常为 204～371℃。生成 S_2、S_6 和 S_8 的克劳斯反应平衡都应用于平衡计算，然而，一般考虑 S_6 和 S_8，为简化计，只考虑 S_8 的生成可得到近似值。

设 y 为 H_2S 反应的摩尔量，H_2S 与 SO_2 的反应按下述方程进行：

$$2H_2S + SO_2 \longrightarrow 2H_2O + \frac{3}{8}S_8 \qquad \Delta H = -104.774 \text{ kJ/mol}$$

$$y \qquad \frac{1}{2}y \qquad y \qquad \frac{3}{16}y$$

进料温度为 246℃，物料平衡数据如表 6.20 所示。

表 6.20　一级催化转化器物料平衡

组成	进料（246℃），kmol/h	出料，kmol/h
H_2S	26.33	$26.33 - y$
CO_2	72.19	72.19
H_2O	133.44	$133.44 + y$
SO_2	13.17	$13.17 - y/2$
N_2	264.36	264.36

续表

组成	进料（246℃），kmol/h	出料，kmol/h
S_6	0.11	—
S_8	0.33	$0.41+\left(\dfrac{3}{16}\right)y$
合计	509.93	$509.90-0.3125y$

注：出口气体中 $S_8 = 0.11 \times \dfrac{6}{8} + 0.33 + \left(\dfrac{3}{16}\right)y = 0.41 + \left(\dfrac{3}{16}\right)y$。

平衡时有：

$$K_p = \frac{n_{H_2O}^2 n_{S_8}^{3/8}}{n_{H_2S}^2 n_{H_2O}} \left(\frac{p}{n_{总}}\right)^{(3/8-1)}$$

$$= \frac{(133.44+y)^2 [0.41+(3/16)y]^{3/8}}{(26.33-y)^2(13.17-0.5y)} \left(\frac{121.3/101.325}{509.90-0.3125y}\right)^{-5/8}$$

令 y 分别为 16.33kmol/h、17.24kmol/h、18.15kmol/h，可求得 K_p，然后查得平衡温度，结果如表 6.21 所示。

表 6.21 不同 y 值时的结果

y，kmol/h	K_p	平衡温度，℃
16.33	3150.7	313.9
17.24	4327.4	304.4
18.15	6091.0	296.7

然后由每个假设 y 值，计算出总的出口物料的焓和转化器的热平衡，见表 6.22。

表 6.22 出口气体的焓与热量平衡

组成	物料质量流量，kmol/h	ΔH (304.4℃)	
		kJ/kmol	kJ/h
H_2S	9.09	10894	99026
CO_2	72.19	12772	922011
H_2O	150.68	10528	1586359
SO_2	4.55	13428	61097
N_2	264.36	8947	2365229
S_6	1.375	26496	36432
S_8	2.611	34471	90004
合计	504.86	141202	5160158

注：304.4℃，硫蒸气组成为 $0.35S_6$、$0.65S_8$。

取 y 为 17.24kmol/h，热量衡算：

带入热量（由一级再热器计算得到） 4142815kJ/h
克劳斯反应 $(17.24/2) \times 104774 = 903152$ kJ/h
带出热量 5160158kJ/h

将 y 值与气流的焓和平衡温度作图可得到满足平衡和动力学条件的 y 值为 17.6kmol/h，转化器出口温度为 302℃，（方法同燃烧反应段的方法一样），这样可求出转化器出口的气流情况，如表 6.23 所示。

表 6.23　一级转化器出口（302℃）

组　　成	流量，kmol/h	ΔH，kJ/kmol	热负荷，kJ/h
H_2S	8.73	10789	94188
CO_2	72.19	12642	912626
H_2O	151.04	10431	1575498
SO_2	4.37	13296	58104
N_2	264.36	8866	2343816
S_6	1.46	26245	38318
S_8	2.60	34153	81778
合计	504.75	—	5104328

以后重复一级冷凝器和一级再热器的步骤直至需要的最后一级转化器为止。可以继续计算尾气组成，继而进行焚烧炉的计算。

6.3　液态硫处理与硫黄成型

硫黄回收装置生产的液态硫（也称液硫）中常溶解有少量 H_2S，需脱除 H_2S（称为脱气）后输送至硫黄成型单元。

6.3.1　液态硫脱气

H_2S 在液态硫中会溶解，溶解的 H_2S 和多硫化氢（H_2S_x）之和称为总硫化氢。从图 6.33 可看出，液态硫中 H_2S 含量随着温度上升而下降，多硫化氢和总硫化氢含量随温度上升而剧增。生成的多硫化氢在低温下分解缓慢，但是搅动可以加速分解。

硫黄回收装置的液态硫是从各级冷凝器中分离出的，由于温度和硫化氢分压不同，各部位得到的液态硫中硫化氢含量也不同，如表 6.24 所示。由冷凝器分离出的液态硫，随着温度降低虽可释放出部分硫化氢，但是硫储槽中的液态硫中仍含有一定质量浓度的硫化氢，一般约为 170mg/L，最高可达到 250mg/L 左右。从绝对数字来看，液态硫中溶解的硫化氢虽然不多，但是在大量运输未脱气的液态硫时，由于硫化氢向空间扩散，不仅污染环境、腐蚀设备、威胁操作人员的健康，而且有引起火灾和爆炸的危险。因此，一般情况下液态硫中硫化氢的质量浓度不应高于 15mg/L。泵送液态硫会引起静电集聚，必须注意管线接地。此外，由于散发出来的硫化氢会使槽壁上生成硫化铁，硫化铁能自发着火，操作时应特别注意。

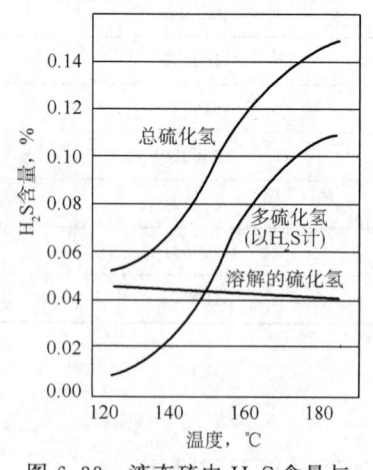

图 6.33　液态硫中 H_2S 含量与温度的关系

表 6.24　液态硫中 H_2S 含量

冷凝器	一级	二级	三级	四级	五级
液态硫中 H_2S 含量，g/t	500～700	180～280	70～110	10～30	5～10

目前使用的液态硫脱气工艺较多，使用较普遍的是间歇式注氨循环喷洒法和汽提法两种。

6.3.1.1　循环喷洒法

循环喷洒法脱气工艺过程是法国 SNPA 在 20 世纪 60 年代末开发的，主要用于较大型的硫黄回收装置，其工艺流程如图 6.34 所示。

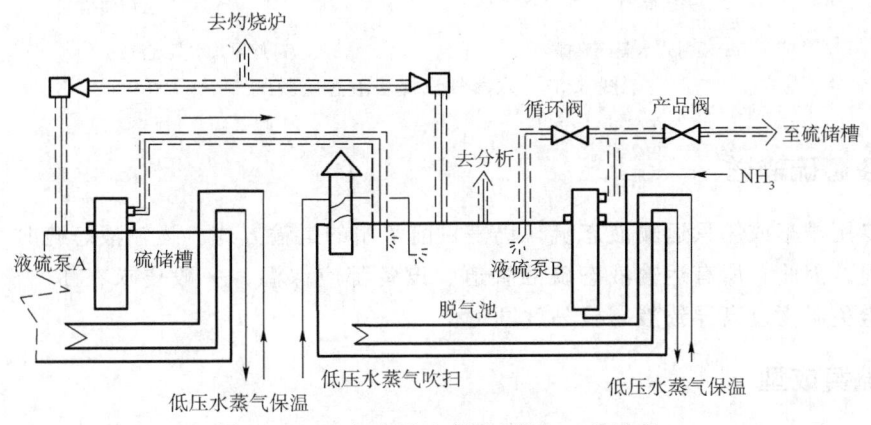

图 6.34　液态硫循环喷洒法脱气工艺流程

来自硫黄冷凝器的液态硫不断汇集在硫储槽，当达到高液位时，控制仪自动指示液硫泵 A 启动，液态硫通过喷嘴喷洒到脱气池内，由于降温和喷洒搅动作用，大量释放出硫化氢；当硫储槽内的液态硫降至低液位时液硫泵 A 停止，此时脱气池中液态硫升到高液位，脱气池液位控制仪指示液硫泵 B 启动，液态硫在脱气池内循环喷洒，同时从液硫泵 B 吸入口处注入一定量的氨。为了减少循环周期，可用两台或多台液硫泵进行液态硫喷洒循环。脱气循环周期完成后，关闭循环阀，打开产品阀，让液态硫至硫储槽。只要掌握好脱气循环周期和注氨量，液态硫中硫化氢质量浓度可降至 5mg/L 以下。在脱气期间，脱气池上部空间中硫化氢含量增加，为防止其达到可燃极限，要不断用低压水蒸气吹扫，并用水蒸气喷射泵抽出送至灼烧炉内灼烧，也可通过烟囱排至大气。

循环喷洒法得到的液态硫含硫化氢低，操作稳定。缺点是间歇式操作，设备投资高，喷嘴结构复杂，单个喷嘴生产能力低，需用多台液硫泵循环喷洒，因此不适宜用于小型硫黄回收装置。

6.3.1.2　汽提法

汽提法（水蒸气汽提法）也是硫黄回收装置用于液态硫脱气的主要方法，较适用于小型硫黄回收装置。汽提法是利用冷凝器产生的水蒸气进行汽提，按水蒸气与液态硫接触方式不同，可分为喷射式水蒸气汽提法和旋风式水蒸气汽提法，见图 6.35。

在这两种水蒸气汽提法中，水蒸气和液态硫都在 120～150℃ 下充分接触，旋风式汽提法的水蒸气耗量约为 11kg 水蒸气/t 硫。两种汽提法都可将液态硫中总硫化氢质量浓度降至 10mg/L 以下。这类方法设备简单，连续操作，投资和操作费用低。

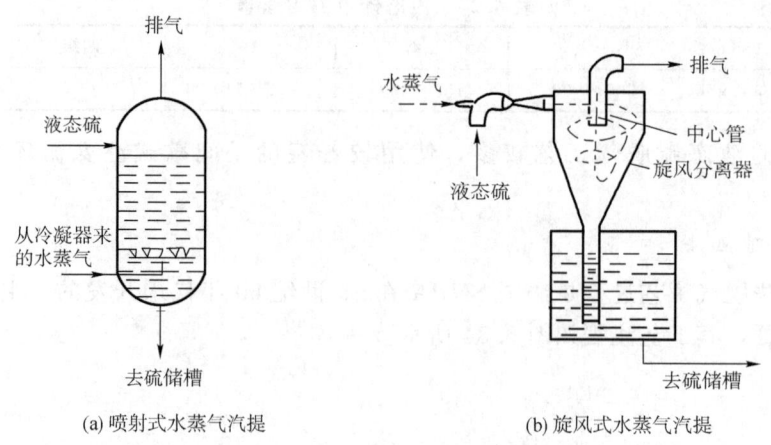

图 6.35 水蒸气汽提法液态硫脱气

6.3.2 液态硫输送

采用专用槽车或船只运输液态硫,仍是目前常用的运输方式。运输液态硫时,必须防止液态硫凝固。因此,所有运输液态硫的管道、设备都应保温,一般要求在 130~140℃ 范围内,并要避免温度过高导致液态硫黏度剧增。

6.3.3 硫黄成型

硫黄成型是将克劳斯工艺生产的液态硫制成市场所需要的、合乎安全及环保要求的固体产品的过程。固态硫黄产品形状主要有块状、片状和粒状,主要硫黄成型方法及特点如表 6.25 所示。

表 6.25 主要硫黄成型方法及特点

形状	成型方法	特点
块状	小型装置可用预制的小框成型;大、中型装置可以用大池冷却,然后机械粉碎,传送带装运	方法简单,但劳动强度大,机械粉碎时粉尘较多
片状	转鼓式成型机	(1) 用水冷却的筒形转鼓,下半部浸没在硫储槽中,在转鼓表面形成薄层固态硫,用刮刀刮下即为片状硫; (2) 冷却可用夹套或内壁喷水的方式,为防止结垢,要注意水质; (3) 硫片厚度决定于转鼓进入硫储槽的深度、转数及冷却水温度; (4) 设备简单、操作方便,但筒形转鼓由于热胀冷缩容易变形,固态硫硬度较差易破碎; (5) 处理量小,有少量粉尘
片状	钢带成型机	(1) 液态硫流至慢速运动的钢带上,钢带用喷水冷却,在硫黄凝固后用机械破碎; (2) 一般钢带用不锈钢制造,厚 1~2mm,轮距 10~80mm,宽 800~1500mm,硫黄厚度 4~20mm,处理量 2~20t/h; (3) 设备复杂,操作方便,钢带不易变形,破碎时有少量粉尘,占地面积大,对钢带材质有严格要求

续表

形状	成型方法	特点
粒状	水冷式造粒 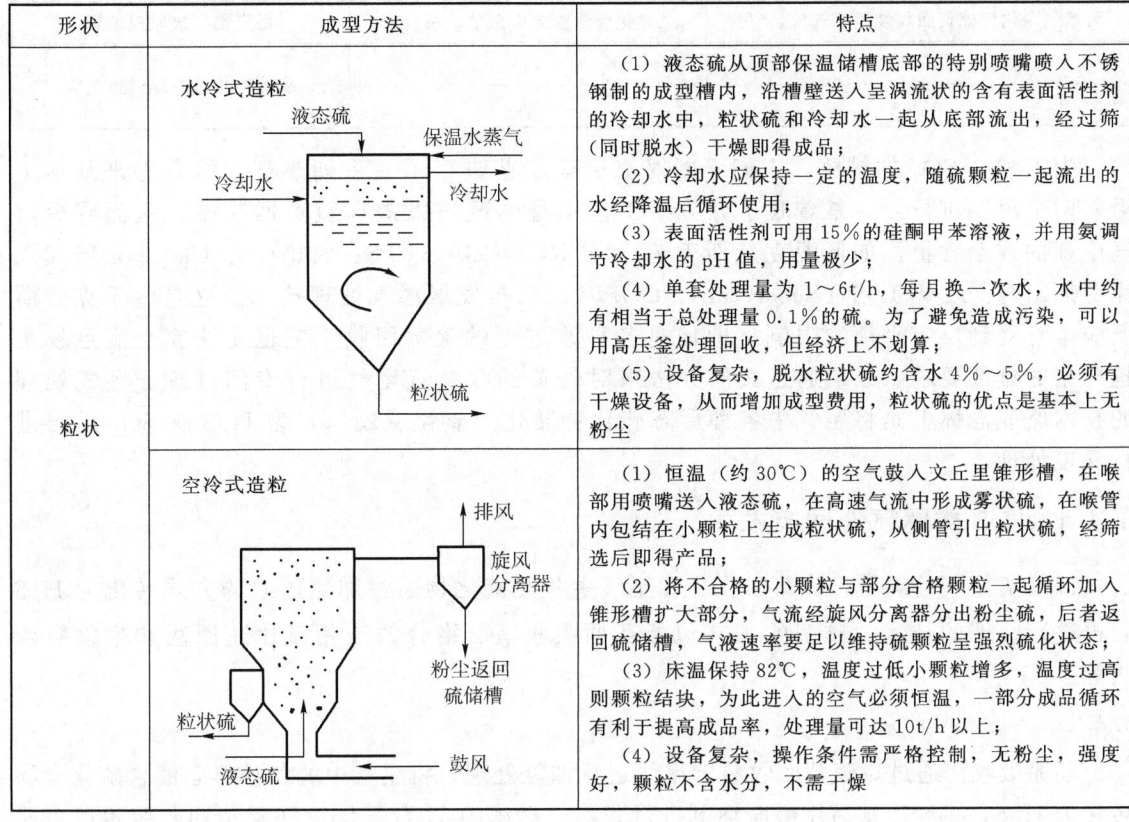	(1) 液态硫从顶部保温储槽底部的特别喷嘴喷入不锈钢制的成型槽内，沿槽壁送入呈涡流状的含有表面活性剂的冷却水中，粒状硫和冷却水一起从底部流出，经过筛（同时脱水）干燥即得成品； (2) 冷却水应保持一定的温度，随硫颗粒一起流出的水经降温后循环使用； (3) 表面活性剂可用15%的硅酮甲苯溶液，并用氨调节冷却水的pH值，用量极少； (4) 单套处理量为1～6t/h，每月换一次水，水中约有相当于总处理量0.1%的硫。为了避免造成污染，可以用高压釜处理回收，但经济上不划算； (5) 设备复杂，脱水粒状硫含水4%～5%，必须有干燥设备，从而增加成型费用，粒状硫的优点是基本上无粉尘
	空冷式造粒	(1) 恒温（约30℃）的空气鼓入文丘里锥形槽，在喉部用喷嘴送入液态硫，在高速气流中形成雾状硫，在喉管内包结在小颗粒上生成粒状硫，从侧管引出粒状硫，经筛选后即得产品； (2) 将不合格的小颗粒与部分合格颗粒一起循环加入锥形槽扩大部分，气流经旋风分离器分出粉尘硫，后者返回硫储槽，气液速度要足以维持硫颗粒呈强烈硫化状态； (3) 床温保持82℃，温度过低小颗粒增多，温度过高则颗粒结块，为此进入的空气必须恒温，一部分成品循环有利于提高成品率，处理量可达10t/h以上； (4) 设备复杂，操作条件需严格控制，无粉尘，强度好，颗粒不含水分，不需干燥

6.4 尾气处理

克劳斯硫黄回收单元的尾气含有 N_2、CO_2、H_2O、CO、H_2、未反应的 H_2S 和 SO_2、COS、CS_2、硫蒸气和夹带的液态硫。由于平衡限制和其他硫损失，克劳斯装置的总硫回收率通常不超过96%～97%。不经过进一步处理的尾气是不会允许排放的。最低的要求通常是经过焚烧后通过高烟囱排放，其主要目的是将硫化氢浓度降低到一个满足当地法规的低水平，并为 SO_2 通过烟囱释放到大气时提供热升力。从20世纪70年代开始，为保护日益恶化的大气环境，发达国家率先发布了较为严格的 SO_2 排放标准。在1996年之前我国是按照GBJ 4—1973《工业三废排放试行标准》来约束硫黄回收装置尾气排放，该标准是根据烟囱高度来规定允许的 SO_2 排放总量，对于 SO_2 浓度未做规定。1996年，我国发布了GB 16297—1996《大气污染物综合排放标准》，对硫、硫酸、二氧化硫和其他硫化物生产企业的尾气排放作了规定，它不仅根据烟囱高度规定了排放速率，还进一步规定了 SO_2 的最高允许排放浓度。天然气净化厂由于涉及硫和硫化物，也参照执行该标准。进入新时代以来，国家高度重视生态文明建设，环境保护要求日益严格，为加快天然气工业的发展，改善我国能源结构，适用于天然气净化厂的尾气排放标准GB 39728—2020《陆上石油天然气开采工业大气污染物排放标准》于2020年12月由生态环境部、国家市场监督管理总局发布，并于2021年1月1日正式实施，该标准明确了天然气净化厂 SO_2 排放浓度限值的要求。按照天然气净化厂硫黄回收装置的规模来划分，以200t/d硫黄产量为界，标准要求如表6.26所示。

表 6.26 天然气净化厂 SO_2 排放浓度限值要求（GB 39728—2020）

天然气净化厂硫黄回收装置总规模，t/d	二氧化硫排放浓度限值，mg/m^3	污染物排放监控位置
≥200	400	硫黄回收装置尾气排气筒
<200	800	

为了减少 SO_2 的排放，人们不断对克劳斯工艺进行了一系列改革，综合起来基本上沿着两个思路进行：一是着眼于克劳斯工艺本身的改进以提高硫黄回收率，从而减少尾气中硫的残余含量，如低温克劳斯工艺（MCRC、CBA、CPS、Sulfreen、Clauspol 1500）、克劳斯组合与变体工艺（SuperClaus、COPE）；二是发展尾气处理技术。这是由于克劳斯反应本身受到反应平衡的限制，即便是各种改进型的硫黄回收工艺也无法完全满足越来越严格的排放要求，必须通过其他方法来对硫黄回收装置尾气进行专门处理。尾气处理的技术路线总体上是将尾气中各种形态硫化物转化（氧化或还原）为 H_2S 或 SO_2 后再进行深度处理。

6.4.1 H_2S 类尾气处理技术

H_2S 类尾气处理是将硫黄回收装置尾气中各类硫化物通过加氢还原的方式转化为 H_2S 后再进行处理的技术。典型的工艺包括还原吸收法、络合铁液相氧化还原法和生物脱硫法等。

6.4.1.1 还原吸收法

还原吸收法通过对硫黄回收装置尾气进行加氢处理，将尾气中的各种形态的含硫化合物转化为 H_2S，再经冷却后用醇胺溶剂进行脱除，提浓的 H_2S 气体返回硫黄回收装置以单质硫的形式实现进一步回收。该工艺通常能将硫黄回收率提高到 99.8% 以上，能够满足相当严格的环保要求。最具代表性的工艺为壳牌公司开发的 SCOT（Shell Claus Offgas Treatment）工艺。该工艺于 1973 年首次工业化应用成功以来，在全球已建成投运的装置超过 300 套。我国于 1978 年引入第一套 SCOT 装置，由日本千代田公司进行设计，建设于现西南油气田分公司天然气净化总厂（引进分厂）。SCOT 工艺得到成功应用后，以它为基础出现了很多改进型工艺，如低温 SCOT、超级 SCOT、联合再生 SCOT、串级吸收 SCOT、HCR、RAR 以及中石油 CPH 等。这些工艺通过对流程、操作参数、设备、仪表、溶剂和催化剂等方面进行调整和优化来实现更高的硫回收率或更低的能耗。但这些工艺都是遵循 SCOT 工艺的基本原理和设计理论，均属于还原吸收工艺。图 6.36 为 SCOT 工艺流程图。

工艺流程由还原、吸收和溶液再生三部分组成。

1. 还原

从硫黄回收装置来的尾气在在线燃烧炉中和燃料气混合后升温至 230～280℃（具体温度取决于加氢催化剂特性）。在线燃烧炉的作用除升高硫黄回收装置尾气温度外，还可在净化厂无 H_2 来源的情况下，通过次当量燃烧的方式，产生 H_2 参与下游加氢反应。自在线燃烧炉出来的过程气随后进入加氢反应器（装填有钴/钼加氢催化剂）中。在加氢催化剂的作用下，绝大部分硫化物被还原为 H_2S，同时 COS、CS_2 等有机硫发生水解反应转化成 H_2S。主要涉及的反应如下：

燃料气次化学当量燃烧产生还原性气体反应：

$$2CH_4 + O_2 \Longrightarrow 2CO + 4H_2 \tag{6.25}$$

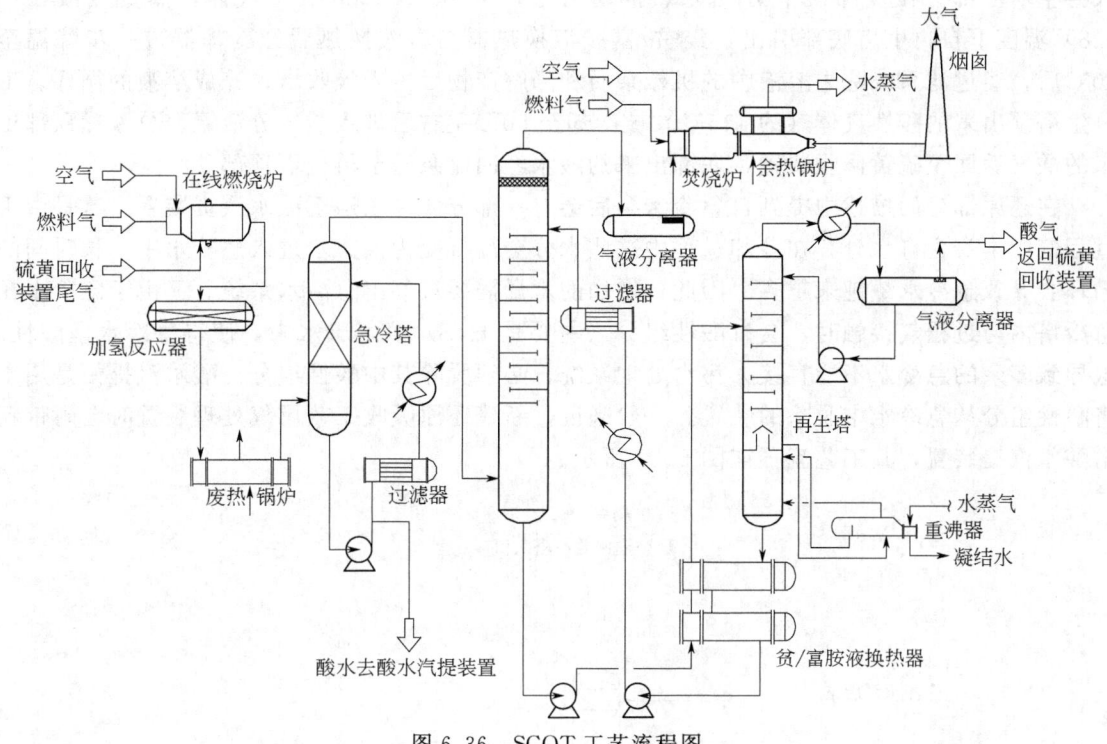

图 6.36 SCOT 工艺流程图

加氢反应：

$$SO_2 + 3H_2 \Longleftrightarrow H_2S + 2H_2O \tag{6.26}$$

$$S_8 + 8H_2 \Longleftrightarrow 8H_2S \tag{6.27}$$

$$SO_2 + 3CO \Longleftrightarrow COS + 2CO_2 \tag{6.28}$$

$$S_8 + 8CO \Longleftrightarrow 8COS \tag{6.29}$$

有机硫水解反应：

$$H_2S + CO \Longleftrightarrow COS + H_2 \tag{6.30}$$

$$H_2O + CO \Longleftrightarrow CO_2 + H_2 \tag{6.31}$$

$$COS + H_2O \Longleftrightarrow H_2S + CO_2 \tag{6.32}$$

$$CS_2 + 2H_2O \Longleftrightarrow 2H_2S + CO_2 \tag{6.33}$$

从加氢反应器出来的过程气经废热锅炉冷却到 160~170℃ 后进入急冷塔，在塔内与急冷水逆流接触，被进一步冷却至 40℃。冷却后的气体进入吸收部分。急冷塔底的酸水经急冷水泵加压后一部分进入过滤单元，过滤后的酸水经冷却后循环回急冷塔中。另一部分酸水则送至酸水汽提装置。

2. 吸收

从急冷塔出来的塔顶气进入吸收塔，与醇胺溶液[通常选用甲基二乙醇胺（MDEA）或以 MDEA 为基础的配方溶剂]逆流接触。气体中绝大部分 H_2S 被溶液吸收，也有部分 CO_2 被吸收。吸收了 H_2S 和 CO_2 的溶液被称为富胺液。从吸收塔顶出来的排放气经焚烧后通过烟囱排放。该过程吸收原理同天然气醇胺法脱硫类似，只是操作压力通常较低。

3. 溶液再生

从吸收塔底部出来的富液经泵送入贫/富胺液换热器与再生塔底出来的贫胺液换热后进

入再生塔上部。在重沸器中蒸气的热推动力下，析出 H_2S 和 CO_2 气体，热贫胺液在约 128℃温度下自再生塔底部引出，经贫/富胺液换热器与富液换热后经冷却器进一步降温至 40℃后，经过滤系统除去溶液中的机械杂质和降解产物后进入吸收塔，完成溶液的循环。由再生塔顶出来的酸性气体（约 115℃）被冷却至 50℃左右后进入酸气分液罐。分液罐顶部出来的酸气返回至硫黄回收装置，底部出来的酸水经回流泵送至再生塔顶部。

在还原部分的描述中提到自急冷水泵后会有一部分急冷水送至酸水汽提装置。这是由于过程气中本身含有水分，在冷却过程中这些水分会冷凝变为液态水进入急冷水中。长时间的循环会导致急冷水量越来越多。因此，增加的水量需要被移出急冷水系统。又由于急冷水在急冷塔内与过程气接触时，会有酸性组分（主要是 H_2S）溶解于水中，使得急冷水呈酸性。这导致多余的急冷水不能直接去污水处理系统，必须脱除其中酸性组分。酸水汽提便是用于将酸性组分从急冷水中脱除的装置。一般来说，新建还原吸收工艺尾气处理装置时会附带新增酸水汽提装置，其工艺流程如图 6.37 所示。

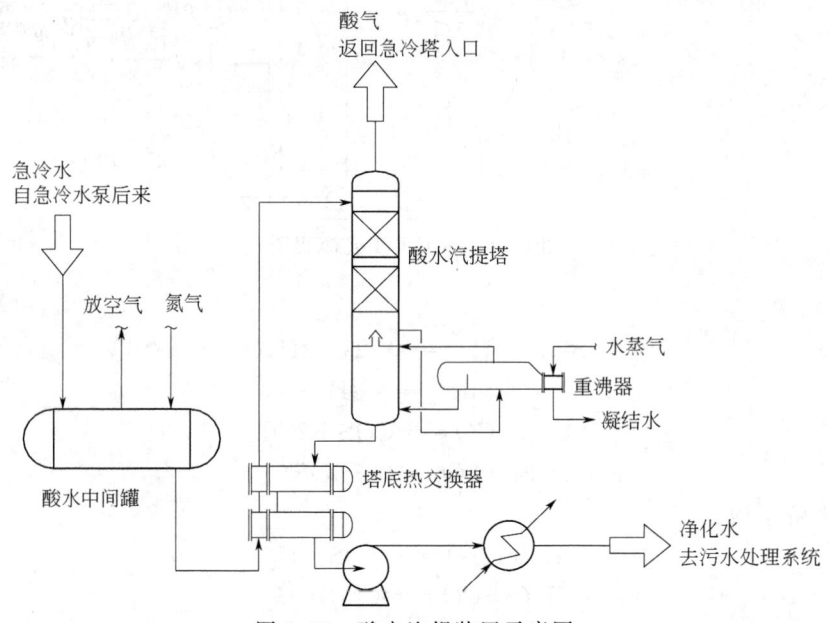

图 6.37 酸水汽提装置示意图

酸水汽提是利用水蒸气作为热源，在汽提塔内对酸性水进行加热使其中溶解的酸性组分从水中脱出。自塔顶出来的酸性组分返回至急冷塔入口，而塔底出来的水便是处理后的水，经加压换热后直接送至污水处理系统。

西南油气田分公司下属川东北、剑阁、龙岗、大竹、引进、磨溪、龙王庙等天然气净化厂均采用了还原吸收工艺。从运行结果来看，还原吸收工艺可将 SO_2 排放浓度最高脱至 $400mg/m^3$ 以下。

6.4.1.2 络合铁液相氧化还原法

络合铁液相氧化还原法是一种以铁为催化剂的湿式氧化还原脱除硫化物的技术，被广泛用于处理各类含 H_2S 气体。其基本原理是通过络合铁溶液中三价铁离子将尾气中 H_2S 氧化为元素硫，同时自身转变为二价铁离子。随后通过空气将二价铁离子氧化为三价铁离子实现溶液的再生。通过该方法可以将尾气中 H_2S 浓度降低至 $10×10^{-6}$ 以下，无须焚烧便可直接排放。该类工艺具有流程短、投资低的优点。但由于处理能力的限制，一般应用于规模较小的含硫尾气处理。这种技术最具代表性工艺是美国 Wheelabrator Clean Air System 公司的 Lo-Cat 工艺。目前全球在运的 Lo-Cat 工艺装置接近 200 套。Lo-Cat 工艺使用乙二胺四乙酸（EDTA）和羟乙基乙二胺三乙酸（HEDTA）作为络合剂，以多聚糖类物质作为稳定剂。在 Lo-Cat 的基础上，美国 Shell Oil 和 Dow Chemical 公司联合开发的 SulFerox 也是应用较广泛的络合铁液相氧化还原工艺。

典型的络合铁液相氧化还原工艺流程如图 6.38 所示。

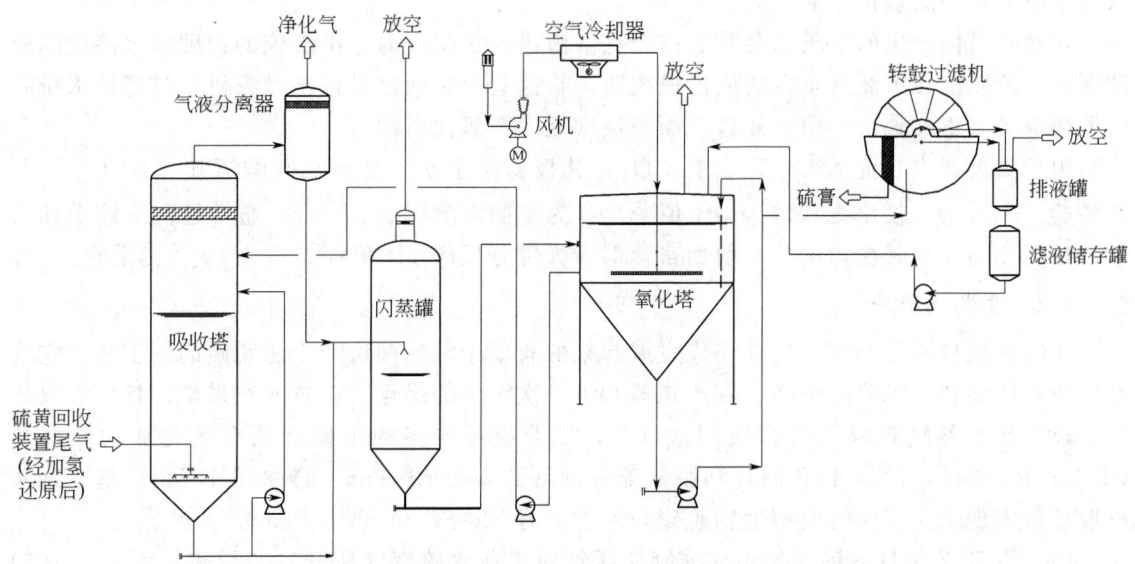

图 6.38 典型络合铁液相氧化还原工艺流程

采用该工艺处理硫黄回收装置尾气时，需要对硫黄回收装置尾气先进行加氢处理，将尾气中的各种形态含硫化合物转化成 H_2S。然后将还原后的尾气送入络合铁液相氧化还原装置进行处理。尾气自吸收塔底进入，与含络合铁催化剂的水溶液（简称络合铁溶液）逆流接触反应。这个过程中，络合铁离子被还原，H_2S 被氧化为单质硫，总化学反应式如下。

$$H_2S + 1/2 O_2 \longrightarrow H_2O + S(l) \tag{6.34}$$

实际上，尾气与络合铁溶液的接触反应包含了溶解、电离和氧化还原三个部分。首先络合铁溶液呈碱性，在气液接触时通过酸碱的化学吸收将气体中 H_2S 吸收进水溶液，并发生 H_2S 的电离，该过程可表示如下：

$$H_2S(g) + H_2O(l) \Longleftrightarrow H_2S(l) + H_2O(l) \tag{6.35}$$

$$H_2S(l) \Longleftrightarrow H^+ + HS^- \tag{6.36}$$

在水溶液中，高价络合铁离子（Fe^{3+}）将硫化氢氧化成单质硫，而络合铁离子被还原为低价络合亚铁离子（Fe^{2+}）。

$$HS^- + 2Fe^{3+} \longrightarrow 2Fe^{2+} + H^+ + S \tag{6.37}$$

吸收过程总反应式可表示为：

$$H_2S(g) + 2Fe^{3+} \longrightarrow 2H^+ + S + 2Fe^{2+} \tag{6.38}$$

从吸收塔底出来的络合铁溶液经闪蒸后送入氧化塔内与风机送入的空气接触，Fe^{2+} 重新被氧化为 Fe^{3+}，实现再生。具体过程如下：

络合铁溶液吸收氧气：

$$1/2O_2(g) + H_2O(l) \rightleftharpoons 1/2O_2(l) + H_2O(l) \quad (6.39)$$

亚铁离子再生反应：

$$1/2O_2(l) + H_2O(l) + 2Fe^{2+}(l) \longrightarrow 2OH^-(l) + 2Fe^{3+}(l) \quad (6.40)$$

该过程总反应式可表示为：

$$1/2O_2(g) + H_2O(l) + 2Fe^{2+}(l) \longrightarrow 2OH^-(l) + 2Fe^{3+}(l) \quad (6.41)$$

由于总反应中铁离子并未消耗，它起到的作用是协助硫化氢和氧气反应。因此工艺中的铁离子络合物一般被视作催化剂。

在吸收塔内产生的单质硫会随着络合铁溶液进入氧化塔内，由于硫的密度较水溶液的密度更大，所以硫会沉淀富集在塔底形成硫浆。将这些硫浆通过泵送至过滤机，过滤掉水份后便形成硫膏（也称硫饼）用于外售。而虑液则返回至氧化塔内。

由于硫黄回收装置尾气中还含有 CO_2，其极易溶于水，会形成碳酸氢盐（HCO_3^-）和碳酸盐（CO_3^{2-}），使络合铁溶液 pH 值减小。为了稳定溶液的 pH 值，通常是向溶液中加入 NaOH 或 KOH 等碱性物质。一般而言，对于大部分反应 pH 值控制在 8~9 较为适宜。

6.4.1.3 生物脱硫法

生物脱硫技术是 20 世纪 80 年代发展起来的有别于常规湿法和干法脱硫的新工艺。它具有反应条件温和、脱硫效率高、副产硫黄和无二次污染等优点。该技术在采矿、炼厂、煤化工、造纸和天然气等领域均有应用。目前，工业应用较多的脱硫细菌有氧化亚铁硫杆菌（T. ferrooxidans，简称 T.F 菌）和脱氮硫杆菌（T. denitrificans，简称 T.D 菌）。基于这两种脱硫菌实现工业应用的典型生物脱硫技术主要有 Bio-SR 和 Shell-Paques 工艺。

Bio-SR 工艺是日本钢管公司京滨制作所针对工业含硫废气所开发的脱硫技术，于 1984 年实现工业化应用。该工艺是在酸性环境中利用 T.F 菌的间接氧化作用实现对硫化氢的脱除。Bio-SR 工艺流程如图 6.39 所示。

含硫化氢的尾气在吸收塔内与 $Fe_2(SO_4)_3$ 溶液逆流接触，溶液中 Fe^{3+} 还原为 Fe^{2+}，

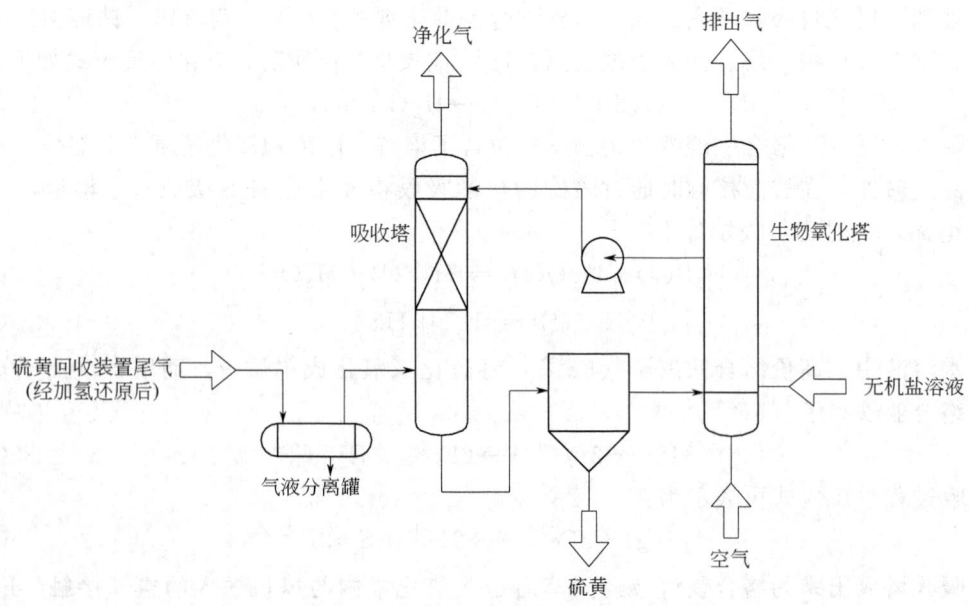

图 6.39 Bio-SR 工艺流程示意图

而 H_2S 则被氧化为单质硫，并很快形成块状固体混入溶液当中。脱除 H_2S 后的气体即为净化气，从吸收塔顶排出。从吸收塔底出来的溶液随后进入固液分离器中，分离出其中的块状硫黄。分离器出来的溶液继续进入到生物氧化塔内，被 T.F 菌催化氧化重新由 Fe^{2+} 转化为 Fe^{3+}。再生后的溶液重新返回至吸收塔内实现循环吸收。整个吸收和氧化再生过程可以用以下两式表示。

吸收过程：
$$H_2S+Fe_2(SO_4)_3 \longrightarrow S\downarrow +2FeSO_4+H_2SO_4 \tag{6.42}$$

氧化再生过程：
$$4FeSO_4+2H_2SO_4+O_2 \longrightarrow 2Fe_2(SO_4)_3+2H_2O \tag{6.43}$$

整个 Bio-SR 流程中不需额外的催化剂和化学药剂，仅补充少量无机盐供 T.F 菌生长。由于 T.F 菌具有嗜酸性，所以生物氧化塔需维持强酸性环境。这对设备和管道材质提出了较高要求，也一定程度上限制了该工艺的广泛应用。

Shell-Paques 工艺是美国 Shell 公司和荷兰 Paques 公司联合开发的一种生物脱硫技术。该技术于 2002 年在加拿大 Bantry 天然气处理厂得到首次应用。不同于 Bio-SR 工艺需要在强酸性条件进行，Shell-Paques 采用的 T.D 菌适应于碱性环境。在工艺流程上，两个工艺也存在差别。Shell-Paques 工艺装置包括吸收塔、生物反应器、生物过滤器、沉降式离心分离器等设备，其流程如图 6.40 所示。

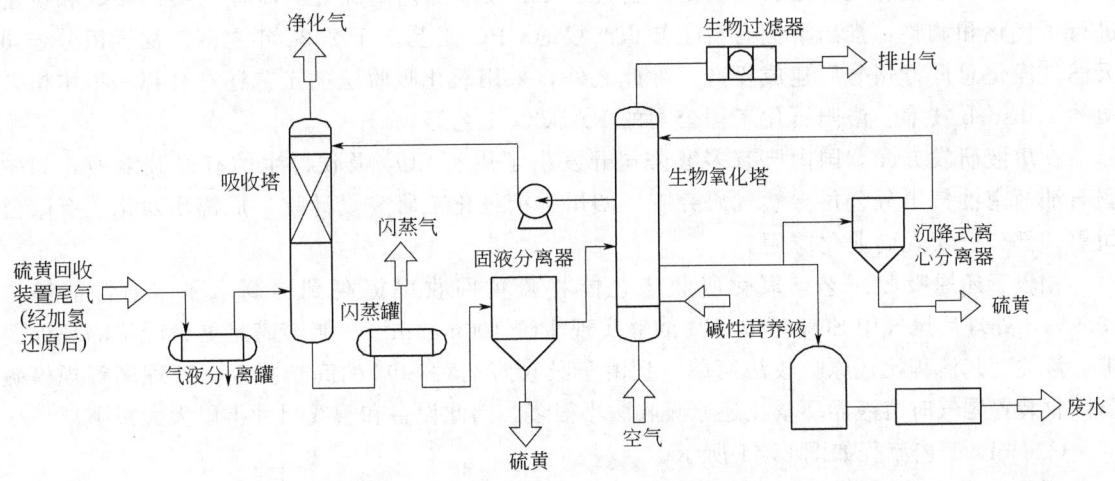

图 6.40 Shell-Paques 工艺流程示意图

含 H_2S 气体自吸收塔下部进入，与碱性溶液形成逆流接触。吸收塔顶出来的气体即为脱除 H_2S 的净化气。而 H_2S 进入被碱性溶液吸收后发生反应形成可溶性硫化物，其主要反应为：
$$H_2S+OH^- \rightleftharpoons HS^- +H_2O \tag{6.44}$$

自吸收塔底出来的溶液经闪蒸和固液分离后进入生物反应器中，在自塔底鼓入的空气和脱硫菌的作用下可溶性硫化物被氧化为单质硫或硫酸盐，主要反应为：
$$HS^- +1/2O_2 \rightleftharpoons S+OH^- \tag{6.45}$$
$$HS^- +2O_2 \rightleftharpoons SO_4^{2-} +H^+ \tag{6.46}$$

单质硫由于密度较溶液更大会沉积在反应器下部，随后被送入沉降式离心分离器中，进一步压缩成硫黄饼。而溶液则返回至吸收塔从循环使用。从反应器顶部排出的气体中含有微量 H_2S，需经生物过滤器处理后排至大气。

6.4.2 SO_2 类尾气处理技术

SO_2 类尾气处理是将硫黄回收装置尾气中各类硫化物转化为 SO_2 后再进行处理的技术。典型的工艺技术有氧化吸收法和碱法脱硫。

6.4.2.1 氧化吸收法

氧化吸收工艺始于 20 世纪 80 年代。其原理是将硫黄回收装置尾气经高温灼烧使所有含硫化合物全部转化成 SO_2，再利用具有高选择性的吸收溶剂进行吸收。吸收了 SO_2 的溶剂通过水蒸气加热的方式脱除 SO_2 而获得再生。高浓度的 SO_2 气体返回硫黄回收装置，再生后的吸收溶剂返回吸收塔中循环使用。这项技术的核心在于高选择性的吸收溶剂。最早开发成功并实现工业化应用的氧化吸收工艺为 Cansolv 工艺。该工艺于 1988 年由加拿大 Cansolv 公司研发，2002 年在北美通过技术转让建设了第一套商业装置。2008 年 12 月，Cansolv 公司被壳牌全资收购。经过 20 多年发展，全球已建成的壳牌 Cansolv 尾气处理装置约 30 个，涉及油气、化工、冶炼和电力等多个行业。2005 年 Cansolv 工艺被首次引入中国，截至 2022 年底，已在油气、冶炼、燃煤发电等领域建成超 10 套装置，其中有 4 套建成于西南油气田分公司下属的天然气净化厂。除 Cansolv 工艺外，杜邦孟莫克公司基于自主开发的 SolvR^{TM} 溶剂推出了 SolvR 工艺，于 2014 年在美国一座硫黄制酸厂建成第一套商业示范装置。中国石油工程建设有限公司西南分公司在 Cansolv 工艺基础上对流程、操作参数和设备进行了优化和调整，推出了拥有自主知识产权的 CPO 工艺，于 2022 年在西南油气田分公司天然气净化总厂万州分厂建成投产。除此之外，采用氧化吸收法的工艺还有杜邦—贝尔格公司的 Labsorb 技术、洛阳石化工程公司的 RASCO 工艺等。

在溶液研发方面，国内已有多家公司开发出了用于 SO_2 吸收再生的有机胺溶液，如中国石油西南油气田分公司天然气研究院、四川省精细化工研究设计院、成都华西化工有限公司等，部分已实现商业化应用。

相较于还原吸收工艺，氧化吸收工艺能将硫黄回收率提高到更高水平（通常能够达 99.9%，处理后尾气中 SO_2 排放最高能够实现小于 $100mg/m^3$），能够满足更为严苛的环保要求。该类工艺流程比还原吸收法简单，且由于吸收溶剂对 SO_2 的高选择性，处理同等规模硫黄回收装置尾气时溶液循环量比还原吸收法小很多，因此设备和管线尺寸得以大大减小。

Cansolv 工艺流程如图 6.41 所示。

硫黄回收装置尾气首先进入尾气焚烧炉，焚烧至 800~850℃ 使所有硫化物被氧化为 SO_2 和 SO_3。从焚烧炉出来的烟气（过程气）经余热锅炉回收热量产生水蒸气后进入到急冷系统中进一步冷却。急冷系统一般为组合塔的形式，Cansolv 工艺通常采用文丘里组合塔或双塔的形式。烟气在急冷塔内与冷却水逆流接触，温度降低至 55℃ 左右从塔顶排出。在急冷塔内烟气中大部分 SO_3 会被急冷水吸收形成稀硫酸，使冷却水的 pH 值迅速下降到 3 以下，所以整个急冷水系统处于酸性环境中。同还原吸收工艺的急冷过程一样，急冷水从塔底出来后经加压、过滤和冷却后循环利用。由于烟气中本身含有水分，在急冷过程中会变成游离水进入急冷水中，使急冷水量增大，因此需将多余的急冷水排出。排出的酸性水通过加碱液（一般采用 NaOH）中和的方式进行处理后方可排至污水处理系统。从急冷塔顶出来的烟气进入除雾器（通常采用静电除雾的形式）中，进一步除去其中的酸雾，以免其进入下游流程，对设备和溶液造成影响。

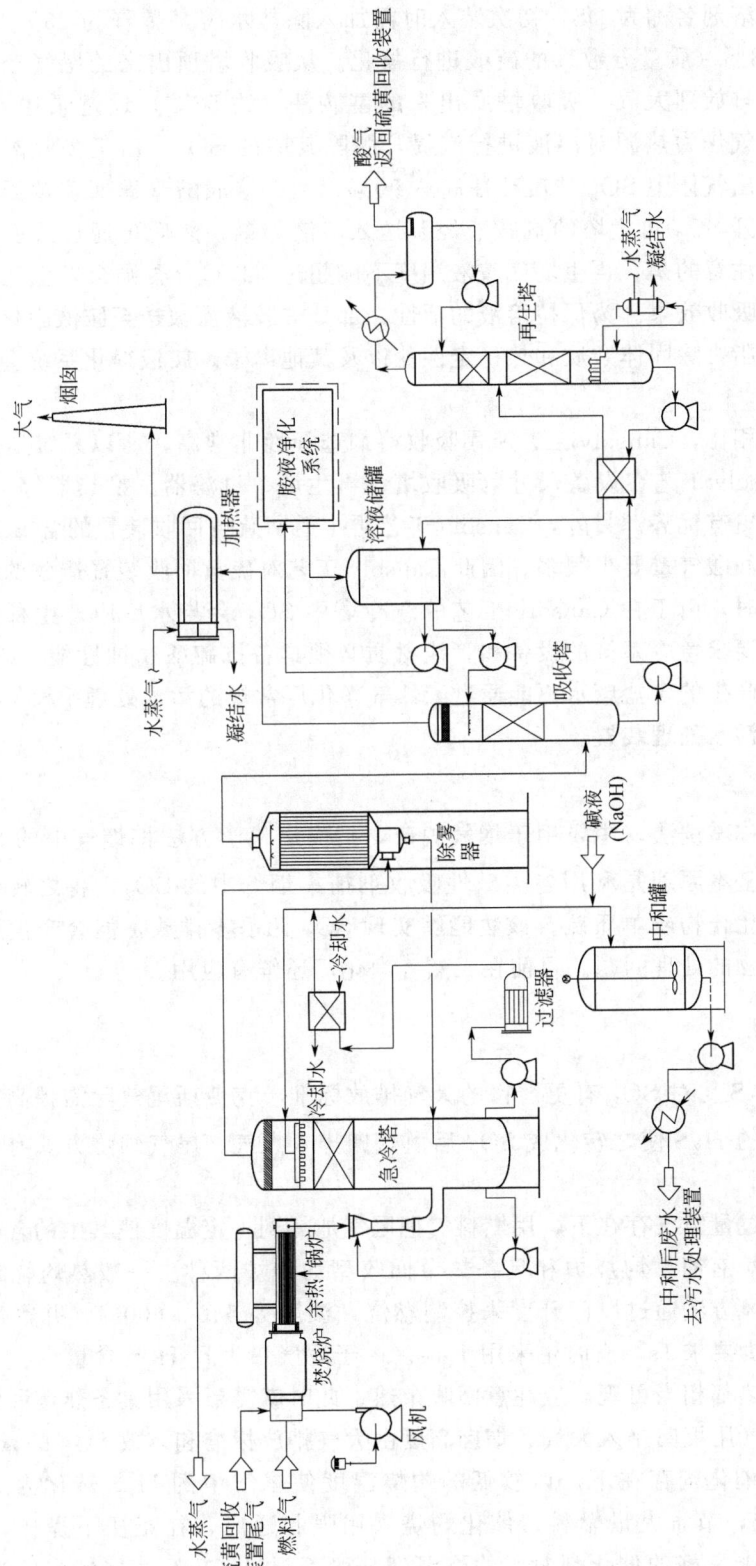

图 6.41 Cansolv 工艺流程示意图

脱除酸雾后的烟气随后进入吸收塔下部与吸收剂逆流接触，实现对 SO_2 的吸收。Cansolv 所使用的吸收溶剂名称为 DS，初次装入时需加入除盐水将其稀释为 25％（质量分数）的溶液，再加入 98％（质量分数）的硫酸进行盐化。从吸收塔顶出来的尾气经加热后通过排气筒或专用烟囱排放到大气。吸收塔底出来的富胺液（约 57℃）通过泵送入再生塔中。再生过程使用水蒸气作为热源对溶液进行汽提，脱除其中的 SO_2。由于吸收溶剂的高选择性，自再生塔顶排出气体中 SO_2 浓度往往高达 90％以上。这股酸气返回硫黄回收装置再次参与回收过程。离开 SO_2 再生塔的贫胺液经泵送入溶液储罐，然后再通过泵返回至吸收塔中实现循环。需要注意的是，再生塔底胺液温度不能超过 125℃，否则会发生亚硫酸分解反应，严重影响胺液吸收效果。为保持溶液的活性，部分贫胺液需被送至胺液净化系统，利用过滤器和阴离子树脂去除固体杂质和热稳定性盐以及其他离子。胺液净化系统会排出少量含硫酸钠的废液。

同还原吸收法相比，Cansolv 工艺所用吸收溶剂选择性非常高，所以系统所需的溶液循环量小。因此 Cansolv 工艺在设备尺寸（吸收塔、再生塔、过滤器、换热器等）、泵的选型以及溶液管线上都更有优势。另外，Cansolv 工艺再生返回硫黄回收装置的含 SO_2 酸气量较之还原吸收再生返回酸气量要少很多。因此 Cansolv 工艺对硫黄回收装置造成的影响往往可以忽略。但与此同时，由于在 Cansolv 工艺的急冷塔中 SO_3 会与水反应产生稀硫酸，增大了腐蚀危害，这就要求急冷系统的设备和管线材质必须具备抗硫酸腐蚀性能。Cansolv 工艺在正常运行过程中产生的含盐废水不能通过天然气净化厂常规的污水处理手段进行处理，需要为此增设专门的污水处理装置。

6.4.2.2 碱液吸收法

碱液吸收法也称碱洗法，主要用于烟气脱硫，指应用化学方法将烟气中的 SO_2 固定和脱除。这类工艺的基本原理是利用各类碱性吸收剂捕集烟气中的 SO_2，将之转化为较为稳定且易分离的含硫化合物或单质硫。该法能够实现 SO_2 几乎零排放，但会产生废碱液等副产物，带来二次产物的处理问题。目前在天然气净化厂还鲜有应用。

6.4.3 尾气灼烧

由于各国对 H_2S 比对 SO_2 有更严格的大气排放标准，克劳斯尾气除需提高总硫回收率外，还需灼烧残存的 H_2S 使之转化成 SO_2 后由烟囱排入大气。尾气灼烧方式有两种：热灼烧和催化灼烧。

热灼烧是在有过量空气存在下，用燃料气把尾气加热到一定温度使其中的含硫化合物都转化为 SO_2。灼烧炉有简易灼烧炉和具备热量回收型灼烧炉两种。一般热灼烧在灼烧炉中进行，采用自然引风方法通过风门开度来控制燃烧，温度为 540～600℃，并需考虑足够的停留时间，一般至少要求 1s，有时也采用 1.5s。由于尾气量大且 H_2S 含量少，需要外加的燃料气和放出的显热都相当可观，应注意回收余热。此时就需要采用具备热量回收型的灼烧炉。灼烧之后的尾气用烟囱排入大气，烟囱高度由大气排放标准和排放 SO_2 的量共同决定。

催化灼烧是在催化剂存在下，以较低的灼烧温度使尾气中的 H_2S 转化为 SO_2，使尾气中 H_2S 充分燃烧，节省大量燃料，催化灼烧采用强制通风，在正压下操作，易于控制空气量。当使用性能良好的催化剂时，灼烧温度一般不超过 400℃，尾气中的浓度可降至 $5mL/m^3$ 以下。

6.5 硫黄回收工艺选择

当天然气脱硫选用醇胺法或砜胺法等工艺时,所产生的含 H_2S 酸气需安排后续装置处理以回收硫黄,通常大多采用克劳斯工艺。当酸气 H_2S 含量很低时,也可以用直接转化法处理。目前,环境保护日趋严格,常规克劳斯工艺的硫黄回收率已不能满足尾气 SO_2 排放指标的要求,还需考虑尾气处理问题。

根据国内外克劳斯工艺及尾气处理工艺的发展情况与积累的经验,硫黄回收工艺及尾气处理工艺可根据以下原则进行选择。

(1) 根据酸气 H_2S 体积分数选择适当的硫黄回收工艺。

① 酸气 H_2S 体积分数不小于 55% 时应使用直流法克劳斯工艺。

② 酸气 H_2S 体积分数在 30%~55% 之间时可使用直流法工艺或带酸气/空气预热的直流法工艺。

③ 酸气 H_2S 体积分数在 15%~30% 之间时应使用分流法克劳斯工艺或带酸气/空气预热的直流法工艺。

④ 酸气 H_2S 体积分数在 10%~15% 之间时可使用带酸气/空气预热的分流法工艺。

⑤ 酸气 H_2S 体积分数在 5%~10% 之间时可选用硫循环工艺或带酸气/空气预热的分流法工艺。

⑥ 酸气 H_2S 体积分数小于 5% 时可采用硫循环法或直接氧化法。

⑦ 当有廉价氧气可用时,应考虑使用富氧克劳斯工艺的可能性,此时直流法及分流法处理的酸气 H_2S 体积分数均可向下延伸。

(2) 根据总硫回收率要求选择工艺。

采用克劳斯工艺回收硫黄,应依据我国 GB 39728—2020《陆上石油天然气开采工业大气污染物排放标准》要求,确定是否需要尾气处理及其处理方法,所选工艺应能长期、稳定达到所要求的总硫回收率并留有余地。

① 当要求总硫回收率不高于 95% 时(装置能力较小),可选用两级或三级催化转化的克劳斯工艺,不必安排尾气处理。

② 当要求总硫回收率达到 98%~99.2% 时,常规克劳斯工艺已无法达到要求,可使用克劳斯组合工艺或以较简单的尾气处理工艺与之衔接。

Super Claus-99、MCRC、Clinsulf-SDP 及 CBA 等几种克劳斯组合工艺以及 Sulfreen、Clauspol 1500 等"独立"的尾气处理工艺均可达到总硫回收率 98%~99.2% 的要求,且均有成熟的工业经验。

单独建设的尾气处理装置将需要较高的投资。

③ 要求总硫回收率在 95%~98% 间时宜选用克劳斯组合工艺。

当要求总硫回收率在 95%~98% 间时,尤其是小于 97% 时,一般来说采用增加克劳斯催化转化级数的办法是可以满足要求的。

然而,采用如 Super Claus-99 或其他克劳斯组合工艺较三级或四级催化转化的克劳斯装置并不增加多少投资,而对保证总硫回收率却更为有利,不妨采用。

④ 要求总硫收率在 99.2%~99.7% 间时需要采用较复杂的尾气处理工艺。

总硫回收率在 99.2%～99.7%间的工艺选择较为复杂一些。一般而言，CBA、MCRC 及 Clauspol 1500 等工艺均难以稳定达到 99.2%以上的总硫回收率，Super Claus-99 装置的总硫回收率大多也不高于 99.2%。

使总硫回收率超过 99.2%的关键是有效解决有机硫（COS 及 CS_2）问题。为此，不少工艺增设了加氢水解段，如 Super Claus-99.5、Hydrosulfreen 及 EURO Claus 等，将有机硫转化为 H_2S，从而使总硫回收率达到 99.5%或更高。当然，如在克劳斯段能够可靠有效地控制与转化有机硫，也可省去加氢水解段。

Clauspol 300 则另辟蹊径，除在克劳斯段加强有机硫的控制和水解外，使用减饱和回路以降低尾气中的硫蒸气含量，使总硫回收率达到 99.5%左右。

为了稳妥可靠，当要求总硫回收率达到 99.5%左右时，宜优先考虑 Super Claus-99.5 工艺。应当指出的是，由于流程中安排了加氢水解工序，故克劳斯段不必像 Super Claus-99 工艺那样在富 H_2S 条件下运行，而应控制过程气中 H_2S 与 SO_2 物质的量比值为 2，以减轻选择性氧化段的负荷。此外，Clauspol 300 及 Hydrosulfreen 等也是可以考虑的工艺。

⑤ 要求总硫回收率不小于 99.8%时，必须使用具有深度处理功能的尾气处理工艺。

在总硫回收率要求达到或超过 99.8%时，此时装置规模相当大（例如大于 300t/d），必须使用独立的深度尾气处理工艺。首先应选择国内外均有成熟经验且应用较多的还原吸收工艺（如 SCOT）；当选吸工序所用溶液与前端天然气脱硫所用溶液相同时，可考虑采用串级流程以节约投资与能耗。

此外，加氢尾气中的 H_2S 采用选吸之外的其他方法（如直接氧化法）处理，如 BSR/Hi-Activity、BSR/Wet Oxidation 等也是成功的。

习　题

1. GB 39728—2020《陆上石油天然气开采工业大气污染物排放标准》中要求尾气排气筒中实测大气污染物排放浓度应换算为基准含氧量为 3%的大气污染物基准排放浓度有何意义？

2. 还原吸收工艺和氧化吸收工艺的本质区别是什么？它们又有何共同点？

3. 氧化吸收工艺采用了具有高选择性的 SO_2 吸收溶剂，其主要成分为有机胺类。请思考这种溶剂是如何实现对 SO_2 的吸收和解析的？

4. Lo-Cat 和 SulFerox 的工艺流程有何区别？SulFerox 在 Lo-Cat 的基础上改进了什么？

5. 就当前的发展来看，还原吸收和氧化吸收会是未来一段时期内天然气净化厂普遍采用尾气处理工艺。请分析两种工艺对硫黄回收装置的影响。

6. 根据硫黄回收工艺的发展进程，你能分析一下这些发展背后的底层逻辑关系吗？它对我们有什么样的启示？

7. 传统上认为低于硫的露点，液硫就会沉积在催化剂的表面上，从而使催化剂的活性降低，从而影响硫的转化率，而硫的转化率随温度降低而增加，如何解决这对矛盾？低温克劳斯或者说亚露点工艺的出现是否能说明思想解放的重要性？如何化不可能为可能？

8. 已知酸气组成为 CH_4 0.12%、H_2S 70%、CO_2 28%、H_2O 1.88%（均为摩尔分数），计算在燃烧炉中所需氧气量。

9. 已知酸气组成为 CH₄ 0.12%、H₂S 70%、CO₂ 28%、H₂O 1.88%（均为摩尔分数），酸气处理量为 500kmol/h，请分析应该选用什么样的工艺。

10. 硫黄成型的方式有哪些？简述钢带成型机的过程原理。

11. 影响硫黄回收的主要因素有哪些？

12. 某酸气组成（摩尔分数）见表 6.27，其压力为 150kPa，硫产量为 273t/d。

表 6.27 酸气组成

组分	CH_4	C_2H_6	C_3H_8	$i\text{-}C_4H_{10}$	$n\text{-}C_4H_{10}$	H_2S	CO_2	H_2O
摩尔分数	0.0018	0.0003	0.0001	0.0001	0.0000	0.5906	0.3523	0.0547

拟采用 Claus 硫黄回收工艺处理该酸气：

(1) 请选择合适的改良 Claus 基本工艺，简述选择该基本工艺的原因；

(2) 写出改良克劳斯硫黄回收工艺的主要化学反应方程式；

(3) 为了使克劳斯硫黄回收装置的尾气中 SO_2 浓度满足 GB 39728—2020《陆上石油天然气开采工业大气污染物排放标准》的要求，请你选择合理的尾气处理方案，并阐述其基本原理或写出主要反应方程式。

13. 请完成例 6.1 余下的过程计算。

7 轻烃回收与分馏

轻烃又称为天然气凝液（NGL），在组成上覆盖 $C_2 \sim C_{6+}$，含有凝析油组分（$C_3 \sim C_5$）。在原油组分中属于轻质烃类，故而在我国习惯上称为轻烃。轻烃回收是指将天然气中比甲烷或乙烷更重的组分以液态形式回收的过程。轻烃回收的目的一方面是为了控制天然气的烃露点以防止重组分在管输和燃料系统中冷凝；另一方面，回收的液烃有很大的经济价值，可直接用作燃料或进一步分馏成乙烷、丙烷、丁烷或丙丁烷混合物（液化气、液化石油气）、轻油等，至于分馏到什么程度则取决于市场需求，也可用作化工原料。如果要将天然气回注地层以保持储层压力，提高油气采收率，也需要尽可能地脱除 C_{2+}。

轻烃回收的主流方法是冷凝分离法，它和天然气液化、提氦、轻烃低温分馏等都会应用到制冷系统，本章先介绍常用制冷方法，然后再学习轻烃回收与分馏。

7.1 制冷方法

制冷是指利用人工方法制造低温（低于环境温度）的技术。制冷系统与天然气工业联系紧密，主要用于轻烃回收、烃露点控制、液化天然气（LNG）和天然气提氦、CO_2 分离等过程。

工业上制冷方法一般可以分为相变制冷和膨胀制冷两类。相变制冷是利用某些物质（制冷剂或制冷工质、冷剂、冷媒）发生相变时的吸热效应，不断地从被冷却的低温流体中取出热量，并传递到较高温度环境中从而达到制冷的目的。最常见的相变形式是汽化，即制冷剂由液相变为气相，相变制冷的主要类型包括蒸气压缩式、蒸气喷射式和吸收式三种。而膨胀制冷是利用气体在较高压力下通过膨胀元件（节流阀、膨胀机等）后降压而获得冷量。

目前，在轻烃回收工艺中采用的制冷方法有蒸气压缩制冷、节流膨胀制冷和膨胀机制冷、热分离机制冷、气体涡流制冷等。

7.1.1 蒸气压缩制冷

7.1.1.1 基本过程

蒸气压缩制冷循环主要由 4 个基本过程组成：压缩、冷凝、膨胀和蒸发[图 7.1(a)]。这 4 个过程分别具有以下作用：

压缩——外界对制冷剂做功，提高制冷剂的压力和温度；

冷凝——气态制冷剂冷却冷凝成液态，并在高温下向冷却介质（水或空气）放热；

膨胀——高压液态制冷剂在节流阀中降压，由于压力降低，相应的沸点就降低，当液体沸点低于当时温度时，一部分液态制冷剂就要蒸发，从而吸收热量，但由于膨胀过程发生很快，节流阀周围外界来不及供热，这部分热量只好从本身降低内能来供给，所以节流后温度下降了，膨胀后成为低温气液混合物；

蒸发——液态制冷剂蒸发为气态制冷剂，并在低温下从制冷对象吸热。

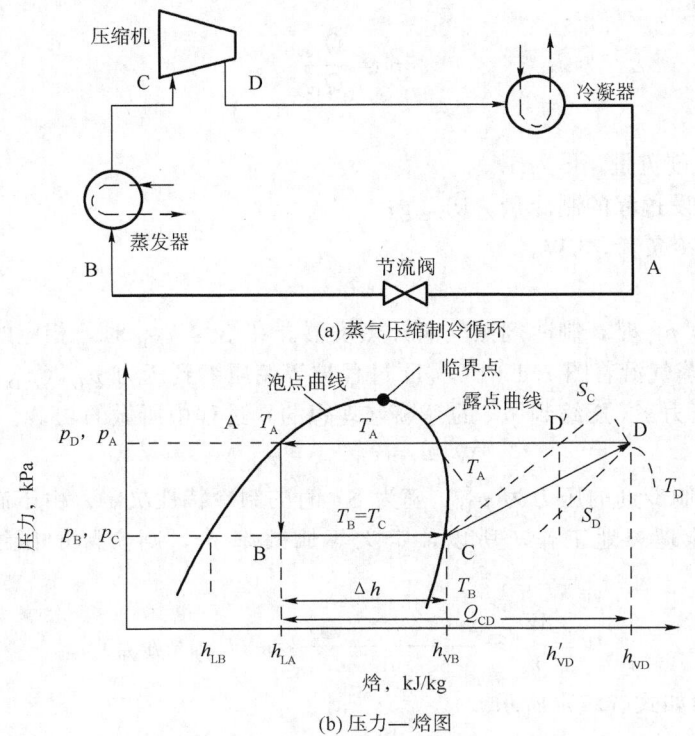

图 7.1 蒸气压缩制冷循环与压力—焓图

1. 膨胀

图 7.1(b) 中 A 点是在饱和压力为 p_A、焓为 h_{LA} 的条件下的液体泡点,也是液体制冷剂的初始点。膨胀过程中,由于液体通过节流阀,压力降为 p_B,而导致温度降低。低压 p_B 是由所期望的制冷温度 T_B(B 点)来确定的。

饱和液体在 B 点的焓为 h_{LB},相应的饱和蒸气的焓为 h_{VB}。由于膨胀过程是通过节流阀而实现的,因此为等焓过程。这样,阀的出口处物流总焓与进口处总焓 h_{LA} 相等。

由于 B 点处于气—液两相区,为确定膨胀过程中产生的蒸气量,设 X 为在压力 p_B 和焓 h_{LB} 下的液体的分数。则在膨胀过程中,焓为 h_{VB} 的蒸气的分数为 (1−X)。则热平衡方程为:

$$Xh_{LB} + (1-X)h_{VB} = h_{LA} \tag{7.1}$$

$$X = \frac{h_{VB} - h_{LA}}{h_{VB} - h_{LB}} \tag{7.2}$$

2. 蒸发

膨胀过程(A—B)产生的蒸气并未从制冷对象吸热。蒸发过程中制冷剂液态部分吸收了制冷对象的热量,变为气态。如图 7.1(b) 所示,在 B—C 过程中,温度、压力不变,C 点的蒸气焓为 h_{VB}。

实际上,蒸发在蒸发器或冷凝器中发生。制冷剂液态部分的制冷量 Q_{BC} 可定义为 $X(h_{VB}-h_{LB})$,根据式(7.2):

$$Q_{BC} = h_{VB} - h_{LA} \tag{7.3}$$

制冷负荷(或制冷能力)是指在该过程中蒸发器单位时间内吸收的总热量,通常单位为 kW。

制冷剂流量为：

$$m = \frac{Q_{\text{ref}}}{Q_{\text{BC}}} \tag{7.4}$$

式中　m——制冷剂流量，kg/h；

　　　Q_{BC}——蒸发过程的制冷量，kJ/kg；

　　　Q_{ref}——制冷负荷，kW。

3. 压缩

在饱和压力为 p_C 时，制冷剂蒸气离开蒸发器。在焓为 h_{VB} 时，相应的制冷温度为 T_C，该点的熵为 S_C。蒸气沿着图 7.1 中 C—D′ 过程被等熵压缩到压力 p_D（$p_D = p_A$）。

在制冷剂从压力 p_C 压缩到 p_D 的等熵（理想的）过程中所做的功 W_i 为：

$$W_i = m(h'_{\text{VD}} - h_{\text{VB}}) \tag{7.5}$$

h'_{VD} 的大小由制冷剂的压力为 p_D、熵为 S_C 时的制冷特性决定。由于制冷剂不是理想流体且压缩机也不能理想地工作，所以，定义等熵效率 η_i，则实际的压缩功 W 由下列公式计算：

$$W = \frac{W_i}{\eta_i} = \frac{m(h'_{\text{VD}} - h_{\text{VB}})}{\eta_i} = m(h_{\text{VD}} - h_{\text{VB}}) \tag{7.6}$$

出口流体的焓如式(7.7)所示。

$$h_{\text{VD}} = \frac{(h'_{\text{VD}} - h_{\text{VB}})}{\eta_i} + h_{\text{VB}} \tag{7.7}$$

4. 冷凝

在压力为 p_D、温度为 T_D [图 7.1(b) 中的 D 点] 时，过热制冷剂离开压缩机并在几乎是恒压的条件下被冷却到露点温度 T_A，然后制冷剂蒸气开始在恒温下冷凝。

在冷凝过程中，制冷剂在蒸发和压缩过程中吸收的所有热量和功均被释放，由此完成图 7.1(b) 所示压力—焓图上的循环，即到达 A 点的循环。

制冷负荷与压缩功相加，即可得冷凝负荷 Q_{CD}，如下式：

$$Q_{\text{CD}} = m[(h_{\text{VB}} - h_{\text{LA}}) + (h_{\text{VD}} - h_{\text{VB}})] = m(h_{\text{VD}} - h_{\text{LA}}) \tag{7.8}$$

对于蒸气压缩制冷循环过程，各部分的压降可以按下面的推荐值处理：

(1) 冷凝器压降：20～50kPa。

(2) 管路压降：

蒸发器到压缩机：0.7～10kPa；

压缩机到冷凝器：7～14kPa；

冷凝器到接收器储罐：3.5～7kPa。

7.1.1.2　制冷剂

制冷剂原则上为沸点低的物质。理想的制冷剂应该满足以下要求：易冷凝、冷凝压力不太高、蒸发压力不太低、单位体积的制冷量大、蒸发潜热大及比热容小。此外，还要求制冷剂不爆炸、无毒、不燃烧、无腐蚀及价格低廉。实际上并没有一种物质能完全满足这些要求，只能相对进行选择。

按制冷剂的组成分类，有单一制冷剂和混合制冷剂；按制冷剂的化学类别分类，主要有无机物、氟利昂和碳氢化合物三类；按制冷剂的来源分类，有天然制冷剂和人工合成制冷剂。在工业制冷中常用的制冷剂有氨、乙烷、丙烷、乙烯、氟利昂等，表 7.1 列出了几种制冷剂的物理性质。选用何种物质作为制冷剂，主要从以下三方面考虑：是否有好的制冷性能；是否实用；该物质逸散到大气中是否会对环境带来不利影响。如果工艺流体所需冷冻温度高于－35℃，一般选用丙烷、氨或氟利昂作为冷剂。如果采用深冷分离，则应选用乙烷、乙烯、甲烷或混合烃类作为制冷剂。近年来，一般选用丙烷作为轻烃回收的制冷剂。

表 7.1　常用制冷剂的物理性质

化学名称	分子式	分子量	沸点,℃ (101.325 kPa)	临界温度 ℃	临界压力 kPa（绝）	冰点,℃ (101.325kPa)	液体黏度 mPa·s	液体热导率 W/(m·℃)	绝热指数 $k=c_p/c_V$
二氯二氟甲烷（氟利昂-12）	CCl_2F_2	120.9	－29.8	112.0	4116	－158	0.358（NBT） 0.206（30℃）	0.0897（NBT） 0.0678（30℃）	1.14
一氯二氟甲烷（氟利昂-22）	$CHClF_2$	86.5	－40.8	96.0	4937	－160	0.33（NBT） 0.192（30℃）	0.1203（NBT） 0.0857（30℃）	1.18
丙烷	C_3H_8	44.1	－42.1	96.7	4249	－187	0.21（NBT） 0.101（30℃）	0.1315（NBT） 0.0969（30℃）	1.14
丙烯	C_3H_6	42.1	－47.7	91.7	4600	－185	0.15（NBT） 0.089（30℃）	0.1419（NBT） 0.0987（30℃）	1.15
乙烷	C_2H_6	30.1	－88.6	－12.8	4880	－183	0.168（NBT） 0.039（30℃）	0.1419（NBT） 0.0831（30℃）	1.19
乙烯	C_2H_4	28.1	－103.8	9.2	5041	－169	0.17（NBT） 0.07（30℃）	0.1921（NBT） 0.0537（30℃）	1.24
甲烷	CH_4	16.0	－161.5	－82.6	4604	－182	0.118（NBT）	0.1904（NBT）	1.305
氨	NH_3	17.0	－33.3	－132.4	11280	－78	0.25（－15℃） 0.207（30℃）	0.5019（0℃） 0.5019（30℃）	1.29

注：表中 NBT 表示正常沸点温度。

7.1.1.3　制冷级数

蒸气压缩制冷系统已成功地采用了一、二、三、四级压缩的制冷方式。制冷级数取决于所要求的压缩级数、级间热负荷、经济性和压缩方式。

1. 单级制冷系统

图 7.2 为以纯丙烷作为制冷剂的单级制冷系统。与前面介绍的制冷循环相比，多了两个容器，其一为压缩机入口的吸入罐，用来防止进入压缩机的流体夹带液相；其二为节流阀前的储罐，也称为接收器。

2. 双级制冷系统

通过增设一个级间分离罐可以改善单级制冷系统的效率，也就是在单级制冷循环中，将冷凝器出来的凝液先膨胀到介于冷凝压力和蒸发压力之间的中间压力，在分离罐中分离出的气体返回一级压缩机，然后将分离罐

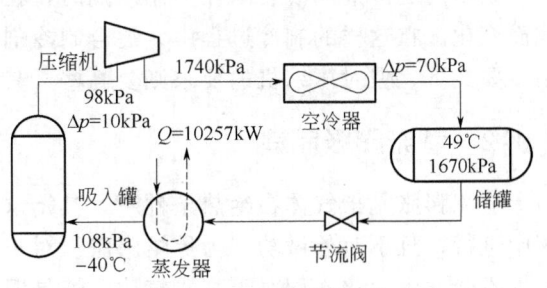

图 7.2　单级制冷系统

的液体减压到蒸发压力,这就构成一个两级节流两级压缩的双级制冷循环。

由于中间节流将膨胀过程中产生的部分气态制冷剂返回压缩机,与单级节流相比,可节省部分功耗,因此常将中间节流设施称为省功器或节能器。如果在级间而不是在低一级移走过程热量还可以多节省一部分功,图7.3为丙烷制冷剂的双级制冷系统。

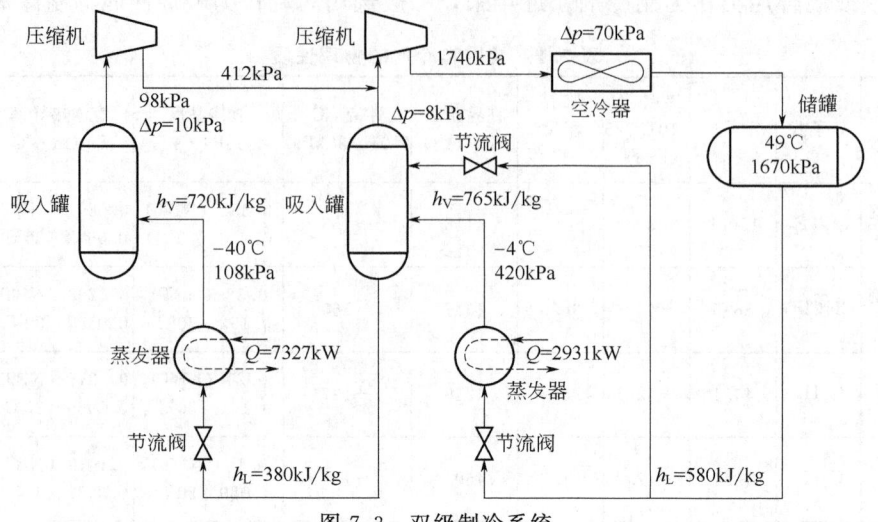

图 7.3 双级制冷系统

多级制冷循环与双级制冷循环相类似,可利用省功器和中间热负荷节省更多的功,但设备费用却加大了,因此制冷系统一般不宜超过三级。

对于丙烷单级、双级制冷循环的制冷功率和冷凝器热负荷的估算可采用气体加工工程数据手册所提供的图表进行。

3. 复叠式制冷系统

复叠式制冷又称阶式制冷或串级制冷,它是用一个制冷循环的蒸发器作为另一个温度更低的制冷循环的冷凝器,就像田径场上的接力赛一样。它所使用的制冷剂需两种或两种以上,往往用于深冷过程。如图7.4所示,即为一个串联的复叠式制冷系统。

复叠式制冷循环是能耗较低的深冷制冷循环,其主要缺陷是制冷机组多,又需有储存制冷剂的设备,相应投资较大,操作复杂,在天然气工业中往往用于液化天然气装置。

4. 混合制冷剂制冷

以不同制冷剂的混合物作为制冷剂时,在一定蒸发压力下的蒸发温度随混合制冷剂的组成而变化。在这样的制冷过程中,混合制冷剂作为一股物流被压缩、冷凝,显然其比复叠式制冷要经济,但对压缩机的要求则要高些,其制冷循环类似于单级制冷循环过程。

7.1.2 节流膨胀制冷

节流膨胀是指气体在绝热条件下,其始末态分别保持压力恒定的膨胀过程,常常在节流阀中进行,且不对外做功,为等焓膨胀。对于理想气体,焓只是温度的函数,在等焓过程中温度不会发生变化。而对于真实气体,焓是温度和压力的函数,故当节流膨胀压力发生变化时,焓也要发生变化,为了维持过程等焓则温度要发生变化。节流膨胀过程中,由于微小压力变化所引起的温度变化,可用微分节流膨胀系数 α_H 表示:

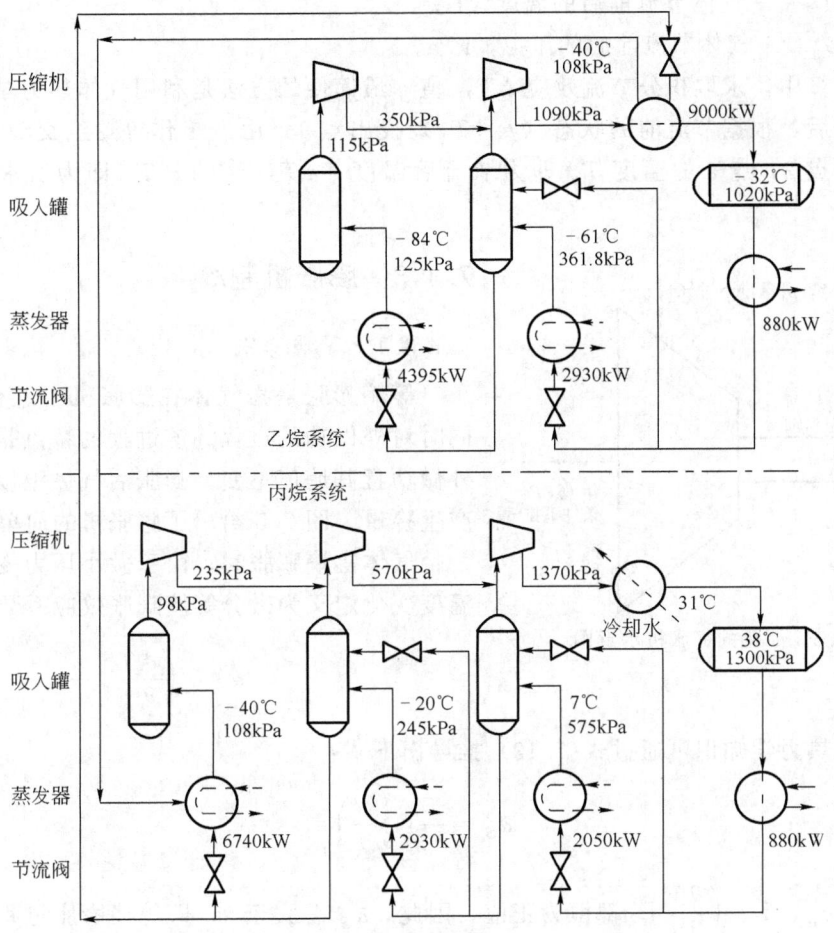

图7.4 复叠式制冷系统

$$\alpha_H = \left(\frac{\partial T}{\partial p}\right)_H \tag{7.9}$$

显然，$\alpha_H > 0$ 时，压力降低将导致温度降低；$\alpha_H = 0$ 时，节流膨胀不引起温度变化；$\alpha_H < 0$ 时，压力降低反而引起温度升高。

由化工热力学知识可由式(7.9)推得下式：

$$\alpha_H = \frac{1}{c_p}\left[T\left(\frac{\partial V}{\partial T}\right)_p - V\right] \tag{7.10}$$

式中 c_p——气体的比热容，kJ/(kg·℃)；

p, T, V——分别表示压力、温度、体积。

如果知道气体的 pVT 关系，可由式(7.10)求得 α_H。

上面讨论的是微分节流效应在压力变化为无限小时温度的变化。但在实际过程中，压力的变化总为一有限值，因此压力变化为有限值时所引起的温度变化称为积分节流效应 ΔT_H。

$$\Delta T_H = T_2 - T_1 = \int_{p_1}^{p_2} \alpha_H \, dp \tag{7.11}$$

将式(7.10)代入上式有：

$$\Delta T_H = T_2 - T_1 = \int_{p_1}^{p_2} \frac{1}{c_p}\left[T\left(\frac{\partial V}{\partial T}\right)_p - V\right] dp \tag{7.12}$$

式中 T_1, T_2——气体节流前后的温度，K；

p_1, p_2——气体节流前后的压力，kPa。

工程计算中，求取积分节流效应 ΔT_H 值，最简便的方法是利用气体热力学性质图。节流过程确定后，根据节流前的状态 (p_1, T_1) 找出点1，由点1作等焓线交节流后压力 p_2 的等压线得点2，点2的温度 T_2 即为节流后温度，$\Delta T_H = T_2 - T_1$ 即为所求的积分节流效应值。

7.1.3 膨胀机制冷

7.1.3.1 等熵膨胀

等熵膨胀是指气体在膨胀机中进行绝热膨胀，同时对外做功的过程。该过程的特点是气体膨胀对外做功且其熵值不变，膨胀后气体温度降低，同时产生冷量。图7.5给出了膨胀机的简单示意图。

气体等熵膨胀时，由于微小压力变化而引起的温度变化定义为微分等熵膨胀效应系数 α_S：

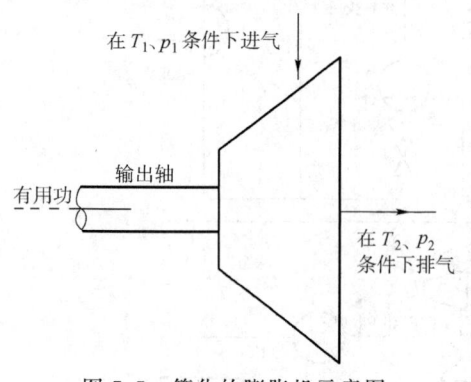

图 7.5 简化的膨胀机示意图

$$\alpha_S = \left(\frac{\partial T}{\partial p}\right)_S \tag{7.13}$$

由化工热力学知识可通过式(7.13)推导出下式：

$$\alpha_S = \frac{T}{c_p}\left(\frac{\partial V}{\partial T}\right)_p \tag{7.14}$$

式中，c_p、T、$\left(\dfrac{\partial V}{\partial p}\right)_p$ 都恒为正值，因此，α_S 总大于0，即等熵膨胀过程总是使气体温度降低，这与等焓膨胀是不相同的。

在气体的实际等熵膨胀过程中，压力变化为一有限的值，此时所引起的温度变化称为积分等熵膨胀效应 ΔT_S：

$$\Delta T_S = T_2 - T_1 = \int_{p_1}^{p_2} \alpha_S \mathrm{d}p = \int_{p_1}^{p_2} \left(\frac{\partial T}{\partial p}\right)_S \mathrm{d}p \tag{7.15}$$

式中 T_1, T_2——气体等熵膨胀前后的温度，K；

p_1, p_2——气体等熵膨胀前后的压力，kPa。

工程计算上，ΔT_S 也往往通过气体热力学性质图来计算。对于混合气体可利用绝热压缩温升的计算式来计算膨胀机中膨胀后的温降：

$$T_2 = T_1 \left(\frac{p_2}{p_1}\right)^{(k-1)/k} \tag{7.16}$$

$$k = \frac{c_p}{c_V}$$

式中 k——多变指数，对天然气，$k = 1.4 \sim 1.35$。

7.1.3.2 透平膨胀机

膨胀机是用来使气体膨胀输出外功产生冷量的机器。其工作原理是将压缩气体的位能转变为机械能，因而也是一种气体发动机。膨胀机的目的在于使气体冷却获得冷量，而获得机械能则是次要的。根据气体膨胀输出外功的方法可将膨胀机分为容积式和透平式两大类，我国主要采用透平膨胀机。

透平膨胀机利用压缩气体在通过喷嘴和工作轮时膨胀，推动工作轮回转输出外功，同时本身冷却，其工作过程与透平压缩机相反。

透平膨胀机所输出的外功往往用来压送分离后的干气或者用来提高透平膨胀机的进口气体压力，前一种功能称为逆升压式，后一种功能称为正升压式。

透平膨胀机按流体在膨胀机中流动特点的不同可以分为轴流式和径流式两种。轴流式在苏联应用较多，适用于大流量的环境，气流在通道中流程短，转弯平稳，效率较高，但其结构复杂，加工难度大。而在其他欧美国家径流式的使用较为广泛，气体主要是沿垂直于主轴的半径方向流动，可分为向心式和离心式两种。向心式的气体沿叶轮外径径向流入叶轮，朝轴心方向流动；离心式的气体由叶轮轴心向叶轮外径方向流动。由于向心式可比离心式获得更多的叶轮功且具有较小的流动损失，因而一般采用向心式径流透平膨胀机。

图 7.6 是半开式工作轮的单级向心径—轴流反作用式透平膨胀机的典型结构局部剖视图。它是由膨胀机通流部分、制动器及机体三部分所组成。

膨胀机通流部分是获得低温的主要部件。制冷剂从管道进入膨胀机的蜗壳，把气流均匀地分配给喷嘴。气流在喷嘴中第一次膨胀，把一部分焓降转换成气流的动能，因而推动叶轮输出外功。同时，剩余的一部分焓降也因气流在工作轮中继续膨胀而转换成外功输出。膨胀后的低温制冷剂经过扩压器排出到低温管道中。在这台透平膨胀机中采用风机作为制动器，制动空气通过风机端盖上的进气管吸入，经风机轮压缩后，再经无叶扩压器及风机蜗壳扩压，最后排入出口管道中。在风机端盖中还设有电

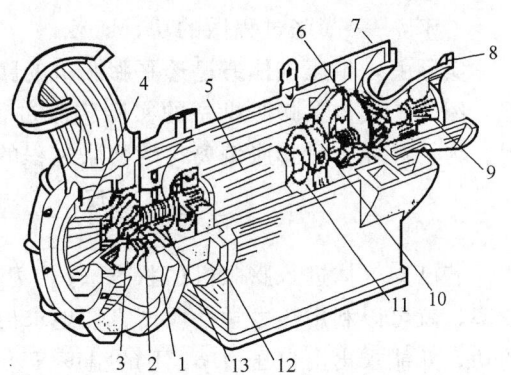

图 7.6 向心径—轴流反作用式透平膨胀机
1—蜗壳；2—喷嘴；3—叶轮；4—扩压器；
5—主轴；6—风机轮；7—风机蜗壳；
8—风机端盖；9—测速器；10—轴承座；
11—机体；12—中间体；13—密封设备

感式的测速器，用以测量透平膨胀机的转速。机体在这里起着传递、支承和隔热的作用。通过主轴把膨胀机工作轮的功率传递给右端的制动器。为了防止不同温区的热量传递和冷气体的泄漏，机体中还设有中间体和密封设备。叶轮、制动风机轮和主轴等旋转零件组成的部件称为转子。在这里膨胀机叶轮和风机轮是悬挂在主轴两端的，称为双悬臂式转子。在采用风机制动的透平膨胀机中，几乎毫无例外地采用这种形式的转子。

透平膨胀机的主要目的是降低温度，同时也要把机械功输出，因此需要有一定的负载。如果失去负载或者负载减少，膨胀机都将发生超速现象，甚至破坏机器。可见，负载实际上在这里主要是起刹车即制动作用，因此一般称负载为制动器。

负载的功率必须与透平膨胀机发出的功率相匹配，一般都是按膨胀机可能的最大功率选定，同时应考虑一定的机械传动效率。负载过大或过小都是不利的，过大势必造成转速太小，在风机制动时如果采取关小风机出口蝶阀来提高转速，会因风机流量过小而进入喘振区，引起振动和噪声；如果负载过小，那就可能发生超速，在电动机制动时，如果容量选择

过大，势必使电动机在低负荷下运转，不利于电动机的工作，容量选择过小，则会引起电动机过载，严重时也会发生失速现象。

透平膨胀机的机械设计，需要由专门的制造厂提供。目前，国内油气田大中型天然气深冷分离装置所用的膨胀机多从国外引进；中小型装置所用的膨胀机绝大多数由四川华西通用机器公司、中国航空附件研究所（609所）提供。透平膨胀机组包括膨胀机本体、制动设备、减速器与联轴节等传动设备，润滑系统和冷却系统，气封系统，安全保护设备和控制监测仪表系统等，均需由制造厂成套提供。

7.1.3.3 等熵膨胀的热力学计算过程

透平膨胀机热力学计算的基本方程有：

$$S_1 = S_2 \tag{7.17}$$

$$W_S = H_1 - H_2 \tag{7.18}$$

式中 S_1, S_2——气体膨胀前后的熵，kJ/(kg·℃)；

H_1, H_2——气体膨胀前后的焓，kJ/kg；

W_S——膨胀过程做的功，kJ/kg。

实际上，带压气体通过透平膨胀机的膨胀过程存在摩擦、泄漏和冷损失等各种不可逆过程，因此，气体在膨胀机中的实际膨胀过程并非严格的等熵过程，而是熵增大的不可逆过程。为了计算实际膨胀偏离等熵膨胀过程的程度，引入膨胀机的绝热效率 η_S：

$$\eta_S = \frac{\Delta H}{H_1 - H_2} = \frac{\text{膨胀前后气体的实际焓降}}{\text{绝热焓降}} \tag{7.19}$$

若已知气体进入膨胀机的状态（p_1, T_1）和膨胀后的压力（p_2），并选定了膨胀机绝热效率，就可以利用热力学性质图方便地求出绝热膨胀过程的 W_S，从而确定膨胀机实际产生的功，并能求出出口压力 p_2 下的温度 T_2。但是，由于在膨胀机出口条件下天然气混合物总是呈气液平衡两相，从而使计算过程复杂化。这就意味着需要在膨胀机出口条件下进行多元组分平衡计算，加大了计算量，当用状态方程法计算时，必须使用计算机求解。所涉及的计算步骤归结如下：

(1) 计算膨胀机入口条件下的焓 H_1 和熵 S_1；

(2) 在给定的膨胀机排放压力 p_2 下，求定膨胀机出口温度 T_2 及平衡气液两相焓 H_2、熵 S_2，并且满足 $S_1 = S_2$ 的条件；

(3) 计算膨胀过程所产生的理想功，即在 $S_1 = S_2$ 的条件下的 $\Delta H_S = W_S (\Delta H_S = H_1 - H_2)$；

(4) 理想功乘以绝热效率而求得实际功；

(5) 确定膨胀机实际出口焓 H_2'：

$$H_2' = H_1 - \Delta H_S \eta_S = H_1 - \Delta H \tag{7.20}$$

(6) 确定膨胀机的实际出口温度。

【例7.1】 有一膨胀机，其进口天然气的压力为6000kPa，温度为-50℃，天然气的流量为70000Sm³/h，即为2960kmol/h，天然气的组成如表7.2所示。

表7.2 天然气流量与组成数据

	摩尔流率，kmol/h	摩尔分数
甲烷	2779.9	0.9390
乙烷	118.1	0.0399

续表

	摩尔流率，kmol/h	摩尔分数
丙烷	62.0	0.0209
总计	2960	0.9998

天然气流经膨胀机进行绝热膨胀输出外功后，出口流体的压力为 2000kPa，试计算膨胀机的出口温度以及出口流体中凝液量和输出功率。

解 （1）进口条件。

利用天然气热力学性质计算出原料气处于 $p_1=6000$kPa、$T_1=-50$℃下的总焓和总熵，计算结果列于表 7.3 中（表中各符号意义同第 2 章有关内容）。

（2）出口条件。

① 初步估算膨胀机出口温度

天然气出膨胀机的温度可用试算法求得。先假定在出口压力 $p_2=2000$kPa 下有 3 个不同出口温度 T_2'、T_2''、T_2'''，然后在此三组条件下 $[(p_2,T_2')、(p_2,T_2'')、(p_2,T_2''')]$ 计算膨胀机出口的平衡条件和确定流体的焓和熵。

由于本例的原料气中富含甲烷，因此出口温度的极限值可从甲烷的压力—焓图中查得。根据进口条件 (p_1,T_1) 求得点 1，由点 1 等熵膨胀到出口压力 p_2，得到一个理想的出口温度 $T_2=-106$℃。对于大多数气体混合物，出口温度稍高于理想出口温度，因此假定 $T_2'=-100$℃，$T_2''=-95$℃，$T_2'''=-90$℃。

② 出口条件下的闪蒸计算：

根据进口气体的组成和上述三组出口条件以及该出口条件下各组分的相平衡常数 K 值，进行绝热闪蒸计算，求得平衡气液两相混合物的组成。计算结果列于表 7.4。

表 7.3 进口气体混合物焓和熵的计算

栏数	1	2	3	4	5	6	7	8	9	10	11
行数	组分	分子量	流量 kmol/h	进口气体的摩尔分数	临界温度 T_c, K	临界压力 p_c, kPa	偏心因子 ω	−50℃时，理想气体状态下的焓		−50℃时，理想气体状态下的熵	
								kJ/kg	kJ/kmol	kJ/(kg·K)	kJ/(kmol·K)
1	甲烷	16.04	2779.9	0.9390	190.6	4604	0.0126	460.55	7387.19	12.39	198.74
2	乙烷	30.07	118.1	0.0399	305.4	4880	0.0978	274.47	8253.25	7.91	237.95
3	丙烷	44.01	62.0	0.0209	369.8	4249	0.1540	227.95	10052.5	6.19	273.26
4	总计		2960	0.9998							
5	液体的分数		0.0000								
6	温度 T_1		−50℃								
7	压力 p_1		6000								
8	假临界温度 T_c		198.32								
9	假临界压力 p_c		4606.67								
10	对比温度 T_r		1.12								
11	对比压力 p_r		1.302								
12	偏心因子 ω_m		0.0189								

续表

栏数	1	2	3	4	5	6	7	8	9	10	11
行数	组分	分子量	流量 kmol/h	进口气体的摩尔分数	临界温度 T_c, K	临界压力 p_c, kPa	偏心因子 ω	−50℃时,理想气体状态下的焓		−50℃时,理想气体状态下的熵	
								kJ/kg	kJ/kmol	kJ/(kg·K)	kJ/(kmol·K)
13	$[(H°-H)/RT_c]^{(0)}$								1.55		
14	$[(H°-H)/RT_c]^{(1)}$								0.49		
15	$(H°-H)/RT_c = [(H°-H)/RT_c]^{(0)} + \omega[(H°-H)/RT_c]^{(1)}$								1.558		
16	$(H°-H)_m = RT_{cm}\left[\left(\dfrac{H°-H}{RT_c}\right)^{(0)} + \omega_m \left(\dfrac{H°-H}{RT_c}\right)^{(1)}\right]$								2577.56 kJ/kmol		
17	$H°_m = \sum y_i H°_i$								7477.78 kJ/kmol		
18	$H_{m,in} = H°_m - (H°-H)_m$								4900.23 kJ/kmol		
19	$[(S°-S)/R]^{(0)}$										1.0	
20	$[(S°-S)/R]^{(1)}$										0.54	
21	$\ln p$										4.11 atm	
22	$(S°-S)_m = R\left[\left(\dfrac{S°-S}{R}\right)^{(0)} + \omega_m \left(\dfrac{S°-S}{R}\right)^{(1)} + \ln p\right]$										42.5	
23	$\sum y_i S°_i$										201.92	
24	$R\sum y_i \ln y_i \quad (R=8.314)$										−2.2357	
25	$S°_m = \sum y_i S°_i - R\sum y_i \ln y_i$										204.165	
26	$S_{m,in} = S°_m - (S°-S)$										162.25	

表 7.4 压力为 p_2 时,温度 T'_2, T''_2, T'''_2 下的闪蒸计算

组分	摩尔分数	K值 (2000kPa, −100℃)	$\dfrac{KV}{L}+1$	液相物质的量	液相摩尔分数	气相物质的量	气相摩尔分数
甲烷	0.9390	1.2	3.2286	0.2908	0.8375	0.6482	0.9904
乙烷	0.0399	0.066	1.1226	0.0356	0.1025	0.0044	0.0067
丙烷	0.0209	0.005	1.0093	0.0208	0.0599	0.0019	0.0029
	设 $L=0.35$,则 $V=0.65$			$\sum$ 0.3472	$\sum$ 0.9999	$\sum$ 0.6545	$\sum$ 1.0000

组分	摩尔分数	K值 (2000kPa, −95℃)	$\dfrac{KV}{L}+1$	液相物质的量	液相摩尔分数	气相物质的量	气相摩尔分数
甲烷	0.9390	1.45	9.2167	0.1019	0.6811	0.8371	0.9844
乙烷	0.0399	0.0080	1.4533	0.0275	0.1838	0.0125	0.0147
丙烷	0.0209	0.0069	1.0391	0.0202	0.1350	0.0008	0.0009
	设 $L=0.15$,则 $V=0.85$			$\sum$ 0.1496	$\sum$ 0.9999	$\sum$ 0.8504	$\sum$ 1.0000

组分	摩尔分数	K值 (2000kPa, −90℃)	$\dfrac{KV}{L}+1$	液相物质的量	液相摩尔分数	气相物质的量	气相摩尔分数
甲烷	0.9390	1.7	17.1947	0.0546	0.5783	0.8844	0.9766
乙烷	0.0399	0.1	1.9526	0.0205	0.2169	0.0195	0.0215
丙烷	0.0209	0.009	1.0857	0.0193	0.2048	0.0017	0.0018
	设 $L=0.095$,则 $V=0.905$			$\sum$ 0.0944	$\sum$ 1.0000	$\sum$ 0.9056	$\sum$ 0.9999

③ 出口条件下气液相混合物的焓、熵计算：

依据液体和气体的组成、出口的温度及压力等条件，分别计算出气体、液体和两相混合物的焓 H 和熵 S，计算结果列于表 7.5、表 7.6 和表 7.7 中。

④ 绘制 $T—\Delta H$ 与 $T—S$ 关系曲线：

根据 $\Delta H = H_{m,in} - H_{m,out}$、出口流体的熵 S_{out} 和相应的温度（T_2', T_2'', T_2'''），绘制在出口压力 p_2 下 ΔH 与 T_2 及 S_{out} 与 T_2 的关系曲线如图 7.7 所示。

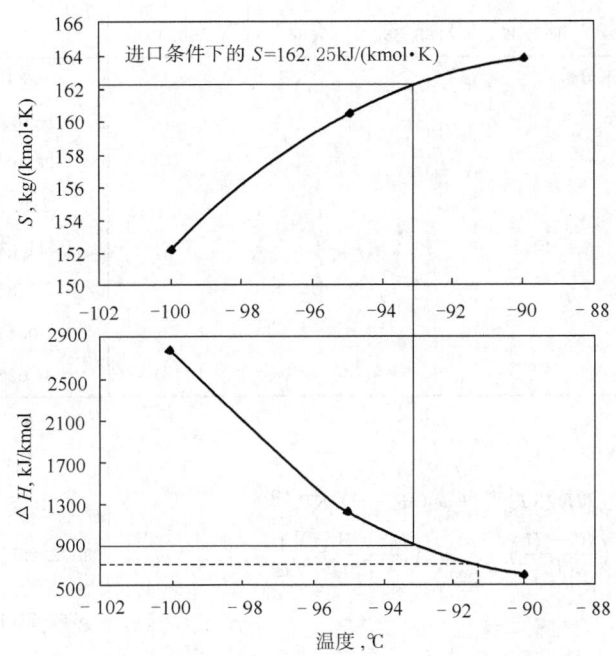

图 7.7　例 7.1　$T—\Delta H$、$T—S$ 关系曲线

⑤ 确定膨胀机的实际出口温度：

根据进口气体的熵 $S = 162.25 \text{kJ/(kmol·K)}$，由图 7.7 确定等熵过程的出口温度。从这个出口温度读得理想条件下的 $\Delta H_{理想} \approx 890 \text{kJ/kmol}$。因为膨胀机在非理想条件下工作，其效率达不到 100%，现假定膨胀机的效率为 80%，则实际焓降为：

$$\Delta H_A = \Delta H_{理想} \times 80\% = 890 \times 80\% = 712 \text{kJ/kmol}$$

与所求得的实际焓降 ΔH_A 相对应的温度值为 $-91.5℃$，则实际出口温度为 T_2 为 $-91.5℃$。

（3）天然气经膨胀后的凝液量。

根据实际出口条件（$p_2 = 2000 \text{kPa}$、$T_2 = -91.5℃$）进行闪蒸计算，求得天然气经膨胀后的凝液量。计算结果列于表 7.8 中。

出口流体中凝液量为：

$$2960.0 \times 0.1216 \approx 360 \text{kmol/h}$$

（4）计算膨胀机所产生的功。

$$产生的功 = \Delta H_A \times 流量 = 712 \times 2960 = 2107520 \text{kJ/h}$$

$$功率 = 2107/3.6 \approx 585 \text{kW}$$

表 7.5　2000kPa、-100℃时，出口气液两相混合物焓和熵的计算

栏数	1	2	3	4	5	6	7	8	9
行数	组分	液相摩尔分数	气相摩尔分数	-100℃时理想气体状态下的焓 $H°$		-100℃时理想气体状态下的熵 $S°$		两相混合物	
				kJ/kg	kJ/kmol	kJ/(kg·K)	kJ/(kmol·K)	液体	气体
1	甲烷	0.8375	0.9904	348.90	5596.36	11.81	189.38		
2	乙烷	0.1025	0.0067	209.34	6294.85	7.54	226.61		
3	丙烷	0.0599	0.0029	162.82	7180.36	5.86	258.49		
4	液相摩尔分数/气相摩尔分数							0.3472	0.6545
5	温度 T'_2							-100℃	-100℃
6	压力 p_2							2000kPa	2000kPa
7	假临界温度 T_c							213.1K	191.9K
8	假临界压力 p_c							4611.03kPa	4605.31kPa
9	对比温度 T_r							0.81	0.90
10	对比压力 p_r							0.45	0.45
11	偏心因子 ω_m							0.0279	0.0114
12	$[(H°-H)/RT_c]^{(0)}$							4.4	0.7
13	$[(H°-H)/RT_c]^{(1)}$							5.6	0.84
14	$(H°-H)/RT_c = [(H°-H)/RT_c]^{(0)} + \omega[(H°-H)/RT_c]^{(1)}$							4.5562	0.7096
15	$(H°-H)_m = RT_{cm}\left[\left(\dfrac{H°-H}{RT_c}\right)^{(0)} + \omega_m\left(\dfrac{H°-H}{RT_c}\right)^{(1)}\right]$							8072.28kJ/kmol	1132.14kJ/kmol
16	$H°_m = \sum y_i H°_i$							5762.27kJ/kmol	5605.64kJ/kmol
17	$H_{m,in} = H°_m - (H°-H)_m$							-2310.01kJ/kmol	4473.50kJ/kmol
18	出口流体的焓 $H_{m,out}$（加权平均）							2125.87kJ/kmol	
19	$H_{m,in} - H_{m,out}$							2774.36kJ/kmol	
20	$[(S°-S)/R]^{(0)}$							4.8	0.57
21	$[(S°-S)/R]^{(1)}$							5.5	0.84
22	$\ln p$							3.016	3.016
23	$(S°-S)_m = R\left[\left(\dfrac{S°-S}{R}\right)^{(0)} + \omega_m\left(\dfrac{S°-S}{R}\right)^{(1)} + \ln p\right]$							66.26	29.89
24	$\sum y_i S°_i$							197.31	189.82
25	$\sum y_i \ln y_i$　（$R = 8.314$）							-4.5777	-0.4990
26	$S°_m = \sum y_i S°_i - R \sum y_i \ln y_i$							201.8883	190.3181
27	$S_m = S°_m - (S°-S)_m$							135.63kJ/(kmol·K)	160.43kJ/(kmol·K)
28	出口流体的熵 S_{out}							152.09kJ/(kmol·K)	

表 7.6　2000kPa、-95℃时，出口气液两相混合物焓和熵的计算

栏数	1	2	3	4	5	6	7	8	9
行数	组分	液相摩尔分数	气相摩尔分数	-95℃时理想气体状态下的焓 $H°$		-95℃时理想气体状态下的熵 $S°$		两相混合物	
				kJ/kg	kJ/kmol	kJ/(kg·K)	kJ/(kmol·K)	液体	气体
1	甲烷	0.6811	0.9844	372.16	5969.446	11.891	190.724		
2	乙烷	0.1838	0.0147	213.992	6434.739	7.578	227.870		
3	丙烷	0.1350	0.0009	167.472	7385.515	5.903	260.339		
4	液相摩尔分数/气相摩尔分数							0.1496	0.8564
5	温度 T''_2							-95℃	-95℃
6	压力 p_2							2000kPa	2000kPa
7	假临界温度 T_c							235.894K	192.477K
8	假临界压力 p_c							4606.756kPa	4608.204kPa
9	对比温度 T_r							0.75	0.92
10	对比压力 p_r							0.45	0.435
11	偏心因子 ω_m							0.0457	0.0118
12	$[(H°-H)/RT_c]^{(0)}$							4.67	0.66
13	$[(H°-H)/RT_c]^{(1)}$							6.2	0.73
14	$(H°-H)/RT_c = [(H°-H)/RT_c]^{(0)} + \omega[(H°-H)/RT_c]^{(1)}$							4.9533	0.6686
15	$(H°-H)_m = RT_{cm}\left[\left(\dfrac{H°-H}{RT_c}\right)^{(0)} + \omega_m\left(\dfrac{H°-H}{RT_c}\right)^{(1)}\right]$							9715.693kJ/kmol	1069.967kJ/kmol
16	$H°_m = \sum y_i H°_i$							6245.540kJ/kmol	5977.562kJ/kmol
17	$H_m = H°_m - (H°-H)_m$							-3470.152kJ/kmol	4907.595kJ/kmol
18	出口流体的焓 $H_{m,out}$（加权平均）							3683.733kJ/kmol	
19	$H_{m,in} - H_{m,out}$							1216.498kJ/kmol	
20	$[(S°-S)/R]^{(0)}$							5.2	0.51
21	$[(S°-S)/R]^{(1)}$							6.4	0.74
22	$\ln p$							3.016	3.016
23	$(S°-S)_m = R\left[\left(\dfrac{S°-S}{R}\right)^{(0)} + \omega_m\left(\dfrac{S°-S}{R}\right)^{(1)} + \ln p\right]$							70.740	29.39
24	$\sum y_i S°_i$							206.923	191.333
25	$\sum y_i \ln y_i \quad (R=8.314)$							-7.011	-0.697
26	$S°_m = \sum y_i S°_i - R\sum y_i \ln y_i$							213.934kJ/(kmol·K)	192.015kJ/(kmol·K)
27	$S_m = S°_m - (S°-S)$							143.186kJ/(kmol·K)	162.625kJ/(kmol·K)
28	出口流体的熵 S_{out}							160.693kJ/(kmol·K)	

表 7.7　2000kPa、-90℃时，出口气液两相混合物焓和熵的计算

栏数	1	2	3	4	5	6	7	8	9
行数	组分	液相摩尔分数	气相摩尔分数	-90℃时理想气体状态下的焓 $H°$		-90℃时理想气体状态下的熵 $S°$		两相混合物	
				kJ/kg	kJ/kmol	kJ/(kg·K)	kJ/(kmol·K)	液体	气体
1	甲烷	0.5783	0.9766	383.79	6155.992	11.974	192.067		
2	乙烷	0.2169	0.0215	220.97	6644.568	7.620	229.133		
3	丙烷	0.2048	0.0018	174.45	7693.245	5.945	262.186		
4	液相摩尔分数/气相摩尔分数							0.0944	0.9056
5	温度 T''_2							-90℃	-90℃
6	压力 p_2							2000kPa	2000kPa
7	假临界温度 T_c							252.24K	193.40K
8	假临界压力 p_c							4591.59kPa	4609.31kPa
9	对比温度 T_r							0.73	0.95
10	对比压力 p_r							0.45	0.45
11	偏心因子 ω_m							0.0586	0.0126
12	$[(H°-H)/RT_c]^{(0)}$							4.72	0.60
13	$[(H°-H)/RT_c]^{(1)}$							6.5	0.64
14	$(H°-H)/RT_c = [(H°-H)/RT_c]^{(0)} + \omega[(H°-H)/RT_c]^{(1)}$							5.1009	0.6081
15	$(H°-H)_m = RT_{cm}\left[\left(\dfrac{H°-H}{RT_c}\right)^{(0)} + \left(\dfrac{H°-H}{RT_c}\right)^{(1)}\right]$							10697.73kJ/kmol	977.81kJ/kmol
16	$H°_m = \sum y_i H°_i$							6576.79kJ/kmol	6468.65kJ/kmol
17	$H_m = H°_m - (H°-H)_m$							-4120.94kJ/kmol	5190.83kJ/kmol
18	出口流体的焓 $H_{m,out}$							4311.80kJ/kmol	
19	$H_{m,in} - H_{m,out}$							588.43kJ/kmol	
20	$[(S°-S)/R]^{(0)}$							5.3	0.44
21	$[(S°-S)/R]^{(1)}$							6.8	0.63
22	$\ln p$							3.016	3.016
23	$(S°-S)_m = R\left[\left(\dfrac{S°-S}{R}\right)^{(0)} + \omega_m\left(\dfrac{S°-S}{R}\right)^{(1)} + \ln p\right]$							72.462	28.79
24	$\sum y_i S°_i$							214.457	192.953
25	$\sum y_i \ln y_i$　$(R=8.314)$							-8.089	-0.973
26	$S°_m = \sum y_i S°_i - R\sum y_i \ln y_i$							222.547kJ/(kmol·K)	193.927kJ/(kmol·K)
27	$S_m = S°_m - (S°-S)$							150.086kJ/(kmol·K)	165.126kJ/(kmol·K)
28	出口流体的熵 S_{out}							163.706kJ/(kmol·K)	

表 7.8 2000kPa、-91.5℃ 时的闪蒸计算

组 分	摩尔分数	K 值 (2000kPa, -91.5℃)	$\dfrac{KV}{L}+1$	液体含量, mol	气体含量, mol
甲烷	0.9390	1.4	12.3273	0.0762	0.8628
乙烷	0.0399	0.070	1.5664	0.0255	0.0144
丙烷	0.0209	0.0060	1.0485	0.0199	0.0010
设 $L=0.11$,则 $V=0.89$,误差在 0.1% 以内				$\sum$ 0.1216	$\sum$ 0.8782

7.1.4 热分离机制冷

除蒸气压缩制冷、节流膨胀制冷和膨胀机制冷外,还开发了一种使带压气体在热分离机中膨胀获得冷量,同时副产热量的方法。

热分离机的工作原理如图 7.8 所示。带压气体经喷嘴将其静压能变成动能后,呈间歇喷流的形式以超音速 v 喷向接受管的开孔,接受管的另一端封闭。喷流喷入后,与接受管内低压气体形成一接触表面,此表面犹如活塞,推动管内的低压气体以超音速 v 沿接受管向右移动,与此同时接受管内产生一平面冲击波,此波以更快的速率 w 沿接受管向右传播图 7.8(a) 所示。接触表面与冲击波面在接受管中的位置随时间而变化如,图 7.8(b) 所示。接触表面与冲击波面之间的气体受到冲击波的压缩后,压力和温度分别升高,此高温气体可作为热剂使用,其热量经管壁传出;而冲击波面与接受管封闭端之间的气体未受压缩而仍保持原来的状态,所以,冲过冲击波面气体的压力和温度发生突变图 7.8(c)、图 7.8(d) 所示。当喷流停止移动时,管内气体恢复到原来状态。当下一喷流喷入时,管内气体的状态又重复上述变化。带压气体除在喷嘴处发生节流膨胀外,还要在接受管内发生进一步膨胀(消耗的这一部分能量,使管内气体的温度升高),所以其温度大大降低,此低温气体经接受管开孔和小室,从排气管排出,可作为制冷剂使用。

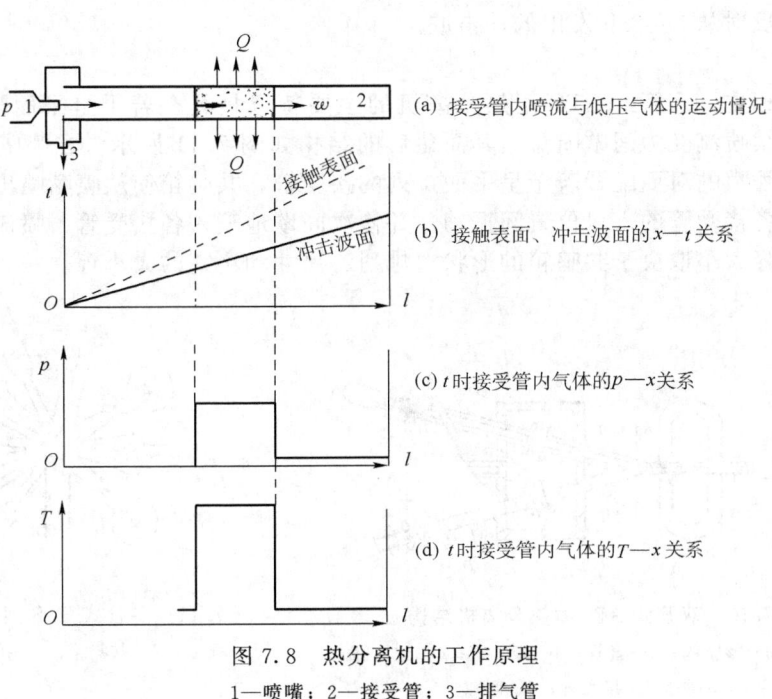

(a) 接受管内喷流与低压气体的运动情况

(b) 接触表面、冲击波面的 x—t 关系

(c) t 时接受管内气体的 p—x 关系

(d) t 时接受管内气体的 T—x 关系

图 7.8 热分离机的工作原理
1—喷嘴;2—接受管;3—排气管

热分离机的基本结构是多种多样的，归纳起来有两种类型：一种是 STS 型，热分离机内无可动部件；另一种是 RTS 型，热分离机内有旋转部件。

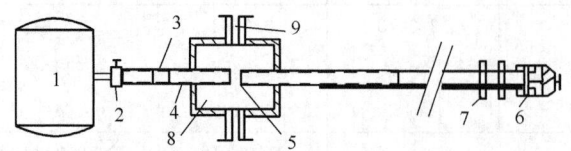

图 7.9 单管式 STS 型热分离机结构

1—储罐；2—喷嘴；3—旋转针形阀；4—注入管；
5—接受管；6—隔板；7—翅片；8—小室；9—导管

7.1.4.1 STS 型热分离机

按接受管数目，STS 型热分离机可以分为单管式、双管式和多管式三种。

1. 单管式

单管式 STS 型热分离机的结构如图 7.9 所示。来自储罐（或压缩机）的高压气体，经喷嘴（膨胀阀）将其静压能变成动能后，再经旋转针形阀将连续喷流变成间歇喷流，此间歇喷流经过注入管流向接受管。接受管是一很长的直管（或一端是直管，另一端是蛇管），至少其入口端应与注入管同轴，接受管的直径应比注入管大一些，这样喷流才能最大限度地喷入接受管。在接受管的一端装有可自由调节的隔板，当隔板位于接受管的左端时，管内气体不受喷流的影响，喷流本身仅产生一定的温度降；当隔板位于接受管的右端时，喷流在管内产生平面冲击波，使管内气体压力和温度升高，高温气体的热量经装在接受管上的翅片传出，喷流本身的温度大大降低，经小室从导管排出。

2. 双管式

与单管式相比，双管式 STS 型热分离机的主要特点是具有两根呈叉状排列的注入管和接受管。用双稳定装置将连续喷流变成间歇喷流，其结构如图 7.10 所示。双稳定装置的动作如下：来自储罐的高压气体经膨胀阀和直管后，以矩形喷流的形式喷向倾斜壁（4a 和 4b 分别连接回路和注入管 5a、5b 的外侧）的一方，当喷流位于倾斜壁 4a 时，由于离心力的作用而在此产生负压。因为倾斜壁 4a、4b 通过回路连通，所以倾斜壁 4b 处也产生负压，从而使得喷流从 4a 转向 4b，就这样喷流在 4a 与 4b 间振动，并依次间歇地经注入管喷入接受管，喷流的振动频率是回路的长度及其应答时间的函数。另外，在间隙处装有两块挡板，它们可以停止或反射从 5a、5b 发出的冲击波。

3. 多管式

与单管式相比，多管式 STS 型热分离机的主要特点是具有若干呈平面排列的接受管、用共鸣箱将连续喷流变为间歇喷流，其简化后的结构如图 7.11 所示。在喷嘴的出口两侧设置共鸣箱，在喷嘴的对面配置若干呈平面排列的接受管，共鸣箱使从喷嘴喷出的连续喷流以一定的频率在各接受管的入口位置间振动，并依次间歇地喷入各接受管，喷流在接受管内发生膨胀后的温降大小取决于共鸣箱的形状、排列、尺寸和小室的大小等。

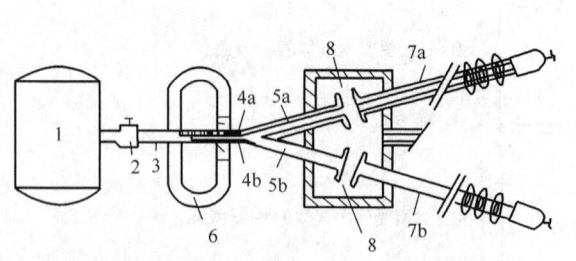

图 7.10 双管式 STS 型热分离机结构

1—储罐；2—膨胀阀；3—直管；4—倾斜壁；5—注入管；
6—回路；7—接受管；8—间隙

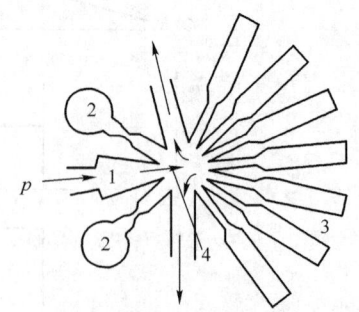

图 7.11 多管式 STS 型热分离机结构

1—喷嘴；2—共鸣箱；3—接受管；4—小室

7.1.4.2 RTS 型热分离机

RTS 型热分离机的结构如图 7.12 所示。从膨胀阀喷出的连续喷流由旋转分配器轴向喷入，旋转分配器将连续喷流变成间歇喷流后，呈放射状先喷入各注入管，再喷入各接受管。在高压气体的入口部位，固定导管与旋转导管连接处配置了可旋转的垫圈，以防止气体泄漏。整个旋转部分通过齿轮、链条由电动机驱动。

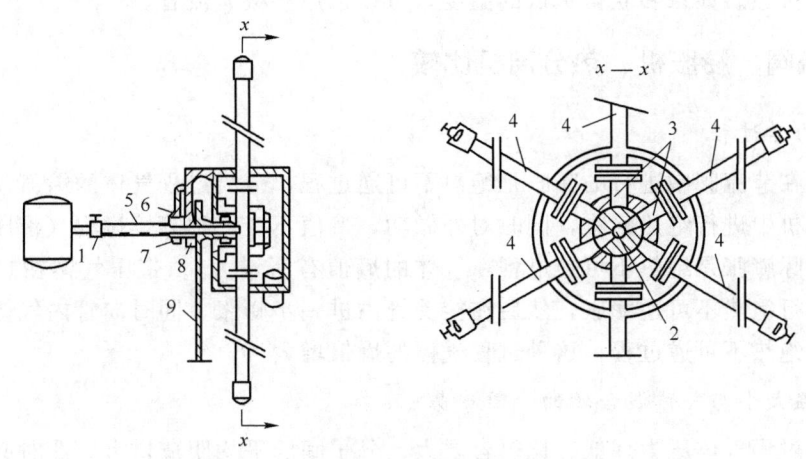

图 7.12 RTS 型热分离机的结构

1—膨胀阀；2—旋转分配器；3—注入管；4—接受管；5—固定导管；6—旋转导管；7—垫圈；
8—齿轮；9—链条

7.1.5 气体涡流制冷

涡流制冷效应的实质是利用人工方法产生漩涡使气体分为冷、热两部分，再利用分离出来的冷气流制冷。

涡流管构造比较简单，如图 7.13 所示。它主要由喷嘴、涡流室、分离孔板及冷热两端的管子组成。气体分离成冷、热两部分是在涡流室内进行的。涡流室内部形状为阿基米德螺旋线，喷嘴沿切线方向装在涡流室的边缘，其连接可以有不同方法。

在涡流室的一侧装有一个分离孔板，其中心孔径约为管子内径的一半（或稍小一些），它与喷嘴中心线的距离大约为管子内径的一半。分离孔板之外即为冷端管子。热端管子装在分离孔板的另一侧，在其外端装有一个控制阀，控制阀离开涡流室的距离约为管子内径的 10 倍。

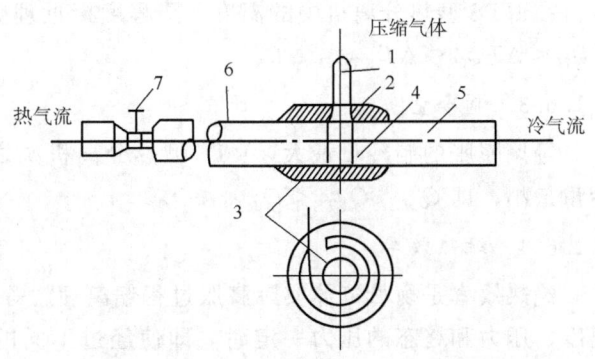

图 7.13 涡流管结构与工作过程示意图

1—进气管；2—喷嘴；3—涡流室；4—分离孔板；
5—冷端管子；6—热端管子；7—控制阀

经过压缩并冷却到室温的气体，进入喷嘴内膨胀后以很高的速率沿切线方向进入涡流室，形成自由涡流，经过动能的交换并分离成温度不同的两部分，中心部分的气流经分离孔板流出,即冷气流;边缘部分的气流从另一端经控制阀流出,即热气流。由上述可知,涡流管可以同时得到冷热两种效应。

涡流管的优点是结构简单、维护方便、启动快,且能达到比较低的温度,其主要缺点是效率低。因此,涡流管只宜用于那些不经常使用的小型低温试验设备。应用回热原理及喷射器来降低涡流管冷气流的压力,不仅可以进一步降低涡流管所能获得的低温,而且还可以提高涡流管的经济性。如果要获得更低的温度,可以采用多级涡流管。

7.1.6 节流阀、膨胀机、热分离机比较

7.1.6.1 热力学过程

带压气体在节流阀中进行的膨胀是绝热不可逆过程,节流过程气体的焓值几乎不变。带压气体在膨胀机中进行绝热膨胀,同时对外做功,熵值不变,称等熵过程(带压气体在膨胀机中进行的实际膨胀是绝热不可逆过程,气体的熵值有所增大)。带压气体在热分离机中首先经膨胀阀进行绝热不可逆膨胀,然后在接受管内进一步膨胀,同时向管内气体供热,所以整个膨胀是非绝热不可逆过程,这种过程气体的熵值增大。

7.1.6.2 降温大小与气体混合物的分离难易

节流膨胀过程气体压力降低、比热容增大、分子间的平均距离增大,此时必须消耗能量克服分子间的引力,但外界几乎无能量供给气体,这部分能量只能来自气体本身,因而使得气体内能降低,所以带压气体节流膨胀后温度一般降低(个别气体,如氦、氢等在一定温度范围内节流膨胀后温度可能升高)。等熵膨胀过程除气体压力降低、比热容增大和气体内能降低外,带压气体还需在绝热情况下对外做最大体积功,另需消耗大量内能,所以,带压气体在等熵膨胀后温度总是大大降低。在热分离机中进行的膨胀过程除气体压力降低、比热容增大和气体内能降低外,带压气体还需向接受管内气体供热,也需消耗大量内能,所以带压气体进行这种膨胀后温度也大大降低。但由于它是不可逆过程,所以降温程度小于等熵膨胀。在 RTS 型热分离机中的温度下降程度接近理想的等熵膨胀,而远远大于节流膨胀,即 $\Delta T_H < \Delta T_{STS} < \Delta T_{RTS} < \Delta T_S$。

7.1.6.3 制冷量

等熵膨胀的制冷量最大,RTS 型热分离机次之,STS 型热分离机再次之,等焓膨胀制冷量最小,即 $Q_H < Q_{STS} < Q_{RTS} < Q_S$。

7.1.6.4 绝热效率

绝热效率是衡量气体实际膨胀过程偏离理想等熵膨胀过程的尺度。当气体膨胀过程始态温度、压力和终态的压力一定时,即使经过不同的膨胀过程,焓降 ΔH 是不同的,绝热效率 η_S 也不同。研究结果表明:等熵膨胀的绝热效率最高,RTS 型热分离机次之,STS 型热分离机再次之,节流膨胀的绝热效率为零。

7.1.6.5 设备

节流膨胀所采用的节流阀结构最为简单,没有运动部件,无须润滑。STS 型热分离机的结构较节流阀复杂,但无运动部件,无须润滑。RTS 型热分离机有运动部件,结构较为复杂,因运动部分温度较高,所以不需低温润滑。而等熵膨胀需膨胀机,无论是采用活塞式还是透平式,其结构都相当复杂,因有运动部件,而且运动部分温度很低,所以需用低温润滑。

7.1.6.6 操作

节流阀操作简单可靠。STS型热分离机操作简单稳定。RTS型热分离机中旋转分配器转速不高（800～3000r/min），气体只可能在接受管内发生部分冷凝，但接受管是固定不动的，所以不易出故障。透平式膨胀机中转子的转速很高（每分钟高达数万转），而且气体可能在这发生部分冷凝，因此有出故障的危险。在活塞式膨胀机中，气体可能在缸内发生部分冷凝，由于凝液的不可压缩性，容易引起故障。

7.2 轻烃回收

轻烃回收方法主要有吸附法、油吸收法和冷凝分离法。

吸附法是利用具有多孔结构的固体吸附剂对烃类组分吸附能力强弱的差异而使烃类气体得以分离的方法，其原理和流程与分子筛吸附脱水相似。该法一般适用于天然气中重烃含量不高、处理规模较小（3×10^4～$6\times10^4 m^3/d$）的情况，它具有工艺流程简单、投资少的优点，但也存在运行成本高、产品局限性大、能耗大等缺点。虽然曾经开发了用硅胶作吸附剂的短周期吸附法（SCDDP），但由于吸附剂容量等问题一直未得到工业应用。

油吸收法是基于天然气中各组分在吸收油中的溶解度的差异而使不同烃组分得以分离的方法，该法在20世纪五六十年代前得到了广泛应用，至今都仍有工业装置在运行，特别是对于石油炼制工业中的石油裂解气的分离具有优势。油吸收法按照吸收操作温度不同往往分为常温油吸收和低温油吸收法（冷油吸收法）。常温油吸收法的操作温度为常温或略低于常温，冷油吸收法利用制冷将吸收油冷至0～−40℃进行操作。常温油吸收法是一种传统的从气体中提取液化石油气和天然汽油的重要方法。该法用吸收油在填料塔或板式塔中与天然气逆流接触。由于烃类组分在吸收油中的溶解度不同，吸收油可吸收大部分丙烷、丁烷等重组分而不吸收甲烷、乙烷而实现分离，吸收后的吸收油（富油）经解吸塔再生释放出被吸收组分后循环使用。冷油吸收法是在常规温吸收法的基础上基于低温有利于吸收的原则，增加制冷单元将吸收油冷至一定温度进行吸收操作，其原理、计算和流程与常规油吸收法是大同小异的。油吸收的优点是系统压降小，允许采用碳钢钢材，对原料气预处理没有严格要求，单套处理能力大，但由于系统复杂，生产成本高，随着科学技术及装备的进步以及人们对轻烃收率的高期望值，该法已处于淘汰的窘地。

冷凝分离法是利用天然气中各烃类组分冷凝温度不同的特点，通过制冷将天然气冷至一定温度从而将沸点较高的烃类冷凝分离，并将凝液分馏成合格产品的方法。其最根本的特点是需要提供冷量以达到较低的温位水平。按提供冷量的方式不同分为外加冷源法（外冷法）、自制冷法（内冷法）和混合制冷法，按制冷的温度水平不同分为浅冷法和中深冷法等。冷凝分离法具有较高的轻烃回收率，在轻烃回收工艺中占有重要地位。

7.2.1 油吸收法

油吸收法按照吸收操作温度的不同分为常温油吸收法和冷油吸收法。常温油吸收法的操作温度为常温或稍低于常温，多用于中小型装置，以回收 C_{3+} 为主要目的。冷油吸收法是一种将油与制冷相结合的方法，该法将处理的气体和吸收油冷冻至0～−40℃，可回收更多的 C_{2+} 轻烃，C_{3+} 回收率可达85%～90%，常用于大型天然气加工厂，冷源多用丙烷蒸发。

油吸收法所使用的吸收剂为不同分子量的吸收油。常用的吸收油有石脑油、煤油或柴油，其分子量为 100～200，所以也称贫油。吸收油分子量越小，所需的体积循环量越小，天然气液烃回收率越高；但分子量越小，随干气挥发耗损的吸收油量越大。所以，一般只有要求 C_2 回收率较高时，才采用分子量较小的吸收油。同时，随干气挥发耗损的吸收油量因温度升高而增加，因此，只有低温才有利于采用较小分子量的吸收油，因而相对分子质量可低至 100～130，为 C_{5+} 烷烃。油吸收过程属物理吸收，吸收时采用高压低温有利，解吸时采用高温低压有利，但一般油吸收操作温度不宜低于塔操作压力下的烃露点，操作压力可分为高压（1.2～1.5MPa）、常压（>0.2MPa）、低压（<0.2MPa），一般结合进入装置的天然气压力考虑，采用增压油吸收常常会影响过程的经济性。

油吸收法的工艺流程如图 7.14 所示。原料气经装置入口分离器分离出夹带的液体后，经过干气复热换热器冷却后再经冷剂制冷后进入吸收塔下部。经外部冷冻装置冷却后的冷吸收油（贫油）由吸收塔上部进入，气液两相在吸收塔内进行逆流接触，原料气中轻烃组分溶解于吸收油中（富油）并由塔底引出，产品气（贫气）由塔顶排出经复热后外输。富油经脱甲烷塔脱出 C_1、C_2 后进行换热，升温后进入蒸脱塔（分馏塔），轻烃由塔顶引出，再生后的吸收油循环使用。冷油吸收法需要采取避免天然气水合物生成的措施，常用的方法是在天然气进料前采用 TEG 或分子筛脱水，或在自由水分离后注入甘醇以降低天然气水合物生成温度。

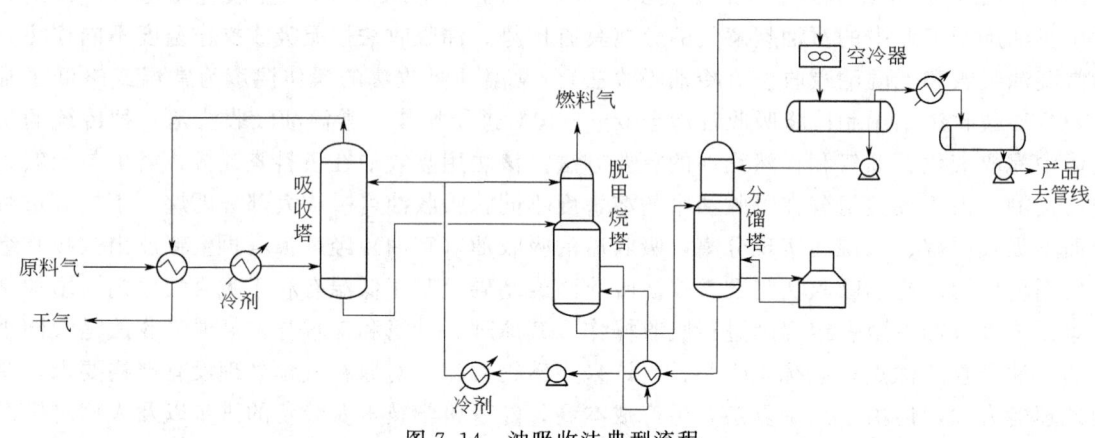

图 7.14　油吸收法典型流程

油吸收法的吸收、再生工艺计算实质上属多组分吸收，本节不再讨论，请读者参考有关化工原理、塔器设计的参考书。

7.2.2　冷凝分离法

在天然气轻烃回收中，根据其组成以及要求回收液烃的程度不同，冷凝分离法按工艺过程可分为浅冷分离、深冷分离以及中冷分离工艺。浅冷分离以回收丙烷（C_3）为主要目的，制冷温度一般为 15～-25℃；深冷分离则以回收乙烷（C_2）为目的或要求丙烷回收率大于 90%，制冷温度为 -90～-100℃；中冷分离温度一般为 -30～-60℃，有时也把中冷分离归于深冷分离部分，合称为中深冷分离工艺。浅冷分离常用的制冷法有节流膨胀制冷法、制冷剂制冷法和单级膨胀制冷法，后两种制冷法应用较多。根据所处理气体的组成不同，浅冷分离 C_3 的回收率可达 50%～70%。深冷分离常用的制冷方法有复叠式制冷法、膨胀制冷法以及膨胀制冷与制冷剂制冷相结合的混合（复合）制冷法，C_3回收率可以达到85%以上，也常常用于回收C_{2+}的情况。

7.2.2.1 冷凝分离法原则流程

根据天然气的组成和轻烃回收程度的不同，冷凝分离法所采用的制冷方法与制冷深度也有所不同，但其原则流程都是一致的，如图7.15所示。

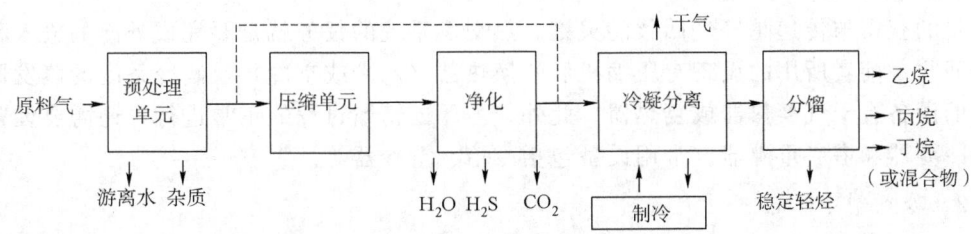

图7.15 冷凝分离法原则流程图

原料气预处理主要用分离器以去除杂质和游离液体。增压用压缩机，如果原料气压力本来就高，根据回收深度要求可以不增压。净化是脱去原料气中的H_2O、H_2S、CO_2等对低温回收有不利影响的物质，可以用吸收法或吸附法。对油田气而言，一般H_2S含量很少，如果含量多，则一般需要增设净化厂进行处理。冷凝分离所使用的制冷方法有制冷剂制冷、膨胀制冷或二者结合的混合制冷。分馏单元采用分馏塔将回收下来的轻烃进行进一步分离或稳定。

冷凝分离法一般分为四个系统。

1. 冷量获得系统

冷凝天然气需要冷量，冷量主要来源于内冷和外冷。内冷是工艺气体本身经膨胀等热力学过程而获得冷量，外冷则是由独立设置的制冷循环为气体冷凝提供冷量。对于甲烷含量较高的天然气，由于可凝组分含量少而不凝性的干气多，因此一般不需要外冷。相反，对于甲烷含量较低的富气，需要冷凝的组分多，仅靠内冷不足以将可凝组分全部冷凝，因而要求辅以外冷，补充的方式一般为制冷剂制冷。当然，所需冷量不仅与气体的贫富程度有关，也与所要求的回收率有关。

2. 净化系统

天然气特别是油田伴生气所含杂质一般为水分、CO_2和H_2S等，这些杂质会使分离设备冻堵或腐蚀。因此，在冷凝分离之前，必须将它们除去。水分的脱除最早采用三甘醇或二甘醇吸收，净化效果不理想，露点只能达到-40℃。近年来采用分子筛吸附干燥，效果显著提高，露点可达到-70℃。对于CO_2的净化应根据需要来安排，若只将天然气分为干气、液化气和轻油产品，由于温度水平不太低，则CO_2不必清除；如需提供纯甲烷及纯乙烷，由于温度下降，CO_2易形成干冰而堵塞管线和设备，故需考虑脱碳（在深冷分离中也可以采用工艺措施解决CO_2结冰问题）。对于H_2S，其脱除往往由净化厂或脱硫厂承担。另外，还有一些天然气中含有汞。当低温换热器选用铝质板翅式换热器时，汞会通过溶解腐蚀（形成汞齐）、化学腐蚀和液体金属脆断等引起泄漏，因此，还需要设置脱汞单元。

3. 分凝及精馏系统

（1）分凝。分凝就是在不同温度水平下将天然气分离成气相和液相的过程。轻烃回收装置中包括几个温度水平。在不同的温度水平下分别产生相应的凝液，将各个温度水平下的凝液收集并进行精馏。

（2）精馏。由分凝所得的凝液是原料天然气中较重组分的混合物，为了满足用户要求需进一步分离成较窄的馏分。目前，一般是将各股凝液按温度顺序引入精馏塔不同高度的进料口进行精馏。凝液首先进入脱乙烷塔，塔顶产品为干气，塔底产品为 C_3 及其以上的混合物。塔底产品再送入轻油稳定塔（脱丁烷塔）进行又一次精馏，达到分离液化气和稳定轻油的目的。

4. 热交换系统

冷量的获得与传递是轻烃回收的关键。热交换系统的任务就是要完成外冷的输入和产品冷量的回收。前者所用的设备有压缩机后的换热器（水冷或空冷）及制冷系统的蒸发器；后者所用的设备有干气换热器或复热器。此外，为保证精馏过程的正常进行，还需要设置精馏塔塔顶冷凝器和塔底重沸器。常用设备包括冷箱、空冷器等。

7.2.2.2 冷剂制冷工艺

冷剂制冷低温分离用于轻烃回收方便灵活，既可用于露点控制，也可用于丙烷的深度回收，甚至可用于富气的乙烷回收。冷剂制冷用于轻烃回收的基本工艺流程如图 7.16 所示。原料气经与外输干气在气/气换热器换热后在冷剂制冷单元被冷却到设计温度，然后进入低温分离器，低温分离器气相经复热后外输，液相去稳定塔中分离以得到轻烃。

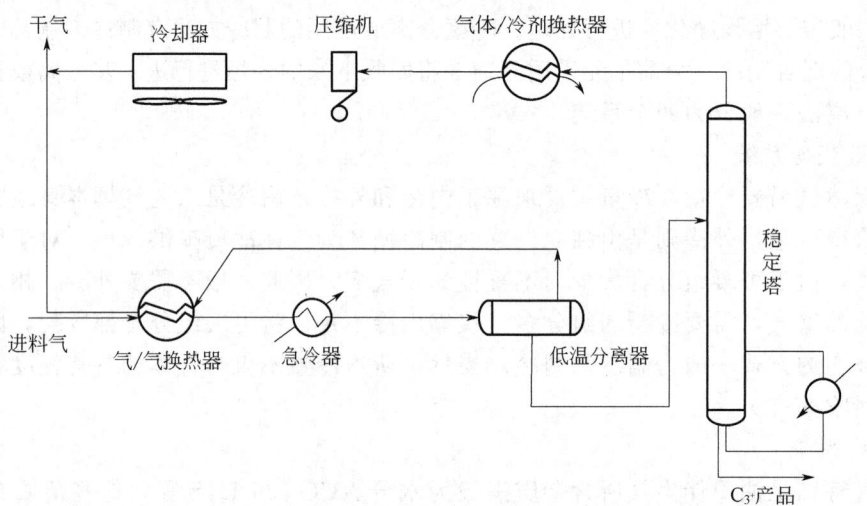

图 7.16 冷剂制用于冷轻烃回收工艺基本流程

冷剂制冷工艺因原料气的条件（处理量、压力、组成）、回收的目标产物、投资等而有多种方案。可供选择的回收工艺有多种变型，图 7.17 为 4 种常见工艺，分别称为 A 工艺、B 工艺、C 工艺和 D 工艺。

A 工艺的特点是用干气和低温分离器出口冷液体冷却原料气后再经低温单元冷却。该工艺采用塔顶进料分馏塔分馏，分馏塔塔顶气体压缩循环回原料气入口。该工艺用液体/原料气换热可降低冷却器的负荷。

B 工艺的特点是也采用顶部进料分馏塔，但来自低温分离器的冷液体不与原料气换热而直接进入分馏塔，因而分馏塔顶温度较低。分馏塔顶气流加热后再压缩并与低温分离器出口的干气混合。该流程出分馏塔顶气体温度较高，为降低干气的露点，需设定低温分离器的温度以确保混合气的露点达标。

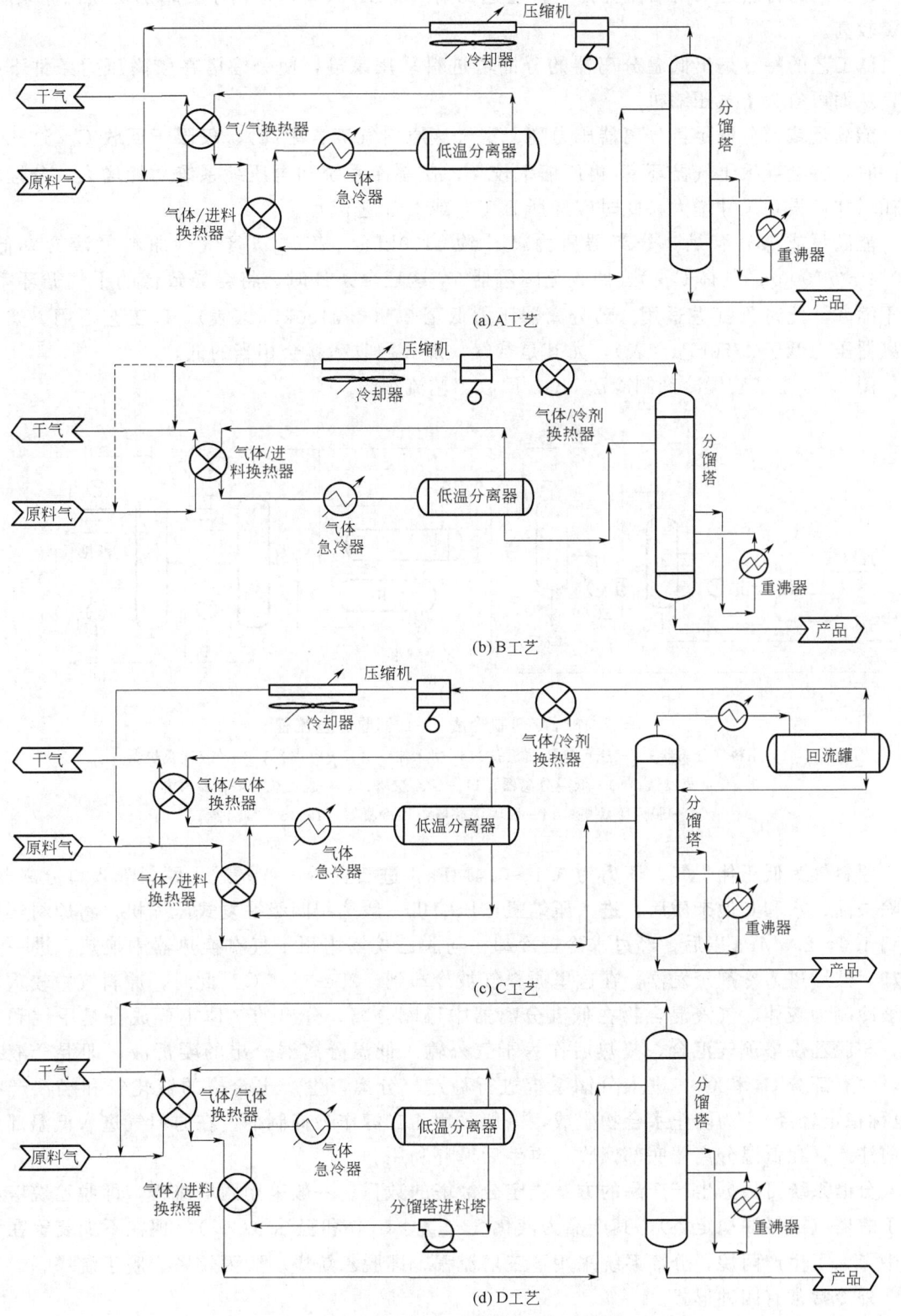

图 7.17 冷剂制冷低温分离工艺变型

C 工艺的特点是采用回流分馏塔，能达到高的 NGL 收率，但由于要增加塔顶回流系统，投资较高。

D 工艺的特点是出低温分离器的分馏塔进料采用泵输，使分馏塔在较高压力条件下操作，从而可省去干气压缩机。

能满足或部分满足：分离器压力高、富气（原料气液含率高）、仅限于回收 C_{3+} 这三个条件时，将会导致干气循环率/再压缩率较高，使制冷系统和再压缩系统功耗增大，分馏塔热耗增加，设备尺寸增大，此时应选择 B 工艺或 C 工艺流程。

能满足或部分满足：分离器压力低[约 4100kPa（表）]、贫气（原料气液含率低，<0.4m³/1000m³ 气体 C_{3+}）、回收范围包括 C_2 这三个条件时，将会导致低的干气循环率/再压缩率，此时 A 工艺适用。若分离器压力低至 2750～3100kPa（表），D 工艺适用。如果分离器压力低于 2750kPa（表），尤其是贫气，那么回收率就会相当的低。

图 7.18 是某装置冷剂制冷法 NGL 回收工艺流程图。

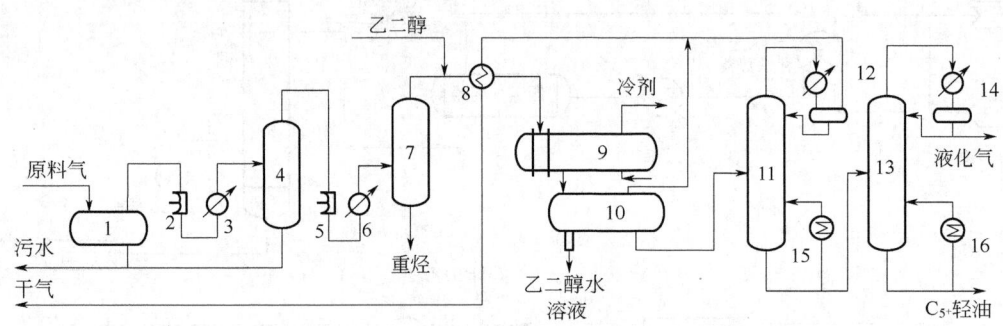

图 7.18　冷剂制冷法 NGL 回收工艺流程

1—原料气分离器；2—原料气压缩机；3,6—水冷器；4,7—分离器；8—气/气换热器；
9—冷剂蒸发器；10—低温分离器；11—脱乙烷塔；12—脱乙烷塔塔顶冷凝器；
13—脱丙丁烷塔；14—脱丙丁烷塔塔顶冷凝器；15,16—重沸器

原料气为低压伴生气，压力为 0.1～0.4MPa，进装置后，首先进入原料气入口分离器，经除去油、水和其他杂质后，进入压缩机，压缩机一般选用两级往复式压缩机。将原料气压缩到 1.6～2.5MPa 以后，经过水冷器冷却，与脱乙烷塔塔顶干气在换热器中换热，进一步冷却。然后进入冷剂蒸发器，在这里原料气被冷却到 −25～−35℃。此时，原料气中较重烃类被冷凝为液体，气液混合物在低温分离器中得以分离。分出的气体主要成分是甲烷和乙烷，与脱乙烷塔顶气汇合，复热后作为干气外输。低温分离器分出的凝析液，即混合液态烃，含有部分 C_2 和 C_1，进入分馏系统进行稳定、分离，生产出合格的液化气和轻油产品（也称稳定轻烃）。为防止水合物生成，一般采用乙二醇作为抑制剂，在原料气进入低温部分之前注入，在低温分离器底部回收，再生后循环利用。

分馏系统可根据生产产品的方案决定分馏塔的数目。一般采用两塔流程，即脱乙烷塔和脱丁烷塔（或轻油稳定塔），其产品为液化气（C_3+C_4）和轻油（C_{5+}）。现在不少装置在设计中考虑了生产丙烷，分馏系统采用了三塔流程，即脱乙烷塔、脱丙烷塔、脱丁烷塔。

外冷常常有四种形式。

1. 氨吸收制冷

20 世纪六七十年代建设的压气站，大部分采取氨吸收制冷工艺。由于氨吸收制冷工艺

用水量较多，耗能大，20世纪80年代以后，新设计的装置已很少采用。

2. 氨压缩循环制冷

该工艺成熟，国内许多厂家均可提供可靠的成套装置，而且系列齐全。

3. 氟利昂压缩制冷

该工艺比较成熟，但由于氟利昂对大气污染较严重，尤其是对臭氧层的破坏，已经引起世界各国的关注。因此，氟利昂的工业应用受到限制，其作为轻烃回收装置的制冷剂已没有发展前途。

4. 丙烷压缩循环制冷

由于丙烷在常压下的沸点较低（−42℃），而氨为−33.5℃，因此采用丙烷制冷可获得比氨制冷更低的温度。丙烷制冷的制冷温度一般为−30~−35℃，C_3 回收率可达80%~85%。此外，丙烷制冷剂可由轻烃回收装置自行生产，没有制冷剂的外购（除投产前需采购外）及储存等问题。因此，该工艺得到了广泛的应用，已成为主要的方法。

在冷剂制冷分离装置中，由于低温分离器或脱乙烷塔分出的干气具有一定的压力（一般在1.60MPa以上），而这部分气体大都直接外输并不需要这么高的压力，因此，应该考虑充分利用这部分能量。有些装置采取在浅冷分离装置的基础上增设一套膨胀机组的措施，将浅冷分离装置改造成混合制冷的深冷分离装置，最简易的办法是利用焦耳—汤姆逊效应，使干气节流膨胀，获得一定的温降，以补充装置的冷量。该法虽然效率不高，但工艺简单、设备少，易于实施。

有些浅冷分离装置为了充分利用油气资源，与原油稳定装置联合在一起，同时处理原油稳定气和油田伴生气，不仅扩大了原料气资源，而且增大了原料气中 C_{3+} 的含量，有利于浅冷分离装置轻烃回收率的提高。

冷剂制冷分离工艺中原料气冷凝所需的冷量由独立的外部循环制冷系统提供，制冷系统产生冷量的多少与被冷凝的原料气无直接关系，制冷温度受到制冷介质的制约，一般为−25~−30℃，因此，在考虑设计参数时，温度和压力是其主要的参数。理论和实践表明，有如下结论可资参考：

（1）在相同的温度和压力条件下，气体组分越富，C_{3+} 的冷凝率和冷凝量越高。显然，当原料气较贫时，采用外冷法是不适宜的。

（2）对于同一种原料气，在相同的温度下随着压力的升高，或在相同的压力下随着温度的降低，C_{3+} 的冷凝率和冷凝量均将提高，但增幅不同。在高温低压范围内，增长幅度很大，随着温度的降低和压力的升高，C_{3+} 的冷凝率和冷凝量增长幅度相应降低，到极限值时不再增加。一般而言，在制冷剂极限温度下，压力不能超过4MPa，否则不但增加压缩能耗，而且各种工艺设备的压力等级要求和设备造价都会增加；另一方面压力也不宜低于1.5MPa，否则 C_{3+} 的回收率随压力降低而急剧下降。

显然，在确定了分离压力、温度、处理量后就可以进行压缩机的选型和制冷循环过程的设计，进而完成整个设计工作。

7.2.2.3 节流阀（J-T）制冷低温分离工艺

焦耳-汤姆森（J-T）节流膨胀是通过 J-T 阀膨胀气体来冷却气体。通过适当的热交换和在 J-T 阀之间的大压差，可以实现低温，将原料气降压降温至露点以下，将少量的 C_2 和大量的 C_{3+} 从原料气中分离出来，满足烃露点要求后外输。分离出的凝液分馏得到液化气和轻油。

1. 传统 J-T 阀制冷工艺

装置比较简单，其制冷能力主要取决于原料气的组成、压力以及膨胀比。该法适用于如下情况：（1）气源压力较高，且原料气与外输气之间有很大压差可以利用；（2）原料气量和组成波动比较大，J-T 阀制冷 NGL 回收装置可以比膨胀机装置运行得更好，因为膨胀机设计流量的波动范围较窄，而 J-T 阀装置可以适应原料气流量比膨胀机大得多的波动范围内操作；（3）对收率的期望值要求不高；（4）装置位置偏远或无人值守。典型的 J-T 节流制冷回收工艺如图 7.19 所示。

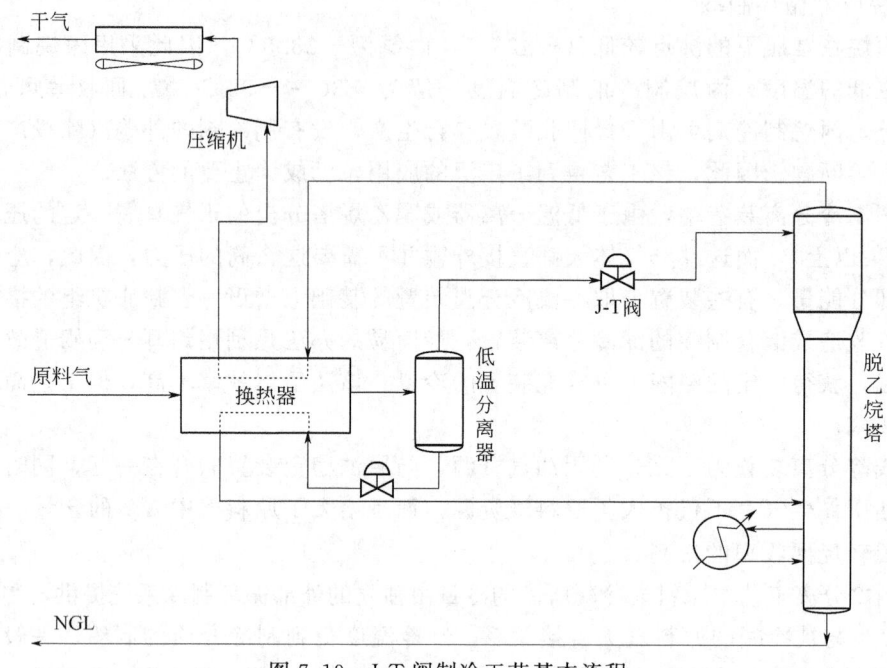

图 7.19　J-T 阀制冷工艺基本流程

为了有效地使用 J-T 工艺，原料气应该具有较高的进口压力。一般要求不低于 6900kPa。如果气体压力过低，则需要进行入口增压，否则无法达到需要的节流膨胀温度。气体必须首先干燥，以确保没有水进入该过程的低温部分。通常使用分子筛脱水。脱水后的气体通过与冷残余气和来自低温分离器的液体进行热交换后进入低温分离器，气相通过 J-T 阀膨胀后从塔顶部进入脱乙烷塔。从低温分离器出来的液体经换热后从脱乙烷塔下部入塔。脱乙烷塔出来的塔顶气相物流经复热增压后外输，塔底得到液体产品。

2. 冷剂制冷式节流阀（J-T）膨胀工艺

在某些情况下，原料气的压力不足或富含可回收的组分。为得到满意的 NGL 收率就需在 J-T 阀节流膨胀工艺的基础上辅以冷剂制冷，这就形成了制冷式 J-T 阀膨胀工艺。图 7.20 为制冷式节流阀（J-T 阀）膨胀工艺流程。该工艺的明显变化是在原料气预冷后设置了一个独立的小型制冷系统来进一步冷却原料气，然后再进入低温分离器。这个流程的优点是较低的原料气压力也可应用节流阀制冷回收液烃，或者脱甲烷塔可在较高的压力条件下运行，从而降低再压缩的能耗或不用进行残余气增压。节流阀制冷工艺，无论是带制冷还是不带制冷，特别是在不能配置膨胀机制冷的前提下，都可作为一种简单、灵活的回收工艺，对乙烷进行一定程度的回收。

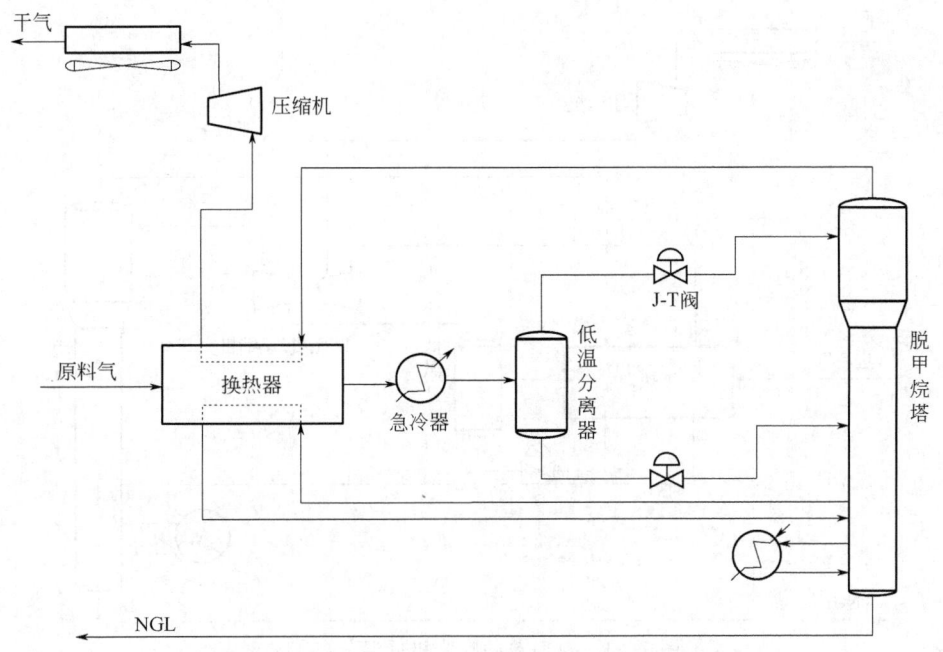

图 7.20　冷剂制冷式节流阀（J-T）膨胀工艺

7.2.2.4　膨胀机制冷分离工艺

以膨胀机为基础的低温气体工厂在 20 世纪 60 年代中期就商业化了。从那时起，几乎所有新建造的高压 NGL 回收工厂都采用了这一工艺或其变体。透平膨胀机利用原料天然气本身的压力，通过膨胀机的膨胀来产生所需的制冷并回收有用功。通常，膨胀机由膨胀端与压缩端（离心式压缩机）由轴承相连，压缩端重新压缩该过程中的残余气体。由于膨胀机的膨胀接近等熵膨胀过程，其在相同膨胀比下降低的气体温度远远大于在 J-T 阀上的节流膨胀（等焓膨胀）。膨胀机制冷低温分离工艺在轻烃回收中处于主流地位，可以回收乙烷，也可以用于丙烷的深度回收。

1. 传统的膨胀机工艺（回收 C_{3+}）

传统的膨胀机工艺也就是最简单（效率最低）的膨胀机轻烃回收工艺，如图 7.21 所示，以回收丙烷为目的。这个工艺的主要特点是使用顶部进料、不带回流的脱乙烷塔。脱水后的原料气经换热器后被冷却，然后在低温分离器时分离成气相和液相，气相进入膨胀机的膨胀端进行膨胀，然后从脱乙烷塔顶部入塔，液相通过入口气体/液体换热后从脱乙烷塔中部入塔。从脱乙烷塔塔顶出来的气体经复热后进入膨胀机的压缩端增压外输。脱乙烷塔底部出来的液体即为 C_{3+} 以上的液烃。

2. 气体过冷工艺（回收 C_{3+}）

由于需要更高的乙烷和丙烷回收水平，更有效的轻烃回收工艺已经被不断开发出来。这些改进工艺的重点就是怎样在分馏塔塔顶产生更多的回流，以便在膨胀机出口到脱乙烷塔处未凝结的组分仍然可以被回收，同时降低压缩功率要求。

由 Ortloff 最初开发的气体过冷工艺（GSP，gas subcooled process）如图 7.22 所示。这个流程与前一个流程最大的不同在于：一是从低温分离器出来的气相没有全部进入膨胀机（约 20%～40%）而是在过冷后作为塔顶回流进入脱乙烷塔。二是脱乙烷塔增加了分馏段，

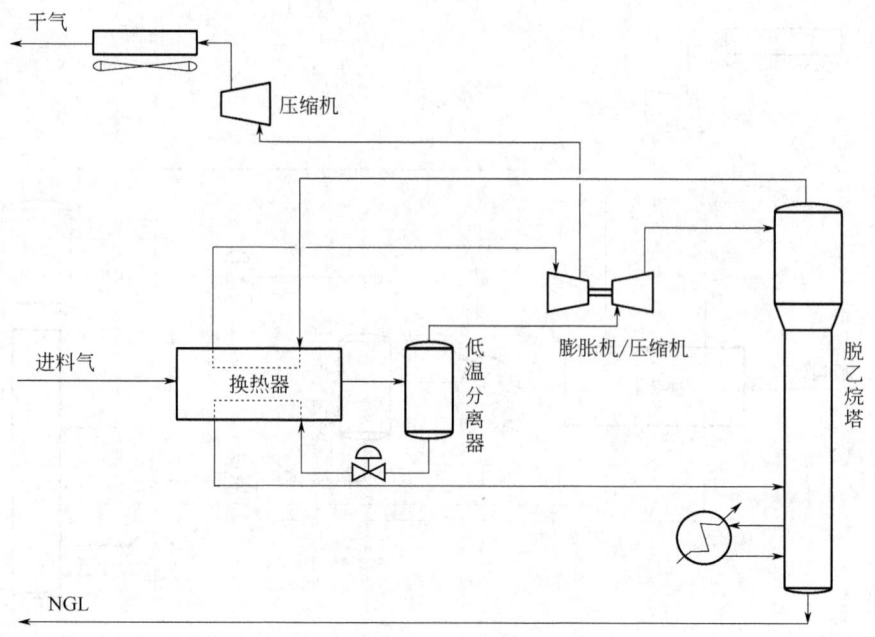

图 7.21 最简单的膨胀机低温分离工艺

从而保证脱乙烷塔塔顶出口气中就会更少地夹带 C_3 组分,也就提高了丙烷的回收率。同时膨胀机进料量减少,可扩大生产能力。

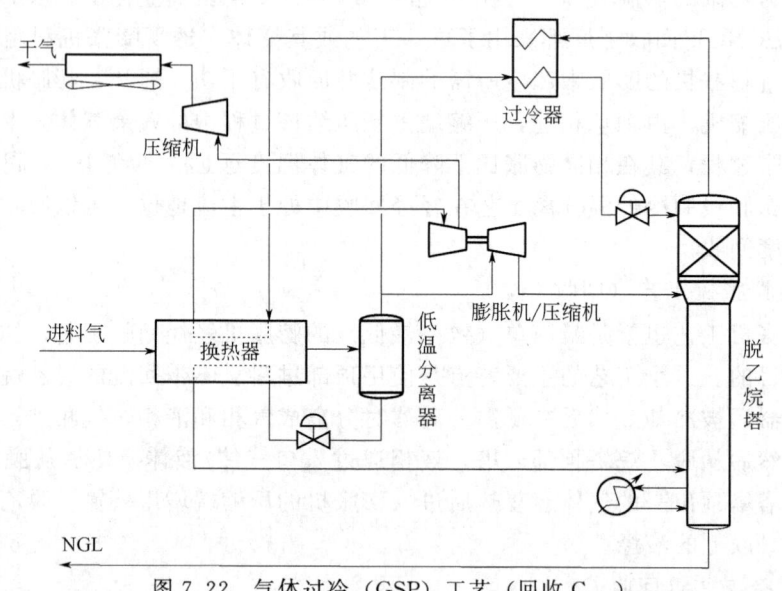

图 7.22 气体过冷（GSP）工艺（回收 C_{3+}）

3. 塔顶气回流工艺（回收 C_{3+}）

上述最简单的膨胀机工艺和 GSP 工艺的丙烷收率是有限的,不会超过任何专门为高丙烷回收（乙烷不作为目标产物）为目的而开发的工艺。最简单的高丙烷回收工艺是塔顶气回流工艺（OHR，overhead recycle），如图 7.23 所示。该工艺采用一个吸收塔和一个单独的脱乙烷塔以实现所需的回收率。脱乙烷塔塔顶物流经冷凝后进入吸收塔,从进入吸收塔底部的膨胀机出口物流中吸收丙烷。吸收塔底部物流作为回流进入脱乙烷塔。这种流程会得到比简单膨胀机工艺更高的丙烷收率。

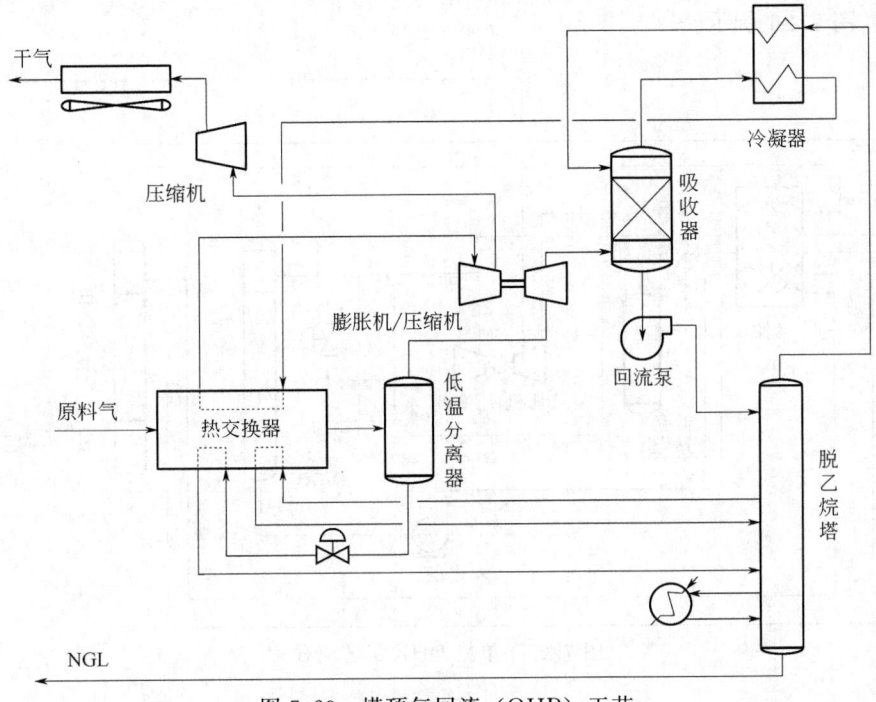

图 7.23　塔顶气回流（OHR）工艺

4. DHX 工艺

基于 OHR 同样的思路，加拿大埃索资源公司于 1984 年首先提出了 DHX 工艺，也称直接换热工艺，并在 Judy Greek 装置中得以实践且获得了成功，其流程如图 7.24 所示。该工艺的实质是用脱乙烷塔回流罐的液烃经换热、降温节流后进入 DHX 塔（国内也称为重接触塔），以此吸收从低温分离器出来的气相中含有的 C_3 组分，从而提高 C_3 收率。

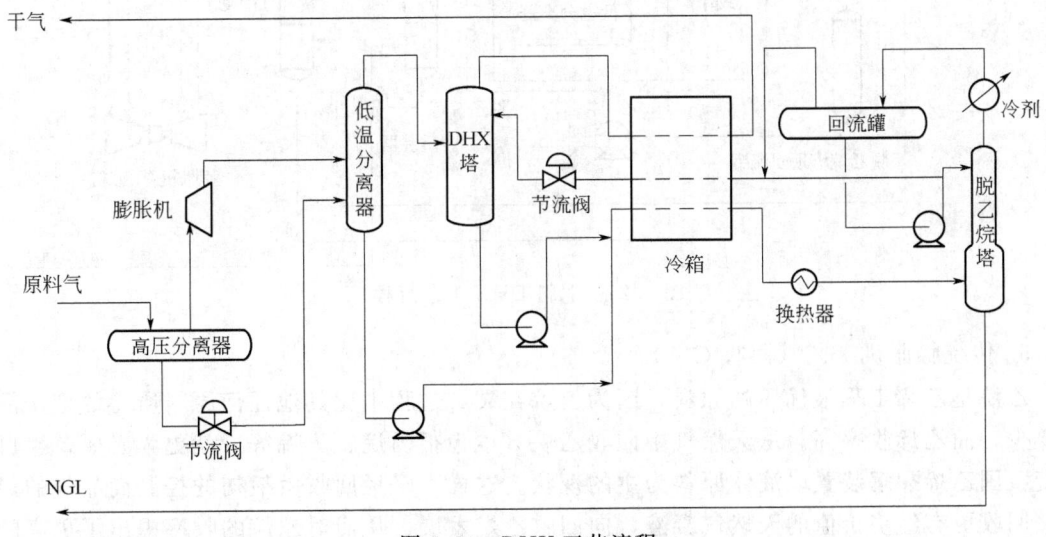

图 7.24　DHX 工艺流程

我国采用的 DHX 工艺一般也是膨胀机制冷＋DHX 塔＋脱乙烷塔的组合形式，按进料方式分为单料工艺（仅低温分离器气相经膨胀机制冷后进入 DHX 塔塔底）和双料工艺（低温分离器气相和液相最终都进入 DHX 塔）。其中单料工艺运用更普遍。两种工艺流程分别如图 7.25、图 7.26 所示。

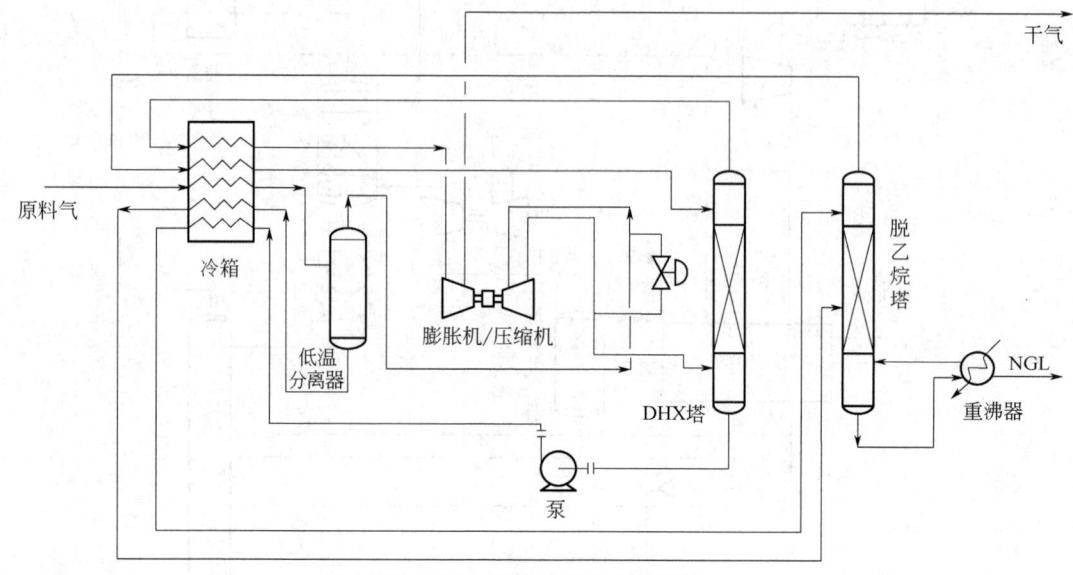

图 7.25　单料 DHX 工艺流程

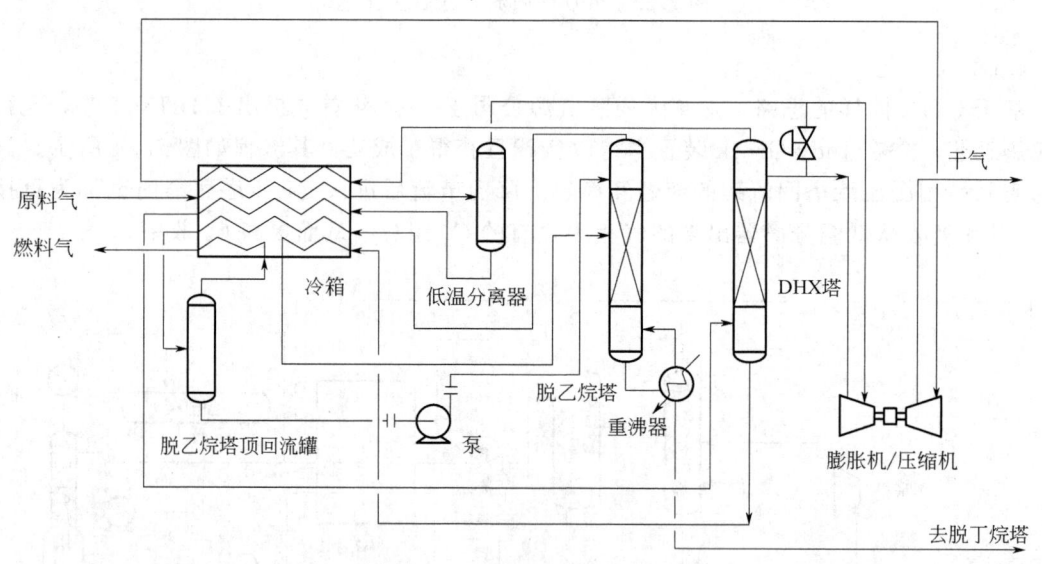

图 7.26　双料 DHX 工艺流程

5. 传统膨胀机工艺（回收 C_{2^+}）

乙烷是乙烯工程最优质的原料，因为乙烷在裂解过程中比其他任何原料所得的副产品收率要少，而乙烯收率高。从天然气中回收乙烷（也包括丙烷、丁烷等）就更为必要，也可以改变我国乙烯裂解装置以液体原料为主的现状。这样，轻烃回收由最初的控制商品气的烃露点、回收更有经济价值的天然气凝液，向回收乙烷发展，从而对乙烷的收率提出了更高的要求，以回收 C_{2+} 为目标的工艺技术开始发展起来。

其实，膨胀机最初也就是用于乙烷回收。当用于乙烷回收时，为了更多地冷凝 C_2，就需要更低的温度，为此就需要提高膨胀比，脱甲烷塔的压力就只能在较低的压力下运行。这样残余气体就需要增压外输。最简单的以回收乙烷为目标的膨胀机工艺如图 7.27 所示。

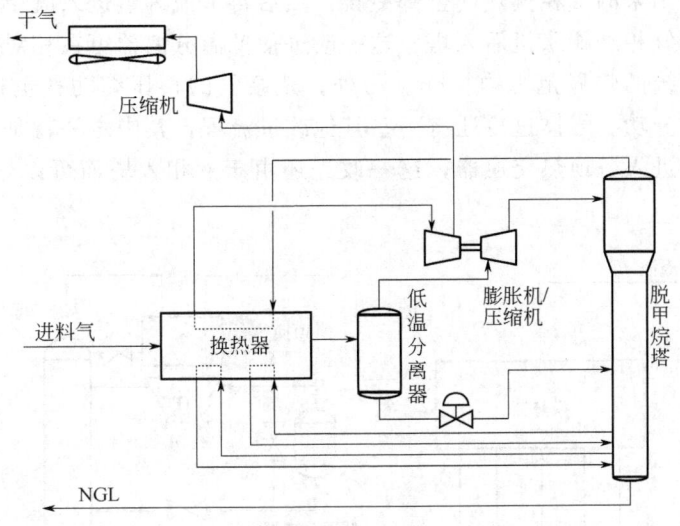

图 7.27　简单的膨胀机工艺流程（回收 C_2）

为了克服传统工艺对乙烷收率的束缚，人们开发了许多新的工艺，特别是针对脱甲烷塔的回流做了许多工作。

6. 残余气循环工艺

为了克服传统工艺对乙烷回收率的束缚，人们开发了许多新工艺，特别是针对脱甲烷塔的回流做了许多工作。图 7.28 所示的残余气循环（RR，residue recycle）工艺便是其中之一。经压缩后的残余气一部分经过换热器后节流闪蒸进入脱甲烷塔顶部以提供回流，而膨胀

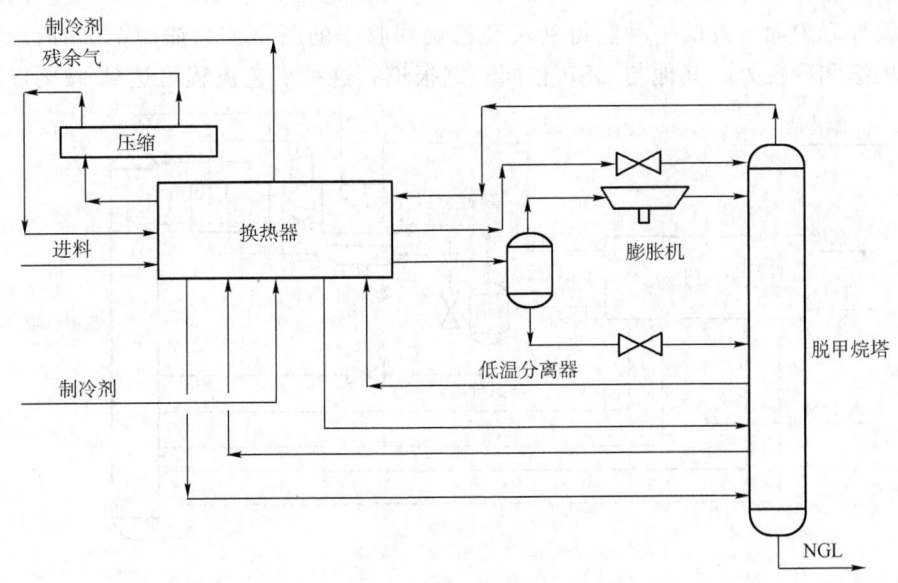

图 7.28　残余气循环工艺

机出口物流在脱甲烷塔顶部以下的某块塔板入塔。流程中的其他部分与传统工艺并无区别。这样经过残余气循环就增加了脱甲烷塔的冷量,从而提高了乙烷的回收率。

7. 气体过冷工艺（回收 C_{2+}）

气体过冷工艺（回收 C_{2+}）如图7.29所示。从低温分离器出来的一部分气相进入换热器,与脱甲烷塔顶出来的气相换热而全部冷凝,然后再节流闪蒸进入脱甲烷塔的顶部,以提供回流;另一部分气相经膨胀机后入塔。这一改进使低温分离器可在相对高一些的温位下操作,而不至于在系统的临界范围内操作。另外,残余气的再压缩功耗也比传统流程要少一些,从而能节省部分功。气体过冷还有一些其他改进流程,其中之一就是让低温分离器的一部分液体随着气相进入塔顶热交换器,这一改进还由于液相入塔而可以处理含 CO_2 较多的原料气。

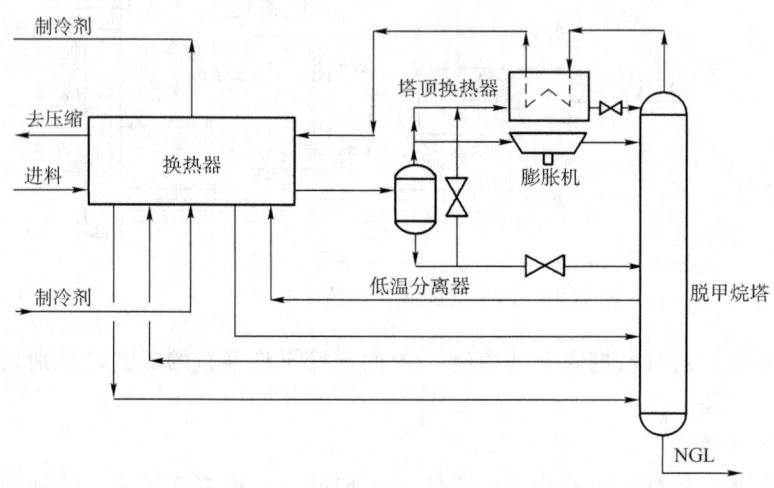

图7.29　气体过冷工艺

8. 冷残余气循环工艺

冷残余气循环工艺（CRR, cold residue recycle）是结合了RR、GSP工艺的特点并基于双模式设计思想而开发的一种能得到较高乙烷回收率的新工艺,如图7.30所示。除了脱甲烷塔顶压缩和冷凝外,其他与GSP相同。据报道,这种工艺流程可达到98%以上的回收

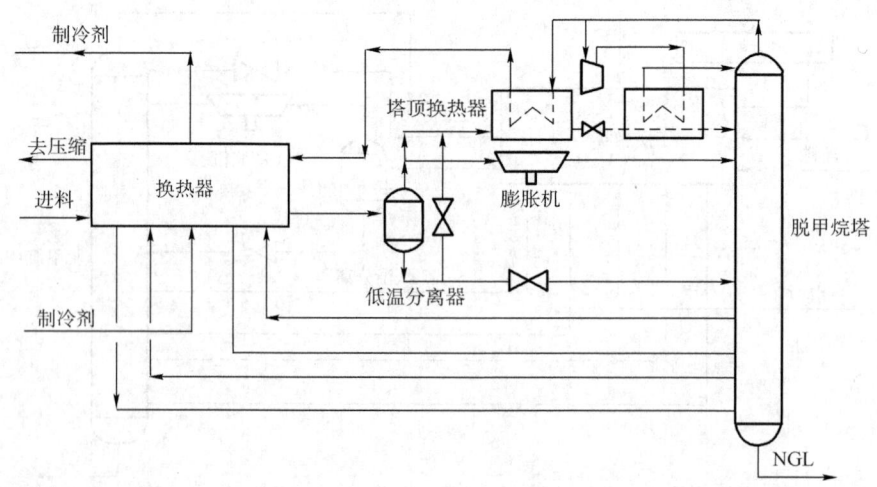

图7.30　冷残余气循环工艺

率，它不仅对回收乙烷，同时对回收丙烷也是非常有效的。

9. 液体过冷工艺

液体过冷工艺（LSP，liquid subcooled process）是针对较富气体（$C_2 > 400 \text{mL/m}^3$）处理装置而改进的工艺。采用 LSP 技术可降低常规流程的高压和低温要求，从而在相同的 C_2 回收率下节省功率。由于在脱甲烷塔顶部几层塔板处 CO_2 浓缩易生成 CO_2 固体，采用 LSP 后，有一部分含有 C_4 组分的液体进入脱甲烷塔上部，溶解 CO_2 使之偏离生成固体的条件，故该工艺可以处理含 CO_2 较多的气体，不需专门设脱 CO_2 的设施。典型的 LSP 工艺如图 7.31 所示。

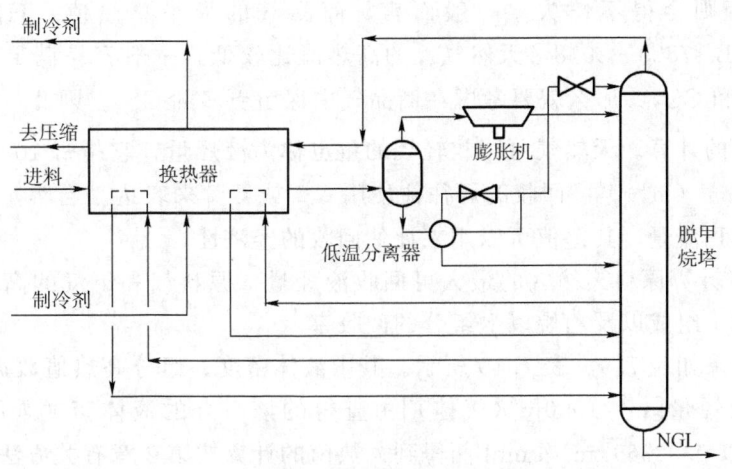

图 7.31 液体过冷工艺

采用 LSP 工艺的典型示例是中原油田天然气处理厂第四气体处理厂 $100 \times 10^4 \text{m}^3/\text{d}$ 的深冷装置，如图 7.32 所示。原料气中含有一定量的 CO_2，要达到尽可能低的温度，如果增加脱 CO_2 装置，投资会相对增大。原装置的改造采用了奥特洛夫（Ortloff）公司提出的液体过冷法流程，即采用过冷液体作脱甲烷塔顶的回流，为脱甲烷塔提供冷源。原料气压力为 0.65MPa，经压缩到 4.35MPa 后，进入膨胀机，出口压力为 1.4MPa，温度为 -101℃，没有发生冻堵（冻堵温度为 -104℃），同时乙烷回收率在 85% 以上，节约了投资，减少了能耗。从工艺优化模拟还可以看出，LSP 工艺比常规的膨胀制冷工艺可减少 20% 的能耗，有效地防止 CO_2 冻堵又能保证轻烃的回收率。

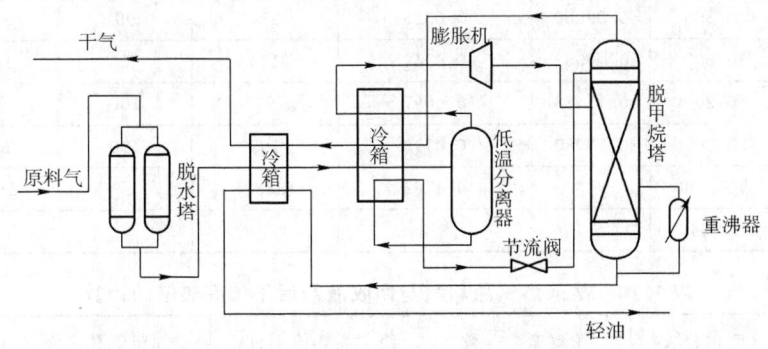

图 7.32 中原油田天然气处理厂第四气体处理厂 LSP 工艺流程图

7.2.3 轻烃回收工艺方法选择

轻烃回收工艺方法的选择，主要考虑原料气的压力、组成、厂址条件、产品质量、回收率及其他经济技术因素，在不同的条件下，选择的工艺方法也不同。天然气的气质条件是必须首先考虑的，其组成是影响轻烃回收的经济性和工艺过程选择的主要因素。一般来说，气体越富，就可以回收越多的轻烃，但对于富气要达到给定的回收率，就需要更多制冷负荷、更多热交换面积和更多固定投资；而对于贫气却需要更苛刻的处理条件（低温）。轻烃回收一方面要在满足烃露点要求的前提下尽可能多地回收轻烃；另一方面还必须满足商品气的最小热值要求，否则会得不偿失。一般而言，商品气的最小总热值（HHV）是 $35.4\sim37.3MJ/m^3$，GB 17820—2018《天然气》的高热值比较低，一般容易满足。如果原料气含有比较多的 N_2 和 CO_2，那么就要考虑在商品气中保留更多的 C_{2+}。因此，需要进行天然气中可回收轻烃量的计算。天然气可回收轻烃的量也称为液烃量，它指每 $1000m^3$ 气体中所含的可回收液烃的量（m^3）。可回收的烃往往使用 C_{2+} 或 C_{3+} 来表达。当然，回收了轻烃的干气势必减少了体积流量，其差值可以用来评估回收的经济性。

【例7.2】 计算原料天然气的最大可回收液烃量，原料气和干气的高热值。表 7.9 给出了原料气的摩尔组成以及乙烷以上组分的回收率。

解：计算结果如表 7.9、表 7.10 所示。其中液体密度、组分高热值数据由表 2.1 查得。某组分的最大液烃量 $[m^3/1000m^3(气体)]$ 由查得的该组分的液体密度乘除以其摩尔分数（%）的值再除以 $0.02369km^3/kmol$ 而得到。热值的计算按第 2 章有关方法进行。

表7.9 某天然气可回收液烃量的计算

组分	原料气摩尔分数,%	液体密度 $m^3/kmol$	最大液烃量 $m^3/1000m^3$（气体）	最大液烃量 m^3/d	设定的回收率,%	液烃量 m^3/d	干气摩尔分数,%
N_2	1.000						1.115
CO_2	3.000						3.346
C_1	85.000						94.808
C_2	5.800	0.08445	0.2068	1932	90	1739	0.647
C_3	3.000	0.08686	0.1100	1027	98	1006	0.067
i-C_4	0.700	0.10322	0.0305	285	99	282	0.008
n-C_4	0.800	0.09950	0.0336	314	99	311	0.009
i-C_5	0.300	0.11552	0.0146	136	100	136	0.000
n-C_5	0.200	0.11433	0.0097	91	100	91	0.000
C_{6+}	0.200	0.12980	0.0110	103	100	103	0.000
总计	100.000		0.4162	3888		3668	100.000
气体量 $10^6 Sm^3/d$	9.34						8.37

表7.10 某天然气原料气与回收液烃后干气高热值的计算

组分	原料气摩尔分数 %	干气摩尔分数 %	组分高热值 HHV MJ/Sm^3	原料气高热值 MJ/Sm^3	干气高热值 MJ/Sm^3
N_2	1.000	1.115	0.0	0.00	0.00

续表

组分	原料气摩尔分数 %	干气摩尔分数 %	组分高热值 HHV MJ/Sm³	原料气高热值 MJ/Sm³	干气高热值 MJ/Sm³
CO_2	3.000	3.346	0.0	0.00	0.00
C_1	85.000	94.808	37.707	32.051	35.749
C_2	5.800	0.647	66.067	3.832	0.427
C_3	3.000	0.067	93.936	2.818	0.063
$i\text{-}C_4$	0.700	0.008	121.404	0.850	0.010
$n\text{-}C_4$	0.800	0.009	121.792	0.974	0.011
$i\text{-}C_5$	0.300	0.000	149.363	0.448	0.000
$n\text{-}C_5$	0.200	0.000	149.656	0.299	0.000
C_6^+	0.200	0.000	177.554	0.355	0.000
总计	100.000	100.000		41.628	36.260

选择轻烃回收工艺方法时，由于每一种工艺方法或流程都有其适用的条件，同时都存在一定的局限性，不可能存在适应任何场合的最佳方案。在给定装置的设计条件下，通常首先要考虑的主要问题是冷源，即内部冷源和外部冷源问题。一般情况下，选择轻烃回收工艺方法应遵循如下原则：

（1）当进气压力与外输干气压力之间有自由压差可供利用（增压或无需增压回收 NGL），且 C_3 组分含量又不太多时，宜选用膨胀制冷法。

（2）当有自由压差可供利用，但原料气中 C_2 含量较少、回收价值又不大时，往往采用节流膨胀制冷法，降低水及轻烃的露点，以满足长输管道对气质的要求。如制冷温度还不够低，再加制冷剂制冷作为辅助措施。

（3）对以回收 C_3 为目的的小型轻烃回收装置，应根据伴生气中 C_3 含量情况，按图 7.33 选择相应的工艺方法。处于三种方法交叉区时，应选择见效快、投资省的制冷剂制冷（如丙烷制冷）法，或单级膨胀制冷法，或二者相结合的混合制冷法，尤其是小型橇装式回收装置，更有见效快、灵活机动的特点。

（4）当干气外输压力接近于原料气压力，回收 C_2 而且要求 C_3 回收率达到 90% 左右时，可参照图 7.34 选择相应的工艺方法。

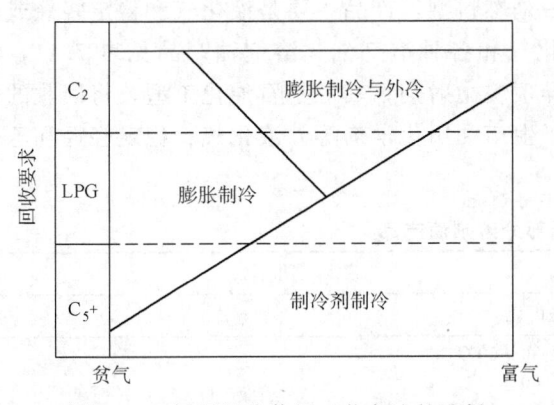

图 7.33 轻烃回收装置工艺方法的选择

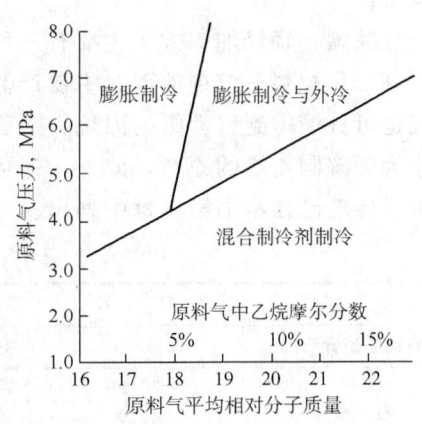

图 7.34 回收 90% C_3 的最佳方法选择

(5) 当原料气中 C_2 含量较多、装置处理规模较大时,为了降低功率的消耗,宜采用膨胀制冷与制冷剂制冷相结合的混合制冷方法。原料气压力低时需考虑增压单元。

任何从天然气中回收 NGL 的方案,不管它是仅仅考虑对烃的露点控制还是回收乙烷,都要进行经济分析。假如回收 NGL 的经济效益超过了为确保达到烃露点指标的经济效益,就必须比较那些用于提高 NGL 回收率的典型工艺的成本和回收率。

首先,要考虑的重要因素是天然气的组成以及是否要求回收乙烷。若要回收乙烷,就要选择一个低温方案。如果要求最大限度地回收丙烷而不要求回收乙烷,那么其中的一种选择是使用丙烷作制冷剂,或采用带冷冻贫油系统的吸收工艺。目前,这些方案已经能够用计算机模拟,以便确定在不同操作参数——压力、低温和贫油循环量条件下 NGL 的回收率。同时,了解每个方案的投资成本和操作成本对最佳方案选择是非常重要的。

通常情况下,天然气回收 NGL 的经济性存在下列关系:NGL 的价格减去回收成本大于气态供加热的价格。

总之,工艺方法的选择应因地制宜,从原料气组成、装置建设目的、产品回收率要求、生产成本和工程投资等方面综合比较。一般当天然气(伴生气)组成较富、处理气量较小、装置建设目的是回收 C_3 且产品回收率要求不高时,宜选用浅冷分离工艺;而当气体组成较贫、处理量较大、希望回收较多乙烷时,应采用深冷分离工艺。而在满足工艺要求的制冷量的条件下,首先立足于采用膨胀机制冷,必要时再考虑设置外冷源制冷。另外,对回收率也要定一个适宜的指标,一般而言,深冷分离装置的 C_2 回收率高于 90% 时,投资及操作费用明显上升。这是因为需要增加膨胀机的级数以获得更低的温度等级,相应的要求提高原料气的压力,而原料气压力提高后,设备、管线等压力等级也随之提高;制冷温度下降,又需增加低温钢材的用量。因此,一般不单一追求过高的 C_2 回收率,一般认为 60%~85% 的 C_2 回收率是比较合适的。对以回收 C_3 为目的的浅冷分离装置,一般情况下 50%~80% 的 C_3 回收率是比较合适的。

7.3 轻烃分馏

轻烃分馏的目的是将轻烃进一步切割以得到附加值更高的馏分,提高轻烃的加工深度和经济效益。前一节介绍的轻烃回收工艺流程图中的脱甲烷塔、脱乙烷塔等实质上都是轻烃分馏设备。

在我国,轻烃加工方案主要有三种,其一是燃料型,产品主要是液化气和稳定轻烃或轻油;其二是燃料—溶剂油型,主要产品是液化气和各种溶剂油,溶剂油产品见表 7.11,液化气也可分馏得到气雾级的丙烷、正丁烷及异丁烷抛射剂;其三是石油化工型,将回收的轻烃作为裂解制乙烯的原料,此外,还可以用于生产油田化学剂等。液化气、稳定轻烃和乙烷的质量标准已在本书第 1 章中列出。

表 7.11 我国部分溶剂油产品

类　　型	型　号	说　　明
石油脱沥青溶剂		主要成分是丙烷
石油醚类	30 号 60 号 90 号	馏分范围是 30~60℃ 馏分范围是 60~90℃ 馏分范围是 90~120℃

续表

类 型	型 号	说 明
工业溶剂	30号发泡剂 120号溶剂油 洗涤溶剂油 200号油漆溶剂	馏分范围是30～60℃ 初馏点不小于80℃，98%馏出温度不大于120℃ 馏分范围是120～140℃ 初馏点不小于140℃，98%馏出温度不大于200℃
其他溶剂	6号抽提溶剂油 70号香花溶剂油 油墨稀释剂 皮鞋油溶剂	初馏点不小于60℃，98%馏出温度大于90℃ 初馏点不小于60℃，98%馏出温度不大于70℃ 馏分范围70～95℃或100～160℃ 馏分范围150～200℃

7.3.1 轻烃分馏流程

轻烃的分馏流程一般由产品方案确定。

7.3.1.1 燃料型轻烃分馏

燃料型轻烃分馏一般只用于回收 C_{3+} 组分，一般设脱乙烷塔和脱丁烷塔（液化气塔），有时为了生产装置自用丙烷作为溶剂，也设丙丁烷塔，其原则流程如图7.35所示。

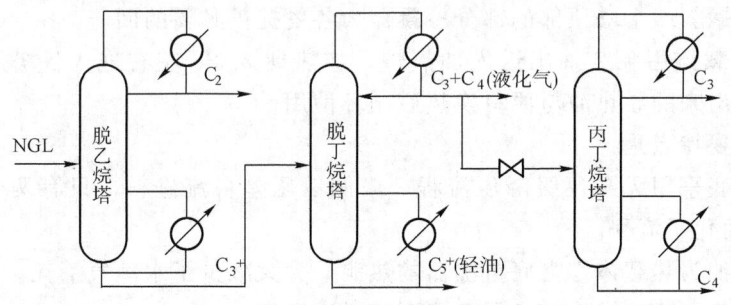

图7.35 燃料型轻烃分馏原则流程

从轻烃回收单元回收下来的 NGL 进入脱乙烷塔，所有比 C_3 轻的组分进入塔顶产品（气相）中，塔底产品为 C_3、C_4、C_{5+} 的混合轻烃，然后进入脱丁烷塔，塔底得到 C_{5+} 作为轻油。

7.3.1.2 燃料—溶剂油型轻烃分馏

在我国开展燃料—溶剂油型轻烃分馏最早的是马岭油田，马岭轻烃综合利用工程以天然气、原油稳定回收的轻烃为主要原料，采用四塔逐级降压、塔底无泵流程生产出了五种市场紧俏产品，即将轻烃进行产品切割为：小于30℃部分为丁烷气，30～60℃为30号石油醚，60～90℃为6号抽提溶剂油，90～120℃为橡胶溶剂油，140～200℃为油漆溶剂油。其工艺流程如图7.36所示。

原料用泵1抽出后经换热器与热载体（导热油）换热后进丁烷分馏塔，塔顶装有部分冷凝器，丁烷气自塔顶流出后经冷凝冷却进入丁烷储罐；塔底分出的 C_5 以上组分靠丁烷分馏塔压力自流入30号石油醚分馏塔。30号石油醚分馏塔顶分出的30号石油醚组分经冷凝冷却后进入30号石油醚储罐，塔底分出的 C_5 以上组分靠塔压力自流入6号抽提溶剂油分馏塔。6号抽提溶剂油分馏塔顶分出的6号抽提溶剂油经冷凝冷却后进入6号抽提溶剂油储罐，塔底分出的 C_7 以上组分靠塔压力自流入橡胶溶剂油分馏塔。橡胶溶剂油分馏塔顶分出

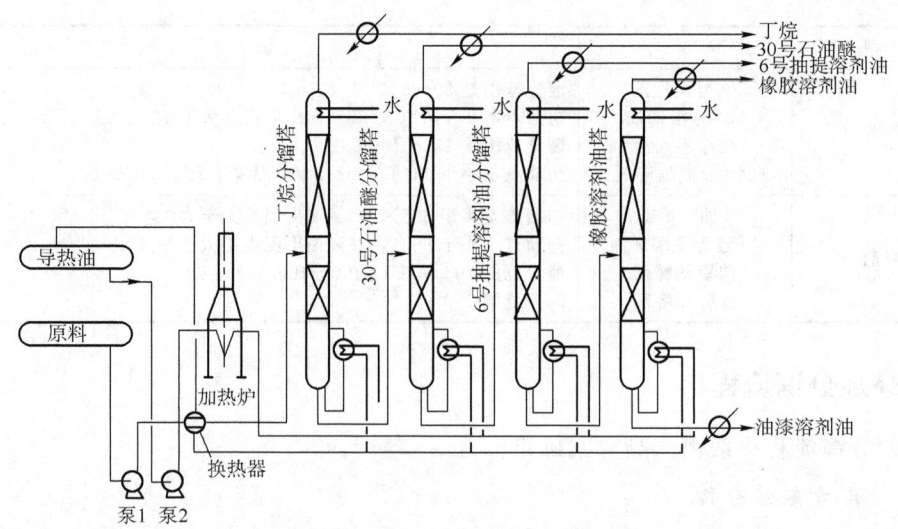

图 7.36 马岭油田轻烃分馏流程

的橡胶溶剂油经冷凝冷却后进入橡胶溶剂油储罐，塔底分出的油漆溶剂油经冷凝冷却后自流入油漆溶剂油储罐。四个塔顶部的部分冷凝器为各塔提供必要的回流。

导热油作为载体用泵 2 抽出送入加热炉，加热到 270℃ 左右进入各塔底重沸器作为热源，自各重沸器出来的导热油与原料换热后循环使用。

该工艺的重要特点是：

(1) 四塔塔底采用无泵逐级降压流程，塔间以压差自流进料，只有两个压力源（原料泵、重沸器），简化了流程。

(2) 以导热油为热载体作塔底重沸器的热源，大大减少了水蒸气消耗。整个装置只设加热炉一台，既节省了蒸汽锅炉，又保证了塔底重沸温度。

(3) 塔顶设部分冷凝器控制塔顶温度，省去了回流及回流罐。

7.3.1.3 石油化工型轻烃分馏

石油化工型轻烃分馏有两类：其一为混合烃作为石化原料，当轻烃作为乙烯化工厂的原料时，可根据储运条件只上一个塔脱出甲烷或甲、乙烷即可；只要储罐压力允许和有比较方便的冷源，应尽可能采用脱甲烷方案，因为乙烷是很好的化工原料，应留在塔底混合轻油中。其二为生产某些纯烃，如需生产乙烷、丙烷、丁烷、天然汽油产品时则需要采用多塔流程分馏，需要的塔数由产品数减一。

通常都是从最轻的组分开始依次将需要的组分分馏出来，因为最轻的组分最难冷凝，而下游塔可以在较低的压力下操作而不必制冷；也可以视情况采用其他塔序形式。塔序的选择可遵从下列四项原则：

(1) 关键组分的相对挥发度若接近 1，则应在没有非关键组分存在时分馏这一组分，即最困难的分馏应放在塔序的最后。

(2) 按相对挥发度的大小逐个从塔顶分馏出各组分是有利的。

(3) 应使各个塔的馏出液和釜液的量尽量接近。

(4) 分出回收率要求很高的那个组分的塔应放在塔序最后。

图 7.37 是石油化工型轻烃分馏的顺序流程。

7.3.2 分馏稳定系统参数确定、塔型选择与 CO_2 冻堵问题

7.3.2.1 分馏稳定系统参数确定

无论何种轻烃回收工艺均涉及对回收轻烃的进一步分馏稳定问题。轻烃回收装置中分馏稳定系统的分馏塔的多少根据装置回收目的而定。一般而言，对以回收 C_{2+} 为目的的装置需设脱甲烷塔，对以回收 C_{3+} 为目的的装置需设脱乙烷

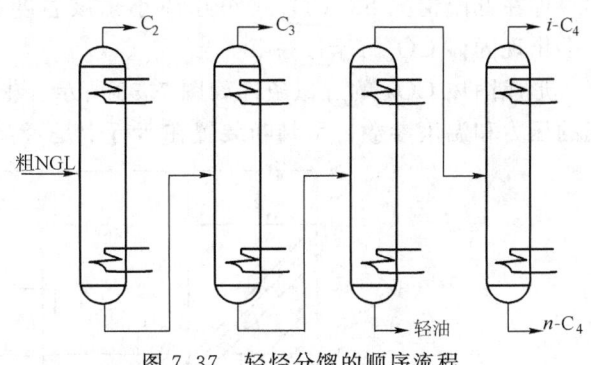

图 7.37 轻烃分馏的顺序流程

塔，而是否设置诸如脱丁烷塔、脱丙烷塔则视产品方案而定。

对深冷装置一般均设有脱甲烷塔，其不仅起分馏作用，还有制冷作用。当要求某一组分的回收率时，考虑到脱乙烷塔顶会带走一部分该组分，要求在低温分离器的凝液中该组分的液化率比要求的回收率大一些。而对深冷分离，由于分离器中的未凝气大多也进入脱甲烷塔，即使分离器的凝液中某一要求回收组分的液化率达不到规定的回收率，脱甲烷塔的制冷作用仍使回收率达到要求。

在分馏流程中，脱甲烷塔是各塔温度最低、压力最高的一个塔，设计中工艺安排、材料、机器、设备的选择主要围绕脱甲烷塔操作来考虑，无脱甲烷塔时则围绕脱乙烷塔来考虑。塔内操作压力是一个重要的参数，其选择应了解塔压与塔顶露点温度及塔底泡点温度的关系。塔压与塔顶露点温度的关系可由求露点的方法求得，结果表明塔压越高，塔顶露点温度也越高，塔底泡点温度也越高。换言之，如果塔压取高一些，则塔顶所需的冷量可少一些，塔底所需的热量多一些；如果塔压取低一点，则需要较低品位的制冷剂制冷以作为塔顶冷源。因此，一般建议脱甲烷塔采用高压法，因工程上造成更低的温度比造成更高的压力要消耗更多的能量。此外，可借助高压尾气的自身膨胀来获得额外的温降，同时，提高压力可增大气体的密度，对同一质量的天然气可缩小体积，从而缩小精馏塔塔径。一般高压法采用 3.3~3.6MPa 的压力，塔型可采用精馏塔或冷进料的不完全塔（提馏塔）；对脱乙烷塔可选用 1.8~2.5MPa 的压力；脱丁烷塔（液化气塔）的塔顶冷凝器常采用水冷或空冷，冷却温度可达 40℃，操作压力一般选取 1.1~1.4MPa。

7.3.2.2 分馏塔塔型选择

关于分馏塔的塔型普遍采用板式塔，多为浮阀塔，脱甲烷塔的塔板数一般为 26~72 块。由于高效、低压力降填料的不断涌现以及填料塔的设计不断完善，轻烃分馏中采用的填料塔有所增加。因此在塔型选择上可考虑浮阀塔和填料塔两种进行优化选择。另外，为了简化流程和节省加热用的水蒸气（或导热油）及冷却用的冷却介质，在只对混合轻烃蒸气压有要求时，可采用只有提馏段的冷进料塔对混合轻烃进行稳定处理。

7.3.2.3 CO_2 堵冻问题

从天然气中回收轻烃往往需要在低温下操作，天然气中的 CO_2 会生成固体是设计与生产中急需解决的问题。特别是在脱甲烷塔顶几层塔板和膨胀机制冷的膨胀机出口处容易生成 CO_2 固体的地方，温度、压力、过程气组成与 CO_2 固体生成条件如何，都是必须正视的问题。

对于 CO_2 的脱除，除需考虑产品质量和腐蚀因素外，还应以低温过程不出现冻堵为原

则,即在低温情况下,CO_2的分压应小于该温度条件下的饱和蒸气压,因为高于饱和蒸气压会出现固体CO_2(干冰)。

形成固体CO_2的近似条件如图7.38所示。根据该图,结合装置设计中膨胀机出口天然气的压力和温度参数,可判断装置在运行中是否会出现冻堵现象。

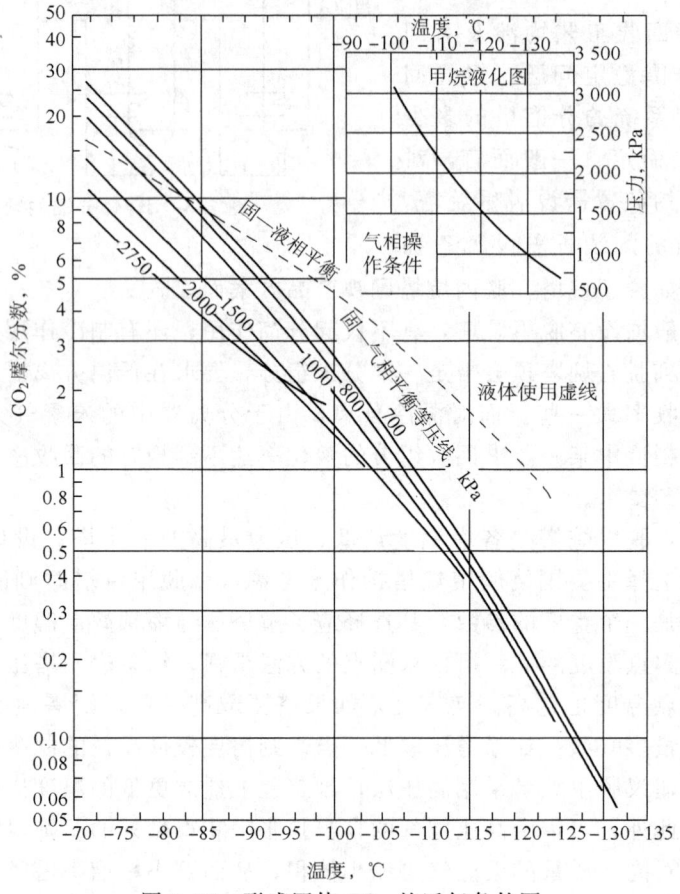

图7.38 形成固体CO_2的近似条件图

使用图7.38时,首先在图中找运行范围:如果在液相范围内,固—液相平衡虚线轨迹可给出将要产生固体CO_2的CO_2摩尔分数;如果在气相范围内,固—气相平衡等压线的实线给出产生固体CO_2的CO_2摩尔分数。安全运行的条件是CO_2摩尔分数必须低于上述两种情况,若发现非常接近形成固体CO_2的摩尔分数,应查找更具体的有关资料进行验证。总之,必要时应改善条件,以防止固体CO_2的形成。

此外,考虑深冷分离前,压缩和脱水单元也会除去部分CO_2。同时,对脱甲烷塔进料采用先过冷,可以容许更大的CO_2摩尔分数,也就是进入塔顶的过冷液体可以起到吸收CO_2的作用,使之偏离生成CO_2固体的条件。此种方法与脱CO_2相比既节省投资,又节约能量。

7.3.3 精馏塔计算

轻烃分馏为多组分精馏,在多组分精馏分离过程中,尽管原料气中含有c个组分,但只能对其中两个组分规定分离要求,一旦这两个组分的组成确定,其他组分的组成也随之确定下来。这两个规定了分离要求的组分在精馏塔的设计中对分离起着控制作用,称为关键组分，其余组分称为非关键组分。两个关键组分中，易挥发的一个组分称为轻关键组分（LK），难挥发的称为重关键组分（HK）。两个关键组分可以是相邻的组分，也可以不是相邻的组分。相对挥发度比轻关键组分大的组分称为轻组分，相对挥发度比重关键组分小的组分称为重组分。

精馏塔的计算有简捷算法和严格算法，在此只介绍简捷算法，严格算法请参阅有关文献。

简捷算法适用于设计型计算，即给定进料情况和分离要求，计算确定经济的操作回流比、所需的理论板数和最佳进料位置。由于简捷算法采用了一系列简化假定，只能供估算用，但因其计算简单、方便，常用于初步设计计算、全流程优化计算。

精馏的简捷算法主要用于估算达到分离要求所需的理论板数和最小回流比，主要包括三个基本关系：芬斯克（Fenske）方程、安德伍德（Underwood）方程和吉利兰（Gilliland）关联图。

7.3.3.1 最小回流比

与双组分精馏一样，多组分精馏的回流比也存在一个下限，即最小回流比 R_{min}。在最小回流比下操作时，完成一定的分离要求所需的理论板数为无穷多。精确计算多组分精馏的最小回流比是非常复杂和困难的，目前常采用简化法估算。广泛使用的简化法是安德伍德（Underwood）法，其使用条件为：塔内气液两相均为恒摩尔流；各组分的相对挥发度均为常数。

(1) 用下式求 θ 值：

$$\sum_{i=1}^{c} \frac{\alpha_{i,r} x_{i,F}}{\alpha_{i,r} - \theta} = 1 - q \tag{7.21}$$

式中　$x_{i,F}$——进料中 i 组分的摩尔分数；

　　　q——进料的热状况参数；

　　　$\alpha_{i,r}$——i 组分与对比组分 r 之间的相对挥发度，对比组分 r 一般选择重关键组分或最重的组分。

对 c 个组分的物系，理论上有 c 个根，一般应选取介于轻、重关键组分相对挥发度之间的根，即取 $\alpha_{HK,r} < \theta < \alpha_{LK,r}$ 的根。

(2) 求得 θ 后，按下式计算最小回流比：

$$R_{min} = \sum_{i=1}^{c} \frac{\alpha_{i,r} (x_{i,D})_{min}}{\alpha_{i,r} - \theta} - 1 \tag{7.22}$$

式中　$(x_{i,D})_{min}$——最小回流比下塔顶馏出液中 i 组分的摩尔分数。

由于 $(x_{i,D})_{min}$ 难以确定，实际计算中常用全回流下的馏出液组成代替最小回流比下的组成进行计算。

如果轻、重关键组分相邻，则 θ 只有一个，R_{min} 也只有一个；如果轻、重关键组分不相邻，其间有 p 个组分，则 θ 有 $(p+1)$ 个，R_{min} 也有 $(p+1)$ 个，设计时取它们的平均值作为最小回流比。

7.3.3.2 最少理论板数

精馏塔的全回流操作是将塔顶蒸气用全凝器全部冷凝后，引入塔顶作为回流液，塔顶无产品采出。全回流操作时，塔顶馏出液 $D=0$，根据物料衡算有 $W=F$、$x_W = x_F$，即进料与釜液完全相同，故全回流操作时通常不进料也不出料，全塔无精馏段和提馏段之分，全回流是回流比的上限。

在全回流条件下，达到一定的分离要求，所需的理论板数最少。同样，一定塔板数的精馏塔在全回流操作时具有最大的分离能力。

若塔顶使用全凝器,最少理论板数 $N_{\min}$ 可用如下的芬斯克(Fenske)方程计算:

$$N_{\min} = \frac{\lg\left[\left(\dfrac{x_{\text{LK}}}{x_{\text{HK}}}\right)_{\text{D}} \bigg/ \left(\dfrac{x_{\text{LK}}}{x_{\text{HK}}}\right)_{\text{W}}\right]}{\lg \alpha} \tag{7.23}$$

式中 $\left(\dfrac{x_{\text{LK}}}{x_{\text{HK}}}\right)_{\text{D}}$ ——馏出液中轻、重关键组分的组成比;

$\left(\dfrac{x_{\text{LK}}}{x_{\text{HK}}}\right)_{\text{W}}$ ——釜液中轻、重关键组分的组成比;

α ——轻、重关键组分在全塔的平均相对挥发度。

式(7.23)计算的 $N_{\min}$ 包括塔底重沸器,塔身中的塔板数为 $(N_{\min}-1)$。若塔顶使用分凝器,将分凝器视为一个理论板,则塔身中的塔板数为 $(N_{\min}-2)$。

平均相对挥发度 α 为轻、重关键组分在各板上的相对挥发度的几何平均值,即:

$$\alpha = \sqrt[N]{\alpha_1 \alpha_2 \cdots \alpha_{N-1} \alpha_N} \tag{7.24}$$

通常取塔顶、进料和塔釜三处的几何平均值:

$$\alpha = \sqrt[3]{\alpha_{\text{D}} \alpha_{\text{F}} \alpha_{\text{W}}} \tag{7.25}$$

或仅取塔顶和塔釜两处的几何平均值:

$$\alpha = \sqrt{\alpha_{\text{W}} D_{\text{W}}} \tag{7.26}$$

7.3.3.3 操作回流比

对给定的分离任务,在一定的操作条件(压力 p、热状况参数 q)下,增大回流比,完成分离任务所需的理论板数减少,塔的设备费用下降。但增大回流比,加大了冷凝器和重沸器的热负荷以及泵的动力消耗,操作费用上升,相应也增大了冷凝器和重沸器的传热面积,传热设备费用上升。因此,操作回流比的选择是一个经济上的优化问题,最佳操作回流比应该使精馏过程总费用最少。

最佳操作回流比的选择应对精馏过程作经济核算,但经济核算非常烦琐,且完整和准确的经济数据也难以获取。在精馏塔的设计中一般并不通过经济核算来确定操作回流比,而是计算出达到分离要求的最小回流比 $R_{\min}$,根据经验取 $R_{\min}$ 的某一倍数。

根据实验和生产经验,一般适宜操作回流比的范围为:

$$R = (1.2 \sim 2.0) R_{\min} \tag{7.27}$$

对难分离或分离要求高的物系,倍数可取大一些。

7.3.3.4 理论板数

在精馏塔的初步设计中,利用最小回流比 $R_{\min}$ 和最少理论板数 $N_{\min}$ 的概念,使用如图 7.39 所示的吉利兰(Gilliland)关联图估算在操作回流比 R 下所需的理论板数 N。

图 7.39 为双对数坐标图,横坐标为 $\dfrac{R-R_{\min}}{R+1}$,纵坐标为 $\dfrac{N-N_{\min}}{N+1}$,其中的 N、$N_{\min}$ 均包括重沸器。

吉利兰关联图可拟合成数学表达式用于计算,较准确的有:

$$Y = 0.75(1 - X^{0.5668}) \qquad (X = 0.08 \sim 0.6) \tag{7.28}$$

$$Y = 1 - \exp\left[\frac{(1+54.4X)(X-1)}{(11+117.2X)\sqrt{X}}\right] \qquad (7.29)$$

式中 $X = \dfrac{R - R_{\min}}{R+1}$，$Y = \dfrac{N - N_{\min}}{N+1}$。

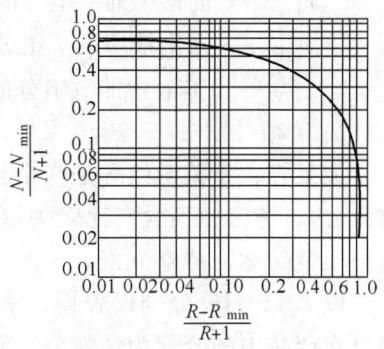

图 7.39 吉利兰关联图

7.3.3.5 进料位置

对于一定的分离任务，在相同的操作条件下，如果进料位置不同，则完成任务所需的理论板数也不同。合理的进料位置可由以下两种方法确定。

1. 布朗—马丁（Brown-Martin）法

在操作回流比下精馏段理论板数 N_R 与提馏段理论板数 N_S 之比，等于在全回流条件下用芬斯克方程分别计算得到的精馏段的最少理论板数 $N_{R,\min}$ 与提馏段的最少理论板数 $N_{S,\min}$ 之比。公式如下：

$$N_{R,\min} = \frac{\lg\left[\left(\dfrac{x_{\mathrm{LK}}}{x_{\mathrm{HK}}}\right)_D \Big/ \left(\dfrac{x_{\mathrm{LK}}}{x_{\mathrm{HK}}}\right)_F\right]}{\lg(\alpha_D \alpha_F)^{1/2}} \qquad (7.30)$$

$$N_{S,\min} = \frac{\lg\left[\left(\dfrac{x_{\mathrm{LK}}}{x_{\mathrm{HK}}}\right)_F \Big/ \left(\dfrac{x_{\mathrm{LK}}}{x_{\mathrm{HK}}}\right)_W\right]}{\lg(\alpha_F \alpha_W)^{1/2}} \qquad (7.31)$$

$$\frac{N_R}{N_S} = \frac{N_{R,\min}}{N_{S,\min}} \qquad (7.32)$$

$$N_R + N_S = N \qquad (7.33)$$

由式(7.32) 和式(7.33) 解出 N_R 与 N_S，即可确定进料位置。

2. 柯克布赖德（Kirkbride）法

在操作回流比下，精馏段理论板数 N_R 与提馏段理论板数 N_S 之比由下式计算：

$$\frac{N_R}{N_S} = \left[\left(\frac{x_{\mathrm{HK},F}}{x_{\mathrm{LK},F}}\right)\left(\frac{x_{\mathrm{LK},W}}{x_{\mathrm{HK},D}}\right)^2\left(\frac{W}{D}\right)\right]^{0.206} \qquad (7.34)$$

式中 $x_{\mathrm{LK},F}$——进料中的轻关键组分的组成；

$x_{\mathrm{HK},F}$——进料中的重关键组分的组成；

$x_{\mathrm{LK},W}$——釜液中的轻关键组分的组成；

$x_{\mathrm{HK},D}$——馏出液中的重关键组分的组成；

D——馏出液的流量，kmol/h；

W——釜液的流量，kmol/h。

由式(7.33) 和式(7.34) 解出 N_R 与 N_S，即可确定进料位置。

7.3.3.6 非关键组分在产品中的分配

对全塔作物料衡算，有：

总物料衡算 $\qquad F = D + W \qquad (7.35)$

i 组分的物料衡算

$$F x_{i,F} = D x_{i,D} + W x_{i,W} \qquad i = 1 \sim (c-1) \qquad (7.36)$$

式中 F——进料流量，kmol/h；

$x_{i,\text{F}}$——进料中的 i 组分的组成；

$x_{i,\text{D}}$——馏出液中的 i 组分的组成；

$x_{i,\text{W}}$——釜液中的 i 组分的组成。

1. 清晰分割法

如果轻、重关键组分是两个相邻组分，且馏出液中不含有比重关键组分还重的组分（即重组分），釜液中不含有比轻关键组分还轻的组分（即轻组分），则这种在产品中非关键组分的分配情况称为清晰分割。

以 LK、HK 分别代表轻、重关键组分，各组分按相对挥发度从大到小排列。当非关键组分在产品中的分配为清晰分割时，则：

$$x_{i,\text{D}} = 0 \quad i > \text{HK} \tag{7.37}$$

$$x_{i,\text{W}} = 0 \quad i < \text{LK} \tag{7.38}$$

由式(7.35)、式(7.36)、式(7.37)和式(7.38)很容易确定各组分在馏出液和釜液产品中的分配。

2. 全回流近似法

当不满足清晰分割条件时，常采用全回流近似法估算各非关键组分在产品中的分配。该法假定在操作回流比下，各组分在馏出液和釜液中的分配情况与全回流时相同。

由芬斯克方程式(7.23)可导出：

$$\left(\frac{x_{\text{LK}}}{x_{\text{HK}}}\right)_{\text{D}} = \alpha^{N_{\min}} \left(\frac{x_{\text{LK}}}{x_{\text{HK}}}\right)_{\text{W}} \tag{7.39}$$

因为同一混合物中摩尔分数之比等于物质的量之比，所以：

$$\left(\frac{D_{\text{LK}}}{D_{\text{HK}}}\right) = \alpha^{N_{\min}} \left(\frac{W_{\text{LK}}}{W_{\text{HK}}}\right) \tag{7.40}$$

即

$$\left(\frac{D_{\text{LK}}}{W_{\text{LK}}}\right) = \alpha^{N_{\min}} \left(\frac{D_{\text{HK}}}{W_{\text{HK}}}\right)$$

式中 $D_{\text{LK}}, D_{\text{HK}}$——分别为馏出液中的轻、重关键组分的流量，kmol/h；

$W_{\text{LK}}, W_{\text{HK}}$——分别为釜液中的轻、重关键组分的流量，kmol/h。

同理，对任意 i 组分有：

$$\left(\frac{D_i}{W_i}\right) = \alpha_{i,\text{HK}}^{N_{\min}} \left(\frac{D_{\text{HK}}}{W_{\text{HK}}}\right) \tag{7.41}$$

式中 D_i, W_i——分别为馏出液和釜液中的 i 组分的流量，kmol/h；

$\alpha_{i,\text{HK}}^{N_{\min}}$——$i$ 组分与重关键组分之间的相对挥发度。

由式(7.40)和式(7.41)可得：

$$\frac{\lg\left(\dfrac{D_{\text{LK}}}{W_{\text{LK}}}\right) - \lg\left(\dfrac{D_{\text{HK}}}{W_{\text{HK}}}\right)}{\lg \alpha^{N_{\min}}} = \frac{\lg\left(\dfrac{D_i}{W_i}\right) - \lg\left(\dfrac{D_{\text{HK}}}{W_{\text{HK}}}\right)}{\lg \alpha_{i,\text{HK}}^{N_{\min}}} \tag{7.42}$$

式(7.42)称为亨斯特别克（Hengstebeck）公式，描述了各组分在产品中的分配关系。用此式计算各组分在产品中的分配，必须已知轻、重关键组分在馏出液和釜液中的分配情况 $\left(\dfrac{D_{\text{LK}}}{W_{\text{LK}}}\right)$ 和 $\left(\dfrac{D_{\text{HK}}}{W_{\text{HK}}}\right)$，以及各组分对重关键组分的相对挥发度 $\alpha_{i,\text{HK}}^{N_{\min}}$。

用式(7.41)求出 $\left(\dfrac{D_i}{W_i}\right)$ 后，再按以下式求 D_i 及 W_i

$$W_i = \dfrac{F_i}{1+\left(\dfrac{D_i}{W_i}\right)} = \dfrac{Fx_{i,\mathrm{F}}}{1+\left(\dfrac{D_i}{W_i}\right)} \tag{7.43}$$

$$D_i = F_i - W_i \tag{7.44}$$

式中　F_i——进料中的 i 组分的流量，kmol/h。

7.3.3.7　简捷算法步骤

精馏塔简捷算法步骤如图 7.40 所示。

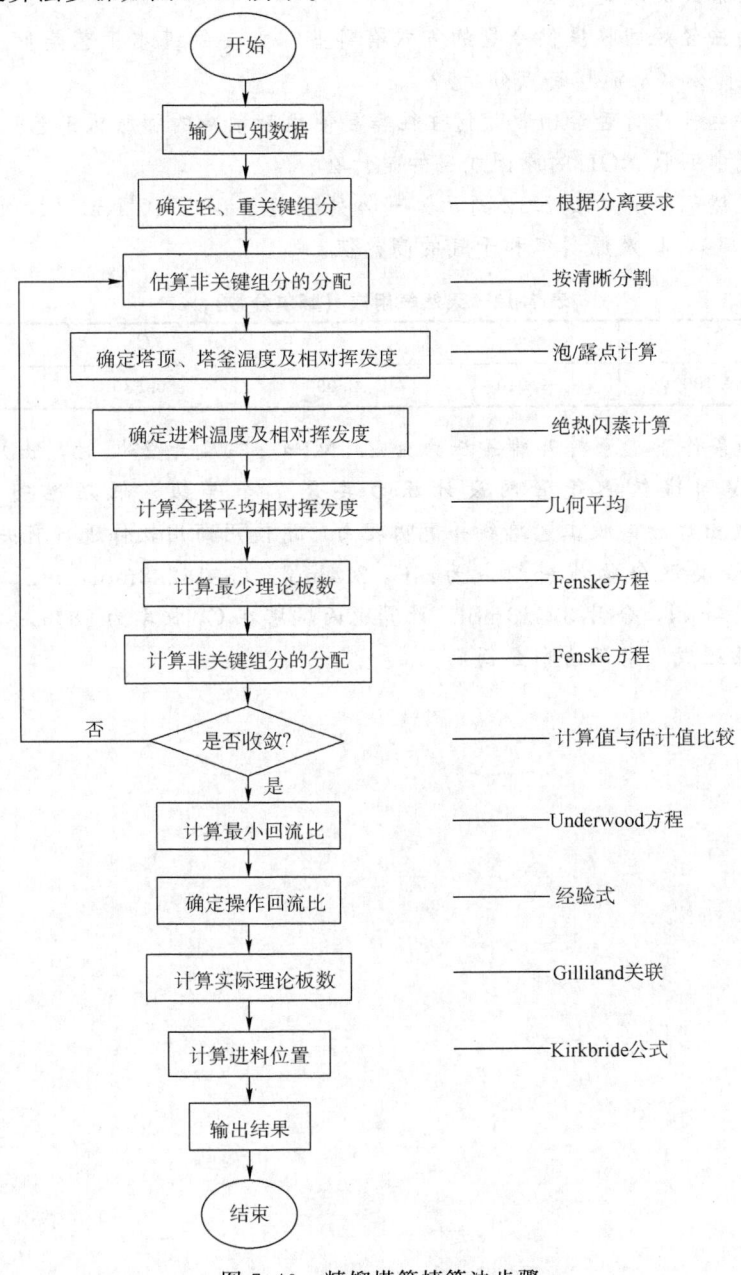

图 7.40　精馏塔简捷算法步骤

习 题

1. 简述你家里冰箱的制冷原理并画出制冷流程。为何冷藏室与冷冻室温度不同？你家里冰箱使用的制冷剂是什么？无氟冷剂是怎么回事？如果不制冷了，第一想法应该是什么主要原因？

2. 天然气加工过程中常用的制冷剂有哪些特点？

3. 混合冷剂制冷与复叠式制冷有什么区别？

4. 冷油吸收法的原理是什么？

5. 低温分离法轻烃回收提供冷量的方式有哪些？主要的基本工艺是什么？其变型改进工艺的出发点是什么（从流程特点分析）？

6. 对油田伴生气进行轻烃回收为何往往需要使用带预冷的膨胀机工艺？

7. 从天然气中回收 NGL 的原因或目的是什么？

8. 已知某天然气组成如表 7.12 所示，气体处理量为 $10 \times 10^4 \mathrm{Nm}^3/\mathrm{d}$，试计算最大可回收液烃量（液含率），以及原料气和干气的高热值。

表 7.12 天然气组成（摩尔分数），%

组成	C_1	C_2	C_3	C_4	C_5+
实际值	88.100	9.010	2.090	0.680	0.120

9. 在题 8 的条件下，原料天然气压力为 2.5MPa、温度为 27℃时，出厂干气供城市低压管网使用（我国城镇燃气管网设计压力共分 7 个等级，低压燃气管网压力小于 0.01MPa）。请提出你的回收工艺路线并说明理由（请使用商用软件进行有关计算）。

10. 已知某烃类混合物原料组成为：C_2 2.4mol，C_3 162.8mol，$i\text{-}C_4$ 31.0mol，$n\text{-}C_4$ 76.7mol，C_5 76.4mol，合计 394.3mol。计算脱丙烷塔在 C_3 收率为 98%，$i\text{-}C_4$ 含量不超过 1% 时的塔顶产品组成（采用清晰分割）。

8 天然气液化与提氦

将天然气进行液化可得到液化天然气（LNG）。如果天然气含有一定量的氦则可从中提取氦，无论是液化还是提氦都涉及深冷。制冷过程在上一章已经学习，本章主要介绍天然气液化与提氦的有关工艺过程。

8.1 天然气液化

8.1.1 概述

天然气液化技术始于1914年，但到1940年才在美国建成世界上第一座工业规模的天然气液化装置。天然气液化在世界范围内的形成到迅速发展是近几十年的事，全世界天然气液化装置的数量与规模不断扩大。随着液化天然气产量和商品成交量的增加，液化天然气的应用技术日益成熟，应用范围也日益扩大，目前已成功地用作汽车、轮船及发电厂燃料，并已广泛用于燃气调峰和应急气源，也是跨洲际运输天然气的主要方式。

在世界范围内，液化天然气除生产能力大幅度增长外，压缩机、深冷换热器、设备和装置的模块化设计等工艺技术也在不断进步。

由于天然气的产地往往不在工业或人口集中地区，特别是海上天然气的开发，因此必须解决天然气的运输与储存问题。此外，由于季节、气候、用户用量的变化导致天然气的消耗量差别很大以及输气系统的故障等，人们不得不考虑天然气的储存问题。作为气体，天然气必须在压力下储存，这就给天然气的储存带来了许多不便。最初，往往建造专门的储气库，在负荷低峰时（如夏季）将天然气注入储气库，而在负荷高峰（如冬季）或输气系统发生故障时，将储气库中的天然气补入管网以保证平稳和安全供气。储气库有地面低压或高压金属容器储气库和利用枯竭的油气构造或在盐岩层中人工冲刷出的溶洞建造的地下储气库。天然气（主要为CH_4）经深冷至低于其沸点（-161.5℃）温度后将变成液体，通常液化天然气存储在-161.5℃、0.1MPa左右的低温储罐内，其密度为标准状态下甲烷的630倍，体积缩小到气态时的1/630，因此，液化给天然气的储存和运输带来了极大的便利。

天然气液化厂按使用目的一般分成基地型和调峰型两种类型。

基地型也称基本负荷型，这类工厂一般建在气源附近，主要供远离气源的用户或供出口，其特点是液化能力大。此外，这类工厂的储罐容量也较大，并附有专用码头和装载设施。

调峰型工厂多建在用户附近，主要作用是调节用户负荷高峰或为冬季提供燃料。其特点是液化能力较小，但储存容量、液化天然气再气化能力大。这类工厂一般远离气田，但靠近管道和用户。

此外，浮式液化天然气生产储卸装置是一种用于海上气田的LNG生产装置，这种装置主要针对海上的边际气田而开发的，它集LNG生产、储存与卸载于一体。这类装置便于迁移，可重复使用。

液化天然气工业链包括天然气预处理、液化、储存、运输、接受站、再气化等，如图 8.1 所示。

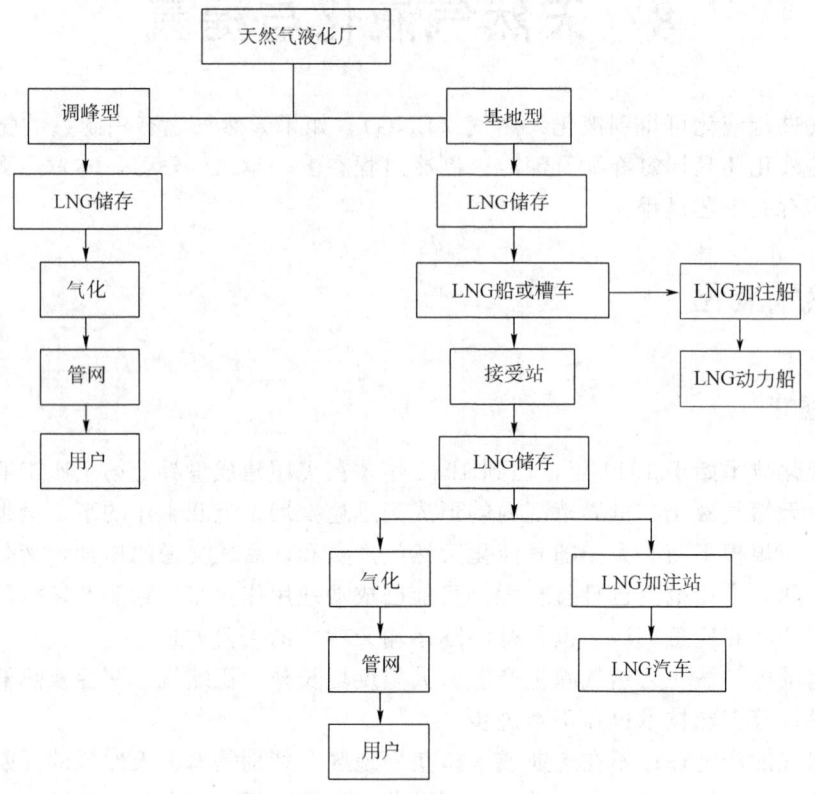

图 8.1 液化天然气工业链

天然气液化厂一般分为两个部分，即原料天然气的预处理（净化）和天然气液化及储装，其中液化系统是核心。

8.1.2 天然气预处理

天然气的预处理是指脱除天然气中的硫化氢、二氧化碳、水分、重烃和汞等杂质的过程。由于天然气液化装置在较低的温度（<－160℃）下运转，为了防止杂质腐蚀设备及在低温下冻结堵塞设备和管道，原料天然气尽管已达到 GB 17820—2018《天然气》的质量要求，但在进入液化装置前还必须进行进一步的预处理。

进入低温液化装置的天然气中的杂质含量要求达到以下指标：H_2S 小于 $3.5mg/m^3$、COS 小于 $0.1mg/L$、硫化物总量小于 $50mg/m^3$，CO_2 小于 $100mg/L$、水分小于 $0.1mg/L$、Hg 小于 $0.01\mu g/m^3$。

天然气中的 H_2S 由于管输的要求，一般在气田外输时已作了处理，如果达不到要求则还需要进一步脱除。

CO_2 的脱除方法视液化装置规模和原料天然气中 CO_2 含量而定，一般认为液化能力小于 500t/d、原料气中 CO_2 含量低于 0.5% 的装置可用分子筛吸附法脱除 CO_2。而原料气中 CO_2 含量较高、液化装置处理量大时，则应考虑使用醇胺溶液或碳酸丙烯脂吸收法脱除 CO_2。

天然气液化对原料天然气中的水分含量要求特别严格，为了保证装置长时间的平稳运转，往往需要脱除全部水分，因此，常常使用分子筛、活性氧化铝等固体吸附剂作为水分的最后脱除手段。

脱硫、脱碳和脱水已在本书前面的内容中学习，这里不再赘述。

天然气中的重质烃类（指 C_{5+}），一般认为可溶于液化天然气中。但如果天然气中含有高沸点石蜡烃、环烷烃和芳香烃等杂质时（例如苯和 C_8、C_9 等烷烃），由于这些烃类在深冷过程中有可能形成固体而造成设备和管线的堵塞，因而在工艺上应考虑于液化过程前从系统中除去。

大多数天然气中都含有汞，汞在天然气中主要是以单质汞的形式存在，其含量通常为 $0.1\sim7000\mu g/m^3$。一旦进入冷箱（铝质板翅式换热器）的天然气中含汞，即便其含量极微，在一定温度和压力下，汞将会冷凝析出，并在冷箱的管束底部或封头等部位不断聚集，然后与铝合金反应生成附着力很小的汞齐，使铝合金金表面致密的氧化铝膜脱落，使其抗腐蚀性性能不断下降，而导致冷箱腐蚀开裂，发生刺漏。因此，必须严格控制原料气中的汞含量。

目前，一般采用化学吸附法脱除天然气中的汞，其脱汞工艺流程可分为不可再生和可再生式两种。

不可再生的吸附剂主要有载硫活性炭、载硫三氧化二铝以及负载的金属硫化物等，这些吸附剂可将气体中的汞脱除至 $0.001\sim0.01\mu g/m^3$，其原理是汞与硫（或金属硫化物）反应生成硫化汞而附着在吸附剂上。化学反应式如下（M 代表金属元素）：

$$Hg+S \longrightarrow HgS \tag{8.1}$$

$$Hg+M_xS_y \longrightarrow HgS+M_xS_{y-1} \tag{8.2}$$

可再生工艺采用载银活性炭、载银分子筛等，其脱汞原理是汞与银反应生成汞齐，反应如下：

$$Hg+Ag \longrightarrow AgHg \tag{8.3}$$

载银分子筛脱汞剂的典型产品是 UOP 提供的 HgSIV，技术成熟，脱除率高，使用热再生。工艺过程与分子筛脱水类似，但投资大且必须注意处理好再生气体。目前，我国 LNG 工厂一般采用不可再生的载硫活性炭脱汞，当脱汞剂达到使用寿命后由专业厂家回收处理。

8.1.3 天然气液化工艺

天然气液化的工艺有不同的型式，其核心是制冷，根据制冷方式不同可分为级联式液化、混合制冷剂液化和带膨胀机的液化三种基本流程。天然气液化厂通常还采用包括上述各种液化流程中某些部分的不同组合的复合流程。

8.1.3.1 级联式液化流程

级联式液化流程也称为阶式液化流程、复叠式液化流程或串联蒸发冷凝液化流程，它的制冷系统由若干个独立的在不同温位下操作的蒸气压缩制冷循环复叠组成。对于天然气的液化流程，一般由以丙烷、乙烯和甲烷为制冷剂的三个制冷循环复叠而成，制冷温度分别为 $-45^\circ C$、$-100^\circ C$ 及 $-160^\circ C$，每个制冷循环中均含有三个换热器。级联式天然气液化流程如图 8.2 所示。

在第一级丙烷制冷循环中，丙烷制冷剂经丙烷压缩机压缩后，经水冷、节流降压降温，一部分丙烷进入换热器吸收乙烯、甲烷和天然气的热量后汽化，进入丙烷第三级压缩机的入口；余下的液态丙烷再经过节流降温、降压，一部分进入换热器吸收乙烯、甲烷和天然气的热量后汽化，进入丙烷第二级压缩机的入口；剩余的液态丙烷再节流降温、降压，全部进入换热器吸收乙烯、甲烷和天然气的热量后汽化，进入丙烷第一级压缩机的入口。

在第二级乙烯制冷循环中，乙烯制冷剂经乙烯压缩机压缩并水冷后，先经过丙烷制冷循环的三个换热器进行预冷，再经过节流降温，为甲烷制冷剂和天然气提供冷量。

在第三级甲烷制冷循环中，甲烷制冷剂经甲烷压缩机压缩并水冷后，先经过丙烷制冷循环和乙烯制冷循环的六个换热器进行预冷，再节流降温，为天然气提供冷量。

经预处理净化后的天然气在三个制冷循环的换热器中逐级被冷却、冷凝液化并过冷，液化后的天然气用低温泵送至液化天然气（LNG）储罐。

第一级制冷循环通常用丙烷作制冷剂，也可采用氨作制冷剂，但用得较少。当丙烷和氨的沸腾压力相同时，在蒸发器中循环的制冷能力也大致相同。但是，如果采用丙烷制冷循环，最优的沸腾压力通常约为 0.1MPa，而采用氨制冷循环时，最优沸腾压力约等于 0.04MPa，此时，采用氨—乙烯复叠式蒸发循环比采用丙烷—乙烯复叠式蒸发循环有利。

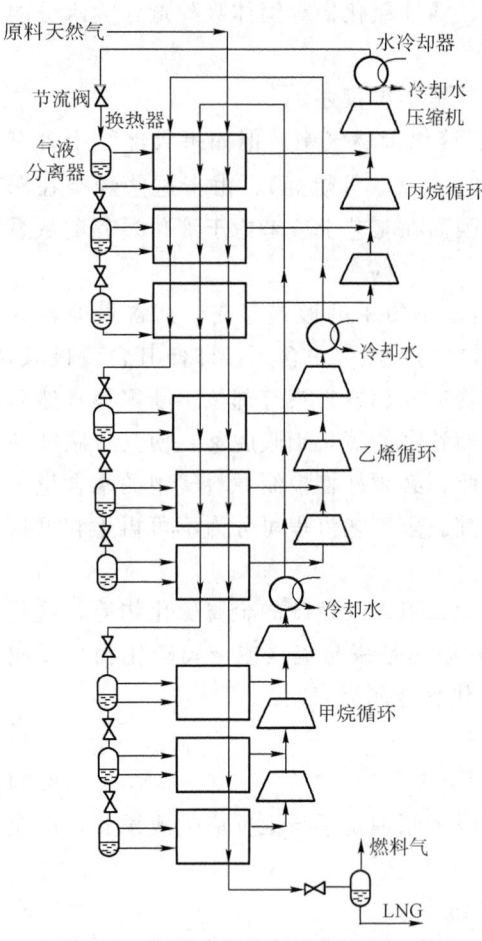

图 8.2　级联式天然气液化流程示意图

第二级制冷循环通常用乙烯作制冷剂，也可采用乙烷代替乙烯作为第二级制冷循环的制冷剂。乙烷可从天然气中获得，但在天然气液化中，采用乙烷作制冷剂时，复叠式蒸发循环的能耗要比采用乙烯作制冷剂时高。

第三级制冷循环可以是闭式循环也可以是开式循环。闭式循环通常用甲烷作为制冷剂，开式循环以所液化的天然气作为制冷剂。未液化的天然气可进行循环或不进行循环，如果在所采用的制冷循环中，天然气是进行循环的，则天然气脱二氧化碳和干燥所需的费用就下降，但在这种情况下，可能会发生氮的积聚，从而降低循环的制冷能力。为避免发生这种情况，就不得不采取把氮排出系统的措施。

甲烷在闭式循环梯级中沸腾的压力要根据以下考虑来确定：当压力增加时，用液态甲烷冷却天然气的温度也增加，从而降低了天然气的液化程度。例如，如果甲烷在最后一级是在 2MPa 压力下沸腾，则被液化的天然气约为 90%～93%，未被液化的天然气供液化工厂自用和供应邻近的用户。

当从输气管输入液化工厂的天然气的压力增加时，天然气液化过程的能耗就下降。

级联式液化流程可以通过增加制冷循环的级数、压缩比，以及增加每一级中对制冷剂的节流来减少过程的能耗，但这样会增加压缩机的机组数、必需的压缩级数和换热器数目，导致投资大、装置复杂化。

阿尔及利亚的阿尔泽瓦天然气液化厂的三套液化装置都采用由丙烷、乙烯和甲烷制冷循环组成的级联式液化流程，每套装置液化能力为 $1.42\times10^6\,\mathrm{m}^3/\mathrm{d}$，其工艺流程如图 8.3 所示。

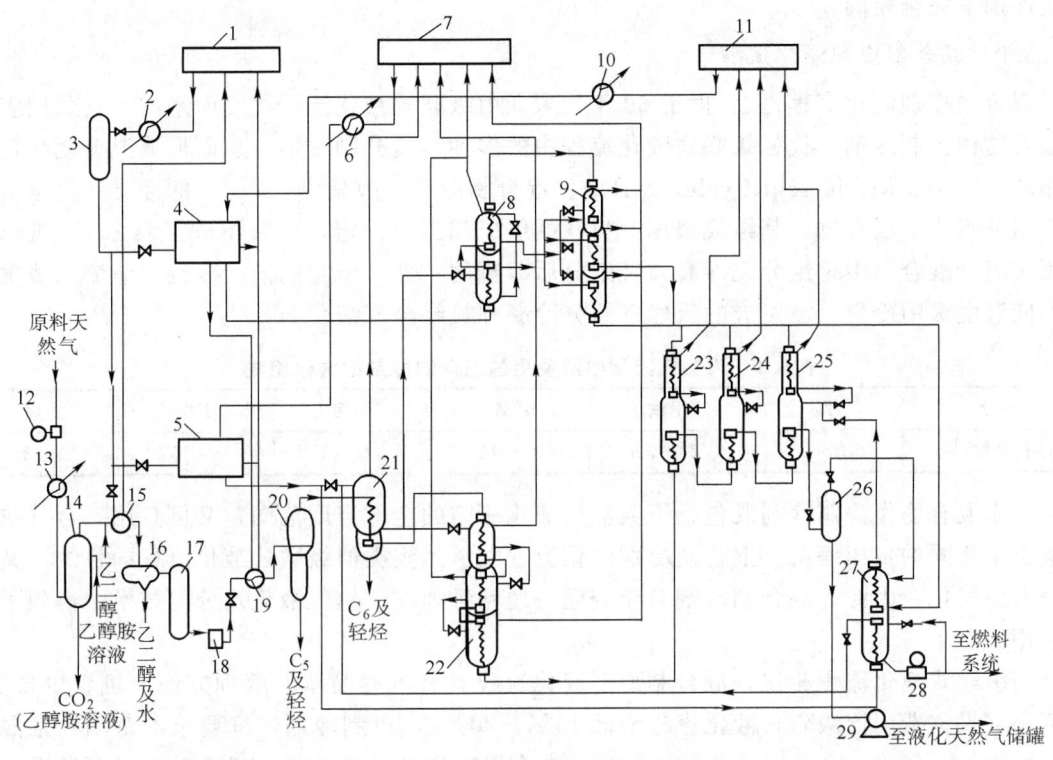

图 8.3　阿尔泽瓦天然气液化装置的工艺流程

1—丙烷压缩机；2,6,10,13—水冷却器；3—丙烷储罐；4—丙烷—甲烷换热器；5—丙烷—乙烯换热器；
7—乙烯压缩机；8,9—乙烯—甲烷换热器；11—甲烷压缩机；12—原料气压缩机；14—二氧化碳吸收塔；
15,19—天然气冷却器；16—脱水器；17—干燥器；18—过滤器；20—气提塔；21—重烃分离器；
22—乙烯冷却器；23,24,25—甲烷—天然气换热器；26—天然气闪蒸罐；27—天然气换热器；
28—天然气压缩机；29—液化天然气泵

压力 3.24MPa、温度 37.8℃的原料天然气先经原料气压缩机压缩到 4.1MPa，用水冷却器进行冷却后进入预处理系统，用单乙醇胺溶液脱除二氧化碳，用乙二醇及活性氧化铝清除水分，将露点降到 −73℃ 以下。净化后的原料天然气进入液化装置，用三台离心式制冷压缩机在各自的封闭循环系统中作为制冷剂压缩机。其中丙烷制冷循环在天然气冷却器中，为天然气提供两个温度级的冷量，用于冷却天然气；乙烯制冷循环在乙烯冷却器中，为天然气提供三个温度级的冷量，用于液化天然气；甲烷制冷循环在甲烷—天然气换热器中，为天然气提供三个温度级的冷量，用于过冷液化天然气。过冷后的液化天然气闪蒸到大气压，用泵送至储罐。

原料天然气各组分的摩尔分数为：甲烷 83%、C_2 以上的烷烃 10%、氮 7%。液化天然气各组分的摩尔分数大致为：甲烷 86.98%、C_2 以上的烷烃 1.31%、氮 0.71%。

级联式液化流程的优点是：效率高、能耗低；各级制冷系统与液化系统各自独立、相互影响小，操作稳定；制冷剂为纯物质，无配比问题；技术成熟。缺点是：循环机组多，流程复杂；附属设备多，要有专门生产和储存多种制冷剂的设备；管道与控制系统复杂，维护不便；对制冷剂纯度要求高。

国内中原油田 LNG 装置、湖北黄冈 LNG 装置都采用的类似工艺。主要区别在于各级的制冷剂不完全相同。

8.1.3.2 混合制冷剂液化流程

混合制冷剂液化流程是 20 世纪 60 年代末期由级联式液化流程演变而来的，它采用多组分混合物作为制冷剂，代替级联式液化流程中的多种纯组分制冷剂，从而形成混合制冷剂制冷循环（Mixed-Refrigerant Cycle，MRC）。混合制冷剂一般是由 $C_1 \sim C_5$ 的烃类和氮等五种以上组分组成的混合物，其组成根据原料气的组成和压力而定，大致组成见表 8.1。工作时利用多组分混合物中重组分先冷凝、轻组分后冷凝的特性，将它们依次冷凝、节流、蒸发得到不同温度级的冷量，使对应的天然气组分冷凝并最终全部液化。

表 8.1 天然气液化中所使用的混合制冷剂的大致组成

组分	氮	甲烷	乙烯	丙烷	丁烷	戊烷
体积分数，%	0~3	20~30	34~44	12~20	8~15	3~8

采用混合物作为制冷剂既包括了天然气液化所需的全部温度范围，又可只用一台（或几台但类型相同的）压缩机。混合制冷剂液化流程能够达到类似级联式液化流程的目的，又使流程大为简化。因此，混合制冷剂液化流程一经问世即在天然气液化及分离技术中得到了广泛应用。

与级联式液化流程相比，混合制冷剂液化流程具有流程简单、管理方便，机组设备少、投资小（投资费用比级联式液化流程约低 15%~20%），对制冷剂纯度要求不苛刻，且混合制冷剂组分可以部分或全部从天然气本身提取与补充等优点。但也存在能耗较高（比级联式液化流程高 10%~20% 左右），对混合制冷剂的配比要求严格（混合制冷剂的合理配比较为困难），设计计算比较困难等缺点。

混合制冷剂液化流程按原料天然气是否与混合制冷剂相混合分为闭式和开式两大类。

1. 闭式混合制冷剂液化流程

在闭式混合制冷剂液化流程中，制冷剂循环和天然气液化过程分开，自成一个独立的制冷循环，其流程示意图如图 8.4 所示。

混合制冷剂经过压缩机压缩，用水冷却器冷却后，进入气液分离器 1。气液相分别进入换热器 1，液体在换热器 1 中过冷后再经过节流阀节流降温，与后继流程的返流气混合后共同为换热器 1 提供冷量，冷却天然气、气态混合制冷剂和需过冷的液态混合制冷剂。气态混合制冷剂经过换热器 1 冷却后进入气液分离器 2，气液相分别进入换热器 2，液体经过冷和节流降压降温后，与返流气混合为换热器 2 提供冷量，天然气进一步降温，气态混合制冷剂也被部分冷凝。换热器

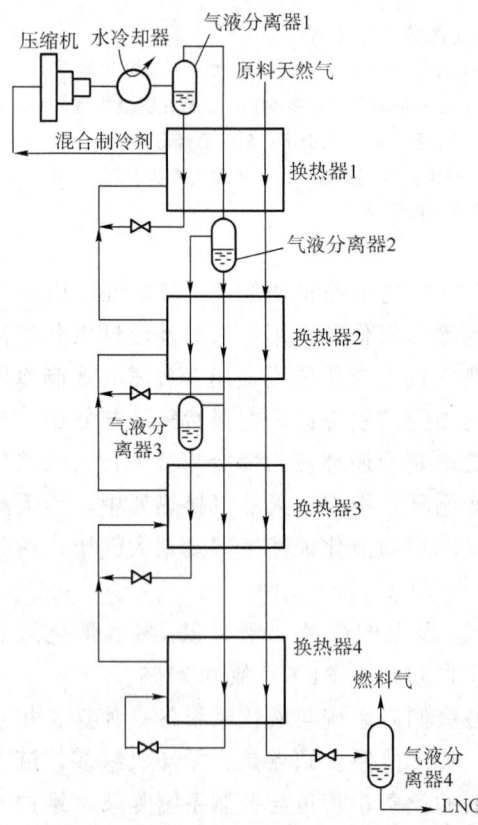

图 8.4 闭式混合制冷剂液化流程示意图

3中的换热过程与换热器1、换热器2相同。混合制冷剂在换热器3中被冷却后,在换热器4中进行过冷,然后节流降压降温后返回换热器4,以冷却天然气和混合制冷剂。

原料天然气依次流过四个换热器后,温度逐渐降低,大部分天然气被液化,经节流分离后,液化天然气在常压下保存,未被液化的天然气可返回原料天然气入口进行再液化,也可直接作为燃料气利用。

在混合制冷剂液化流程的换热器中,提供冷量的混合制冷剂的液态蒸发温度随组分的不同而不同,在换热器内的热交换过程是个变温过程,可通过合理选择制冷剂,使冷热流体间的换热温差保持比较低的水平。

利比亚伊索天然气液化厂的四条液化生产线采用闭式混合制冷剂液化流程,其工艺流程如图8.5所示。

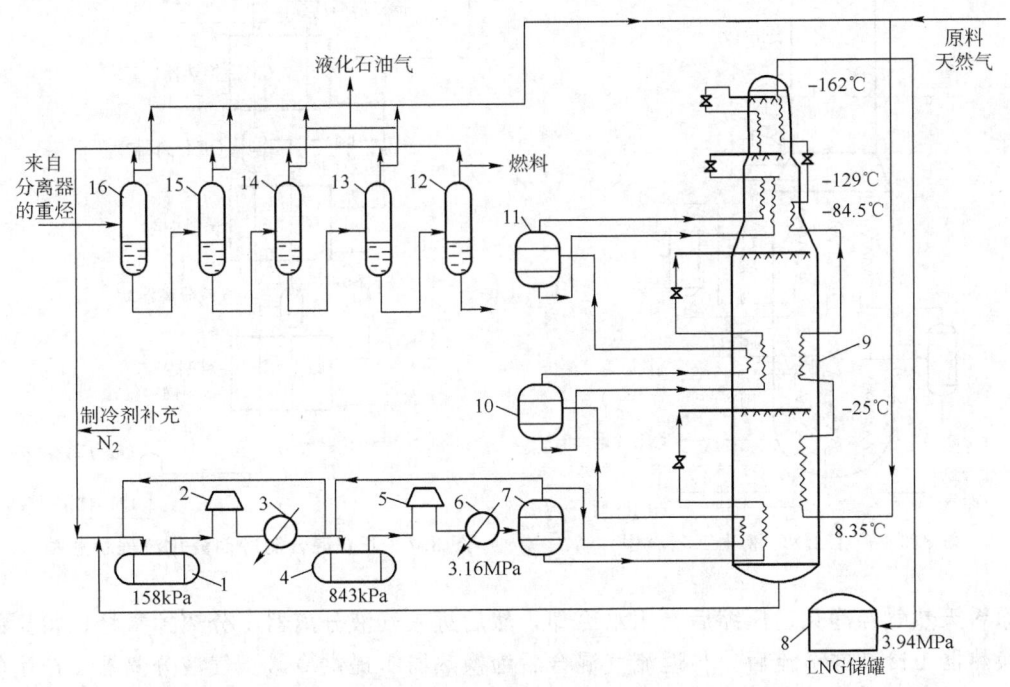

图8.5 利比亚伊索天然气液化装置的工艺流程

1,4—缓冲罐;2,5—压缩机;3,6—水冷却器;7,10,11—气液分离器;8—LNG储罐;
9—低温换热器;12—C_5分离器;13—C_4分离器;14—C_3分离器;15—C_2分离器;16—C_1分离器

2.84MPa的原料天然气由原料气压缩机压缩到4.64MPa后,用热钾碱法脱除CO_2和H_2S;用分子筛脱水,并借助吸附过程脱除重烃。净化后的天然气进入低温换热器冷却和液化,液化天然气送入LNG储罐。混合制冷剂经两级压缩、水冷后,进入气液分离器7,气液相分别进入低温换热器,液体在低温换热器中过冷,再经过节流阀节流降温,与后继流程的返流气混合后共同为低温换热器提供冷量,冷却天然气、气态混合制冷剂和需过冷的液态混合制冷剂;气态混合制冷剂经过低温换热器冷却后进入气液分离器10。气液相分别进入低温换热器,液体经过冷和节流降压降温后,与返流气混合为低温换热器提供冷量,天然气进一步降温,气态混合制冷剂也被部分冷凝;气态混合制冷剂经过低温换热器后进入气液分离器11,气液相分别进入低温换热器过冷、节流后,为其提供冷量。在低温换热器中蒸发的制冷剂返回制冷压缩机进行循环。

新疆广汇 LNG 一期工程采用德国 Linde 公司开发的闭式混合制冷剂液化工艺如图 8.6 所示。天然气处理能力 $150 \times 10^4 \text{m}^3/\text{d}$，其特点是采用了绕管式换热器集成的冷塔作为主换热器，LNG 由冷塔顶部流出。冷塔自下而上分成预冷段、液化段和过冷段。

2. 开式混合制冷剂液化流程

如果原料天然气的组成适合于作混合制冷剂，则制冷循环可按开式来考虑。开式混合制冷剂液化流程如图 8.7 所示，其特点是天然气既是制冷剂又是需要液化的对象。

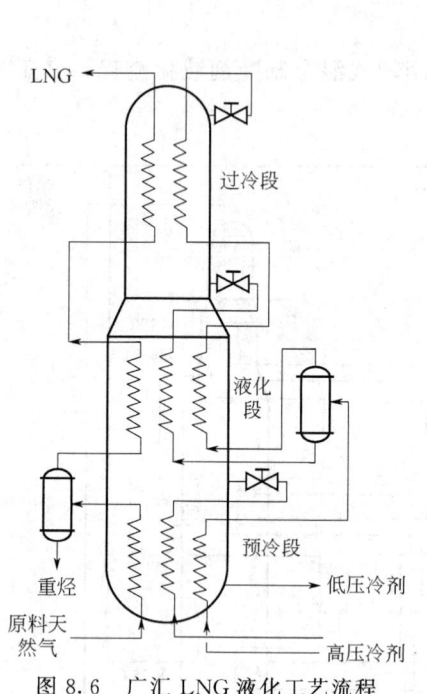

图 8.6　广汇 LNG 液化工艺流程　　　图 8.7　开式混合制冷剂液化流程示意图

原料天然气经净化、压缩后，用水冷却，然后进入气液分离器 1 分离掉重烃，得到的液体经换热器 1 冷却并节流后，与返流气混合后为换热器 1 提供冷量。气液分离器 1 产生的气体经换热器 1 冷却后，进入气液分离器 2，产生的液体经换热器 2 冷却并节流后，与返流气混合为换热器 2 提供冷量。气液分离器 2 产生的气体经换热器 2 冷却后，进入气液分离器 3，产生的液体经换热器 3 冷却并节流后，为换热器 3 提供冷量。气液分离器 3 产生的气体经换热器 3 冷却并节流后进入气液分离器 4，产生的液体进入 LNG 储罐储存，气液分离器 4 产生的气相可作燃料气也可返回原料天然气重新进入液化系统。

开式混合制冷剂液化流程利用各段的分凝液可及时补充循环制冷剂，这样的优点是免去了供启动、停机时存放混合制冷剂的储罐，但其启动时间较长，且操作困难。

8.1.3.3　改进型混合制冷剂液化流程

由于混合制冷剂液化流程的能耗较级联式液化流程高约 20% 左右，为了降低能耗，出现了许多改进型的混合制冷剂液化流程。

1. 丙烷预冷混合制冷剂液化流程

20 世纪 70 年代，美国空气液化公司（APCI）研发了丙烷预冷混合制冷剂液化流程（C_3/MR），于 1973 年获得专利。丙烷预冷混合制冷剂液化流程用丙烷预冷循环将天然气从

40℃预冷至－30℃，混合制冷剂循环再把天然气从－30℃过冷到－160℃。丙烷预冷混合制冷剂液化流程结合了级联式液化流程和混合制冷剂液化流程的优点，流程高效而简单，在天然气液化装置中得到了广泛的应用。

图 8.8 是丙烷预冷混合制冷剂液化流程示意图。该液化流程由丙烷预冷循环、混合制冷剂循环和天然气液化三部分组成。丙烷预冷循环用于预冷混合制冷剂和天然气，混合制冷剂循环用于深冷和液化天然气。

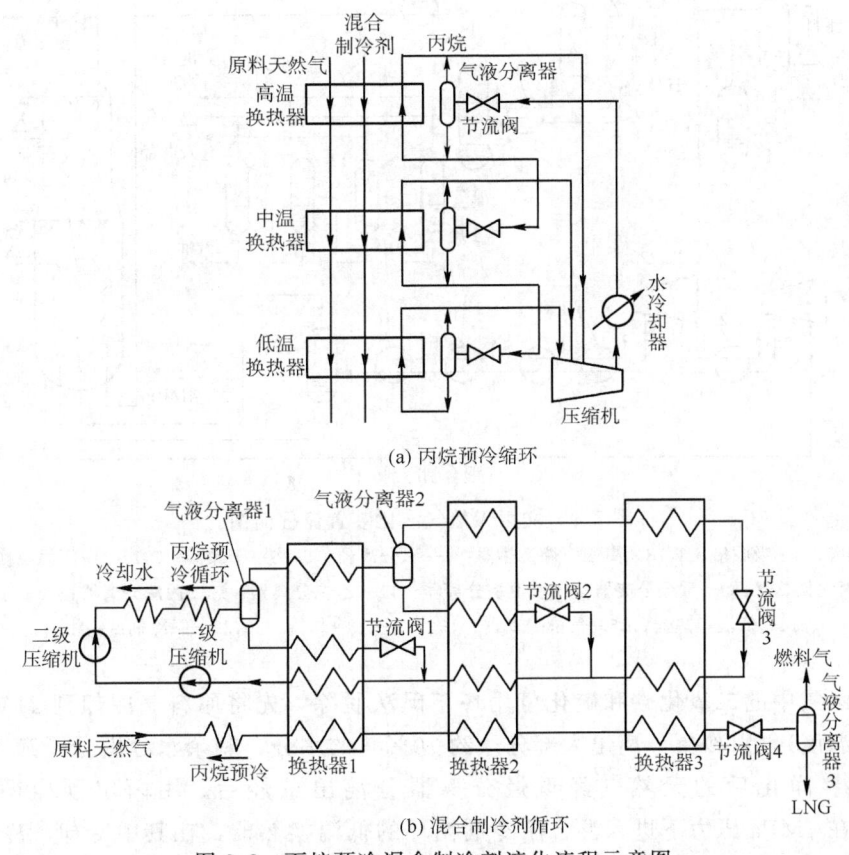

图 8.8 丙烷预冷混合制冷剂液化流程示意图

在丙烷预冷循环中，丙烷通过三个温度级的换热器，为天然气和混合制冷剂提供冷量。丙烷经压缩、水冷后，再经节流进入气液分离器，产生气液两相，气相返回压缩机，液相分成两部分，一部分用于冷却天然气和混合制冷剂，另一部分作为后续流程的制冷剂。

在混合制冷剂循环中，混合制冷剂经两级压缩后，首先用水冷却，带走一部分热量，然后通过丙烷预冷循环预冷，预冷后进入气液分离器 1 分离成液相和气相。液相经换热器 1 冷却后，再节流降温降压，与返流的混合制冷剂混合，为换热器 1 提供冷量，冷却天然气和从气液分离器 1 出来的气相和液相两股混合制冷剂。从气液分离器 1 出来的气态混合制冷剂经换热器 1 冷却后，进入气液分离器 2 分离成气相和液相，液相经换热器 2 冷却后再节流降温降压，与返流的混合制冷剂混合后，为换热器 2 提供冷量，冷却天然气和从气液分离器 2 出来的气相和液相两股混合制冷剂。从换热器 2 出来的气态混合制冷剂，经换热器 3 冷却后，节流降温后再进入换热器 3，冷却天然气和气态混合制冷剂。

在丙烷预冷混合制冷剂液化流程中，天然气首先经过丙烷预冷循环预冷，然后流经混合制冷剂循环中的各换热器逐步冷却，最后经节流阀4降压，从而使液化天然气在常压下储存。

图8.9是首次采用丙烷预冷混合制冷剂液化的天然气液化装置流程简图，该装置在1973年建于北加里曼丹的文莱。

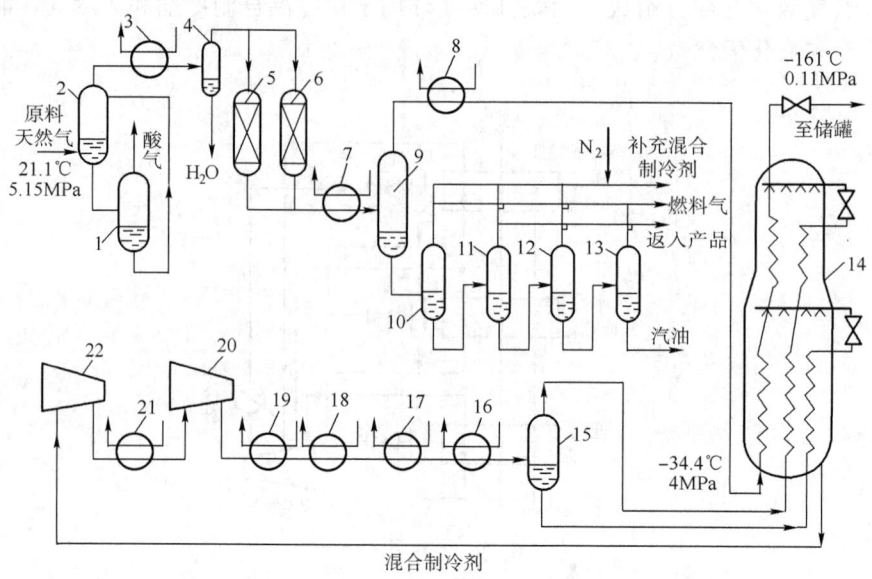

图8.9　文莱天然气液化装置流程简图

1—再生塔；2—吸收塔；3,18—高压丙烷换热器；4—水分离器；5、6—干燥器；7,17—中压丙烷换热器；8,16—低压丙烷换热器；9—重烃分离器；10—甲烷分离器；11—乙烷分离器；12—丙烷分离器；13—丁烷分离器；14—低温换热器；15—气液分离器；19,21—水冷却器；20,22—制冷剂压缩机

原料天然气中的二氧化碳和硫化氢用环丁砜法脱除，先将原料气冷却到21℃（略高于水合物形成温度），以冷凝分离出大部分（约70%）的水分，剩余水分由分子筛干燥器作进一步的脱除。净化后的天然气经重烃分离器分离出重烃后，用丙烷预冷循环预冷到−34.4℃，在4MPa压力下进入混合制冷剂循环的低温换热器，在其中冷却、冷凝和过冷，过冷后的液化天然气送入储罐，分离出的重烃在重烃分离装置中分离出甲烷、乙烷和丙烷，用以补充混合制冷剂的损耗。

图8.10为APCI设计的丙烷预冷混合制冷剂液化流程的简图。

净化后的天然气先经丙烷预冷，然后用混合制冷剂进一步冷却并液化。

在丙烷预冷循环中，从丙烷换热器来的高、中、低压的丙烷，用一台丙烷压缩机压缩，经水冷降温，再经节流降温降压后，为天然气和混合制冷剂提供冷量。

在混合制冷剂循环中，低压混合制冷剂由两级混合制冷剂压缩机压缩，经水冷器冷却后再进入丙烷换热器进一步降温至−35℃，然后进入气液分离器分离成气、液两相，液相在混合制冷剂换热器的热区冷却后，经节流降温，与返流的气相流体混合为热区提供冷量。气液分离器出来的气相经混合制冷剂换热器冷却后，节流降温为冷区提供冷量。提供冷量后的低压混合制冷剂再进入混合制冷剂压缩机压缩。

这种液化流程的操作弹性很大。当生产能力降低时，可通过改变制冷剂组成及降低吸入压力来保持混合制冷剂循环的效率；当需液化的原料气发生变化时，也可通过调整混合制冷

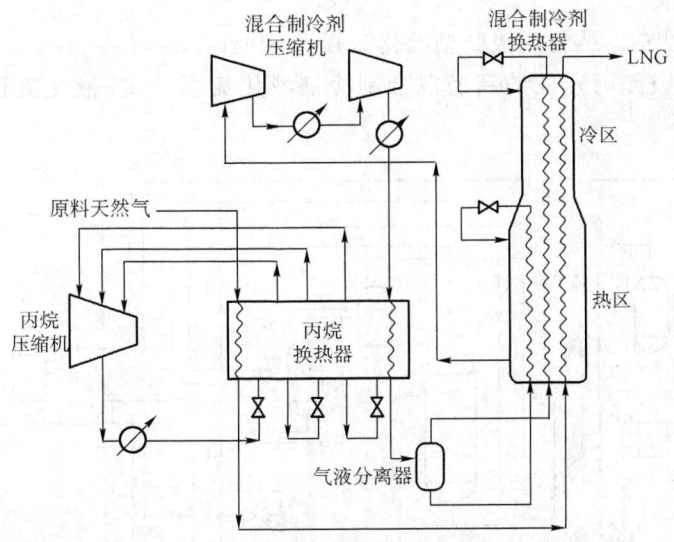

图 8.10 APCI 丙烷预冷混合制冷剂液化流程的简图

剂组成及混合制冷剂压缩机吸入和排出压力，使天然气高效液化。

2. 双混合制冷剂液化流程

由壳牌公司开发的双混合制冷剂液化流程（DMR）主要用于中高生产量的 LNG 生产线。其产量范围为 $(200\sim500)\times10^4$ t/a。该流程有两套独立的混合制冷剂冷却循环，一套用于天然气预冷，另一套对天然气进行最终的冷却和液化。预冷循环采用的是由乙烷和丙烷组成的混合物进行预冷，液化循环采用的是由氮、甲烷、乙烷和丙烷组成的混合制冷剂，如图 8.11 所示。

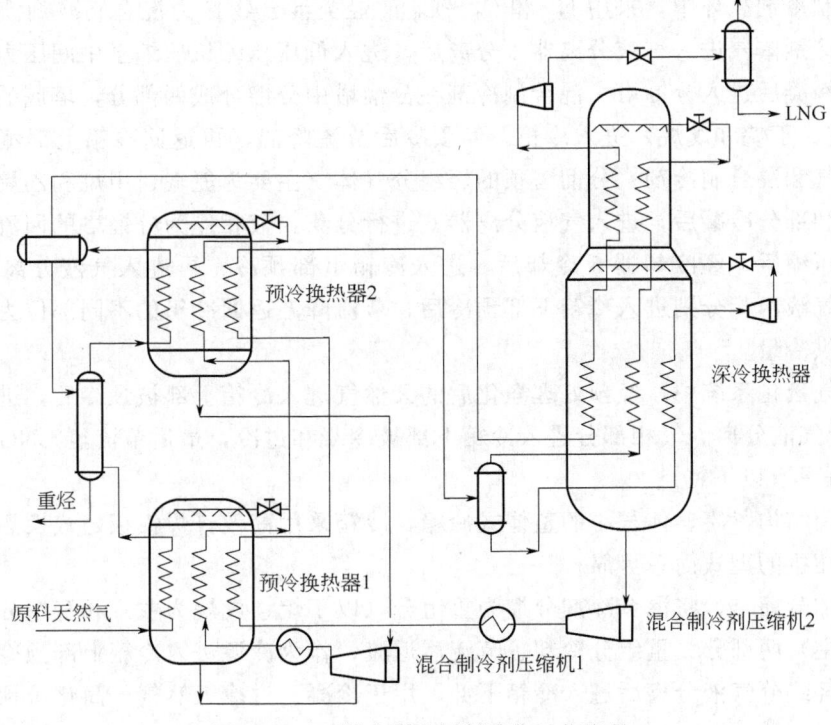

图 8.11 双混合制冷剂制液化工艺流程

3. CII 液化流程

CII 液化流程是整体结合式级联型液化流程（integral incorporated cascade）的简称，是法国燃气公司的研究部门开发的新型混合制冷剂液化流程。CII 液化流程示意图如图 8.12 所示。

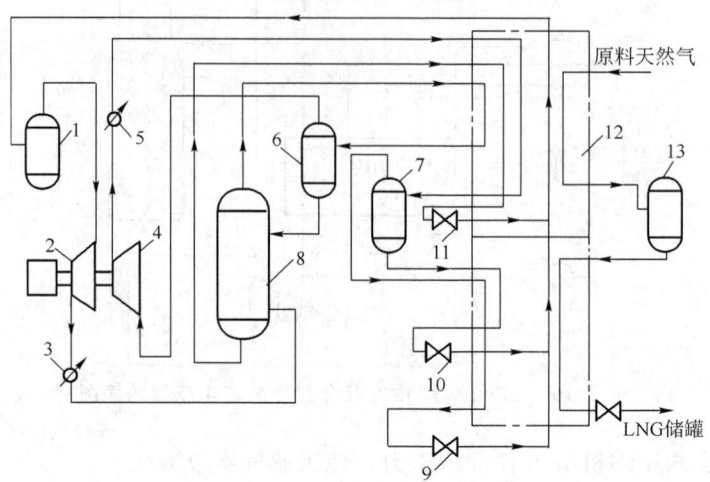

图 8.12　CII 液化流程示意图

1,6,7,13—气液分离器；2—低压压缩机；3,5—冷却器；4—高压压缩机；
8—分馏塔；9,10,11—节流阀；12—冷箱

CII 液化流程可分为混合制冷剂循环和天然气液化系统两个部分，其主要设备包括混合制冷剂压缩机、混合制冷剂分馏设备和整体式冷箱。

在混合制冷剂循环中，采用 N_2 和 $C_1 \sim C_5$ 的烃类混合物作为混合制冷剂。离开冷箱的低压混合制冷剂蒸气进入气液分离器 1 分离后，进入低压压缩机压缩至中间压力，然后经冷却器 3 部分冷凝后进入分馏塔。混合制冷剂在分馏塔中分馏分成两部分，塔底的重组分液体（主要为丙烷、丁烷和戊烷）进入冷箱，经预冷后节流降温，再返回冷箱上部蒸发制冷，用于预冷天然气和混合制冷剂；分馏塔顶的轻组分气体（主要为氮气、甲烷和乙烷）进入冷箱上部被冷却和部分冷凝后，进入气液分离器 6 进行分离，液相作为分馏塔的回流液，气相经高压压缩机压缩后，经冷却器 5 冷却后，进入冷箱上部预冷，再进入气液分离器 7 进行分离，得到的气液两相分别进入冷箱下部预冷后，节流降温返回冷箱的不同部位为天然气和混合制冷剂提供冷量。

在天然气液化系统中，经预处理净化后的天然气进入冷箱上部被预冷后，进入气液分离器 13 中进行气液分离。气相部分进入冷箱下部被冷凝和过冷，最后节流至 LNG 储罐。

CII 流程具有以下特点：

（1）采用结构紧凑、体积小的整体式冷箱，冷箱采用高效钎焊铝板翅式换热器；

（2）压缩机的型式简单可靠；

（3）增加分馏塔，将混合冷剂分馏为重组分（以丁烷、戊烷为主）和轻组分（以氮、甲烷、乙烷为主）两部分，重组分冷却、节流后返流，作为冷源进入冷箱上部预冷天然气和混合制冷剂；轻组分气液分离后进入冷箱下部，用于冷凝、过冷天然气。简化了预冷制冷机组的设计；

(4) 流程精简、设备少，降低了投资与维护费用。

上海浦东 LNG 调峰站就采用该工艺建设的国内第一座调峰型 LNG 工厂。天然气处理能力为 $10 \times 10^4 \mathrm{m}^3/\mathrm{d}$。

8.1.3.4 带膨胀机的液化流程

在绝热条件下，高压气体在膨胀机中膨胀对外做功，不但可获得较大的温降和冷量，还可回收部分能量。带膨胀机的液化流程是指利用高压制冷剂通过透平膨胀机绝热膨胀制冷，实现天然气液化的流程。气体在膨胀机中膨胀降温的同时输出功，可用于驱动流程中的压缩机。这种流程的关键设备是透平膨胀机。如果膨胀机使用的制冷剂不是被液化的介质（天然气），则是闭式循环（如使用氮气作为制冷介质），而如果是高压天然气的一部分作为膨胀机的制冷剂，则是开式循环。如果单独使用膨胀机循环不足以满足天然气液化的冷量要求时，可以辅以其他制冷循环来制冷或预冷。

常见的带膨胀机的液化流程主要有天然气直接膨胀液化流程、氮气膨胀液化流程、氮气—甲烷膨胀液化流程和带预冷的膨胀液化流程。

1. 天然气直接膨胀液化流程

天然气直接膨胀液化流程指直接利用气田来的高压天然气在膨胀机中绝热膨胀到输气压力，而使天然气液化的流程。这种流程适用于天然气管道气压力较高，而实际使用压力较低，中间需要降压的场合，其流程简单、设备紧凑、调节灵活、工作可靠、功耗较小，但液化率较低，一般为 7%～15%。

美国西北天然气公司于 1968 年建立的一座调峰型液化装置就是采用这种循环，其流程简图如图 8.13 所示。

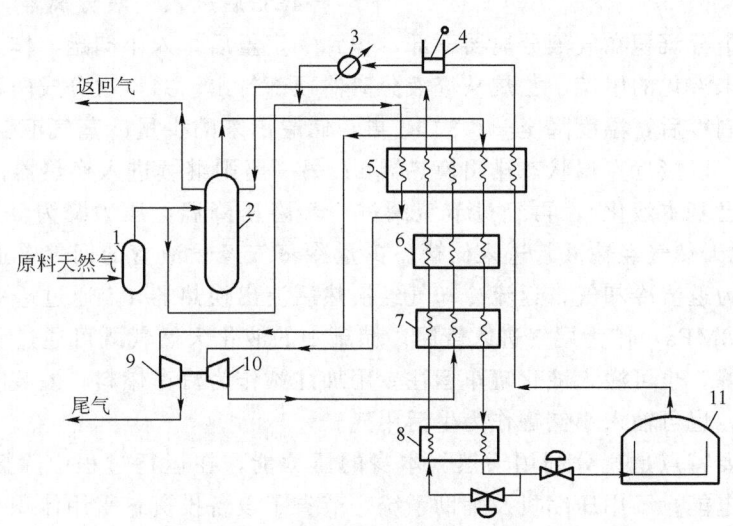

图 8.13 天然气直接膨胀液化流程简图
1—脱水器；2—脱二氧化碳塔；3—水冷却器；4—返回气压缩机；5,6,7—换热器；8—过冷器；
9—压缩机；10—膨胀机；11—储罐

原料气经脱水器脱水后，部分去脱二氧化碳塔脱除 CO_2，然后经三个换热器及过冷器后液化，液化后的一部分经节流后进入储罐储存，另一部分节流后为三个换热器和过冷器提供冷量。储罐中自蒸发的气体，为换热器 5 提供冷量后，进入返回气压缩机压缩并经水冷却器后，与未进脱二氧化碳塔的原料气混合，进入换热器 5 中冷却后到膨胀机膨胀降温，为三个换热器提供冷量。

进入膨胀机的天然气不需脱除 CO_2，只有液化部分的原料气才进行 CO_2 的脱除，因此预处理气量大为减少。装置正常运转时，储罐中自蒸发的天然气经返回气压缩机压缩后回到系统进行再液化。

该装置原料天然气压力为 2.67MPa，经膨胀机绝热膨胀到约 0.49MPa，循环的液化率为 10% 左右。每日处理原料气量为 $56.6 \times 10^4 m^3$，装置液化能力约为每天 $5.7 \times 10^4 m^3$。储罐容积约 $1700 \times 10^4 m^3$。

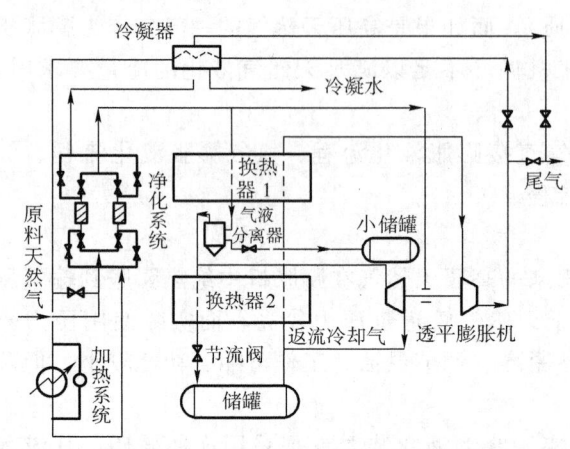

图 8.14　300L/h 的天然气液化装置

图 8.14 是由中国科学院北京科阳气体液化技术联合公司与四川省绵阳市科阳低温设备公司合作研制的 300L/h 的天然气液化装置。它是以天然气为制冷剂，气体轴承透平膨胀机为主要制冷部件，利用输配气管线进出口（从进口到调压站出口）两端的压差能来实现制冷的天然气液化装置。

进入装置的原料气压力为 4MPa，温度 27℃，经净化系统脱除少量水分和 CO_2 后分成两路，一路供轴承用气，一路进入换热器 1。进入换热器 1 的一路气冷却到 -48℃ 后进入气液分离器，在气液分离器中，液化的高碳组分沉积在气液分离器下部，积到一定量后排入小储罐，作为生活区的民用燃料。绝大部分未液化的甲烷、乙烷从气液分离器顶部排出，并再次分成两路，一路进入透平膨胀机，膨胀制冷后，温度降至 -113℃，再与储罐出来的少量冷蒸气汇合，经换热器 2、换热器 1 换热后，以接近室温状态排出换热器 1；另一路则继续进入换热器，冷却后温度降至 -98℃（此时已基本液化），再经过节流阀进一步降压降温，压力降为 0.8MPa、温度降为 -129℃ 的液化天然气经输液管进入储罐。少量冷蒸气经输液管的回气管返回，与膨胀机的排气汇合后作为返流冷却气，返流冷却气经换热后流出换热器 1，通过透平膨胀机增压端增压至略高于 0.8MPa，作为尾气进入管网。储罐中的液化天然气既可通过配置的汽化器汽化后直接用于调峰，也可灌入液化罐车运往专用加注站作为汽车燃料，灌装时产生的少量冷蒸气可输入管网，也可输入小储罐作为生活用气。

该装置的主要特点是充分利用天然气本身的压力能，在运行过程中除极少的仪表用电外，几乎不消耗电能；不用压缩机及辅助系统，节省了设备投资；采用体积小、重量轻、效率高、长期可靠运行的气体轴承透平膨胀机。该装置的主要技术参数：进气压力 4MPa、出口压力 0.8MPa、天然气处理量 $1730m^3/h$、液化量 300L/h、燃气消耗 $20m^3/h$。

我国四川犍为 LNG 厂利用输气管道与城镇燃气管网压差采用单级膨胀制冷工艺部分液化天然气，江苏江阴天力 LNG 厂同样利用输气管道与城市燃气管网压差采用两级膨胀制冷部分液化天然气。

2. 氮气膨胀液化流程

氮气膨胀液化流程是天然气直接膨胀液化流程的一种变型。在流程中，氮气膨胀制冷循环回路与天然气液化回路各自独立，氮气制冷循环为天然气提供冷量。图 8.15 为二级氮气膨胀的液化流程。

在氮气膨胀制冷循环中，氮气经压缩机压缩和换热器 2 冷却后，进入透平膨胀机膨胀降温，为换热器 4 提供冷量，再进入透平膨胀机膨胀降温后，为换热器 5、换热器 4 及换热器 2 提供冷量。离开换热器 2 的低压氮气进入压缩机压缩，开始下一轮的循环。

在天然气液化回路中，原料气经预处理装置预处理后，进入换热器 2 冷却，再进入重烃分离器分离掉重烃，经换热器 4 冷却后，进入气提塔分离掉部分氮气，再进入换热器 5 进一步冷却和过冷后，进 LNG 储罐储存。出氮气—甲烷分离塔的低压气体，与二级膨胀后的氮气混合，共同为换热器 4、换热器 2 提供冷量。

该流程对含氮较多的原料天然气，设置氮气—甲烷分离塔，就可制取纯氮气以补充氮气制冷循环中氮气的损耗，并可同时副产少量的液氮和纯液态甲烷。该装置采用的透平膨胀机和压缩机体积均较小，操作方便；对原料气组分变化有较大的适应性；整个系统较简单。但这种流

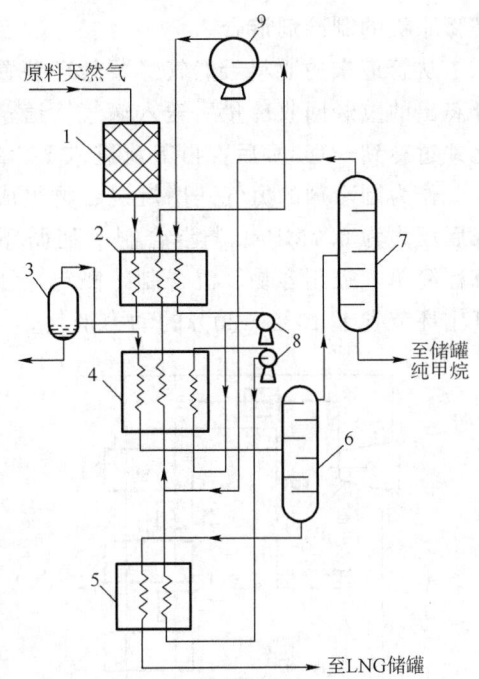

图 8.15　二级氮气膨胀液化流程图
1—预处理装置；2,4,5—换热器；3—重烃分离器；
6—气提塔；7—氮气—甲烷分离塔；
8—透平膨胀机；9—压缩机

程能耗较高，约为 $0.5\mathrm{kW\cdot h/m^3}$，比混合制冷剂液化流程高 40% 左右。

我国山东泰安昆仑能源 LNG 厂、海南海燃 LNG 厂均采用氮气膨胀制冷循环液化工艺。

3. 氮气—甲烷膨胀液化流程

氮气—甲烷膨胀液化流程采用氮气和甲烷的混合气体代替纯氮气，由氮气—甲烷制冷循环和天然气液化循环两部分组成，其流程如图 8.16 所示。

制冷循环所用的氮气—甲烷混合物制冷剂先由压缩机 10 压缩和水冷却器 9 冷却，再经与透平膨胀机相连的制动压缩机增压及水冷却器 8 冷却，然后在换热器 2 中冷却。从换热器 2 出来的大部分气体进入透平膨胀机膨胀，与返流制冷剂混合后，为换热器 4、换热器 2 提供冷量；小部分气体在换热器 4、换热器 5 中继续冷凝、过冷，节流后降到更低的温度，为换热器 5 提供冷量后，与出透

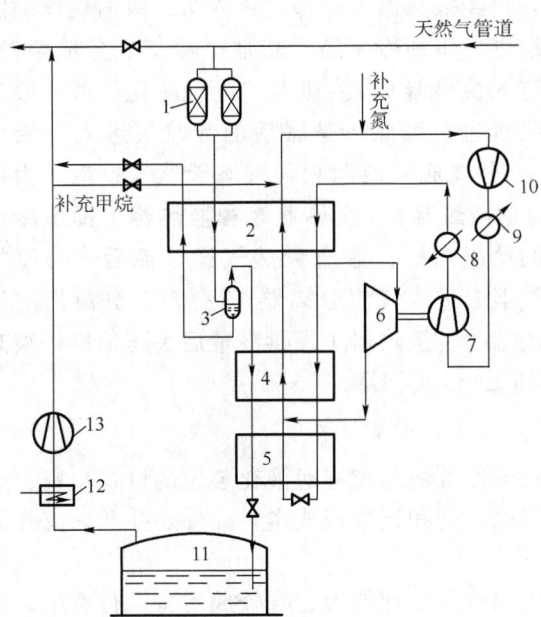

图 8.16　氮气—甲烷膨胀液化流程图
1—预处理装置；2,4,5—换热器；3—重烃分离器；
6—透平膨胀机；7—制动压缩机；8,9—水冷却器；
10,13—压缩机；11—储罐；12—预热器

— 341 —

平膨胀机的制冷剂混合。

从管道来的原料天然气经预处理装置后，在换热器 2 中冷却到 -53℃ 进入重烃分离器，分离出的重烃回收冷量后送入输气管道；原料气则依次进入换热器 4、换热器 5，被冷却液化并过冷到 -163℃ 后，再节流进入 LNG 储罐。

作为制冷剂的氮气—甲烷混合物组成各为 50%（体积分数），压缩后压力为 5MPa，膨胀后压力为 0.7MPa。与混合制冷剂循环相比，氮气—甲烷膨胀制冷循环具有启动时间短、流程简单、控制容易、混合制冷测定及计算方便等优点。由于缩小了冷端换热温差，它比纯氮循环节省了 10%～20% 的动力消耗。

我国宁夏清洁能源公司 LNG 厂、内蒙古新圣燃气公司鄂尔多斯 LNG 厂都采用了氮—甲烷膨胀制冷循环液化工艺。

4. 带预冷的膨胀液化流程

带预冷的膨胀液化流程是制冷剂先经压缩制冷系统预冷后，再进入膨胀机膨胀制冷为天然气液化提供冷量的流程。这种流程可以降低天然气液化过程的能耗。

图 8.17 是带丙烷预冷的天然气膨胀液化流程图，该流程采用两级丙烷压缩制冷循环对天然气进行预冷。

净化后的天然气由压缩机增压，经水冷却器和换热器 1 冷却后，进入第一级丙烷压缩制冷系统预冷，再经换热器 3 冷却后进入第二级丙烷压缩制冷系统进一步预冷，经换热器 5 冷却后分成两股，一股进入换热器 6、换热器 7 进行液化；另一股进入膨胀机进行膨胀。膨胀后的天然气进入气液分离器 12 分离成气液两相，气态天然气返流，为换热器 6、换热器 5、换热器 3 和换热器 1 提供冷量后去制动压缩机；液态天然气经节流后，与原料天然气混合进入气液分离器 13 分离。分离出的气

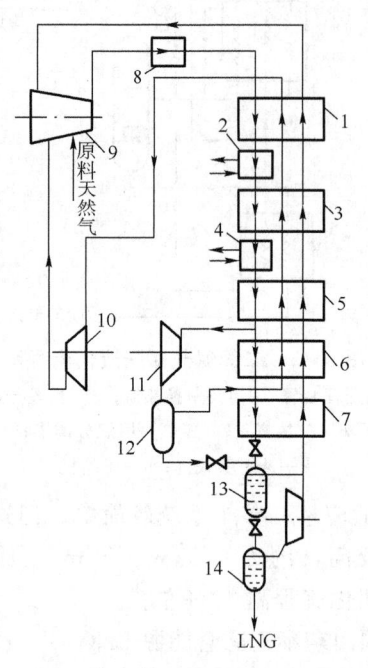

图 8.17 带丙烷预冷的天然气膨胀液化流程图
1,3,5,6,7—换热器；2,4—丙烷换热器；
8—水冷却器；9—压缩机；10—制冷压缩机；
11—膨胀机；12,13,14—气液分离器

态天然气为换热器 7、换热器 6、换热器 5、换热器 3、换热器 1 提供冷量后去压缩机；液态天然气经节流降压后进入气液分离器 14，产生的 LNG 去储罐。

8.1.3.5 液化流程的选择

以上介绍的天然气液化流程各有优缺点，且天然气液化流程对液化装置的设备投资、运行费用影响很大。目前，评价液化流程的指标有比功耗和比投资成本，此外还要考虑流程的简易性、驱动机的形式等问题。

天然气液化流程装置的选择应考虑：装置的用途及处理能力、投资成本、运行费用、原料天然气参数、LNG 产品的质量要求、民用气的利用和限制、压缩机与驱动机系统、流程的简便性和可靠性、运行要求、自动化程度等因素。

对基地型天然气液化装置，由于处理能力大，年运行时间长，特别要求能耗小、运行费用低，常采用级联式液化流程和混合制冷剂液化流程。20 世纪 60 年代最早建设的天然气液

化装置，采用当时技术成熟的级联式液化流程，到20世纪70年代转而采用流程大为简化的混合制冷剂液化流程，20世纪80年代后新建与扩建的天然气液化装置，则几乎无例外地采用丙烷预冷混合制冷剂液化流程。

对调峰型天然气液化装置，由于处理量小，又非常年连续运行，液化流程要求具有低成本、高效、灵活、简便的特点，主要采用混合制冷剂液化流程和带膨胀机的液化流程。由于带膨胀机的液化流程操作比较简单，投资适中，特别适用于液化能力较小的调峰型天然气液化装置。

8.1.4 液化天然气的再气化

液化天然气在使用前必须经气化后送给用户，这个气化过程称为液化天然气的再气化。按液化天然气所承担的任务，其气化器可分为两大类，即常规气化量的气化器和调峰用的高效气化器。按气化器的加热形式，液化天然气的气化设备又可分为常温空气加热气化器、直接加热式气化器和间接加热式气化器三种类型。

8.1.4.1 常温空气加热气化器

对于小型的气化装置，一般采用简单的常温空气翅片管式气化器，它以常温空气为热源，操作压力一般在 0.98MPa 左右。其优点是结构简单和不需燃料，缺点是易受环境空气的温度和湿度的影响。

8.1.4.2 直接加热式气化器

直接加热式气化器通常是以海水作热源直接加热的开式气化器，气化器是固定在钢架上的垂直管束或板式换热器，液化天然气由下而上流过管束或板式换热器，海水由上而下沿管线或板外侧流动。换热管或换热板应能耐液化天然气的低温和压力，与海水接触的外壁还必须考虑防止海水腐蚀的问题。海水通过气化器时，温度只降低 3~4℃，由于温降小，故海水需求量很大，所以用于海水泵、换热管道的建设费用很高。考虑到冬季海水温度低，还需设置辅助加热器。直接加热式气化器的优点是动力消耗小，仪表控制简单，不易发生火灾；缺点是要用大量海水，冷却和开车时间较长，可能产生热污染和水质问题。这种气化器属常规气化量气化器。

8.1.4.3 间接加热式气化器

1. 管壳式封闭循环气化器

管壳式封闭循环气化器以水（或水蒸气）作热源，而用一种易挥发的物质作中间热载体，将热量自水转移到液化天然气中去。由于液化天然气气化时的温度很低，若直接用水和水蒸气加热，水或水蒸气侧有冻结的危险。丙烷的正常沸点为 -42℃，熔点为 -187.7℃（低于液态天然气的沸点），因而丙烷是常用的一种很好的中间热载体。

2. 浸没燃烧气化器

浸没燃烧气化器由一个浸没在水槽中的不锈钢气化器盘管构成，油或燃料气体（可直接取液化天然气储罐的蒸发气）在浸没式燃烧器内燃烧，燃烧后的高温气体经导管穿过水层冒出，将水加热到 55℃ 左右，热水在液化天然气的蒸发盘管外流动并从溢流堰上溢出，形成一个封闭循环，把热量传给液化天然气使之气化。

由于燃烧后的气体通过水层时产生强烈的湍动，故传热效率很高，同时消除了在盘管上形成冰的可能性。这种气化器具有效率高、启动快、投资成本低、调节范围广、安全性能好等优点，但运转费用较高，适用于高峰负荷型液化装置。

液化天然气具有巨大的低温冷量,在大气压力下,液体甲烷的气化潜热约为 510kJ/kg,加上复热到常温的冷量,每千克液化天然气可以回收大约 830kJ 的冷量。因此,利用液化天然气再气化时的冷量有很大的经济效益。

目前,液化天然气冷量利用主要是使一些工业气体液化或用来代替炼油厂和石油化工厂中的现用冷源。在海水淡化、发电、空调、冷冻冷藏、空气液化、低温破碎固体、制液体 CO_2 或干冰等方面都可利用液化天然气可观的冷量。

8.2 天然气提氦

氦(He)是一种无色无味的单原子气体,在通常情况下,不与任何元素相化合,具有化学惰性。氦在大气中的含量甚微,是十分宝贵的稀有气体。

氦的相对原子质量是 4.003,是仅比氢重的气体,在空气中氦气的浮力为氢气的 92.67%。氦气的沸点为 -268℃,是最难液化的气体。氦气有很强的扩散性和极大的流动性,氦气还是热的良导体,对放射性有较强的抵抗能力。氦气的这些特殊性质,使它在工业和科学研究中有着广泛的用途,特别是在原子反应堆、火箭、导弹等军事工业方面更有着极其重要的用途。

由于氢气可燃且在空气中爆炸范围极宽,从安全角度考虑,充气飞艇和升空气球几乎都使用氦气。氦的化学惰性使氦气成为金属焊接最好的保护气体,氦气还用于半导体晶体生成、冶金等的保护气。用氦气和氧气组成的人工呼吸气可用于医疗和潜水,以减轻呼吸道疾病患者的痛苦和避免深海潜水时发生潜水病。氦气还可用于压力和真空容器的检漏。因为氦气有极大的流动性,为了利用它的这一特性,制造出了专门的氦质谱检漏仪,可以方便准确地发现器壁上极其微小的孔隙。在气体冷却型原子反应堆中,氦气作为冷却介质有不腐蚀管道、优良的热传导性和不会变成放射性气体等优点。在导弹的生产和应用方面,氦气用作清洗剂和火箭燃料压送剂。

在低温工程方面,运用液体氦和固体氦可以获得极低的低温,可用于超导技术、卫星通信、低温泵、低温物理实验研究等。

随着氦气用途的不断开发,特别是在军事和尖端科学上的应用,氦气的生产越来越为人们所重视,生产规模也越来越大。氦气主要从含氦天然气中提取,少量氦气可由空分装置副产。提取方法一般用深冷分离法及膜分离法。

深冷分离法比较成熟,它利用氦气液化温度极低的特点,在低温下将天然气中其他组分逐级冷凝液化并分离,以使氦气在气相中浓缩,第一步得到氦气含量为 65%~70% 的粗氦,粗氦在高压下通过低温冷凝,将氦气含量提高到 98% 左右,再通过低温吸附除去微量的氮、氢、氖、甲烷等即得到纯氦产品。整个过程在低温下操作,故在进入提氦装置以前,原料气应先进行净化处理,以防止 H_2O、CO_2 等在分离过程中冻结。

膜分离法是利用有机薄膜对不同气体渗透能力的差异而使氦气得以分离的方法。

当用含氦天然气生产合成氨时,弛放气中氦含量被浓缩至原天然气氦含量的 10 倍左右;当需要用含氦天然气生产 LNG 时,不凝气体中的氦被浓缩,这些都有利于进一步提取氦,从而增加过程的经济性。

根据天然气中氦含量的多少,一般将氦含量大于 0.1%(摩尔分数)的称为富氦天然气,小于 0.01%(摩尔分数)的称为贫氦天然气。我国目前发现的含氦天然气不多,氦含量也不高。四川威远气田是我国最早发现的氦含量较高的气田，氦含量为 0.2%。我国于 20 世纪 60 年代初开始从事天然气提氦的科研工作，成功地从氦含量为 0.04% 的天然气中提取并生产出合格的 A 级（纯度为 99.99%）氦产品，并在四川建成了天然气提氦工厂。近年来，我国相继在塔里木、长庆开发了有提氦价值的新的天然气资源。

8.2.1 深冷分离法提氦

深冷分离法是从天然气中提氦的主要方法，目前世界上建立的大型天然气提氦工厂都采用这种方法。

8.2.1.1 深冷分离法提氦工序

深冷分离法提氦一般包括天然气净化、粗氦提取和粗氦精制三个工序。

1. 天然气净化

净化是天然气提氦的首要工序，其目的是除去天然气中的 H_2S、CO_2、水分以及 C_2^+ 和汞等杂质，以防止它们在深冷分离过程中以固体形式析出而堵塞阀门、管道或设备。

净化指标及方法与天然气液化过程相似，这里不再重复。对于 C_2 以上重质烃类的脱除，由于天然气提氦的最低温度比天然气液化过程更低，因而要求更高。重质烃类多用冷冻法脱除，根据相平衡数据在流程的适当位置设置分离器即可分离出相应的重质烃类。

2. 粗氦提取

净化后的天然气需经过两次冷凝才能得到氦含量为 60%~70% 的粗氦产品，这个过程称为粗氦提取。

一次冷凝通常是用 49kPa 压力下沸腾的液态甲烷作冷源，冷凝压力根据天然气组分的气液相平衡数据加以选取。一般经一次冷凝后粗氦中的氦含量可达 5%~10%，其余成分为甲烷、氮、氢，而重烃已被清除干净。

一次冷凝设备实际上是一个冷凝蒸发塔。在蒸发塔部分，将溶解在液态烷烃中的氦蒸发以减少釜液中的氦含量（氦溶损），对氦含量低的天然气，蒸发釜内液态烷烃中氦含量应控制在一定水平以下，以保证氦的提取率。

二次冷凝也是在一个冷凝蒸发塔内进行的，塔顶冷凝器一般选用常压下沸腾的液氮作冷源，有时也采用负压下蒸发的液态甲烷作冷源，其操作压力一般取决于一次冷凝蒸发塔的操作压力。经二次冷凝后，粗氦中的氦含量可提高到 60%~70%，其余成分为氮和少量的甲烷和氢。为了减小氦损失，二次冷凝也应注意减少蒸发釜内液态烷烃中的氦含量。

设计提氦装置时，应先对所处理天然气组分的气液相平衡数据进行分析研究，综合考虑釜液中的氦溶损、粗氦中的氦含量等因素，选择一个适宜的操作压力和操作温度。

根据我国四川威远气田天然气的相平衡实验数据，图 8.18 和图 8.19 给出了氦在含氦天然气中的相平衡等温线和等压线，表明液相中氦含量随压力的升高和温度的降低而增加。因此，只要冷凝温度和操作压力选得合适，液相中的氦溶损就可以控制在一定的范围内。

从液相中氦含量考虑，提浓塔的操作条件应选择为压力 1.18MPa（表压），温度 -125℃ 左右，在此条件下，塔釜液相氦含量可控制在 10~20mg/L 范围内。图 8.18 和图 8.19 相平衡数据所用原料天然气组成为：He 0.2%、O_2<0.5%、N_2 7.0%、CH_4 93%、H_2<20mg/L。

3. 粗氦精制

粗氦精制是指氦的纯化过程，一般由液氮温度下的高压冷凝和高压吸附过程组成。首先

需要将粗氦中的 H_2 脱除。氢的沸点（-252.9℃）比甲烷低得多，在氦气的提取过程中，氢也得到提取。由于氢与氦难于用低温冷凝分离法进行分离，常采用化学法。通常采用催化脱氢法，使用铂或钯催化剂在配入略过量氧的情况下将粗氦中的氢脱除。

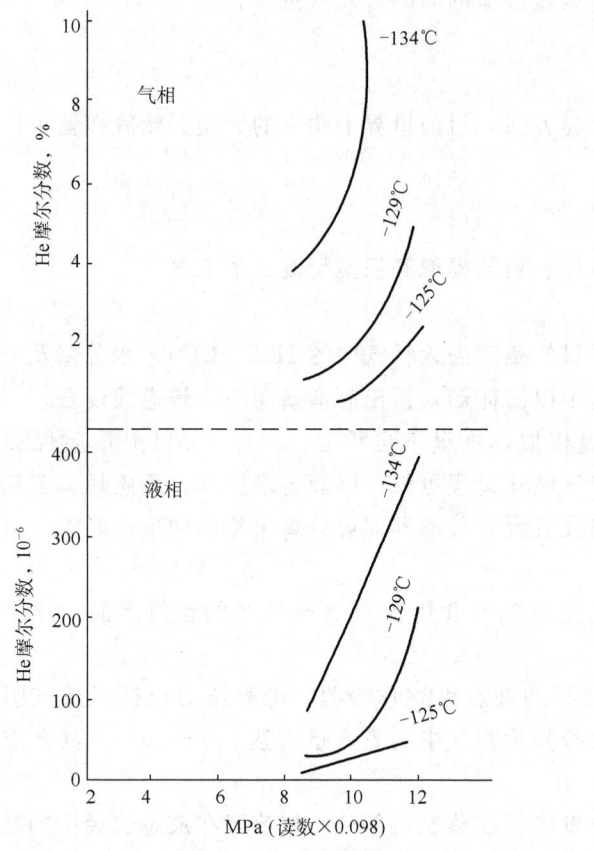

图 8.18　氦在含氦天然气中的相平衡等温线

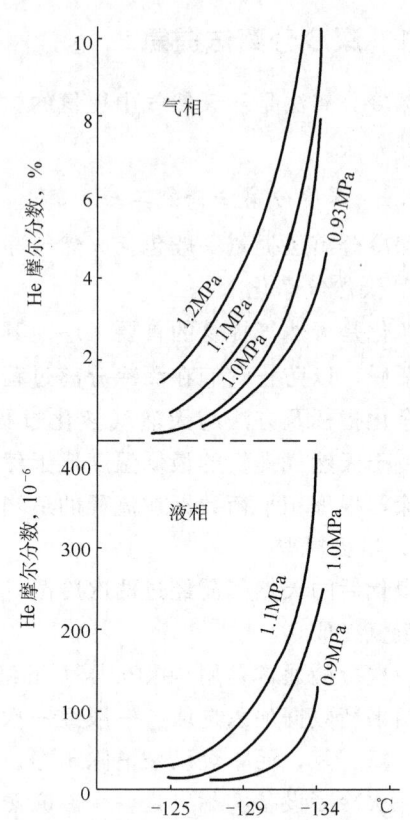

图 8.19　氦在含氦天然气中的相平衡等压线

高压冷凝操作压力为 14.7MPa，温度为常压下液氮的沸腾温度（-193℃），在该条件下，粗氦中的甲烷和大部分氮被冷凝除去，得到体积分数为 98% 的氦气。图 8.20 是氦—氮系统的气液两相平衡组成，图 8.21 是氦—氮系统的液相等压线。

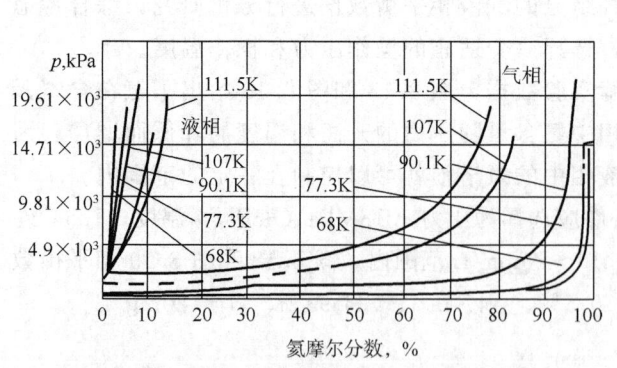

图 8.20　氦—氮系统的气液两相平衡组成

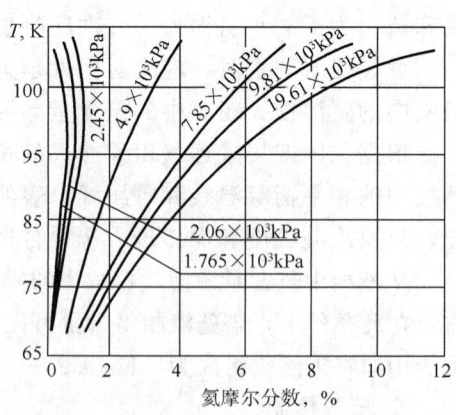

图 8.21　氦—氮系统的液相等压线

从上述两图可知,在压力为 14.7MPa,温度为 -193℃ 的冷凝条件下,冷凝的液相中还含有 2%～3% 的氦,为了回收这部分氦,可将冷凝液降压以使其中溶解氦闪蒸出来,为此在流程中应设置氦回收器。闪蒸后的冷凝液中还可能残溶 0.01%～0.38% 的氦。从图 8.21 中还可看出氦在液氮中的反常溶解特性,即各压力下氦摩尔分数随温度增加而增加,特别是在较高的压力下,氦在液氮中的反常溶解特性表现得更明显。

高压吸附是在 14.7MPa 的压力和 -193℃ 的低温下进行的,吸附剂为椰子壳活性炭。一般装有两个吸附器,切换使用以使整个纯化过程得以连续进行。吸附器在常压下加热再生,再生后用纯氦反向冲洗置换活性炭床层,以保证吸附剂再生完全。

从以上介绍可知,粗氦提取和粗氦精制两个工序均需在非常低的温度下进行。因此,在采用深冷分离法从天然气中提氦时,应根据含氦天然气的组成等条件及相应的相平衡数据,选择适当的制冷工艺和工艺条件,以在较低的能耗下获得较高的氦回收率。

8.2.1.2 深冷分离法提氦工艺流程

深冷分离法提氦工艺所需的冷量可采用节流制冷、膨胀制冷、氨预冷及其他方法获得。

四川威远天然气化工厂于 1991 年建成了生产能力为 $5.0\times10^4\,\mathrm{m}^3/\mathrm{a}$ 的商品氦提氦装置。进入提氦装置的原料天然气组成见表 8.2。

表 8.2 四川威远天然气化工厂提氦装置的原料天然气组成

组分	He	CH_4	C_2H_6	C_{3+}	H_2S	CO_2	H_2	N_2
摩尔分数,%	0.18～0.2	92.0	0.04	0.08	0.0013	0.005	0.1	7.65

该提氦装置的粗氦提取工艺流程如图 8.22 所示。

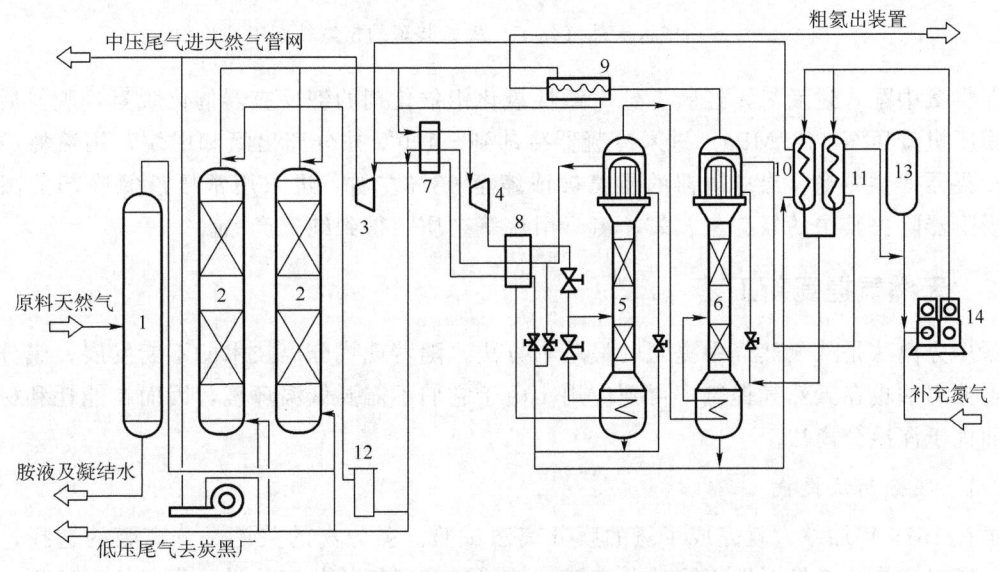

图 8.22 四川威远天然气化工厂提氦装置的粗氦提浓工艺流程
1—液胺分离器;2—固定床干燥器;3—同轴压缩机;4—膨胀机;5,6—第一、第二粗氦提取塔;
7,8—第一、第二板翅换热器;9,10,11—换热器;12—过滤器;13—N_2 储罐;14—N_2 压缩机

压力为 1.7～2.0MPa 的原料天然气进入液胺分离器脱除胺液及凝结水,然后进入采用硅胶和 5A 分子筛的固定床干燥器脱除饱和水、CO_2 及 H_2S。净化后的天然气进入第一板翅

换热器，被冷却至-70～-80℃后去膨胀机膨胀到 1.1～1.5MPa 并降温至-83～-92℃，再经第二板翅换热器进一步冷却到-106～-120℃，然后进入第一粗氦提取塔的塔底重沸器作热源，再进入第一粗氦提取塔，此时天然气中的绝大部分甲烷和少部分氮气被冷凝，入塔液化率为 90% 左右。在第一粗氦提取塔中，未冷凝的天然气在塔顶冷凝器中被来自塔底节流至常压的液态甲烷冷却至-152～-155℃。离开塔顶的不凝气（氦含量 3%～4%）进入第二粗氦提取塔，在第二粗氦提取塔的塔顶用常压蒸发的氮气将气相冷却至-175～-185℃，使大部分的氮气冷凝下来，从而获得 70%～75% 的粗氦，粗氦去精制工序。第一、第二粗氦提取塔塔底的液态甲烷经复热、气化后进入同轴压缩机增压到 2.1MPa 后，返回输气管线。

粗氦精制的工艺流程如图 8.23 所示。

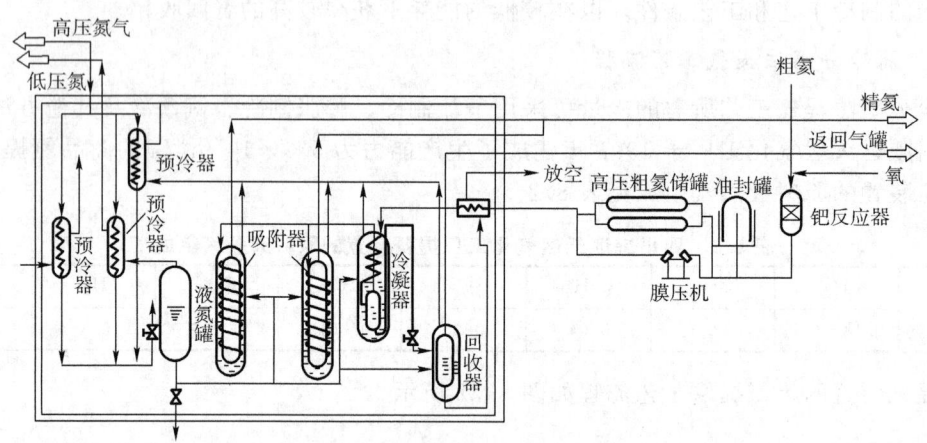

图 8.23　四川威远天然气化工厂提氦装置的粗氦精制工艺流程

在粗氦中配入过量氧，经装有钯—活性氧化铝催化剂的钯反应器催化脱氢，脱氢后的粗氦用膜压机升压至 14.7MPa，进入冷凝器冷却到-190℃并分离出氮和甲烷，用液氮循环制冷为冷凝器提供冷量。出冷凝器的粗氦被浓缩至 98% 左右，进入用常压液氮冷却的高压活性炭吸附器除去其中的氖、氢、氧、氮、甲烷等杂质，得到纯氦产品。

8.2.2　天然气提氦新工艺

深冷分离法是从天然气中提氦的最基本方法，随着现代分离技术的不断发展，膜分离法和吸附分离法也在天然气提氦中得到应用。由于它们不需要低温环境，因而在能耗和材料消耗方面优于深冷分离法。

8.2.2.1　膜分离法提氦

早在 1979 年加拿大就完成了氦的膜分离法试验。膜分离的关键是分离膜的选择，对不同的分离对象应选择针对性不同的分离膜，才能达到预期的分离效果。用于从天然气中分离氦的膜主要有乙酸纤维素、聚四氟乙烯、聚碳酸酯等有机高分子膜以及硅膜，它们对天然气中氦的分离都具有较好的效果。膜分离法提氦采用的膜分离器类型有平板型、螺旋型和中空纤维型，其中中空纤维型膜分离器应用较为普遍。

由于天然气中的氦含量很低，使用膜分离法从天然气中提氦，必须采用多级分离才能得到纯度较高的氦。图 8.24 是一个典型的天然气膜分离法提氦流程，该流程采用了三级分离方式,将原料气中含量为5%的氦浓缩成97.1%的产品氦。

8.2.2.2 吸附分离法提氦

在20世纪70年代后期,美国的由粗氦生产液氦的工厂已由低温法改为变压吸附(PSA)法,但工业规模的大量应用还未见报道,近期开发的变温吸附和变压吸附法已在天然气提氦中投入应用。

美国氮技术公司采用两段PSA装置将氦含量小于10%的气源浓缩至98%以上,两段PSA装置都使用四个活性炭吸附床依次经历吸附、循环、降压、排空和加压等工序。经一段提浓的氦进入二段,排放气另行处理。PSA提氦工艺的一段流程示意图如图8.25所示。二段的流程与一段相同,只是二段出产品氦,二段的排放气返回一段入口。

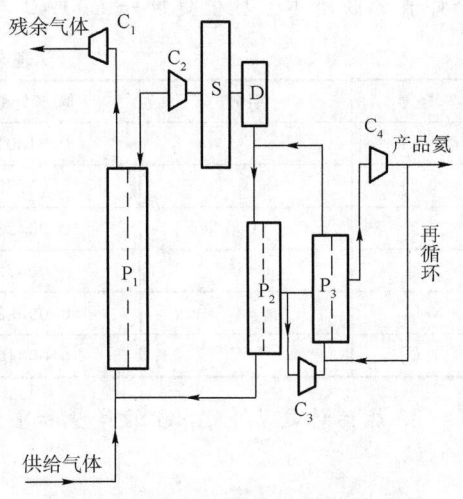

图8.24 三级分离的氦提浓流程图
C_1,C_2,C_3,C_4—压缩机;D—干燥器;
P_1,P_2,P_3—膜分离器;S—涤气器

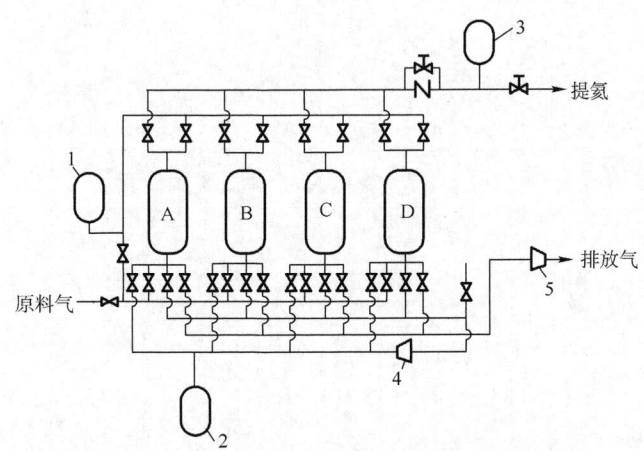

图8.25 PSA提氦工艺的一段流程示意图
1,2,3—储罐;4,5—压缩机;6,7,8,9—吸附器

习　题

1. 在天然气液化中为何要对含汞天然气进行脱汞处理?用什么方法脱汞?
2. 天然气液化的主要工艺有哪些?各有什么特点?
3. 从天然气液化工艺的发展,你能理出什么技术思路?
4. 简述氦气的用途。
5. 天然气深冷过程常常用到的主要设备有哪些?
6. 从含氦天然气中提氦的主要过程有哪些?
7. 已知原料气压力为5MPa,温度30℃,$30\times10^4 Nm^3/d$天然气液化处理量。天然气组分如表 8.3 所示。现欲建设一 LNG 工厂，请你提出工艺方案并说明理由。

表 8.3 天然气组成表

序号	组分	摩尔分数	序号	组分	摩尔分数
1	C_1	0.91201	7	$n-C_5$	0.00023
2	C_2	0.05778	8	C_6	0.00038
3	C_3	0.00423	9	C_7	0.00013
4	$i-C_4$	0.00072	10	CO_2	0.01701
5	$n-C_4$	0.00083	11	N_2	0.00628
6	$i-C_5$	0.00040			

8. 能估计题 7 中 LNG 的产量和重烃的产量吗？大致是多少？

9 天然气化工利用

天然气是一种清洁高效的能源，同时也是一种十分重要的化工原料，在化学工业、石油化工等部门得到了广泛应用。天然气化工经过了100多年的发展，已成为化学工业的重要组成部分。

由于商品天然气是一种以甲烷为主（通常甲烷含量高于90%）的低碳烷烃混合物，因此本章所谓的天然气化工利用主要是指甲烷的化工利用，以甲烷为原料的化学加工通常称为甲烷化工。

9.1 天然气化工利用概况

世界各国天然气消费结构差异很大，天然气作为化工原料的用气量和比例也不同。2017年至2021年，我国化工用气量从 $262×10^8 m^3$ 增至 $369×10^8 m^3$，每年用气量均占天然气消耗总量的10%。其中用于生产合成氨和甲醇的天然气约占化工总用气量的90%，这也是天然气化工的主要方向。近年来，天然气制氢也得到了长足发展。

天然气作为化工原料，今后仍会有一定发展，但在天然气的总用量中所占比例可能会下降。然而，如果天然气制合成油及乙烯等在产品成本方面可与原油相竞争，则天然气作为化工原料的发展前景将会不可估量。

以天然气为原料可生产70多个品种的化工产品。传统生产技术及产品主要有合成氨、甲醇、氢气、乙炔、炭黑、氢氰酸、氯代甲烷、硝基甲烷等；新技术及产品主要有合成油、二甲醚、烯烃、芳烃等。天然气化工利用的主要途径如图9.1所示。

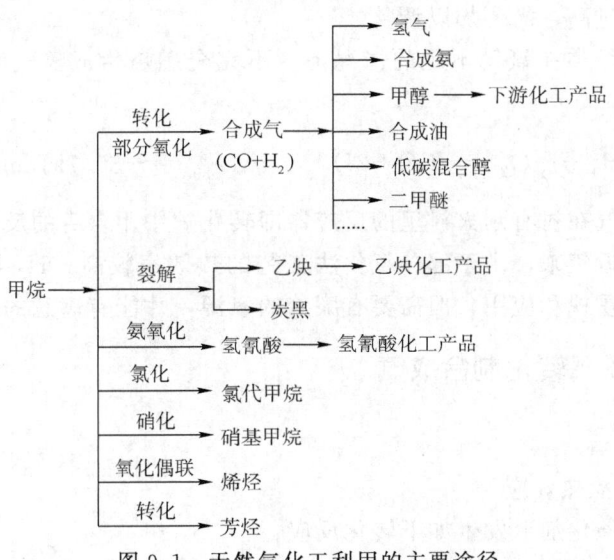

图 9.1 天然气化工利用的主要途径

甲烷的化工利用途径可以分为如下两类：

(1) 间接利用法。先将甲烷转化为合成气，再由合成气制造多种化工产品，如氢气、合成氨、甲醇、合成油、低碳混合醇、二甲醚等。

(2) 直接利用法。直接用于生产多种化工产品，如乙炔、炭黑、氢氰酸、氯代甲烷、硝基甲烷等。

9.2 天然气制合成气

合成气是指 CO 和 H_2 的混合物。合成气中 H_2 与 CO 的物质的量之比随原料和生产方法不同而异，其比值为 0.5～3.0。合成气是重要的有机合成原料之一，也是 H_2 和 CO 的来源，在化学工业中有着重要作用。制造合成气的原料是多种多样的，工业上主要采用煤、石油馏分（以重油和渣油为主）、天然气等来制造合成气，其中以天然气为原料制合成气的成本最低。

目前天然气大型化工利用的主要途径是经过合成气生产合成氨、甲醇及合成油等。而在上述产品的生产装置中，天然气转化制合成气工序的投资及生产费用通常占装置总投资及总生产费用的 60% 左右。因此，在天然气的化工利用中，天然气转化制合成气占有特别重要的地位。

以天然气为原料生产合成气的方法主要有转化法和部分氧化法。

目前工业上多采用水蒸气转化法，水蒸气转化是指烃类被水蒸气转化为氢气和一氧化碳及二氧化碳的化学反应。其主反应为：

$$CH_4 + H_2O =\!=\!= CO + 3H_2 \quad \Delta H^{\ominus}_{298} = 206.29 \text{ kJ/mol} \tag{9.1}$$

由于反应是吸热的，而且反应速率很慢，所以通常使反应物通过装有催化剂的镍铬合金钢管，在外加热的条件下进行。该方法制得的合成气中，H_2 与 CO 物质的量之比理论上为 3，有利于用来制造合成氨或氢气；用来制造其他有机化合物（例如甲醇、乙酸、乙烯、乙二醇等）时，此比值过高，需要加以调整。

部分氧化法是指烃类在氧气不足的情况下，不完全燃烧生成氢气和一氧化碳。其主反应为：

$$CH_4 + \frac{1}{2}O_2 =\!=\!= CO + 2H_2 \quad \Delta H^{\ominus}_{298} = -35.7 \text{ kJ/mol} \tag{9.2}$$

该法由于烃与氧气在衬有耐火衬里的反应器即转化炉中用自身的反应热进行反应，所以又称为自热转化法。近年来，由于部分氧化法工艺的热效率较高、H_2 与 CO 物质的量之比易于调节，逐渐受到重视和应用，但需要有廉价的氧源，才能有满意的经济性。

9.2.1 天然气水蒸气转化制合成气

9.2.1.1 基本原理

1. 转化反应及反应热效应

甲烷与水蒸气在催化剂上发生如下转化反应：

$$\begin{aligned} CH_4 + H_2O &=\!=\!= CO + 3H_2 & \Delta H^{\ominus}_{298} &= 206.29 \text{ kJ/mol} \\ CH_4 + 2H_2O &=\!=\!= CO_2 + 4H_2 & \Delta H^{\ominus}_{298} &= 165.27 \text{ kJ/mol} \end{aligned} \tag{9.3}$$

$$CO + H_2O \rightleftharpoons CO_2 + H_2 \qquad \Delta H_{298}^{\ominus} = -41.19 \text{kJ/mol} \qquad (9.4)$$

$$CH_4 + CO_2 \rightleftharpoons 2CO + 2H_2 \qquad \Delta H_{298}^{\ominus} = 247.30 \text{kJ/mol} \qquad (9.5)$$

天然气中所含的多碳烃类与水蒸气发生类似反应：

$$C_m H_n + m H_2O \rightleftharpoons m CO + (m + n/2) H_2 \qquad (9.6)$$

$$C_m H_n + 2m H_2O \rightleftharpoons m CO_2 + (2m + n/2) H_2 \qquad (9.7)$$

可能发生的副反应主要为析碳反应：

$$2CO \rightleftharpoons C + CO_2 \qquad \Delta H_{298}^{\ominus} = -172.5 \text{kJ/mol} \qquad (9.8)$$

$$CO + H_2 \rightleftharpoons C + H_2O \qquad \Delta H_{298}^{\ominus} = -131.4 \text{kJ/mol} \qquad (9.9)$$

$$CH_4 \rightleftharpoons C + 2H_2 \qquad \Delta H_{298}^{\ominus} = 74.9 \text{kJ/mol} \qquad (9.10)$$

上述反应中，甲烷与多碳烃的转化反应和裂解反应［即析碳反应（9.10）］是强吸热反应，变换反应（9.4）和其他析碳反应是放热反应，但总的过程是强吸热的。为了实现这一过程，通常采用管式炉从外部提供反应所需的热量，不同温度下反应（9.1）和反应（9.4）的热效应和平衡常数数据见表9.1。

表9.1 不同温度下两个反应的热效应与平衡常数

温度		$CH_4 + H_2O \rightleftharpoons CO + 3H_2$		$CO + H_2O \rightleftharpoons CO_2 + H_2$	
℃	K	ΔH, kJ/mol	K_{p1}	ΔH, kJ/mol	K_{p2}
0	273	206.29	1.266×10^{-23}	-41.19	9.926×10^4
27	300	206.37	2.107×10^{-23}	-41.19	8.975×10^4
127	400	210.82	2.447×10^{-16}	-40.65	1.479×10^3
227	500	214.71	8.732×10^{-11}	-39.86	1.260×10^2
327	600	217.97	5.085×10^{-7}	-38.91	27.08
427	700	220.66	2.687×10^{-4}	-37.89	9.017
527	800	222.80	3.120×10^{-2}	-36.85	4.038
627	900	224.45	1.306	-35.81	2.204
727	1000	225.68	26.56	-34.80	1.374
827	1100	226.60	3.133×10^2	-33.80	0.9444
927	1200	227.16	2.473×10^3	-32.84	0.6966
1027	1300	227.43	1.482×10^4	-31.90	0.5435
1127	1400	227.73	6.402×10^4	-31.00	0.4406
1227	1500	227.45	2.354×10^5	-30.14	0.3704

2. 转化反应的化学平衡

1) 平衡常数

甲烷与水蒸气在催化剂上发生的四个转化反应中，经化学计量分析，只有两个独立反应，故只要在四个反应中任选两个均可以计算出甲烷水蒸气转化过程的平衡常数。通常选取反应（9.1）和反应（9.4）作为甲烷水蒸气转化过程的独立反应。多碳烃类的水蒸气转化可视为先经过中间步骤生成甲烷，然后再进行甲烷水蒸气转化反应，其平衡常数的计算是类似的。

反应（9.1）和反应（9.4）的平衡常数 K_{p1} 和 K_{p2} 可分别表示为：

$$K_{p1} = \frac{p_{CO}^* p_{H_2}^{*3}}{p_{CH_4}^* p_{H_2O}^*} \tag{9.11}$$

$$K_{p2} = \frac{p_{CO_2}^* p_{H_2}^*}{p_{CO}^* p_{H_2O}^*} \tag{9.12}$$

式中 $p_{CH_4}^*, p_{H_2O}^*, p_{CO}^*, p_{H_2}^*, p_{CO_2}^*$ ——分别为 CH_4、H_2O、CO、H_2、CO_2 的平衡分压，atm（1atm=101.325kPa）。

在压力不太高时，平衡常数仅是温度的函数，不同温度下反应（9.11）和反应（9.4）的平衡常数 K_{p1} 和 K_{p2} 见表 9.1。K_{p1} 和 K_{p2} 也可由以下公式计算：

$$\lg K_{p1} = -9864.75/T + 8.3666 \lg T - 2.0814 \times 10^{-3} T + 1.8737 \times 10^{-7} T^2 - 11.894 \tag{9.13}$$

$$\lg K_{p2} = 2183/T - 0.09361 \lg T + 0.632 \times 10^{-3} T - 1.08 \times 10^{-7} T^2 - 2.298 \tag{9.14}$$

甲烷水蒸气转化反应通常在加压下进行，而压力对平衡常数的计算有一定影响。目前发生甲烷水蒸气转化反应的转化炉通常在 3.0~5.0MPa 下操作，出口状态下的压力对平衡常数计算的影响偏差在 5% 以内，可不考虑压力的校正。

2) 影响转化反应平衡的主要因素

影响甲烷水蒸气转化反应平衡的主要因素有温度、水碳比和压力。

（1）温度的影响。甲烷与水蒸气反应生成 CO 和 H_2 是吸热的可逆反应，提高反应温度对平衡有利，高温下 CH_4 平衡含量低，H_2 及 CO 的平衡产率高。一般情况下，温度提高 10℃，甲烷的平衡摩尔分数可降低 1%~1.3%。高温对一氧化碳变换反应的平衡不利，可以少生成二氧化碳，而且高温也会抑制一氧化碳的歧化和析碳反应。但是，温度过高有利于甲烷裂解，当高于 700℃ 时，甲烷均相裂解速率很快，会大量析出碳，并沉积在催化剂和器壁上。

（2）水碳比的影响。水碳比是指水蒸气的分子数与天然气中碳原子数之比。提高水碳比从化学平衡角度看有利于甲烷转化，水碳比对甲烷的平衡含量影响很大，例如，在 800℃、2.0MPa 条件下，水碳比从 3 提高到 4 时，甲烷平衡含量由 8% 降至 5%。同时，高水碳比也有利于抑制析碳反应。

（3）压力的影响。甲烷水蒸气转化反应是体积增大的反应，低压有利于平衡。当温度为 800℃、水碳比为 4，压力由 2.0MPa 降低到 1.0MPa 时，甲烷平衡含量由 5% 降至 2.5%。低压也可抑制一氧化碳的析碳反应，但是低压对甲烷裂解析碳反应有利，适当加压可抑制甲烷裂解。压力对一氧化碳变换反应平衡无影响。

综上所述，仅从反应平衡角度考虑，甲烷水蒸气转化过程应该采用适当的高温、稍低的压力和高水碳比。

3) 转化反应平衡组成的计算

当甲烷水蒸气转化过程中原料气组成、反应温度、反应压力与水碳比给定时，根据反应前后的物料衡算式及平衡常数计算式，就可以计算该条件下的平衡组成。关于甲烷水蒸气转化反应平衡组成的具体计算请参考有关文献。

3. 转化催化剂和动力学方程

1) 转化催化剂

在无催化剂存在时，即使在相当高的温度下，甲烷水蒸气转化反应的速率仍非常缓慢，在工业生产中必须采用催化剂加速反应。由于甲烷水蒸气转化反应在很高温度下进行，条件苛刻，因此对催化剂也提出了很高的要求。高活性、高强度、抗析碳，是甲烷水蒸气转化催化剂必须具备的基本条件。

从性能和经济上考虑，镍是目前甲烷水蒸气转化催化剂中最合适的活性组分。在制备好的催化剂中，镍以 NiO 形式存在，质量分数一般为 10%～30%。

在甲烷水蒸气转化催化剂中添加助催化剂可以抑制熔结过程，使催化剂有较稳定的高活性，延长其使用寿命并提高抗硫抗析碳能力。许多金属氧化物可作为助催化剂，如 Cr_2O_3、Al_2O_3、MgO、TiO 等。助催化剂用量一般为镍含量的 10%（质量分数）以下。

甲烷水蒸气转化催化剂中的载体应当具有使镍的晶粒尽量分散，达到较大比表面积的作用，它们都是熔点在 2000℃ 以上的金属氧化物，能耐高温，而且有很高的机械强度。常用的载体有 Al_2O_3、MgO、CaO、K_2O 等。

目前，工业上采用的甲烷水蒸气转化催化剂有两大类，一类是以高温烧结的 α-Al_2O_3 或 $MgAl_2O_4$ 尖晶石等材料为载体，用浸渍法将含有镍盐和助催化剂的溶液负载到预先成型的载体上，再加热分解和煅烧，称为负载型催化剂，因活性组分集中于载体表层，所以镍在整个催化剂颗粒中的质量分数可以较低，一般为 10%～15%（以 NiO 计）；另一类催化剂以硅铝酸钙水泥作为黏结剂，与用沉淀法制得的活性组分细晶混合均匀，成型后用水蒸气养护，使水泥固化，称为黏结型催化剂，因活性组分分散在水泥中，并不集中在成型颗粒的表层，所以需要镍的质量分数高些，一般为 20%～30%（以 NiO 计），才能保证表层有足够的活性组分。工业上使用的部分甲烷水蒸气转化催化剂见表 9.2。

表 9.2　工业上使用的部分甲烷水蒸气转化催化剂

国别（公司）	型号	外形	主要组成		操作条件		
			NiO 质量分数,%	载体	T,℃	p, MPa	水碳比
中国	Z111	车轮状	≥14	α-Al_2O_3	400～860	≤4.5	≥2.5
	CN16	多孔形	≥14	α-Al_2O_3	400～1000	0.1～5.0	2.5～4.5
英国（ICI）	57-5s	拉西环	20.4	$CaAl_2O_4$	850～900	0.1～3.4	2.5～8
德国（BASF）	G1-21	拉西环	14.9	陶瓷	650～850	—	2.5～8
美国（UCI）	C11-9-09	车轮状	14	α-Al_2O_3	770	3.9	4.2
丹麦（TopsФe）	R67-7H	多孔形	14	$MgAl_2O_4$	—	—	—
法国（APC）	MGI	拉西环	7	MgO	—	—	—
苏联（ГИАП）	ГИАП-16	拉西环	20	$CaAl_2O_4$	825	3.5～4.0	3.7～4.0

2) 动力学方程

甲烷水蒸气转化过程较复杂，几十年来人们对其反应机理进行了许多研究。由于研究方法、实验条件与处理方式不同，得到的动力学方程也不同，到目前为止，还没有一个公认的动力学方程。相关文献发表了多种甲烷水蒸气转化反应的动力学方程，表 9.3 列举了其中的一部分，在已发表的这些动力学方程中，都认为甲烷水蒸气转化反应对甲烷是一级反应。

表 9.3　部分甲烷水蒸气转化反应的动力学方程式

催化剂	压力, atm	温度,℃	动力学方程	
Z-105	1～26	600～850	$r = k p_{CH_4}$	(1)

续表

催化剂	压力,atm	温度,℃	动力学方程	
Z-105	30	650~800	$r = k p_{CH_4} p_{H_2O}$	(2)
ГИАП-3	1	400~500	$r = k \dfrac{p_{CH_4}}{p_{H_2}}$	(3)
ГИАП-3	1	600	$r = k \dfrac{p_{CH_4}}{p_{H_2}^{0.5}}$	(4)
ГИАП-3	41	600~800	$r = k \dfrac{p_{CH_4}}{p_{H_2}} \left(1 - \dfrac{1}{K_{p1}} \cdot \dfrac{p_{CO} p_{H_2}^3}{p_{CH_4} p_{H_2O}} \right)$	(5)

3）影响反应速率的主要因素

由表 9.3 中的动力学方程可知，对于一定的催化剂而言，影响反应速率的主要因素有温度、压力和组成。

（1）温度的影响。温度升高，反应速率常数 k 增大，反应速率亦增大；表 9.3 中式(5)中平衡常数 K_{p1} 也与温度有关，因为甲烷水蒸气转化是吸热反应，故平衡常数随温度的升高而增大，结果反应速率也是增大的。

（2）压力的影响。总压增高，会使各组分的分压也增高，对反应初期的速率提高很有利，此外加压还可使反应体积减小。

（3）组成的影响。原料的组成由水碳比决定，水碳比过高，虽然水蒸气分压高，但甲烷分压过低，反应速率不一定高；反之，水碳比过低反应速率也不会高，所以水碳比要适当。在反应初期，反应物 CH_4 和 H_2O 的含量高，反应速率快；到反应后期，反应物含量下降，产物含量增高，反应速率降低，需要提高温度来进行补偿。

9.2.1.2 工艺条件

选择工艺条件的理论依据是热力学和动力学分析以及化学工程原理，此外，还需结合技术经济、生产安全等进行综合优化。天然气水蒸气转化过程中应控制的工艺条件主要有压力、温度、水碳比和空间速率。这几个条件之间互相关联，要恰当匹配，同时还要考虑炉型、原料、转化管材料、催化剂等对这些条件的影响。工艺条件的确定，不仅要考虑对本工序的影响，也要考虑对压缩、合成等后续工序的影响，合理的工艺条件最终应在总能耗和投资上体现出来。

（1）温度。甲烷水蒸气转化为可逆吸热反应，从化学平衡和反应速率考虑，提高温度对转化反应有利，可以降低残余甲烷含量。但温度的升高，受催化剂耐热程度和转化管材料等条件的限制。例如，对 HK40 材料制成的合金钢管，炉壁温度从 950℃ 增加至 1050℃ 时，使用寿命从 84000h 减少到 60000h。考虑到转化管管壁温度存在轴向与周向的不均匀性，为使转化管有较长的寿命，炉壁最高温度不超过 930℃，所以转化管出口气体温度应维持在 830℃ 以下。

（2）压力。甲烷水蒸气转化反应生成一氧化碳、二氧化碳与氢气，是物质的量增加的反应，从化学平衡来看，增加压力对反应不利。操作压力越高，出口气体平衡组成中甲烷含量越高，在反应过程中甲烷的转化率越低。因此从热力学特征来看，低压有利于甲烷水蒸气转化反应。从动力学来看，在反应初期，增加系统压力，相当于增加了反应物分压，反应速率加快。但到反应后期，反应接近平衡，反应物含量很低，而产物含量高，加压反而会降低反应速率,所以从化学角度看,压力不宜过高。但从工程角度考虑,适当提高转化压力是有利的:第一,提高转化压力可大大节省合成气压缩所需的能量,降低全厂总能耗;与常压相比,操作压力采用 1.061MPa,可节省动力约 38%,若采用 2.026MPa,则可节省动力 60% 左右,当在 6.0MPa 下操作时,甚至可以省去合成气压缩机;另外,加压操作还可以提高后续工序的设备生产能力。第二,提高压力对转化炉传热有利,因为甲烷水蒸气转化过程需要外部供热,大的传热系数是强化传热的前提;床层传热系数与雷诺数的 0.9 次方成正比,提高压力,即提高了介质密度,这是提高雷诺数的有效措施。第三,转化压力越高,水蒸气分压也越高,气体露点温度也越高,水蒸气冷凝利用价值越大,可回收热量越多;此外,加压操作还可减小设备、管道的体积,提高了设备生产强度,减少设备占地面积。

综上所述,目前甲烷水蒸气转化过程工业生产都采用加压操作,压力大约为 3MPa。

(3) 水碳比。水碳比是对甲烷水蒸气转化过程影响较大的一个条件,也是各操作变量中最便于调节的一个参数。提高水碳比,可降低转化炉出口的残余甲烷含量,同时有利于防止积碳。但提高水碳比,意味着水蒸气耗量增加,多余水蒸气同样也要在转化管中升温,致使能耗增加,转化管热负荷提高。因此,在满足工艺要求的前提下,要尽可能控制水碳比不要太高。在实际生产中,甲烷水蒸气转化过程中水碳比为 3.5~4.5。可降低水碳比且能防止积碳的措施有三个,其一是研制开发新型的高活性、高抗析碳能力的低水碳比催化剂;其二是开发新的耐高温转化管材料,以便提高一段转化炉出口温度;其三是提高进二段转化炉的空气量,以保证降低水碳比后,一段转化炉出口气中较高含量的残余甲烷能在二段转化炉中耗尽。目前,水碳比已可降至 3.0,最低者可降到 2.75。

(4) 空间速率。空间速率简称空速,定义为单位时间内通过单位体积催化剂的气体体积。提高空速,则转化管内气体的流速高,有利于传热和降低转化管外壁温度,延长转化管寿命。当催化剂活性足够高时,高空速也能强化生产,提高生产能力。但空速不宜过高,否则床层阻力过大,能耗增加。根据工业催化剂的活性,加压下进转化炉甲烷的空间速率(空速)控制在 $1000 \sim 2000 \mathrm{h}^{-1}$。

9.2.1.3 工艺流程和转化炉

1. 工艺流程

天然气水蒸气转化法制备合成气,根据合成气的不同用途,有多种工艺流程。各工艺流程大同小异,都有转化炉、原料预热和余热回收等装置。

由天然气水蒸气转化制合成气的基本步骤如图 9.2 所示。

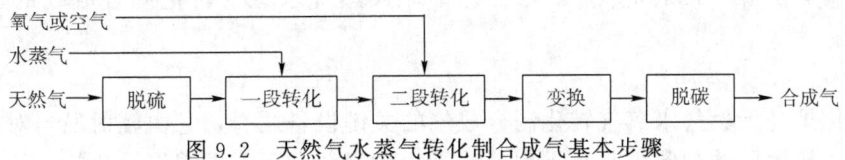

图 9.2 天然气水蒸气转化制合成气基本步骤

脱硫过程是脱除天然气中的硫化物,以防止催化剂中毒。商品天然气中的总硫含量通常小于等于 $200\mathrm{mg/m^3}$,不能满足要求,则需要设置脱硫过程进一步精脱,在进入转化炉之前使天然气中硫化物的体积分数降至 0.1×10^{-6},最高不能超过 0.5×10^{-6}。由于商品天然气中的总硫含量不是很高,工业上通常使用干法进行硫化物的精脱,目前主要采用氧化锌—钴钼加氢转化—氧化锌组合的方法,以达到精脱硫的目的。

一段转化过程中甲烷与水蒸气反应生成 CO、CO_2 和 H_2；二段转化过程中甲烷与氧气不完全反应生成 CO 和 H_2。

变换过程中是 CO 与 H_2O 反应生成 H_2 和 CO_2，可增加 H_2 量，减少 CO 量。根据变换过程使用的催化剂和操作温度，可分为高温（350～400℃）变换、中温（300～350℃）变换、低温（180～250℃）变换以及组合变换，如高温变换串低温变换等。

脱碳过程是脱除 CO_2，使合成气中只含有 CO 和 H_2，回收的高纯度 CO_2 可以用来制造一些化工产品。脱除 CO_2 的方法很多，要根据具体情况来选择适宜的方法。目前国内外多采用溶液吸收剂吸收 CO_2 的方法脱除 CO_2，根据吸收机理不同可分为化学吸收和物理吸收两大类。近年来出现了变压吸附法、膜分离法等用固体脱除 CO_2 的方法。

图 9.2 中的步骤要根据合成气的具体使用目的和原料气来源情况决定取舍。例如当需要 CO 含量高时，应取消变换过程；当需要 CO 含量低时，则要设置变换过程；如果只需要 H_2 而不需要 CO，应设置高温变换和低温变换以及脱除微量 CO 的过程。当由天然气水蒸气转化制成的合成气用于制造甲醇且无廉价的氧源时，通常只采用一段转化，典型工艺流程如图 9.3 所示；而有氧源时，可采用一段和二段联合转化。

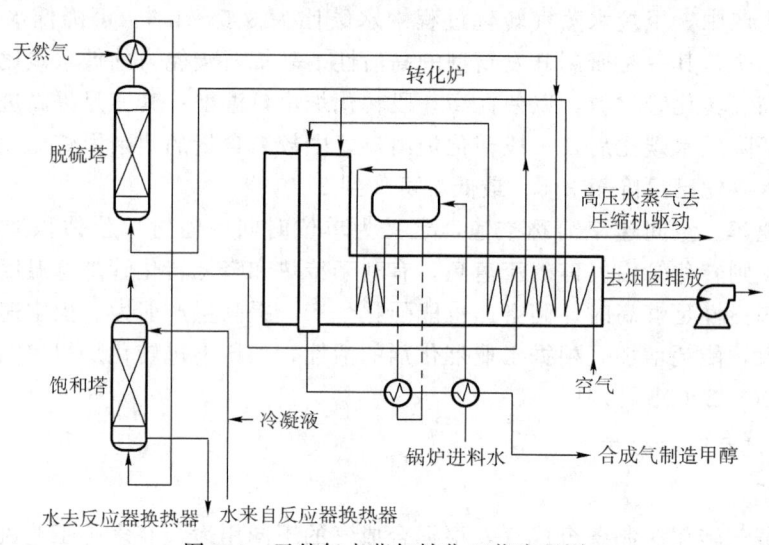

图 9.3 天然气水蒸气转化工艺流程图

当由天然气水蒸气转化制成的合成气用于制造合成氨时，合成气的生产过程包括了图 9.2 中的所有步骤。Kellogg 合成氨工艺中，天然气水蒸气转化制合成气的工艺流程如图 9.4 所示。

2. 转化炉

一段转化炉是天然气水蒸气转化制合成气的关键设备之一，它由辐射段与对流段两个主要部分组成。辐射段的炉膛内竖直排列着若干根耐高温和压力的镍铬转化管，管内装填镍催化剂。在炉膛的顶部或底部或侧面装有若干烧嘴，用于燃烧天然气，为镍铬转化管提供反应热。对流段属烟道式的，内设若干组盘管，回收辐射段产生的烟气的显热（用于预热各种气体）后，用引风机排入大气。

一段转化炉的炉型，按烧嘴安装方式分类，可分为顶烧炉、侧烧炉和底烧炉。顶烧炉为并流加热，侧烧炉为错流加热，底烧炉为逆流加热。顶烧炉结构如图 9.5 所示，其外形呈方箱形，烧嘴安装在炉顶，分布在转化管的两侧，向下喷燃料燃烧放热。侧烧炉结构如图 9.6

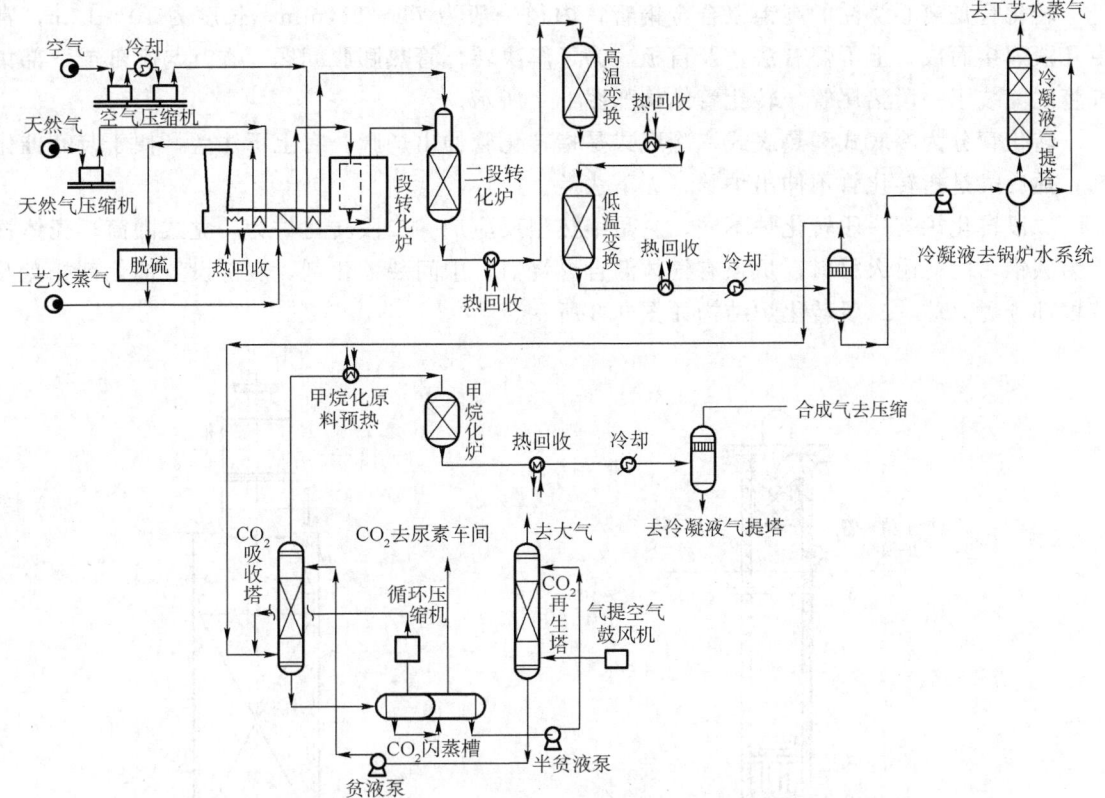

图9.4 Kellogg合成氨工艺中天然气水蒸气转化制合成气的工艺流程

所示,其外形呈长方形,烧嘴分成多排,由上至下平均布置在辐射段两侧的炉墙上,火焰呈水平方向,此种炉型的优点是沿转化管轴向的温度易于控制和调节,但炉的体积大。

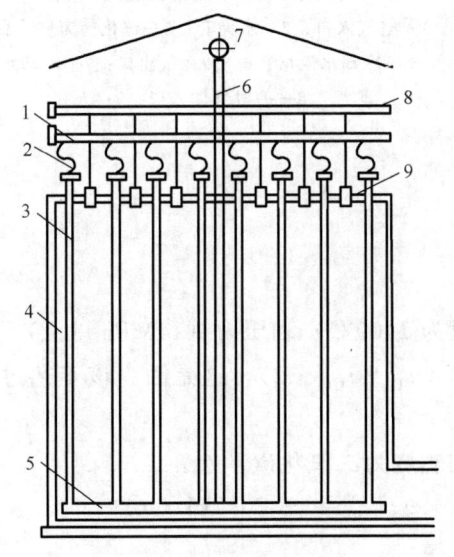

图9.5 顶烧炉结构

1—原料气管;2—上猪尾管;3—转化管;4—辐射段;
5—下集气管;6—上升管;7—集气总管;8—燃料气管;9—烧嘴

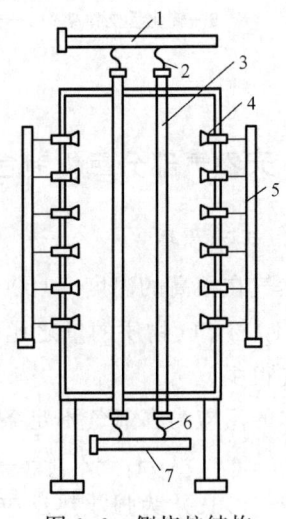

图9.6 侧烧炉结构

1—原料气管;2—上猪尾管;3—转化管;4—烧嘴;
5—燃料气管;6—下猪尾管;7—下集气管

转化管是离心浇注的高镍铬合金钢管，内径一般为 71～124mm，长度为 10～12m，常由几段焊接而成，上下焊有法兰及盲板。为了解决转化管热膨胀问题，在其与上部或下部集气管之间装了一段猪尾管。转化管结构如图 9.7 所示。

转化管分为冷底式和热底式。冷底式是指转化管伸出炉膛，有上下法兰，便于装卸催化剂；热底式是指转化管不伸出炉膛，无下法兰。

二段转化炉与一段转化炉不同，它是绝热型反应炉。二段转化炉为一立式圆筒，壳体材质为碳钢，内衬耐火材料，炉顶有气体温合燃烧器，中间装催化剂，底部设置催化剂托盘及装填部分耐火球。二段转化炉结构如图 9.8 所示。

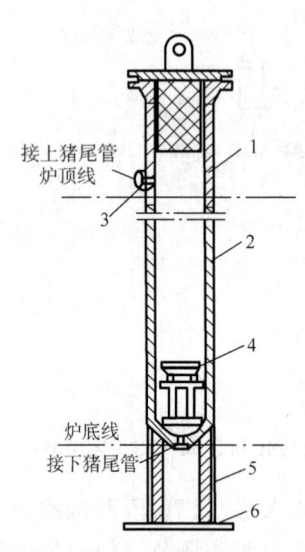

图 9.7　转化管结构

1—接管；2—转化管；3—加强节；4—催化剂托盘；
5—转化管支撑架；6—支撑钢梁

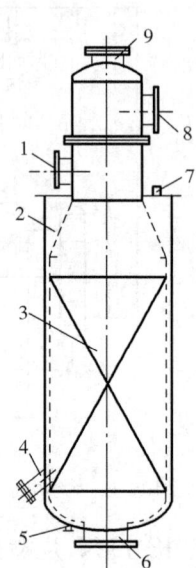

图 9.8　二段转化炉示意图

1—空气入口；2—水夹套；3—催化剂床层；4—手孔；
5—冷却水入口；6—转化气出口；7—冷却水出口；
8—一段气体入口；9—人孔

9.2.2　天然气部分氧化制合成气

9.2.2.1　工艺原理

天然气在很高的温度（1200～1500℃，一般为 1400℃）和压力（14MPa 以上）下燃烧，可生成 H_2 与 CO 物质的量之比较理想的合成气（$n_{H_2}/n_{CO} < 2$），这是因为该工艺过程使用的水蒸气很少。

具体的反应为在氧气不足条件下，部分甲烷燃烧为二氧化碳和水：

$$CH_4 + 2O_2 = CO_2 + 2H_2O \quad \Delta H_{298}^{\ominus} = -320.7 \text{kJ/mol} \tag{9.15}$$

反应（9.15）为强放热反应，可提供高温环境。

在高温及水蒸气存在下，二氧化碳及水蒸气与未燃烧的甲烷发生如下吸热反应：

$$CH_4 + CO_2 = 2CO + 2H_2$$

$$CH_4 + H_2O = CO + 3H_2$$

总反应为：

$$CH_4 + \frac{1}{2}O_2 =\!=\!= CO + 2H_2 \qquad \Delta H_{298}^{\ominus} = -35.7 \text{ kJ/mol} \qquad (9.16)$$

天然气部分氧化的主要产物为 CO 和 H_2，最终产物中 CO_2 很少。为防止反应过程中碳的析出，需补加一定量的水蒸气。

由化学计量关系可知，氧气与甲烷物质的量之比（称为氧比）为 0.5。提高氧比，升高温度，会使残余 CH_4 含量降低，并可抑制析碳，但过高的氧比会使有效气体（$CO + H_2$）量下降。通常采用的氧比为 0.55~0.65。

天然气部分氧化可以在催化剂存在下进行，也可以不用催化剂，因此可分为催化部分氧化和非催化部分氧化。

9.2.2.2 催化部分氧化工艺

脱硫后的天然气与一定量的氧或富氧空气以及水蒸气在镍催化剂存在下进行反应，当催化床层温度为 900~1000℃、压力为 3.0MPa 时，出转化炉的气体组成（体积分数）约为 H_2 67%、CO 25.5%、CO_2 7.5%、CH_4 <0.5%。转化炉采用自热绝热式，热效率较高。Conoco 合成技术属于此类。

天然气催化部分氧化工艺流程如图 9.9 所示。

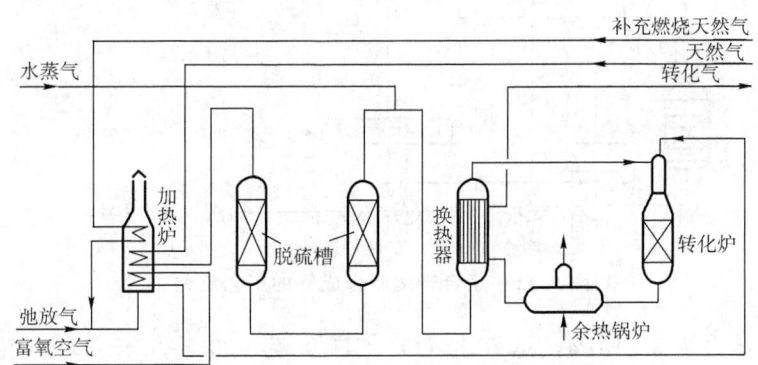

图 9.9 天然气催化部分氧化工艺流程

9.2.2.3 非催化部分氧化工艺

天然气、氧以及水蒸气在 3.0MPa 或更高压力下，进入衬有耐火材料的转化炉内进行部分燃烧，温度高达 1300~1400℃，出转化炉的气体组成（体积分数）约为 H_2 52%、CO 42%、CO_2 5%、CH_4 <0.5%。转化炉也采用自热绝热式。Shell 公司非催化部分氧化工艺称为 SGP 工艺，其流程如图 9.10 所示。

9.2.3 天然气联合转化制合成气

德国 Lurgi 公司于 20 世纪 80 年代后期开发了将水蒸气转化和自热转化结合在一起形成的联合转化制合成气的新工艺，其工艺流程如图 9.11 所示。

此工艺在常规水蒸气转化炉之后串联了一个自热转化炉进行自热转化。约 50% 的天然气在水蒸气转化炉中进行转化，操作温度约为 780℃，压力可提高至 3.5~4.0MPa，水碳比降为 2.5，出口气中甲烷的干基含量约为 18%（体积分数）。从水蒸气转化炉出来的气体与另外 50% 的天然气和纯度为 99.9%（体积分数）的氧气在自热转化炉中进行转化，操作温

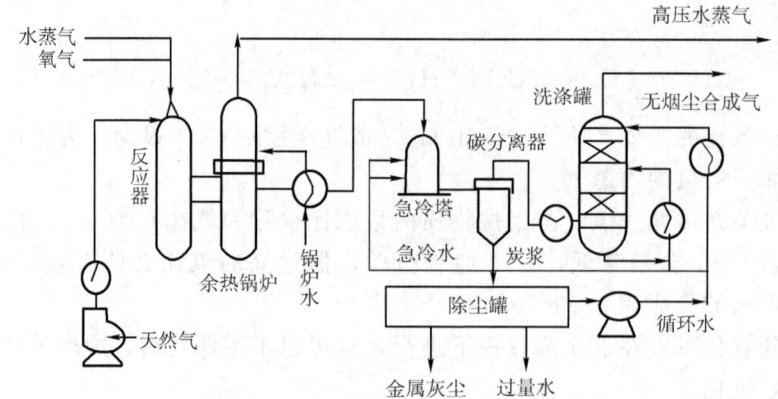

图 9.10 Shell 公司 SGP 工艺流程图

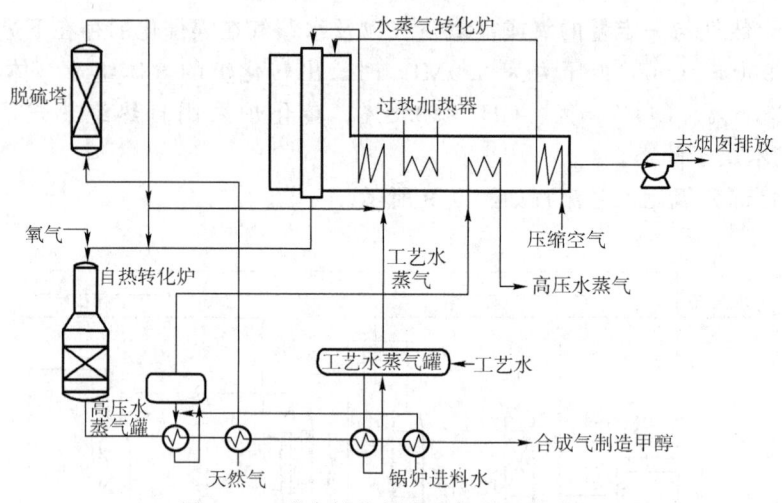

图 9.11 联合转化制合成气的工艺流程

度约为 950℃，压力为 3.5MPa，总氧比（O_2/CH_4）为 0.35～0.45。联合转化制得的合成气中残余甲烷的干基含量约为 4%（体积分数），H_2 与 CO 物质的量之比为 2.02，符合生产甲醇及合成油的要求。

联合转化工艺与常规的天然气水蒸气转化相比，合成气中 H_2 与 CO 物质的量之比降至 2.0～2.05，压缩机负荷下降 50%，装置能耗降低 7%～8%，但总投资有所升高。

9.2.4 天然气制合成气工艺进展

天然气水蒸气转化法制得的合成气中 H_2 与 CO 物质的量之比理论值高达 3，这较适宜于生产纯氢气和合成氨，其中的 CO 可与水蒸气反应转变出更多的 H_2。部分氧化法制得的合成气中 H_2 与 CO 物质的量之比理论值为 2。对于合成一系列有机化合物而言，上述两种方法制得的合成气中 H_2 与 CO 物质的量之比太高。表 9.4 列举了一些由合成气合成有机化合物所需的 H_2 与 CO 物质的量之比理论值。

表 9.4 由合成气合成有机化合物所需的 H_2 与 CO 物质的量之比理论值

产　品	总　反　应　式	n_{H_2}/n_{CO}
甲醇	$CO+2H_2=CH_3OH$	2/1

续表

产 品	总 反 应 式	n_{H_2}/n_{CO}
乙烯	$2CO+4H_2 = C_2H_4+2H_2O$	2/1
乙醛	$2CO+3H_2 = CH_3CHO+2H_2O$	3/2
乙二醇	$2CO+3H_2 = HOCH_2CH_2OH$	3/2
丙酸	$3CO+4H_2 = CH_3CH_2COOH+H_2O$	4/3
甲基丙烯酸	$4CO+5H_2 = CH_2C(CH_3)COOH+2H_2O$	5/4
乙酸乙烯	$4CO+5H_2 = CH_2COOCHCH_2+2H_2O$	5/4
乙酸	$2CO+2H_2 = CH_3COOH$	1/1
乙酐	$4CO+4H_2 = (CH_3CO)_2O+H_2O$	1/1

为了提高合成气中 CO 含量，目前国内外都在研究和开发既节能又可灵活调节 H_2 与 CO 比值的新工艺。现在已有两种新工艺取得了进展，这就是自热式催化转化部分氧化法（ATR 工艺）和甲烷—二氧化碳催化转化法（Sparg 工艺）。

ATR 工艺由丹麦 TopsФe 公司提出并完成中试，其基本原理是把天然气的部分氧化和水蒸气转化组合在一个反应器中进行。进料为天然气、纯氧和水蒸气，其中氧气和烃类物质的物质的量之比为 0.55～0.6，甲烷先进行部分氧化反应，然后进行水蒸气转化反应。反应器上部为无催化剂的燃烧段，在此处一定量的甲烷按下式进行不完全燃烧，释放出热量：

$$CH_4 + \frac{3}{2}O_2 \Longrightarrow CO + 2H_2O \qquad \Delta H_{298}^{\ominus} = -519 kJ/mol \qquad (9.17)$$

因为一级氧化产物 CO 再氧化为 CO_2 的速率较慢，反应式（9.17）是在燃烧段的主要反应，故部分氧化生成 CO 的选择性较高。燃烧段下面是固定床水蒸气催化转化反应段，利用燃烧段反应放出的热量，进行吸热的甲烷水蒸气转化反应。甲烷水蒸气催化转化反应段的压力为 2.45MPa、温度为 950～1030℃，合成气中的 H_2 与 CO 物质的量之比可在 0.99～2.97 之间灵活地调节。ATR 工艺反应器的设计合理地利用了反应热，不需外部供热，提高了热效率。

ATR 工艺反应器为圆筒形，内衬耐火材料，燃烧段入口装有耐火材料保护的金属燃烧器。反应器的结构应保证原料气能充分混合，使火焰呈湍流扩散状，火焰中心温度可达 2000℃，使燃烧过程中基本不产生炭黑，同时还要保证原料气进入催化剂床层时有均匀的温度分布。催化剂为颗粒状镍催化剂，以含氧化锰和氧化铝的尖晶石为载体，具有很高的活性和耐高温性能，可采用较高空速进行反应。

Sparg 工艺主要是利用 CO_2 来转化 CH_4，要采用催化剂，主反应为：

$$CH_4 + CO_2 \Longrightarrow 2CO + 2H_2 \qquad \Delta H_{298}^{\ominus} = 247.30 kJ/mol$$

按该反应式，H_2 与 CO 物质的量之比理论值为 1。这是个热效应比天然气水蒸气转化反应更大的强吸热反应，且 CH_4 与 CO_2 的反应更容易在催化剂上结炭，因此必须解决这个问题。解决途径包括改进现有镍催化剂、开发新型抗结炭催化剂和优化反应条件等，国内外就此开展了广泛的研究。TopsФe 公司开发成功了硫钝化的镍催化剂，经过中试和在乙酸生产厂中的扩大试验，表明 Sparg 工艺制合成气的技术可靠、经济合理。天然气中若含有较多的 C_2 及更重的烃类，因为经硫钝化的镍催化剂其活性较原来的镍催化剂低，重烃在反应器中易裂解结炭，所以要在主转化器前加一个温度较低的预转化器，并加入一定量的水蒸气，使用未硫钝化的镍催化剂，使 C_2 及更重烃类预先转化。预转化器内温度为 300～350℃。主转化器为多管式反应器，反应管垂直置于转化炉中。管外燃烧燃料供热，转化温度900℃左右，操作压力0.7～1.2MPa。调节原料混合气中CO_2与CH_4之比和H_2O与CH_4之比，可使转化后合成气中H_2与CO物质的量之比在1.8～2.7之间变动。

9.2.5 合成气的利用

合成气是重要的工业原料，由合成气可以生产很多化工产品。图9.12概括了合成气的主要利用。

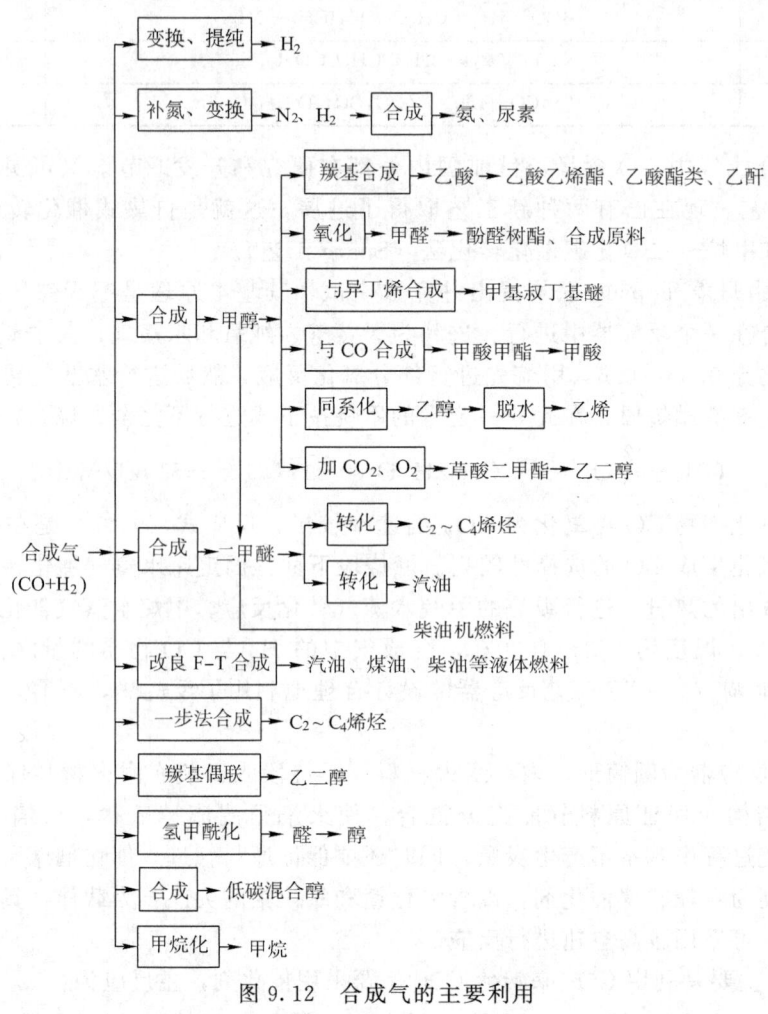

图9.12 合成气的主要利用

9.2.5.1 主要传统技术及产品

1. 氢气

近年来，根据《巴黎协定》，应对气候变化成为今后很长时期内能源、经济和社会长远发展的顶层战略，以绿色低碳为特征的清洁能源成为未来能源发展的重要方向。而氢能作为21世纪人类可持续发展最具潜力的二次清洁能源，受到全球范围的高度重视，在我国也得到广泛关注，未来有望在我国能源转型、实现"碳达峰、碳中和"过程中发挥重要作用。国际上，美国、欧盟、日本、韩国等发达国家和地区纷纷将氢能源纳入国家能源发展战略，持续推动氢能产业发展。

我国氢能产业发展进入新的历史时期，《氢能产业发展中长期规划（2021—2035 年）》将氢能正式纳入我国能源战略体系，氢能产业发展加快，产业规模不断增大。根据《中国氢能源及燃料电池产业白皮书2020》的数据，我国氢气产量每年约为 3342×10^4 t。我国氢能产业具备长期发展潜力，根据中国氢能联盟的预测，在 2030 年碳达峰愿景下，我国氢气的年需求量预期达到 3715×10^4 t，在终端能源消费中占比约为 5%；在 2060 年碳中和愿景下，我国氢气的年需求量将增至 1.3×10^8 t 左右，在终端能源消费中占比约为 20%。

我国氢气来源主要方式有化石燃料制氢（煤制氢、天然气制氢）、工业副产物制氢（焦炉气制氢、氯碱制氢）、电解水制氢。2020 年，我国氢气来源占比分别为：煤制氢 62%、天然气制氢 19%、工业副产氢 18%、电解水制氢 1%。

天然气制氢技术中，水蒸气转化制氢较为成熟，是主流的制氢方式。其工艺流程主要由天然气脱硫、水蒸气转化、CO 变换和氢气提纯几个部分组成。天然气水蒸气转化制氢工艺步骤如图 9.13 所示。

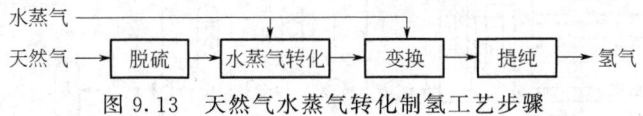

图 9.13 天然气水蒸气转化制氢工艺步骤

1) CO 变换

CO 变换是将合成气中的 CO 转化为 CO_2 和 H_2。反应式如式(9.4)，该反应为可逆放热反应。温度对反应热效应和平衡常数的影响见表 9.1。

CO 变换催化剂分为高温变换催化剂和低温变换催化剂两大类。高温变换催化剂是以 Fe_2O_3 为主体的 Fe-Cr-K 催化剂，Fe_2O_3 含量 70%~90%，Cr_2O_3 含量 2%~10%（作用是分散 Fe_2O_3、增大活性表面），K_2O 含量 0.3%~1.0%（作用是改善活性和选择性）。这类催化剂的使用温度范围在 300~550℃。低温变换催化剂是以 Cu 为主活性组分的 Cu-Zn-Al 催化剂，可将合成气中的 CO 降至 0.2%~0.5%，但抗中毒能力低，寿命短。

影响 CO 变换的主要因素有温度、压力、水汽比、催化剂等。提高反应温度，平衡常数降低，即 CO 的平衡变换率下降，但反应速率上升。故应选择适宜的反应温度，既有利 CO 平衡变换率的提高，又能加快反应速率，以到达最佳的反应效果及最合理的催化剂用量。压力对反应平衡没有影响，提高压力可以提高 CO 的反应速率和变换过程的热利用率，所以变换过程采用加压操作。水汽比是指进入变换炉的水蒸气与合成气中 CO 的体积比。CO 变换率和反应速率都随水汽比的提高而增大，其趋势是先快后慢，因此在水汽比较低的情况下，适当提高水汽比对提高 CO 变换率和反应速率均有利，但过高的水汽比在经济上市不合理的。

变换工艺主要有高温（350~500℃）变换工艺、低温（200~250℃）变换工艺和高温串低温变换工艺。采用高温串低温变换工艺可进一步提高 CO 的变换率，降低变换气中的 CO 含量，从而节省原料气的消耗。

2) 氢气提纯

变换气经氢气提纯系统提纯后得到高纯度的氢气产品。

20 世纪 80 年代，氢气提纯系统由脱碳净化工序和甲烷化工序组成。目前各制氢公司在氢气提纯工艺中广泛采用低能耗的变压吸附（PSA）净化分离系统代替了能耗较高的脱碳净化工序和甲烷化工序，实现了节能和简化流程的目标，在装置出口处可获得纯度高达 99.9% 的氢气。

变压吸附（PSA）采用特定的固体吸附剂，利用吸附剂对变换气中各组分的选择性吸附以及吸附容量随压力的变化而变化，在加压下吸附变换气中的 CO_2、CO、CH_4、N_2 等杂质组分，而氢气作为弱吸附组分通过吸附床层，在减压下脱附杂质组分。采用不同的均压、逆放、冲洗等步骤可连续得到高纯度的氢气产品。

变压吸附系统一般由多台吸附器组成，通过自动控制的阀门开关，自动切换，轮流进行吸附—再生过程，只是在时间上相互错开，以保证分离过程连续进行。

国外主要 PSA 技术供应商有 UOP、Linde、Liquide 和 Air Products 等公司，国内主要有西南化工研究设计院和华西化工科技股份有限公司。

有预转化的侧烧水蒸气转化制氢工艺流程如图 9.14 所示。

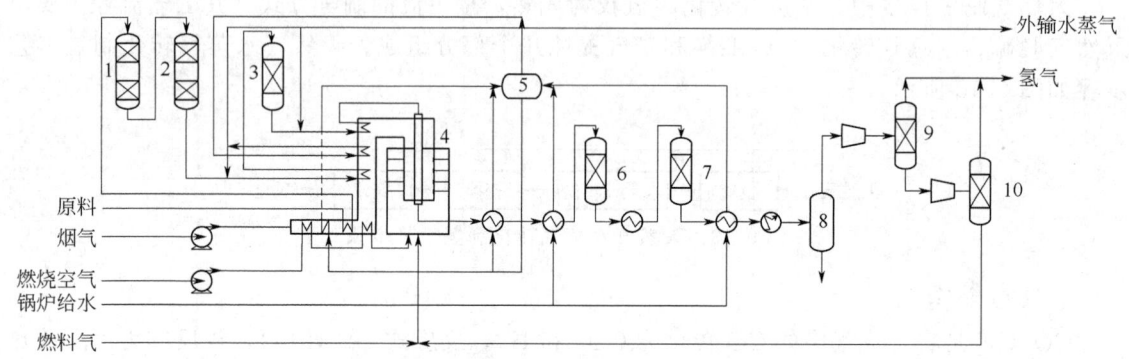

图 9.14　有预转化的侧烧水蒸气转化制氢工艺流程

1—加氢反应器；2—脱硫反应器；3—预转化反应器；4—转化炉；5—中压余热锅炉；
6—中温变换反应器；7—工艺冷凝水分液罐

2. 合成氨

由含碳原料与水蒸气、空气反应制成含 H_2 和 N_2 的粗原料气，再精细地脱除各种杂质，得到 $H_2:N_2=3:1$（体积比）的合成氨精原料气，使其在 500～600℃、17.5～20MPa 及铁催化剂作用下合成氨。近年来，该过程可以在 400～450℃、8～15MPa 下进行。反应为：

$$N_2 + 3H_2 \Longrightarrow 2NH_3 \tag{9.18}$$

以天然气为原料的先进合成氨工艺主要有美国 Kellogg 公司的节能型工艺和 KAAP 工艺、英国 ICI 公司的 AMV 工艺和 LCA 工艺、德国 Uhde 公司的 UHDE-ICI-AMV 节能型工艺和 Linde 公司的 LAC 工艺、丹麦 TopsΦe 公司的低能耗工艺等。

氨的最大用途是制氮肥，这是目前世界上产量最大的化工产品之一，氨还是重要的化工原料。

目前我国的天然气化工利用领域中，拥有 15 套大型合成氨装置，是世界上合成氨产量最大的国家。

3. 合成甲醇

将合成气中 H_2 与 CO 的物质的量之比调整到 2.2 左右，在 260～270℃、5～10MPa 及铜基催化剂作用下可以合成甲醇。主反应为：

$$CO + 2H_2 \Longrightarrow CH_3OH \tag{9.19}$$

甲醇合成工艺中应用最广泛的是 ICI 低压法工艺和 Lurgi 低压法工艺。其他低压法甲醇合成技术还有 TEC 工艺、TopsΦe 工艺、Kellogg 工艺、Linde 工艺、Uhde 工艺、MGC/

MHI工艺及Ammonia Casale工艺等。

甲醇可用于制造乙酸、乙酐、甲醛、甲酸甲酯、甲基叔丁基醚、二甲醚等产品。二甲醚的十六烷值高达60，是极好的柴油机燃料，燃烧时无烟，NO_x排放量极低，被认为是21世纪的新燃料之一。此外，目前正在开发甲醇制汽油（MTG）、甲醇制低碳烯烃（MTO）、甲醇制芳烃（MTA）等工艺。

近年来，为配合甲醇下游大宗产品的生产以及下游新产品技术的成功开发，甲醇装置向规模大型化发展。

我国天然气制甲醇装置生产规模普遍较小，能耗较高。

9.2.5.2 主要新技术及产品

1. 合成油

将合成气通过费托（Fischer-Tropsch）合成可生产液态烃，然后经过精制、改质等工艺变成特定的液体燃料、石化产品或一些石油化工所需的中间体。费托合成在200～300℃、1.0～4.0MPa及催化剂作用下进行，生成的烃类主要是由许多链长不一的烷烃组成的混合物，主要反应式为：

$$nCO+(2n+1)H_2 \Longleftrightarrow C_nH_{2n+2}+nH_2O \quad (9.20)$$
$$CO+H_2O \Longleftrightarrow CO_2+H_2$$

所产烃类的链长取决于反应温度、催化剂和反应器类型等因素。

费托合成技术包括高温费托合成（HTFT）和低温费托合成（LTFT）两种。HTFT采用镍基催化剂，合成产品经过加工可得到环境友好的汽油、柴油、溶剂油和烯烃等，这些油品质量接近普通炼厂生产的同类油品，无硫但含芳烃。LTFT采用钴基催化剂，合成的主产品为石蜡，可加工成特种蜡或经加氢裂化/异构化生产优质柴油、润滑油基础油、石脑油馏分，产品不含硫和芳烃。

已经应用的费托合成反应器有固定床、循环床、流化床、浆态床四种形式。

受能源替代战略需要的推动，近年来高温费托合成技术和低温费托合成技术都得到了很大的发展。低温浆态床反应器技术被广泛应用到费托合成生产实践中，成为目前最受注目的合成油技术路线。目前掌握低温法合成油技术的公司主要有Shell公司、Sasol公司、Exxon Mobil公司、Syntroleum公司、Rentech公司等。

2. 一步法合成二甲醚

该方法以合成气为原料，在250～350℃、1.5～15MPa及甲醇合成与甲醇脱水双功能催化剂作用下直接合成二甲醚（DME）。反应可分为以下几步：

$$\begin{aligned} CO+2H_2 &\Longleftrightarrow CH_3OH \\ 2CH_3OH &\Longleftrightarrow CH_3OCH_3+H_2O \\ CO+H_2O &\Longleftrightarrow CO_2+H_2 \end{aligned} \quad (9.21)$$

总反应式为：

$$3CO+3H_2 \Longleftrightarrow CH_3OCH_3+CO_2 \quad (9.22)$$

合成气直接合成DME可分为两相法（也称为气相法）和三相法（也称为液相法）。两相法是合成气在固体催化剂表面进行反应，三相法是合成气扩散到悬浮于惰性溶剂中的催化剂表面进行反应。三相法易实现恒温操作，结炭不严重，选择性好、收率高，但操作复杂、设备投资大。

一步法合成二甲醚多采用浆态床反应器,出反应器的产品混合物经分馏精制得到二甲醚产品。

具有代表性的工艺有 TopsΦe 工艺、Air Products & Chemicals 液相（LPDME^{TM}）工艺、NKK 液相工艺等。

3. 烯烃的氢甲酰化产品

合成气与不同烯烃反应可以合成不同产品。例如,丙烯与合成气反应生成正丁醛,见反应式(9.23)。正丁醛除可作溶剂外,大部分用于醇醛缩合和加氢生产2-乙基己醇,后者用来制造聚乙烯的增塑剂邻苯二甲酸酯。乙烯与合成气反应生成丙醛,见反应式(9.24),丙醛可制正丙醇或丙酸。长链端烯与合成气反应生成长链醇,见反应式(9.25),其中 $C_{13} \sim C_{15}$ 直链脂肪醇用于生产易被生物降解的洗涤剂。

$$CH_3CHCH_2 + CO + H_2 \Longrightarrow CH_3CH_2CH_2CHO + (CH_3)_2CHCHO \qquad (9.23)$$

$$C_2H_4 + CO + H_2 \Longrightarrow CH_3CH_2CHO \qquad (9.24)$$

$$RCHCH_2 + CO + H_2 \longrightarrow RCH_2CH_2CHO \xrightarrow{H_2} R(CH_2)_3OH \qquad (9.25)$$

烯烃的氢甲酰化反应需要采用过渡金属的羰基配合物催化剂,过渡金属一般用钴或铑,反应在液相中进行,属于均相催化反应。使用钴催化剂 $HCo(CO)_4$ 时,要求温度约为 $120 \sim 140℃$,压力约为 20MPa;使用膦改性的铑催化剂[例如 $HRh(CO)(Ph_3P)_3$,其中 Ph 代表苯基]时,由于其活性很高,大约在 100℃ 和 $1 \sim 2$MPa 条件下反应,而且生成直链醛的选择性很高。

4. 直接合成乙烯等低碳烯烃

近年来的研究致力于将合成气一步转化为乙烯等低碳烯烃,反应如下：

$$2CO + 4H_2 \Longrightarrow C_2H_4 + 2H_2O \qquad (9.26)$$

因副反应多,尚未达到工业应用要求,需要研制活性及选择性均较高的催化剂,以提高烯烃的收率。

5. 合成低碳混合醇

向合成甲醇的铜基催化剂中加入钾盐及助催化剂并对其进行改性后,可以于 250℃ 和 6MPa 下将合成气转化为 $C_1 \sim C_4$ 单醇,称为低碳混合醇,它们可作汽油的掺烧燃料,也可以经脱水生成低碳烯烃,该过程目前即将工业化。合成低碳混合醇的催化剂也可用钴或铑的羰基配合物。

6. 合成乙二醇

乙二醇是合成聚酯树脂、聚酯纤维、表面活性剂、增塑剂、聚乙二醇、乙醇胺等的主要原料,它还可作为防冻剂,用量相当大。由合成气直接合成乙二醇的方法现处于研究阶段,催化剂是可溶性Ⅷ族金属（如钴、铑、钌）配合物,反应压力高达 $150 \sim 200$MPa,压力低只能得到单官能团含氧化合物（甲醇、乙醇、乙酸、乙酸甲酯等）。为了避免用太高的压力,可以采取迂回的路线来生产乙二醇,首先将合成气合成甲醇,再经选择性氧化或脱氢制得甲醛,见反应式(9.27) 和反应式(9.28),然后在金属羰基配合物催化剂作用下,甲醛经过氢羰基化反应得到乙二醇,见反应式(9.29),也可经甲醛羧化得到羟基乙酸,再加氢生成乙二醇,见反应式(9.30)。

$$CH_3OH + \frac{1}{2}O_2 \longrightarrow HCHO + H_2O \qquad (9.27)$$

$$CH_3OH \longrightarrow HCHO + H_2 \qquad (9.28)$$

$$HCHO + CO + 2H_2 \longrightarrow HOCH_2CH_2OH \tag{9.29}$$

$$HCHO + CO + H_2O \longrightarrow HOCH_2COOH \xrightarrow{H_2} HOCH_2CH_2OH + HO \tag{9.30}$$

7. 合成气与烯烃、醛或酸的胺羰基化产物

在羰基钴或铑的配合物催化剂作用下，一些烯烃、醛或酸类能与合成气及胺化物反应，生成氨基酸、表面活性剂和食品添加剂等。例如，丙烯酸酯、乙酰胺和合成气反应可得到谷氨酸钠的前驱体 N-乙酸谷氨酸酯，产率可达 85%，催化剂是 $Co_2(CO)_8$，反应过程为：

$$CH_2=CHCOOC_2H_5 + CH_3CONH_2 + 2CO + H_2 \longrightarrow CH_3CONHCH(COOH)CH_2COOC_2H_5$$

$$\xrightarrow{+2H_2O} HOOCCH_2CH_2CH(COOH)NH_2 + C_2H_5OH + CH_3COOH \tag{9.31}$$

（N-乙酸谷氨酸酯）

用多聚甲醛、乙酰胺及 CO 可合成 N-乙酰甘氨酸，产率高，催化剂为羰基钴[用三丁基膦 (Bu_3P) 作配体]。反应式如下：

$$(HCHO)_x + xCH_3CONH_2 + xCO \longrightarrow xCH_2(COOH)NH(COCH_3) \tag{9.32}$$

若采用 $C_{11}H_{23}COOH$、CH_3NH_2 和合成气可合成很有用的表面活性剂，反应过程为：

$$C_{11}H_{23}COOH + CH_3NH_2 \xrightarrow{-H_2O} C_{11}H_{23}CONHCH_3$$

$$\xrightarrow{+2CO_2+H_2} C_{11}H_{23}CON(CH_3)CH_2COOH \tag{9.33}$$

9.3 天然气制乙炔

20 世纪 60 年代以前，乙炔在有机化工领域具有举足轻重的地位。乙炔分子内部有不饱和叁键，化学性质极为活泼，以它为原料可以衍生出千余种有机化学品。在化学工业史上，乙炔曾有过"有机合成工业之母"的美誉。20 世纪 60 年代以后，石油化工发展迅速，基本有机原料的生产与应用重点由乙炔转向了烯烃及芳烃，世界上乙炔产量逐年下降。不过，烯烃和芳烃不能处处代替乙炔，因而，乙炔在工业领域仍有独特地位。

9.3.1 乙炔的性质

乙炔在常温常压下是无色无臭气体，易燃易爆，而且爆炸范围很宽，为 3.4%～90%。乙炔不稳定，加压加热时也可能分解而发生爆炸。

乙炔能溶于很多溶剂，在一些溶剂中的溶解度很大，并且当乙炔与其他气体共存时，溶剂对乙炔溶解的选择性高，因而，在乙炔的生产过程中，基本上采用的都是吸收分离法。乙炔的溶解度（m^3/m^3）与温度及溶剂种类的关系如表 9.5 所示。

表 9.5 乙炔的溶解度与温度及溶剂种类的关系（$p_{C_2H_2} = 101.3kPa$）

温度℃	甲醇	丙酮	乙酸甲酯	N-甲基吡咯烷酮	二甲基甲酰胺
20	11.5	20	19.5	38.4	37
10	15.0	28	27.0	47.5	46
0	20.0	40	35.5	63.0	60
−20	38.0	80	63.0	90.0	108

续表

温度℃	甲醇	丙酮	乙酸甲酯	N-甲基吡咯烷酮	二甲基甲酰胺
-40	77.5	164	115.0	—	190

9.3.2 天然气制乙炔的原理

甲烷在高温（>1500K）下热裂解生成乙炔的反应是强吸热过程，主反应为：

$$2CH_4 \longrightarrow C_2H_2 + 3H_2 \qquad \Delta H_{298}^{\ominus} = 376 kJ/mol \tag{9.34}$$

甲烷在高温下的裂解反应机理非常复杂，总之，甲烷高温热转化过程可概括为平行连串反应：

$$2CH_4 \xrightarrow{-H_2} C_2H_6 \xrightarrow{-H_2} C_2H_4 \xrightarrow{-H_2} C_2H_2 \longrightarrow 2C + H_2 \tag{9.35}$$

图 9.15 是甲烷在 1600℃ 下裂解时反应时间与产物收率的关系。纵坐标表示的收率是某产物含碳的量与总产物含碳的量的比例，是某产物占总产物相对含量的一种表示法。

图 9.15 表明，反应时间在 $10^{-4} \sim 10^{-3}$s 时，乙炔收率高，若反应时间超过 10^{-3}s，乙炔收率将急剧下降。

图 9.16 是甲烷转化率与反应时间、反应温度之间的关系。纵坐标虽然表示甲烷的转化率，实际上也可表示乙炔的收率。

由图 9.16 可知，反应温度越高，乙炔的收率也越高。

因此，甲烷裂解制乙炔的反应条件为高温、短反应时间。

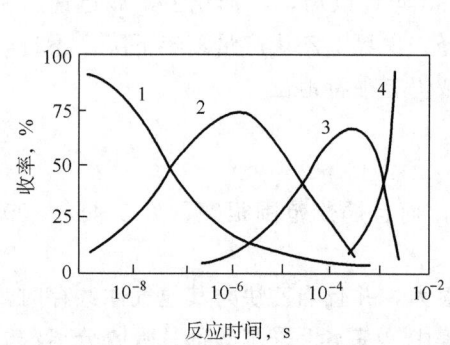

图 9.15 甲烷裂解反应时间与产物收率的关系
1—甲烷；2—乙烯；3—乙炔；4—碳

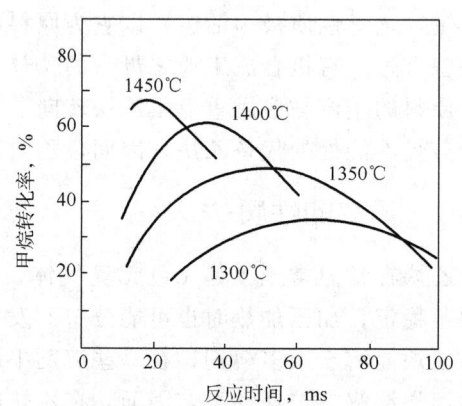

图 9.16 甲烷转化率与反应时间、反应温度的关系

9.3.3 天然气制乙炔的生产工艺

甲烷裂解制乙炔要求反应时间短、反应温度高。因管壁传热速率和管材抗高温性能的局限，甲烷裂解制乙炔不能采用管式裂解炉，可采用的是蓄热炉、电弧裂解及氧化裂解反应器，相应的生产工艺有蓄热炉裂解法、电弧裂解法和天然气氧化裂解法。

目前工业上广泛使用的是天然气氧化裂解法，其工艺流程主要由天然气部分氧化裂解、裂解气净化和乙炔的分离与提浓三个部分组成。

9.3.3.1 天然气部分氧化裂解制乙炔

天然气氧化裂解法于1942年首先由BASF公司完成工业试验，并于1945年实现甲烷制乙炔的工业化生产，后来称为BASF法。该法的核心是在同一空间、同一时间使一部分天然气和氧燃烧，放出热量，造成高温环境，另一部分天然气在这一高温环境中发生裂解反应生成乙炔。将燃烧产物与裂解产物用水或油淬冷而中止反应，达到短反应时间要求。氧化裂解反应器的结构如图9.17所示。

BASF法天然气生产乙炔的工艺流程如图9.18所示。

压力为0.3～0.5MPa的天然气和氧气（或富氧空气）分别在天然气预热炉和氧预热炉中加热至600～650℃后，送往氧化裂解反应器的进料口，并控制氧气与天然气的物质的量之比为0.5～0.6，使其在氧化裂解反应器的混合器内初步混合，再流入混合区充分混合，然后到扩散区膨胀、降压，进入喷嘴发生不完全燃烧，在燃烧—反应区，未能燃烧的原料天然气发生裂解反应。显然，燃烧产物与裂角产物是混为一体的。燃烧产物及裂解产物用急冷水在急冷区急冷至90℃左右，从而控制反应时间。冷却了的混合气引出氧化裂解反应器，经过炭黑浮升器、冷却塔、电除尘器等，使炭黑含量降至$3mg/m^3$后送往分离工段。副产物炭黑随同急冷水以污水形式送出，经分离回收炭黑以后的水循环使用。

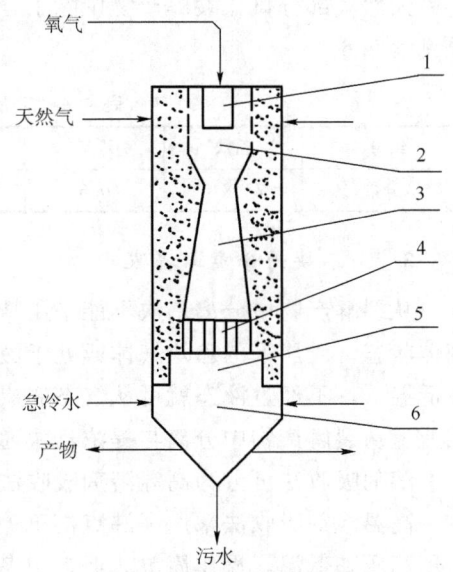

图9.17 氧化裂解反应器结构
1—混合器；2—混合区；3—扩散区；
4—耐火瓦式喷嘴；5—燃烧—反应区；6—急冷区

上述过程中反应温度为1450～1500℃，反应时间为3～5ms。

冷却工艺近年来多已改用高沸点油作急冷剂，这样可大大减少炭黑和一氧化碳的生成，

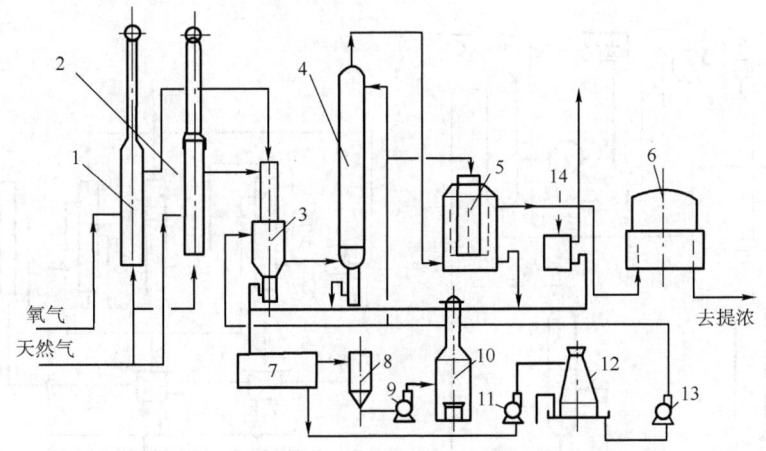

图9.18 BASF法天然气生产乙炔的工艺流程
1—氧预热炉；2—天然气预热炉；3—氧化裂解反应器；4—冷却塔；5—电除尘器；
6—气柜；7—炭黑浮升器；8—搅拌器；9—泥浆泵；10—焚烧炉；
11—水泵；12—凉水塔；13—循环水泵；14—放空水封

同时还能在急冷中洗掉大部分的炭黑，简化了后处理的过程。

天然气部分氧化裂解产物中除了含有乙炔外，还含有大量的氢气与一氧化碳，其大致组成见表 9.6。

表 9.6　天然气部分氧化裂解产物的组成

组分	乙炔	乙烯	二氧化碳	一氧化碳	氢气	甲烷	氮气
摩尔分数，%	7~8.5	0.5	4~5	26~26	57~60	4~6	3

9.3.3.2　乙炔的分离与提浓

从裂解产物中分离乙炔不能采用精馏方法，因为精馏法要将裂解气压缩，并使乙炔处于液体状态，受压下的乙炔气体或处于液态的乙炔都不安定，容易发生爆炸事故。另外，乙炔在低温下，不经过液态就可从气态变成固态。因此，乙炔的分离只能采用吸收法或吸附法，工业上从裂解产物中分离与提浓乙炔通常都采用溶剂吸收法。

溶剂吸收法可分为高温溶剂吸收法和低温溶剂吸收法两种。

高温溶剂吸收法采用高沸点溶剂，如二甲基甲酰胺、N-甲基吡咯烷酮。高沸点溶剂不需用高压和低温，操作简单，但二甲基甲酰胺有毒，N-甲基吡咯烷酮虽然没有毒性和腐蚀性，但价格较贵。

图 9.19 为用二甲基甲酰胺吸收分离乙炔的工艺流程。乙炔吸收塔的操作条件为：塔顶温度 −29℃，塔底温度 −18℃，压力 0.2MPa。自乙炔吸收塔塔顶排出的气体，经加压后进入精馏塔，精馏塔塔顶排出氢气和甲烷气体，下部侧线抽出液态乙烯，经加热后送入乙烯洗涤塔，用解吸后的溶剂回收乙烯中的残余乙炔；乙炔吸收塔塔底排出的吸收液，经乙烯气提塔吹出乙烯后，进入乙炔解吸塔蒸出乙炔，溶剂循环回到乙炔吸收塔和乙烯洗涤塔。乙炔解吸塔的操作条件为：塔顶温度 77℃，塔底温度 164℃，压力 0.14MPa，此法回收的乙炔体积分数大于 95%。

低温溶剂吸收法采用的是低沸点溶剂，如丙酮、甲醇和液氨等，其中甲醇是应用最广的吸收剂。用甲醇从裂解产物中分离乙炔的工艺流程如图 9.20 所示。

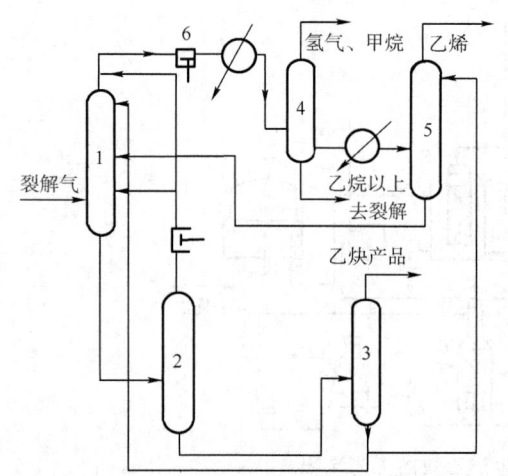 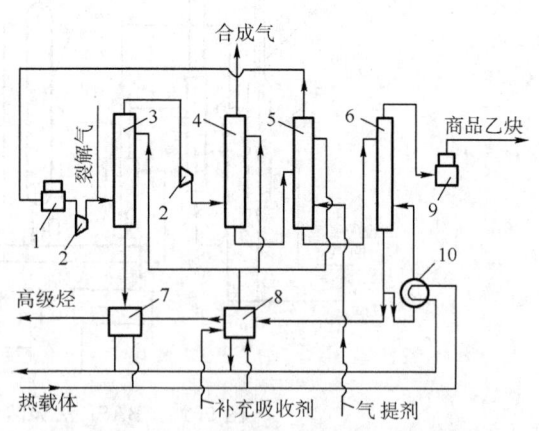

图 9.19　二甲基甲酰胺吸收分离乙炔的工艺流程
1—乙炔吸收塔；2—乙烯气提塔；3—乙炔解吸塔；
4—精馏塔；5—乙烯洗涤塔；6—压缩机

图 9.20　甲醇吸收分离乙炔的工艺流程
1,9—气柜；2—压缩机；3—洗涤塔；4—吸收塔；
5,6—气提塔；7,8—抽提系统；10—重沸器脱除炭黑后的裂解气进入压力约为 0.4MPa 的洗涤塔，用少量甲醇喷淋，将乙炔高级同系物和芳烃吸收。在压缩之前将稳定性最差的烃除去，以防止在压缩系统中生成聚合物。从洗涤塔塔底出来的饱和吸收剂到抽提系统，分离出乙炔高级同系物；塔顶出来的气体用压缩机压缩到 2MPa，然后进入吸收塔用 -80℃ 的甲醇喷淋，吸收乙炔、二氧化碳和一些在甲醇中少量溶解的气体（一氧化碳、甲烷、乙烯），吸收热借助塔内专门的冷却装置移去，合成气从吸收塔上部送出。吸收塔出来的饱和吸收剂，节流到 0.13MPa 后进入气提塔 5，分离出来的二氧化碳和溶解性差的气体，从气提塔顶经气柜 1 和压缩机 2 返回系统。气提塔 5 出来的吸收剂节流到 0.01MPa 进入气提塔 6，以分离出乙炔。从气提塔 6 和抽提系统 7 来的气提过的吸收剂，通过抽提系统 8 进行冷却，然后进到洗涤塔和吸收塔。因为采用低温，所以气提塔上部甲醇蒸发量极少，故送出气体不必洗涤脱甲醇。此法分离得到的乙炔体积分数超过 99%。

低温溶剂吸收法操作中需要使用冷冻设备以回收溶剂，而液氨因自身蒸发形成低温可不必另配冷冻设备，且有良好的选择性，故在生产乙炔和合成氨的联合企业中，采用液氨将更为有利。

9.3.3.3 天然气制乙炔技术发展趋势

天然气制乙炔目前工业上广泛采用部分氧化裂解技术。天然气制乙炔的技术也在不断发展之中。

1. 甲烷氯化法

天然气的主要成分甲烷与氯气在 1700～2000℃ 的高温下以极短的反应时间（10～80ms）内进行反应，生成乙烯和乙炔，甲烷的转化率为 85%。该法于 1984 年在日本建成年产 10000t 乙烯、6000t 乙炔的工厂。

近年美国伊利诺斯工学院研究发现，甲烷在氯催化作用下，可氧化热解生成乙烯和乙炔，可比高温氯化法降低成本约 20%，值得进一步进行该技术工业化的研究开发。

2. 等离子裂解法

德国 Hoechst 公司与 Huels 公司等于 20 世纪 60 年代在电弧法的基础上开发了等离子裂解法，用氢或氩、氮、水蒸气等在电弧作用下形成等离子体，将原料天然气加入炽热的等离子流中进行裂解。目前，氢气被认为是最有吸引力的等离子体源，因为从 5000K 冷却到 1200K，它会释放出大约 550kJ/mol 的热量，这足以满足生成 1mol 乙炔所需的热量，并且活泼的氢离子可以抑制炭黑生成。

美国爱达荷州国家工程和环境实验室采用向氢气等离子体的过热水蒸气中注入天然气的方法生产乙炔，尚处于早期开发阶段。Kaorn Onoe 等采用微波诱发的甲烷非催化裂解选择转化成乙炔和氢。当微波发生器的输出功率为 50～260W 时，甲烷转化率大于 50%，乙炔选择性大于 90%，乙烷和乙烯选择性小于 6%。

中国科学院成都有机化学研究所开展了天然气等离子体裂解制乙炔的扩大试验，其功率达 1.50kW·h，阳极喷嘴累计寿命 144h，装置生产能力约 100t/a 以上。

近年来日本富士气体工业公司探索以激光照射烃得到乙炔的新工艺，其原理是烃在激光激发下形成活化的等离子体，此种以等离子体状态存在的烃基重新键合直接生成高浓度的乙炔。以甲烷为原料时乙炔收率可达 80%～90%。

9.3.4 乙炔的利用

9.3.4.1 乙炔化工的下游产品

乙炔是许多有机合成产品的重要原料,从乙炔出发可制造氯乙烯、乙醛、乙酸、乙酸乙烯,以及1,4-丁二醇等化工产品。尽管一度受到乙烯原料的巨大冲击,乙炔仍然是生产1,4-丁二醇、氯乙烯等有机化学品的重要原料。氯乙烯、乙酸乙烯是乙炔的传统下游大宗产品,1,4-丁二醇目前几乎全部是由乙炔生产的。乙炔的利用如图9.21所示。

目前乙炔的主要下游产品可分为两大部分,一部分为乙炔专用化学品,如炔醛法化学品、乙炔基醚、聚乙炔等,其中以1,4-丁二醇最为重要;另一部分为与乙烯、丙烯等处于竞争状态的产品,如氯乙烯、乙酸乙烯以及丙烯酸等。

当代乙炔化工发展以1,4-丁二醇及其下游产品为核心,带动整个乙炔化工的发展。

9.3.4.2 1,4-丁二醇的生产

目前世界上以乙炔及甲醛为原料的炔醛法生产1,4-丁二醇仍占据主导地位。

在一定的温度、压力和催化剂作用下,乙炔与二分子甲醛炔化反应生成1,4-丁炔二醇,1,4-丁炔二醇加氢,即得到1,4-丁二醇。

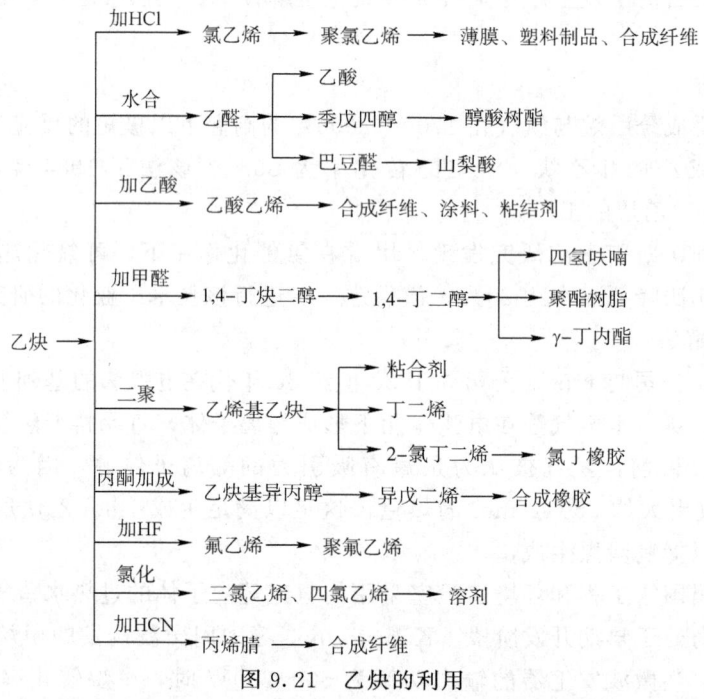

图 9.21 乙炔的利用

乙炔与甲醛的炔化反应分两步进行,首先,乙炔与等分子甲醛反应制得一分子丙炔醇,然后丙炔醇再与等分子甲醛反应生成1,4-丁炔二醇。两步反应都是放热反应,反应式如下:

$$HC\equiv CH + HCHO \longrightarrow HC\equiv CCH_2OH \tag{9.36}$$

$$HC\equiv CCH_2OH + HCHO \longrightarrow HOCH_2C\equiv CCH_2OH \tag{9.37}$$

总反应为：

$$HC{\equiv}CH + 2HCHO \longrightarrow HOCH_2C{\equiv}CCH_2OH \tag{9.38}$$

炔化反应有高压法和低压法两种。高压法的反应温度为 90~110℃，乙炔分压为 0.5~0.6MPa，使用乙炔铜催化剂，1,4-丁炔二醇收率为 90%~95%，副产少量丙炔醇。低压法的反应温度为 80~90℃，反应器压力为 0.1MPa，使用 SiO_2 负载乙炔铜—铋的催化剂。

1,4-丁炔二醇的加氢反应也分两步进行，第一步是在温度为 50~80℃，氢气压力为 0.5~1.8MPa，镍系催化剂存在下，1,4-丁炔二醇一次加氢制得 1,4-丁烯二醇，第二步是 1,4-丁烯二醇在温度为 80~120℃，压力为 19.6~29.4MPa，镍—铜—锰系加氢催化剂存在下加氢制得 1,4-丁二醇。反应式如下：

$$HOCH_2C{\equiv}CCH_2OH + H_2 \longrightarrow HOCH_2CH{=}CHCH_2OH \tag{9.39}$$

$$HOCH_2CH{=}CHCH_2OH + H_2 \longrightarrow HO(CH_2)_4OH \tag{9.40}$$

1,4-丁二醇的炔醛法生产工艺包括甲醛与乙炔的炔化反应、1,4-丁炔二醇的加氢反应以及产品的分离精制等几个工序，工艺流程如图 9.22 所示。

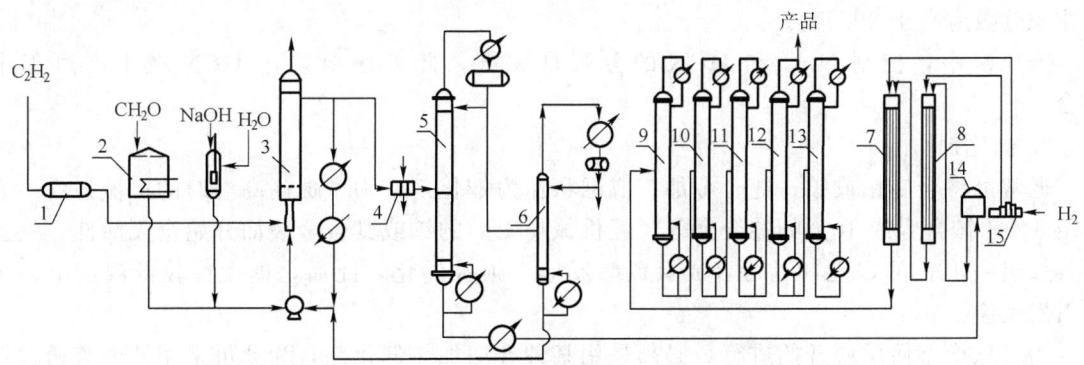

图 9.22　炔醛法生产 1,4-丁二醇工艺流程

1—乙炔缓冲罐；2—甲醛水溶液储罐；3—反应器；4—离心过滤器；5,6—1,4-丁炔二醇精馏塔；7,8—加氢反应器；
9,10,11,12,13—1,4-丁二醇精馏塔；14—1,4-丁炔二醇储罐；15—压缩机

1,4-丁二醇是重要的中间体，工业上大量生产。其迅速增长的用途是制造性能优良、耐热的工程塑料 PBT（聚对苯二甲酸丁二醇酯）。1,4-丁二醇是生产 γ-丁内酯、四氢呋喃、2-吡咯烷酮和 N-甲基吡咯烷酮的原料，还是医药、香料等精细化学品的中间体，用以制造烯醇、卤化烯醇、吡咯烷酮类化学品。

9.4　天然气制氢氰酸

氢氰酸（HCN），又称氰化氢，是一种弱酸性的无机酸，主要作为生产丙烯腈、甲基丙烯酸甲酯的原料。甲基丙烯酸甲酯工业对氢氰酸的需求量年年在扩大，氢氰酸供需差距正在向极其紧张的程度推移。而且今后氢氰酸化学也将在农业化学品、制取生理活性物质或医药等新的领域里应用，预期其消费量会越来越大。

然而由于氢氰酸有剧毒、易聚合、易爆炸等危险性质，给大量处理及运输带来很多困难。

目前工业上以天然气为原料生产氢氰酸的方法主要有：烃类的氨氧化法，即以天然气、氨、空气做原料的方法；烃与氨的脱氢法，即以天然气、氨为原料的方法。

9.4.1 氢氰酸的工业合成法

9.4.1.1 安氏法

安氏（Andrussow）法是通过甲烷氨氧化合成氰化氢的方法，为利奥尼德·安德鲁索（Leonid Andrussow）所开发。目前此法是天然气生产氢氰酸的主要方法，世界上有80%的合成氢氰酸由该法生产。

1. 生产原理

甲烷、氨、空气在约1100℃、铂催化剂作用下反应生成氰化氢，主反应为：

$$CH_4 + NH_3 + \frac{3}{2}O_2 \Longrightarrow HCN + 3H_2O \quad \Delta H_{298}^{\ominus} = -473.4 \text{kJ/mol} \quad (9.41)$$

除反应（9.41）外，还有甲烷燃烧生成CO_2或CO、氨分解生成氮气、甲烷热分解析碳等副反应发生。

安氏法对原料气质量要求颇高，天然气中的硫含量需低于2mg/m^3，C_{2+}不能高于2%，氨体积分数应高于99.8%。

安氏法中，控制NH_3和HCN的分解是关键，此外还要防止HCN在生产过程中聚合。

2. 催化剂

通常可将金属铂或铂—铑合金加工成网状作为催化剂，为了提高高温时的机械强度，亦可用3%的铱合金或10%的铑合金等。经机械加工后的铂或其合金表面开始全无活性，一旦将其加热到1000℃以上，进行合成氢氰酸反应，则被活化，此后，即使在较低温度下，也可引发反应。

为了从冷态使反应开始进行，必须采用某种方法加热催化剂，为此可采用使电流通过催化剂网，插入电热器或燃烧器等加热方法。

催化剂寿命虽为原料气的清净度或气体流速所影响，但通常为半年左右。有报告称，为生产1t氢氰酸需耗0.6g催化剂。

3. 主要工艺条件

（1）原料气配比：为了提高氢氰酸对占原料费一半以上的氨的收率，必须使氨、甲烷、空气构成的原料气保持最佳比例。相对于氨而言，甲烷用量多些为好，但若原料气中甲烷含量高，则由于甲烷的热分解，将在催化剂上析碳，当铂与碳一起加热至高温时，会生成挥发性碳化铂，从而造成铂的损失。事实上，一旦碳在催化剂上析出，铂催化剂便迅速破损。因此，甲烷对于氨的过剩量有一定的限度。由于反应温度借燃烧而维持，无须外部供热，但是刚刚通过网状催化剂的气体温度宜稍微超过1000℃，可借此确定空气混合比。考虑到这些条件，原料气的适宜混合比为$CH_4/NH_3=1.05\sim1.15$、$O_2/NH_3=1.35\sim1.45$。

（2）反应压力：常压。

（3）反应温度：一般在1000～1100℃。

（4）反应时间：为减少副反应的发生，希望接触时间越短越好，一般为4s左右。

（5）空间速率：大于40000h^{-1}。

4. 工艺流程

安氏法工艺流程由使甲烷、氨及空气的混合气通过网状铂催化剂燃烧，形成含氢氰酸的气体，并从中分离氢氰酸等步骤构成，如图9.23所示。

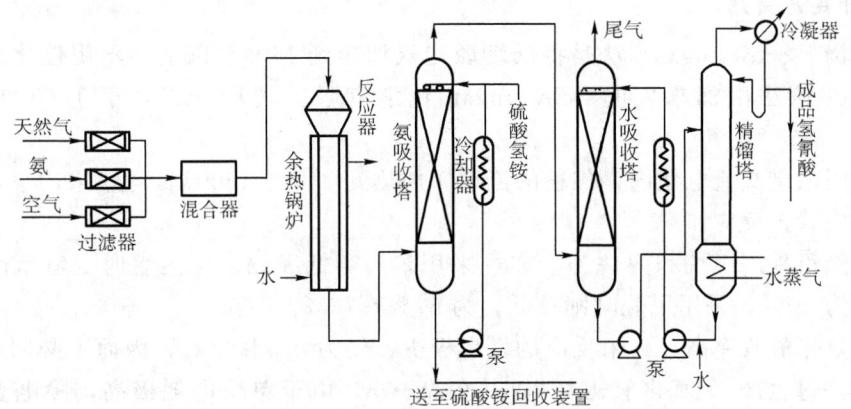

图9.23 安氏法氢氰酸生产工艺流程

一定比例的天然气、氨和空气分别进入过滤器中除去微尘后，在混合器中充分混合，再以0.8～1.2m/s的流速导入反应器反应。反应器内设置有3～4层铂—铑合金网催化剂，温度保持在1000～1100℃左右。反应生成气中含有氢氰酸、氨、二氧化碳、一氧化碳、氢、甲烷、氮、水蒸气等，氢氰酸体积分数为6%～7%。

为防止氢氰酸的高温分解，反应后的气体立即进入反应器下部的余热锅炉，将其显热用于产生水蒸气，并同时使气体冷却至200℃左右，然后进入氨吸收塔，用硫酸氢铵溶液洗涤，以硫酸铵的形式回收未反应氨。此时，为使氢氰酸不溶解于吸收液中，必须维持吸收液于较高温度。

出氨吸收塔的气体经再次冷却后，进入水吸收塔，用5℃左右的水吸收气体中的氢氰酸，在水吸收塔塔底获得氢氰酸含量为2%～3%的氢氰酸水溶液，尾气经处理后放空。

出水吸收塔的氢氰酸水溶液，进入精馏塔精馏，精馏塔顶得到高纯度成品氢氰酸，塔底的水经冷却后返回水吸收塔利用。

安氏法工艺以天然气为甲烷源，但若工艺中混入乙烷、丙烷等重组分，将造成析碳。安氏法氢氰酸收率以氨计为65%～70%，空时收率大于3.45×10^3kg/(m³·h)。

9.4.1.2 德古萨法

德古萨（Degussa）法是以甲烷、氨为原料，通过1200～1300℃的铂催化剂，合成氢氰酸的方法，是由Degussa公司开发的。主反应为：

$$CH_4 + NH_3 \Longrightarrow HCN + 3H_2 \quad \Delta H_{298}^{\ominus} = 250.8 \text{kJ/mol} \quad (9.42)$$

该反应为强吸热反应，必须由外部借燃烧燃料等方式供热。

德古萨法与安氏法相比，具有下列优点：氢氰酸收率高，以氨计为83%～84%，以甲烷计为90%～91%，生成气中氢氰酸含量大（体积分数约20%），因此不仅减少了分离、精制所需要的设备费及操作费，而且副产氢气含量大（体积分数约为70%），可不加处理就用于加氢反应中。

德古萨法使用的铂催化剂是衬于烧结铝矾土管内的，该工艺存在反应炉尤其是陶瓷管难以设计、反应温度高、空时收率较小［约为 0.65×10^3 kg/(m^3·h)］等缺点,适于原料价高地区的小规模生产。

德古萨法从反应生成气中回收、精制氢氰酸与安氏法没有本质的区别。

9.4.1.3 什瓦尼岗法

什瓦尼岗（Schwanigan）法是将低级烃与氨加热到 1400℃ 以上,不用催化剂而合成氢氰酸的方法。该法由加拿大的 Schwanigan 化学有限公司所开发,于 1960 年进行工业化生产。

什瓦尼岗法借交流电使内盛焦粉的流动床加热到 1400～1600℃,停留 0.1～0.5s,使原料气通过反应管并反应。

低级烃除可采用甲烷和丙烷外,亦可采用苯。当低级烃采用丙烷时,氢氰酸收率非常高,以碳计为 90%,采用甲烷时则较低,为 67%～75%。

该工艺氢氰酸收率高,且未反应的氨也极少,仅为 0.3% 左右,因而不必回收,副产物仅为氢。但是每生产 1t 氰化氢需耗电 6000kW·h,由于单位电耗极高,除电费低的地区外,一般认为此法经济上难以立足。

9.4.2 氢氰酸的利用

大部分氢氰酸一直以丙酮氰醇的形式用于各种甲基丙烯酸酯类的制造,除此以外,还可利用氢氰酸与醛类或烯酮类化合物反应,合成各种氰醇及其衍生物——氨基酸,或利用氢氰酸与氯反应合成氯氰及其衍生物——氯化氰醇等。氢氰酸的利用如图 9.24 所示。

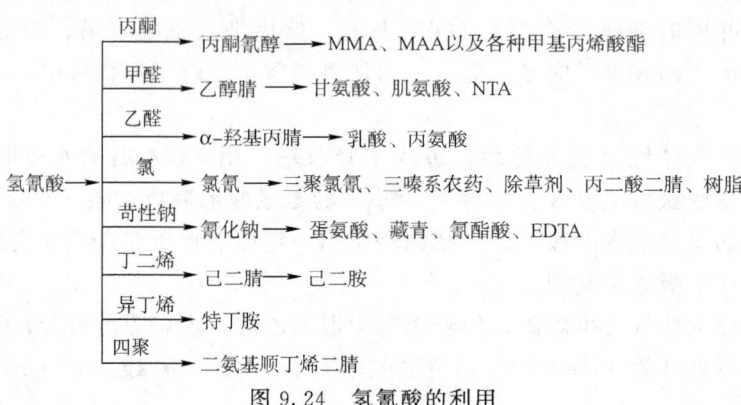

图 9.24 氢氰酸的利用

9.5 天然气制氯甲烷

在化合物分子中引入氯原子以生产氯的衍生物的反应过程统称为氯化。就基本有机化学工业而言,最重要的是烃类的氯化。低级烷烃的氯化以甲烷氯化最为重要,其产品广泛地用作溶剂、麻醉剂、制冷剂和合成原料。甲烷氯化常用的方法是热氯化法,反应在气相中进行。

9.5.1 甲烷热氯化反应机理及产物分布

甲烷的热氯化反应是典型的自由基连锁反应,首先是氯在高温作用下解离为氯自由基,再以氯自由基为载链体与甲烷发生取代氯代反应。其反应机理为：

链引发 $\quad\quad\quad\quad\quad\quad\quad\quad Cl_2 \xrightarrow{\Delta} 2\dot{C}l \quad\quad\quad\quad\quad\quad\quad\quad$ (9.43)

链传递 $\quad\quad\quad\quad\quad\quad\quad\quad \dot{C}l + CH_4 \longrightarrow \dot{C}H_3 + HCl \quad\quad\quad\quad\quad\quad$ (9.44)

$\quad\quad\quad\quad\quad\quad\quad\quad\quad\quad \dot{C}H_3 + Cl_2 \longrightarrow CH_3Cl + \dot{C}l \quad\quad\quad\quad\quad\quad$ (9.45)

链终止 $\quad\quad\quad\quad\quad\quad\quad\quad \dot{C}H_3 + \dot{C}H_3 \longrightarrow CH_3CH_3 \quad\quad\quad\quad\quad\quad\quad$ (9.46)

氯化反应并不只停留在一次取代阶段，生成的氯甲烷会继续发生取代氯化，而生成二氯甲烷、三氯甲烷、四氯化碳等氯化产物，反应如下：

$$CH_4 + Cl_2 \rightleftharpoons CH_3Cl + HCl \quad\quad \Delta H_{298}^{\ominus} = 100.0 \text{kJ/mol} \quad\quad (9.47)$$

$$CH_3Cl + Cl_2 \rightleftharpoons CH_2Cl_2 + HCl \quad\quad \Delta H_{298}^{\ominus} = 99.2 \text{kJ/mol} \quad\quad (9.48)$$

$$CH_2Cl_2 + Cl_2 \rightleftharpoons CHCl_3 + HCl \quad\quad \Delta H_{298}^{\ominus} = 100.4 \text{kJ/mol} \quad\quad (9.49)$$

$$CHCl_3 + Cl_2 \rightleftharpoons CCl_4 + HCl \quad\quad \Delta H_{298}^{\ominus} = 102.1 \text{kJ/mol} \quad\quad (9.50)$$

这四个反应的反应速率常数与温度的关系如图 9.25 所示。从图 9.25 所描绘的几条直线可以看出，一氯甲烷比甲烷更易氯化，反应（9.49）和反应（9.47）的反应速率常数较接近，只有三氯甲烷比甲烷难氯化。甲烷的热氯化产物，总是四种氯代甲烷的混合物，其组成与反应温度有关，而主要决定于氯对甲烷的用量比。图 9.26 是在 440℃ 条件下，氯与甲烷的物质的量之比对产物分布的影响。由图 9.26 可看出，要使主要产物为一氯甲烷，甲烷必须大量过量以抑制多氯甲烷的生成。

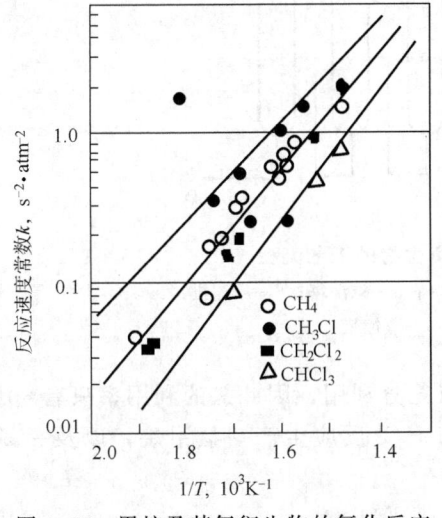
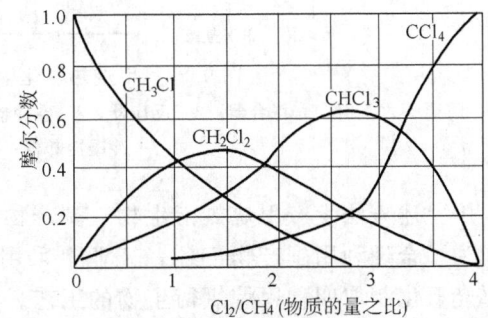

图 9.25　甲烷及其氯衍生物的氯化反应速率常数　　　图 9.26　甲烷氯化产物组成与 Cl_2 和 CH_4 物质的量之比的关系

甲烷热氯化产物除一氯甲烷为无色气体外，二氯甲烷、三氯甲烷和四氯化碳均为难溶或不溶于水的无色油状液体，它们的沸点依次为 -23.7℃、40.1℃、61.2℃ 和 76.7℃。

9.5.2　甲烷热氯化生产氯甲烷的工艺

虽然氯与甲烷的用量比高时，可得到较多的三氯甲烷和四氯化碳，但因甲烷氯化是强放热反应，生成的多氯衍生物众多，放出的热量越大，反应越剧烈，难于控制。如温度升至500℃，就会发生如下的爆炸性分解反应（也称燃烧反应）：

$$CH_4 + 2Cl_2 \Longrightarrow C + 4HCl \qquad \Delta H^{\ominus}_{298} = 292.9 kJ/mol \qquad (9.51)$$

工业上甲烷的热氯化总是采用大量过量的甲烷（$CH_4 : Cl_2 = 3 : 1 \sim 4 : 1$ 或更高），氯化产物以一氯甲烷和二氯甲烷为主。如要获得更多的多氯甲烷，往往是将已部分氯化的产物再进行氯化。氯化产物的再氯化通常采用液相光氯化法。

即使采用大量过量甲烷，要使氯化反应能顺利进行，氯与甲烷也必须进行充分混合，以避免局部含量过高，同时温度分布需保持均匀，不应有局部过热现象发生。甲烷热氯化反应温度较高（400℃左右），反应过程中不仅有大量热量放出，且有大量强腐蚀性氯化氢气体产生。反应器材质必须能耐酸，工业上采用绝热式反应器，反应释放的热量由大量过量的甲烷带出。

甲烷热氯化生产甲烷氯衍生物的工艺流程如图 9.27 所示。

甲烷、氯气和循环气以一定比例在混合器中混合后，进入绝热式反应器，在 380～450℃下进行反应，反应产物经空冷器冷却和水洗（除去 HCl）及碱洗（中和酸性气体）后，进行压缩，再冷凝冷却，使四种甲烷氯衍生物都冷凝下来，不凝气体 70% 左右为甲烷，其余为氮和少量氯甲烷。不凝气体中少部分放空，其余循环。冷凝液经精馏分别得到一氯甲烷、二氯甲烷、三氯甲烷和四氯化碳。

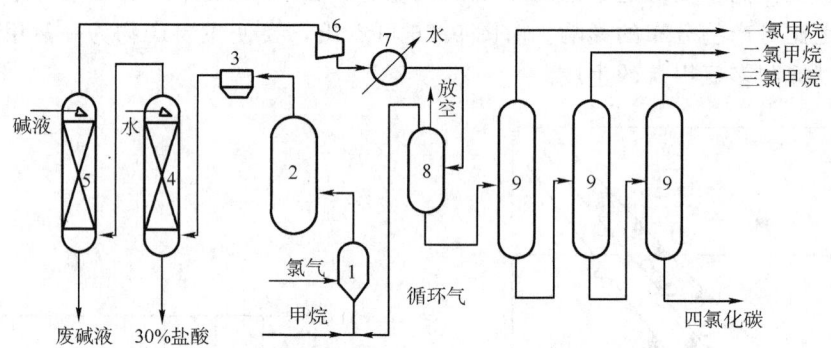

图 9.27　甲烷热氯化生产甲烷氯衍生物的工艺流程
1—混合器；2—反应器；3—空冷器；4—水洗塔；5—碱洗塔；6—压缩机；
7—冷凝冷却器；8—分离器；9—蒸馏塔

用上述方法生产甲烷氯衍生物，副产物 HCl 没有充分利用，因此氯的利用率只有 50%。为了合理利用副产物 HCl，工业上采用了甲醇与 HCl 反应生产一氯甲烷，以及一氯甲烷再光氯化制取四种甲烷氯衍生物的工艺。反应为：

$$CH_3OH + HCl \Longrightarrow CH_3Cl + H_2O \qquad (9.52)$$

该反应可在气相中进行，也可在液相中进行。气相反应所用催化剂为 Al_2O_3、$ZnCl_2$/浮石、Cu_2Cl_2/活性炭等，反应温度 340～350℃，压力 0.3～0.6MPa。液相反应是在氯化锌水溶液中进行，反应温度 100～150℃。

9.5.3　天然气制氯甲烷的其他工艺

9.5.3.1　氧氯化工艺

甲烷的热氯化工艺将产生大量 HCl，采用氧氯化工艺以 HCl 和空气为原料，其总反应如下：

$$CH_4 + HCl + \frac{1}{2}O_2 \Longrightarrow CH_3Cl + H_2O \tag{9.53}$$

$$CH_4 + 2HCl + O_2 \Longrightarrow CH_2Cl_2 + 2H_2O \tag{9.54}$$

$$CH_4 + 3HCl + \frac{3}{2}O_2 \Longrightarrow CHCl_3 + 3H_2O \tag{9.55}$$

$$CH_4 + 4HCl + 2O_2 \Longrightarrow CCl_4 + 4H_2O \tag{9.56}$$

氧氯化反应温度为370~450℃，压力不超过0.7MPa，使用$CuCl_2$—$CuCl$混合物熔盐为催化剂。催化剂实际上起着氯载体及氧载体的作用，还是良好的热载体。

甲烷氧氯化工艺也称为Transcat工艺，对氯的总收率超过99%，对甲烷的收率则取决于产品分布，一般在75%~90%之间，其工艺流程如图9.28所示。

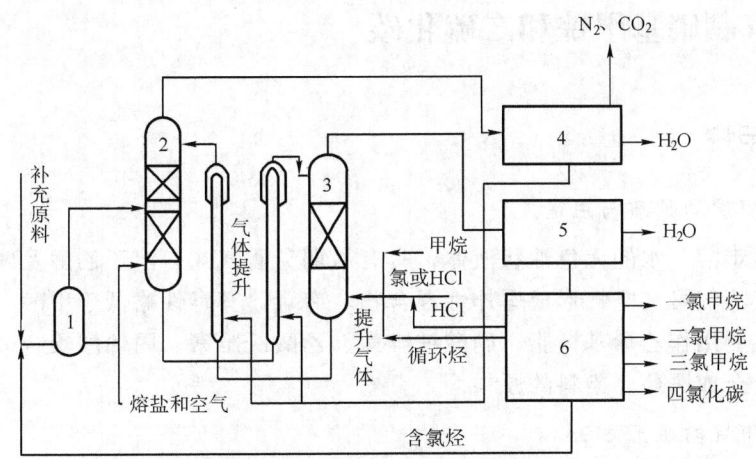

图9.28 甲烷氧氯化工艺流程图

1—副产物裂解反应器；2—氧化反应器；3—氧氯化反应器；
4,5—排出物处理工段；6—氯甲烷分离工段

9.5.3.2 综合氯化工艺

甲烷综合氯化工艺主要用于生产高氯化物。该工艺先以热氯化工艺制取低氯化物，然后再用光氯化工艺生产三氯甲烷和四氯化碳。

热氯化在400~450℃下进行，一氯甲烷和二氯甲烷的光氯化在内壁衬有搪瓷或铅的塔式反应器内进行，内装石英水银灯。使氯活化的有效光波长是3~5μm，光氯化可在常温或较低温度下进行，反应较易控制，副反应少而产品纯度高，但系统因安装光源而较为复杂。

9.5.4 氯甲烷的利用

甲烷氯化产品广泛地用作溶剂、麻醉剂、制冷剂和合成原料。图9.29列举了甲烷氯化产品的主要用途。

发展氯化工业不仅可获得许多具有各种重要用途的氯化产品，且也为制碱工业的副产氯气开辟了重要的利用途径。

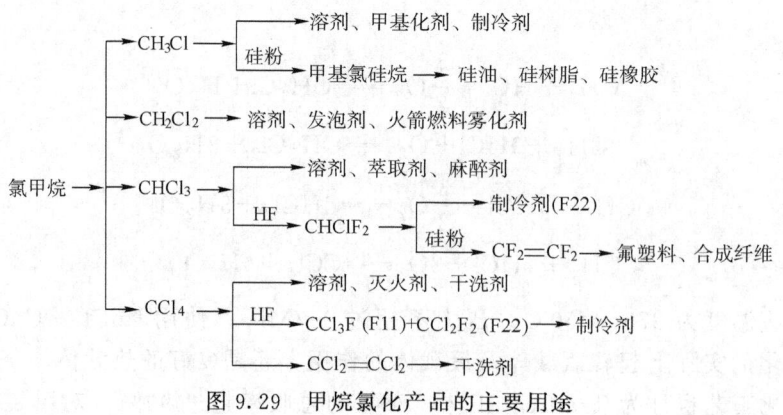

图 9.29　甲烷氯化产品的主要用途

9.6　天然气制硝基甲烷和二硫化碳

9.6.1　硝基甲烷

9.6.1.1　硝基甲烷的性质与用途

硝基甲烷是难溶于水的无色油状液体，具有微弱芳香气味，溶于乙醇及碱，能与多种有机溶剂混溶，其蒸气可与空气形成爆炸性混合物，有毒，其毒性略低于甲醇。

硝基甲烷主要用作乙烯基树脂、硝酸纤维素、乙酸纤维素、丙烯酸聚合体、聚酯、火箭燃料的溶剂以及合成医药、染料的原料。

9.6.1.2　硝基甲烷的生产方法

工业上由甲烷生产硝基甲烷主要采用甲烷气相硝化法，主要反应为：

$$CH_4 + HNO_3 = CH_3NO_2 + H_2O \qquad \Delta H_{298}^{\ominus} = -112.2 \text{kJ/mol} \qquad (9.57)$$

甲烷气相硝化工艺流程如图 9.30 所示。

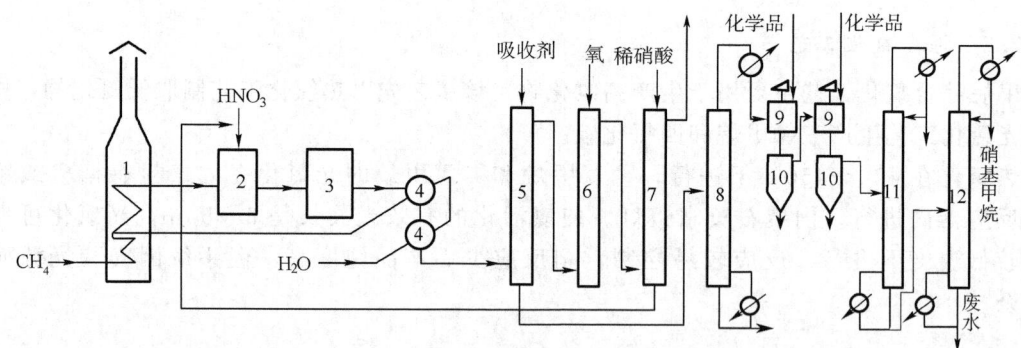

图 9.30　甲烷气相硝化法生产硝基甲烷的工艺流程

1—预热器；2—汽化器；3—硝化反应器；4—冷却、冷凝器；5—硝基甲烷吸收塔；6——氧化氮氧化塔；
7—硝酸吸收塔；8—初分塔；9—化学洗涤器；10—分相器；11—脱水塔；12—硝基甲烷精馏塔

经预热器预热的甲烷和水蒸气进入汽化器将硝酸汽化后进入硝化反应器进行硝化反应，生成硝基甲烷及甲醛、三聚乙醛、氢氰酸、羟胺、一氧化氮和二氧化氮等副产物。反应产物的混合物经冷却、冷凝后送入硝基甲烷吸收塔。硝基甲烷吸收塔塔顶出来的气体去一氧化氮氧化塔用氧或空气氧化后,在硝酸吸收塔中被稀硝酸吸收,未被吸收的气体可作为锅炉燃料或经处理后放空,吸收后的硝酸返回汽化器;硝基甲烷吸收塔塔底的液体去初分塔分离后经脱水塔脱水,进入硝基甲烷精馏塔,从硝基甲烷精馏塔塔顶得到产品硝基甲烷。

甲烷气相硝化反应的主要工艺条件为:

(1) 原料物质的量之比:$n_{CH_4} : n_{HNO_3} : n_{H_2O} = (6 \sim 9) : 1 : (3 \sim 10)$;
(2) 反应温度:400~460℃;
(3) 反应压力:0.4~1.0MPa;
(4) 反应时间:0.5~1.0s。

硝化反应器采用以熔盐为热载体的列管式等温反应器。在甲烷硝化过程中,由于反应放热以及反应的最适宜条件范围较窄,故对温度必须严格控制,反应管需用耐腐蚀的特殊合金制造。

该工艺甲烷的单程转化率约为20%,硝酸的单程转化率约为90%~98%,选择性为15%~20%,硝基甲烷的收率以硝酸计约为13%。

9.6.2 二硫化碳

9.6.2.1 二硫化碳的性质与用途

纯二硫化碳是无色易燃液体,含杂质时呈黄色并有恶臭,有毒。二硫化碳可与无水乙醇、醚、苯、氯仿、四氯化碳和油脂等混溶,并能溶解碘、溴、硫、脂肪、树脂、樟脑、黄磷、苛性钠和硫化碱等。

二硫化碳是生产人造丝、赛璐玢、四氯化碳、农药和杀虫剂的原料,它还可用作油脂、蜡、树脂、橡胶和硫的溶剂,羊毛的去脂剂,衣服的去渍剂等。

9.6.2.2 二硫化碳的生产方法

工业上以甲烷为原料生产二硫化碳占主导地位,生产的二硫化碳占总产量的85%以上。甲烷生产二硫化碳的反应为:

$$CH_4 + 2S_2 \Longrightarrow CS_2 + 2H_2S \tag{9.58}$$

用甲烷生产二硫化碳的方法有催化法和非催化法,常用的催化剂为硅胶或活性氧化铝。由于催化法存在重烃裂解结焦问题,20世纪60年代后多用低压非催化法,70年代后又使用加压非催化法。

由于反应中有H_2S生成,通常配套建设克劳斯装置将其转化为硫黄使用。

甲烷生产二硫化碳的工艺流程如图9.31所示。

甲烷生产二硫化碳的催化法、低压非催化法和加压非催化法三种工艺性能的比较见表9.7。

用甲烷生产二硫化碳具有方法简单、流程短、成本低等优点。但该法对原料纯度要求高,甲烷纯度要大于98%,如果含有2%以上的高级烷烃会在短期内使预热器的管子堵塞。因此,对含高级烷烃多的原料则需加油处理方能进行生产。甲烷法的另一缺点是副产大量的硫化氢,每吨二硫化碳要副产0.9t硫化氢气体,虽然在生产中硫化氢都氧化还原成硫回收利用,但仍然对环境造成污染。

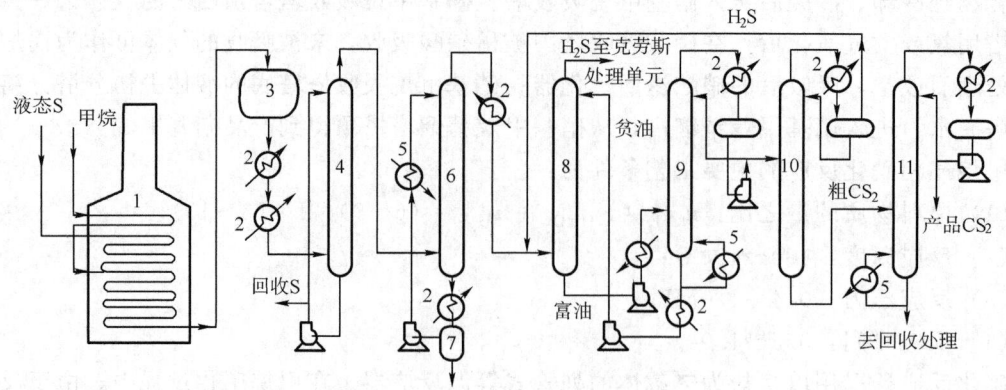

图 9.31 甲烷生产二硫化碳的工艺流程
1—加热炉；2—冷凝器；3—反应器；4—硫黄分离器；5—加热器；6—除气器；7—油硫分离器；
8—CS_2 吸收塔；9—CS_2 脱除器；10—稳定器；11—精馏塔

表 9.7 催化法、低压非催化法和加压非催化法三种工艺性能的比较

工艺	催化法	低压非催化法	加压非催化法
催化剂	硅胶	无	无
温度，℃	625	625	650
压力，MPa	0.3~0.5	0.6	1.1
空速，h^{-1}	400~600	1000~2000	1000~2000
生产操作	易结焦	不结焦	不结焦
除硫工艺	冷凝及液硫洗涤，较复杂	加压分离回收硫，效率高	较低压法更好
H_2S 分离工艺	油吸收法，设备较复杂	分馏塔加压分离，效率高	较低压法更好

9.7 天然气直接化工利用新技术

天然气的主要组分是甲烷，甲烷是烃类中分子量最小、最稳定的一种烷烃，难以作为有机化工原料直接利用。而先将甲烷转化成合成气，再由合成气转化成化工产品或有机化工原料的间接利用路线，则加长了工艺流程，势必导致生产成本的增加。因此，各国研究人员一直致力于甲烷直接转化成其他化工产品的研究与开发，目前甲烷直接化工利用的新技术研发主要集中在甲烷氧化偶联制乙烯、甲烷直接制甲醇以及甲烷直接转化制芳烃等几个方面。

9.7.1 甲烷氧化偶联制乙烯

将甲烷转化成高级烃是天然气化工长期以来追求的目标，而乙烯是有机化学工业最重要和最基本的原料。自 1982 年 Keller 和 Bhasin 等发现了甲烷氧化偶联（OCM）制乙烯的反应，立刻引起了催化界人士的普遍关注，随后在世界范围内掀起了一股研究 OCM 的热潮，因为这是一条以天然气为原料制乙烯的最简捷的路线，对天然气的化工利用具有重要的经济价值和战略意义。

20 多年中，甲烷氧化偶联（OCM）制乙烯课题研究的重点在催化剂的筛选、反应器设计和工艺技术等方面。

9.7.1.1 催化剂

催化剂是甲烷氧化偶联（OCM）制乙烯技术的关键。到目前为止，文献报道的甲烷氧化偶联反应的催化剂种类繁多，国内外研究筛选过的催化剂已超过 2000 种，涉及元素周期表中除零主族外各主副族的 50 多种元素。研究比较深入的催化剂主要有碱金属和碱土金属催化剂、过渡金属催化剂和稀土金属催化剂三类。第一类以碱金属改性的碱土金属氧化物为主活性组分，活性较高的碱金属有 Li、Na、K 等，碱土金属有 Mg、Ca 等，其中 Li/MgO 的活性和选择性较好。第二类将过渡金属氧化物以碱金属改性或调整载体的酸度，获得较好的性能，这类催化剂主要含 Pb、Mn、Ni 等。第三类为稀土金属催化剂，其氧化物经碱金属或碱土金属改性可显著提高催化活性和 C_2 烃的选择性，这类催化剂主要含 Li、Sm 等，其中 Li/Sm_2O_3 的性能较佳。上述三类催化剂中碱金属、碱土金属配合镧系稀土金属氧化物以及复合氧化物是较有效的甲烷氧化偶联反应催化剂。

此外，对卤族元素改性的金属氧化物、复合金属氧化物等也进行了不少研究。

据目前所作的技术经济评价表明，OCM 工艺要在经济上具备与石脑油裂解工艺的竞争力，其乙烯收率需超过 30%（即甲烷的转化率要大于 35%，且乙烯的选择性要大于 85%），此外，催化剂的时空产率应达到 $3.6 \sim 36 kmol/(m^3 \cdot h)$。目前已开发出的催化剂的性能与上述期望值还有很大的距离，有待进一步研究，筛选出更好的催化剂。

9.7.1.2 反应器

甲烷氧化偶联是一个在高温（700～900℃）条件下进行的强放热反应，反应的温度控制和反应热的移出及利用是反应器设计中所必须面对的重要课题。目前已对多种型式的反应器在实验室进行过研究，认为有可能实现工业化的有固定床反应器和流化床反应器两类，其中固定床反应器有管式和多段绝热式；流化床反应器有沸腾床、萦流床和循环流化床。

反应器材质应耐高温、抗氧化，且化学稳定性好。目前认为甲烷氧化偶联反应器的最好材质是氧化铝。

9.7.1.3 工艺技术

已经开发的甲烷氧化偶联的典型工艺主要有美国 ARCO 公司的 REDOX 工艺、美国 Union Carbide 化学公司工艺、澳大利亚联邦科学与工业研究组织和 BHP 公司的 OXCO 工艺以及法国石油研究院（IFP）的 Oxypyolysis 工艺。

REDOX 工艺的目的产品为汽油，以天然气为原料，空气为氧化剂，采用循环流化床反应器及交替进料方式。该工艺简单，C_2 烃的选择性高。

Union Carbide 化学公司工艺的最终产品为乙烯，以天然气为原料，氧气为氧化剂，原料气中甲烷与氧气的体积比为 7，为了提高乙烯的产率，可在原料气中加入少量氯乙烯，氯乙烯在原料气中的摩尔分数约为 20×10^{-6}，采用固定床反应器及同时进料方式。甲烷的转化率为 18%，C_2 烃的选择性为 77%，产物中乙烯与乙烷的体积比为 3。

OXCO 工艺将天然气中的甲烷分离出来作为偶联原料，以氧气为氧化剂，采用流化床反应器，该反应器分为偶联区和裂解区。甲烷氧化偶联产物和从天然气中分离出来的高碳烷烃利用偶联区传递来的热量在裂解区裂解成乙烯。该工艺针对天然气中高级烷烃含量较高的情况，有利于天然气的整体利用。

Oxypyolysis 工艺与 OXCO 工艺基本相同，甲烷氧化偶联反应与烷烃裂解反应在同一反应器中进行，但采用的是固定床反应器。整个流程包括天然气中甲烷与高级烷烃的分离、空分制氧、甲烷氧化偶联、偶联产物与高级烷烃的裂解、裂解产物的分离、烯烃二聚和齐聚、CO 和 CO_2 甲烷化以回收碳源等部分。

尽管目前已对甲烷氧化偶联制乙烯进行了大量的研究工作，但要实现工业应用，并与现有技术竞争，还需要解决以下问题：进一步开发或改进催化剂体系，提高催化剂活性、选择性和稳定性；必须对反应器类型和材质进行深入研究，解决工业化可能遇到的所有问题；进一步优化工艺流程，降低投资。

9.7.2 甲烷直接制甲醇

以天然气为原料，不经过合成气，直接转化为甲醇可以省去投资巨大的造气装置，因而具有很大吸引力。在此领域进行的研究主要是甲烷直接氧化，此外，通过生物转化由甲烷生产甲醇也在探索之中。

9.7.2.1 甲烷氧化直接制甲醇

甲烷氧化直接制甲醇的研究已经持续了一个多世纪，20 世纪 80 年代后有了一定的进展。甲烷氧化直接制甲醇可分为催化氧化工艺和非催化氧化工艺两类，氧化剂有空气和 N_2O。

甲烷催化氧化制甲醇的研究主要在催化剂上，在催化氧化工艺的多种催化剂中，活性较好是 V_2O_5/SiO_2、MoO_3/SiO_2 和 Fe-Mo 催化剂，但甲烷的单程转化率低于 8%，甲醇的选择性低于 50%。迄今为止，国内外的研究结果距工业应用的目标（甲烷单程转化率大于 8%、甲醇选择性大于 80%）还有很大的距离。

在非催化氧化工艺中，乌克兰气体工艺研究所做了大量研究工作，包括实验室试验、中间放大试验、推广在矿区建厂实现工业化的技术经济评价。在放大试验装置上研究了温度、压力、氧含量及反应时间等工艺条件对甲醇产率的影响，其最佳甲醇产率为 $19.3g/m^3$。国内也曾在大庆油田进行了类似的研究工作，所得最佳反应条件为：380~410℃，氧体积分数 4%~4.85%，反应时间 20~30s，较高的压力有利，试验的最佳甲醇单程收率为 $33.9g/m^3$。

9.7.2.2 甲烷生物转化制甲醇

甲烷生物转化制甲醇是以甲烷为原料，利用细菌或酶将其生物转化为甲醇，显然，在甲烷生物转化过程中，菌种的选择培育是最重要的。甲烷氧化细菌是一类能以甲烷为唯一碳源和能源生长的细菌，此中的甲烷单加氧酶可利用空气中的氧将甲烷转化为甲醇，但同时必须限制甲醇脱氢酶的活性，因为它会把甲醇进一步转化为甲醛、甲酸直至最终成为二氧化碳。

美国气体工艺研究院研究了使用甲烷氧化细菌进行甲烷生物转化时各个工艺参数对菌种及产品甲醇、甲醛的影响，发现所选菌种可以容忍较宽范围的温度及 pH 值变化，但压力需控制在一狭窄的范围内。

目前，在此领域的研究工作虽距实际应用尚远，但已在全球受到普遍重视。

9.7.3 甲烷直接转化制芳烃

从 20 世纪 70 年代开始，关于甲烷直接转化制芳烃的研究一直没有间断。研究工作主要集中在甲烷的活化途径、活化机理以及有氧和无氧芳构化上。

在研究的早期，甲烷芳构化都是在有氧存在条件下进行的，所用的氧化剂主要是分子氧和氮氧化物，催化剂有分子筛、负载氧化物和混合氧化物体系。

采用氧气或空气来进行甲烷有氧芳构化反应，能够降低生产过程的费用。但研究结果表明甲烷有氧芳构化反应不管采用什么催化剂，都存在反应温度高（大于1100K）、甲烷的转化率和芳烃的选择性低，甲烷的深度氧化难以控制等缺点。

由于甲烷有氧芳构化有着目前难以解决的技术困难，甲烷芳构化的研究集中在无氧芳构化上。甲烷无氧芳构化的重点研究内容是开发低温、高效、长寿命的催化剂。目前认为较好的催化剂载体是 ZSM 分子筛，已报道的催化剂主要有 Mo/ZSM-5、Mo_3/ZSM-5、Mo_2C/ZSM-5、Ni-Mo/ZSM-5、Pt-Mo/ZSM-5、Mo/HZSM-5、Mo-Zn-H_2SO_4-/HZSM-5 等。

甲烷无氧芳构化反应具有芳烃选择性高、技术上较少的复杂性及产物易分离等特点，因而受到广泛关注。

甲烷直接转化制芳烃目前仍停留在催化剂筛选和实验室小试阶段，要达到工业应用，还有非常艰难的道路要走。

习 题

1. 天然气化工利用的主要途径有哪些？
2. 天然气制合成气有哪几种方法？
3. 写出甲烷水蒸气转化的主要反应式，独立反应有几个？
4. 分析温度、压力和水碳比对甲烷水蒸气转化过程的影响。
5. 画出天然气联合转化制合成气的工艺流程图，联合转化工艺与水蒸气转化工艺相比有哪些优点？
6. 天然气制氢包括哪些工艺系统？
7. 变压吸附提纯氢气的基本原理是什么？
8. 天然气制乙炔有哪些生产方法？
9. 天然气部分氧化裂解法制乙炔工艺由哪几个部分组成？
10. 天然气部分氧化裂解法制乙炔有哪些缺点？
11. 工业上乙炔的分离提纯采用什么方法？为什么不能采用精馏的方法？
12. 工业上天然气制氢氰酸的主要方法有哪些？
13. 甲烷制氯甲烷的工艺方法有哪些？
14. 简要说明甲烷气相硝化法生产硝基甲烷的工艺条件。
15. 甲烷生产二硫化碳的工艺方法有哪些？
16. 某工厂拟建设一套制氢装置，以商品天然气为原料制造高纯度氢气（氢气含量99.9%以上）。请你为该厂的制氢装置设计工艺方案和合适的工艺流程，并说明你的设计理由。

参 考 文 献

[1] 诸林. 天然气加工工程 [M]. 2版. 北京：石油工业出版社，2008.
[2] Gas processors suppliers association. Engineering data book (volume I& II) [M]. Thirteenth Edition. Gas Processors Suppliers Association，2012.
[3] Francis S. Manning, Richard E. Thompson. Oilfield processing of petroleum (volume 1：Natural gas) [M]. Pennwell Publishing Company，1991.
[4] John Carroll. Natural gas hydrates：A guide for engineers [M]. 4th edition. Gulf professional publishing，2020.
[5] 李允，等. 天然气地面工程 [M]. 北京：石油工业出版社，2001.
[6] 李国诚，等. 油气田轻烃回收技术 [M]. 成都：四川科学技术出版社，1998.
[7] 陈赓良，等. 天然气综合利用 [M]. 北京：石油工业出版社，2004.
[8] 孟宪杰，等. 天然气处理与加工手册 [M]. 北京：石油工业出版社，2016.
[9] 朱利凯. 天然气处理与加工 [M]. 北京：石油工业出版社，1998.
[10] 宋世昌，等. 天然气地面工程设计（上）[M]. 北京：石油工业出版社，2014.
[11] 王开岳. 天然气净化工艺：脱硫脱碳、脱水、硫黄回收及尾气处理 [M]. 北京：石油工业出版社，2015.
[12] 常宏刚，等. 配方型溶剂的应用与气体净化工艺的发展动向 [M]. 2版. 北京：石油工业出版社，2009.
[13] 徐文渊，等. 天然气利用手册 [M]. 北京：中国石化出版社，2002.
[14] 郑欣，等. 天然气地面工艺技术 [M]. 北京：中国石化出版社，2019.
[15] 顾安忠，等. 液化天然气技术 [M]. 北京：机械工业出版社，2015.
[16] 坎贝尔 J M. 天然气预处理和加工（第一卷）[M]. 北京：石油工业出版社，1989.
[17] 坎贝尔 J M. 天然气预处理和加工（第二卷）[M]. 北京：石油工业出版社，1991.
[18] Maurice I. Stewart. 油气田地面工程：天然气处理工艺与设备设计 [M]. 3版. 北京：石油工业出版社，2021.
[19] 陈赓良，等. 克劳斯法硫磺回收工艺技术 [M]. 北京：石油工业出版社，2007.
[20] 汤林，等. 天然气集输工程手册 [M]. 北京：石油工业出版社，2016.
[21] 何生厚，等. 高含硫化氢和二氧化碳天然气田开发工程技术 [M]. 北京：中国石化出版社，2008.
[22] 中石化上海工程有限公司. 化工工艺设计手册（上）[M]. 5版. 北京：化学工业出版社，2018.
[23] 邹仁鋆，等. 石油化工分离原理与技术 [M]. 北京：化学工业出版社，1988.
[24] 化工部第四设计院. 深冷手册（下）[M]. 北京：化学工业出版社，1979.

专业名词汉英对照

中国天然气工业常用标准规范

习题参考答案

本书订正更新

为了方便我们修订本书,请读者有什么意见和建议特别是阅读中发现的错误,烦请指出,请致信:zhulinswpi@126.com